Mensch & Computer 2013 – Tagungsband

13. fachübergreifende Konferenz für interaktive und kooperative Medien

Interaktive Vielfalt

herausgegeben von

Susanne Boll
Universität Oldenburg

Susanne Maaß
Universität Bremen

Rainer Malaka
Universität Bremen

Oldenbourg Verlag München

Lektorat: Johannes Breimeier
Herstellung: Tina Bonertz
Einbandgestaltung: hauser lacour

Bibliografische Information der Deutschen Nationalbibliothek
Die Deutsche Nationalbibliothek verzeichnet diese Publikation in der Deutschen Nationalbib-
liografie; detaillierte bibliografische Daten sind im Internet über http://dnb.dnb.de abrufbar.

Library of Congress Cataloging-in-Publication Data
A CIP catalog record for this book has been applied for at the Library of Congress.

© 2013 Oldenbourg Wissenschaftsverlag GmbH
Rosenheimer Straße 143, 81671 München, Deutschland
www.degruyter.com/oldenbourg
Ein Unternehmen von De Gruyter

Gedruckt in Deutschland

Dieses Papier ist alterungsbeständig nach DIN/ISO 9706.

ISBN   978-3-486-77856-4
eISBN 978-3-486-78122-9

Programmkomiteevorsitz

Prof. Dr. Susanne Boll, Carl von Ossietzky-Universität Oldenburg
Prof. Dr. Susanne Maaß, Universität Bremen
Prof. Dr. Rainer Malaka, Universität Bremen

Programmkomiteemitglieder

Prof. Astrid Beck, HS Esslingen
Wolfgang Beinhauer, Fraunhofer IAO
Prof. Dr. Klaus Bengler, TU München
Arne Berger, Technische Universität Chemnitz
Marco Biedermann, Capgemini
Prof. Dr. Udo Bleimann, Hochschule Darmstadt
Prof. Dr. Birgit Bomsdorf, Hochschule Fulda
Prof. Dr. Raimund Dachselt, Technische Universität Dresden
Prof. Dr. Markus Dahm, FH Düsseldorf
Jochen Denzinger, ma ma Interactive System Design
Prof. Dr. Oliver Deussen, Universität Konstanz
Dr. Anke Dittmar, Universität Rostock
Tanja Döring, Universität Bremen
Prof. Dr. Maximilian Eibl, Technische Universität Chemnitz
Holger Fischer, Universität Paderborn, C-LAB
Prof. Dr. Peter Forbrig, Universität Rostock
Prof. Dr. Jens Geelhaar, Bauhaus-Universität Weimar
Thomas Geis, ProContext Consulting GmbH
Dr. Jens Gerken, ICT AG
Prof. Dr. Paul Grimm, HS Fulda
Prof. Dr. Tom Gross, Universität Bamberg
Prof. Dr. Barbara Grüter, Hochschule Bremen
Prof. Dr. Kai-Christoph Hamborg, Universität Osnabrück
Prof. Dr. Marc Hassenzahl, Folkwang Universität der Künste
Dr. Dominikus Heckmann, DFKI GmbH
Prof. Dr. Frank Heidmann, Fachhochschule Potsdam
Prof. Dr. Andreas M. Heinecke, Westfälische Hochschule
Dr. Niels Henze, Universität Stuttgart
Prof. Dr. Michael Herczeg, Universität zu Lübeck
Dr. Eelco Herder, Leibniz Universität Hannover
Dr. Paul Holleis, DOCOMO Communications Laboratories Europe GmbH
Prof. Dr. Eva Hornecker, Bauhaus University Weimar
Tim Hussein, Universität Duisburg-Essen
Prof. Dr. Heinrich Hussmann, Ludwig-Maximilians-Universität München
Dr. Johann Habakuk Israel, Fraunhofer IPK
Prof. Dr. Monique Janneck, Fachhochschule Lübeck
Hans-Christian Jetter, Universität Konstanz
Prof. Dr. Reinhard Keil, Universität Paderborn
Dr. Martin Christof Kindsmüller, Universität Hamburg

Prof. Dr. Leon Urbas, TU Dresden
Prof. Dr. Hartmut Wandke, Humboldt Universität zu Berlin
Prof. Dr. Michael Weber, Universität Ulm
Prof. Dr. Christian Wolff, Universität Regensburg
Prof. Dr. Christa Womser-Hacker, Stiftung Universität Hildesheim
Prof. Dr. Volker Wulf, Universität Siegen und Fraunhofer FIT
Dr. Carmen Zahn, Institut für Wissensmedien
Prof. Dr. Jürgen Ziegler, Universität Duisburg-Essen

Inter | aktion – Interaktive Demos

Prof. Dr. Raimund Dachselt, Technische Universität Dresden
Dr. Dennis Krannich, Universität Bremen

Visionen

Prof. Dr. Rolf Kruse, Fachhochschule Erfurt
Marius Brade, Technische Universität Dresden

Doktorandenseminar

Prof. Dr. Michael Koch, Universität der Bundeswehr München
Prof. Dr. Thomas Herrmann, Universität Dortmund

Organisation

Veranstalter

Die Tagung Mensch & Computer 2013 wird vom Fachbereich Mensch-Computer-Interaktion der Gesellschaft für Informatik e.V. (GI) veranstaltet. Sie findet in Kooperation mit der Tagung Usability Professionals 2013 der German Usability Professionals Association (UPA) e.V. und der Deutschen e-Learning Fachtagung DeLFI 2013 der Fachgruppe e-Learning der GI statt.

Lokale Ausrichterin der Tagung ist die Universität Bremen.

Organisationskomitee

Dr. Gerald Volkmann, Universität Bremen

Dr. Dennis Krannich, Universität Bremen

Dipl.-Inf. Tanja Döring, Universität Bremen

Dorothee C. Meier, M.A., Institut für Informationsmanagement Bremen GmbH

Dipl.-Soz. Carola Schirmer, Universität Bremen

Björn Mellies, M.Sc., Universität Bremen

Kontakt

Universität Bremen

MZH, Fachbereich 3

Arbeitsgruppe Digitale Medien

Bibliothekstr. 1

D-28359 Bremen

E-Mail: info@interaktivevielfalt.org

Telefon: +49 (0)421 218-64400

Inhaltsverzeichnis

Keynote

Langbeiträge

Kontextadaptive Systeme

Design for All

Kooperative Systeme

Informationsdarstellung

Touch und Gestik

Kurzbeiträge

Vorwort

Gibt es heute noch Lebensbereiche, in denen Informationstechnologie keine Rolle spielt? Für viele Menschen in industrialisierten Gesellschaften ist der Umgang mit Computern selbstverständlich geworden. Computernutzung ist keine Expertensache mehr. In der Öffentlichen Verwaltung wie in Handwerksbetrieben, im medizinischen Labor wie an der Kinokasse wird Software verwendet. Eingaben geschehen über Tastatur und Maus, Handscanner oder Touchpad, sie werden durch Sensoren oder Mikrophone erfasst. Ausgaben oder Effekte können über visuelle Anzeigen, auditive oder haptische Signale oder Veränderungen in der Umgebung wahrgenommen werden: eine Tür öffnet sich, ein Gerät beginnt zu arbeiten, ein Ticket wird ausgegeben. Auf gesellschaftlicher, betrieblicher und individueller Ebene sind unsere Arbeit und unser Alltag eingebunden in informationstechnische Infrastrukturen, die unser Leben abbilden, organisieren, vereinfachen oder bereichern sollen.

Die Forschung zur guten Gestaltung von Benutzungsschnittstellen ist zu einem Zeitpunkt entstanden, als die Anwendungsbereiche immer vielfältiger wurden, sodass die Entwickler und Entwicklerinnen nicht mehr davon ausgehen konnten, dass ihre Zielgruppen dieselben Bedürfnisse und Fähigkeiten wie sie selbst hatten. Es entstand das umstrittene Konzept des „naiven Benutzers", der eben kein Computer-Experte war. Bei den „Software-Ergonomie"-Tagungen, den Vorgängerinnen unserer heutigen Mensch & Computer Tagungen, ging es vornehmlich um die Gestaltung von Software für Arbeitskontexte, in denen die Beschäftigten einen berechtigten Anspruch auf gute Unterstützung hatten.

Durch das Internet und die immer kleiner werdenden und tragbaren Computersysteme sind die heutigen Nutzungsszenarien noch komplexer und mannigfaltiger geworden, denn sie gehen weit über die Computernutzung im Zuge von organisatorisch eingebetteten Arbeitstätigkeiten hinaus. In Kontexten wie Konsum, Unterhaltung, Bildung oder politische Bürgerbeteiligung geht es nicht mehr allein um die Gebrauchstauglichkeit, sondern umfassender um die User Experience bei der Nutzung von Systemen. Darüber hinaus verändert der Trend zur ubiquitären und mobilen Nutzung von IT quer zu allen Anwendungsbereichen die Anforderungen an die Interaktionsgestaltung. Die Entwicklung neuer Lösungen und Services erfordert angepasste Herangehensweisen bei Anforderungsanalyse, Design und Evaluation. Das schon in den 1980ern formulierte Leitprinzip „Know the User!" gilt dabei weiterhin und sogar verstärkt, denn die Nutzergruppen und ihre Erfordernisse sind in vieler Hinsicht heterogener geworden.

Für die Fachtagung *Mensch & Computer 2013* in Bremen haben wir den Schwerpunkt „Interaktive Vielfalt" gesetzt, um das Augenmerk auf diese Diversität der Nutzerinnen und Nutzer, die Unterschiedlichkeit ihrer Lebenslagen und Nutzungskontexte sowie der technischen Ausstattung, die sie verwenden, zu richten. Insgesamt erhielten wir 155 wissenschaftliche Einreichungen, davon 76 Langbeiträge, 39 Kurzbeiträge, 18 Demos, 16 Workshops und sechs Angebote für Tutorien. Das Programmkomitee hat daraus 26 Langbeiträge (Annahmequote 34%) und 16 Kurzbeiträge (Annahmequote 41%) ausgewählt, die Sie in diesem Tagungsband finden. Die Beiträge zu elf angenommenen Workshops und Kurzbeschreibungen von zehn Demos wurden in einem eigenen Workshopband zusammengeführt. Wir danken den Mitgliedern unseres Programmkomitees für ihre Bereitschaft, am Begutachtungsprozess mitzuwirken. Jeder Beitrag wurde von mindestens drei Personen begutachtet und ggf. zusätzlich mit einem Metagutachten versehen, ein beträchtlicher Aufwand für alle Beteiligten.

Die wie immer schon zur Tagung vorliegenden Bände geben einen Eindruck vom Stand der Forschung in unserem sehr lebendigen und stets wachsenden Wissenschaftsgebiet und ermöglichen den Tagungsteilnehmerinnen und –teilnehmern schon eine Vorbereitung auf die Präsentationen sowie ein Nachlesen zuhause. Wir danken allen Autorinnen und Autoren und sind sicher, dass sich die Lektüre lohnt!

Die Tagung Mensch & Computer 2013 findet wieder in bewährter Kooperation mit der *Usability Professionals* statt, deren reichhaltiges Programm uns vor Augen führt, wie erfolgreich das akademische Feld der Mensch-Computer-Interaktion sich in der Praxis etabliert hat. Ihre Workshops, Tutorials und Vorträge werden mit Sicherheit wieder von Wissenschaftlerinnen und Wissenschaftlern wie von Praktikerinnen und Praktikern gut besucht sein. Die Beiträge sind von einem eigenen Programmkomitee der German Usability Professionals Association ausgewählt und in einem eigenen Tagungsband zusammengefasst worden. Die dritte unabhängige Komponente unserer Tagung bildet die *Deutsche e-Learning Fachtagung DeLFI*, die aktuelle, innovative informatiknahe Ergebnisse zum Thema e-Learning aus Forschung und Praxis präsentiert. Auch diese sind in einem gesonderten Tagungsband dokumentiert. Alle Beiträge sind auch in der Digital Library unter http://dl.mensch-und-computer.de/ zu finden.

Die Gesamttagung wird dieses Jahr an der Universität Bremen ausgerichtet. Kolleginnen und Kollegen der Bremer Angewandten Informatik sind seit vielen Jahren im Feld MCI aktiv und haben schon 1993 die Bremer Software-Ergonomie-Tagung unter dem Motto „Von der Benutzungsoberfläche zur Arbeitsgestaltung" organisiert. Während diese thematische Ausrichtung inzwischen durch Pensionierungen ausgedünnt wurde, hat sich die Forschung an anderer Stelle intensiviert. Als Schwerpunkte seien hier beispielhaft Ubiquitous und Mobile Computing, Entertainment Computing, Gestaltung unter Gender-/Diversity-Aspekten, Partizipatives Design, Human Computing oder Selbstbedienungstechnologien genannt, die in den Studiengängen Informatik, Digitale Medien und Wirtschaftsinformatik von Studierenden stark nachgefragt werden.

Aus diesem Umfeld kommen auch die vielen engagierten Personen, die diese Tagung möglich gemacht haben. Stellvertretend sei hier Gerald Volkmann und Björn Mellies für die unermüdliche Organisation und den ständigen Überblick gedankt sowie Dennis Krannich, Tanja Döring und Carola Schirmer für ihre engagierte Mitwirkung an vielen Stellen. Insgesamt fand die Tagungsorganisation in guter Zusammenarbeit zwischen der Bremer und der Oldenburger Informatik statt, die insbesondere durch den gemeinsamen Verbund ko-operierender Forschungsinstitute OFFIS-TZI e.V. verbunden sind.

Wir wünschen Ihnen und uns eine spannende Konferenz mit vielfältigen Gelegenheiten zur Interaktion!

Bremen, im Juli 2013   Susanne Maaß, Rainer Malaka, Susanne Boll

Keynote

S. Boll, S. Maaß & R. Malaka (Hrsg.): Mensch & Computer 2013
München: Oldenbourg Verlag, 2013, S. 3

From the mainstream to the center: Using niche perspectives to reframe designs

Phoebe Sengers

Cornell Information Science, Cornell University

Abstract

The targets of IT design are frequently "typical users" – ordinary individuals who we would expect to use our system. Framed this way, system design often builds in particular conceptions of who is "ordinary," such as white-collar office workers or upwardly mobile, urban 20-somethings. Such ideas of what it means to be "normal" can greatly constrain our design spaces and the interventions we can imagine making as designers. In this talk, I will argue that consideration of the values, perspectives, and experiences of people outside of the technological mainstream can open up valuable new opportunities for design for everyone. I will describe how understanding traditional Newfoundland villagers, Icelandic fishermen, families focused on simple living, and Jamaican mobile phone adopters leads to new ways of thinking about the potential role for technology in "ordinary" users' lives.

This talk describes joint work with Maria Hakansson, Hronn Holmer, and Kaiton Williams.

Contact Info:

Phoebe Sengers
Cornell Information Science
301 College Ave.
Ithaca, NY 14850   USA
phone +1-607-255-6554
email sengers at cs.cornell.edu

http://www.cs.cornell.edu/people/sengers/

Langbeiträge

S. Boll, S. Maaß & R. Malaka (Hrsg.): Mensch & Computer 2013
München: Oldenbourg Verlag, 2013, S. 7–16

Empfehlungsbasierte Unterstützung für Schreibprozesse

Sebastian Groß, Niels Pinkwart

Institut für Informatik, Humboldt-Universität zu Berlin

Zusammenfassung

In diesem Artikel wird untersucht, ob Autoren in Schreibprozessen unterstützt werden können, indem Informationen, die aus Texten anderer Autoren gewonnen wurden, als textuelle Empfehlungen bereitgestellt werden. Dazu wurde ein Editor entwickelt, der mithilfe von ausgewählten Verfahren der Computerlinguistik Dokumente bereits während des Schreibens inhaltlich erschließt, auf Satzebene miteinander vergleicht und die extrahierten Informationen dem Autor als Empfehlungen anzeigt. Eine zweiphasige Laborstudie, in der sowohl mehrere Autoren gemeinsam Dokumente erstellten, als auch einzelne Autoren, die verfassten Dokumente einer Revision unterzogen, zeigte, dass die generierten Empfehlungen im Vergleich zu einer klassischen Suchfunktion einen positiven Einfluss auf Schreibprozesse haben und geeignet sind, Schreib- und Revisionsaktivitäten zu unterstützen.

1 Einleitung

Schreiben ist eine Kernkompetenz und stellt in Schule (Fix 2008), Wissenschaft (Esselborn-Krumbiegel 2002), Wirtschaft (Jakobs 2007) und täglichem Leben eine zentrale Tätigkeit dar, die eine fachliche Qualifikation erfordert. Neben grammatischen und orthographischen Kenntnissen des Schreibers sind die Fähigkeiten, Texte zu strukturieren, Sachverhalte verständlich und nachvollziehbar zu formulieren, Informationen aus anderen Texten in den eigenen zu integrieren und Argumentationen überzeugend darzustellen, erforderlich (Fix 2008, Bredel et. al 2006). In der wissenschaftlichen Textproduktion kommt außerdem der Integration von Quellen eine besondere Bedeutung zu (Fröhlich 2006). Das Ergebnis der Textproduktion ist in erster Linie von der Qualifikation des Schreibers abhängig, der sich die erforderlichen Fähigkeiten über Jahre aneignen muss, getreu der Devise „Schreiben lernt man nur durch Schreiben" (Fix 2008, S. 11). Die Produktion von Texten ist heute eine Tätigkeit, die sich zunehmend in (sich wiederholende) Prozesse und kollaborative Aktivitäten anordnet. Dass ein Dokument von mehreren Autoren verfasst wird, ist heute bereits vielfach Realität und nimmt stetig zu. Kollaborative Plattformen wie Wikipedia leben davon, dass Autoren in gemeinsamer Arbeit Dokumente erstellen und pflegen. Die Zusammenarbeit mehrerer Autoren bietet sich vor allem dann an, wenn der Umfang des zu erstellenden Dokuments für einen einzelnen Autor zu groß wäre oder die erforderliche Expertise auf mehrere Personen verteilt ist. Vorteil der Kollaboration ist die Aufteilung einzelner thematischer Aspekte und logischer

Arbeitsschritte, die die Textproduktion und Revision des verfassten Dokuments erleichtern. Mehrere Autoren sind dabei eher in der Lage, inhaltliche Fehler zu erkennen und zu korrigieren als ein einzelner. Gleichzeitig entsteht bzw. vergrößert sich aber auch der Bedarf, (qualitative) inhaltliche Mängel, semantische Brüche in Argumentationen und strukturelle Schwächen zu identifizieren und zu beheben, die durch die Kollaboration und die Verteilung von einzelnen Arbeitsschritten überhaupt erst entstehen.

In diesem Artikel wird untersucht, wie Autoren in (kollaborativen) Schreibprozessen unterstützt werden können. Basierend auf Informationen, die aus Dokumenten anderer Autoren gewonnen wurden, werden einem Autor textuelle Empfehlungen bereitgestellt, die dabei im semantischen und strukturellen Kontext zu Textteilen des Autors stehen. Um die Informationen aus Dokumenten zu extrahieren, wird eine Kombination von ausgewählten Verfahren der Computerlinguistik eingesetzt. Das Ziel der empfehlungsbasierten Unterstützung ist es, dem Autor semantische als auch strukturelle Gemeinsamkeiten und Unterschiede zwischen Texten aufzuzeigen und damit sowohl das Integrieren neuer Informationen als auch das Revidieren bereits integrierter Informationen zu erleichtern.

2 Stand der Forschung

Die Unterstützung von Nutzern beim Schreiben ist in der digitalen Textverarbeitung seit vielen Jahren Realität und tritt in verschiedenen Formen auf. Angefangen bei der Bereitstellung von einfachen Informationen wie der Anzahl geschriebener Worte oder verfassten Seiten bis hin zu komplexen Hilfestellungen wie automatischen Dialogen zur Erklärung von Funktionen oder eine automatische Rechtschreib- und Grammatikprüfung sind mittlerweile ständige Begleiter in klassischen Textverarbeitungsprogrammen wie z.B. Microsoft Word. Der Unterstützung von Autoren im kollaborativem Schreiben kommt eine besondere Bedeutung zu, da Informationen über Systemgrenzen hinaus verteilt und bereitgestellt werden müssen. Hier gibt es eine Reihe von Ansätzen zur Unterstützung verschiedener Aspekte des kollaborativen Schreibens. Diese können unterschieden werden in Basistechnologien zur Unterstützung von synchroner bzw. asynchroner Arbeit an Dokumenten – hierzu gehören z.B. Algorithmen zur Nebenläufigkeitskontrolle (Ellis & Gibbs 1989) – und weitergehenden, auf diesen Basistechnologien aufsetzenden Funktionen. So wurden z.B. sozio-technische Aspekte wie Funktionen, die die soziale Interaktion während des Schreibens technisch unterstützen, untersucht. Dazu gehören Kommunikations- sowie Awareness-Funktionen, die Aktivitäten in der Umwelt erfassen und als Awareness-Information bereitstellen (Dourish & Bly 1992). Ein Beispiel eines in der Praxis populären kollaborativen Schreibsystems, welches Kommunikations- und Awareness-Funktionen wie z.B. einen Gruppenchat und nebenläufige (synchrone) Arbeit an Dokumenten unterstützt, ist Google Docs. Groupware-Systeme wie BSCW ermöglichen ein asynchrones Arbeiten an gemeinsamen Dokumenten und unterstützen gemeinsame Arbeit z.B. durch Planungsfunktionen für Termine und Aufgaben. Die Qualität von Dokumente wird dabei durch Mechanismen wie z.B. Chat- oder Planungsfunktionen für Gruppen *indirekt* beeinflusst: Informationen, die Einfluss auf die inhaltliche Qualität haben, werden transportiert, aber die Texte selbst werden dabei nicht inhaltlich erschlossen. Die *direkte* Einwirkung auf den Schreibprozess durch Analyse der Texte und computergestützte Empfehlungen, die inhaltliche Mängel identifizieren und zu korrigieren helfen, wurden in der Forschung bislang nur eingeschränkt betrachtet. Existierende Ansätze erlauben u.a. die Überprüfung von Dokumenten auf stilistische Konsistenz mittels statistischer Verfahren (Glover & Hirst 1995) oder die Analyse der semantischen Konsistenz von Dokumenten mithilfe der Rhetorical Structure Theory (Rahhal et al. 2007). Gu und Kollegen bedienen sich in ihrem Ansatz Ontologien, um die Konsistenz einzelner Wörter in Dokumenten mehrerer Autoren zu gewährleisten (Gu et al. 2005). Diese Ansätze beschränken sich allerdings auf einzelne Aspekte wie die strukturelle bzw. semantische Konsistenz oder die Konsistenz von Textteilen, eine Unterstützung des Autors während des Schreibens leisten diese Verfahren jedoch nicht.

Im Folgenden werden ein neuartiges Verfahren und dessen Evaluation beschrieben, das darauf zielt, Autoren in Schreibprozessen zu unterstützen. Im kollaborativen Schreiben kann zwischen den Phasen des Planens, des Schreibens und des Revidierens unterschieden werden (Olivier & Pinkwart 2009). Unser Ansatz soll dabei konkret die Prozesse des Schreibens und des Revidierens unterstützen, indem während des Schreibens Texte auf Satzebene mithilfe einer Kombination computerlinguistischer Verfahren analysiert und miteinander verglichen und die extrahierten Informationen Autoren als textuelle Informationen bereitgestellt werden.

3 Verfahrens- und Systembeschreibung

Naive Ansätze, Dokumente z.B. auf Zeichenebene zu vergleichen, scheitern oftmals an den Eigenschaften natürlicher Sprachen, da dieser Vergleich durch Konjugation, Deklination und Komparation erheblich gestört wird. Der vorgestellte Ansatz berücksichtigt die Gegebenheiten natürlicher Sprachen und kompensiert die damit verbundenen Schwierigkeiten. Dabei stand in der technischen Realisierung nicht die Anwendbarkeit einzelner (teils sehr etablierter) Verfahren im Vordergrund, sondern die Kombination mehrerer Verfahren zur direkten Unterstützung von Schreibprozessen, die die Indexierung und den Vergleich von Dokumenten und basierend auf den extrahierten Informationen die Bereitstellung von textuellen Empfehlungen ermöglichen.

3.1 Indexierung von Dokumenten

Ziel der Indexierung ist es, geeignete Wörter aus einem Dokument zu extrahieren, die dieses inhaltlich repräsentieren. In unserem Fall geschieht die Indexierung auf Satzebene, da ein größerer Kontext (Absatz, Dokument, etc.) zu unspezifische Informationen bestimmen würde. Dazu muss ein Dokument zunächst in einzelne Sätze separiert und deren Bestandteile identifiziert werden. Hierfür wird das Toolkit OpenNLP eingesetzt, das statistische Maximum-Entropy-Modelle (Lau et al. 1993) verwendet und so anhand sprachspezifischer Modelle Satzgrenzen, Tokens und Part-of-Speech-Tags ermittelt. Nachdem ein Dokument in einzelne Sätze separiert wurde, wird dieses Satz für Satz analysiert und indexiert. Da Sätze neben reinen Informationen auch Füllwörter und Leerphrasen enthalten, die zwar das Lesen vereinfachen können, aber nicht die eigentliche Information tragen, wird auf Grundlage von Part-of-Speech-Tags zunächst eine Auswahl von Wörtern bestimmter Wortarten getroffen, die anschließend einer Lemmatisierung (Ermittlung von Grundformen) unterzogen werden. Anders als z.B. die englische Sprache ist die die deutsche Sprache sehr stark geprägt von Unregelmäßigkeiten in der Bildung von Wortformen. Die Wortformen „(ich) gehe", „(ich) ging", (ich bin) gegangen" sind alle auf die Grundform „gehen" zurückzuführen. Um Vergleiche auf Wortebene sinnvoll durchführen zu können, ist es erforderlich, Wörter zunächst morphologisch zu untersuchen und deren Grundform zu ermitteln. Aufgrund der Unregelmäßigkeiten ist jedoch eine einfache regelbasierte algorithmische Lösung wie die vielfach im Englischen eingesetzte Stammformbildung durch Abschneiden von Suffixen, das sogenannte Stemming (Hull 1996), nicht bzw. nur bedingt einsetzbar. Aus diesem Grund erfolgt die Lemmatisierung von Substantiven, Vollverben und Adjektiven in unserem Ansatz mithilfe eines elektronischen Vollformenlexikons, das zu jeder Wortform eines Wortes die entsprechende Grundform enthält. Um Rechtschreibfehler zu kompensieren, wird im Prototyp die Kölner Phonetik (Postel 1969) verwendet, die zu einem Wort einen phonetischen Code generiert, anhand dessen eine Vorauswahl gleichklingender Wörter im Vollformenlexikon ermittelt wird. Anschließend wird mithilfe des Levenshtein-Algorithmus das Wort bzw. die Wörter ermittelt, bei denen die wenigsten Änderungsoperationen notwendig sind, um die Grundform zu erhalten. Zusammengesetzte Substantive (z.B. Haus + Bau) werden mithilfe von BananaSplit, das auf dem Algorithmus von Langer (Langer 1998) basiert, in seine Bestandteile zerlegt. Neben der inhaltlichen Repräsentation eines Satzes ist in unserem Ansatz ein weiterer Aspekt die Identifizierung syntaktischer Strukturen. Die Bedeutung eines Satzes wird nicht ausschließlich durch die enthaltenen Wörter und deren Semantik definiert, sondern auch durch die Stellung der Wörter in einem Satz und deren grammatische Beziehung. Auf Basis von erweiterbaren grammatischen Regeln werden in unserem Ansatz syntaktische Strukturen identifiziert und zu einer Baumstruktur zusammengefasst. Die Struktur des Baumes wird maßgeblich vom Inhalt und dem Aufbau eines Satzes beeinflusst. So führen Sätze, die die gleichen Wörter enthalten aber aufgrund ihrer strukturellen Anordnung und ihren Beziehungen untereinander unterschiedlich sind, zu unterschiedlichen Bäumen.

3.2 Vergleich von Dokumenten

Nach der Indexierung werden die einzelnen Dokumente auf Basis der indexierten Sätze paarweise miteinander verglichen. Die zugrundeliegende Metrik berücksichtigt dabei verschiedene Faktoren wie die Art der grammatischen Struktur, die Wortebene bei zusammengesetzten Wörtern und die Stärke der semantischen Beziehung von Wörtern. Da sich Worte auf Zeichenebene unterscheiden und trotzdem semantisch ähnlich bzw. gleich sein können (z.B. Synonyme), wird in unserem Ansatz das lexikalisch-semantische Netz GermaNet (Lemnitzer & Kunze 2007) eingesetzt. Dieses bildet Beziehungen zwischen Wörtern ab, die Aufschluss über die Stärke der semantischen Beziehung geben.

Jeder Satz eines Dokuments wird durch einen Baum, der die lemmatisierten Grundformen enthält, repräsentiert. Der Vergleich zweier Sätze erfolgt im Tiefensuchverfahren. Ausgehend vom Ursprungssatz werden im Vergleichssatz entsprechende grammatische Strukturen und Wörter gesucht. Dabei wird nur die Übereinstimmung mit der höchsten Bewertung erfasst.

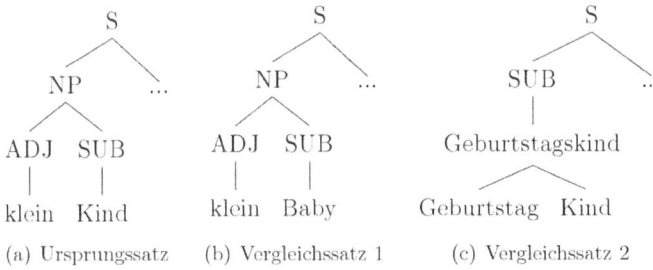

Abbildung 1: Vergleichsebenen

Dieses wird exemplarisch anhand eines Ursprungssatzes, der mit zwei Vergleichssätzen verglichen wird, demonstriert (siehe Abbildung 1). Der Vergleich des Ursprungssatz mit Vergleichssatz 1 ergibt, dass sich sowohl das Wort klein als auch das Wort Kind wiederfinden, da das Wort Kind mithilfe von GermaNet als Oberbegriff von Baby identifiziert werden konnte. Die grammatische Struktur [NP] fließt in die Bewertung mit ein, da sie sich vollständig im Vergleichssatz wiederfindet. Der Vergleich des Ursprungssatz mit Vergleichssatz 2 ergibt, dass sich das Wort Kind auf der zweiten Wortebene des Wortes Geburtstagskind, das mithilfe einer Kompositazerlegung in die Wörter Geburtstag und Kind zerlegt wurde, wiederfindet. Die grammatische Struktur [NP] wird hier nicht in der Bewertung berücksichtigt.

3.3 Technische Realisierung

Das entwickelte Verfahren ist in einem kollaborativen Schreibprogramm prototypisch realisiert worden. Der Editor ist eine Client-Server-Anwendung, die das verteilte Schreiben von mehreren Nutzern an unterschiedlichen Dokumenten ermöglicht. Die Indexierung und der Vergleich der Dokumente geschehen dabei serverseitig, die extrahierten Informationen werden dem Nutzer des Editors dann als textuelle Empfehlungen auf Clientseite bereitgestellt. Dem Nutzer werden bereits während des Schreibens ähnliche Sätze aus anderen Dokumenten empfohlen. Diese Empfehlungen werden durch ein Symbol am Ende eines Satzes, zu dem Informationen zur Verfügung stehen, angezeigt. Durch Anklicken des Symbols kann der Nutzer die entsprechende Empfehlung, die relevante Sätze aus Dokumenten anderer Autoren enthält, in Form eines Popups abrufen. Jeder empfohlene Satz enthält außerdem die Information, aus welchem Dokument dieser stammt und welche inhaltliche Relevanz dieser für den gegenübergestellten Satz hat. Die Empfehlungen werden während des Schreibens laufend aktualisiert und Änderungen in Dokumenten entsprechend berücksichtigt.

Es wurden verschiedene Darstellungsformen (u.a. die Darstellung der Informationen in Tabellenform) in Vorstudien getestet und mithilfe von Usability-Tests evaluiert. Im Prototyp wurde abschließend die Darstellung als Popup (siehe Abbildung 2), das durch den Benutzer manuell aufgerufen werden kann, gewählt, da sich diese Form als die benutzerfreundlichste darstellte. Empfehlungen werden am Ende eines Satzes bereitgestellt, wo diese potentiell benötigt werden.

Er verprach Eulenspiegel ihn in jedem Falle seiner Sünden zu befreien und keinerlei Konsequenzen
daraus zu ziehen, egal wc ☒   [1] CWT06:   schlafen zu
Hier gab Eulenspiegel na   Sie stritt es ab, doch der Pfarrer wollte ihr nicht   schehen sei.
haben.ⓘ Dies könnte der   glauben und schlug sie mit einem Stock grün
Eulenspiegel sagte, dass   und blau. (78%)
Der Pfarrer absolutierte Ti   er ging er zu
seiner Magd und stellte si   ärte ihm.
dass sie nie mit Eulenspieg geschlafen habe. Der Pfarrer glaubte ihr nicht und schlug die Magt mit
einem Stock grün und blau.

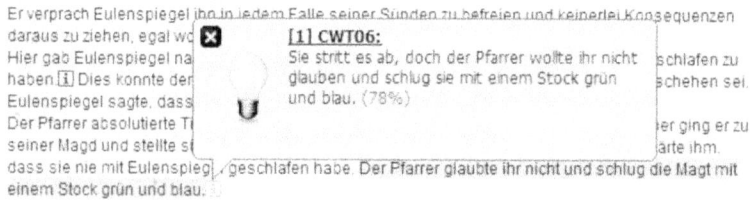

Abbildung 2: Empfehlung eines Textausschnitts in Form eines Popups

4   Evaluation der empfehlungsbasierten Unterstützung

Im Mittelpunkt der Evaluation stand primär die Frage, welchen Einfluss die textuellen Empfehlungen auf Schreibprozesse haben. Diese Frage sollte anhand eines Szenarios, das sich
auch auf andere Anwendungsbereiche in der (kollaborativen) Textproduktion übertragen
ließe, untersucht werden und zum einen die Unterstützung eines einzelnen Autors aber auch
die Unterstützung mehrerer Autoren, die kollaborativ agieren, verdeutlichen. Dazu wurde
eine zweiphasige Laborstudie mit insgesamt 30 Teilnehmern durchgeführt, in der das proto-
typische Schreibprogramm eingesetzt wurde. In der ersten Phase sollten die Teilnehmer kollaborativ Dokumente verfassen. Untersucht werden sollte in dieser Phase, welche Auswirkung die Bereitstellung der Empfehlungen auf die Qualität der verfassten Texte hat. Dazu
wurde die Hypothese untersucht, dass Empfehlungen einen Autor dabei unterstützen, die
Dokumente anderer Autoren besser zu erfassen und Teile dieser Dokumente leichter in den
eigenen Text zu integrieren. In der zweiten Phase wurden die kollaborativ verfassten Dokumente von anderen Teilnehmern bewertet. Hier wurde die Hypothese untersucht, dass Empfehlungen, einen Bewerter unterstützen, die inhaltliche Qualität eines Dokuments zu bewerten und somit die Grundlage für eine anschließende Revision zu schaffen.

4.1   Studiendesign

Die Laborstudie wurde in zwei Phasen durchgeführt, um die Unterstützung beim Schreiben
und die Unterstützung beim Revidieren von Dokumenten getrennt voneinander zu untersuchen. In der ersten Phase wurden 18 Teilnehmer zufällig auf 6 Gruppen aufgeteilt. Die Aufgabe jeder Gruppe bestand darin, gemeinsam ein Dokument zum kollaborativen Schreiben
zu verfassen und dabei drei vorgegebene Aspekte zu betrachten: (1) Technische und theoretische Grundlagen, (2) kollaboratives Schreiben in der Praxis und (3) ein zusammenfassendes
Fazit. Zur Verfügung standen allen Teilnehmern acht Quellen unterschiedlichen Umfangs,
die aus Internetquellen, Büchern und Zeitschriften stammten und das Thema „Kollaboratives
Schreiben" in verschiedenen Facetten betrachteten. Es wurde nicht verlangt, dass die Quellen
(korrekt) zitiert werden. Während der zweistündigen Studie organisierten die Teilnehmer ihre
Schreibprozesse, sichteten die Quellen und verfassten einzelne Texte zu den Aspekten (1) bis
(3) und fassten diese schlussendlich zu einem Gesamtdokument zusammen. In den 6 Gruppen stand den Teilnehmern das Schreibprogramm in unterschiedlichen Konfigurationen zur
Verfügung, dargestellt in Tabelle 1 (X: verfügbar, -: nicht verfügbar).

Gruppe	Dokument	Konfiguration	Empfehlungen	Suchfunktion
I und II	1 und 2	Kontrollkonfiguration	-	-
III und IV	3 und 4	Testkonfiguration I	X	-
V und VI	5 und 6	Testkonfiguration II	-	X

Tabelle 1: Konfigurationen innerhalb der Gruppe in der ersten Phase

Die Suchfunktion basierte auf den extrahierten Informationen der serverseitigen Indexierung (siehe 3.1) und ermöglichte, Dokumente nach einzelnen Wörtern/Phrasen zu durchsuchen.

In der zweiten Phase der Laborstudie wurden die 6 Dokumente der ersten Phase paarweise von 12 Teilnehmern gelesen und bewertet. Dazu wurden jeweils zwei Dokumente aus unterschiedlichen Konfigurationen (Kontrollkonfiguration, Testkonfiguration I, Testkonfiguration II) und die acht Quellen aus der ersten Phase einem Teilnehmer in gedruckter Form vorgelegt. Jeder Teilnehmer hatte zunächst 30 Minuten Zeit, um beide Texte zu lesen und ggf. die Quellen zu sichten und eine erste Bewertung (B1) abzugeben. Dem Teilnehmer wurden zur Bewertung keine Qualitätskriterien vorgegeben. Anschließend wurde dem Teilnehmer das Schreibprogramm zur Verfügung gestellt, in dem die beiden Texte sowie die Quellen in digitaler Form vorlagen. Das Schreibprogramm wurde in der zweiten Phase sowohl mit Empfehlungen als auch der Suchfunktion bereitgestellt. Die Empfehlungen in den beiden zu bewertenden Dokumenten enthielten Ausschnitte aus den Quellen. Außerdem konnten die Quellen mithilfe der Suchfunktion durchsucht werden. Die Teilnehmer hatten erneut 30 Minuten Zeit die Texte mithilfe des Schreibprogramms zu lesen, Empfehlungen aufzurufen, die Suchfunktion zu verwenden und eine zweite Bewertung (B2) abzugeben. Sofern sich die Bewertung zwischen B1 und B2 änderte, sollten die Teilnehmer eine Begründung für die Änderung angeben. Die Teilnehmer gaben für B1 und B2 sowohl eine inhaltliche als auch eine sprachliche Bewertung auf einer Skala von 1 (sehr gut) bis 6 (ungenügend) ab. Ausgewertet wurde allerdings nur die inhaltliche Bewertung der Teilnehmer.

4.2 Auswertung und Interpretation

	Kontrollkonfiguration			Testkonfiguration I			Testkonfiguration II		
Bewertung B2	+	•	-	+	•	-	+	•	-
Kontrollkonfiguration	-	-	-	1	2	1	1	0	3
Testkonfiguration I	1	2	1	-	-	-	1	1	2
Testkonfiguration II	3	0	1	2	1	1	-	-	-
	4	2	2	3	3	2	2	1	5

Tabelle 2: Paarweise inhaltliche Bewertung (nach Bereitstellung von Empfehlungen und Suchfunktion)

In Tabelle 2 sind die einzelnen paarweisen Vergleiche und finalen inhaltlichen Bewertungen B2 kumuliert dargestellt. Es wird kreuzweise verglichen, ob im paarweisen Vergleich ein Dokument aus einer Konfiguration besser (+), gleich (•) oder schlechter (-) als ein Dokument aus einer anderen Konfiguration bewertet wurde. Im Durchschnitt wurden Dokumente aus der Kontrollkonfiguration mit 2,88 (SD = 1,126; Median = 2,5), aus Testkonfiguration I mit 2,5 (SD = 1,195; Median = 2,0) und aus Testkonfiguration II mit 3,63 (SD = 1,302; Median = 3,5) von den Teilnehmern bewertet. Tabelle 2 zeigt, dass die Dokumente aus Testkonfiguration II tendenziell schlechter bewertet wurden als Dokumente aus anderen Konfigurationen. Dies bestätigt auch der Mittelwert.

Hinsichtlich der unterstützenden Eigenschaften der Empfehlungen bzw. der Suchfunktion in der ersten Phase sollten alle Teilnehmer mithilfe eines Fragebogens eine Selbsteinschätzung auf einer Skala von 1 (stimme nicht zu) bis 5 (stimme zu) abgeben, ob sie die Quellen erfasst haben und alle notwendigen Informationen in den eigenen Text haben einfließen lassen. Tabelle 3 fasst die Mittelwerte zusammen. Angemerkt sei, dass von den 6 Teilnehmern aus Testkonfiguration II lediglich drei die zur Verfügung stehende Suchfunktion benutzten, die Empfehlungen hingegen wurden von allen Teilnehmern in Testkonfiguration I genutzt. Zwar ist kein signifikanter Einfluss durch die Bereitstellung von Empfehlungen bzw. Suchfunktion auf die Einschätzung der Teilnehmer, ob sie die Quellen erfasst und auch verarbeitet haben, doch ist tendenziell erkennbar, dass Empfehlungen sich positiv auswirkten, wie gut die Quellen erfasst und in die eigenen Texte integriert werden konnten. In Testkonfiguration II fällt zudem auf, dass zwar die Integration der Quellen gelang, diese aber nur mittelmäßig erfasst wurden. Da die Teilnehmer die Schreibprozesse selbständig organisierten, lässt das Ergebnis die Vermutung zu, dass die drei Teilnehmer in Testkonfiguration II, die die Suchfunktion nutzten, möglicherweise begründet durch die Tatsache, dass eine Suchfunktion zur Verfügung steht, weniger Zeit in das Lesen der Quellen und mehr Zeit ins Schreiben investierten.

	Quellen erfasst	Quellen verarbeitet
Kontrollkonfiguration	3,83 (SD = 0,983; Median = 4)	3,5 (SD = 1,049; Median = 3,5)
Testkonfiguration I	4,33 (SD = 0,516; Median = 4)	3,83 (SD = 0,983; Median = 4)
Testkonfiguration II	3,0 (SD = 0,894; Median = 3)	3,67 (SD = 1,033; Median = 4)

Tabelle 3: Mittelwertanalyse der Fragebogenantworten

In der zweiten Phase wurden in insgesamt 24 Bewertungen in 6 Fällen Bewertung im Vergleich zu B1 positiv verändert, in 8 Fällen wurden die Dokumente im Vergleich zu B1 schlechter beurteilt, nachdem den Teilnehmern Empfehlungen und die Suchfunktion zur Verfügung gestellt wurden. Durchschnittlich wurden die Dokumente um 0,75 besser bzw. schlechter bewertet. In den Begründungen der Bewertungen zeigt sich, dass die Dokumente aller Konfigurationen (bedingt durch die Aufgabenstellung) starke inhaltliche Ähnlichkeiten zu den Quellen aufwiesen. Negative Veränderungen zwischen B1 und B2 für die Dokumente 5 und 6 (Testkonfiguration II) wurden mehrfach damit begründet, dass Textpassagen eins zu eins aus den Quellen kopiert wurden (Begründung bei Dok. 5: „Zusammen mit den Quellen wird offenbar, dass der Verfasser häufig einfach abgeschrieben hat."; Begründung bei Dok. 6: „Durch Verwendung des Programms konnte ich bei Dokument 6 feststellen, dass der Autor viel aus den Quellen, fast eins zu eins, kopiert hat."). Die Teilnehmer honorierten hingegen in B2, wenn die Sachverhalte im Vergleich zu den Quellen inhaltlich korrekt und verständlich in eigenen Worten dargestellt wurden (Begründung bei Dok. 4: „Weniger „Fachjargon" im Vgl. zu den Quellen und somit Verständnis leichter!"). Hier zeigte sich, dass vor allem die textuellen Empfehlungen dazu beitrugen, diesen inhaltlichen Vergleich zu erleichtern und den Nutzer unterstützten, unbekannte Texte zu bewerten und qualitative Mängel zu identifizieren. Die Frage, ob die Suchfunktion bzw. die Empfehlungen helfen, inhaltliche Fehler zu finden, wurde von den Teilnehmern auf einer Skala von 1 (stimme nicht zu) bis 5 (stimme zu) für die Suchfunktion durchschnittlich mit 2,78 (SD = 1,202; Median = 3), für die Empfehlungen durchschnittlich mit 3,44 (SD = 1,333; Median = 3) bewertet. Die Empfehlungen wurden von allen Teilnehmern genutzt, die Suchfunktion von 9 Teilnehmern.

5 Diskussion und Fazit

In diesem Beitrag wurde ein neuartiges Verfahren vorgestellt, welches es zum Ziel hat, Schreibprozesse durch den Einsatz von computerlinguistischen Verfahren zu unterstützen. In einer Laborstudie wurde ein Szenario, in dem mehrere Personen gemeinsam in verteilter und teils unabhängiger Weise Textteile produzierten und miteinander verbanden, untersucht. Die daraus entstandenen Dokumente wurden anschließend von anderen Personen bewertet. Es wurde festgestellt, dass dieser Ansatz verschiedene Phasen des Schreibens unterstützen kann, sei es als Mittel, Quellen zu erschließen und zu integrieren, oder als Mittel, einen Text zu bewerten, um diesen ggf. auf Grundlage dieser Bewertung zu revidieren. In der statistischen Untersuchung des Einflusses von Empfehlungen und Suchfunktion bezogen auf das Endprodukt der kollaborativen Textproduktion zeigte sich kein signifikanter Unterschied, auch bedingt durch die kleine Stichprobe, zwischen Kontroll- und Testkonfigurationen, lediglich tendenziell war eine qualitative Verbesserung hinsichtlich inhaltlicher Darstellung in Dokumenten, in denen Empfehlungen angezeigt wurden, festzustellen. Die Bereitstellung der Suchfunktion bzw. von Empfehlungen wurde von den Teilnehmern (eher) positiv beurteilt. Insbesondere in der ersten Phase wurde sowohl subjektiv als auch objektiv ein Einfluss durch die Empfehlungen deutlich. Die Bereitstellung von Empfehlungen ist hier einer Suchfunktion überlegen, da diese vorhandene Informationen (in Form von Sätzen) voraussetzt und direktes Kopieren von Textpassagen dadurch nicht gefördert wird. In der zweiten Phase zeigte sich, dass vor allem die Empfehlungen geeignet waren, um sowohl positive Eigenschaften eines Textes aber auch inhaltliche Mängel (hier insbesondere durch Kopieren von Textpassagen) zu identifizieren und in der Bewertung zu berücksichtigen.

Die jüngsten Diskussionen um wissenschaftliches Plagiieren verdeutlichen, dass die ethische Auseinandersetzung mit geistigem Eigentum fremder Autoren in der Ausbildung des wissenschaftlichen Nachwuchses eine wichtige Rolle einnehmen sollte. Dies wurde auch in der Laborstudie deutlich, in der sich das Kopieren von Textteilen aus den Quellen negativ auf die Bewertungen auswirkte. Hier kann der entwickelte Ansatz u.U. eingesetzt werden, um den richtigen Umgang mit Quellen zu vermitteln und helfen, Plagiate (frühzeitig) zu erkennen.

Der Vergleich der Dokumente auf Satzebene würdigt den Satz als semantische Einheit. Für zukünftige Arbeiten könnte es von Interesse sein, wie zusammenhängende Informationen, die über mehrere Sätze verteilt sind, identifiziert und empfohlen werden können.

Literaturverzeichnis

Bredel, U., Günther, H., Klotz, P., Ossner, J. & Siebert-Ott, G. (Hrsg.) (2006). *Didaktik der deutschen Sprache. 2. Auflage. 2. Band.* Stuttgart: UTB.

Dourish, P. & Bly, S. (1992). Portholes: supporting awareness in a distributed work group. In Bauersfeld, P., Bennett, J. & Lynch, G. (Hrsg.): *Proceedings of the SIGCHI conference on Human factors in computing systems (CHI '92).* New York, NY, USA: ACM. S. 541-547.

Ellis, C. A. & Gibbs, S. J. (1989). Concurrency Control in Groupware Systems. In Clifford, J., Lindsay, B. & Maier, D. (Hrsg.): *Proceedings of the 1989 ACM SIGMOD International Conference on Management of Data* (SIGMOD '89). New York, NY, USA: ACM. S. 399-407.

Esselborn-Krumbiegel, H. (Hrsg.) (2008). *Von der Idee zum Text: Eine Anleitung zum wissenschaftlichen Schreiben. 3. Auflage.* Stuttgart: UTB.

Fix, M. (2008). *Texte schreiben: Schreibprozesse im Deutschunterricht. 2. Auflage.* Stuttgart: UTB.

Fröhlich, G. (2006) Plagiate und unethische Autorenschaften. In *Information - Wissenschaft & Praxis 57*. Deutsche Gesellschaft für Informationswissenschaft und Informationspraxis e.V. S. 81-89.

Glover, A. & Hirst, G. (1995). Detecting stylistic inconsistencies in collaborative writing. In Sharples, M. & van der Geest, T. (Hrsg.): *The new writing environment: Writers at work in a world of technology.* London: Springer-Verlag, S. 147-168.

Gu, N., Xu, J., Wu, X., Yang, J., & Ye, W. (2005). Ontology based semantic conflicts resolution in collaborative editing of design documents. In *Advanced Engineering Informatics* 19(2). Amsterdam, Niederlande: Elsevier Science Publisher. S. 103-111.

Hull, D. A. (1996). Stemming algorithms: A case study for detailed evaluation. In *Journal of the American Society for Information Science. Special Issue: Evaluation of Information Retrieval Systems.* Volume 47. Issue 1. S. 70–84.

Jakobs, E.-M. (2007). „Das lernt man im Beruf..." Schreibkompetenz für den Arbeitsplatz. In Werlen, E. & Tissot, F. (Hrsg.): *Sprachvermittlung in einem mehrsprachigen kommunikationsorientierten Umfeld.* Hohengehren: Schneider Verlag [Reihe Sprachenlernen konkret]. S. 27-42.

Langer, S. (1998). Zur Morphologie und Semantik von Nominalkomposita. In *Tagungsband der 4. Konferenz zur Verarbeitung natürlicher Sprache* (KONVENS). Bonn. S. 83-97.

Lau, R., Rosenfeld, R. & Roukos, S. (1993). Adaptive Language Modeling Using the Maximum Entropy Principle. In *Proceedings of the Human Language Technology Workshop.* Stroudsburg, PA, USA: Association for Computational Linguistics. S. 108-113.

Lemnitzer, L. & Kunze, C. (2007). *Computerlexikographie.* Tübingen: Narr Verlag.

Olivier, H.; Pinkwart, N. (2009). Towards Supporting Phases in Collaborative Writing Processes. In Luo, Y. (Hrsg.): *Proceedings of the 6th International Conference on Cooperative Design, Visualization, and Engineering* (CDVE'09). Berlin, Heidelberg: Springer-Verlag, S. 297-304.

Postel, H. J. (1969). Die Kölner Phonetik. Ein Verfahren zur Identifizierung von Personennamen auf der Grundlage der Gestaltanalyse. In *IBM Nachrichten 19.* S. 925–931.

Rahhal, C., Skaf-Molli, H., Molli, P. & De Silva, N. (2007). SemCW: Semantic Collaborative Writing using RST. In *The 3rd International Conference on Collaborative Computing: Networking, Applications and Worksharing.* Washington, DC, USA: IEEE Computer Society. S. 484-493.

S. Boll, S. Maaß & R. Malaka (Hrsg.): Mensch & Computer 2013
München: Oldenbourg Verlag, 2013, S. 17–26

Interaktive Empfehlungsgenerierung mit Hilfe latenter Produktfaktoren

Benedikt Loepp, Tim Hussein, Jürgen Ziegler

Universität Duisburg-Essen

Zusammenfassung

In diesem Beitrag beschreiben wir ein Verfahren zur Generierung interaktiver Empfehlungsdialoge auf Basis latenter Produktfaktoren. Der Ansatz verbindet auf neuartige Weise Methoden zur automatischen Generierung von Empfehlungen mit interaktiven, explorativen Methoden der Produktsuche. Das vorgestellte Verfahren nutzt verborgene Muster in Produktbewertungen („latente Faktoren") und erzeugt auf dieser Basis visuelle Dialoge, die den Nutzer schrittweise und intuitiv durch einen Explorationsprozess führen. In einer Nutzerstudie konnten wir zeigen, dass ein derartiger interaktiver Empfehlungsprozess hinsichtlich des Aufwandes und der Zufriedenheit mit den erzielten Resultaten eine deutliche Verbesserung gegenüber rein manuellen oder rein automatischen Verfahren bieten kann.

1 Einleitung

Eine zentrale Herausforderung bei heutigen Webangeboten besteht darin, den Nutzer durch die häufig unübersichtlich große Menge an Alternativen zu denjenigen hinzuführen, die seinen Bedürfnissen und Interessen bestmöglich entsprechen. Dies kann sich auf Handelsgüter, Nachrichtenartikel, Medienartefakte oder beliebige andere Objekte beziehen. Um dieser Problematik zu begegnen, wurden *Empfehlungssysteme* (Recommender Systems) mit dem Ziel entwickelt, aus einer Vielzahl von Alternativen automatisiert eine Untermenge zu selektieren und zu präsentieren, die für den Nutzer von besonderem Interesse oder Nutzen sein könnte (Ricci et al., 2010). Dabei sind aus Nutzersicht neben individuellen Präferenzen auch Aspekte wie die Diversität und der Neuigkeitswert für den Nutzer zu berücksichtigen.

Die kontinuierliche Optimierung von Empfehlungsalgorithmen hat zwar zu einer graduell ständig verbesserten Passung der empfohlenen Items mit dem jeweiligen Nutzerprofil geführt, bringt jedoch gleichzeitig eine Reihe von Problemen mit sich, die zunehmend kritisch diskutiert werden (Konstan & Riedl, 2012). Wesentliche Kritikpunkte sind z.B. die verminderte Kontrolle des Nutzers über den Selektionsprozess oder die geringe Transparenz bezüglich der Ursachen für die gegebenen Empfehlungen (Sinha & Swearingen, 2002). Insbesondere wird aber die mit der Zeit ständig zunehmende und sich selbst verstärkende Eingrenzung der Empfehlungen auf die bisherigen Präferenzen des Nutzers diskutiert, die es diesem potenziell erschwert, neue Themenfelder oder Produktarten zu erschließen (Iacobelli, Birnbaum & Hammond, 2010) oder besser auf situative Bedürfnisse zu reagieren (Chi, 2004). Das populäre Schlagwort der „Filter Bubble" (Pariser, 2011) kennzeichnet dieses Dilemma.

Pu et al. (2012) sehen erhebliches Verbesserungspotenzial in der Entwicklung nutzerfreund-licher und situationsangemessener Benutzungsschnittstellen für Recommender. Die verwen-deten Algorithmen werden hingegen als bereits sehr ausgereift erachtet, so dass hier nur moderate Qualitätssteigerungen zu erwarten sind. Zudem konnte in Studien gezeigt werden, dass Nutzer eine aktivere Rolle bei der Empfehlungsgenerierung wünschen (Xiao & Benba-sat, 2007). Ein höherer Einfluss kann die Transparenz des Prozesses steigern und somit die Akzeptanz der präsentierten Ergebnisse erhöhen (Xiao & Benbasat, 2007).

Der vorliegende Beitrag stellt ein neuartiges Verfahren vor, mit dem interaktive Empfeh-lungsdialoge automatisiert auf Basis existierender Kauf- oder Bewertungsdaten erzeugt wer-den. Dies soll möglich sein, ohne dass der Nutzer selbst bereits Bewertungen abgegeben hat bzw. ein Nutzerprofil von ihm vorliegt. Die von anderen Nutzern abgegebenen Bewertungen werden mit Hilfe algorithmischer Verfahren auf latente Bewertungsmuster untersucht, um die Produkte anhand der gewonnenen latenten Faktoren zu klassifizieren. Unser Ansatz erzeugt daraufhin automatisiert visuelle Dialoge, um die Interessen des Nutzers zum Zweck der Empfehlungsgenerierung inkrementell zu erfassen. Latente Faktorenmodelle werden seit Jahren erfolgreich in vollautomatischen Empfehlungsverfahren eingesetzt, allerdings sind diese bislang nicht durch den Nutzer steuerbar. Mit unserem Ansatz verbinden wir die Vortei-le automatisierter Verfahren (präzise Empfehlungen, kognitive Entlastung) mit denen manu-eller Exploration (hohe Flexibilität, situative Anpassung und gute Steuerbarkeit).

2 Automatische und interaktive Empfehlungssysteme

Systemgesteuerte, algorithmische Empfehlungssysteme (Ricci et al., 2010) können den Suchaufwand des Nutzers und seine kognitive Belastung reduzieren, sind aber vom Nutzer nicht oder nur wenig steuerbar. Auch ist die Empfehlungsgenerierung häufig nicht oder nur in sehr geringem Maße transparent, was die Akzeptanz der Vorschläge oder das Vertrauen in den Anbieter des Systems negativ beeinflussen kann (Xiao & Benbasat, 2007). Nutzerge-steuerte Such- und Filterverfahren sind demgegenüber flexibel und ermöglichen ein explora-tives und situativ angepasstes Vorgehen. Andererseits erhöhen sie den Such- und Navigati-onsaufwand und bieten häufig nicht die zum Nutzerziel am besten passenden Filtermöglich-keiten an. Die in der Praxis eingesetzten Methoden sind zudem vorwiegend auf hierarchische Navigation, Suchfelder und facettierte Filterung beschränkt. Sie setzen voraus, dass der Nut-zer sich zumindest ansatzweise ein Suchziel gebildet hat.

Ein vielversprechender Ausgangspunkt zur Überwindung der Probleme und Einschränkun-gen der jeweiligen Ansätze kann darin gesehen werden, interaktive Methoden mit automati-sierten Empfehlungsmechanismen zu kombinieren, zu integrieren und dadurch dem Nutzer eine stärkere Kontrolle über den Empfehlungsprozess zu ermöglichen. Dialogbasierte Emp-fehlungssysteme konfrontieren den Nutzer beispielsweise mit einer Reihe von Fragen zu seinem Suchziel und generieren anschließend passende Empfehlungen (Mahmood & Ricci, 2009). Die präsentierten Fragen basieren jedoch in der Regel auf vorab modelliertem Wissen, so dass derartige Systeme nur bedingt als dynamisch anzusehen sind.

Sogenannte Critique-based Recommender (Chen & Pu, 2012) erhöhen den Grad an Interaktivität, indem sie den Nutzer die Empfehlungen im Anschluss an ihre Erzeugung in Bezug auf bestimmte Features bewerten lassen. So kann er etwa explizit angeben, dass er eher an preisgünstigeren Produkten interessiert ist. Die Features umfassen in der Regel jedoch nur vorab modellierte Dimensionen. Eine Ausnahme stellt hier der *MovieTuner* von Vig et al. (2011) dar, welcher auf einer großen Menge von durch die gesamte Nutzerbasis vergebenen Tags basiert. *MovieTuner* erlaubt es seinen Anwendern, explizit Empfehlungen von z.B. weniger brutalen Filmen anzufordern. Die für den jeweiligen Film relevanten Tags werden dabei vom System automatisch aus der Gesamtmenge aller Tags herausgefiltert und gewichtet. Der Ansatz ist allerdings nur bedingt übertragbar, da eine große Menge von Tags oder textuellen Beschreibungen über die zu empfehlenden Inhalte benötigt wird.

Bisher existieren nur wenige Ansätze, die Empfehlungssysteme mit interaktiven visuellen Darstellungen kombinieren. Gretarsson et al. (2010) präsentieren eine graphbasierte interaktive Visualisierung für ein in Facebook eingebettetes Empfehlungssystem. In der Evaluation kommen die Autoren zu dem Schluss, dass dies die Transparenz des Systems erhöht, den Empfehlungsprozess leichter verständlich macht und somit die Zufriedenheit der Nutzer verbessert. Zu einem ähnlichen Ergebnis kommen Bostandjiev et al. (2012), welche mit *TasteWeights* ein visuelles, interaktives und hybrides Empfehlungssystem vorstellen. Der Nutzer kann hier den Einflussgrad von Informationen aus verschiedenen sozialen Netzen auf den Empfehlungsprozess beeinflussen, was zu einer Verbesserung der wahrgenommenen Empfehlungsgüte führte.

Zusammenfassend ist festzustellen, dass es bislang nur vereinzelte oder eingeschränkte Ansätze zur Integration von interaktiver Exploration mit automatischer Empfehlungsgenerierung gibt und diese hohe Anforderungen an die zugrundeliegende Datenbasis stellen. In allen Fällen werden reichhaltig vorstrukturierte Daten, zusätzliche Beschreibungen oder Tags benötigt, um dem Nutzer eine Steuerung des Empfehlungsprozesses zu ermöglichen. Verfahren, die ohne diese Voraussetzungen auskommen und den Nutzer trotzdem effektiv und effizient unterstützen, existieren nach unserem Kenntnisstand jedoch nicht.

3 Generierung interaktiver Empfehlungsprozesse

Das im Folgenden vorgestellte Verfahren bestimmt zunächst aus Kauf- oder Bewertungsdaten einer großen Menge von Nutzern eine Anzahl niedrigdimensionaler Faktoren und nutzt diese, um eine Folge von interaktiven Auswahlschritten mit typischen Produktvertretern für die unterschiedlichen Faktorausprägungen zu generieren. Nach Durchlaufen einer wählbaren Zahl von Auswahlschritten werden dem Nutzer Empfehlungen präsentiert, die bestmöglich zu den von ihm getroffenen Auswahlentscheidungen passen. Ohne Beschränkung der Allgemeinheit wird das Verfahren am Beispiel eines Filmportals erklärt, für dessen Filme eine große Zahl von Nutzerbewertungen von 1 („gefällt mir gar nicht") bis 5 („gefällt mir sehr gut") abgegeben wurden. Dies entspricht der Situation bei der gängigsten Empfehlungsmethode, dem Collaborative Filtering.

Ausgangspunkt und einzige Vorbedingung für das Verfahren ist das Vorliegen von Kauf- oder Bewertungsdaten in der Form einer (sehr großen) Nutzer × Item-Matrix (Items seien hier die zur Auswahl stehenden Filme). Aus den vorliegenden Bewertungsdaten wird eine eingeschränkte Zahl von Dimensionen, sogenannten latenten Faktoren, gewonnen, anhand derer sämtliche Filme in einem von diesen Dimensionen aufgespannten Vektorraum angeordnet und dadurch charakterisiert werden können. Zur Bestimmung der latenten Faktoren werden Methoden der *Matrix Factorization* (Koren et al., 2009) genutzt, wobei spezifische Verfahren wie *Alternating Least Squares* oder *Stochastic Gradient Descent* herangezogen werden. Für die Einzelheiten dieser Verfahren sei an dieser Stelle auf die entsprechende Literatur verwiesen (Koren et al., 2009).

Die Anzahl der latenten Faktoren, mit denen sich eine Objektmenge optimal klassifizieren lässt, kann variieren – 20 bis 100 Faktoren lassen sich hierbei üblicherweise als guter Richtwert ansehen. Die Faktoren können mehr oder weniger offensichtlich sein, z.B. können sie bestimmte Charakteristika der Filme, etwa „Filme mit schwarzem Humor" oder „Filme mit romantischer Love-Story" repräsentieren. Da es sich um ein rein Statistik-basiertes Verfahren handelt, ist es nicht möglich, die Faktoren automatisiert mit Bezeichnungen zu versehen. Es kann lediglich für jeden Film gesagt werden, wie hoch oder niedrig seine Ausprägung bezüglich dieses Merkmals ist.

Die zu erzeugenden Empfehlungen werden anschließend anhand der Ähnlichkeit zwischen den aus den gewonnenen Dimensionen bestehenden Item-Vektoren und dem korrespondierenden Vektor des Nutzers, der seine Interessen repräsentiert, bestimmt. Dieser Nutzervektor ist allerdings zunächst unbekannt, da wir keine im Voraus durch den Nutzer abgegebenen Bewertungen voraussetzen. Stattdessen nutzen wir den erstellten Vektorraum als Basis für Benutzerdialoge, um den Nutzer (bzw. seine Interessen) schrittweise *interaktiv* in diesem Raum zu positionieren. Hierfür wird eine Folge von Auswahlentscheidungen generiert, bei denen der Nutzer jeweils zwischen zwei Mengen an Filmen wählt. Anschließend können wir ihm diejenigen Filme empfehlen, die im Objektraum die geringste Distanz zu seiner Position aufweisen. Abbildung 1 veranschaulicht das Vorgehen an einem einfachen Beispiel mit zwei Faktoren (jeweils repräsentiert durch eine Achse des Vektorraumes).

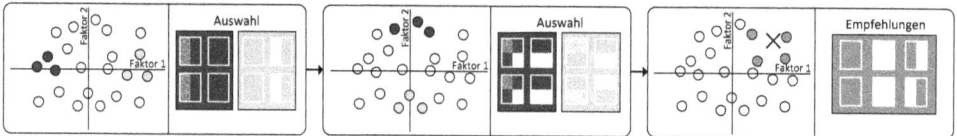

Abbildung 1: Beispielhafter Ablauf des interaktiven Dialog-Prozesses zur Empfehlungsgenerierung bei zwei lateten Faktoren: Für jeden Faktor werden Filme möglichst unterschiedlicher Ausprägung selektiert, die sich in allen anderen Dimensionen sehr ähnlich sind. Die entsprechenden Repräsentanten werden dem Nutzer im Auswahldialog präsentiert. Nachdem sich der Nutzer in jedem Schritt für eine Menge entschieden hat, können ihm anhand seiner somit bestimmten Position im Raum Empfehlungen angeboten werden.

In jedem Interaktionsschritt wird implizit die Position des Nutzers gemäß eines Faktors ermittelt, indem ihm zwei kleine Mengen von Filmen präsentiert werden und er nach seiner Präferenz gefragt wird. Während die eine Menge aus typischen Repräsentanten mit geringer Ausprägung eines Merkmals besteht, weisen die Repräsentanten der anderen Menge eine hohe Ausprägung des Merkmals auf. Wählt er die Menge mit den niedrigen Merkmalsausprägungen, erhält der Präferenzvektor bezüglich dieser Dimension einen niedrigen Wert und umgekehrt einen hohen Wert, wenn er die Menge der Repräsentanten mit hoher Merkmalsausprägung wählt. Möchte er für einen Faktor keine Entscheidung treffen, wird diese Dimension nicht weiter berücksichtigt. Diese Vorgehensweise erlaubt eine situativ angepasste Generierung von Empfehlungen und lässt sich als „Recommending by Example" umschreiben.

3.1 Auswahl und Reihenfolge der Interaktionsschritte

Bei n Faktoren wären theoretisch n Auswahlentscheidungen notwendig, um den Nutzer optimal im Objektraum zu positionieren. Allerdings unterscheiden sich die Faktoren durchaus in ihrer Wichtigkeit, so dass bei geeigneter Reihenfolge der Entscheidungen schon nach sehr wenigen Schritten mit einer „ausreichend guten" Positionierung zu rechnen ist. Um dies zu erreichen sollten sich die jeweils gewählten Dimensionen stark unterscheiden, das heißt die Filme sollten gemäß ihrer Ausprägungen der Faktoren möglichst distinkt sein. Hierzu wird für jeden Faktor ein Vektor erstellt, dessen Elemente den Ausprägungen jedes einzelnen Films für dieses Merkmal entsprechen. Nach erfolgter Berechnung der Ähnlichkeit dieser Vektoren (z.B. mittels des Kosinusmaßes) können Schritt für Schritt Faktoren gewählt werden, die zu allen vorherigen Faktoren den größtmöglichen Unterschied aufweisen. Anhand dieser gewählten Faktoren werden im Anschluss iterativ die Dialogschritte aufgebaut.

3.2 Auswahl geeigneter Repräsentanten

Um dem Nutzer möglichst gut unterscheidbare Mengen von Filmen präsentieren zu können, werden geeignete Repräsentanten nach den folgenden drei Kriterien ausgewählt:

1   *Bekanntheit:* Um sicherzustellen, dass der Nutzer auch qualifiziert über die Mengen urteilen kann, beschränken wir uns auf Filme mit einer Mindestanzahl an Bewertungen.

2   *Hohe Unterschiedlichkeit:* Die Filme werden dann derart ausgewählt, dass sie gemäß des aktuell betrachteten Faktors eine hohe Unterschiedlichkeit aufweisen.

3   *Isolierung des Faktors:* Ebenso wird darauf geachtet, dass die Filme hinsichtlich aller anderen Faktoren eine möglichst neutrale Position einnehmen.

4   Evaluation

In einer empirischen Studie wurde die Effektivität und Effizienz des vorgestellten Ansatzes im Vergleich zu manueller Exploration und vollautomatischen Empfehlungssystemen überprüft. Unsere Vermutung war, dass eine manuelle Navigation über Menüs, Suchfelder und Hyperlinks zwar gut passende Ergebnisse liefert (hohe Effektivität), aber aufgrund des hohen Interaktionsaufwands weniger effizient ist. Für die automatisch generierten Empfehlungen vermuteten wir gegenteilige Ergebnisse. Für unseren Ansatz, im Folgenden als „Interaktive Empfehlung" bezeichnet, nahmen wir an, dass er einen guten Trade-off zwischen diesen Methoden darstellt. Zur Untersuchung dieser Vermutungen entwickelten wir ein fiktives Filmportal, welches eine Filmauswahl durch vier unterschiedliche Methoden zulässt:

- **Populäre Filme (Pop)** zeigt eine Liste von sechs Filmen an, die nach einer Kombination von hohem Durchschnittsrating und hoher Anzahl abgegebener Bewertungen ermittelt wurde. Eine Personalisierung findet nicht statt.

- **Manuelle Exploration (Man)** erlaubt eine freie Interaktion über Navigationsmenüs, Suchfelder, Tags und Hyperlinks im Portal.

- **Automatische Empfehlung (Aut)** präsentiert sechs mittels Matrix Factorization automatisch generierte Empfehlungen. Hierzu müssen initiale Bewertungen einiger Filme durch den Nutzer vorliegen (Details folgen bei der Beschreibung des Studienaufbaus).

- **Interaktive Empfehlung (Int)** führt einen Dialogprozess wie oben beschrieben mit fünf Auswahlentscheidungen durch und präsentiert danach ebenfalls sechs Empfehlungen.

Zur Realisierung wurde die *FactorWiseMatrixFactorization* aus der *MyMediaLite*-Bibliothek (Gantner et al., 2011) verwendet. Als Bewertungsgrundlage wählten wir den häufig verwendeten MovieLens 10M-Datensatz[1]. Um weitere Metadaten zur besseren Darstellung der Filme zu erlangen, reicherten wir diesen um Filmbeschreibungen, Tags, Bilder und weitere Informationen an. Hierzu bedienten wir uns des HetRec'11-Datensatzes (Candator et al., 2011) und importierten zusätzlich Informationen aus der Internet Movie Database[2] (IMDb).

4.1 Hypothesen

Zur Überprüfung unserer Vermutungen formulierten wir eine Reihe von Hypothesen: Die vier Methoden unterscheiden sich im Hinblick auf wahrgenommene Passung (**H1**) und wahrgenommenen Neuigkeitswert (**H2**) der Empfehlungen. Ebenso im Hinblick auf die Möglichkeit der Beeinflussung des Auswahlprozesses (**H3**) und den vom Nutzer wahrgenommenen Aufwand (**H4**). Die Empfehlungen werden als unterschiedlich adaptiv wahrgenommen (**H5**), und die Nutzer vertrauen in unterschiedlichem Maß darauf, dass sie die Nutzerinteressen und nicht die Absichten des Anbieters berücksichtigen (**H6**). Sie eignen sich unterschiedlich gut für Explorationen mit ungefährem Suchziel (**H7**) sowie für Explorationen ohne konkretes Suchziel (**H8**). Unser Ansatz ist dabei in jedem der betrachteten acht Aspekte gegenüber mindestens zwei der Alternativen überlegen (**H9–H16**).

4.2 Studienaufbau

Zur Überprüfung der Hypothesen baten wir 14 Versuchsteilnehmer (je 7 m/w; Durchschnittsalter 34.5, σ 14.10) die vier Explorationsmethoden Pop, Man, Aut und Int im fiktiven Filmportal zu nutzen. Vorab bewerteten die Probanden auf einer Skala von 1–5 drei zufällig aus den zehn populärsten gewählte Filme. Diese Bewertungen dienten später als Basis für die Empfehlungen der automatischen Methode.

Abbildung 2 zeigt eine beispielhafte Gegenüberstellung von Filmen in einem Dialogschritt der interaktiven Methode. Während die linke Menge eher düstere Filme beinhaltet, sind es auf der rechten Seite eher leichtere Unterhaltungsfilme.

---

[1] http://www.grouplens.org/node/12 (>10M Bewertungen und >95T Tags von >70T Nutzern für >10T Filme).
[2] http://www.imdb.com

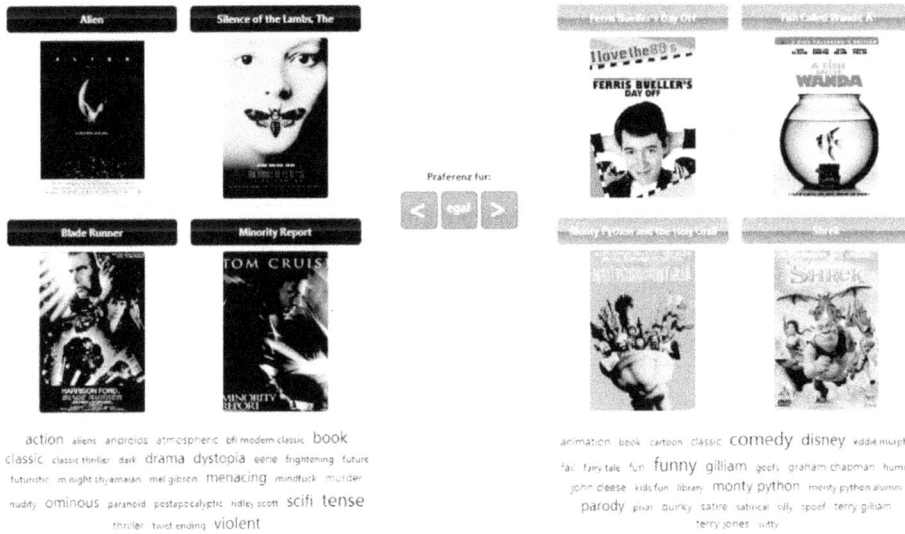

Abbildung 2: Dialog mit der Gegenüberstellung von Filmen mit unterschiedlichen Ausprägungen eines Faktors

Um die in jedem Dialogschritt fällige Entscheidung des Nutzers für eine der beiden Mengen zu erleichtern, wurden einerseits zusätzliche Metainformationen herangezogen (neben dem Kinoplakat eine kurze, zusammenfassende Beschreibung des Filmes), andererseits trugen Tag Clouds zur Differenzierung bei, indem sie die mit den jeweiligen Filmen verknüpften Tags visualisieren (z.B. „scifi", „violent" vs. „comedy", „disney"). Nach einigen Dialogschritten und somit der Exploration mehrerer Dimensionen wurden die geäußerten Präferenzen des Nutzers herangezogen, um bezüglich der betrachteten Faktoren ähnlich ausgeprägte Filme zu selektieren und diese dem Nutzer als Empfehlungen darzubieten.

Die Studie fand in einem Zeitraum von zwei Tagen unter Aufsicht eines Versuchsleiters statt. Genutzt wurde ein Desktop-PC mit 24-Zoll Display und ein gängiger Internetbrowser. Die Probanden wurden gebeten, die vier Explorationsverfahren nacheinander auszuführen. Die Reihenfolge wurde dabei über alle Probanden hinweg systematisch permutiert. Nach jedem Durchlauf beurteilten die Probanden die jeweilige Methode anhand eines Fragebogens. Dieser enthielt eine Reihe von Aussagen mit einer bipolaren Skala mit 7 Zustimmungsgraden („Stimme gar nicht zu" bis „Stimme voll zu"). Die Fragestellungen entsprachen dabei den in den Hypothesen H1–H8 adressierten Variablen. Im Einzelnen waren dies:

1. Die Auswahl passt sehr gut zu meinem Filmgeschmack (Passung).
2. Die Auswahl enthielt interessante Filme, die ich sonst vermutlich nicht gefunden hätte (Neuigkeitswert).
3. Ich hatte stets das Gefühl, den Auswahlprozess mitgestalten zu können (Einflussnahme).
4. Der erforderliche Aufwand, um eine Auswahl von Filmen zu erhalten, war akzeptabel (Aufwand).
5. Ich hatte das Gefühl, das System lernt meine Vorlieben (Adaptivität).
6. Ich habe Vertrauen, dass ausschließlich meine Bedürfnisse, nicht die Ziele des Verkäufers, berücksichtigt wurden (Vertrauen).
7. Ich würde die Methode nutzen, wenn ich bereits eine ungefähre Suchrichtung habe (mit Richtung).

8.   Ich würde die Methode nutzen, wenn ich noch keine Suchrichtung vor Augen habe (ohne Richtung).

4.3 Ergebnisse

Mit Hilfe einer einfaktoriellen ANOVA mit Messwiederholung (Greenhouse-Geisser-adjustiert) stellten wir zwischen den vier Konditionen (hoch) signifikante Unterschiede fest. H1 bis H8 konnten dadurch bestätigt werden. Anschließend testeten wir post hoc unsere Methode Int paarweise mittels Bonferroni-Test auf Unterschiede gegenüber den alternativen Methoden, um Aufschluss über H9–H16 zu erlangen. Tabelle 1 zeigt die Ergebnisse der A-NOVA und der anschließenden Vergleiche von Int mit den drei anderen Konditionen.

	Pop	Man	Aut	Int	F	Sig.
Passung	4.29, σ=1.33,	5.50, σ=1.29	3.36, σ=1.39	5.57, σ=0.94	10.353	p = .000
Int ↑↓	↑ (r=.106)	↑ (r=1.000)	↑ (r=.002)*			
Neuigkeitswert	3.07, σ=1.54	2.86, σ=1.75	3.50, σ=1.29	5.50, σ=1.23	10.042	p = .000
Int ↑↓	↑ (r=.004)*	↑ (r=.003)*	↑ (r=.002)*			
Einflussnahme	1.64, σ=0.84	5.79, σ=1.25	2.29, σ=1.20	5.71, σ=0.83	69.774	p = .000
Int ↑↓	↑ (r=.000)*	↓ (r=1.000)	↑ (r=.000)*			
Aufwand	6.50, σ=0.76	2.07, σ=0.83	6.07, σ=1.59	6.00, σ=0.88	56.374	p = .000
Int ↑↓	↓ (r=.662)	↑ (r=.000)*	↓ (r=1.000)			
Adaptivität	2.14, σ=1.35	1.21, σ=0.58	2.93, σ=1.33	5.79, σ=1.05	45.138	p = .000
Int ↑↓	↑ (r=.000)*	↑ (r=.000)*	↑ (r=.000)*			
Vertrauen	2.64, σ=1.45	6.00, σ=1.62	3.43, σ=1.40	5.21, σ=1.25	15.990	p = .000
Int ↑↓	↑ (r=.001)*	↓ (r=1.000)	↑ (r=.019)*			
Mit Richtung	2.43, σ=1.70	4.71, σ=1.54	2.14, σ=1.10	4.29, σ=1.64	10.911	p = .000
Int ↑↓	↑ (r=.004)*	↓ (r=1.000)	↑ (r=.001)*			
Ohne Richt.	5.00, σ=1.71	2.64, σ=1.45	4.00, σ=1.88	5.93, σ=1.07	14.563	p = .000
Int ↑↓	↑ (r=.760)	↑ (r=.000)*	↑ (r=.023)*			

Tabelle 1: Jede Zeile enthält Mittelwerte und Standardabweichungen für die jeweiligen Methoden. Zudem sind F-Wert nach Greenhouse-Geisser-Korrektur und der Signifikanzwert für die Überprüfung auf Within-Subject-Unterschiede angegeben (H1–H8). Die Pfeile geben schließlich an, ob Int besser oder schlechter als die jeweilige Vergleichsmethode bewertet wurde (H9–H16), und ob dieser Unterschied nach Bonferroni-Test signifikant ist (*).

Unser Ansatz wurde in Bezug auf Passung (H9) und Neuigkeitswert (H10) im Schnitt besser bewertet als alle Alternativen. In vier von sechs Vergleichen war der Unterschied signifikant. In Bezug auf Einflussnahme (H11), Vertrauen (H14) und Eignung bei vorhandenem Suchziel (H15) waren wir Pop und Aut signifikant überlegen. Kondition Man wurde hier erwartungsgemäß im Schnitt etwas besser bewertet, der Unterschied war jedoch nicht signifikant. Bezüglich des zu leistenden Aufwands (H12) wurde Int umgekehrt signifikant besser eingestuft als Man. Pop und Aut waren hier noch etwas besser, jedoch nicht signifikant besser. Hinsichtlich der zugeschriebenen Lernfähigkeit (H13) war Int allen anderen Methoden signifikant überlegen. Weiterhin wurde Int als überlegen eingestuft, falls noch kein Suchziel vorliegt (H16). Gegenüber zwei der drei Alternativen war der Unterschied signifikant.

5 Diskussion

Der vorgestellte Ansatz der interaktiven Empfehlungsgenerierung verbindet auf neuartige Weise die Vorteile algorithmischer Techniken mit denen der nutzergesteuerten Exploration und Suche. Es zeigt sich, dass die Nutzung latenter Faktoren ein vielversprechendes Mittel zur Generierung interaktiver Empfehlungsdialoge darstellt. Unsere Methode führt mit geringem Aufwand zu einer Menge von Empfehlungen, welche die Nutzer als ihren Interessen entsprechend einschätzen. Zudem erlaubt der schrittweise Explorationsprozess eine interaktive und situative Beeinflussung der Empfehlungsgenerierung, während bei rein automatischen Verfahren keine Steuerbarkeit durch den Nutzer besteht. Ein weiterer wesentlicher Vorteil der Methode liegt darin, dass das klassische Cold-Start-Problem umgangen wird, da es nicht notwendig ist, auf vorhandene Bewertungsdaten für einen Nutzer zurückzugreifen. Aufgrund der Auswahl von visualisierten Beispielen ist es weiterhin nicht erforderlich, dass die Nutzer ihre Bedürfnisse explizit ausdrücken können. Die für viele Domänen ohnehin schwer verfügbaren, expliziten Produktinformationen werden zudem obsolet.

In der durchgeführten Studie wurde die neue Methode in 16 von 24 möglichen Parametervergleichen mit den drei alternativ getesteten Methoden signifikant besser bewertet, was darauf hindeutet, dass die Methode hinsichtlich einer breiten Spanne relevanter Kriterien optimiert, d. h. einen guten Trade-off bezüglich unterschiedlicher Gestaltungsziele darstellt. Erwartungsgemäß zeigte sich, dass eine manuelle Exploration in Bezug auf Einflussnahme des Nutzers, Vertrauen und Eignung bei vorhandener Suchrichtung Vorteile bietet, wobei diese Unterschiede nicht signifikant waren. Umgekehrt wurde unser Ansatz in allen fünf anderen Aspekten, insbesondere auch beim empfundenen Aufwand besser bewertet (viermal signifikant). Der Aufwand wurde erwartungsgemäß bei den vollautomatischen Konditionen am besten bewertet. In allen anderen Aspekten war unser Ansatz den automatischen Methoden überlegen. Der Ansatz scheint also ein gutes Verhältnis von Aufwand zu Nutzen zu bieten. Er wird als lernfähig und vertrauenswürdig erachtet und scheint besonders dann geeignet, wenn der Nutzer noch kein Suchziel gebildet hat.

Hinsichtlich möglicher Einschränkungen und zukünftiger Untersuchungen ist zunächst anzumerken, dass die Anzahl der Teilnehmer an der durchgeführten Studie noch eher begrenzt war. Die Ergebnisse sollen dementsprechend in Folgeuntersuchungen erhärtet werden. In der Kondition automatische Empfehlungsgenerierung wurde lediglich eine mögliche Ausprägung untersucht. Es ist somit nicht auszuschließen, dass bei Verwendung umfangreicherer Trainingsdaten oder anderer Recommender-Algorithmen bessere Ergebnisse zu erzielen wären. Diese Option besteht allerdings prinzipiell auch für die interaktive Methode, die dadurch weiter optimiert werden könnte. Weitere Optimierungsmöglichkeiten bestehen zum Beispiel hinsichtlich der Auswahl und Visualisierung der auszuwählenden Objekte, der Zahl der Auswahlschritte oder der Verbindung mit zusätzlichen Explorationstechniken. Zukünftig wollen wir weiterhin den Einfluss von Nutzercharakteristika wie z.B. der Vertrautheit mit der Produktdomäne oder den nutzerspezifischen Entscheidungsstrategien untersuchen.

Literaturverzeichnis

Bostandjiev, S., O'Donovan, J. & Höllerer, T. (2012). TasteWeights: A visual interactive hybrid recommender system. In *6th ACM Conference on Recommender Systems*. New York: ACM. 35–42.

Cantador, I.; Brusilovsky, P. & Kuflik, T. (2011). 2nd workshop on information heterogeneity and fusion in recommender systems. In *5th ACM Conference on Recommender Systems*. ACM.

Chen, L. & Pu, P. (2012). Critiquing-based recommenders: Survey and emerging trends. *User Modeling and User-Adapted Interaction*, 22(1–2), 125–150.

Chi, E. (2004). Transient user profiling. In *Workshop on User Profiling (at CHI 2004)*. 521–523.

Gantner, Z.; Rendle, S.; Freudenthaler, C. & Schmidt-Thieme, L. (2011). MyMediaLite: A free recommender system library. In *5th ACM Conference on Recommender Systems*. New York: ACM. 305-308.

Gretarsson, B., O'Donovan, J., Bostandjiev, S., Hall, C. & Höllerer, T. (2010). Smallworlds: Visualizing social recommendations. *Computer Graphics Forum*, 29(3), 833–842.

Iacobelli, F., Birnbaum, L. & Hammond, K. J. (2010). Tell me more, not just more of the same. In *14th International Conference on Intelligent User Interfaces*. New York: ACM. 81–90.

Konstan, J. A. & Riedl, J. (2012). Recommender systems: From algorithms to user experience. *User Modeling and User-Adapted Interaction*, 22(1–2), 101–123.

Koren, Y., Bell, R. & Volinsky, C. (2009). Matrix factorization techniques for recommender systems. *IEEE Computer*, 42(8), 30–37.

Mahmood, T. & Ricci, F. (2009). Improving recommender systems with adaptive conversational strategies. In *20th ACM conference on Hypertext and Hypermedia*. New York: ACM. 73–82.

Pariser, E. (2011). *The filter bubble: What the internet is hiding from you*. London: Penguin Press.

Ricci, F., Rokach, L., Shapira, B. & Kantor, P. (Hrsg.). (2010). *Recommender Systems Handbook*. Berlin: Springer.

Pu, P., Chen, L. & Hu, R. (2012). Evaluating recommender systems from the user's perspective: Survey of the state of the art. *User Modeling and User-Adapted Interaction*, 22(4–5), 317–355.

Sinha, R. & Swearingen, K. (2002). The role of transparency in recommender systems. In *CHI '02: Extended Abstracts on Human Factors in Computing Systems*. New York: ACM. 830–831.

Xiao, B. & Benbasat, I. (2007). E-commerce product recommendation agents: Use, characteristics, and impact. *MIS Quarterly*, 31(1), 137–209.

Vig, J., Sen, S. & Riedl, J. (2011). Navigating the tag genome. In *16th International Conference on Intelligent User Interfaces*. New York: ACM. 93–102.

S. Boll, S. Maaß & R. Malaka (Hrsg.): Mensch & Computer 2013
München: Oldenbourg Verlag, 2013, S. 27–36

Automatic Classification of Mobile Phone Contacts

Alireza Sahami Shirazi Huy Viet Le, Niels Henze, Albrecht Schmidt

University of Stuttgart, VIS, Stuttgart Germany

Abstract

Current smartphones have virtually unlimited space to store contact information. Users typically have dozens or even hundreds of contacts in their address book. The number of contacts can make it difficult to find particular contacts from the linear list provided by current phones. Grouping contacts ease the retrieval of particular contacts and also enables to share content with specific groups. Previous work, however, shows that users are not willing to manually categorize their contacts. In this paper we investigate the automatic classification of contacts in phones' contact lists, using the user's communication history. Potential contact groups were determined in an online survey with 82 participants. We collected the call and SMS communication history from 20 additional participants. Using the collected data we trained a machine-learning algorithm that correctly classified 59.2% of the contacts. In a pilot study in which we asked participants to review the results of the classifier we found that 73.6% of the reviewed contacts were considered correctly classified. We provide directions to further improve the performance and argue that the current results already enable to ease the manual classification of mobile phone contacts.

1   Introduction

With the increase of mobile phones' ubiquity, they have become one of the most common channels for communication. The wide dissemination of mobile phones also increased the number of contacts that can be assembled in a user's contact list. Contact lists contain the most intimate friends, colleagues, and family members but also other persons that only have a lose connection with the user. Current systems lack an understanding of the relation between a user and her or his contacts. They require that users categorize their contacts manually. Recent mobile phone's operating systems provide tools for manually grouping contact items. However, people do not use these tools. Grob et al. (2009) report that only 16% of users create any contact groups. Min et al. (2013) suspect that users do not perceive enough value to categorize the hundreds of contacts digitally maintained. Further, research shows that relationships are dynamic (Onnela et al. 2007) and need to be periodically updated (Kelly et al 2011). On the other hand, grouping contacts allows users to more easily maintain the privacy and with whom they want to share information. This privacy feature is included in social networks such as Facebook and Google+ but not directly available from phones' contact lists.

In this paper we investigate whether it is possible to automatically group contact items on smartphones based on the communications history (call logs and SMS data) retrieved only from the mobile phone. To define possible groups, we conducted an online questionnaire and asked participants to provide groups they would use to categorize their contacts. Based on the results we select 5 groups (family, friend, acquaintance, work, and other). Then, we recruited 20 participants and collected communication data from their mobile phones. We use machine-learning techniques to classify the contacts with 59.2% accuracy and ask participants of a pilot study to review the results, which reveal an accuracy of 73.6%.

2   Related Work

Researchers have investigated social networks and interaction between their ties. Approaches have focused on tie strength based on four dimensions: amount of time, intimacy, intensity, and reciprocal services (Granovetter 1973). Based on this information distinct groups within a social network are analyzed. Olson et al. (2005) found that people share information with their peers based on the type of relationship. Gilbert and Karahalios (2009) achieved 85% accuracy for a binary classification of weak and strong ties. They suggested that privacy controls based on tie strength might help to divide a user's social network into meaningful groups. Jones and O'Neill (2010) reported six criteria for grouping that people commonly considered: social circles and cliques, tie strength, functional roles, organizational boundaries, temporal episodes, and geographical locations.

Another strand of research evaluates the usability and effectiveness of contact apps. Oulasvirta et al. (2005) and Knittel et al. (2013) assessed the augmentation of contacts with contextual information. Whittaker et al. (2002) conducted interviews and reported that various criteria, such as history of communication, related to selecting important contacts. Komninos and Liarokapis (2009) explored four contextual cues that related to the importance of mobile contacts, i.e., frequency of use, location and temporal context, task and activity context, and personal preferences. Based on a month-long field study, Jung et al. (2008) reported that personalization and reflection of own communication behavior were main factors encouraging users to explore new usage of contacts apps.

Various researchers have used communication logs for grouping contacts. Ankolekar et al. (2009) used the SMS and calls history to develop a social network. Regroup is a system that helps users to create custom groups on-demand in online social networks (Amershi et al. 2012). Different features such as the number of mutual contacts are used for suggesting similar contacts for a group. Maclean et al. (2011) proposed an algorithm for creating social topologies by mining communication history and identifying likely groups based on co-occurrence patterns. Purtell et al. (2011) also followed a similar approach but used emails and photo tags to create the topologies. Roth et al. (2010) used the user's implicit interaction with (group of) contacts for estimating user's affinity. The affinity is used to generate groups. Min et al. (2013) classified the life facet of contacts on a smartphone. With 90% accuracy they could classify contacts with any communication logs. They considered only three life facets, i.e., 'Family', 'Work', 'Social'. Further, they used information retrieved from external resources, i.e., the Facebook social network. In contrast, we derive the contact groups from empirical findings. We consider five groups of contacts. Further, we solely use features extracted from the mobile phone without any external resources. Additionally, the performance of the classifier was also assessed through a pilot study with potential users.

3   Facets for Contact Grouping

We used an online questionnaire to identify which facets are relevant for grouping mobile phone contacts. Through the questionnaire we aimed to retrieve facets people would want to use to group their contacts. The questionnaire included demographics questions and questions regarding to the frequency of making phone calls and sending SMS. Most importantly we asked participants to list all groups they would like to use in order to group their contacts. The online questionnaire was available for one week (June 12th – June 19th 2012). It was distributed through mailing lists and social networks, i.e., Facebook and Google+. Answering the questionnaire took approximately five minutes.

In total 82 persons (46 female) filled the questionnaire 65% were 18-25 years old and 35% were 26-50 years old. In total 20% of the participants reported to have less than 50 contacts, 29% between 50 and 100 contacts, and 33% reported to have more than 100 contacts in their address book. 78% of the participants sent SMS (several times) daily and 57% daily made calls (several times).

As the responses collected were mainly in German, we translated all answers to English for analyzing the provided contact groups. Furthermore, we harmonized the answers by combining very similar groups (e.g., work, office, job). After harmonizing the answer we found 32 different groups. The five most common groups were: 'Family' (79.3%), 'Friend' (70.7%), 'Acquaintance' (65.5%), 'Work' (56.1%), and 'others' (22%). The identified groups, indeed, overlap with the facets (work, family, social) Oznec and Farnham (2011) proposed for social networks based on qualitative work. We use these five facets for classifying contacts.

4   Data Acquisition

After determining the groups we collected communication logs to develop a classifier that automatically groups contacts based on features derived from the participants' communication history. We developed an application for Android smartphones to collect the required data from participants' mobile phones.

4.1 Apparatus & User study

We developed an Android application to retrieve the communication log and the contacts in mobile phones' address books. The app uses Android's communication history to retrieve the start and end time of all calls as well as the time SMS are sent and the length of the SMS. After retrieving the data the app randomly selects up to 50 contacts the participants at least once communicated with. Further, the app asks the participant to group the contacts and assign each contact to at least one of the five given groups, i.e., family, acquaintance, friend, work, or other. With this data the ground truth is also gathered. The collected data is sent to a remote server and stored in a central database.

We recruited 20 participants (12 female, average age=22.2, SD=2.30) with an Android smartphone. We asked them to install our app on their phone, complete the procedure, and provide us data. The participants were mainly students or staffs of our university. The procedure took around 30 minutes per participant.

Group	Number of calls	Call duration (second)	Number of SMS	SMS length (characters)
Family	13.9 (23.86)	87.45 (134.22)	3.3 (8.66)	80.57 (56.69)
Friend	16.31 (25.98)	89.80 (150.22)	236.9 (778.02)	73.41 (39.82)
Acquaintance	1.84 (3.53)	42.05 (147.34)	18.3 (77.06)	89.06 (70.68)
Work	3.56 (6.60)	47.78 (86.90)	4.1 (8.62)	80.95 (42.98)
Other	1.95 (2.36)	35.88 (95.30)	0.1 (0.21)	90.0 (67.88)

Table 1: The average number of calls, the average call duration, the average number of SMS and the average length of the SMS in characters. The numbers in brackets shows the standard deviation.

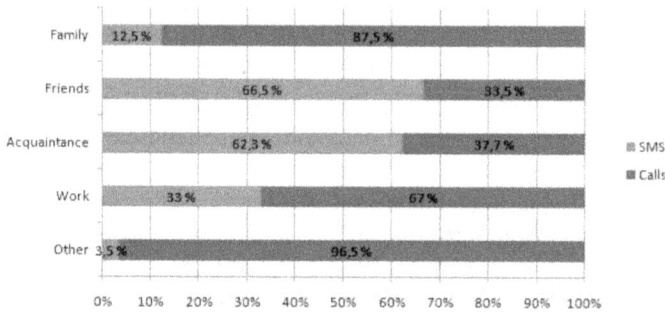

Figure 1: The percentage of SMS and calls in the participants' communication history across the five groups.

4.2   Dataset

The participants in total categorized 439 contacts (M=22, SD=10.49). 153 contacts were classified as 'Acquaintance', 139 as 'Friend', 77 as 'Family', 27 as 'Work', and 43 as 'other'. The collected communication data included 3,895 calls, and 37,189 SMS. An Analysis of Variance (ANOVA) and follow-up post-hoc tests reveal that the number and the duration of calls as well as the SMS' length are significantly different between all five groups (all p<.05). There is no significant difference in the number of SMS between the groups (p>.05). Table 1 depicts the average number of calls and SMS, the duration of calls, and SMS's length for the five groups. The comparison the ratio between the number of calls and SMS within the group indicates that more than 62% of the communication between contact in the 'Friends' and 'Acquaintance' groups is through SMS. On the other hand for the contacts in the 'Family' group 87% of the communication is through making phone calls. Figure 1 shows the ratio for all five groups.

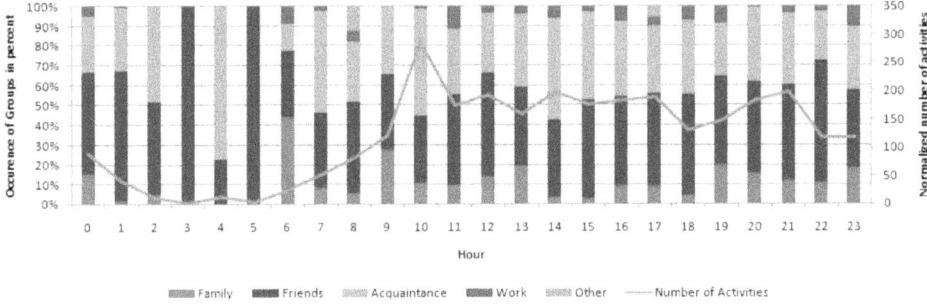

Figure 2: Fraction of SMS that have been exchanged with the five groups over the course of a day.

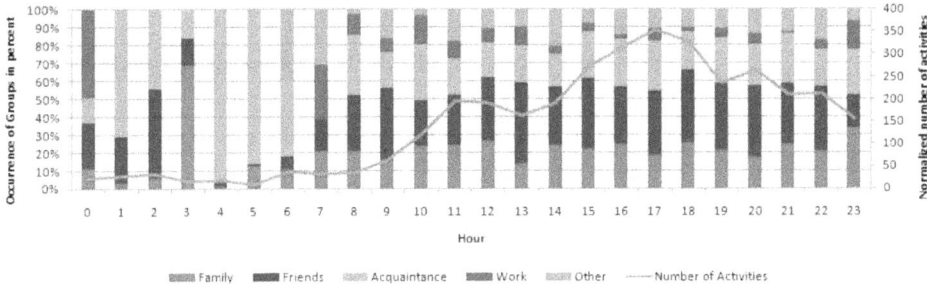

Figure 3: Fraction of calls with contacts from the five groups over the course of a day.

Furthermore, we also assessed the distribution of SMS and call activities during a day. Figures 2 and 3 depict the distribution of sent SMS and calls. The distribution reveals that the participants have more SMS activities in the morning and more call activities in the afternoon and evening. The results show the maximum number of SMS sent and received is around 10 O'clock mainly with Acquaintance, while the maximum call activity is around 17 O'clock with Friends.

Further, we ranked the groups based on the SMS and call activity. To achieve this, we first created a list for each participant and sorted the contacts in a descending order by the number of SMS or call. Then we divided the list into eight equal parts. The first eight contacts got the rank 1, the second eight contacts rank 2, and so on and so forth. Figure 4 depicts the result. The results show that the 'Friend' group is the main contacts in the first and second rank. The contacts in the 'Work' group mainly appear from the rank 3. Interestingly, there is an inverse trend for the 'Family' group in the SMS and call ranking.

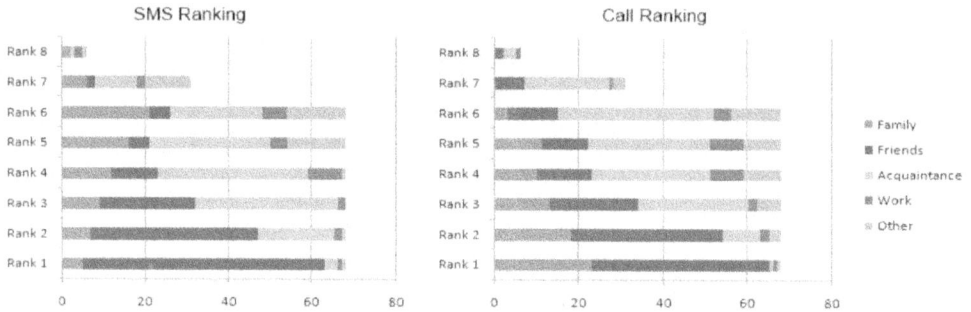

Figure 4: Participants' contacts ranked according to the SMS and call activity.

Feature	Description
Weighted activity	A participant's SMS and call activity in relation to the average SMS activity of all participants.
Ratio between SMS and calls	The ratio between exchanged SMS and calls for a contact in the whole communication history.
Number of calls and SMS	The number of SMS and calls in the communication history of a contact.
Difference between local and average number of SMS and calls	The difference between the number of SMS/calls of a contact and the average number of SMS/calls of the participant.
SMS and call rank	A contact's rank according to SMS and call activity (see previous section and Figure 4).
Average SMS length and call duration	The average length of SMS exchanged with a contact and the average duration of calls with that contact. Unanswered calls are excluded here.
Time	The time of the communication activities is discretized by dividing the day in 4-hour blocks starting at midnight (e.g. 0:00 to 3:59) and determining the block in which most communication with the contact happened.
Weekday or weekend	Described if the communication mainly takes place on weekend or on weekdays by determining when most communication takes place.

Table 3: The features used to train the machine learning algorithms.

5   Classifying Contacts

We used the collected communication logs and the manual classification to derive an automatic classification algorithm. We first derived the features shown in Table 3 from the data. We used the features as input to train a machine-learning algorithm. Experimental results reported in the following are obtained using WEKA (Hall et al. 2009). All learning parameters use the default values in WEKA unless otherwise stated. We used leave-one-out cross-validation to train the classifier and test its performance. That means we trained the classifier with data from 19 participants and evaluated the performance using the data from the re-maining participant. The process was repeated for all participants resulting in 20 runs that were aggregated afterwards.

In a first step we used J48, WEKA's implementation of a C4.5 decision tree, to classify the data. The confusion matrix in Table 4 (left) shows the individual classifications. Overall, 260 contacts (59.2%) were classified correctly and 179 contacts (40.8%) were classified incor-rectly. The confusion matrix (see Table 4 left) shows that not all groups can be separated with the same performance. In particular, the groups Family and Others as well as Friends and Acquaintance are difficult to distinguish.

a	b	c	d	e	<- classified as		a	b	c	d	e	<- classified as
44	14	4	5	11	a=family		31	18	23	0	6	a=family
7	116	9	6	1	b=friends		14	109	15	0	1	b=friends
26	24	81	10	11	c=acquaintance		9	31	106	0	6	c=acquaintance
10	4	6	4	2	d=work		9	6	10	0	1	d=work
13	1	14	1	15	e=other		21	0	13	0	10	e=other

Table 4: Confusion matrix resulting from leave-one-out cross-validation using a C4.5 decision tree (left) and a multilayer classifier consisting of three C4.5 decision trees (right).

The classification results suggest that the groups "Friends" and "Acquaintance" as well as the groups "Family" and "Other" share similar characteristics. Users might not be able to clearly separating friends and acquaintance, for example, themselves. Therefore, we con-structed a multilayer classifier that consists of three classifiers (see Figure 5). The first classi-fier (A) only distinguishes between the following three groups: Family & Other, Friends & Acquaintance, and Work. The two additional classifiers take the input from the first one and only distinguish between Family & Other (classifier B) and between Friends & Acquaintance (classifier C). Using the same procedure each classifier has the following accuracy: Classifier A 77.9%, Classifier B 81.7%, and Classifier C 88 %. The resulting classifier correctly classi-fies 256 out of 439 contacts (58.3%).

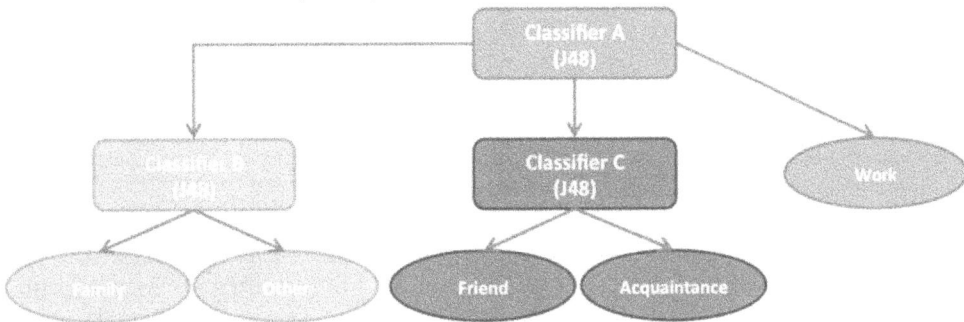

Figure 5: The multilayer classifier consists of three classifiers

6   Pilot Study to Evaluate the Classifier's Performance

It can be assumed that users cannot always precisely categorize their contacts. A user might not necessarily recognize contacts wrongly classified by the classifier as incorrect. To test the performance of the classifier with potential users we conducted a pilot study with five participants. All participants were male students and between 19 and 24 years old.

We implemented an application for Android phones that classifies the contacts using the five groups. The application first collects all contacts with a communication history from the participant's phone and afterwards derives the features. The contacts are classified using the standard C4.5 as well as the multilayer classifier. Then, the participants reviewed the classified contacts. They were asked to correct any result that was wrongly classified.

Overall, the standard C4.5 classifier correctly classifies 93 out of 144 contacts (64.6%) and the multilayer classifier correctly classifies 106 out of 144 contacts (73.6%). The confusion matrixes for both classifiers are shown in table 5.

a	b	c	d	e	<- classified as
12	0	4	0	0	a=family
12	37	1	9	4	b=friends
10	0	38	2	5	c=acquaintance
0	3	0	1	0	d=work
1	0	0	0	5	e=other

a	b	c	d	e	<- classified as
10	1	3	2	0	a=family
7	43	0	4	0	b=friends
6	0	47	6	3	c=acquaintance
1	1	0	2	1	d=work
1	1	1	0	4	e=other

Table 5: Confusion matrix resulting from participants' review of the output of a C4.5 decision tree (left) and a multilayer classifier consisting of three C4.5 decision trees (right).

7   Conclusion

In this paper we investigated if contacts in mobile phones' address books can be automatically classified using just the communication history consisting of call and SMS logs. Using an online questionnaire we identified the five categories family, friends, acquaintance, work, and other that user would use to categorize their contacts. Collecting real-world data from 20 participants and training machine-learning algorithms we found that 59.2% of the contacts can be correctly classified. Results from a subsequent pilot study in which we asked participants to review the results of the classifier suggest that users are themselves not able to clearly differentiate between the groups. 73.6% of the contacts that have been reviewed by participants have not been recognized as wrongly classified.

Using just the communication history enables to correctly classify the majority of a user's contacts and users would not correct the classification for 73.6% of the contacts. While the performance does not enable a fully automatic process it can clearly lower the burden for the user. Correcting the category for around a quarter of the contacts is much faster and easier than manually classifying all contacts.

We believe that a (semi-)automatic classification could be clearly improved using individualized classifiers. Users have not only different communication patterns and preferences but might also classify their contacts differently. The classifiers could also be improved by using additional information for training and recognition. Information from social networks such as Google+ and Facebook could help to boost the performance of the classifiers. Furthermore, location information (e.g., derived from area codes) could also help to improve the precision of the classification. Determining contact categories using an online questionnaire might not have determined the exact categories that users would really in daily life. We consider implementing our work in an app that can be deployed on a large scale through mobile application stores (Henze and Pielot 2013, Henze et al. 2013). As in our previous work this could increase the generalizability beyond a specific population (Sahami et al. 2013).

Acknowledgments

This work is supported by the DFG within the SimTech Cluster of Excellence (EXC 310/1).

References

Amershi, S., Fogarty, J., and Weld, D. (2012). Regroup: interactive machine learning for on-demand group creation in social networks. In Proceedings of CHI.

Ankolekar, A., Szabo, G., Luon, Y. Huberman, B., Wilkinson, D., and Wu, F. (2009). Friendlee: a mobile application for your social life. In Proceedings of MobileHCI.

Gilbert, E. and Karahalios, K. (2009) Predicting tie strength with social media. In Proceedings of CHI.

Granovetter, M.S. (1973). The strength of weak ties. The American Journal of Sociology

Grob, R., Kuhn, M., Wattenhofer, R., and Wirz, M. (2009). Cluestr: Mobile social networking for enhanced group communication. In Proceedings of CSCW.

Hall, M., Frank, E., Holmes, G., Pfahringer, B., Reutemann, P., and Witten, I. H. (2009). The WEKA data mining software: an update. ACM SIGKDD Explorations Newsletter.

Henze, N., Sahami Shirazi, A., Schmidt, A., Pielot, M., and Michahelles, F. (2013). Empirical Research through Ubiquitous Data Collection. IEEE Computer, 46(6), 0074-76.

Henze, N., and Pielot, M. (2013). App stores: external validity for mobile HCI. interactions, 20(2), 33-38.

Jones, S. and O'Neill, E. (2010). Feasibility of structural network clustering for group-based privacy control in social networks. In Proceedings of SOUPS.

Jung, Y., Anttila, A., and Blom, J. (2008). Designing for the Evolution of Mobile Contacts Applications. In Proceedings of MobileHCI.

Kelley, P.G., Brewer, R., Mayer, Y., Cranor, L.F., and Sadeh, N.M. (2011). An Investigation into Facebook Friend Grouping. In Proceedings of INTERACT.

Knittel, J., Sahami S. A., Henze, N., and Schmidt, A. (2013). Utilizing contextual information for mobile communication. In Proceedings of CHI EA.

Komninos, A. and Liarokapis D. (2009). The use of mobile contact list applications and a context-oriented framework to support their design. In Proceedings of MobileHCI.

MacLean, D., Hangal, S. Teh, S. Lam, M., and Heer, J. (2011). Groups without tears: mining social topologies from email. In Proceedings of IUI.

Min, J., Wiese, J., Hong, J. and Zimmerman, J. (2013). Mining smartphone data to classify life-facets of social relationships. In Proceedings of CSCW.

Olson, J., Grudin, J., and Horvitz, E. (2005). A study of preferences for sharing and privacy. In Proceedings of CHI.

Onnela, J.-P., Saramäki, J., Hyvönen, J., Szabó, G., Lazer, D., Kaski, K.,Kertész, J., and Barabási, A.-L. (2007). Structure and tie strengths in mobile communication networks. In Proceedings of the National Academy of Sciences of the United States of America.

Oulasvirta, A., Raento, M., and Tiita, S. (2005). ContextContacts: Re-Designing Smartphone's Contact Book to Support Mobile Awareness and Collaboration. In Proceedings of MobileHCI.

Ozenc, F.K. and Farnham, S.D. (2011). Life "modes" in social media. In Proceedings of CHI.

Purtell, T., MacLean, D., Teh, S., Hangal, S., Lam, M., and Heer, J. (2011). An Algorithm and Analysis of Social Topologies from Email and Photo Tags. In Proceedings of KDD.

Roth, M., Ben-David, A., Deutscher, D., Flysher, G., Horn, I., Leichtberg, A., Leiser, N., Matias, Y., and Merom, R. (2010). Suggesting friends using the implicit social graph. In Proceedings of KDD.

Sahami Shirazi, A., Henze, N., Dingler, T., Kunze, K., and Schmidt, S. (2013). Upright or Sideways? Analysis of Smartphone Postures in the Wild. In Proceedings of MobileHCI.

Whittaker, S., Jones, Q., and Terveen, L. (2002). Contact Management: Identifying Contacts to Support Long-Term Communication. In Proceedings of CSCW.

S. Boll, S. Maaß & R. Malaka (Hrsg.): Mensch & Computer 2013
München: Oldenbourg Verlag, 2013, S. 37– 46

Benutzerzentriertes Design der nicht-visuellen Navigation in Gebäuden

Denise Prescher[1], Martin Spindler[1], Michael Weber[2], Gerhard Weber[1], George Ioannidis[2]

Professur für Mensch-Computer Interaktion, Technische Universität Dresden[1]
IN2 search interfaces development Ltd, Bremen[2]

Zusammenfassung

Zur Unterstützung der eigenständigen Navigation blinder und sehbehinderter Nutzer in öffentlichen Umsteigegebäuden wird eine Smartphone Anwendung im Projekt Mobility entwickelt. Die zukünftigen Nutzer wurden im Rahmen des Projektes in den Entwicklungsprozess durch formative Evaluation, u.a. im Rahmen einer Wizard-of-Oz Studie, einbezogen. Die in den verschiedenen Projektphasen durchgeführten Nutzerstudien helfen nicht nur dabei, die Bedienoberfläche zu verbessern, sondern liefern ebenso wichtige Erkenntnisse zum Laufverhalten, zur Interaktion mit der Anwendung im realen Nutzungskontext und zur erfolgreichen Bewältigung unbekannter Routen in Umsteigegebäuden.

1 Einleitung und verwandte Arbeiten

Gerade in fremden Gebäuden haben blinde und sehbehinderte Nutzer häufig Probleme bei der selbstständigen Orientierung. Oft werden Bekannte im Vorfeld oder Passanten vor Ort befragt, um die notwendigen Informationen zu erhalten[1]. Um die Unabhängigkeit bei der Erkundung und Wegfindung in öffentlichen Gebäuden zu erhöhen, wird im Rahmen des Mobility Projekts eine Smartphone Anwendung entwickelt, welche räumliche Informationen entlang einer Route verbalisiert. Anders als die knappen Anweisungen eines Navigationsgeräts für Autofahrer bei der Fortbewegung auf Straßen, können in unserer Anwendung einerseits geographische Überblicksinformationen zum aktuellen Standort, andererseits auch Routen - sowohl auf Anfrage als auch automatisch erzeugt - miteinander verknüpft werden.

Assistive Technologien zur Verbesserung der Mobilität blinder Menschen sind nicht mehr nur auf den Blindenlangstock zur Hinderniserkennung und die Verwendung des barrierefreien ÖPNV (ohne Fahrkartenkauf) zur Bewältigung größerer Strecken begrenzt. Grundlegende Arbeiten für die GPS-basierte Fußgängernavigation [MoBIC (Petrie, et al., 1996), Haptimap (Magnusson, et al., 2009)] zeigen, dass eine geeignete Routenfindung möglich ist. Mangels

---

[1] Ergebnis der Mobility-Nutzerstudien auf die Frage "Wie orientieren Sie sich in fremden Gebäuden?": 21 von 22 Probanden fragen bei Bedarf vor Ort nach; 20 fragen auch schon vorher nach; 18 probieren es erst einmal selbst

verfügbarer Karten sind Systeme zur Fußgängernavigation bisher jedoch nur entlang von Straßen sinnvoll einsetzbar.

Da nicht alle Straßen für Fußgänger begehbar sind, spielt der ÖPNV eine sehr zentrale Rolle. Unbekannte Wege können jedoch nur von wenigen blinden Menschen selbstständig bewältigt werden. Große Umsteigebauwerke wie überregionale Bahnhöfe und Flughäfen sind weder mittels einer GPS-basierten Navigation erschließbar, noch ist die Routenbildung darauf abgestimmt, mehrere Stockwerke einzubeziehen. Bisher sind blinde Menschen meist auf Begleitservices von Seiten des Gebäudebetreibers angewiesen. Eine geeignete Assistive Technologie muss die ungenaue Lokalisierung mittels W-LAN berücksichtigen. Die Navigation in Gebäuden verläuft dabei nur selten entlang von Fluren, sondern oft über freie Flächen, z.B. in Hallen. Für die Routenberechnung und die Beschreibung der Wege ist eine effiziente Methode zur Kartenerzeugung einzusetzen, die es ermöglicht, blindenspezifische Annotationen zur Generierung von Wegbeschreibungen zu verwenden.

2   Anforderungen an die Navigation in Gebäuden

Innerhalb dieser Arbeit ist vor allem die nutzerzentrierte Entwicklung ein wichtiger Bestandteil, um geeignete Anforderungen zu erheben und umzusetzen. Entsprechend der Vorgaben der ISO 9241-210 werden im gesamten Verlauf des Mobility Projekts repräsentative Benutzer aktiv in den Entwicklungsprozess mit einbezogen. Um schrittweise die Anforderungen der blinden Nutzer sowie die Bedienmöglichkeiten auf Touchscreen-Smartphones und den Funktionsumfang einer Anwendung zur Indoor-Navigation zu bestimmen, waren mehrere Iterationsphasen innerhalb des Projektes notwendig (vgl. Abbildung 1), die nachfolgend näher beschrieben werden.

Nutzerbefragungen während der Anforderungsanalyse (Miao, Spindler, & Weber, 2011) ergaben, dass sich blinde Fußgänger grundsätzlich Zugang zu taktilen Lageplänen für öffentliche Gebäude wünschen. In Experimenten wurden Aufgaben zur Orientierung und Wegfindung gestellt, die einerseits mit taktilen Karten, andererseits mit Wegbeschreibungen zu absolvieren waren. In der Praxis zeigte sich, dass es die Probanden viel Zeit kostet, Lagepläne zu erschließen und es ihnen teils schwerfiel, das mentale Modell der Karteninformationen mit der realen Welt abzugleichen. Taktile Lagepläne für Fußgänger existieren nur sehr selten, da ihre Erstellung und Aktualisierung zeitaufwändig ist. Daher erscheinen verbale Wegbeschreibungen und Ortsinformationen wesentlich geeigneter. Unter Einbezug von Vertretern der Nutzergruppe sowie eines Mobilitätstrainers (O&M-Trainer) wurden Anforderungen an Routenbeschreibungen und ihre Präsentation ermittelt (z.B. Wunsch nach Überblicksbeschreibungen, geeignete Beschreibung von Richtungswechseln). Außerdem wurden funktionale Anforderungen und Anforderungen an die Gebrauchstauglichkeit ermittelt, die Grundlage für die Entwicklung einer mobilen Smartphone-Anwendung waren.

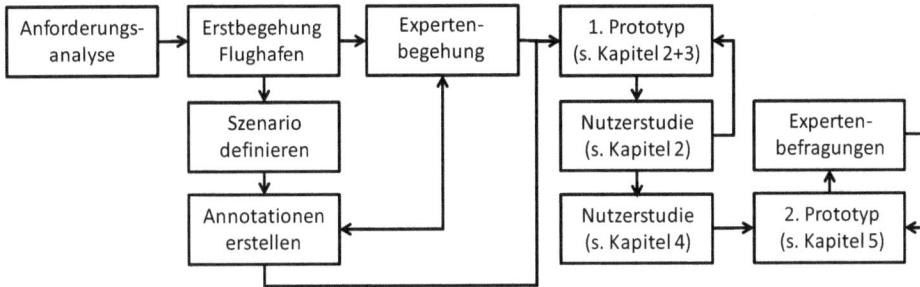

Abbildung 1: Iterativer Prozess im Projekt Mobility

In der Pilotphase wurde die App als eine Art mobiler DAISY[2]-Reader umgesetzt, der aber abhängig von der tatsächlichen Position im Gebäude Inhalte des Hörbuchs auswählen kann. Der Reader bedient sich der Text-to-Speech-Engine von Android und erlaubt die Steuerung über Gesten auf dem Touch-Display. Für erste Nutzerstudien wurde ein reales Szenario am Frankfurter Flughafen in Form eines Full-Text DAISY-DTBooks modelliert und mit Geo-Referenzen für flächige und punktuelle Elemente versehen, die von der App verarbeitet werden. Ortsbeschreibungen wurden zunächst als manuell erstellte Fließtexte hinterlegt. Eine Test-Route wird als Liste von vorgegebenen Landmarken mit manuell erstellten Weganweisungen definiert. Die Strecke umfasst mehrere Gebäude-Bereiche, darunter Bahnhofsgleise und Terminalbereiche sowie Ebenenwechsel und zu findende Zwischenziele. Es kann dazu auf das frei verfügbare Google-Earth zurückgegriffen werden, um Objekte zu benennen, hierarchisch zu ordnen und zu beschreiben. Lagepläne des Gebäudebetreibers sowie fotografierte Flucht- und Rettungspläne werden mit Luftbildern abgeglichen, um zu modellierende Elemente im Gebäudeinneren geo-referenzieren zu können. Mithilfe von XSL-Verarbeitung wird das annotierte Modell aus dem Google KML[3]-Format nach DAISY DTBook (XML) überführt und eine Szenenbeschreibung zusammengestellt (Spindler, et al., 2012). Dieses Nutzungsszenario wurde zunächst mit Hilfe eines blinden Experten begutachtet. Darauf aufbauend wurden Struktur und Inhalt der Anweisungen überarbeitet.

Um die identifizierten Anforderungen auch im realen Nutzungskontext zu bestätigen bzw. weiter zu verfeinern, wurde eine Studie mit fünf blinden und einem hochgradig sehbehinderten Probanden durchgeführt. Alle Teilnehmer waren Langstock-Nutzer. Dieser erste Nutzertest wurde mit Hilfe der Wizard-of-Oz Technik durchgeführt, da die Positionsbestimmung noch nicht integriert war. Das heißt, die Ausgaben werden nicht automatisch initiiert, sondern durch den Testleiter. Den Nutzern wurde also an bestimmten Punkten auf der Route eine Ortsbeschreibung sowie die Anweisung, wie der nächste Wegabschnitt erreicht werden kann, vorgespielt. Eine eigenständige Bedienung des Smartphones durch die Probanden war in diesem Test nicht vorgesehen, da hier das Augenmerk auf den Anweisungen selber lag. Es wurde deutlich, dass die Benutzer beim Gehen den Anweisungen folgen können, aber auch stehen bleiben, um sich die Ansagen vollständig anzuhören (Spindler, et al., 2012). Der in dieser Arbeit beschriebene Nutzertest (siehe Abschnitt 4) soll diesen Zusammenhang weiterführend untersuchen.

---

2   Digital Accessible Information System (Standard für zugängliche und navigierbare Dokumente mit Multimedia-Inhalten), siehe http://www.daisy.org/daisy-standard

3   formerly Keyhole Markup Language, siehe http://www.opengeospatial.org/standards/kml

3   Bedienkonzept des mobilen Clients

Die erstellte App setzt auf der Android-Plattform auf. Mit Hilfe der Sprachausgabe des Scre-
enreaders „TalkBack" können blinde Menschen die Bedienelemente auf dem Touchscreen
erkunden und aktivieren („Explore-by-Touch").

3.1   Reader-Ansicht

Der in Abschnitt 2 beschriebene Stand des Prototypen in Form eines DAISY-Players unterstützt das Abspielen von vordefinierten Ortsbeschreibungen und Weganweisungen. Angezeigt wird dabei jeweils der aktuelle Gebäudeteil bzw. Unterbereich, in dem sich der Nutzer
befindet, inklusive einer kurzen Beschreibung. Außerdem wird der zu laufende Weg beschrieben. Zur besseren Nachvollziehbarkeit für sehende Menschen wird der gerade vorgele-
sene Textteil optisch hervorgehoben (siehe Abbildung 2 - links). Zur Interaktion mit der
Sprachwiedergabe der Inhalte unter Android 2.3 wurde eine eigene Gestensteuerung umgesetzt, mit deren Hilfe Ansagen mittels Klickgeste unterbrochen und am Anfang des letzten
Satzes fortgesetzt werden können. Außerdem werden Strichgesten von oben nach unten bzw.
umgekehrt dazu verwendet, um ein elementweises Springen auszulösen. Um den Nutzern die
eigenständige Erkundung der Umgebung mit automatischer Positionsbestimmung zu ermöglichen, wurde die erste Version des mobilen Clients erweitert. Im Folgenden wird auf die
Service-Architektur sowie besondere Funktionalitäten eingegangen.

3.2   Service-Architektur

Ein Hintergrund-Dienst („Service") wird mit Start der App initiiert, der auch beim Verlassen
der Bedienschnittstelle weiterläuft. Er hält den aktuellen Zustand und die Ansichten-
übergreifenden Objekte der App. Der Hintergrunddienst bestimmt die geografische Position
des Nutzers und kann abhängig davon Ereignisse auslösen (z.B. Sprachansagen). Innerhalb
dieses Projektes wird anhand von WiFi-Signalen eine Positionsbestimmung vorgenommen,
da innerhalb von Gebäuden meist nur schwache und unzureichende GPS-Signale empfangen
werden können. WiFi-Zugangspunkte sind in Umsteigegebäuden bereits zahlreich zu finden.
Zudem enthalten viele Smartphones standardmäßig WiFi-Empfänger. Das verwendete Verfahren nutzt zur Lokalisierung die Triangulation von Fingerprints. Fingerprints werden vor
der Benutzung an möglichst vielen Orten eingelesen und ordnen eingelesene WiFi-Signale
(Mac-Adresse und Signalstärke) Positionen zu. Zur Laufzeit werden aktuell gemessene
WiFi-Signale eines mobilen Gerätes mit den bekannten Fingerprints verglichen und mögliche relevante Fingerprints für eine Triangulation ausgewählt.

3.3   Erweiterte Funktionalitäten

Da die automatische Ansage von Ortsbeschreibungen einerseits so kurz wie möglich sein
sollte, andererseits zur Orientierung relevante Aspekte beinhalten kann, ist es wichtig, dem
Nutzer jederzeit auch verschiedene Möglichkeiten der manuellen Interaktion bereitzustellen.
Aus diesem Grund muss das Konzept des einfachen DAISY-Players erweitert werden. Die
einfachste Möglichkeit, dem Nutzer wahlfreie Kontrolle über die zu präsentierenden Inhalte

zu geben, besteht darin, alle Informationen über eine Route ortsungebunden zu präsentieren. Im so genannten *Routenexplorer* werden alle Ansagen innerhalb einer geordneten Liste dargestellt. Der Nutzer kann somit unabhängig von seiner Position die Routenanweisungen anhören, beispielsweise um sich einen Überblick über zukünftige oder vorherige Wegabschnitte zu verschaffen oder die Route rein virtuell zu erkunden. Um sich zu jeder Zeit ein besseres Bild seiner aktuellen Position machen zu können, wird dem Nutzer die *Wo bin ich?*-Funktion bereitgestellt. Dabei wird die Beschreibung des aktuellen Orts angezeigt. In der Funktion *Orte* kann zudem eine Liste aller Bereiche und POIs (Point Of Interest, "interessanter Ort") eines Gebäudes abgerufen werden. Bei Bedarf kann der Nutzer somit Zusatzinformationen über interessante Einrichtungen im Gebäude erhalten.

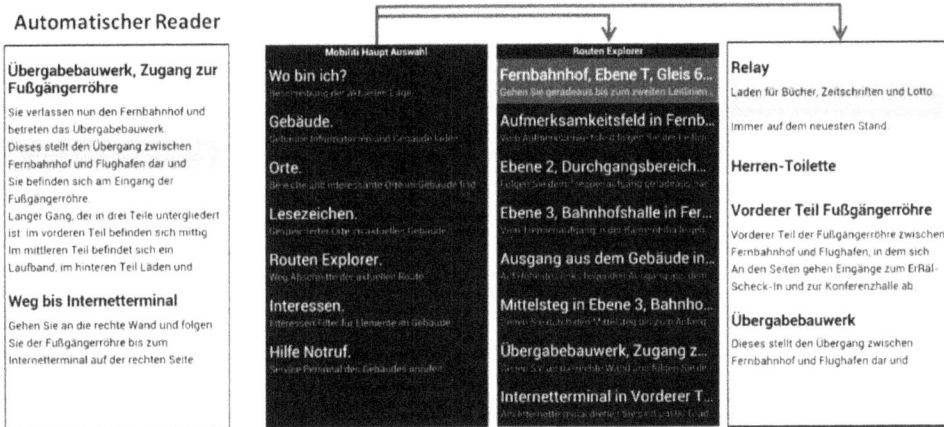

Abbildung 2: Oberfläche der Anwendung: Readeransicht, Hauptauswahl, Routenexplorer, Wo bin ich?-Funktion

4 Evaluierung des erweiterten Prototypen

In einer weiteren Nutzerstudie wurde der in Abschnitt 3 beschriebene, erweiterte Prototyp getestet. Im Gegensatz zur in Abschnitt 2 beschriebenen Studie wurden die Ausgaben in diesem Test automatisch anhand der Positionserkennung initiiert. Außerdem durften die Probanden das Smartphone selbstständig bedienen. Das heißt, sie konnten bei Bedarf zusätzliche Informationen abrufen (Routenexplorer, Wo bin ich? und Orte). Insgesamt haben 16 Probanden teilgenommen (10 geburtsblind, 3 späterblindet und 3 hochgradig sehbehindert), einer davon mit Führhund, die anderen mit Langstock. Ziel der Studie war es einerseits, das System in Bezug auf dessen Einfluss auf die Orientierungsmöglichkeiten blinder Nutzer zu bewerten, andererseits das Laufverhalten der Nutzer zu beurteilen. Die Studie stellte den Abschluss der zweiten Iteration zur nutzerzentrierten Entwicklung dar. Neue Erkenntnisse bezüglich notwendiger Verbesserungen des Systems flossen als Anforderungen in die Weiterentwicklung ein.

4.1 Durchführung und Protokollierung

Die Studie war in 4 Phasen untergliedert: (1) Pre-Journey und Vorabfragebogen, (2) Schulung, (3) Eigenständige Routenverfolgung mit Hilfe der App und (4) Nachbefragung.

Bereits vor dem Durchführen der Studie wurde den Probanden ein Vorabfragebogen vorgelegt. In diesem sollten neben demographischen Angaben auch Fragen zu absolvierten Mobilitätstrainings, Erfahrungen mit Hilfsmitteln zur Fußgängernavigation, DAISY und Smartphones sowie zu Vorlieben bei der Orientierung in fremden Gebäuden beantwortet werden. Darüber hinaus erhielten 9 der 16 Probanden einen Link auf eine Webseite, auf der die Beschreibung der Route bereits im Vorfeld gelesen werden konnte. Im Gegensatz zu den anderen Teilnehmern konnten sich diese Probanden somit bereits im Vorfeld (ein Tag vor dem Test) auf den zu laufenden Weg vorbereiten (Pre-Journey). Die Informationen waren dabei genau dieselben wie sie vor Ort angesagt werden, beinhaltet waren also sowohl die Beschreibungen der Bereiche als auch die Routenanweisungen. Jedoch hatte keiner der Probanden vor dem Test reale Ortskenntnis.

Um die Nutzer mit der Bedienung der App vertraut zu machen, wurde direkt vor dem Test eine Einweisung vorgenommen. Diese beinhaltete Erläuterungen zur Hardware (Google Nexus S), zu den verfügbaren Funktionen im Hauptmenü sowie zu den Interaktionsmöglichkeiten in Listen (Android-Funktionalität mit Screenreader „Talkback") und im Reader (vgl. Abschnitt 3.1). Anschließend wurde der Proband zur Startposition begleitet, von wo aus er selbstständig und unter Beachtung der Anweisungen der App (automatische Beschreibungen der Umgebung sowie der einzelnen Routenabschnitte) den Weg zum Zielpunkt zurücklegen musste. Der Testleiter sowie ein Kameramann begleiteten den Probanden in ausreichendem Abstand. Einerseits konnte so die notwendige Sicherheit gewährleistet werden, andererseits war dies für die Protokollierung des Testszenarios nötig.

Neben der Protokollierung mittels Video bzw. Testleiter-Notizen wurden auch einige Informationen auf dem Smartphone in einer Logdatei gespeichert. Unter anderem wurden folgende Daten inkl. Zeitstempel festgehalten: Positionierungsevents (erreichte Wegpunkte, Verlassen von Wegpunkten), Sprachausgabe (aktiv vs. inaktiv), Umschalten der aktiven Ansicht (Hauptauswahl, Routenexplorer, Wo bin ich?, Orte) und Nutzerinteraktionen im Reader (Unterbrechung/Fortsetzung der Ansage, Gesteneingabe).

Nach der Durchführung des oben beschriebenen Feldversuchs fand jeweils eine Nachbefragung des Teilnehmers statt. Dabei sollten die Probanden einerseits die Ansagen und die Bedienung der App bewerten, andererseits konnten Wünsche und Verbesserungsvorschläge geäußert werden.

4.2 Ergebnisse

In den Tests hat sich gezeigt, dass der Nutzen des Systems stark abhängig von der Qualität der Positionsbestimmung ist. Beispielsweise differenzierten einige Probanden von sich aus bei der Bewertung des Systems zwischen der Idee, welche meist sehr gut bewertet wurde, und der noch nicht zufriedenstellenden technischen Umsetzung. Grund dafür ist der unzuverlässige Zeitpunkt der automatischen Ansagen, d.h. einige Ansagen kamen deutlich zu früh, andere zu spät oder überhaupt nicht. Problematisch dabei sind vor allem die zu späten oder fehlenden Ansagen. Hilfestellung kann theoretisch der Routenexplorer geben, indem der

Nutzer manuell nachliest, wie es am aktuellen Wegpunkt weitergeht. Im Test erwies sich dessen Steuerbarkeit jedoch als deutlich eingeschränkt. Aufgrund häufiger Sprünge in der Positionsermittlung (z.B. Ebenenwechsel in der Nähe von Bodenöffnungen oder unbehandelte Rücksprünge) kamen immer wieder automatische Ansagen, die den Fokus vom Routenexplorer auf den Reader legten und somit eine Bedienung unmöglich machten. Eine Überarbeitung des Lokalisierungsservices sowie des Zustandsmodells der Bedienoberfläche ist somit essentiell (siehe Abschnitt 5).

Weiterhin wurde durch die Befragung der Teilnehmer deutlich, dass sich die Nutzer keine ausführliche Beschreibung der Bereiche wünschen, sondern diese Informationen nur auf Abruf benötigen. Um sich eine Vorstellung über einen neuen Bereich zu machen und somit das eigenständige Erkunden zu fördern, sind die Beschreibungen sinnvoll. In einem Szenario, bei dem ein Nutzer möglichst schnell von A nach B kommen möchte, verlangsamen diese Informationen allerdings die Zielführung unnötig. Deutlich wird dies auch in der Auswertung der konkreten Lauf- und Stehzeiten der Probanden (vgl. Tabelle 1).

	Durchschnittliche Dauer	Standardabweichung	Prozentualer Anteil[4] (%)
Dauer Gesamtszenario	32:44,8	07:15,2	100
Dauer Laufen	18:35,5	03:31,1	56,8
Dauer Stehen	13:42,1	05:58,5	41,8
Dauer Hindernis-Stopp	00:27,2	00:26,6	1,4
Dauer aktiver Reader	08:49,1	12:26,9	26,9
Dauer Stehen bei aktivem Reader	04:17,6	01:51,0	48,7[5]
Dauer Laufen bei aktivem Reader	03:50,5	00:58,3	43,65

Tabelle 1: Durchschnittliche Lauf- und Stehzeiten der Probanden (in min:s)

Mit fast 27% der Gesamtzeit ist die Dauer der aktiven Sprachausgabe deutlich zu hoch für ein solches Umfeld. Gerade in großen Gebäuden, in denen viele Menschen unterwegs sind, ist die auditive Belastung ohnehin extrem hoch. Außerdem wird die benötigte Zeit zum Erreichen des Zielpunktes durch die hohen Standzeiten um über 70% gegenüber der reinen Laufzeit erhöht. Um vorhandene Nutzungsprobleme besser zu verstehen, wurden im Rahmen der Videoauswertung auch aufgetretene Fehler gezählt und näher analysiert. Diese können in zwei grobe Klassen unterteilt werden: Informations- und Interpretationsfehler. Bei 70,2% (6,2 Fehler pro Proband) aller aufgetretenen Fehler handelte es sich um Informationsfehler, d.h. die Probleme beruhen auf fehlerhaften oder unzureichenden Informationen. Interpretationsfehler (Probleme beim Zusammenführen der Informationen mit der aktuellen Umgebung) traten nur etwa 2,6 mal pro Proband auf. Die Häufigkeiten der verschiedenen Fehlertypen der beiden Klassen ist in Abbildung 3 dargestellt. Deutlich wird dabei, dass 52% der Informationsfehler auf fehlenden Informationen beruhen. Dies wiederum lässt sich durch Abbrüche der Sprachausgabe sowie Positionierungsprobleme im Test erklären. Letzteres trifft auch auf die Probleme beim Ansagezeitpunkt zu.

---

[4]   bezogen auf die Dauer des Gesamtszenarios
[5]   bezogen auf die Dauer des aktiven Readers

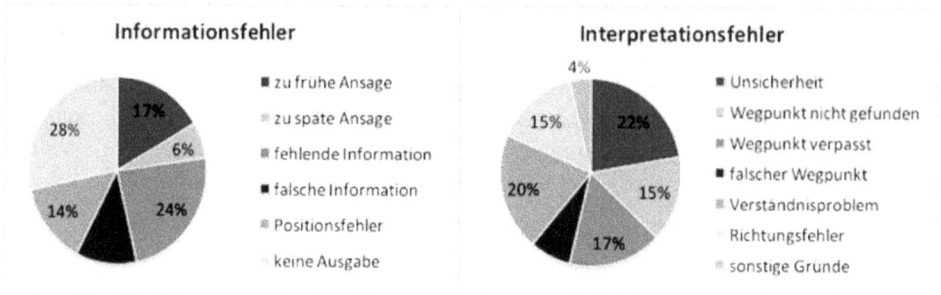

Abbildung 3: Häufigkeit der aufgetretenen Fehlerklassen (Hinweis: Legende im Uhrzeigersinn, Start bei 12 Uhr)

Auch für die Interpretationsfehler kann man die Ursache in den Positionierungsfehlern finden, da falsche Annahmen der aktuellen Position zu vermehrten Verständnisproblemen sowie zu Unsicherheiten beim Probanden führen (42% der Interpretationsfehler). Die Diskrepanz zwischen Erwartung und tatsächlicher Ansage könnte ein Grund dafür sein, dass die Probanden, welche sich bereits im Vorfeld auf die Route vorbereitet hatten (Pre-Journey, vgl. Abschnitt 4.1), mehr Fehler machten als jene ohne Vorwissen (Informationsfehler: 7,6 gegenüber 5 Fehler/Proband; Interpretationsfehler: 3 gegenüber 2,4 Fehler/Proband; keine Signifikanz: t = 1,20). Außerdem benötigten diese Probanden im Durchschnitt etwas weniger Zeit (Probanden mit Vorwissen: $\bar{x}$ = 30:36,9 min, S = 4:48,0 min; ohne Vorwissen: $\bar{x}$ = 35:10,9 min, S = 9:06,3 min; keine Signifikanz: t = -1,24). Die schnellere Geschwindigkeit beim Durchlaufen des Szenarios könnte auch eine weitere Ursache für das vermehrte Auftreten von Informationsfehlern, wie verspätete Ansagen, darstellen. Im Kontext eines Umsteigeszenarios ist dieser Effekt jedoch weniger stark zu bewerten, wenn der Zeitverlust durch aufgetretene Fehler durch ein schnelleres Tempo kompensiert werden kann.

Obwohl die Weganweisungen an die Bedürfnisse von Langstock-Nutzern angepasst waren, war es auch dem Führhund-Nutzer möglich, die Anwendung zu verwenden. Deutlich wurde dabei, dass die Kommandos an den Hund durch den Nutzer selber angepasst werden mussten. Neben konkreten Richtungsangaben ("nach rechts" usw.) können auch bestimmte visuelle Hinweise an den Hund gegeben werden (z.B. "suche rechts Treppe"). Insbesondere beim Finden der Route sollte allerdings darauf geachtet werden, dass beispielsweise Rolltreppen für Hunde nicht zugänglich und somit zu vermeiden sind.

5   Iteratives Redesign der Bedienoberfläche

Wie bereits erwähnt, haben die Ergebnisse des Nutzertests gezeigt, dass vor allem die Positionierung und das Zustandsmodell der Bedienoberfläche überarbeitet werden müssen.

Als wesentliche Problematik der Lokalisierung auf Basis von WiFi-Signalen hat sich gezeigt, dass die WiFi Signalstärken an gleichen Positionen oft stark schwanken können, was sich in größeren Bereichen, wie in unserem Testszenario von Bahnhofs- und Flughafenhallen, bemerkbar macht. Diese Schwankungen bewirken, dass Positionsberechnungen auch an gleichen Orten zum Teil stark unterschiedlich ausfallen. Um diese auszugleichen, wird ein Verfahren entwickelt, bei welchem die zuletzt berechnete Position bei der neuen Positionsberechnung einbezogen wird. Auf diese Weise können größere, für menschliche Bewegungen unrealistische Positionssprünge ausgeglichen werden. Zudem wurde der qualitätsbezogene Ansatz zur Auswahl der Fingerprints für die Triangulation um einen Vergleich von den zur Laufzeit gemessenen Signalen mit bekannten Fingerprints erweitert.

Aufgrund der im Nutzertest aufgetretenen Probleme in der Steuerbarkeit der Anwendung wurde zudem die Bedienoberfläche in einem weiteren iterativen Prozess unter Einbeziehung blinder Nutzer überarbeitet. Dabei wurde zunächst ein Konzept entwickelt, welches neben Anpassungen des Zustandsmodells auch eine Umstrukturierung der angebotenen Funktionen beinhaltete. Zur weiteren Verfeinerung wurden informelle Befragungen mit zwei blinden Experten durchgeführt. Hierbei wurden insbesondere Faktoren wie Reihenfolge, Benennung und Notwendigkeit der Funktionen sowie die Bedienung von Listen und Menüs besprochen. Die dabei gewonnen Erkenntnisse wurden direkt nach jeder Befragung im Prototypen umgesetzt, sodass der zweite Experte bereits eine überarbeitete Version vorfinden konnte.

Als Ergebnis hat sich gezeigt, dass die Listeninteraktion in Android für blinde Nutzer sehr gut zugänglich ist, da hierdurch die lineare Arbeitsweise unterstützt wird. Als wichtigste Neuerung wurde ein separater Bildschirm zur automatischen Routenansage eingeführt. Im Gegensatz zur früheren Version, bei der die automatischen Ansagen im Reader sofort den Fokus erhielten, erhält der Nutzer diese Ansagen nur, wenn er sich im Routenmodus befindet, der Fokus also ohnehin auf diesem Bildschirm liegt. Auf diese Weise ist es möglich, unterwegs Zusatzinformationen abzurufen, ohne durch automatische Ansagen unterbrochen zu werden.

6   Zusammenfassung und Ausblick

Durch die Einbeziehung von Nutzern in den iterativen Entwicklungsprozess im Rahmen des Mobility Projektes war es möglich, verschiedene Anforderungen schrittweise zu verfeinern und zu validieren. Gerade bei mobilen Anwendungen ist dabei nicht nur die Überprüfung der Bedienoberfläche im Labor, sondern insbesondere auch die Erprobung der gesamten Anwendung im realen Nutzungskontext notwendig. Nur auf diese Weise können positionsabhängige sowie umfeldabhängige Probleme identifiziert und behoben werden. Im weiteren Projektverlauf ist geplant, die Bedienoberfläche des finalen Prototypen mit einem weiteren Probanden unter Vorgabe konkreter Aufgaben zu evaluieren (Laborversuch). Außerdem soll eine abschließende Studie im Rahmen eines neuen Szenarios am Frankfurter Flughafen durchgeführt werden (Feldversuch).

Danksagung

Wir danken Ursula Weber für die Unterstützung bei der Probandenakquise sowie allen Teilnehmern der Nutzerstudien. Das Mobility Projekt wurde durch das Bundesministerium für Bildung und Forschung (BMBF) unter dem Förderkennzeichen FKZ 01IS11005 gefördert und durch die Fraport AG (Frankfurt Airport Services Worldwide) unterstützt.

Literaturverzeichnis

Magnusson, C., Tollmar, K., Brewster, S., Sarjakoski, T., Sarjakoski, T., & Roselier, S. (2009). Exploring future challenges for haptic, audio and visual interfaces for mobile maps and location based services. *Proceedings of the 2nd International Workshop on Location and the Web*. Boston, Massachusetts: ACM.

Miao, M., Spindler, M., & Weber, G. (2011). Requirements of Indoor Navigation System from Blind Users. *Information Quality in e-Health. 7th Conference of the Workgroup Human-Computer Interaction and Usability Engineering of the Austrian Computer Society, USAB 2011*. Graz, Austria.

Petrie, H., Valerie, J., Thomas, S., Andreas, R., Steffi, F., & Rainer, M. (1996). MoBIC: Designing a travel aid for blind and elderly people. *Journal of Navigation, Volume 49, Issue 1* (S. 45-52). Cambridge Univ Press.

Spindler, M., Weber, M., Prescher, D., Miao, M., Weber, G., & Ioannidis, G. (2012). Translating Floor Plans into Directions. In *Computers Helping People with Special Needs, 13th International Conference, ICCHP 2012, Linz, Austria, July 11-13, 2012, Proceedings, Part II* (S. 59-66). Berlin Heidelberg: Springer.

Kontaktinformationen

Professur für Mensch-Computer Interaktion,Technische Universität Dresden, Nöthnitzer Straße 46, D-01187 Dresden, Email: {denise.prescher, martin.spindler, gerhard.weber}@tu-dresden.de.

IN2 search interfaces development Ltd, Fahrenheitstrasse 1, D-28359 Bremen, Email: {mw, gi}@in-two.com.

S. Boll, S. Maaß & R. Malaka (Hrsg.): Mensch & Computer 2013
München: Oldenbourg Verlag, 2013, S. 47– 56

Quantitative Auswertungsmethode für mentale Karten von blinden Benutzern

Mei Miao, Gerhard Weber

Technische Universität Dresden, Institut für Angewandte Informatik

Zusammenfassung

Um die Mobilität blinder Menschen zu unterstützen, existieren einige Untersuchungen im Bereich Mensch-Computer Interaktion, die auf die Entwicklung assistiver Anwendungen zur Navigation für blinde Menschen fokussieren. Um solche Anwendungen zu evaluieren, werden häufig die mentalen Karten, die blinde Menschen bei der Nutzung der Anwendungen aufgebaut haben, hinsichtlich des Routen- und Überblickswissens untersucht. Für die Auswertung mentaler Karten von blinden Menschen sind bisher keine systematischen Methoden vorhanden. In diesem Paper werden zwei Methoden vorgestellt, um die mentalen Karten bezüglich des Routen- und Überblickswissens quantitativ auszuwerten. Zuerst wurden Auswertungskriterien entwickelt. Danach wurden diese Kriterien von blinden Menschen gewichtet und anschließend wurden sie quantifiziert. Der Entwicklungsprozess beider Methoden wird detailliert beschrieben.

1   Einführung

Für viele blinde Menschen ist es immer noch eine Herausforderung, sich in einer fremden Umgebung unabhängig von anderen Menschen zu bewegen. Vor diesem Hintergrund existieren im Bereich der Mensch-Computer Interaktion einige Untersuchungen, deren Schwerpunkt darin liegt, assistive Anwendungen für die Navigation für blinde Benutzer zu entwickeln (Spindler et al. 2012, Daunys & Lauruska 2009, Zeng & Weber 2010, Hub 2008). Für die Entwicklung solcher Anwendungen wird das Konzept des User-Centered Designs oft verwendet. Dabei sind zukünftige Benutzer an unterschiedlichen Entwicklungsphasen beteiligt. Für die Usability-Evaluation einer solchen Anwendung ist die mentale Karte häufig ein essentieller Evaluationsgegenstand. Eine mentale Karte (Englisch: mental map), auch kognitive Karte (Englisch: cognitive map) genannt, hat drei Wissensebenen: Landmarkenwissen, Routenwissen und Überblickswissen (May 1992). Landmarkenwissen bezieht sich auf attraktive Plätze, bekannte Gebäude oder markante Punkte, also POIs (point of interest). Routenwissen ist das Wissen um bestimmte Abfolgen von Landmarken auf einer bestimmten Strecke. Dazu zählt die Navigation von Punkt A zu Punkt B. Überblickswissen ist die Kombination bzw. Integration von Landmarken- und Routenwissen. Eine der wichtigsten Funktionen der mentalen Karten ist die Unterstützung unserer Orientierung im Raum. Bei der Evaluation der oben genannten assistiven Anwendungen werden besonders das Routen- und Überblickswissen betrachtet (Kitchin & Jacobson 1997). Es gibt hauptsächlich zwei Methoden, um mentale Karten von blinden Menschen zu erfassen: Verbale Beschreibung (Lahav & Mioduser 2004) und Rekonstruktion. Letztere erfolgt meist mit Hilfe von Magnetenstreifen und eines Whiteboards (Lahav & Mioduser 2004). Zeichnen ist eine sehr verbreitete Methode für Sehende, allerdings nicht für blinde Menschen, da die meisten blinden Menschen damit nicht vertraut sind. Abbildung 1 zeigt zwei Beispiele für rekonstruierte mentale Karten blinder Benutzer bezüglich des Routen- und Überblickwissens.

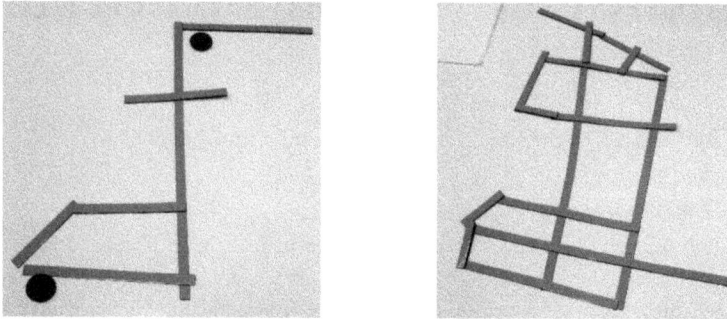

Abbildung 1: Von blinden Benutzern rekonstruierte mentale Karten bzgl. des Routenwissens(links) und Überblickwissens (rechts).

Ein Szenario soll die Bedeutung des Themas illustrieren. Ein Forschungsinstitut hat eine Anwendung entwickelt, mit deren Hilfe blinde Menschen Landkarten erkunden können. Nachdem der erste Prototyp fertig gestellt ist, wird eine Nutzerstudie durchgeführt. Zum Vergleich wird auch eine weitere kommerzielle Anwendung getestet, die blinden Benutzern ebenfalls bei der Erkundung von Karten hilft. Die blinden Probanden werden zuerst darum gebeten, Karten mit Hilfe beider Anwendungen zu erkunden. Anschließend sollen sie die gelernten, d.h. die mentalen Karten, rekonstruieren. Die rekonstruierten Karten sollen zum Schluss ausgewertet werden, um herauszufinden, welche der beiden Anwendungen die Erkundung von Karten besser unterstützt. Dabei stellt sich die Frage, wie die rekonstruierten Karten ausgewertet werden sollen.

Die methodengerechte Auswertung der mentalen Karten spielt hierbei eine wichtige Rolle, da dies als Basis für die Evaluation der Anwendung dient. In diesem Paper werden zwei quantitative Methoden für die Auswertung der mentalen Karten blinder Benutzer bezüglich des Routen- und des Überblickwissens vorgestellt.

2   Stand der Forschung

Bisher wurde die Auswertung mentaler Karten in nur wenigen Untersuchungen betrachtet. Die Auswertung mentaler Karten von blinden Menschen wurde dabei noch seltene untersucht. Waterman & Gordon (Waterman & Gordon 1984) und Peake & Moore (Peake & Moore 2004) stellen Methoden für die Auswertung mentaler Karten vor. Allerdings handelt es sich dabei nur um die von sehenden Benutzern gezeichneten Karten. Im Gegensatz zu Sehenden bauen blinde Menschen mentale Karten hauptsächlich mit Hilfe ihrer taktilen und auditiven Sinne auf. Dadurch unterscheiden sich die mentalen Karten von blinden und sehenden Menschen. Im Folgenden wird insbesondere die Auswertung mentaler Karten von blinden Benutzern diskutiert.

Für die Auswertung mentaler Karten von blinden Menschen hinsichtlich des Überblickwissens ist keine Literatur bekannt. Aus diesem Grund wird ein Ansatz von Passini et al. herangezogen. In dieser Studie (Passini et al. 1990) haben blinde Probanden mentale Karten rekonstruiert, nachdem sie zwei einfache Labyrinthe (Abbildung 2) erkundet haben. Die Labyrinthe bestanden aus „L"- und „T"-Elementen.

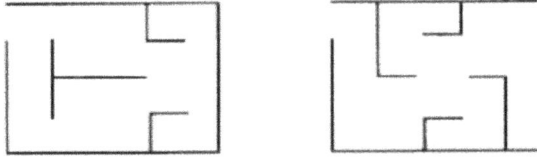

Abbildung 2: Labyrinth 1 (links) und Labyrinth 2 (rechts) (Passini et al. 1990)

Die rekonstruierten mentalen Karten wurden anhand von 5 Kriterien ausgewertet: 1) Number of elements: Labyrinth 1 hat 3 Elemente und Labyrinth 2 hat 4 Elemente (siehe Abbildung 2). 2) Form of elements: Die richtig erkannten „L" und „T"-Formen. 3) Position: Die richtige Ausrichtung der Elemente. 4) Placement: Die richtige Entfernung zwischen den Elementen. 5) Symmetry: Axiale Anordnung in Labyrinth 1 und zentrale Anordnung in Labyrinth 2.

Zur Auswertung von Routenwissen ließen Yatani et al. (Yatani et al. 2012) in ihrer Studie blinde und sehbehinderte Probanden gelernte Routen mit Acrylglasstücken rekonstruieren (vgl. Abbildung 3).

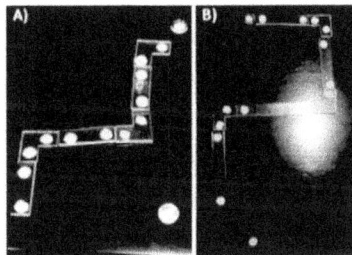

Abbildung 3: Von Probanden rekonstruierte Routen mit Acrylglasstücken (Yatani et al. 2012)

Auf Basis der von Passini et al. entwickelten Methode haben Yatani et al. für die Auswertung der Routen sieben Bewertungskriterien zusammengestellt: 1) NumberElementsError: Anzahl der unnötigen Acrylglasstücke. 2) FormElementsError: Die Levenshtein-Distanz zwischen rekonstruierter und originaler Route. 3) PositionError: Anzahl der falsch positionierten L-Formen. 4) PlacementError: Anzahl der Straßen mit falscher Länge. 5) DestinationDistanceError: Die Differenz der direkten Entfernung von Start- und Zielpunkt zwischen rekonstruierter und originaler Route. 6) BookmarkDistanceError: Die Differenz der direkten Entfernung von Startpunkt und Landmarke zwischen rekonstruierter und originaler Route. 7) PlaceAngleError: Die Differenz der Winkel von rekonstruierter und originaler Route, welche jeweils durch die Linien zwischen Startpunkt und Ziel sowie die Linien zwischen Startpunkt und Landmarke aufgespannt werden.

Ein Mangel der oben beschriebenen Methoden besteht darin, dass sie nur für sehr einfache Straßenstrukturen geeignet sind. Für die Auswertung der mentalen Karten, die auf Basis realer Karten rekonstruiert wurden, sind sie nicht geeignet, da diese Karten wesentlich komplexer sind. Straßen haben Eigenschaften wie Name, Himmelsrichtung und Form. Diese sollten bei der Auswertung ebenfalls berücksichtigt werden. Außerdem werden bei der Methode von Yatani et al. die direkten Entfernungen bewertet. In der Realität spielt die Luftlinie eher eine geringe Rolle, um die Entfernung vom Start bis zum Ziel zu beschreiben.

Angesichts der Tatsache, dass es an systematischen Methoden für die Auswertung mentaler Karten mangelt, wurden zwei Methoden für die Auswertung mentaler Karten hinsichtlich des Routenwissens und Überblickswissens entwickelt. In den nächsten zwei Abschnitten werden diese Methoden und deren Entwicklungsprozess detailliert beschrieben.

3   Auswertungsmethode hinsichtlich Routenwissen

Die Entwicklung der Auswertungsmethode hinsichtlich des Routenwissens umfasst drei Schritte: Zuerst wurden Auswertungskriterien entwickelt. Danach wurden diese Kriterien von blinden Menschen gewichtet. Anschließend wurde eine Quantifizierungsmethode ausgewählt, um anhand der Bewertungskriterien eine Darstellung der mentalen Karten in Zahlenwerten zu ermöglichen.

Festlegung der Auswertungskriterien

Für die Orientierung blinder Menschen gibt es wichtige räumliche Merkmale. Auf rekonstruierten mentalen Karten sind Kreuzungen/Einmündungen (K/E), Straßennamen (SN), Straßenformen (SF) und Himmelsrichtungen (H) messbar. Straßen werden durch K/E in Segmente geteilt. Somit besteht eine Route aus einer Reihe von Straßensegmenten. Eine Route wird nach zwei Aspekten bewertet: 1) die Struktur (Anzahl und Reihenfolge) der Straßensegmente; 2) die Merkmalen der Straßensegmente: SN, SF und H.

Gewichtung der Auswertungskriterien

Nachdem die Bewertungskriterien festgelegt wurden, ist es wichtig herauszufinden, ob diese Kriterien hinsichtlich des Routenwissens gleich oder unterschiedlich wichtig sind. Deshalb wurden die vier Items, SN, SF, H und K/E, mit Hilfe von 21 blinden Probanden (17 männlich, 4 weiblich, 13 Geburtsblinde, 8 Späterblindete, durchschnittliches Alter: 36) hinsichtlich des Routenwissens gewichtet.

Zuerst wurden die vier Items von den Probanden in einer Rangliste geordnet. Unterschiedliche Items durften den gleichen Rang haben. Das Ergebnis war: 1. Kreuzung/Einmündung, 2. Straßenname, 3. Straßenform und 4. Himmelsrichtung.

Nach dem Ordnen der vier Items muss getestet werden, ob der Rangunterschied statistisch signifikant ist. Wenn der Rangunterschied zwischen zwei Items statistisch signifikant ist, bekommen sie verschiedene Gewichtsfaktoren (w), ansonsten den gleichen Gewichtsfaktor. Für den Signifikanztest wurde ein Wilcoxon-Rangsummen-Test verwendet ($Z(1-\alpha/2)=1{,}96$, $\alpha=0{,}05$). Das Ergebnis war: $w(K/E) > w(SN) = w(SF) > w(H)$.

Schließlich wurden entsprechende Gewichtsfaktoren berechnet. Die Berechnung basiert dabei auf der Häufigkeitsverteilung der vier Items im 1. und 2. Rang. Die Häufigkeiten des 1. Ranges werden mit einem Faktor c ($1 < c < 2{,}\overline{3}$) multipliziert, da basierend auf dem Ranking der blinden Probanden „Kreuzungen/Einmündungen" höher gewichtet werden sollen als Straßennamen. In dieser Studie wird 2 als Faktor genommen (siehe Tabelle 1).

Rang \ Item	a_1	a_2	a_3	a_4	Σ
1	$H_{11}*2$	$H_{12}*2$	$H_{13}*2$	$H_{14}*2$	$H_{1.}*2$
2	H_{21}	H_{22}	H_{23}	H_{24}	$H_{2.}$
Σ	$H_{11}*2+H_{21}$	$H_{12}*2+H_{22}$	$H_{13}*2+H_{23}$	$H_{14}*2+H_{24}$	$H_{1.}*2+H_{2.}$

Tabelle 1: Gewichtete Häufigkeitsverteilung der vier Items (a_i) im 1. und 2. Rang (H: Häufigkeit)

Die Berechnung mit der Formel $w(a_j) = (H_{1i}*2+H_{2i})/(H_{1.}*2+H_{2.})$ ergibt folgende Gewichtsfaktoren: $w(K/E) = 0,37$, $w(SN) = w(SF) = 0,26$ und $w(H) = 0,11$.

Quantifizierung der Auswertungskriterien

Nachdem die Auswertungskriterien festgelegt und gewichtet wurden, muss eine Quantifizierungsmethode ausgewählt werden, um die Routen in Zahlenwerten auszudrücken und somit die rekonstruierten Routen miteinander vergleichen zu können. Die Differenz (D) zwischen der originalen und der rekonstruierten Route sollte hinsichtlich der Struktur der Straßensegmente (D_S) und der Merkmale der Straßensegmente (D_M) berechnet werden.

Bewertung der Struktur der Straßensegmente(D_S)
Um die Struktur der Straßensegmente zu bewerten, werden jedem Straßensegment je nach Komplexität des Kartenausschnittes ein Zeichen oder mehrere Zeichen zugeordnet. Somit kann jede Route als eine Zeichenkette dargestellt werden. Bei der Auswertung einer Route reicht es aber nicht aus, wenn nur die Straßensegmente berücksichtigt werden. Hat man die Straßenseiten des Startpunktes bzw. des Ziels verwechselt, ändert sich die Zeichenkette der Route trotzdem nicht. Daher sollen die erste Abbiegung (vom Startpunkt auf das erste Straßensegment) und die letzte Abbiegung (vom letzten Straßensegment zum Ziel) mit berücksichtigt werden. Dafür sind die Zeichen „r" und „l" für die erste und letzte Abbiegung „rechts" und „links" reserviert. Dementsprechend kann die Route von „Markant Voigt Lebensmittelmarkt" bis zum „Restaurant Tassili" (Abbildung 4) folgenderweise beschrieben werden: r, Q, H, F, E, l (Zeichenkette 1). Für jede konstruierte Route wird eine Zeichenkette erzeugt.

Angenommen Proband 1 hat die Straßenseite vom „Restaurant Tassili" verwechselt, dann sieht die Zeichenkette so aus: r, Q, H, F, E, r (Zeichenkette 2). Hat Proband 2 die Position von „Restaurant Tassili" mit „Tanz und Kunstakademie" verwechselt, dann sieht die Zeichenkette folgendermaßen aus: r, Q, H, F, l (Zeichenkette 3).

Abbildung 4: Beispiel für die Darstellung einer Route als Zeichenkette

Die *Levensthein-Distanz* ist eine bekannte Methode zur Berechnung der minimalen Anzahl von Editierungsoperationen (Einfüge-, Lösch- und Ersetzoperation), welche notwendig sind, um eine Zeichenkette in eine andere zu überführen (Levenshtein 1966). Die Kosten für jede Operation betragen 1. Allerdings kann der normale Levensthein-Distanz-Algorithmus aus zwei Gründen nicht direkt eingesetzt werden. Erstens soll die Operation „Ersetzen" den Gewichtsfaktor 2 bekommen, denn wenn man ein Stück falsch gelaufen ist, muss man zuerst das falsche Stück zurück laufen, dann das richtige Stück laufen. Die Operationen „Einfügen" und „Löschen" haben den Gewichtsfaktor 1. Daher stellt sich hierfür die *gewichtete Levensthein-Distanz (WLD)* als geeignet heraus. Zweitens kann die *Levensthein-Distanz* nicht die komplette Zeichenkette abdecken. Nehmen wir die Zeichenketten 1 (r, Q, H, F, E, l) und 3 (r, Q, H, F, l) als Beispiel. Für die Umwandlung von Zeichenkette 3 nach 1 betragen die Kosten nach *WLD* 1. Im Kontext der Korrektur einer Route sollten die Kosten aber 3 betragen, da man zuerst von „Tanz und Kunstakademie" zurück zu F laufen muss, dann von F bis E und dann von E nach links abbiegen muss. Das heißt, die erste bzw. letzte Abbiegung kann nicht ohne das dazu gehörige Straßensegment betrachtet werden. Aus diesem Grund werden Zeichenketten in drei Teile aufgeteilt (siehe Abbildung 5). Teil 1 beinhaltet die erste Abbiegung und das erste Straßensegment. Teil 2 beinhaltet alle Straßensegmente und Teil 3 beinhaltet die letzte Abbiegung und das letzte Straßensegment.

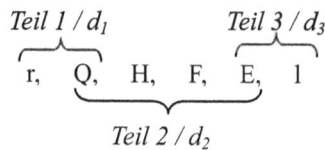

Teil 1 / d_1 Teil 3 / d_3

r, Q, H, F, E, l

Teil 2 / d_2

Abbildung 5: Aufteilung der Zeichenkette 1 in drei Teile

Entsprechend sind die Kosten der drei Teile d_1, d_2 und d_3, um die Zeichenkette der rekonstruierten Route in die Zeichenkette der originalen Route umzuwandeln.

$$d_1 = \begin{cases} 0, \text{ wenn die erste Abbiegung und das erste Straßensegment richtig sind;} \\ \text{sonst } 2 \end{cases}$$

$$d_2 = WLD \ (\text{Teil 2}_{\text{originale Route}}, \text{Teil 2}_{\text{rekonstruierte Route}})$$

$$d_3 = \begin{cases} 0, \text{ wenn die letzte Abbiegung und das letzte Straßensegment richtig sind;} \\ \text{sonst } 2 \end{cases}$$

Somit ergibt sich: $D_S = w(K/E) * (d_1 + d_2 + d_3)$

Bewertung der Merkmale der Straßensegmente (D_M)

Im Vergleich zu D_S ist die Berechnung von D_M wesentlich einfacher. D_M besteht ebenfalls aus drei Werten: d_{SN}, d_{SF} und d_H. Sie sind jeweils die Differenz der Anzahl richtiger Straßennamen, Straßenformen und Himmelsrichtungen zwischen originaler und rekonstruierter Route. Multipliziert man diese mit den jeweiligen Gewichtsfaktoren, dann ergibt sich:

$D_M = w(SN) * d_{SN} + w(SF) * d_{SF} + w(H) * d_H$

Schließlich werden D_S und D_M zusammengesetzt und D berechnet:

$D = w(K/E) * (d_1 + d_2 + d_3) + w(SN) * d_{SN} + w(SF) * d_{SF} + w(H) * d_H$

4 Auswertungsmethode hinsichtlich Überblickwissen

In (Miao & Weber 2012) wurde bereits eine quantitative Auswertungsmethode mentaler Karten hinsichtlich Überblickwissens veröffentlicht. Diese Methode wurde noch einmal erweitert. Die Entwicklung der Auswertungsmethode hinsichtlich des Überblickwissens umfasst ebenfalls drei Schritte: Bewertungskriterien festlegen, gewichten und quantifizieren.

Festlegung der Bewertungskriterien

Insgesamt wurden neun Kriterien identifiziert, die vier Kategorien zugeordnet wurden:
Kategorie 1: Anzahl der Elemente
  – Anzahl richtige Straßensegmente (K1)

  – Anzahl richtig genannte Straßennamen (K2)

Kategorie 2: Eigenschaften der Straßen
  – Anzahl richtige Straßenform (K3): Die Straßenform beschreibt, ob eine Straße gerade ist oder Kurven hat, sowie die Anzahl und den Verlauf der Kurve(n).

  – Anzahl richtig zugeordnete Straßennamen (K4): Hier werden die Straßennamen gezählt, die vom Probanden nicht nur richtig genannt, sondern auch den richtigen Straßen zugeordnet wurden.

  – Anzahl richtige Himmelsrichtung (K5): In dem Fall, dass eine Straße Kurven hat, bezieht sich die Himmelsrichtung auf den Anfangs- und Endpunkt der Straße, solange dazwischen kein POI vorkommt. Für die Bewertung der Himmelsrichtung wurde ein Toleranzbereich von ± 30° definiert.

Kategorie 3: Anordnung der Straßen
- Anzahl richtige Kreuzungen/Einmündungen (K6): Hier werden nur die Kreuzungen/Einmündungen gezählt, die auf der originalen Karte existieren.

Kategorie 4: Anzahl der Fehler
- Anzahl nicht existierende Straßen (K7): Hier werden die Straßen gezählt, die in der mentalen Karte, aber nicht in der originalen Karte existieren.

- Anzahl nicht existierende Kreuzungen/Einmündungen (K8): Hier werden nur die Kreuzungen/Einmündungen gezählt, die durch zu lang rekonstruierte Straßen verursacht wurden und nicht durch die nicht existierenden Straßen.

- Anzahl Verschiebungen (K9): Bezieht sich auf die relative Position der Straßen.

Das Längenverhältnis gehört eigentlich auch zur Eigenschaft der Straßen, kann aber nicht separat als ein Kriterium betrachtet werden, da es bei zu kurz rekonstruierten Straßen zu weniger Kreuzungen/Einmündungen kommen kann. Somit wird dies bei Kriterium K6 (Anzahl richtige Kreuzungen/Einmündungen) berücksichtigt. Bei zu lang rekonstruierten Straßen kann es hingegen zu mehr Kreuzungen/Einmündungen kommen. Dies wird somit bei Kriterium K8 (Anzahl nicht existierende Kreuzungen/Einmündungen) berücksichtigt.

Gewichtung der Bewertungskriterien

Alle oben genannten Kriterien haben mit den vier Items Kreuzungen/Einmündungen (K1, 6, 7, 8, 9), Straßennamen (K2, 4), Straßenformen (K3) oder Himmelsrichtungen (K5) zu tun. Es muss wieder geprüft werden, ob diese Items hinsichtlich des Überblickwissens gleich oder unterschiedlich gewichtet sind.

Die Berechnung der Gewichtsfaktoren des Überblickwissens erfolgt genauso wie die des Routenwissens. Die gleichen 21 blinden Personen haben die vier Items hinsichtlich des Überblickwissens gewichtet. Die berechneten Gewichtsfaktoren des Überblickwissens sehen folgendermaßen aus: w(K) = w(SN) = w(SF) = 0,29 und w(H) = 0,13.

Quantifizierung der Auswertungskriterien

In diesem Schritt wird der Abstand zwischen den originalen und den rekonstruierten Karten anhand der neun Kriterien berechnet. Die originale Karte und die rekonstruierte mentale Karte können als zwei Punkte im n-dimensionalen Raum gesehen werden, wobei n die Anzahl der Bewertungskriterien darstellt. Wie in Tabelle 2 zu sehen ist, hat die originale Karte die Koordinate $x = (x_{1,..,} x_9)$ und die rekonstruierte die Koordinate $y = (y_{1,..,} y_9)$. Wenn die Memorierbarkeit der Straßennamen in der Anwendung nicht relevant ist, kann man w für „Anzahl richtig genannte SN" auf 0 setzen. Als Quantifizierungsmethode wird die *gewichtete City-Block-Distanz* (Schmitt 2006) verwendet: $d(x, y) = \sum_{i=1}^{i} w_i * |x_i - y_i|$, w ist der Gewichtsfaktor.

Kategorien	Kriterien	Gewichts-faktor	originale Karte	rek. Karte
Anzahl der Elemente	Anzahl richtige Straßensegmente	0,29	x_1	y_1
	Anzahl richtig genannte SN	0,29	x_2	y_2
Eigenschaften der Straßen	Anzahl richtige Straßenform	0,29	x_3	y_3
	Anzahl richtig zugeordnete SN	0,29	x_4	y_4
	Anzahl richtige Himmelsrichtungen	0,13	x_5	y_5
Anordnung der Straßen	Anzahl richtige K/E	0,29	x_6	y_6
Anzahl der Fehler	Anzahl nicht existierende Straßen	0,29	0	y_7
	Anzahl nicht existierende K/E	0,29	0	y_8
	Anzahl der Verschiebungen	0,29	0	y_9

Tabelle 2: Auswertungskriterien und deren Gewichtsfaktoren für die Berechnung des Abstandes zwischen originaler und rekonstruierter Karte

Der Abstand zwischen originaler und rekonstruierter Karte hinsichtlich des Überblickwissens lässt sich folgendermaßen berechnen:

$$d(x,y) = \sum_{i=1}^{i} w_i * |x_i - y_i|.$$

Das Ergebnis gibt an, wie ähnlich sich die originale und die rekonstruierte, also die mentale Karte sind. Je kleiner der Wert ist, desto ähnlicher ist die mentale Karte der originalen Karte. Somit ist es möglich, die Bewertung von mentalen Karten mit einem Wert auszudrücken und damit mentale Karten vergleichbar zu machen.

5   Zusammenfassung und Ausblick

In diesem Paper wurden zwei quantitative Methoden für die Auswertung mentaler Karten bezüglich des Routen- bzw. des Überblickwissens und dessen Entwicklungsprozesse beschrieben. Es hat sich ergeben, dass die festgelegten Bewertungskriterien bei blinden Menschen sowohl hinsichtlich des Routen- als auch des Überblickwissens unterschiedlich wichtig sind. Mit diesen Methoden ist es möglich, die von blinden Menschen rekonstruierten mentalen Karten hinsichtlich des Routen- und Überblickwissens auszuwerten, somit assistive Anwendungen zu evaluieren. In einer weiteren Studie wurden die Methoden bereits erfolgreich eingesetzt, um 3 unterschiedliche Anwendungen, welche bei der Erkundung von Karten helfen, zu vergleichen. Hinsichtlich der Auswertung des Überblickwissens sollten auch die POIs Bestandteil der Untersuchung sein. Dazu muss man die Auswertungskriterien um POIs erweitern und die Gewichtfaktoren neu berechnen. Beide Methoden sind für die mentalen Karten von Umgebung geeignet, aber nicht für Gebäude wie Bahnhof und Flughafen.

Danksagung

Wir möchten uns bei allen Probanden, die an der Studie teilgenommen haben, für ihre Unterstützung bedanken.

Literaturverzeichnis

Daunys, G. & Lauruska, V. (2009). *Sonification System of Maps for Blind – Alternative View (Vol. 2). Universal Access in Human-computer Interaction: Intelligent and ubiquitous.*

Hub, A. (2008). *Precise Indoor and Outdoor Navigation for the Blind and Visually Impaired Using Augmented Maps and the TANIA System.* Proceedings of the 9th International Conference on Low Vision, Montreal, Quebec, Canada.

Kitchin, R.M. & Jacobson, R.D. (1997). *Techniques to Collect and Analyze the Cognitive Map Knowledge of Persons with Visual Impairment or Blindness: Issues of Validity.* Journal of Visual impairments & Blindness, pp.360-376.

Lahav, O. & Mioduser, D. (2004) *Blind Persons' Acquisition of Spatial Cognitive Mapping and Orientation Skills Supported by Virtual Environment.* In Proceedings of 5th International Conference on Disability, Virtual Reality and Associated Technologies.

Levenshtein, V. (1996). *Binary codes capable of correcting deletions, insertions and reversals.* In Soviet Physics Doklady 10(8), pp. 707–710.

May, M. (1992). *Mentale Modelle von Städten. Wissenspsychologische Untersuchungen am Beispiel der Stadt Münster.* Münster, New York, Waxmann.

Miao, M. & Weber, G. (2012). *A Quantitative Evaluation Approach for Cognitive Maps of Blind People.* In Proceedings of the workshop on Spatial Knowledge Acquisition with Limited Information Displays 2012, Kloster Seeon.

Passini, R., Proulx, G. & Rainville, C. (1990). *The spatio-cognitive abilities of the visually impaired population.* Environment and Behavior 22, pp. 91-118.

Peake, S. & Moore, T. (2004). *Analysis of distortions in a mental map using GPS and GIS.* Presented at SIRC 2004-16 Annual Colloquium of the Spatial Information Research Centre, New Zealand.

Schmitt, I. (2006). *Ähnlichkeitssuche in Multimedia-Datenbanken: Retrieval, Suchalgorithmen und Anfragebehandlung.* Oldenbourg Wissenschaftsverlag, München.

Spindler, M., Weber, M., Prescher, D., Miao, M. & Weber, G. (2012). *Translating Floor Plans into Directions.* In Proceedings of the International Conference on Computers Helping People With Special Needs (ICCHP'12)

Waterman, S. & Gordon, D. (1984). *A Quantitave-Comparative Approach to Analysis of Distortion in Mental Maps,* Annals of the Association of American Geographers. pp. 326-337.

Yatani, K., Banovic, N. & Truong, K.N. (2012). *SpaceSense: Representing Geographical Information to Visually Impaired People Using Spatial Tactile Feedback.* In the Proceedings of CHI 2012: The ACM Conference on Human Factors in Computing Systems (May 5-10, Austin, TX).

Zeng, L. & Weber, G.: *Audio-Haptic Browser for a Geographical Information System.* In: K. Miesenberger et al. (Eds.): Proceedings of the International Conference on Computers Helping People With Special Needs (ICCHP'10), LNCS 6180, pp. 466-473.

S. Boll, S. Maaß & R. Malaka (Hrsg.): Mensch & Computer 2013
München: Oldenbourg Verlag, 2013, S. 57–66

Bestellprozesse auf Online-Shops: Analyse und Vergleich von Standards, Anforderungen und Erwartungen im europäischen Vergleich

Verena Koniger[1], Elske Ludewig[1], Thomas Mandl[2], Thorsten Wilhelm[1], Christa Womser-Hacker[2]

eResult GmbH Göttingen[1]
IWIST, Universität Hildesheim[2]

Zusammenfassung

Die Kauf- und Bestellprozesse im eCommerce unterscheiden sich zwischen Anbietern, Domänen und Ländern. Die User Experience wird unterschiedlich geprägt und für international auftretende Shops sollten die verschiedenen Standards bekannt sein und berücksichtigt werden. In einer Untersuchung für Frankreich, Deutschland und das Vereinigte Königreich wurde der Bestellvorgang auf jeweils 100 Shops analysiert und den Ergebnissen von Befragungen in den einzelnen Ländern gegenübergestellt. Der Vergleich offenbart Abweichungen von den Erwartungen der Nutzer und zeigt, welche internationalen Unterschiede aus Benutzersicht gerechtfertigt sind.

1 Internationaler eCommerce

Die Bedeutung des eCommerce hat in den vergangenen Jahren stetig zugenommen. Heute nehmen Milliarden von Internetnutzern weltweit die Möglichkeit wahr, sich über Produkte und Dienstleistungen bei Online-Shops zu informieren und zu bestellen. Trotz dieser erfolgreichen Entwicklung werden die Potentiale des eCommerce bisher nicht vollends ausgeschöpft, denn obwohl die virtuelle Verkaufssituation über das Internet die Ansprache von Kunden weltweit ermöglicht, wird der Großteil der heutigen Umsätze des eCommerce durch Transaktionen zwischen Kunden und Unternehmen innerhalb nationaler Märkte erwirtschaftet. Die Entwicklung des grenzübergreifenden eCommerce über staatliche Grenzen hinweg verläuft eher langsamer (vgl. Gallup Organization, 2011:5ff). Nach einer Befragung im Jahr 2010 verkaufen lediglich 18 % der französischen, 22 % der deutschen sowie 25 % der britischen Einzelhändler an Kunden in anderen EU-Staaten (Gallup Organization,

2011:19ff). Neben sprachlichen und kulturellen Barrieren kann eine wesentliche Ursache für die Zurückhaltung der Verbraucher im grenzübergreifenden eCommerce im mangelnden Vertrauen gesehen werden, das Kunden in ausländische Online-Anbieter setzen (vgl. Gallup Organization, 2011:25ff). Besondere Risiken werden von den Verbrauchern dabei in Zusammenhang mit der Bestellabwicklung gesehen, wobei der Schutz persönlicher Daten, mögliche finanzielle Verluste durch unseriöses Verhalten des Anbieters sowie Bedenken gegenüber einer reibungslosen Lieferung im Vordergrund stehen (Gallup Organization, 2011:25ff). Für einen dauerhaften Erfolg im grenzübergreifenden eCommerce ist es für den Betreiber eines Online-Shops deshalb entscheidend, das Vertrauen der Konsumenten ausländischer Zielmärkte in eine zuverlässige Bestellabwicklung zu gewinnen und ihre Erwartungen so zufrieden stellend wie möglich zu erfüllen. Dem Bestellprozess im Online-Shop kommt in hier eine wichtige Bedeutung zu, da hier die Konditionen des Kaufs sowie der Abwicklung vereinbart und die Bestellung in Auftrag gegeben werden. Wie jedoch sieht eine Vertrauen erweckende und die Kundenzufriedenheit steigernde Gestaltung des Bestellens aus?

2   Stand der Forschung

Der Einfluss von Vertrauen auf das Konsumentenverhalten im B2C-Bereich des eCommerce ist in der wissenschaftlichen Literatur schon seit Ende der 1990er Jahre ein mehrfach untersuchter Gegenstand. Lin (2007) weist nach, dass Vertrauen einen verstärkenden Effekt auf die Kundenzufriedenheit im eCommerce hat. Kim et al. (2009) bestätigen außerdem einen positiven Zusammenhang zwischen der Zufriedenheit und der Loyalität zum Online-Shop. Vor diesem Hintergrund wird die Bildung von Vertrauen und Zufriedenheit zu einer Bedingung des Erfolgs im eCommerce. Hinsichtlich der Entstehung von Vertrauen und Zufriedenheit stellen Casaló et al. (2010) sowie Flavián et al. (2006) übereinstimmend fest, dass dabei die wahrgenommene Usability kommerzieller Websites eine Schlüsselrolle einnimmt. Für den grenzübergreifenden eCommerce ergeben sich aus diesen Zusammenhängen besondere Anforderungen, denn die Gestaltung von Websites sowie ihre Wahrnehmung durch den Internetnutzer sind jeweils kulturell beeinflusst. So zeigen Singh et al. (2004) in einer empirischen Studie auf, dass Kunden solche Websites bevorzugen, die Merkmale und Werte der eigenen Kultur widerspiegeln. Die Notwendigkeit der Lokalisierung von Online-Shops wird von Cyr et al. (2004) bestätigt, denn auch sie weisen eine höhere Kaufabsicht und Loyalität der Kunden gegenüber heimischen Websites nach.

Während die Konzepte Vertrauen, Zufriedenheit, Usability und Lokalisierung im eCommerce eine hohe Aufmerksamkeit in der wissenschaftlichen Forschung finden, steht der Bestellprozess als besonderer Bereich von Online-Shops bisher nur selten im Fokus. In der jüngeren Vergangenheit wurden jedoch verschiedene Studien durchgeführt, in denen Bestellprozesse von Online-Shops untersucht und Handlungsempfehlungen für eine benutzerfreundliche Gestaltung formuliert wurden (vgl. Baxter, 2012; Baymard Institute, 2012). Dies zeigt, dass das Interesse an einer Optimierung des Bestellprozesses wächst.

3   Analyse der Bestellprozesse

Im Rahmen der Analyse von Bestellprozessen wird danach gefragt, welche Gemeinsamkeiten und Unterschiede bezüglich Standards, Elementen, Darstellungsweisen und Services Bestellprozesse deutscher, französischer und britischer Online-Shops aufweisen. Zur Beantwortung dieser Fragestellung wurde die Verbreitung verschiedener Merkmale von Online-Bestellprozessen in den drei genannten Ländern anhand eines Rasters untersucht. Die Analyseergebnisse für Deutschland, Frankreich und das Vereinigte Königreich wurden jeweils quantifiziert und einander kontrastiv gegenübergestellt, um Gemeinsamkeiten und Unterschiede zwischen den Ländern zu ermitteln. In einem zweiten Schritt wurden die Benutzer in den drei Ländern zu ihrer Einschätzung der geprüften Gestaltungselemente befragt. Somit konnte die Haltung zu diesen Designentscheidungen mit überprüft werden. Diese Ergebnisse werden in einem folgenden Abschnitt präsentiert.

Vergleichsraster

Für die Analyse der Bestellprozesse wurden Merkmale definiert, anhand derer sich die Gestaltung des Bestellprozesses und seiner einzelnen Phasen beschreiben lassen und welche die User Experience beim online Einkauf zu einem großen Teil determinieren.

Das Gesamtkonzept sowie die Gestaltung der Navigation im Bestellprozess wurden prozessübergreifend erhoben. Dabei wurde für jede Phase ihre jeweilige *Benennung* festgehalten und danach gefragt, ob eine *Prozessanzeige* sichtbar ist. Die Eigenschaften der Fortschrittsanzeige wie etwa ihre farbige Markierung wurden gesondert berücksichtigt. Zur Beschreibung des Warenkorbs wurde zunächst das Vorhandensein der kaufrelevanten Informationen *Produktabbildung*, *Lieferbarkeit* und *Versandkosten* untersucht. Als Indikatoren zur Auskunft über die Sicherheit des Online-Shops wurde das Vorhandensein von *Gütesiegeln* und einer Angabe zu verwendeten *Datenverschlüsselungsmethoden* erfasst. Bezüglich der Seite, auf der sicher ein registrierter Benutzer wieder anmeldet bzw. eine neuer Kunde sich registriert wurde erhoben, welche Optionen dem Kunden zu seiner Identifizierung angeboten werden. Bei der Angabe der persönlichen Daten wurde die Beschreibung der Formulargestaltung in den Vordergrund gestellt.

Im Hinblick auf die Lieferung wurden vor allem die angebotenen Lieferoptionen untersucht. Explizit wurde nach folgenden Optionen gefragt: Versand an eine von der Rechnungsanschrift *abweichende Lieferadresse*, Lieferung an eine *Privatadresse*, Versand zum *Paketshop* oder zur *Packstation*, Lieferung zum *Wunschtermin*, *24h-Service* und *Over-Night*-Lieferung. Für französische und britische Shops wurden außerdem die Optionen *Versand an Geschäftsfilialen* von Multi-Channel-Händlern sowie die *Express*-Lieferung hinzugefügt. In der Phase der Zahlungsvereinbarung stand ebenfalls die Erhebung der verfügbaren Zahlungsarten im Vordergrund. Während für deutsche Online-Shops die *Vorkasse* als Methode der Vorauszahlung definiert wurde, wurde für Frankreich und das Vereinigte Königreich zwischen *Scheck* und *Banküberweisung* unterschieden. Darüber hinaus wurde das Angebot folgender Optionen erfasst: Zahlung per *Kreditkarte*, *PayPal* oder *Sofortüberweisung*, Kauf auf *Rechnung* und per *Nachnahme* sowie die Möglichkeit einer *Ratenzahlung* oder *Zahlpause*. Bezüglich der letzten Phase des Bestellprozesses, dem Kaufabschluss, wurde zunächst festgehalten, ob eine Abschlussseite überhaupt angeboten wird. Traf dies zu, wurden vorhandene *Änderungsmöglichkeiten der Bestelldaten* protokolliert.

Auswahl der eCommerce Sites

Der Fokus der Erhebung liegt auf Elementen einer benutzerfreundlichen und vertrauensstiftenden Gestaltung der Bestellprozesse. Als Indikator für eine in diesem Sinne erfolgreiche Umsetzung können zunächst Nutzerbewertungen dienen. Als weiteres Zeichen können die Umsatzzahlen eines Online-Shops auf dem jeweiligen Markt gesehen werden, denn der Umsatz einer kommerziellen Website stellt einen Key-Performance-Indikator dar, auf dessen Basis der Erfolg von Online-Shops gemessen und verglichen werden kann (vgl. Haberich, 2011:507ff). Es wird angenommen, dass der Erfolg der umsatzstarken Online-Shops zumindest teilweise auch auf die benutzerfreundliche Gestaltung der Bestellprozesse zurückzuführen ist. Vor diesem Hintergrund wurden die betrachteten Shop-Websites auf Grundlage von Umsatzzahlen und Nutzerbewertungen selektiert. Für Deutschland wurden zunächst die 50 umsatzstärksten Online-Shops aus dem Jahr 2010 ausgewählt (iBusiness 2012). Zusätzlich wurden im Online-Panel „Bonopolis" deutsche Internetnutzer nach ihren Lieblingsshops gefragt. Drittens wurden Shops hinzugezogen, denen von Usability-Experten und unabhängigen Bewertungsgremien eine gute Bedienbarkeit bescheinigt werden konnte. Als Grundlage für die Auswahl der jeweils 100 führenden französischen und britischen Shop-Websites diente das Ranking „The Top 400 Europe" des Magazins „Internet Retailer" (2012) sowie einschlägige Studien und Rankings aus Frankreich und dem Vereinigten Königreich, deren Fokus jeweils auf der Umsatzstärke oder auf Nutzerbewertungen der Shop-Websites liegt (vgl. Bain/Jaouen et al. 2011; Which? 2010). Auf diese Weise gelangten überwiegend Mode-Shops in die Analyse (je Land ca. 25%). Die folgenden vier Kategorien waren in jedem Land mit zwischen 12% und 17% in der Stichprobe enthalten: Technik, Sport/Freizeit/Garten, Schreibwaren/Bücher, Medizin/Drogerie/Lebensmittel. Ergebnisse für einzelne Kategorien finden sich in Koniger 2012.

Durchführung und Ergebnisse

Auf jedem Online-Shop wurden zunächst ein oder mehrere für das Sortiment typische Artikel in den Warenkorb gelegt und der Bestellprozess aus der Perspektive eines Neukunden exemplarisch durchlaufen. Der Gesamtprozess sowie die einzelnen Schritte des Bestellprozesses wurden nach den zuvor definierten Merkmalen analysiert und die Ergebnisse jeweils tabellarisch protokolliert. Da Websites täglichen Aktualisierungen unterliegen und um eine spätere Überprüfbarkeit der Ergebnisse zu gewährleisten, wurde von jeder untersuchten Webpage ein Screenshot erstellt.. Zur Auswertung wurden die Analyseergebnisse für jedes Land pro Merkmal summiert sowie prozentual erfasst, um so die Bestellprozesse der drei Länder miteinander vergleichen zu können.

Die Analyseergebnisse zeigen deutlich, dass sich länderübergreifend ein schrittweiser linearer Aufbau des Bestellprozesses etabliert hat, wobei der Nutzer zumeist durch eine farbig markierte Fortschrittsanzeige bei der Orientierung unterstützt wird. In Deutschland und Frankreich bieten jeweils 90% der Shops solch einen schrittweisen Checkout-Vorgang an, im Vereinigten Königreich sind es 84%. Die Navigation zu bereits absolvierten Schritten gestaltet sich für den Internetnutzer jedoch oftmals schwierig, denn Interaktionselemente, die ein

Zurückschreiten im Bestellprozess ermöglichen, sind vor allem in Frankreich und dem Vereinigten Königreich kaum verbreitet. Im Hinblick auf den Warenkorb sind der Informationsgehalt und dessen Präsentation für die Kaufentscheidung des Kunden von besonderer Bedeutung. Hinsichtlich der Produktpräsentation gehören Abbildungen der Artikel sowie eine Option zur Änderung der Bestellmenge in allen drei Ländern zum Standard (in mind. 80% aller Shops vorhanden). Die Mehrheit aller untersuchten Shops bietet außerdem Informationen zu anfallenden Versandkosten. Angaben zur Lieferbarkeit der Artikel finden sich dagegen nur jeweils bei knapp 40% der britischen und französischen Online-Shops. Während das Angebot von Hilfe und Service in allen drei Ländern zum Standard gehört, wird die Sicherheit des Shop-Systems vor allem auf Websites in Deutschland kommuniziert, indem die Datenverschlüsselungsmethode SSL sowie Gütesiegel angegeben werden. Gütesiegel sind außerdem auf der Mehrheit der britischen Shops zu finden; französische Anbieter arbeiten dagegen nur zu rund einem Drittel mit Gütesiegeln. Empfehlungssysteme werden in allen drei Ländern von rund 45% der Online-Shops im Warenkorb eingesetzt.

Auf der Registrierungsseite werden dem Internetnutzer länderübergreifend in der Regel zwei Optionen zur Identifizierung als Bestandskunde oder Neukunde zur Verfügung gestellt. Neukunden werden zumeist dazu aufgefordert, zum Kauf ein eigenes Kundenkonto anzulegen. Die Option, ohne Registrierung zu bestellen, bietet bisher nur eine Minderheit der Shops in Deutschland, Frankreich und dem Vereinigten Königreich an. Im zweiten Schritt der Identifizierung werden die persönlichen Daten des Internetnutzers über Formularfelder abgefragt. Im Durchschnitt muss der Kunde in allen drei untersuchten Ländern 10 bis 11 Pflichtfelder ausfüllen. Zur Unterscheidung von optionalen und notwendigen Angaben hat sich die Markierung der Pflichtfelder mit einem Sternchen länderübergreifend etabliert. Die Übersichtlichkeit wird durch eine Gruppierung der Formularfelder vor allem auf britischen und französischen Online-Shops unterstützt.

Bezüglich der Lieferung gehört der Versand an eine von der Rechnungsadresse abweichende Anschrift in Deutschland, Frankreich und dem Vereinigten Königreich zum Standard. Knapp die Hälfte der deutschen Online-Shops bietet außerdem eine Lieferung an Packstationen an. Analog dazu hat sich insbesondere in Frankreich der Versand an Paketshops etabliert. Die 24h-Lieferung hat sich dagegen noch in keinem der untersuchten Länder durchgesetzt, wird aber insbesondere im Vereinigten Königreich schon von vielen Shops bereitgestellt. Der Versand zum Wunschtermin sowie der Over-Night-Express sind ebenfalls länderübergreifend gering verbreitet. Hinsichtlich der angebotenen Zahlungsoptionen weisen die analysierten Online-Shops der drei Länder einige Unterschiede auf. Im Vereinigten Königreich hat sich die Kreditkarte als Zahlungsmittel absolut durchgesetzt. Neben der Kartenzahlung bietet knapp die Hälfte der britischen Shops außerdem eine Zahlung per PayPal an. Weitere Zahlungsarten sind nur selten zu finden. In Frankreich gehört die Kartenzahlung ebenfalls zum Standard. Darüber hinaus zählen PayPal und die Vorauszahlung per Scheck zu den wichtigsten Optionen. Deutsche Online-Shops stellen dem Nutzer die größte Auswahl an Zahlungsarten zur Verfügung. Am häufigsten werden dabei die Kreditkartenzahlung und Kauf auf Rechnung angeboten. PayPal, Vorkasse und Nachnahme sind bei jedem zweiten deutschen Shop vorhanden; die Sofortüberweisung wird ebenfalls häufig genutzt. Am Ende des Bestellprozesses wird eine Abschlussseite von allen deutschen Online-Shops angeboten. Auch die Mehrheit der britischen Shops arbeitet mit einer Abschlussseite. In Frankreich ist die zusammenfassende Seite dagegen erst bei rund vier von zehn Online-Shops zu finden.

Befragungen von Nutzern

Als ergänzende Methode wurde eine Online-Befragung gewählt, welche validieren soll, ob die häufig eingesetzten Gestaltungselemente auch von den Benutzern gefordert werden. Zudem sollte die Umfrage aufdecken, welche eher wenig genutzten Elemente in Zukunft noch stärker gewünscht werden. Auch hier zeigen sich zwischen den Ländern Unterschiede. Zielgruppe der Befragung sind Internetnutzer aus Deutschland, Frankreich und dem Vereinigten Königreich, die bereits bei Online-Shops gekauft und damit auch Erfahrungen mit Bestellprozessen im Internet haben. Die Rekrutierung der Befragungsteilnehmer wurde über Online-Access-Panels realisiert, wobei jeweils eine Stichprobengröße von jeweils 200 Teilnehmern in Deutschland, Frankreich und dem Vereinigten Königreich definiert wurde. Die Kompensation erfolgte im Rahmen des Panels.

Um die Kundenanforderungen an Bestellprozesse zu ermitteln, wurde die Online-Befragung nach dem Kano-Modell konzipiert und ausgewertet. Anhand des Modells werden die Testteilnehmer danach befragt, welchen Einfluss sie einem bestimmten Element eines Angebots auf ihre Zufriedenheit zusprechen. Dem Kano-Modell liegt dabei die Annahme zugrunde, dass die Erfüllung einer Kundenanforderung nicht immer zu einer linearen Steigerung der Zufriedenheit führen muss, sondern auch nicht-lineare Zusammenhänge zwischen beiden Größen bestehen können. Um ihren Einfluss auf die Kundenzufriedenheit abzubilden, werden die einzelnen Merkmale eines Angebots in Basis-, Leistungs- und Begeisterungsfaktoren eingeteilt (vgl. Sauerwein, 2000:25ff). Im Folgenden werden die Ergebnisse für den Warenkorb detailliert dargestellt, auf weitere Ergebnisse wird nur überblicksartig bei Auffälligkeiten hingewiesen. Eine genauere Darstellung aller Ergebnisse findet sich in Koniger (2012).

Die große Mehrheit der befragten Internetnutzer rechnet damit, im Warenkorb eine Angabe zu anfallenden Versandkosten zu erhalten. Im Hinblick auf die Einschätzung dieser Information als Basis- oder Leistungsfaktor ergeben sich jedoch signifikante Unterschiede zwischen den Testteilnehmern aus den drei Ländern. 77% der befragten Deutschen und 51% der Briten setzen die Information zu Versandkosten als selbstverständlich voraus. Dieses Element wird von beiden Gruppen als Basisfaktor angesehen, was im dargestellten Koordinatensystem (siehe Abb. 1) abzulesen ist. Für die französischen Teilnehmer gehört die Angabe der Versandkosten dagegen nur zu 22% zum Standard. Demgegenüber schätzen 60% der französischen Teilnehmer diese Information als Leistungsfaktor. Dieser Trend wird durch den CS-Koeffizienten bestätigt, denn die Werte des positiven und negativen CS-Koeffizienten liegen beide nahe 1 bzw. -1 und weisen dem Vorhandensein bzw. Fehlen der Information damit einen starken Einfluss auf die Zufriedenheit bzw. Unzufriedenheit der französischen Befragten aus. Eine positive Wirkung auf ihre Zufriedenheit wird der Angabe der Versandkosten als Leistungsfaktor auch von 37% der britischen, aber lediglich 19% der deutschen Probanden zugesprochen.

Eine Fortschrittsanzeige im Warenkorb wird von mehr als 50% aller befragten Internetnutzer als Leistungsfaktor bewertet und wirkt somit länderübergreifend positiv auf Online-Kunden. Im Hinblick auf den Einsatz von Empfehlungen im Warenkorb gehen die Meinungen der befragten Internetnutzer zwischen und innerhalb der untersuchten Länder auseinander; signifikante Unterschiede wurden zwischen den drei Stichproben für die Bewertung von Empfehlungssystemen allerdings nicht ermittelt. Anders als die britischen und deutschen Probanden bewerten lediglich 12% der befragten Franzosen Empfehlungen als Begeisterungsfaktor. Demgegenüber ordnen 31% der Franzosen diesen Service als Leistungsfaktor ein, 10% erwarten ihn sogar standardmäßig. Ein Fehlen von Empfehlungen wirkt damit auf die Unzu-friedenheit der französischen Teilnehmer vergleichsweise stärker aus.

Merkmal	D			F			VK			H-Test		
	CS+	CS-	Md	CS+	CS-	Md	CS+	CS-	Md	χ^2	df	p
1. Info Versandkosten	0,22	-0,97	1	0,70	-0,83	2	0,45	-0,89	1	117,039	2	<0,001*
2. Artikelmenge ändern	0,28	-0,96	1	0,73	-0,79	2	0,58	-0,88	2	124,361	2	<0,001*
3. Info Lieferbarkeit	0,33	-0,94	1	0,69	-0,80	2	0,57	-0,86	2	71,932	2	<0,001*
4. Produktabbildung	0,49	-0,82	2	0,66	-0,84	2	0,67	-0,64	2	30,011	2	<0,001*
5. Prozessanzeige	0,71	-0,75	2	0,65	-0,79	2	0,79	-0,61	2	18,810	2	<0,001*
6. Empfehlungen	0,56	-0,19	3	0,47	-0,44	3	0,54	-0,26	3	4,377	2	0,112

Tabelle. 1: Ergebnisse der KANO Analyse für die Warenkorb-Gestaltung

Im Zusammenhang mit der Sicherheit des Shop-Systems werden Hinweise zur sicheren Datenübertragung und SSL von den deutschen Teilnehmern mehrheitlich als Basisfaktor angesehen. Von Probanden aus Frankreich und dem Vereinigten Königreich werden beide Angaben als Leistungsfaktoren gewertet. Gütesiegel werden von den Befragten länderüber-greifend als Leistungsfaktor geschätzt und nehmen damit einen positiven Einfluss auf die Internetnutzer. Gleiches gilt für das Angebot einer Gastbestellung im Rahmen der Identi-fizierung. Im Bestellschritt der Lieferung trägt die Nennung des Versanddienstleisters länder-übergreifend dazu bei, die Zufriedenheit der befragten Online-Kunden zu steigern. Hinsicht-lich der Lieferoptionen wird die Bereitstellung des Versands an eine abweichende Liefer-adresse von den Testteilnehmern aller drei Länder vorausgesetzt. Ein 24h-Service sowie der Versand zum Wunschtermin wirken länderübergreifend positiv auf die Befragten. Die Liefe-rung an Paketshops wird von den französischen Teilnehmern als Leistungsfaktor erwartet, die britischen Probanden sehen in dieser Option einen Begeisterungsfaktor. Auf einen Groß-teil der Deutschen wirkt der Versand an Paketshops ebenfalls positiv, für knapp jeden Dritten dieser Gruppe hat er allerdings keine Bedeutung.

Im Hinblick auf die verfügbaren Zahlungsarten wird die Kartenzahlung von den befragten Deutschen und Briten als Basisfaktor und von den französischen Teilnehmern erwartet. PayPal sowie die Zahlung per Vorkasse gehört für die deutschen Probanden ebenfalls zum Standardangebot, die französischen Testteilnehmer ordnen beide Optionen als Leistungsfak-tor ein. Teilnehmer aus dem Vereinigten Königreich sprechen beiden Zahlungsarten weniger Bedeutung zu. Auch die Ratenzahlung wird vor allem von Nutzern aus Frankreich geschätzt. Für deutsche und britische Probanden ist diese Option weniger wichtig. Als weitere Zah-lungsarten gehört für die deutschen Teilnehmer darüber hinaus der Kauf auf Rechnung zum Standard; die Sofortüberweisung wird außerdem von einem Großteil als Leistungsfaktor angesehen. Eine Abschlussseite wird von den deutschen Teilnehmern als selbstverständlich vorausgesetzt, auf die befragten Internetnutzer aus Frankreich und dem Vereinigten König-reich wirkt sie positiv. Eine kontinuierliche Anzeige des Warenkorbs während des Checkout-Vorgangs schließlich länderübergreifend ansprechend auf die Teilnehmer.

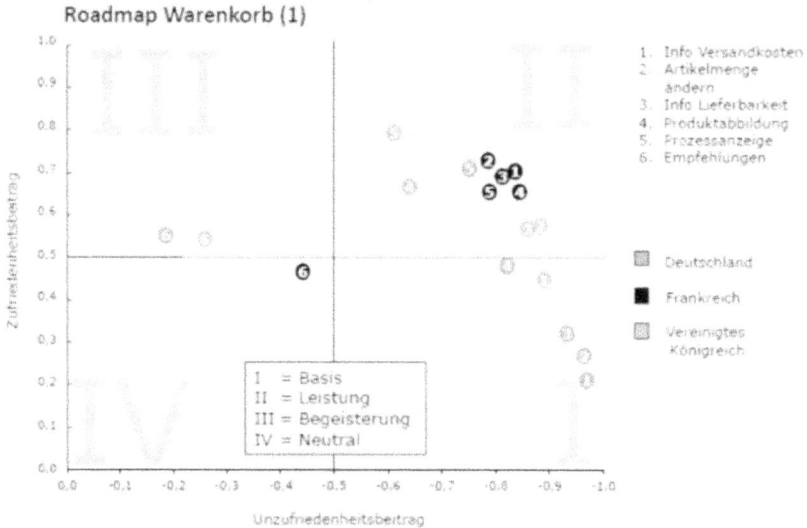

Abb. 1: Ergebnisse der KANO Analyse für die Warenkorb-Gestaltung

4   Interpretation und Ausblick

Die Bewertung der Gestaltungselemente und ihre Durchdringung bei den Shops decken sich keineswegs immer. Empfehlungssysteme gehörten beispielsweise in allen Ländern bei ca. 45% der Shops zum Leistungsumfang. Ihre Bewertung ist jedoch national sehr unterschiedlich und ihr Fehlen wird gerade von französischen Nutzern als negativ empfunden. Somit ist es überraschend, dass sich hier noch keine nationale Differenzierung gebildet hat. Aus der Gegenüberstellung der Nutzerbewertungen und der Verbreitung einzelner Gestaltungselemente auf Online-Shops lassen sich schließlich konkrete Handlungsempfehlungen zur länderspezifischen Optimierung der Sites ableiten. Die Abschlussseite beispielsweise ist auf französischen Shops mit 40% signifikant am wenigsten verbreitet. Jedoch wird ihre Bedeutung gerade von den französischen Teilnehmern vergleichsweise hoch eingeschätzt. Hier besteht also Handlungsbedarf.

Weitere Merkmale des Bestellprozesses, die für die Kaufabsicht der Kunden ausschlaggebend sein können und länderspezifisch angepasst werden sollten, stellen die angebotenen Liefer- und Zahlungsoptionen dar. Im Rahmen der Lieferung ist vor allem auf den 24h-Service sowie den Versand zum Wunschtermin hinzuweisen. Während diese Optionen nach der Analyse lediglich von einer Minderheit aller untersuchten Online-Shops angeboten werden, sind sie für Internetnutzer aus allen drei Ländern attraktiv. Auf diese Weise können sich Shop-Betreiber durch den 24h-Service und den Versand zum Wunschtermin länderübergreifend positiv von Wettbewerbern abheben. Im Hinblick auf die Bezahlung hat sich die Kartenzahlung bei Händlern und Kunden aller untersuchten Länder durchgesetzt. In Deutschland und Frankreich haben sich außerdem PayPal und die Vorauszahlung etabliert. Weitere wichtige Zahlungsarten auf dem deutschen Markt sind darüber hinaus der Kauf auf Rechnung sowie die Bezahlung per Sofortüberweisung.

Die beobachteten länderübergreifenden Unterschiede sollten auf ihre Ursachen hin analysiert werden. Als theoretische Basis bieten sich aus der Forschung zum Kulturvergleich an. Wählt man beispielsweise die Kulturdimensionen Hofstedes (Mandl & Womser-Hacker 2009) spielt vor allem die Dimension der Unsicherheitsvermeidung für den Benutzer während des Bestellvorgangs in Online-Shops eine wichtige Rolle. Der hohe Informationsgehalt des Warenkorbs deutscher Online-Shops bezüglich Versandkosten, Lieferbarkeit und Sicherheit deutet dabei auf eine hohe Unsicherheitsvermeidung in Deutschland hin. Dies wird durch die Befragungsergebnisse untermauert, nach denen deutsche Nutzer diese Angaben als Basiselemente der Shop-Website voraussetzen. Entsprechende Informationen finden sich auf französischen und britischen Shop-Websites dagegen deutlich seltener und werden von den Nutzern auch nicht standardmäßig erwartet. Außerdem bieten französische und britische Shops einen Zurück-Button zur Navigation innerhalb des Bestellprozesses weniger häufig an als deutsche Shops, was einen weiteren Hinweis auf eine geringere Unsicherheitsvermeidung in Frankreich und dem Vereinigten Königreich gibt. Ähnliche Hinweise auf kulturelle Unterschiede bezüglich der Unsicherheitsvermeidung zwischen deutschen und britischen Sites im generellen Web-Design finden sich in Hodemacher et al. (2005).

Literaturverzeichnis

Bain, M. & Jaouen, M. et al. (2011): *Palmarès: les 80 premiers sites marchandsfrançais*. Verfügbar unter: <http://lentreprise.lexpress.fr/internet-canal-pour-vendre/palmares-du-e-commerce-les-80-premiers-sites-marchands-francais_30805.html> (Verif.: 15.05.2012)

Cyr, D., Bonanni, C. & Ilsever, J. (2004): Design and E-Loyalty across Cultures in Electronic Commerce. In: *ICEC '04 Proc. 6th Intl. Conf. on Electronic Commerce*. New York. S. 351-360.

Cheung, C., & Lee, M. (2005): Consumer Satisfaction with Internet Shopping: A Research Framework and Propositions for Future Research. In: *Intl. Conf. on Electronic Commerce*. New York. S. 27..

Baxter, M. (2012): *Checkout Optimization Guide: 70 Ways to Increase Conversion Rates*. Verfügbar unter: <http://econsultancy.com/de/reports/checkout-optimization-guide> (Verif.: 02.10.2012)

Baymard Institute (2012): *Checkout Usability Benchmark 2012*. Verfügbar unter: <http://baymard.com/blog/checkout-usability-benchmark-2012> (Verif.: 02.10.2012)

Casaló, L..; Flavián, C.; & Guinalíu, M. (2010): Generating Trust and Satisfaction in E-Services: The Impact of Usability on Consumer Behaviour. In: *J. Relationship Marketing*. nr. 9, S. 247-263.

eResult (2011): *Erfolgsfaktor Bestellprozess. Standards, Statistiken und Good Practices*. Studienband. Göttingen: eResult GmbH.

Flavián, C., Guinalíu, M. & Gurrea, R. (2006): The role played by perceived usability, satisfaction and consumer trust on website loyalty. In: *Information & Management*. Bd. 43, Nr. 1. S. 1-14.

Grabner-Kräuter, S., Kaluscha, E. & Fladnitzer, M. (2006): Perspectives of Online-Trust and Similar Constructs – A Conceptual Clarification. In: *8th Intl Conf on Electronic Comm*. New York. S. 235.

Gallup Organization, The (2011): *Flash Eurobarometer No 299. Consumer attitudes towards cross-border trade and consumer protection*. <http://ec.europa.eu/consumers/strategy/facts_eurobar _en.htm> (Verif.: 26.11.2012)

Haberich, R. (2011): Relevante Kennzahlen als Schlüssel zum (Online-)Erfolg. In: *Leitfaden Online Marketing*. Bd. 2. Waghäusel: Marketing Börse.

Hodemacher, D.; Mandl, T.; & Jarman, F. (2005): Kultur und Web-Design: Ein empirischer Vergleich zwischen Großbritannien und Deutschland. In: *Workshop-Proceedings der 5. fachübergreifenden Konferenz Mensch und Computer*. Linz. Österreichische Computer Gesellschaft. S. 93-101.

iBusiness (2012): Shopping-Portale u. Online-Shops 2010. Die umsatzstärksten deutschen Online-Shops. Verfügbar u.: <http://www.ibusiness.de/rankings/1941832544.html> (Verif.: 18.03.2013)

Internet Retailer (2012): *The Europe 400 List.* Verfügbar unter: <http://www.internetretailer.com/europe400/list/> (Verif.: 05.05.2012)

Kaapke; H. (2001): Der Einsatz des Kano-Modells zur Ermittlung von Indikatoren der Kundenzufriedenheit – dargestellt am Beispiel der Anforderungen von Senioren an Reisebüros. In: *Kundenbindung im Handel.* Frankfurt am Main: Deutscher Fachverlag.

Kim, D.., Ferrin, D., & Rao, H. (2009): Trust and Satisfaction, Two Stepping Stones for Successful E-Commerce Relationships: A Longitudinal Exploration. In: *Info. Sys. Research.* 20 (2) S. 237-257.

Koniger, V. (2012): *Bestellprozesse auf Online-Shops: Analyse und Vergleich von Standards, Anforderungen und Erwartungen.* Magisterarbeit Universität Hildesheim.

Lin, H-F. (2007): The Impact of Website Quality Dimensions on Customer Satisfaction in the B2C E-Commerce Context. In: *Total Quality Management.* Bd. 18, Jg. 2007, Nr. 4, S. 363-378.

Mandl, T.; & Womser-Hacker, C. (2009): Kulturelle Aspekte von Informationssystemen. In: *WISU: Das Wirtschaftsstudium.* 8-9/09 S. 1135-1140.

Sauerwein, E (2000): Das Kano-Modell der Kundenzufriedenheit. Reliabilität und Validität einer Methode zur Klassifizierung von Produkteigenschaften. Wiesbaden: Dts. Universitäts-Verlag.

Singh, N.; Furrer, O.; & Ostinelli, M. (2004): To Localize or to Standardize on the Web: Empirical Evidence from Italy, India, Netherlands, Spain, and Switzerland. In: *The Multinational Business Review.* Bd. 12, (1) S. 69-87.

Which? (2010): *Best and worst online shops revealed by Which?* Verfügbar unter: <http://www.which.co.uk/news/2010/10/best-and-worst-online-shops-revealed-by-which-231475/>

Kontaktinformationen

thomas.mandl@uni-hildesheim.de, thorsten.wilhelm@eresult.de

S. Boll, S. Maaß & R. Malaka (Hrsg.): Mensch & Computer 2013
München: Oldenbourg Verlag, 2013, S. 67–77

Gestaltungskonflikte in der Softwareergonomie

Reinhard Keil, Christian Schild

Heinz Nixdorf Institut, Universität Paderborn

Zusammenfassung

Eine wichtige Herausforderung im Bereich der Softwareergonomie besteht darin, Gestaltungswissen so zu kodifizieren, dass dieses systematisiert und als Grundlage für eine hypothesengeleitete Technikgestaltung verwendet werden kann. Analytische Kriterien, Raster und Checklisten sind dazu wenig geeignet, weshalb in den letzten Jahren verstärkt das Konzept der Mustersprachen (pattern languages) für diesen Zweck erschlossen wird. Die bislang verfolgten Ansätze ermöglichen es, vorrangig tradierte Lösungsansätze aufzuzeichnen und zu systematisieren. Mit dem in diesem Beitrag vorgeschlagenen Konzept der Gestaltungskonflikte soll eine wichtige Erweiterung von Mustersprachen erreicht werden, um auch Lösungsansätze für eine prospektive Gestaltung erfassen zu können.

1 Einleitung

Gestaltungskriterien, wie zum Beispiel die Grundsätze zur Dialoggestaltung (DIN EN ISO 9241 Teil 110) oder auch Heuristiken (zum Beispiel Nielsen 1994), können zwar wichtige Hinweise zur Gestaltung geben, gestatten es aber nicht, eine Systematik auf Basis theoretischer Konzepte und Grundlagen zu erstellen. Sie geben zwar vielfältige Hinweise auf gute und schlechte Beispiele, bieten allerdings keinen Ansatz für die Entwicklung von Grundlagen für eine hypothesengeleitete Technikgestaltung aus der Sicht der Informatik (Keil 2011). Insbesondere fällt auf, dass Gestaltungskonflikte, deren Austarierung maßgeblich für eine gute Gestaltung ist, nicht thematisiert werden. In Anlehnung an den Architekten Christopher Alexander sind deshalb in den letzten Jahren viele Ansätze zur Entwicklung von Mustersprachen entstanden. Im Bereich der Softwareergonomie sei hier auf Bayle et al. (1997) und Tidwell (2005) verwiesen. Das Ziel ist es, Entwicklern bei der Gestaltung von ergonomischen Benutzungsoberflächen Lösungen bzw. Lösungsansätze mit auf den Weg zu geben, die damit auf immer bewährte Lösungsansätze zurückgreifen können.

Allerdings sind speziell die Ansätze aus der Informatik von Alexander kritisiert worden, weil sie das für ihn so wichtige Konzept der „Forces" (Kräfte) nicht berücksichtigen (Alexander

1978). Solange es vorrangig darum geht, tradierte Lösungsansätze systematisch zu sammeln, kann diese Kritik außer Acht gelassen werden. Allerdings wird damit auch ein Stück weit die konstruktive Kraft aufgegeben, die Christopher Alexander mit seiner „Pattern Language" verbindet, denn die Kräfte sind für ihn ein gestaltungsleitendes Element seiner Mustersprache. Tradierte Gestaltungsformen verkörpern als Lösungsansätze (Muster) eine Fülle von Erfahrungen, wie sich unterschiedliche und teilweise zuwiderlaufende Anforderungen so austarieren lassen, dass eine möglichst praktikable und dauerhafte Lösung im jeweiligen Gestaltungskontext entsteht. So verkörpert der Patio als geschlossener Innenhof in südlichen Ländern für Alexander einen guten Kompromiss zwischen Helligkeit und zugleich Schutz vor Hitze. Die Kenntnis dieser Kräfte ist nach Alexander erforderlich, um eine bestimmte Form als Muster zu erkennen und nutzen zu können, denn nur unter Kenntnis dieser Kräfte ist es möglich, sie an einen neuen Gestaltungskontext anpassen und unterschiedliche Muster zu einer Mustersprache verbinden zu können. Was Alexander als Kräfte bezeichnet, sind alle Wirkungen, die sich aus Umgebungsbedingungen, dem verwendeten Material und den persönlichen und sozialen Anforderungen der Menschen ergeben.

Solange ein Lösungsmuster ohne Kenntnis der damit verbundenen Kräfte genutzt werden soll, läuft man Gefahr, zu schlecht angepassten Lösungen zu kommen. Da ein bloßes Aneinanderreihen von Standardbausteinen, Teillösungen bzw. Schemata auch kein fundiertes Gestaltungsverständnis widerspiegelt, fehlt auch die geeignete Basis, um Mustersprachen anpassen und weiter entwickeln zu können.

Genau hier soll das Konzept der Gestaltungskonflikte helfen, dieses von Alexander an bestehenden Ansätzen zur Entwicklung von Mustersprachen in der Informatik (Gamma et al. 2004; Tidwell 2005) kritisierte Defizit zu beseitigen und damit letztlich bestehende Mustersprachen so anzureichern, dass sie auch Perspektiven für eine prospektive Gestaltung oder gar eine theoretische Fundierung ergeben, die vielleicht langfristig eine hypothesengeleitete Gestaltung interaktiver Systeme ermöglicht (Keil 2011).

2   Zur Rolle von Konflikten

Das Konzept der Gestaltungskonflikte wurde ursprünglich entwickelt, um im Prozess der Gestaltung das Augenmerk der Entwickler auf die Fülle widersprüchlicher Anforderungen zu lenken, die zudem nicht als binäre Variablen (erfüllt, nicht erfüllt) betrachtet werden können. Wesentlich bei Gestaltungskonflikten ist, dass eine oder mehrere berechtigte Anforderungen nur auf Kosten anderer, gleichermaßen berechtigter Anforderungen umgesetzt werden können. Solche Konflikte können grundsätzlich nur in Bezug auf den jeweiligen Kontext entschieden werden (Keil-Slawik 1990; Brennecke, Keil-Slawik 1995). Dieser Ansatz ist verbunden mit der Einsicht, dass gute Gestaltung darin besteht, die Fülle der im Entwicklungsprozess auftretenden Gestaltungskonflikte möglichst situationsgerecht auszutarieren.

Ein klassisches Beispiel für einen Gestaltungskonflikt in der Informatik ist das bekannte Problem *Laufzeit vs. Speicherplatzbedarf*: Bei der Entwicklung von Software muss entschieden werden, ob das Programm schneller läuft, dafür aber mehr Speicher verbraucht, oder ob die Speicherauslastung gesenkt wird, dafür aber die Laufzeiteigenschaften verschlechtert werden.

Wie Keil-Slawik (1990) beschreibt, kann man unter Zuhilfenahme von Alexanders Ideen der widersprechenden und interagierenden Kräfte „das Verständnis des Designers für die Art von Problemen, mit denen er es zu tun hat" fördern (Alexander 1964, 35).

Allerdings ist das Konzept der Gestaltungskonflikte bislang nicht als Mittel zur Konstruktion von Mustersprachen genutzt worden. Nachfolgend soll deshalb ein erster Ansatz skizziert werden, wie das Konzept der Gestaltungskonflikte genutzt werden kann, um einerseits relevantes Gestaltungswissen und dessen theoretischen Begründungszusammenhang zu erschließen und andererseits in Form von Gestaltungsmustern zu kodifizieren. Der Anspruch dabei ist nicht, bislang unbekanntes Gestaltungswissen zu erzeugen, sondern vielmehr, bekanntes Wissen gestaltungsorientiert zu systematisieren. Dazu gilt es die jeweiligen Kräfte so zu beschreiben, dass flexibel unterschiedliche Lösungsmuster gestaltet und kontextgerecht angepasst werden können.

In der Literatur werden die hier besprochenen Konflikte bei der Gestaltung von Oberflächen als Designkonflikte, als Gestaltungskonflikte oder auch als Zielkonflikte bezeichnet. Im weiteren Verlauf soll hier der Begriff Gestaltungskonflikt als Obergriff verwendet werden.

Im Sinne der Mustersprachen kann für die Erfassung von Gestaltungskonflikten das folgende Schema verwendet werden:

- **Name des Konflikts:** Der Konflikt wird über die gegensätzlichen Anforderungen (Kräfte) beschrieben.
- **Beschreibung der Anforderungen:** Die sich widersprechenden Anforderungen werden beschrieben und mit den möglichen Auswirkungen auf die gegenteilige Anforderung erfasst. Die entsprechenden Einflussfaktoren sollten hierbei berücksichtigt werden.
- **Lösungsmöglichkeiten:** Für die Lösung des Konflikts werden mögliche Lösungen genannt. Wenn dies nicht eindeutig möglich ist, sollten von den am Entwicklungsprojekt beteiligten Personen unter Verwendung bereits bekannter (empirischer) Untersuchungen entsprechende Lösungswege angesprochen werden.

3 Beispiele für Gestaltungskonflikte

Um zu sehen, ob und inwieweit Gestaltungskonflikte geeignet sind, die für Alexander entscheidenden Kräfte aufzuspüren und in konstruktive Lösungsmuster zu transformieren, sollen hier beispielhaft die beiden Konflikte Ikonizität vs. Einfachheit und Breite vs. Tiefe skizziert und nach den oben beschriebenen Konventionen aufgeschrieben werden. Dabei ist zu beachten, dass das Auffinden solcher Konflikte selbst ein wesentlicher Teil der Forschung ist, da sie auf theoretischen Begründungen und empirischen Befunden beruhen.

Ikonizität vs. Einfachheit

Wandmacher bezeichnet Piktogramme als „bildhafte Darstellungen, die Objekte, Funktionen, Aktionen oder Prozesse repräsentieren" (Wandmacher 1993, 383). Dementsprechend sollten Piktogramme es also den Nutzern ermöglichen, die Objekte, Funktionen, Aktionen oder Prozesse, die ein Piktogramm auslöst, aufgrund der Darstellung wiederzuerkennen. Da sich für solche Piktogramme bei Benutzungsoberflächen der Begriff Icon eingebürgert hat, soll dieser nachfolgend verwendet werden. Die Frage, wie Icons optimal gestaltet sein sollten, geht mit der Entwicklung graphischer Benutzungsoberflächen einher, verkörpern sie doch ein wesentliches Interaktionselement. Entsprechend vielfältige Hinweise, Anleitungen und Kriterien gibt es für die Gestaltung von Icons, sodass es für Entwickler schwierig ist, die relevanten Aspekte der Gestaltung zu erkennen. Deshalb sollen die verschiedenen Einsichten nachfolgend unter dem Gestaltungskonflikt „Ikonizität vs. Einfachheit" charakterisiert werden. Dieser Konflikt ergibt sich, wenn die folgende Betrachtung angestellt wird: Ein optisches Gebilde muss durch eine Folge von Augenbewegungen (Sakkaden) erschlossen werden. Je komplexer die wahrzunehmende Form ist, desto größer ist der Aufwand zum Erkennen. Neben der Formwahrnehmung gilt es aber auch das Gedächtnis zu entlasten, denn ein Bild muss auch wiedererkannt werden. Die Wiedererkennbarkeit sollte nicht mit der Erkennbarkeit verwechselt werden. Die Bedeutung eines Icons muss immer erst erlernt werden und kann nicht direkt aus dem erstmaligen Betrachten erkannt werden. Dieser Lerneffekt ist von vielen unterschiedlichen Faktoren abhängig (Eco 2002, 204 ff.).

Zum Wiedererkennen sind nun zwei Schritte erforderlich: zunächst die Konstruktion von entsprechenden Hinweisreizen, wofür das Icon stehen könnte, und dann der tatsächliche

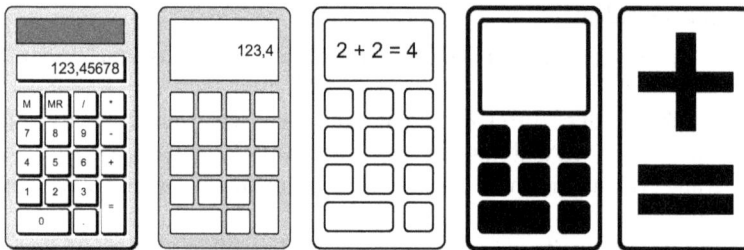

Abbildung 1: Abstraktionsgrade eines Icons nach Mullet & Sano 1994 (dort angelehnt an Nadin 1988, 284)

Abruf aus dem Gedächtnis. Bei ikonischen Darstellungen kann der erste Schritt entfallen, da sie bereits die entsprechenden Hinweisreize in sich tragen. Ballstaedt beschreibt ikonische Zeichen als Abbilder, die visuelle Merkmale mit dem Bezeichneten gemeinsam haben (Ballstaedt 1997, 207). Icons sollten demnach visuelle Merkmale mit dem Abbild bzw. der Funktion gemeinsam haben, die sie repräsentieren. Dies bringt das Problem mit sich, dass, je mehr visuelle Merkmale ein Icon mit dem Referenzobjekt bzw. der Funktion gemeinsam hat, desto größer die Gedächtnisentlastung ist, aber zugleich damit der Erkennungsaufwand für den Nutzer steigt, da das Auge alle Einzelheiten erfassen muss.

Dieser Konflikt ist von Minov unter dem Gesichtspunkt der Abstraktion anhand eines Icons für Taschenrechner beschrieben (Minov 2004, 43). Dabei greift er auf die Beschreibungen von Nadin (1988) zurück. Nach Arnheim sollte eine „vernünftige Abstraktion generativ sein, womit gemeint ist, dass ein Begriff es uns ermöglichen soll, ein vollständigeres Bild des Gegenstandes zu entwickeln, als der Begriff selbst enthält." (Arnheim 1972, 167 f.) Arend und Wandmacher haben in ihren Untersuchungen (Arend, Wandmacher 1989) vier Klassen von Icons betrachtet.

Wort-Icons transportieren die Bedeutung des Icons über den Text. Arbiträre Icons sind willkürliche Symbole, die keine direkte oder indirekte Ähnlichkeit mit der Erscheinungsform des Referenzobjekts haben (Wandmacher 1993, 383). Ein Desktop-Icon oder ein globales Icon hat „eine visuelle Ähnlichkeit mit der Erscheinungsform seines Referenzobjekts oder eines charakteristischen Teils oder Merkmals des Referenzobjekts." (Wandmacher 1992) Für das Beispiel Taschenrechner aus *Abbildung 1* zeigt *Abbildung 2* die vier oben angesprochenen Icon-Klassen.

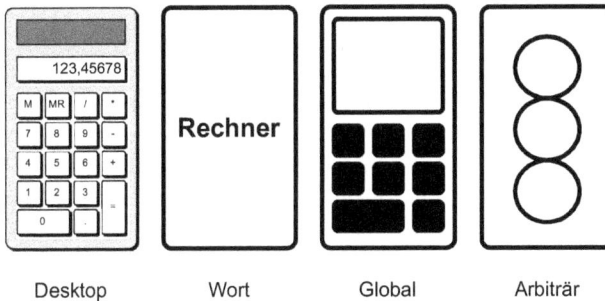

| Desktop | Wort | Global | Arbiträr |

Abbildung 2: Klassifizierung von Icons

Der oben beschriebene Konflikt bezüglich des Abstraktionsgrads eines Icons lässt sich unter Zuhilfenahme der Schlussfolgerungen von Arend und Wandmacher auflösen (Arend, Wandmacher 1989, 15 f.), da sich die globalen Icons hinsichtlich der Wiedererkennbarkeit und des motorischen Aufwands zur Erfassung sehr gut eignen. Für die Gestaltung dieser Icons gibt Wandmacher (Wandmacher 1993, 392) folgende auf den Untersuchungen von Easterby (1970) basierende Gestaltungsempfehlungen:

- geschlossene Figuren,
- möglichst solide Figuren,
- solide Figuren in einer Umrissfigur, wenn das Icon aus beiden bestehen soll,
- dunkle Figuren oder Umrisslinien auf hellem Hintergrund,
- konvexer Umriss,
- vertikale Hauptachse, Symmetrie um die vertikale Hauptachse, Einheitlichkeit der Größen und Proportionen, insbesondere von graphischen Elementen, die in verschiedenen Icons vorkommen.

Diese Betrachtungen zeigen, dass mithilfe des Gestaltungskonflikts Ikonizität vs. Einfachheit ein etwas präziseres Verständnis des Gestaltungsproblems verbunden ist, als wenn es nur über die Frage des Abstraktionsgrads beschrieben wird, weil hier grundlegende Kräfte der Wahrnehmung (schnelle Erkennung vs. Gedächtnisentlastung) thematisiert werden und damit auch Randbedingungen systematisch betrachtet werden können, in denen unter Umständen eher die schnelle Erkennbarkeit als die einfache Wiedererkennbarkeit zählen. Ersteres kann beispielsweise der Fall sein, wenn man es mit einer dynamischen Steuerung zu tun hat, die weniger Icons umfasst, die dafür aber schnell erkannt werden müssen. Die Gedächtnisentlastung dürfte dagegen ein gewichtiger Faktor bei gängigen Standardanwendungen sein, da es sich hier in der Regel um viele hundert Artikel handelt.

Grundsätzlich ist zu berücksichtigen, dass zum einen weitere Gestaltungskonflikte eine Rolle spielen können und zum anderen das Lösungsmuster – in diesem Fall globale Icons – mit anderen Anforderungen in Konflikt tritt. Beispielsweise empfiehlt der Apple Styleguide für die Dock-Bar-Icons komplexe Icons (Apple 2012, 112 ff.). Hier muss entschieden werden, ob eher den Grundsätzen der Dialoggestaltung (DIN EN ISO 9241) gefolgt und die Systemkonformität priorisiert wird, der wissenschaftlichen Empfehlung, globale Icons zu verwenden, gefolgt oder aber eine dritte Lösung als geeigneter Kompromiss der beiden Empfehlungen entwickelt wird.

Breite vs. Tiefe

Der Gestaltungskonflikt Breite vs. Tiefe kann als Abwägung zwischen räumlicher Präsenz und schrittweiser Erschließbarkeit verstanden werden (Keil-Slawik 1990, 40). Dieser Konflikt tritt beispielsweise bei der Gestaltung von Menüs auf. Wenn 30 Menüeinträge in einer Menüleiste verteilt werden sollen, können diese in 5 Menüpunkte mit jeweils 6 Unterpunkten aufgeteilt werden. In diesem Fall wird Platz für 5 Punkte benötigt. Bei 10 Menüpunkten, mit jeweils 3 Unterpunkten, wird Platz für mindestens 10 Menüpunkte benötigt.

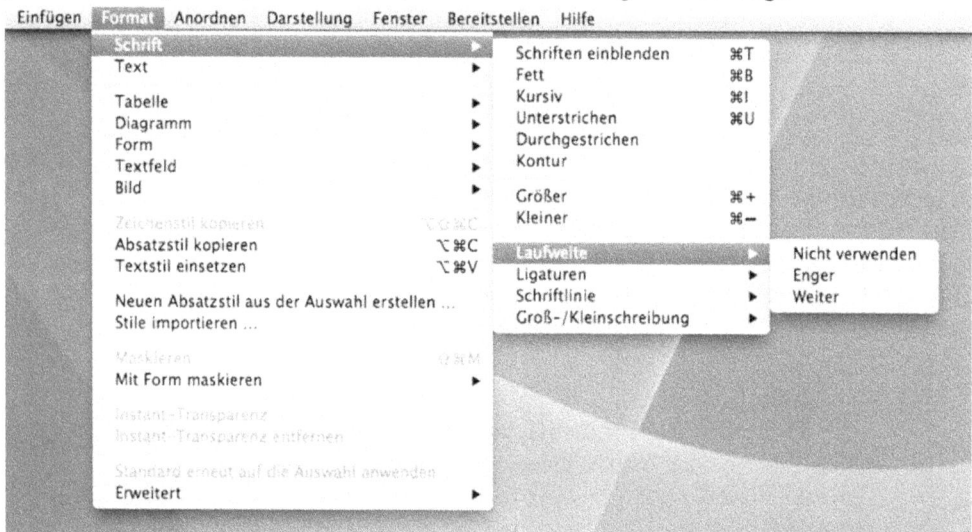

Abbildung 3: Menüstruktur - Tiefe 3

Bei der Verteilung einer großen Anzahl von Funktionen muss also ein Kompromiss gefunden werden zwischen den beiden Extrempositionen *Alle Funktionen in ein Menü ohne Untermenü* (Breite n, Tiefe 1) und *jeder Eintrag in ein eigenes Untermenü* (Breite 1, Tiefe n). Natürlich ergeben die beiden Extrempositionen des Konflikts in den meisten Szenarien keinen Sinn, da sie für den Nutzer keine Orientierungshilfe mit sich bringen. Sollen nur fünf Funktionen in einem Menü untergebracht werden, ist die Verwendung von Untermenüs ebenfalls nicht sinnvoll. Wie in Abbildung 3 zu sehen ist, sollten die Funktionen zunächst gruppiert werden (Format, Anordnen, Darstellung etc.).

Shneiderman und Plaisant geben die Obergrenze für die Tiefe von Menüs mit 3 an (Shneiderman, Plaisant 2004, 283). Dabei verweisen sie auf die Untersuchung von Jacko und Salvendy, die folgendes nachweisen: „Increased depth of a menu as an attribute that significantly affected users' perceptions of the complexity of the task." (Jacko, Salvendy 1996, 1198)

Die Lösungen können zwar teilweise auf wissenschaftliche Erkenntnisse zurückgreifen, jedoch repräsentieren sie keine universell anwendbare Lösung, denn in vielen praktischen Anwendungen muss man von solchen einfachen numerischen Vorgaben zwangsläufig abweichen.

Unter der Berücksichtigung, dass ein numerischer Wert keinen Begründungszusammenhang darstellt, ist es sinnvoller, die Frage methodisch aufzulösen, indem durch die Analyse des Einsatzkontextes versucht wird zu ermitteln, welcher der Kräfte in diesem Konflikt vorrangig nachzugeben ist. Zugleich ist ein Gestaltungskonflikt immer auch Anlass darüber nachzudenken, ob nicht auch in anderen Situationen dieselben Kräfte austariert werden müssen. Beispielsweise kostet ein gut strukturierter Aufbau eines Bildschirminhalts Platz. Sollen aber viele Aspekte schnell und zusammen betrachtet werden, so bietet sich eine sequenzielle Erschließung über mehrere Bildschirmseiten nicht an. Ein Aussteller von Fahrkarten oder Tickets, der den ganzen Tag mit demselben System viele Ausgaben tätigen muss, wird bis zu einem gewissen Grad hier die Unübersichtlichkeit des Bildschirmaufbaus einem zusätzlichen Hin- und Herschalten zwischen verschiedenen Bildschirmen vorziehen, da er mit dem Bildschirmaufbau sehr vertraut ist. Ein gelegentlicher Nutzer dagegen, der sich schnell eine Fahrkarte am Automaten beschaffen muss, dürfte in der Regel eine übersichtliche Führung mit mehreren Interaktionsschritten bevorzugen.

Diese Beispiele zeigen zugleich, dass Gestaltungskonflikte ein geeignetes Konzept sein können, um Mustersprachen aufzubauen, da beispielsweise eine hierarchische Struktur angelegt werden kann, bei der die beiden Gestaltungskonflikte „Breite vs. Tiefe" und „Übersichtlichkeit vs. stufenweise Erschließung" in dem Designkonflikt „Räumlichkeit vs. sequenzielle Erschließbarkeit" zusammengefasst werden.

4 Schlussfolgerungen

Wie eingangs beschrieben, sollen uns Gestaltungskonflikte helfen, Muster zu beschreiben, um den Entwicklern die Auflösung von Gestaltungskonflikten zu erleichtern und zu einer besseren Gestaltung von Benutzungsoberflächen beizutragen.

Der erste beschriebene Gestaltungskonflikt, Ikonizität vs. Einfachheit, lässt sich mithilfe der aufgezeigten Prinzipien meist kontextfrei lösen, denn globale Icons sind in der Regel die bestmögliche Wahl. Das am Ende des Beispiels erwähnte Problem, das sich aus der Verwendung von der Lösung widersprechenden Styleguides ergibt, lässt den Schluss zu, dass sich die Gestaltungskonflikte aber auf unterschiedlichen Ebenen lösen lassen. Insofern ist es wichtig, dass Gestaltungskonflikte das Potenzial haben, den Entwicklern eine Gestaltungsorientierung zu vermitteln, in welcher Richtung bzw. mit welchen Konsequenzen sie nach Anpassungen und Erweiterungen suchen könnten. Das zweite Beispiel lässt sich jedoch fast nie kontextfrei lösen und bedarf je nach Einsatzort einer genauen Untersuchung durch die Entwickler bzw. Designer. Die Lösungshinweise geben jedoch den Entwicklern im Rahmen der beiden Extrempositionen einen guten Lösungsraum mit auf den Weg. Da Entwickler häufig Gestaltungskonflikte lösen müssen, liegt es nahe, dass durch die systematische Erfassung solcher Konflikte in einer Mustersprache nicht nur feste Lösungen vorgegeben werden, sondern auch ein erweiterbarer Lösungsraum, der zudem auch an den jeweiligen Kontext anpassbar ist. Dadurch können bei der Betrachtung der entsprechenden Konflikte Designer nicht nur analytisch, sondern auch prospektiv an die Lösungen ihrer Aufgaben herangehen.

Die Analyse der beiden Beispiele hat gezeigt, dass Konflikte auf unterschiedlichen Ebenen auftreten. Bisher lassen sich zwei dieser Ebenen identifizieren. Um diese zu unterscheiden, wenden wir folgende Sprachkonvention an:

Ebene 1 – Designkonflikte

Konflikte, die sich, ohne Berücksichtigung des jeweiligen Nutzungskontextes, lösen lassen, sollen als Designkonflikte bezeichnet werden und sind in der ersten Kategorie zusammengefasst. Das Beispiel zur Icon-Gestaltung gehört in diese Klasse, da die widerstrebenden Kräfte sich rein aus den Besonderheiten kognitiver Verarbeitung begründen und damit unabhängig von explizit von außen gesetzten Anforderungen sind. Eine Lösung für diese Konflikte lässt sich wissenschaftlich finden. Das bedeutet aber nicht, dass es sich um eine Vorgabe ohne Anpassungsspielraum handelt. In der Gesamtheit der Konflikte ist dies voraussichtlich der kleinste Teil, da eine optimale Lösung, die losgelöst vom jeweiligen Kontext für den Konflikt gilt, gefunden werden kann.

Ebene 2 – Zielkonflikte

Die zweite Ebene, die hier als Zielkonflikte bezeichnet wird, ist dadurch gekennzeichnet, dass die Lösung methodisch kontextbasiert gefunden werden kann. Je nach Priorität in dem jeweiligen Kontext können unterschiedliche Ansätze in den verschiedenen Szenarien die jeweils bessere Lösung darstellen. Das zweite Beispiel, „Räumlichkeit vs. Sequenzialität", gehört in diesen Bereich. Die Herausforderung in dieser Kategorie besteht also aus dem Austarieren der jeweiligen Anforderungen im jeweiligen Kontext. Auch wenn Konflikte der zweiten Ebene nicht über eine optimale Lösung verfügen, so lassen sich doch mithilfe wissenschaftlicher Erkenntnisse Lösungsvorschläge bzw. -wege erarbeiten.

5   Ausblick

Gestaltung ist ein komplexer Prozess mit vielfältigen Variablen, die zur Anpassung gebracht werden müssen. Dabei beeinflussen sich die Wirkungen der jeweiligen Lösungsansätze und widersprechen sich in vielen Fällen sogar. Das von Christopher Alexander begründete Konzept der Mustersprachen beinhaltet das Konzept der Forces (Kräfte) als ein wesentliches Mittel, um Lösungsmuster zu finden, sie als solche zu verstehen und sie flexibel an neue und veränderte Bedingungen anpassen zu können. Die bisher entwickelten Mustersprachen in der Informatik haben bislang weitgehend auf dieses wichtige Konzept verzichtet. Damit ist es zwar zum ersten Mal gelungen, eine gewisse Systematik in Bezug auf die Kodifizierung von Gestaltungswissen zu erreichen, doch fehlt die auf eine konstruktive Anpassung und Weiterentwicklung ausgerichtete Grundlage.

Bei der Überlegung, wie das Konzept der Kräfte in dem Bereich der Gestaltung von Benutzungsoberflächen übertragen werden kann, liegt es nahe, auf bereits bestehende Einsichten und Begriffe zurückzugreifen. Dabei erscheint uns das Konzept der Gestaltungskonflikte ein potentieller Kandidat zu sein, um darüber Kräfte aufzuspüren und Gestaltungsmuster zu formulieren. Konflikte der ersten Ebene, die durch nachgewiesene, optimale Lösungen gekennzeichnet sind, geben Entwicklern einen guten Leitfaden zur Lösung an die Hand. Die zweite Ebene kann Entwicklern zwar keine konkreten optimalen Lösungen bieten, jedoch zeigen die beispielhaft vorgestellten Lösungsansätze einen Weg auf, um die Konflikte bzw. die gegensätzlichen Anforderungen auszutarieren.

Wie sich die softwareergonomischen Gestaltungskonflikte zahlenmäßig auf die einzelnen Ebenen verteilen bzw. ob es noch weitere Ebenen gibt, lässt sich noch nicht vorhersagen und muss noch untersucht werden. Auf jeden Fall aber lassen sich mit den beiden Ebenen sowohl Erkenntnisse aus der Forschung als auch aus der alltagstauglichen Umsetzung kodifizieren.

Ein weiterer Punkt, der noch nicht angesprochen wurde, ist die Verbindung der einzelnen Konflikte untereinander. Alexander legt großen Wert auf die Beziehungen zwischen den einzelnen Mustern, da sich erst durch die Verbindung der Einzelteile eine vollständige Lösung erzielen lässt. Von daher gilt es weiterhin zu untersuchen, in welcher Beziehung die Konflikte zueinander stehen und ob bzw. wie die Einbeziehung weiterer Gestaltungskonflikte die Lösungsstrategien der bereits betrachteten Konflikte beeinflusst.

Mit Blick auf das zu gestaltende Artefakt und die Charakteristika des Gestaltungsproblems hat der vorliegende Beitrag deutlich gemacht, dass Gestaltungskonflikte notwendigerweise berücksichtigt werden müssen, möglicherweise aber auch für die Fundierung eines systematischen Gestaltungsansatzes hilfreich sind. Der Ansatz zu einer hypothesengeleiteten Technikgestaltung basiert auf der Einsicht, dass dies notwendig ist, weil allein durch Erhebungen bei den späteren Nutzern und ein methodisches Vorgehen bei der Umsetzung viele Aspekte einer guten Gestaltung nicht oder nur unzureichend erfasst werden können. Expertenwissen ist in jedem Fall erforderlich. Die Frage dabei ist, auf welcher Grundlage Informatiker hier einen Beitrag liefern können, ohne in das von Terry Winograd angesprochene Problem des amateurhaften Erschließens fremder Fachdisziplinen zu geraten: „But it is misleading to see the problem as one of offering an ‚interdisciplinary' education. We will not succeed at developing competence in design by turning computer students into amateur sociologists, amateur anthropologists, amateur psychologists and amateur organization theorists. Although it is certainly valuable to introduce them to the key insights that each of these disciplines has generated, there needs to be an integration – a way of turning a multi-disciplinary goulash into a background that makes sense in the context of the design tasks our students will encounter in the exercise of their profession." (Winograd 1990, 445)

Natürlich lässt sich mit den hier vorgestellten Beispielen nur begründen, dass es prinzipiell möglich scheint, auf der Basis des hier vorgestellten Ansatzes Musterbeschreibung auch systematisch anzulegen. Dafür sprechen zudem die Möglichkeit der Bildung von Hierarchien und das Aufzeigen von Abhängigkeiten zwischen verschiedenen Gestaltungsmustern. Dies allein ist aber nicht ausreichend. Insbesondere muss in weiteren Arbeiten noch gezeigt werden, dass es wirklich möglich ist, über die relevanten Gestaltungsbereiche hinweg diese Systematik voranzutreiben. Dabei ist die Frage zu klären, welche weiteren Konzepte tatsächlich zur Formulierung und Ausgestaltung von Gestaltungsmustern und den mit ihnen zusammenhängenden Kräften geeignet sind. Wir denken aber, dass die Beispiele zeigen, dass die Weiterentwicklung und die Suche nach neuen Möglichkeiten Erfolg versprechend sind.

Literaturverzeichnis

Alexander, C. (1964). Notes on the Synthesis of Form: Harvard University Press.

Alexander, C.; Ishikawa, S.; Silverstein, M. (1978). A pattern language: Oxford University Press.

Apple (2012). OS X Human Interface Guidelines.http://developer.apple.com/library/mac/#documen tation/UserExperience/Conceptual/AppleHIGuidelines/Intro/Intro.html#//apple_ref/doc/uid/ 20000957. Version: Juli 2012.

Arend, U.; Wandmacher, J. (1989). Gestaltungsprinzipien für Piktogramme und ihr Einfluß auf die Menüauswahl. In: Notizen zu Interaktiven Systemen 17:17.

Arnheim, R. (1972). Anschauliches Denken: DuMont.

Ballstaedt, S. (1997). Wissensvermittlung: Die Gestaltung von Lernmaterial: Beltz, PsychologieVerlagsUnion.

Bayle, E. et al. (1998). Putting it all together: towards a pattern language for interaction design: A CHI 97 workshop. ACM SIGCHI Bulletin 30(1):17–23.

Brennecke, A.; Keil-Slawik, R. (1995). Alltagspraxis der Hypermediagestaltung – Erfahrungen beim Einsatz des World Wide Web und Mosaic in der Lehre. Fachtagung „Software-Ergonomie'95 – Mensch-Computer-Interaktion – Anwendungsbereiche lernen voneinander". Darmstadt, 20.–23. Februar.

Easterby, R. S. (1970). The Perception of Symbols for Machine Displays. In: Ergonomics 1(1):149–158.

Eco, U. (2002). Einführung in die Semiotik. Bd. 105: Utb.

Gamma, E.; Helm, R.; Johnson, R.; Vlissides, J. (2004). Entwurfsmuster: Elemente wiederverwendbarer objektorientierter Software: Addison Wesley.

Jacko, J.; Salvendy, G. (1996). Hierarchical Menu Design: Breadth, Depth and Task Complexity. In: Perceptual and Motor Skills 82:1187–1201.

Keil-Slawik, R. (1990). Konstruktives Design: Ein ökologischer Ansatz zur Gestaltung interaktiver Systeme. Habilitation. Technische Universität Berlin.

Keil-Slawik, R. (1993). Software-Entwicklung als Lernprozeß. In: Arbeitsrecht im Betrieb. Frankfurt a. M., S. 507–514.

Keil, R.; Fleigl, L.; Geißler, S. (2006). MObiDig – Manipulierbare Objekte in digitalen Systemen.

Keil, R. (2011). Hypothesengeleitete Technikgestaltung als Grundlage einer kontextuellen Informatik. In: Breiter, A.; Wind, M. (Hrsg.): Informationstechnik und ihre Organisationslücken. Soziale, politische und rechtliche Dimensionen aus der Sicht von Wissenschaft und Praxis. Berlin: LIT-Verlag.

Minov, C. (2004). Design ergonomischer Benutzeroberflächen für Computeranwendungen in der Medizin. Technische Universität München, Universitätsbibliothek, Dissertation.

Mullet, K.; Sano, D. (1994). Designing visual interfaces: Communication oriented techniques: Prentice Hall PTR.

Nadin, M. (1988). Interface design: A semiotic paradigm. In: Semiotica 69(3-4):269–302.

Nielsen, J. (1994). Usability Engineering. Boston: Academic press.

Shneiderman, B.; Plaisant, C. (2004). Designing the User Interface: Strategies for Effective Human-Computer Interaction: Pearson Education.

Tidwell, J. (2005). Designing Interfaces – Patterns for Effective Interaction Design: O'Reilly Media, Inc.

Wandmacher, J. (1993). Software-Ergonomie. Bd. 2: Walter de Gruyter.

Winograd, T. 1990: What can we teach about human-computer interaction? In: Proceedings SIGCHI Conference on Human Factors in Computing Systems: Empowering People. Seattle (WA), S. 443–449.

Kontaktinformationen

Prof. Dr.-Ing. Reinhard Keil
Heinz Nixdorf Institut
Universität Paderborn
Kontextuelle Informatik
Fürstenallee 11
33102 Paderborn

+49 5251 60-6411
reinhard.keil@hni.uni-paderborn.de
koi.uni-paderborn.de/rks

Christian Schild
Heinz Nixdorf Institut
Universität Paderborn
Kontextuelle Informatik
Fürstenallee 11
33102 Paderborn

+49 5251 60-6416
christian.schild@uni-paderborn.de
koi.uni-paderborn.de/schild

S. Boll, S. Maaß & R. Malaka (Hrsg.): Mensch & Computer 2013
München: Oldenbourg Verlag, 2013, S. 79–88

Emotionen und ihre Dynamik in der Mensch-Technik-Interaktion

Nils Backhaus & Stefan Brandenburg

Fachgebiet Kognitionspsychologie und Kognitive Ergonomie, Technische Universität Berlin

Zusammenfassung

Bei der Interaktion mit technischen Geräten spielt das emotionale Nutzererleben (UX, User Experience) eine große Rolle. Die vorliegende Studie untersuchte zwei UX-Aspekte. Zum einen wurde die Möglichkeit der Induktion von Emotionen (Frustration und Freude) durch die Interaktion mit einer Wii-Spielkonsole untersucht, zum anderen wurde der Einfluss dieser Induktion auf die Touch-Interaktion mit einem iPad erfasst. Die Ergebnisse legen nahe, dass es möglich ist mit einer interaktiven, bewegungsgesteuerten Spielkonsole gezielt distinkte Emotionen zu induzieren. Des Weiteren zeigten sich eigene Dynamiken für Frustration und Freude innerhalb der weiteren Interaktion mit einem iPad. Letztlich war die Emotionsinduktion scheinbar zu schwach, um die Arbeitsleistungen im Kontext der Touch-Interaktion zu beeinflussen. Die Ergebnisse werden vor dem Hintergrund der UX- und UX-Design-Forschung diskutiert.

1 Einleitung

Im alltäglichen Leben helfen uns Emotionen erlebte Situationen zu bewerten und auf diese Bewertungen adäquat zu handeln. Ebenso beeinflussen sie die Art von Situationen, die wir bewusst aufsuchen (Frijda 2007). Im Nutzungskontext von modernen, interaktiven Technologien sind diese Bewertungs- und Verhaltensaspekte von besonderer Relevanz. So sorgen sie doch dafür, dass wir bestimmte Nutzungsszenarien gezielt meiden oder aufsuchen bzw. mit mehr oder weniger Erfolg (d. h. effizienter) durchlaufen (Hassenzahl & Tractinsky 2006). Die Untersuchung dieser Emotionen in der vorliegenden Studie ist zweigeteilt: Zum einen soll eine gezielte Induktion von Emotionen durch eine Mensch-Technik-Interaktion erfolgen. Zum anderen wird der Einfluss dieser Emotionsinduktion auf eine anschließende Interaktion mit einem iPad untersucht. Dabei ist es von Bedeutung wie sich die Dynamik der Aufgabenbearbeitung unter dem Einfluss der jeweiligen Emotion verändert.

1.1 Emotionsinduktion durch Mensch-Technik-Interaktion

Emotionen werden in kontrollierten Experimenten meist als *abhängige Variablen* bestimmter Einflussgrößen gemessen (z. B. Stress) oder bewusst als *unabhängige Variable* induziert, d. h. ausgelöst, um deren Auswirkung auf andere, abhängige Variablen (z. B. Leistungsmaße)

zu erfassen. Die künstliche Induktion von Emotionen im Labor nutzt dabei unterschiedliche emotionsauslösende Stimuli, z. B. Bilder, Filme, Musik, Texte / Hörspiele, Imagination von Situationen, Ereignisse im Labor oder die Verabreichung chemischer Substanzen (vgl. Metaanalyse von Lench et al. 2011). Der gezielte Einsatz einer Mensch-Technik-Interaktion, in diesem Fall mit einer Spielkonsole, zur Induktion spezifischer Stimmungen und Emotionen ist bisher noch nicht untersucht worden.

Dabei gibt es eine Reihe von Untersuchungen welche diese Art der Interaktion zum Thema haben, insbesondere für die Spielekonsole *Nintendo Wii*. Deren relativ freie (drahtlose) Bedienung durch Bewegung und Lage im Raum sorgt für eine intuitive Steuerung die gemeinsam mit der Betonung spielerischer und bewegungsförderlicher Komponenten das emotionale Erleben beeinflussen kann (Bianchi-Berthouze et al. 2011; Isbister & DiMauro 2011). Diese Befunde betonen insbesondere die Wirkung der Spielekonsoleninteraktion auf positive Emotionen. Dabei erscheint es realistisch durch eine Manipulation von Komplexität und Fehlertoleranz des Spiels Frustration bzw. Ärger auszulösen (vgl. Gilleade & Dix 2004).

1.2   Emotionen im Nutzungskontext

Im Rahmen der UX-Forschung sind Emotionen in der ganzheitlichen Betrachtung der Interaktion eines Nutzers mit einem Artefakt von zentraler Bedeutung (Hassenzahl 2010; Thüring & Mahlke 2007). Zahlreiche Modelle erklären dabei den Einfluss der in der Interaktion entstandenen Emotionen auf die Gesamtbewertung eines technischen Systems. Grundlage der Emotionsentstehung ist in diesen Modellen die Wahrnehmung von instrumentellen und nichtinstrumentellen (Thüring & Mahlke 2007) bzw. pragmatischen und hedonischen Qualitäten (Hassenzahl & Roto 2007). Es werden dabei aber ausschließlich Emotionen betrachtet, die direkt durch die unmittelbare Interaktion mit dem Artefakt bzw. durch die Wahrnehmung produktbezogener Qualitäten entstehen.

Emotionen beeinflussen aber bereits *vor* der Interaktion unser Verhalten, da sie im gesamten Informationsverarbeitungsprozess, somit auch bei der Handlungsauswahl- und -vorbereitung, wirksam sind (Isen, 1984). Insbesondere positive und negative Emotionen sind dabei zu unterscheiden. Negative Emotionen, wie z. B. Frustration, lenken den Aufmerksamkeitsfokus und die gesamte Wahrnehmung auf schädigende Umwelteinflüsse (vgl. Derryberry & Tucker 1994), um diese zu vermeiden bzw. zu beseitigen (motivationale Verhaltenstendenzen, vgl. Frijda 2007). Zudem ist bei Frustration der Abruf vorhandenen Wissens erschwert (Kensinger & Corkin 2003). Positive Emotionen, wie z. B. Freude, ermöglichen hingegen eine Vergrößerung des Aufmerksamkeitsfokus, eine breitere Wahrnehmung und eine größere Abrufbarkeit von Wissen (Fredrickson & Cohn 2008; Fredrickson & Branigan 2005). Das hat zu Folge, dass auch längerfristig neue und erweiterte Handlungsspielräume entstehen können (Fredrickson im Druck). Diese Erkenntnisse lassen sich auch auf die Mensch-Technik-Interaktion anwenden. So wird auch die Auswahl von bestimmten Handlungsalternativen wie die Intention der Nutzung von Software oder Produkten durch die emotionale Lage bestimmt (Djamasbi & Strong 2008; Davis et al. 1992). Die Entscheidung zur Nutzung ist also nicht allein vom Produkt abhängig, sondern von der Passung des Produkts zur Stimmung des Nutzers (Hassenzahl 2013) bzw. mit den damit verbundenen Bedürfnissen (Johnson 2000).

Eine gezielte Untersuchung der Wirkung bestimmter Emotionen, die bereits *vor* der Interaktion vorliegen, auf das Verhalten in einer konkreten Situation wurde aber noch nicht unternommen. Es bleibt offen, wie sich diese kontextuelle, antezedente Emotion auf die Interaktion auswirkt bzw. welcher Dynamik die Emotion über die Nutzungsdauer unterliegt. Positive und negative Emotionen sollten sich in ihrer Wirkung auf die nachfolgende Interaktion unterscheiden.

2   Experimenteller Zugang

Die vorliegende Studie untersucht exemplarisch die Auswirkung einer induzierten, positiven Emotion (Freude) im Vergleich zu einer eher negativen Emotion (Frustration) auf die Interaktion bei der Bedienung eines iPads (Touch-Technologie). Dabei sollen folgende Hypothesen überprüft werden:

- H_1 *(Induktionsmethode)*: Durch die Interaktion mit der Nintendo Wii gelingt es, die Valenz der Emotionen der Versuchspersonen zu verändern. In einer komplexen, schwer bedienbaren Interaktion sinkt die Valenz (Frustration), in der positiven Bedingung steigt die Valenz an (Freude). Das Arousal (Erregungsniveau) hingegen dürfte nicht betroffen sein (ähnliches Erregungsniveau von Freude und Frustration; vgl. Russell 2003).

- H_2 *(Touch-Interaktion)*: Die Touch-Interaktion gelingt umso besser (schnellere Bearbeitungszeit) je positiver die Emotionalität im Vorhinein ist.

2.1   Methode

2.1.1 Probanden

Versuchspersonen waren Großteils (92,1%) Studierende technischer Fächer der Technischen Universität Berlin. Die Teilnahme an dem Versuch war Teil einer Prüfungsleistung. Die Probanden ($N = 41$) waren im Schnitt $M = 23,29$ Jahre alt (Spannweite 19–35 Jahre, 13 weiblich und 28 männlich). Die Technikerfahrung wurde zusätzlich erfasst. 95,1 % der Personen gaben an Touch-Geräte (Handy, Tablet, etc.) zu besitzen, 87,8 % haben schon einmal ein iPad bedient. 77,5 % der TeilnehmerInnen hatten Erfahrung mit der Nintendo Wii.

2.1.2 Induktion (Nintendo Wii)

Zur Emotionsinduktion wurde die Spielkonsole Nintendo Wii mit dem Autorennspiel *Mariokart* genutzt. Die Probanden steuerten dabei ca. 10 Minuten lang (drei Rennen, á drei Runden) einen Avatar (Mario) in einem Kart bzw. auf einem Bike. In jedem Rennen musste ein Parcours mit Hindernissen gegen 11 weitere Gegner (computergesteuert) abgefahren werden. Ziel des Spiels ist es, den Parcours möglichst schnell abzufahren um eine gute Platzierung zu erreichen. Die Steuerung gestaltet sich über einen Controller mit Lagesensor (Lenkung) und Bedienknöpfen (Menüsteuerung, Gas und Bremse). Die Schwierigkeit wurde zusätzlich manipuliert, um positive Emotionen (einfache, fehlertolerante Bedienung) und eher negative Emotionen (komplexe, fehleranfällige Bedienung) zu manipulieren. Dabei war die schwierige Spielsituation (Frustration) gekennzeichnet durch ein nicht komplett beherrschbares Fahrzeug und einen Expertenparcours. In der einfachen Version (Freude) des Wii-Spiels fuhren die Probanden den Einführungsparcours und konnten ihr Fahrzeug vollständig kontrollieren.

2.1.3 Fragebogenmaterial

Zur Erfassung der Emotionalität sollen subjektive Methoden herangezogen werden. Fragebögen haben den Vorteil, die Interaktion mit den Geräten nicht zu stören. Das Fragebogenmaterial umfasste neben demografischen Fragebögen auch zwei Stimmungsfragebögen (*Affect Grid, mDES*), um die Induktion der positiven Emotionen zu überprüfen (Manipulationscheck) und die weitere Dynamik der induzierten Emotionen zu erfassen. Der *Affect Grid* (Russell et al. 1989) integriert die Darstellung der emotionalen Hauptkomponenten Valenz (positiv versus negativ) bzw. Erregungsgrad (hohe Erregung versus Müdigkeit) in einer zweidimensionalen 9x9-Gitterform. Die beiden Komponenten werden als maßgebliche Dimensionen emotionalen Erlebens betrachtet (vgl. Russell 2003). Der *mDES* (modified different emotions scale; Fredrickson im Druck) erlaubt die Messung von positiver und negativer Emotionalität anhand von 20 Items (10 Items für positive Emotionen und 10 für negative Emotionen), die jeweils aus drei Attributen (bspw. *amüsiert, lebensfroh und vergnügt*) bestehen. Die Probanden sollen dazu auf einer fünfstufigen Skala angeben (0, *gar nicht* bis 4, *absolut*) inwieweit sie den Attributen bezogen auf einen bestimmten Zeitrahmen (bspw. die vergangene Interaktion) zustimmen.

2.1.4 Geräte

Die zur Induktion genutzte *Nintendo Wii* wurde mit einem Beamer und Stereo-Lautsprechern betrieben. Das Bild wurde an eine weiße Wand im Versuchsraum geworfen. Lautstärke, Helligkeit und Größe des Bildes, sowie die Stellung der Versuchspersonen zur Leinwand wurden konstant gehalten. Das *iPad* (1. Generation, Version mit 3G; Hersteller Apple) wurde bei maximaler Helligkeit und im Auslieferungszustand genutzt. Es verfügt über einen 9,7" großen berührungssensitiven, kapazitiven Multi-Touch-Screen.

2.1.5 Durchführung

Die Probanden füllten zunächst den demografischen Fragebogen sowie den mDES und den Affect Grid (*Zeitpunkt T0*) aus, für die Erhebung einer Baseline. Anschließend startete die ca. 10-minütige Interaktion mit der Nintendo Wii (leichte oder schwierige Versuchsbedingung). Der Versuchsleiter erfasste die Zeiten und Platzierungen der Probanden für jedes der drei Rennen. Anschließend füllten die Probanden den zweiten mDES und Affect Grid aus (Manipulationscheck, *Zeitpunkt T1*). Darauf folgte die Interaktion mit dem iPad. Die Probanden mussten drei unterschiedliche Aufgaben absolvieren: Eintragen eines Kontaktes ins Adressbuch, Einstellen der Helligkeit, Eintragen eines Termins in den Kalender [1]. Dafür wurden sie instruiert die Aufgaben möglichst schnell, aber auch möglichst fehlerfrei auszuführen. Die Aufgaben waren in der Reihenfolge ausbalanciert und die Zeit pro Aufgabe wurde gemessen. Nach jeder Aufgabe sollten die Probanden jeweils einen Affect Grid (*Zeitpunkt T2a, T2b, T2c*), nach der dritten und letzten Aufgabe zusätzlich einen mDES (*Zeitpunkt T2c*) ausfüllen. Der Versuch dauerte insgesamt ca. 30 Minuten.

---

[1] Die ausgewählten Aufgaben sind Standardaufgaben, wie sie (in ähnlicher Form) auf jedem Endgerät ausgeführt werden können. Dies gewährleistete eine möglichst hohe Übertragbarkeit auf reale Interaktionsformen.

2.1.6 Experimentelles Design

Die Zuordnung der Probanden zu den zwei Schwierigkeitsbedingungen des Wii-Spiels stellte die unabhängige Variable dar (*Zwischensubjektfaktor:* schwierig zur Auslösung von Frustration vs. einfach zur Auslösung von Freude). Als abhängige Variablen wurden die Antworten auf die beiden Fragebögen (Affect Grid und mDES) sowie die Bearbeitungszeiten bei der Bearbeitung der iPad-Aufgaben erhoben.

2.2 Ergebnisse

Um eine übersichtliche Auswertung zu gewährleisten wurden die Hypothesen auf Basis von *T*-Tests überprüft. Messwiederholungen wurden durch Differenzbildung zwischen den Messzeitpunkten abgebildet. Zusätzlich zu den Ergebnissen der *T*-Tests wird Cohen's d (*d*) als Effektgröße quantifiziert. Dementsprechend sind Effekte von $0,3 < d < 0,5$ als *klein*, Effekte von $0,5 < d < 0,8$ als *mittel* und Effekte $d > 0,8$ als *groß* zu bewerten.

2.2.1 Manipulationscheck

Die Manipulation der Spielschwierigkeit gelang problemlos. So war der mittlere Rang[2] bei allen drei Mariokart-Rennen in der einfachen Bedingung Platz 1 von 12, in der schwierigen Bedingung Platz 12 von 12 (Mann-Whitney-*U*-Test: $U = 14$; $p < 0,001$). Um zu überprüfen, ob die Induktion der Emotionen durch die Interaktion mit der Wii erfolgreich war, wurde zunächst für jede Versuchsperson die Differenz über die mDES- und Affect-Grid-Skalen vor (*T0*) und nach der Interaktion (*T1*) mit der Wii berechnet (*T1* minus *T0*). Für diese Differenz zeigte sich ein Unterschied zwischen den Gruppen. In der leichten Bedingung war im Affect Grid ein deutlicher Valenzanstieg zu verzeichnen ($T(39) = 2,08$; $p = 0,04$, $d = 0,67$; s. Abb. 1b), wo hingegen sich die Valenz in der schwierigen Bedingung kaum veränderte. Das Arousal stieg in beiden Gruppen an ($T(40) = 6,95$; $p < 0,001$; $d = 2,20$), aber nicht in Abhängigkeit von den beiden Bedingungen ($T(39) = 1,06$; $p = 0,29$, $d = 0,33$; s. Abb. 1a).

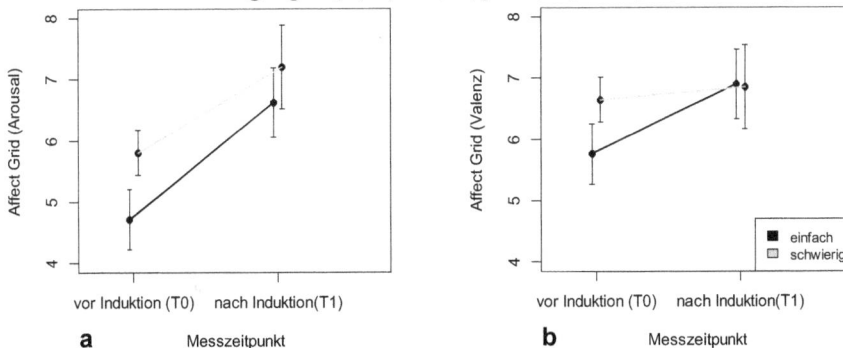

Abb. 1: Effekte des Manipulation Check auf die Maße des Affect Grid (a Arousal und b Valenz)
Fehlerbalken: +/- doppelter Standardfehler

Bezogen auf die mDES Skalen (positiv / negativ) gab es für die leichte Bedingung über die Messzeitpunkte eine signifikante Differenz der Negativ-Skala ($T(39) = -2,21$; $p = 0,03$, $d =$

---

[2] Es wurde nicht-parametrisch getestet, da die Verteilungen eine extreme Schiefe aufwiesen

0,71; s. Abb. 2a) und eine Tendenz zu einer Differenz der Positiv-Skala ($T(39) = 1,75$; $p = 0,08$, $d = 0,56$; s. Abb. 2b). D. h. es kam in der leichten Bedingung zu einem Absinken der negativen und zu einem Anstieg der positiven mDES-Skala, in der schwierigen Bedingung verhielt es sich genau umgekehrt.

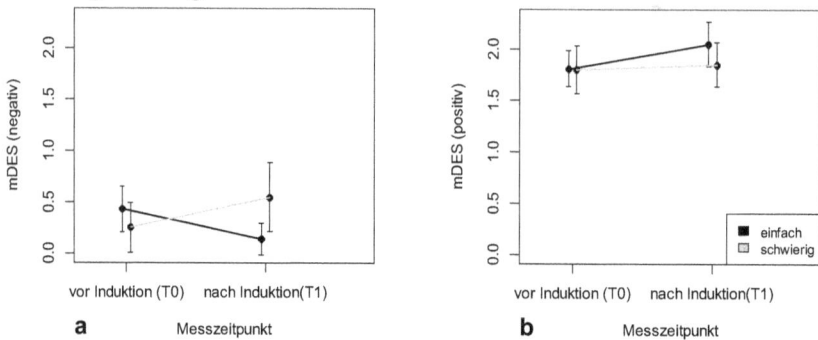

Abb. 2: Effekte des Manipulationscheck bezogen auf die mDES-Skalen (a negativ und b positiv), Fehlerbalken: +/- doppelter Standardfehler

Die kohärenten Ergebnisse der subjektiven emotionalen Einschätzung des Verhaltens legen nahe, dass die Induktion entsprechend der Vorhersage erfolgreich verlaufen ist. Anhand der Ergebnismuster der beiden Fragebögen ist davon auszugehen, dass die schwierige Bedingung Frustration und die einfache Bedingung Freude ausgelöst hat.

2.2.2 Emotionale Aktivierung und Aufgabenbearbeitungszeit während der Interaktion

Für die beiden emotionalen Gruppen ergeben sich keine signifikanten Unterschiede bezogen auf die Aufgabenbearbeitungszeiten, weder insgesamt (mittlere Aufgabenbearbeitungszeit) noch für die Reihenfolge der Aufgaben oder die Aufgabentypen ($p > 0,05$). Hieraus ergibt sich *post-hoc* die Frage, ob die Dynamik der induzierten Emotionen eine Auswirkung auf diese Zeiten hat. Mitunter wäre es möglich, dass die induzierten Emotionen im Kontext der Touch-Interaktion sehr schnell verblassen. Die Reihenfolge der Aufgabe spielte dabei keine Rolle für die Länge der Bearbeitungszeiten für die drei Aufgaben (jeweils $p > 0,05$).

2.2.3 Dynamik der emotionalen Aktivierung während der Interaktion

Durch die Interaktion mit dem iPad wurde die emotionale Aktivierung beeinflusst. Unabhängig von der Bedingung (einfach, Freude vs. schwierig, Frustration) sank das Valenz- und das Arousal-Level über die Messzeitpunkte stark ab (s. 3a und 3b). Bei genauerer Betrachtung zeigte sich, dass das Arousal-Level in der Frustrationsbedingung insgesamt langsamer sank – so war es bei den ersten beiden Aufgaben (*Zeitpunkt T2a, T2b*) signifikant höher (*T2a*: $T(38) = -2,21$; $p = 0,03$; $d = -0,72$; *T2b*: $T(38) = -3,38$; $p = 0,002$; $d = -1,10$) als bei den weiteren beiden Messzeitpunkten (*T2b* und *T2c*).

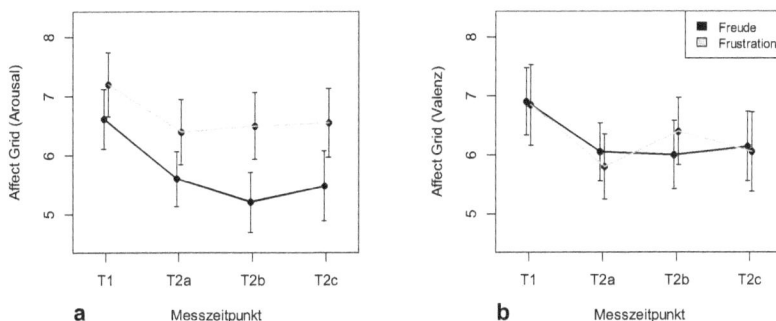

Abb. 3: Betrachtung des Verlaufs der Emotionalität (Affect Grid (a Arousal und b Valenz) für die Messzeitpunkte vor der iPad Interaktion (T1) bzw. nach den einzelnen Aufgaben der iPad-Interaktion (T2a, T2b, T2c,) Fehlerbalken: +/- doppelter Standardfehler

Es zeigte sich, dass insbesondere nach der ersten Interaktion ein starker Abfall der Valenz- und Arousal-Werte zu verzeichnen ist. Im weiteren Verlauf des Versuchs kommt es dagegen zu keinen weiteren signifikanten Veränderungen (s. Abb. 3a und 3b).

2.3 Diskussion

2.3.1 Emotionsinduktion

Die Ergebnisse zeigen, dass es möglich war eine positive Emotionalität bei den Versuchsper- sonen zu induzieren. Es gelang durch die Manipulation der Schwierigkeit des Wii-Spiels, Freude bzw. Ärger oder Frustration bei den Probanden auszulösen. Diese Induktionsmethode ist also insgesamt als vielversprechend zu beurteilen und ergänzt bereits etablierte Methoden (vgl. Lench et al. 2011). Dieser Befund weist auf die Bedeutung einer Spielekonsole sowohl in Bereichen der Forschung als auch in der Praxis hin. So kann in der Rehabilitations- und Therapiepraxis die Interaktion mit einer Spielekonsole zu gesundheitlichen Zwecken genutzt werden (vgl. Isbister & DiMauro 2011). In der Forschung können emotionale Effekte der Interaktion für medienpsychologische Konzepte wie Präsenz, Immersion oder Flow von Interesse sein.

2.3.2 Auswirkungen der Emotionsinduktion auf die iPad Interaktion

Insgesamt wirkt sich die emotionale Aktivierung der beiden Gruppen aber nicht auf die Leis- tung in den iPad-Aufgaben (Aufgabenbearbeitungszeit) aus. Vermutlich ist die Induktion der Emotion nicht stark genug bzw. von zu kurzer Dauer gewesen, um entsprechende längerfris- tige Effekte auszulösen (vgl. Kozma et al. 1990). Möglicherweise waren die Aufgaben zu einfach, als dass die Aufgabenbearbeitungszeit dadurch beeinflusst wurde. Weiterhin könnte die Stimmung der Probanden zusätzlich von emotionalen Reaktionen auf die eingeschätzte eigene Leistung in den Aufgaben beeinflusst worden sein. Mitunter ist auch eine Überde- ckung emotional bedingter Varianzanteile durch die verpflichtende Teilnahme im Rahmen einer Prüfungsleistung zu erwarten.

2.3.3 Dynamik der Emotionen während der Mensch-Technik-Interaktion

Vergleicht man die Effektgrößen der Emotionsinduktion und der iPad Interaktion, so zeigt sich ein verhältnismäßig starker negativer Effekt durch die Interaktion mit dem iPad – das absolute emotionale Erregungsniveau sinkt (sowohl auf der Valenz- als auch der Arousal-Skala) für beide Gruppen noch unter das Niveau vor Beginn der Induktion – es ist also unterhalb der Baseline. Dieser Effekt ist vermutlich durch den Kontrast der Aufgabencharaktere zustande gekommen. Zum einen absolvierten die Teilnehmer eine relativ freie Interaktion mit der Spielekonsole. Zum anderen könnten die leistungsorientierten Aufgaben im iPad-Kontext als starr und weniger anregend wahrgenommen worden sein. Diese Unterschiede können als Kontextwechsel (*contextual change*, vgl. Drewitz & Brandenburg 2012) interpretiert werden.

2.3.4 Fazit und Ausblick

Insgesamt zeigt die Auseinandersetzungen mit emotionalen Reaktionen vor der Nutzung wie fragil insbesondere positive Stimmungen gegenüber einer Interaktion sind. Diese durch die Wii induzierten Stimmungen stabilisieren sich keinesfalls über die Zeit, sondern sind insbesondere in beanspruchenden Arbeitskontexten schnell neutralisiert. Daher sollten zukünftige Untersuchungen sich vermehrt mit der Aufrechterhaltung der Emotionalität bzw. Erzeugung von Emotionen in vergleichbaren Kontexten, wie bspw. der gestenbasierten oder auch Multi-Touch-orientierten Technologie befassen.

Denkbar wäre eine Ergänzung des experimentellen Designs um eine Kontrollgruppe, in der die gesamte Interaktion an einem Artefakt (*Wii* oder *iPad*) durchgeführt wird. Wenn an dieser Stelle die Übernahme der Emotionen in den Kontext der Post-Induktion gelingen würde, dann spräche dies für den kontextuellen Rahmen, der einen entscheidenden Einfluss auf die subjektive emotionale Wahrnehmung und deren Verlauf hat.

Weitere Untersuchungen sollten auch versuchen die Aktivierung in feinerer Auflösung zu erfassen, um die Verläufe zu charakterisieren. Psychophysiologische Maße können hier eine detaillierte Verlaufsanalyse ermöglichen. Es gilt auch die Ergebnisse in weitere Anwendungsfelder zu übertragen und ihre Generalisierbarkeit (z. B. auf andere Interaktionsformen und -geräte) zu überprüfen.

Neue Forschungsstrategien sollten das Paradigma für eine tiefergehende Induktion positiver Stimmungen bzw. Emotionen verbessern und weiter untersuchen. Die Wirkung positiver Emotionen vor und im Rahmen der Nutzungsepisoden ist ein wichtiger Bereich, dem sich die UX-Community noch zu wenig widmet. Es sollten auch motivationstheoretische Konstrukte mit in die Untersuchungen einbezogen werden. Dann könnte untersucht werden, welche Einflüsse Emotion und Motivation auf die (Nicht-)Nutzung eines Produkts haben.

Emotionen sind flüchtige Erscheinungen, oft von kurzer Dauer und fragil. Diese Eigenschaften mögen dazu führen, ihr Einfluss unterschätzt wird. Dabei sind emotionale (Bewertungs-)Prozesse als allgegenwärtige Begleiter unumgänglich und entscheiden über Akzeptanz, Nutzung und die Bewertung des Nutzers technischer Produkte.

Literaturverzeichnis

Bianchi-Berthouze, N., Kim, W. & Patel, D. (2007). Does body movement engage you more in digital game play? And Why? *Affective Computing and Intelligent Interaction*, 102–113.

Davis, F. D., Bagozzi, R. P. & Warshaw, P. R. (1992). Extrinsic and Intrinsic Motivation to Use Computers in the Workplace. *Journal of Applied Social Psychology, 22*(14), 1111–1132.

Derryberry, D. & Tucker, D. M. (1994). Motivating the focus of attention. In P. M. Neidenthai & S. Kitayama (Hrsg.), *The hearts eye: Emotional influences in perception and attention*. San Diego, CA, S. 167–196.

Djamasbi, S. & Strong, D. M. (2008). The effect of positive mood on intention to use computerized decision aids. *Information & Management, 45*(1), 43–51.

Drewitz, U. & Brandenburg, S. (2012). Memory and Contextual Change in Causal Learning. In N. Rußwinkel, U. Drewitz & H. van Rijn (Hrsg.), *Proceedings of the 11th International Conference on Cognitive Modeling, Berlin*. Berlin: Universitätsverlag der TU Berlin, S. 265–270.

Fredrickson, B. L. (im Druck). Positive Emotions Broaden and Build. In E. A. Plant & P. G. Devine (Hrsg.): *Advances on Experimental Social Psychology* (47. Ausg.). Amsterdam; Boston, MA: Elsevier/Academic Press, S. 1–86.

Fredrickson, B. L. & Branigan, C. (2005). Positive emotions broaden the scope of attention and thought-action repertoires. *Cognition & Emotion, 19*(3), 313–332.

Fredrickson, B. L. & Cohn, M. A. (2008). Positive Emotions. In M. Lewis, J. M. Haviland Lewis & L. Feldman Barrett (Hrsg.), *Handbook of Emotions* (3. Aufl.). New York, NY: The Guilford Press, S. 777–796.

Gilleade, K. M., & Dix, A. (2004). Using frustration in the design of adaptive videogames. In *Proceedings of the 2004 ACM SIGCHI International Conference on Advances in computer entertainment technology - ACE '04*. New York, NY: ACM Press, S. 228–232.

Frijda, N. H. (2007). *The laws of emotion*. Mahwah, NJ: Lawrence Erlbaum Associates.

Hassenzahl, M. (2013). User Experience and Experience Design. In M. Soegaard & R. F. Dam (Hrsg.), *The Encyclopedia of Human-Computer Interaction* (2. Aufl.). Aarhus: The Interaction Design Foundation.

Hassenzahl, M. (2010). *Experience design: Technology for all the right reasons*. San Rafael, CA: Morgan & Claypool Publishers.

Hassenzahl, M. & Roto, V. (2007). Being and doing: A perspective on User Experience and its measurement. *Interafaces, 72*(Autumn), 10–12.

Hassenzahl, M. & Tractinsky, N. (2006). User experience - a research agenda. *Behaviour & Information Technology, 25*(2), 91–97.

Isbister, K. & DiMauro, C. (2011). Waggling the form baton: Analyzing body-movement-based design patterns in Nintendo Wii games, toward innovation of new possibilities for social and emotional experience. *Whole Body Interaction*, 63–73.

Isen, A. M. (1984). Toward understanding the role of affect in cognition. In R. S. Wyer & T. K. Srull (Hrsg.) *Handbook of social cognition* (3. Aufl.). Mahwah, NJ: Lawrence Erlbaum Associates, S. 179–236.

Jordan, P. W. (2000). *Designing pleasurable products: An introduction to the new human factors*. London; New York, NY: Taylor & Francis.

Kensinger, E. A. & Corkin, S. (2003). Effect of negative emotional content on working memory and long-term memory. *Emotion, 3*(4), 378–393.

Kozma, A., Stone, S., Stones, M. J., Hannah, T. E. & McNeil, K. (1990). Long-and short-term affective states in happiness: Model, paradigm and experimental evidence. *Social Indicators Research, 22*(2), 119–138.

Lench, H. C., Flores, S. A. & Bench, S. W. (2011). Discrete emotions predict changes in cognition, judgment, experience, behavior, and physiology: A meta-analysis of experimental emotion elicitations. *Psychological Bulletin, 137*(5), 834–855.

Russell, J. A., Weiss, A. & Mendelsohn, G. A. (1989). Affect Grid: A single-item scale of pleasure and arousal. *Journal of Personality and Social Psychology, 57*(3), 493–502.

Russell, J. A. (2003). Core affect and the psychological construction of emotion. *Psychological review, 110*(1), 145–172.

Thüring, M. & Mahlke, S. (2007). Usability, aesthetics and emotions in human–technology interaction. *International Journal of Psychology, 42*(4), 253–264.

Kontaktinformationen

Nils Backhaus, Technische Universität Berlin, MAR 3-2, Marchstr. 23, D-10587 Berlin, Tel.: +49 (0) 30 / 314 21792, nils.backhaus@tu-berlin.de

Stefan Brandenburg, Technische Universität Berlin, MAR 3-2, Marchstr. 23, D-10587 Berlin, Tel.: +49 (0) 30 / 314 24838, stefan.brandenburg@tu-berlin.de

S. Boll, S. Maaß & R. Malaka (Hrsg.): Mensch & Computer 2013
München: Oldenbourg Verlag, 2013, S. 89–98

meCUE – Ein modularer Fragebogen zur Erfassung des Nutzungserlebens

Michael Minge, Laura Riedel

Technische Universität Berlin, DFG-Graduiertenkolleg prometei

Zusammenfassung

Der Erfolg von Technik hängt vor allem davon ab, wie Nutzer den Umgang mit einem interaktiven Produkt wahrnehmen, erleben und bewerten. Verschiedene Aspekte sind hierbei von
Bedeutung, unter anderem die Usability, die ästhetische Gestaltung, die soziale Kommunikation persönlicher Werte sowie die emotionale Einstellung und die motivationale Bereitschaft,
das Produkt auch zukünftig zu verwenden. Zur adäquaten Erfassung dieser Aspekte wurde
auf der Basis eines weithin etablierten und empirisch abgesicherten Modells zum Nutzungserleben, dem CUE-Modell von Thüring und Mahlke (2007), ein modular aufgebauter Fragebogen entwickelt. Insgesamt besteht dieser aus drei separat anwendbaren Modulen, die sich
auf die „Produktwahrnehmung" (Nützlichkeit, Benutzbarkeit, visuelle Ästhetik, Status und
Bindung), auf „Nutzeremotionen" (positive und negative Emotionen) und auf „Konsequenzen" der Produktinteraktion (Loyalität und Nutzungsintention) beziehen. Die Konstruktion
des Fragebogens und die Auswahl von Items erfolgte auf Basis zweier online durchgeführter
Datenerhebungen, an denen jeweils $n = 238$ Probanden teilgenommen haben. Eine erste
Validierung fand im Rahmen einer laborexperimentellen Studie statt, bei der $n = 67$ Personen
jeweils drei verschiedene interaktive Produkte bewerteten. Die Ergebnisse stützen sowohl die
Reliabilitätsannahme der konstruierten Skalen, als auch deren diskriminative, kriteriums-
bezogene und Konstruktvalidität bei der Bewertung interaktiver Technologie.

1 Einleitung

Die Schaffung eines möglichst positiven Nutzungserlebens stellt heutzutage eine zentrale
Aktivität im menschzentrierten Gestaltungsprozess von Technik dar (DIN EN ISO 9241-210,
2011). Mit dem Konzept des Nutzungserlebens wurde die eher problemfokussierte Usability
um verschiedene Perspektiven, wie der ganzheitlichen Betrachtung „aller Aspekte", der
Betonung hedonistischer Nutzerbedürfnisse, der Berücksichtigung zeitbezogener Veränderungen und dem Fokus auf die Subjektivität von Qualitätswahrnehmungen als Determinanten
zukünftiger Nutzung und der Kommunikation über ein Produkt bedeutsam erweitert.

Eine systematische Beschreibung und Integration relevanter Aspekte im subjektiven Nutzungserleben erfolgte im Zuge des analytischen Komponentenmodells von Thüring und
Mahlke (2007). Zum einen unterscheidet dieses so genannte CUE-Modell (*Compontens of*

User Experience) in Anlehnung an Hassenzahl (2001) zwischen der Wahrnehmung aufgabenbezogener und nicht-aufgabenbezogener Produktqualitäten. Zum anderen berücksichtigt es die ausgelösten Emotionen als einen wesentlichen, insbesondere mediierenden Faktor für die Ausformung bestimmter Nutzungskonsequenzen. Beeinflusst wird das Erleben durch charakteristische Interaktionsmerkmale (siehe Abbildung 1).

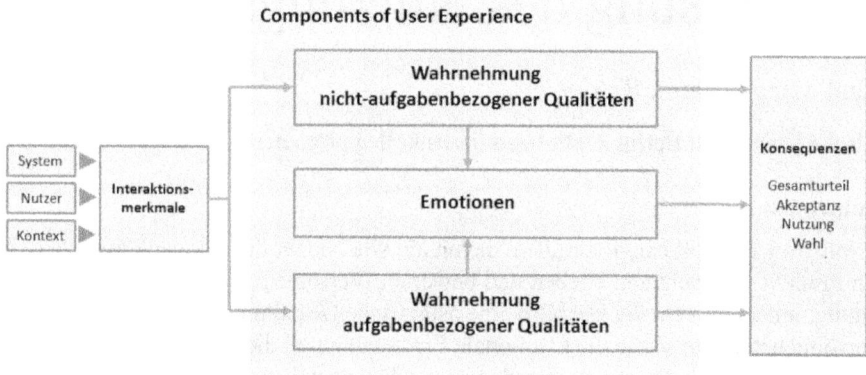

Abbildung 1: Das Komponentenmodell des Nutzungserlebens (CUE) nach Thüring und Mahlke (2007, S. 262)

Neben der Vielfalt qualitativer Verfahren zur systematischen Erhebung subjektiver Eindrücke im Nutzungserleben steht auch für den quantitativen Vergleich zwischen verschiedenen Gestaltungslösungen bzw. zur Erfassung zeitbezogener Veränderungen bei längerfristiger Nutzung eines Produkts bereits eine nicht unerhebliche Zahl an Messinstrumenten zur Verfügung. Von besonderer Bedeutung sind hierbei der AttrakDiff (Hassenzahl, Burmester & Koller, 2008) und der User Experience Questionnaire (UEQ) von Laugwitz, Schrepp und Held (2006). Auch in jüngster Zeit werden Instrumente vorgeschlagen, wie beispielsweise der Fragebogen User Experience (FUX) von Müller, Domagk und Niegemann (2011). All diesen Verfahren gemeinsam ist jedoch, dass bei ihrer Konstruktion ausschließlich ausgewählte Gestaltungslösungen einer bestimmten Produktklasse verwendet worden sind (z.B. Webdesign, betriebliche Software). Obgleich sie in der Praxis häufig zur Evaluation interaktiver Produkte vielfältiger Art eingesetzt werden, mangelt es somit oft an verlässlichen Aussagen zur produktübergreifenden Verfahrensgüte. Zudem fokussieren existierende Fragebögen vornehmlich auf die Wahrnehmung verschiedener Qualitätsdimensionen eines Produkts und vernachlässigen dabei sowohl die zentrale Komponente des emotionalen Nutzungserlebens als auch die Erhebung daraus resultierender Konsequenzen (z.B. Nutzungsintention).

Zur Behebung dieses Defizits wurde eine Fragebogenstruktur entwickelt, die aufbauend auf der Theorie des CUE-Modells (Thüring & Mahlke, 2007) das Nutzungserleben mehrdimensional erfasst und sich von anderen Verfahren dadurch abgrenzt, dass sie modular aufgebaut ist und für eine breite Vielfalt interaktiver Produkte validiert wird.

Die Zielstruktur des Fragebogens mit den Modulen zur Wahrnehmung von Produktqualitäten (Modul 1), zum Emotionserleben (Modul 2) und zu Konsequenzen (Modul 3) wurde vorab deduktiv bestimmt. Innerhalb der „Produktwahrnehmungen" wurde der Anspruch verfolgt, zwischen aufgabenbezogenen und nicht-aufgabenbezogenen Qualitäten zu differenzieren. Als zentrale aufgabenbezogene Qualitäten wurden die zwei Dimensionen „Nützlichkeit" und

„Benutzbarkeit" anvisiert (Davis, 1985), als nicht-aufgabenbezogene Qualitäten die „visuelle Ästhetik", die Kommunikation einer sozialen Identität, also die Vermittlung eines „Status" sowie der persönliche Wert durch den Aufbau einer „Bindung" zum Produkt. Mit dem Modul zur Erfassung von „Emotionen" wurde angelehnt an das *Positive Affect Negative Affect Schedule* von Watson, Clark und Tellegen (1986) das Ziel gesetzt, durch produktspezifische Aussagen das Ausmaß angenehmer und unangenehmer Emotionen zu erfassen. Das Modul zu den „Konsequenzen" wurde ursprünglich eindimensional im Sinne der subjektiven Bereitschaft zur erneuten Nutzung (Nutzungsintention) verstanden. Die aus dem CUE-Modell abgeleiteten Module mit den untergeordneten Dimensionen veranschaulicht Abbildung 2.

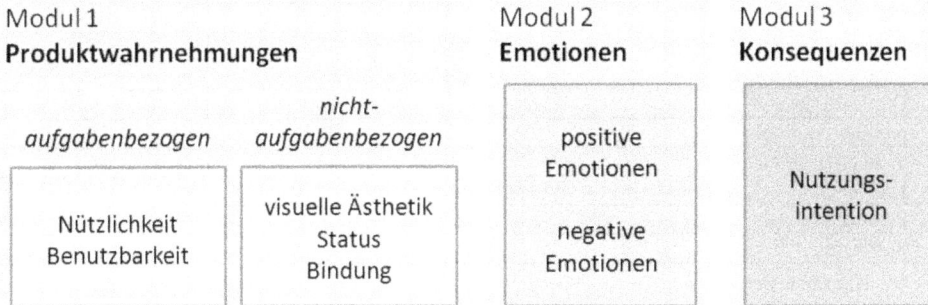

Abbildung 2: Die theoriegeleite Struktur des Fragebogens mit den drei konzeptionierten Modulen

2 Konstruktion des Fragebogens

2.1 Erzeugung des Itempools

Für jede Dimension des zu entwickelnden Messinstrumentes wurden jeweils sechs bis acht deutschsprachige Aussagen formuliert, die nach Ansicht der Autoren besonders charakteristisch für den entsprechenden Aspekt im Nutzungserleben sind. Die Ideengenerierung erfolgte sowohl frei schöpferisch im Rahmen mehrerer Brainstorming Sitzungen als auch inhaltlich gestützt durch eine umfassende Review bereits bestehender Fragebogenverfahren. Der anfängliche Itempool setzte sich aus insgesamt 67 Aussagen zusammen. Die Zustimmung bzw. Ablehnung wurde über ein siebenstufiges Likert skaliertes Antwortformat realisiert, wobei die Skalenmitte den Empfehlungen Rohrmanns (1978) entsprechend mit „weder/ noch" benannt wurde. Für die übrigen Stufen der Zustimmung wurden die Bezeichnungen „stimme eher zu", „stimme zu" und „stimme völlig zu" gewählt, für die Stufen der Ablehnung „lehne eher ab", „lehne ab" und „lehne völlig ab".

2.2 Datenerhebung zur Vorbereitung der Itemreduktion

Die Itemreduktion erfolgte auf Basis zweier Datenerhebungen, die mit einer online Version des (Roh-)Fragebogens durchgeführt wurden. Probanden waren aufgefordert, ein interaktives Produkt aus ihrem Alltag zu bewerten. Die erste Datenerhebung diente zur Itemreduktion im Modul „Produktwahrnehmungen". Auf Basis der zweiten Datenerhebung wurden Items in den Modulen „Nutzeremotionen" und „Konsequenzen" selegiert. Die Beschreibung der beiden Stichproben sowie Angaben zu den jeweils ausgewählten Produkten zeigt Tabelle 1.

	Stichprobe 1	Stichprobe 2
Anzahl der Probanden	n = 238	n = 238
(weiblich/ männlich)	*(127/ 111)*	*(134/ 104)*
Durchschnittsalter	28.6	28.5
(Altersspanne)	*(19-61)*	*(17-65)*

Anzahl der Bewertungen nach Produktart:

Mobiltelefon	100	106
Laptop/ Computer	75	75
Kaffeemaschine	19	8
Digitalkamera	16	3
mobiler Audioplayer	0	20
Waschmaschine	13	16
Fernseher	12	0
Smartphone App	2	5
Software	1	5

Tabelle 1: Beschreibung der zwei Stichproben der online durchgeführten Felduntersuchungen

2.3 Itemreduktion

Das CUE-Modell geht davon aus, dass aufgabenbezogene und nicht-aufgabenbezogene Qualitäten unabhängige Dimensionen bei der Bewertung eines Produkts darstellen. Ihr gleichberechtigter Einfluss auf das Gesamterleben wird durch emotionale Eindrücke vermittelt. Aus diesem Grund wurden die den Dimensionen zugeordneten 67 Items zunächst in drei separaten Faktorenanalysen untersucht. Als Datengrundlage für das Modul „Produktwahrnehmung" wurde die erste Stichprobe, für die übrigen beiden Module die zweite Stichprobe eingesetzt.

Die varianzmaximierende Hauptkomponentenanalyse der Items im Modul „Produktwahrnehmung" ergab auf der Grundlage des Minimum-Average-Partial-Tests (MAP-Test nach Velicer, 1976) die erwarteten fünf unabhängigen Hauptkomponenten. Insgesamt konnten durch diese fünf Faktoren 69.6 % der aufgetretenen Varianz erklärt werden. Entsprechend der theoretischen Vorüberlegungen wurden die Faktoren benannt als: (1) Nützlichkeit, (2) Benutzbarkeit, (3) visuelle Ästhetik, (4) Status und (5) Bindung. Unter Berücksichtigung der itemspezifischen Kennwerte (Schwierigkeit und Trennschärfe) sowie der Kommunalitäten wurden für jede Dimension jeweils die drei Items mit den höchsten Faktorladungen selegiert. Tabelle 2 zeigt die ausgewählten Items und ihre Ladung auf den extrahierten fünf Faktoren.

Item:	Nützlich-keit	Benutz-barkeit	visuelle Ästhetik	Status	Bindung
Die Funktionen des Produkts sind genau richtig für meine Ziele.	.817				
Mithilfe des Produkts kann ich meine Ziele erreichen.	.811				
Insgesamt halte ich das Produkt für nützlich.	.705				
Es dauert zu lange, die Funktionen des Produkts zu erlernen.		- .856			
Die Bedienung des Produkts ist verständlich.		.821			
Das Produkt lässt sich einfach benutzen.		.677			
Das Design wirkt attraktiv.			.894		

Das Produkt ist stilvoll.			.864		
Das Produkt ist kreativ gestaltet.			.787		
Das Produkt verleiht mir ein höheres Ansehen.				.787	
Durch das Produkt werde ich anders wahrgenommen.				.784	
Meine Freunde dürfen ruhig neidisch auf das Produkt sein.				.653	
Ohne das Produkt kann ich nicht leben.					.874
Wenn ich das Produkt verlieren würde, würde für mich eine Welt zusammenbrechen.					.790
Das Produkt ist wie ein Freund für mich.				.414	.637

Tabelle 2: Faktorladungen der Items im Modul „Produktwahrnehmung" (dokumentiert sind alle Ladungen > .4)

Im Modul „Nutzeremotionen" ergab die varianzmaximierende Faktorenanalyse der Items ebenfalls die erwarteten zwei zugrundeliegenden Faktoren für das Erleben positiver und negativer Emotionen. Gemeinsam erklärten diese 57.4 % der aufgetretenen Varianz. Für beide Dimensionen wurden jeweils sechs Items selegiert, die besonders hoch auf den jeweiligen Faktoren luden. Inhaltlich wurde dabei berücksichtigt, dass die Items entsprechend des Circumplex Modells von Russell (1980) ausgewogen bezüglich der assoziierten Aktivierungsstärke (*arousal*) sind. Die selegierten Items sind in Tabelle 3 aufgeführt.

Item:	positive Emotionen	negative Emotionen
Das Produkt entspannt mich.	.793	
Durch das Produkt fühle ich mich wohl.	.774	
Das Produkt beschwingt mich.	.770	
Durch das Produkt fühle ich mich ausgeglichen.	.764	
Das Produkt beruhigt mich.	.750	
Das Produkt stimmt mich euphorisch.	.748	
Das Produkt nervt mich.		.812
Das Produkt verärgert mich.		.810
Das Produkt frustriert mich.		.768
Durch das Produkt fühle ich mich erschöpft.		.753
Das Produkt macht mich müde.		.705
Durch das Produkt fühle ich mich passiv.		.543

Tabelle 3: Faktorladungen der Items im Modul „Nutzeremotionen" (dokumentiert sind alle Ladungen > .4)

Bei Analyse der Items im Modul „Konsequenzen" konnten unter Bezugnahme auf den MAP-Test zwei Faktoren extrahiert werden, die zusammen 63.5 % der aufgetretenen Varianz erklären. Ex post wurden diese auf Basis der Itemstruktur als „Produktloyalität" und „Nutzungsintention" bezeichnet. Tabelle 4 zeigt die jeweils drei ausgewählten Items pro Dimension und das Ladungsmuster der varianzmaximierten Lösung.

Item:	Produkt-loyalität	Nutzungs-intention
Ich würde das Produkt gegen kein anderes eintauschen.	.815	
Im Vergleich zu diesem Produkt wirken andere Produkte unvollkommen.	.771	
Ich würde mir genau dieses Produkt jederzeit (wieder) zulegen.	.764	
Wenn ich könnte, würde ich das Produkt täglich nutzen.		.803
Wenn ich mit dem Produkt zu tun habe, vergesse ich schon mal die Zeit.		.766
Ich kann es kaum erwarten, das Produkt erneut zu benutzen.		.730

Tabelle 4: Faktorladungen der Items im Modul „Konsequenzen" (dokumentiert sind alle Ladungen > .4)

3 Validierung des Fragebogens

3.1 Methode

Eine erste Validierung des Fragebogens sowie die Bestimmung der Reliabilität und Validität erfolgten im Rahmen einer laborexperimentellen Untersuchung. Hierzu wurden Probanden gebeten, interaktive Produkte aus den Bereichen Textbearbeitungssoftware, tragbare Audioplayer und Mobiltelefon zu bewerten, die ihnen in randomisierter Reihenfolge vorgelegt wurden. Sowohl bei der Software als auch beim Audioplayer kamen jeweils zwei unterschiedliche Varianten zum Einsatz, die randomisiert zugeordnet wurden. Beim dritten Gerät, dem Mobiltelefon, handelte es sich für alle Personen um das eigene Handy oder Smartphone.

Die Beurteilung erfolgte nach einer jeweils angeleiteten fünfminütigen Interaktion. Neben dem neu konstruierten Instrument kamen zur Produktbewertung verschiedene Fragebögen zum Einsatz, darunter der AttrakDiff (Hassenzahl et al., 2008), der UEQ (Laugwitz et al., 2006), das Self-Assessment-Manikin (Bradley & Lang, 1994), das PANAS (Watson et al., 1988) sowie ein Fragebogen zur visuellen Ästhetik (Lavie & Tractinsky, 1994).

An der Studie nahmen 67 Personen mit einem Durchschnittsalter von 28.8 Jahren ($s = 8.5$) teil, darunter 34 Frauen und 33 Männer. Eine Untersuchung dauerte ungefähr 50 Minuten.

3.2 Faktorielle Struktur und Reliabilität

Analog zu den modulbezogenen Faktorenanalysen in der Konstruktionsphase konnte die faktorielle Struktur des Fragebogens auch in der laborexperimentellen Studie stabil repliziert werden. Die Anteile erklärter Varianz zeigten sich bei Analyse der insgesamt 201 vorliegenden Datensätze nochmals erhöht, was u.a. auch auf die größeren Varianzen zwischen den diesmal überwiegend vorgegebenen Produkten zurückgeführt werden kann (Tabelle 5). Zusätzlich gibt Tabelle 5 für jede Skala den Cronbach's Alpha Koeffizient als Maß der internen Konsistenz an. Die ermittelten Werte stützen die Annahme, dass die Skalen eine ausreichende bis gute Reliabilität aufweisen.

Skala	erklärter Varianzanteil	Cronbach's Alpha
Modul „Produktwahrnehmung"		
Nützlichkeit	15.1	0.83
Benutzbarkeit	16.0	0.89
visuelle Ästhetik	18.1	0.89
soziale Identität: Status	15.8	0.83
soziale Identität: Bindung	16.1	0.86
Summe	**81.1**	
Modul „Nutzeremotionen"		
positive Emotionen	39.5	0.94
negative Emotionen	34.8	0.92
Summe	**74.3**	
Modul „Konsequenzen"		
Produktloyalität	38.3	0.86
Nutzungsintention	35.8	0.76
Summe	**74.1**	

Tabelle 5: Aufgeklärte Varianzanteile und Cronbach's Alpha Koeffizienten der konstruierten Skalen

3.3 Validität

Zur Abschätzung der inhaltlichen Gültigkeit des Fragebogens kamen verschiedene Verfahren zum Einsatz. Einerseits wurden über alle Datensätze hinweg ($n = 201$) Zusammenhänge zwischen den zu validierenden Skalen und den Dimensionen anderer Fragebögen berechnet. Andererseits wurden Korrelationen zwischen den Skalen und der bearbeiteten Aufgabenmenge als Außenkriterium ermittelt. Hierfür wurde für jeden Probanden und ausschließlich für die fünfminütige Interaktion mit der Textbearbeitung ($n = 67$) der jeweils erreichte Umfang des abgetippten Briefes in Zeilen zugrunde gelegt.

| | | zu validierende Skalen | | | | |
		Nützlichkeit	Benutzbarkeit	visuelle Ästhetik	Status	Bindung
Korrelationen zu anderen Skalen						
AttrakDiff	pragmatische Qualität	.64**	**.87**	.57**	.46**	.53**
	hedonische Qualität: Identifikation	.62**	.52**	.67**	.51**	.58**
	hedonische Qualität: Stimulation	.40**	.37**	**.72**	.51**	.50**
	Attraktivität	.67**	.68**	**.77**	.55**	.64**
UEQ	Effizienz	.61**	.65**	.55**	.35**	.44**
	Durchschaubarkeit	.62**	**.85**	.48**	.37**	.44**
	Vorhersagbarkeit	.69**	**.73**	.54**	.43**	.54**
	Stimulation	.62**	.61**	**.72**	.54**	.58**
	Originalität	.36**	.40**	.67**	.48**	.45**
	Attraktivität	.68**	**.70**	**.74**	.54**	.60**
visuelle Webästhetik	klassische Ästhetik	.46**	.52**	**.70**	.42**	.43**
	expressive Ästhetik	.43**	.40**	**.75**	.56**	.51**
Korrelationen zum Außenkriterium						
bearbeitete Aufgabenmenge mit Textsoftware		**.32**	**.34**	.03	.04	.14

Tabelle 6: Korrelationen zwischen dem Modul „Produktwahrnehmung" und anderen Kriterien; ** $p < .01$

Bei der Produktwahrnehmung wurden substanzielle Zusammenhänge zwischen den zwei aufgabenbezogenen Skalen „Nützlichkeit" bzw. „Benutzbarkeit" und den entsprechenden Dimensionen des AttrakDiff sowie des UEQ erwartet. Dagegen sollten Korrelationen zu nicht-aufgabenbezogenen Dimensionen und zur visuellen Ästhetik gering ausfallen. Tabelle 6 zeigt die empirisch ermittelten Produkt-Moment-Korrelationen, die aufgrund der großen Stichprobe ($n = 201$) schon bei kleinen Zusammenhängen zu signifikanten Ergebnissen geführt haben. Starke Beziehungen zeigen sich insbesondere zwischen der „Benutzbarkeit" und der „pragmatischen Qualität" des AttrakDiff sowie zur „Durchschaubarkeit" und „Vorhersagbarkeit" des UEQ. Bezüglich der visuellen Ästhetik fallen die Zusammenhänge betragsmäßig geringer aus. Hohe Korrelationen für die „klassische" bzw. „expressive Ästhetik" liegen insbesondere zur neu konstruierten Dimension „visuelle Ästhetik" vor. Wie zu vermuten war, korreliert die Bearbeitungsmenge bei $n = 67$ Fällen ausschließlich mit den zwei aufgabenbezogenen Skalen signifikant. Zusammenhänge zwischen den Skalen positiver und negativer Nutzeremotionen bzw. Konsequenzen und den anderen Emotionsfragebögen zeigt Tabelle 7 auf.

		zu validierende Skalen			
		positive Emotionen	negative Emotionen	Loyalität	Nutzungs-intention
Korrelationen zu anderen Skalen					
PANAS	positiver Affekt	**.51****	-.39**	**.53****	**.54****
	negativer Affekt	-.26*	**.63****	-.42**	-.39**
SAM	arousal	-.22*	.35**	-.25*	-.25*
	valence	**.66****	**-.65****	**.69****	**.67****
Korrelation zum Außenkriterium					
bearbeitete Aufgabenmenge mit Textsoftware		.16	-.22	.28*	.21

Tabelle 7: Korrelationen zwischen den Modulen „Emotionen" bzw. „Konsequenzen" und anderen Kriterien;
* p < .05, ** p < .01

4 Ausblick

Auf Basis eines integrativen Modells zur User Experience (CUE-Modell) wurde ein Frage-bogen zur modularen Evaluation von Komponenten im Nutzungserleben (meCUE) erfolg-reich konstruiert. Durch die theoriebasierte Entwicklung und die empirische Validierung unter Einsatz einer breiten Vielfalt unterschiedlicher interaktiver Produkte erscheint *meCUE* geeignet, eine ökonomische, flexible und zuverlässige Alternative zu bereits existierenden Verfahren zu bieten. Insbesondere die modulare Struktur unter Berücksichtigung von Pro-duktwahrnehmungen, Nutzeremotionen und Konsequenzen erlaubt es, quantitative Vergle-che zwischen verschiedenen Gestaltungslösungen oder verschiedenen Nutzungszeitpunkten analytisch und ein Stück weit ganzheitlicher aus nutzerzentrierter Sicht vorzunehmen.

Insbesondere zeichnet sich der *meCUE* Fragebogen durch eine besonders stabile faktorielle Struktur und einer ausreichenden bis guten internen Konsistenz seiner Skalen aus. Die somit als erfüllt anzusehende Reliabiliät stellt eine zwar nicht hinreichende, jedoch notwendige Voraussetzung für seine Validität dar. Im Rahmen der Validierungsstudie wurden erste Hin-weise über Zusammenhänge mit Skalen anderer Fragebögen und einem Außenkriterium untersucht. Zudem konnten bedeutsame Unterschiede sowohl zwischen verschiedenen Pro-duktgruppen als auch zwischen unterschiedlichen Gestaltungslösungen, insbesondere im Bereich mobiler Technologien (digitale Audioplayer) identifiziert werden (Minge, Riedel & Thüring, accepted, a). Einschränkend muss auf Basis der vorliegenden Befunde jedoch er-wähnt werden, dass zumindest für den Bereich Anwendungssoftware der UEQ, vermutlich auch aufgrund seiner facettenreicheren Substruktur, sensitiver erscheint, um die Wahrneh-mung pragmatischer Produktqualitäten zu erfassen. Weitere Hinweise zur diskriminativen Validität des *meCUE* ergaben sich in einer Studie zum Vergleich subjektiver Bewertungen in der Nutzung und Anwendung medizinischer Orthesen (Doria, Minge & Riedel, accepted).

Neben zukünftigen Untersuchungen zu seiner Qualität wurden unlängst sowohl eine Mini-malrevision als auch eine Ergänzung des *meCUE* Fragebogens beabsichtigt. Die Revision betraf einzelne Formulierungen von Aussagen, die vor allem die formale Konsistenz der Fragebogenstruktur betreffen. So galt es beispielsweise in der Skala „Benutzbarkeit", drei Items mit einer einheitlichen Polung herauszuarbeiten und Aussagen mit einer Faktorladung von < .7 durch eine stärkere Akzentuierung in der Formulierung gegebenenfalls noch weiter zu optimieren. Die finale Version des Fragebogens ist nachzulesen unter Minge, Riedel und Thüring (accepted, a). Eine Erweiterung des Fragebogens bezieht sich auf die Entwicklung und Überprüfung eines geeigneten Antwortformats für die Erhebung eines allgemeinen Glo-balurteils. Hierfür wurde der Einsatz eines sehr fein abgestuften Schiebereglers empirisch untersucht, der mit Hilfe weiterer Skalen im Rahmen einer zusätzlichen Studie validiert wur-de (Minge, Riedel & Thüring, accepted, b).

Aus forschungstheoretischer Sicht eröffnet sich durch die Erhebung des Globalurteils die Möglichkeit zur Bildung eines Regressionsmodells, um die allgemeine Produktgüte vorher-zusagen. Dadurch erhoffen sich die Autoren nicht nur zusätzliche Aussagen zur strukturellen Güte des Fragebogens, sondern auch über spezifische Kausalzusammenhänge zwischen den einzelnen Komponenten innerhalb des CUE-Modells treffen zu können.

Danksagung

Wir danken der Deutschen Forschungsgemeinschaft (DFG) für ihre Förderung dieser Arbeit im Rahmen des Graduiertenkollegs 1013/2: „Prospektive Gestaltung von Mensch-Technik-Interaktion (prometei)".

Literaturverzeichnis

Bradley, M. M. & Lang, P. J. (1994). Measuring emotions: the self-assessment manikin and the seman-tic differential. *Journal of Beh. Therapy and Exp. Psychiatry, 25*(1), 49-59.

Davis, F. (1989). Perceived usefulness, perceived ease of use, and user acceptance of information technology. *MIS Quarterly, 13*(3), 319-340.

DIN EN ISO 9241-210 (2011). Ergonomie der Mensch-System-Interaktion – Teil 210: Prozess zur Gestaltung gebrauchstauglicher interaktiver Systeme.

Doria, L., Minge, M. & Riedel, L. (accepted). User-centred evaluation of lower-limb ortheses: A new approach. *Dreiländertagung der Deutschen, Schweizerischen und Österreichischen Gesellschaft für Biomedizinische Technik (BMT).* 19.-21.09.2013, Graz.

Hassenzahl, M. (2001). The effect of perceived hedonic quality on product appealingness. *International Journal of Human-Computer Interaction, 13*(4), 481-499.

Hassenzahl, M., Burmester, M. & Koller, F. (2008). Der User Experience (UX) auf der Spur: Zum Einsatz von www.attrak.diff. In: H. Brau, S. Diefenbach, M. Hassenzahl, F. Koller, M. Peissner & K. Rose. (Hrsg.): *Usability Professionals 2008*, 78-82.

Laugwitz, B., Schrepp, M. & Held, T. (2006). Konstruktion eines Fragebogens zur Messung der User Experience von Softwareprodukten. In A. M. Heinecke & H. Paul (Hrsg.), *M&C 2006: Mensch und Computer im Strukturwandel* (S. 125-134). München: Oldenbourg.

Lavie, T. & Tractinsky, N. (2004). Assessing dimensions of perceived visual aesthetics of web sites. *International Journal of Human-Computer Studies, 60*, 269-298.

Minge, M., Riedel, L. & Thüring, M. (accepted, a). Und ob du wirklich richtig stehst... Zur diskrimina-tiven Validität des User Experience Fragebogens „meCUE". Beitrag im Workshop „Temporale As-pekte des Nutzungserlebens" *Mensch und Computer*, 8.-11.09.2013, Bremen.

Minge, M., Riedel, L. & Thüring, M. (accepted, b). Modulare Evaluation von Technik. Entwicklung und Validierung des meCUE Fragebogens zur Messung der User Experience. *10. Berliner Werk-statt Mensch-Maschine-Systeme*, 10.-12.10.2013, Berlin.

Müller, J., Domagk, S. & Niegemann, H.M. (2011). Joy of Use und User Experience auf Websites – Entwicklung des Fragebogen User Experience (FUX). *13. Fachtagung Pädagogische Psychologie der Deutschen Gesellschaft für Psychologie.* 14.-16.9.2013, Erfurt.

Rohrmann, B. (1978). Empirische Studien zur Entwicklung von Antwortskalen für die sozialwissen-schaftliche Forschung. *Zeitschrift für Sozialpsychologie, 9,* 222-245.

Russell, J.A. (1980). A Circumplex Modell of Affect. *Journal of Personality and Social Psychology, 39*(6), 1161-1178.

Thüring, M. & Mahlke,S. (2007). Usability, aesthetics, and emotions in human-technology interaction. *International Journal of Psychology, 42*(4), 253-264.

Velicer, W.F. (1976). Determining the number of components from the matrix of partial correlations. *Psychometrika, 41,* 321-327.

Watson, D., Clark, A. & Tellegen, A. (1988). Development and Validation of Brief Measure of Positive and Negative Affect: The PANAS Scales. *Journal of Personality and Social Psychology, 54*(6), 1063-1070.

Kontaktinformationen

Dr. Michael Minge / Laura Riedel

Technische Universität Berlin, Graduiertenkolleg prometei, Sekr. MAR 3-3, 10587 Berlin

eMail: michael.minge@zmms.tu-berlin.de / laura.riedel@zmms.tu-berlin.de

S. Boll, S. Maaß & R. Malaka (Hrsg.): Mensch & Computer 2013
München: Oldenbourg Verlag, 2013, S. 99–108

E-Books: Nutzung und Usability

Monique Janneck, Svenja Gussmann, Ines Jandt, Franziska Teichmann

Fachhochschule Lübeck, Fachbereich Elektrotechnik und Informatik

Zusammenfassung

In den letzten Jahren wurden mit Tablet-Geräten sowie speziellen E-Readern eine Vielzahl z.T. sehr preisgünstiger digitaler Lesegeräte vorgestellt. Dennoch erfahren E-Books in Deutschland weiterhin nur eine relativ geringe Verbreitung. In diesem Beitrag werden Akzeptanz, Nutzung und Bewertung verschiedener Lesemedien (gedrucktes Buch, Amazon Kindle, verschiedene Tablet-Geräte) anhand einer Tagebuchstudie sowie eines Lesegeschwindigkeitstests untersucht. Die Ergebnisse zeigen, dass Lesegewohnheiten und Akzeptanz weiterhin stark von subjektiven Faktoren bestimmt werden und klar zugunsten des gedruckten Buchs ausfallen, während hinsichtlich der Lesegeschwindigkeit der E-Reader *Kindle* mit Abstand am besten abschnitt.

1 Einleitung

E-Books sind ein hart umkämpfter Markt. In den vergangenen Jahren wurde eine Vielzahl spezieller E-Reader entwickelt, allen voran die *Kindle*-Familie von Amazon. Mit dem *Tolino* wurde im Frühjahr 2013 seitens mehrerer großer deutscher Buchhandelsketten ein potentielles Konkurrenzprodukt vorgestellt. Aktuelle E-Reader wie der Kindle weisen vergleichsweise große Displays, eine hohe Speicherkapazität, geringes Gewicht sowie Zusatzfunktionen wie WLAN- oder UMTS-Zugang auf. Weiterhin bieten Tablet-Geräte wie das Samsung *Galaxy* oder das Apple *iPad* spezielle Applikationen zum Lesen digitaler Bücher an.

Nichtsdestotrotz ist die Nutzung von E-Books in Deutschland (etwa im Vergleich zu den USA) mit aktuell ca. 2% Marktanteil nach wie vor marginal, wenngleich mit steigender Tendenz[1]. Viele Leser begegnen digitalen Büchern eher mit Skepsis: In der aktuellen Studie des Börsenvereins des Deutschen Buchhandels (2013) geben immer noch 81% der Befragten an, dass ein elektronisches Gerät nicht an das Leseerlebnis eines Buches herankommen könne. Dieser Anteil ist jedoch in den vergangenen Jahren kontinuierlich leicht gesunken (vgl. Börsenverein, 2011). Die Vorteile von E-Books wie Platzersparnis oder eine verbesserte Mobilität scheinen diese grundsätzliche Einstellung nicht aufwiegen zu können. Hinzu kommen z.T. Qualitätsprobleme bei der Formatierung und Darstellung von E-Books (Teichmann, 2012) sowie die vergleichsweise unattraktive Preisgestaltung: Aktuelle und gut laufende Titel sind als E-Books meist nur geringfügig günstiger als Hardcover-Ausgaben, im Vergleich mit Taschenbüchern z.T. sogar teurer, haben aber gegenüber gedruckten Büchern den gravieren-

---

[1] http://www.media-control.de/dank-123-millionen-e-book-kaeufen-deutscher-buchmarkt-2012-im-plus.html, (zuletzt aufgerufen am 21.06.2013)

den Nachteil, dass sie aufgrund der digitalen Rechteverwaltung nicht verliehen oder weiter-verkauft werden können.

Hinsichtlich der Akzeptanz können Unterschiede in verschiedenen Nutzergruppen (z.B. jün-gere vs. ältere oder technisch affine vs. unerfahrene Leser) vermutet werden. Richardson & Mahmood (2012) führten eine Befragung unter Studierenden durch, die sich sowohl direkt an Besitzer als auch an Nicht-Besitzer von E-Readern richtete. E-Reader-Besitzer (ca. 17% der Befragten) schätzten insbesondere die Möglichkeit, Bücher einfach unterwegs dabei zu ha-ben (94%) bzw. viele Bücher gleichzeitig verfügbar zu haben (84%) sowie die einfache Be-schaffung von Büchern über das Internet (66%). Negativ bewertet wurde die fehlende Mög-lichkeit zum Verleihen von E-Books (56%) sowie einige gerätespezifische Aspekte, wie etwa die fehlende Möglichkeit Notizen zu machen. Ein gutes Drittel der E-Reader-Besitzer gab an, aufgrund der E-Books nun mehr zu lesen als früher. Als Grund für den Nicht-Besitz wur-den v.a. die Kosten angegeben.

In diesem Beitrag werden subjektive und objektive Einflussfaktoren auf die Nutzung und Bewertung von E-Books thematisiert. Um eher subjektive Faktoren sowie die alltägliche Nutzung möglichst unmittelbar zu erfassen, wurde eine *Tagebuchstudie* durchgeführt. Zudem wurde die *Lesegeschwindigkeit* auf verschiedenen Medien in einer weiteren Studie experi-mentell untersucht. Im folgenden Abschnitt wird zunächst auf Usability-Aspekte bei der Nutzung von E-Books eingegangen. Abschnitt 3 stellt die Tagebuchstudie, Abschnitt 4 die Untersuchung der Lesegeschwindigkeit dar. Eine zusammenfassende Diskussion der Ergeb-nisse beschließt den Beitrag.

2   Usability von E-Books

Hinsichtlich der Usability von E-Books sind verschiedene Aspekte zu betrachten, die zu-sammenwirken: Die Eigenschaften der Lesegeräte an sich sowie die Darstellung und Forma-tierung des Textes. Weiterhin ist der Kauf- bzw. Downloadvorgang bei den jeweiligen E-Book-Anbietern wichtig, der hier aus Platzgründen jedoch nicht thematisiert wird.

Eine wichtige Rolle für die Handhabung spielen Gewicht und Größe des E-Readers. In einer schon etwas älteren Studie präferierten die Testpersonen kleine und leichte Geräte (Wilson & Landoni, 2003). Ein wichtiger Punkt ist der Bildschirm des E-Readers. Wie einleitend bereits erwähnt, bestehen bei vielen Menschen grundsätzliche Bedenken hinsichtlich des Lesens am Bildschirm (Börsenverein, 2011). Technische Entwicklungen zielen daher insbesondere auf Lesefreundlichkeit ab: Die meisten aktuellen E-Book-Reader besitzen ein Display, welches mit einer sehr kontrastreichen Anzeigetechnik auf Basis des *elektronischen Papiers* ausge-stattet ist. Elektronisches Papier basiert auf dem Verfahren der Elektrophorese und enthält Mikrokapseln, die positiv geladene weiße Partikel und negativ geladene schwarze Partikel in einem transparenten zähflüssigen Polymer enthalten. Durch das Anlegen von elektrischen Feldern können diese Kügelchen in ihrer Lage beeinflusst werden. Es zeichnet sich durch seine geringe Leistungsaufnahme aus und behält seinen Bildinhalt auch nach Wegfall der Spannungsversorgung. Die E-Ink-Technologie gilt als besonders augenschonend und lese-freundlich[2]. Demgegenüber zeigte eine Studie, die den kognitiven Aufwand beim Lesen

---

[2] Vgl. http://eink.com/technology.html (zuletzt aufgerufen am 27.03.2013)

mittels EEG- und Eye-Tracking-Messungen untersuchte, eine Überlegenheit von Tablet-PCs im Vergleich zu E-Ink-Readern sowie dem gedruckten Buch. Die Testpersonen empfanden jedoch Lesen auf Papier als angenehmer (Füssel et al., 2012).

Nielsen (2010) testete die Lesegeschwindigkeit sowie die Zufriedenheit der Nutzer mit verschiedenen Geräten (Kindle 2, iPad 1, PC-Monitor sowie gedrucktes Buch). Das gedruckte Buch schnitt hinsichtlich der Lesegeschwindigkeit am besten ab. Auf dem iPad waren die Probanden um ca. 6%, mit dem Kindle ca. 11% langsamer. Ähnliche Ergebnisse erzielte auch Teichmann (2012) in ihrer Replikation der Studie. Die Zufriedenheit unterschied sich hinsichtlich Kindle, iPad und Buch kaum, die im Gegensatz zum PC-Monitor sämtlich gut bewertet wurden. Nichtsdestotrotz bemängelten die Testpersonen, dass ihnen das iPad zu schwer sei und das Kindle einen zu geringen Kontrast aufweise. Interessanterweise sagten viele Tester, dass sie das normale Buch als entspannender empfanden als die elektronischen Geräte und dass der PC sie an Arbeit erinnerte.

Generell spielt die Funktionalität der E-Reader eine wichtige Rolle für die Bewertung der Gebrauchstauglichkeit. Positiv werden Features wie Lesezeichen, Suchfunktionen, Notizen, Wörterbücher oder eingebaute Lexika bewertet, die einen Mehrwert gegenüber gedruckten Büchern bieten (Wilson & Landoni, 2003). Negativ fällt auf, dass der Lesefortschritt nicht ebenso gut abgeschätzt werden kann wie beim gedruckten Buch (Nielsen, 2010).

Hinsichtlich der Darstellung der Texte fällt negativ ins Gewicht, dass bislang wenig Aufwand seitens der Verlage getrieben wird, Bücher für die Darstellung auf dem Screen zu optimieren: Meist werden bereits vorhandene Bücher einfach mit einer Software digitalisiert und als E-Book veröffentlicht (Carden, 2008, Teichmann, 2012). Es existieren auch keine einheitlichen Usability-Richtlinien, an die Verlage sich halten könnten (Landoni, 2010).

3 Tagebuchstudie

Tagebuchstudien dienen dazu, Alltagserfahrungen von Anwendern möglichst unverfälscht und über eine gewisse Zeitspanne hinweg zu erfassen (Ohly et al., 2010). Die Testpersonen dokumentieren hierzu in bestimmten Intervallen und nach einem vorgegebenen Format (freie Aufzeichnung, Beantworten vorgegebener Fragen, Ausfüllen von standardisierten Fragebögen etc.) ihre Erfahrungen mit einem Produkt. So können Nutzungshäufigkeit, Einsatzzwecke, Fehler, Probleme, Erfolge, Bewertungen und Gefühle usw. erfasst werden.

3.1 Methodik und Teilnehmer

In der vorliegenden Untersuchung wurden die Teilnehmer gebeten, innerhalb des Zeitraumes von etwa einer Woche ihr Leseverhalten zu dokumentieren. Die Probanden der ersten Gruppe (N_1=4) lasen dabei ausschließlich gedruckte Bücher, die der zweiten Gruppe (N_2=4) nutzten einen E-Book-Reader (Amazon Kindle) und die der dritten Gruppe (N_3=3) lasen digitale Bücher auf einem iPad mithilfe der Anwendung „iBooks". Insgesamt nahmen 11 Personen an der Tagebuchstudie teil. Die Probanden waren im Durchschnitt 25 Jahre alt, neun waren weiblich, zwei männlich. Zwei der sechs Teilnehmer aus Gruppe 2 bzw. 3 besaßen im Vorfeld schon Erfahrungen mit digitalen Lesegeräten (iBooks-Applikation bzw. Kindle-Applikation für Android-Mobiltelefone).

Die entsprechenden Lesegeräte wurden den Teilnehmern bei Bedarf zur Verfügung gestellt. Um die Motivation zur Teilnahme zu erhöhen, konnten sie sich zudem E-Books nach eigener Wahl aussuchen. Zur Dokumentation des Leseverhaltens wurde den Teilnehmern ein Fragenkatalog zur Verfügung gestellt, der offene Fragen zu Handhabung, Leseverhalten (Ort, Zeit, Häufigkeit...), Leseverständnis und -geschwindigkeit, Ermüdungserscheinungen und sonstigen Auffälligkeiten oder Problemen enthielt. Alle Teilnehmer schickten das ausgefüllte Nutzungstagebuch zurück.

3.2   Ergebnisse

Im Folgenden werden die Ergebnisse der Tagebuchstudie untergliedert in die Bereiche Handhabung, Leseverhalten sowie Bewertung und Besonderheiten dargestellt.

3.2.1   Handhabung

Wie die Teilnehmer aller Gruppen betonten, bestimmt die Haptik das positive Leseerlebnis maßgeblich mit. Insbesondere bei gedruckten Büchern wurden Größe und Gewicht übereinstimmend sehr positiv beurteilt (ein Teilnehmer benannte darüber hinaus den „typischen Buchgeruch" als angenehm). Auch die Teilnehmer der Gruppen 2 und 3 beurteilten Handhabung und Lesevergnügen insgesamt positiv. Interessanterweise wurden das kleine Format sowie geringe Gewicht des Kindle eher negativ beurteilt – dies erfordere zunächst eine Umgewöhung. Das iPad – als Tablet-PC kein reines Lesegerät – wurde hingegen für dauerhaftes Halten in der Hand als zu schwer erachtet. Dementsprechend wurden beim iPad häufiger Handwechsel vorgenommen bzw. das Gerät auf dem Tisch abgestellt, während bei gedruckten Büchern sowie dem Kindle nahezu keine Handwechsel berichtet wurden.

Bei den elektronischen Lesegeräten kommt es auch nach längerer Nutzungsdauer bisweilen zu falschen oder ungewollten Seitenwechseln. Beim Kindle wurde diesbezüglich moniert, dass die seitlich angebrachten Tasten nicht gut zu erfühlen seien bzw. der Druckpunkt nicht optimal gewählt sei. Der Seitenwechsel beim iPad, der über das Touch-Display mit einer Wischbewegung ausführbar ist, wurde zwar als prinzipiell leicht bedienbar eingestuft, funktionierte jedoch ebenfalls nicht reibungslos: Gelegentlich reagiere der Touchscreen nicht oder nur mit Verzögerung bzw. es werden umgekehrt durch das Halten des Geräts am Rand unbeabsichtigte Seitenwechsel ausgelöst.

Beim Kindle wurde zudem der „Ghosting"-Effekt bemängelt (Durchschimmern der vorherigen Seite aufgrund der E-Ink-Technologie). Beim iPad wurde mehrfach über das „Abstürzen" der Reading-App berichtet, was insbesondere dann ärgerlich war, wenn dadurch die Lesezeichen nicht mehr verfügbar waren.

Bei beiden Geräten wurde bemängelt, dass im Vergleich zu einem gedruckten Buch meist weniger Text auf einer Seite dargestellt werde, wodurch häufig Seitenwechsel nötig werden. Weiterhin wurde als nachteilig empfunden, dass ein Blättern durch das Buch nicht ohne weiteres möglich bzw. das Setzen von Lesezeichen umständlich und z.T. fehlerbehaftet sei.

3.2.2 Leseverhalten

Die Teilnehmer aller Gruppen beurteilten die Textdarstellung überwiegend als gut. Die Teilnehmer der Gruppe 3 (iPad) berichteten jedoch über Ermüdungserscheinungen der Augen nach längerem Lesen und betonten, dass sie das Lesen auf Papier insgesamt als angenehmer empfinden. In diesem Zusammenhang wurde auch das spiegelnde Display bemängelt. Die Teilnehmer der Gruppe 2 bemängelten Anstrengungen der Augen bei zu geringer Beleuchtung (es wurde ein Kindle-Gerät ohne Hintergrundbeleuchtung benutzt). Als vorteilhaft bei den elektronischen Lesegeräten wurden die Einstellungsmöglichkeiten hinsichtlich Textgröße und -darstellung empfunden.

Unterschiede im Leseverständnis wurden nicht in Bezug auf das Medium geäußert, sondern sind auf Umgebungsfaktoren zurückzuführen (Lärm, Ablenkung etc.). Die Gruppen 1 sowie 2 und 3 unterscheiden sich jedoch hinsichtlich der Lesehäufigkeit sowie des Umfangs. Die Teilnehmer mit den elektronischen Lesegeräten lasen fast doppelt so viel (vgl. Tabelle 1) und häufiger, was zum einen auf die erhöhte Mobilität (vgl. Abschnitt 3.2.3) zurückzuführen ist. Zum anderen lassen die Schilderungen der Teilnehmer von Gruppe 1 darauf schließen, dass ihnen beim Lesen gedruckter Bücher eine entspannte Situation sowie gemütliche Umgebung wichtiger sind als „schnelles Lesen zwischendurch".

	Buch	**Kindle**	**iPad**
Durchschnittliche Lesedauer (Std.)	3,5	6,2	6,5
Standardabweichung	0,9	2,9	1,5

Tabelle 1: Durchschnittliche Lesedauer über den gesamten Testzeitraum

3.2.3 Bewertung und Besonderheiten

Als vorteilhaft wird von den Probanden der Gruppen 2 und 3 die Mobilität benannt, da mit einem Lesegerät wie dem Kindle eine Vielzahl von Büchern unterwegs verfügbar sind und auch schnell beschafft werden können bzw. man ein Gerät wie das iPad aufgrund anderer Nutzungsweisen ohnehin dabei habe, während ein gedrucktes Buch extra mitgenommen werden müsse. Dadurch würden auch Pausen, Wartezeiten u.ä. eher zum Lesen genutzt. Die Multifunktionalität eines Tablet-Gerätes stellt jedoch zugleich einen Nachteil dar, denn durch die Verfügbarkeit von weiteren Anwendungen (Internet, E-Mail, Spiele...) besteht die Gefahr der Ablenkung vom eigentlichen Lesen. Weiterhin wurde als störend empfunden, sich nach einer Leseunterbrechung zunächst neu am Gerät anmelden zu müssen.

Mehrfach als nachteilig benannt wurde die begrenzte Akku-Laufzeit der elektronischen Lesegeräte, wenngleich insbesondere das Kindle-Gerät eine enorme Laufzeit aufweist und nur ein Proband tatsächlich aufgrund eines leeren Akkus sein Lesen unterbrechen musste. Dennoch stellt die Abhängigkeit vom Akku offenbar eine Art latente Bedrohung dar, die das Lesevergnügen beeinträchtigt.

Mit großer Mehrheit bezeichneten die Teilnehmer E-Books als zu teuer, da diese nicht weiterverkauft oder getauscht werden können. Weiterhin wurde die fehlende Möglichkeit des „physischen Besitzes" als nachteilig empfunden.

4   Lesegeschwindigkeitsstudie

Ergänzend zur Erhebung der Alltagserfahrungen mit E-Readern im Rahmen der Tagebuchstudie wurde die *Lesegeschwindigkeit* auf unterschiedlichen Lesemedien experimentell untersucht. Im Folgenden werden Methodik und Ergebnisse dargestellt.

4.1   Methode und Teilnehmer

Für den Lesegeschwindigkeitstest wurden ein gedrucktes Buch, ein Amazon Kindle, ein
Samsung Galaxy Tab 2 sowie ein Apple iPad 3 verglichen. Die wichtigsten Gerätedaten sind
in Tabelle 2 dargestellt. Die Software der Geräte – Kindle Reading-Applikation bzw. iBooks
– bietet jeweils ähnliche Funktionalitäten wie einstellbare Schriftarten und -größen, integriertes Wörterbuch, Lesezeichen und Notizfunktion. Testmaterial waren jeweils gleichlange
Textpassagen aus denselben oder ähnlichen Büchern (Märchen/Erzählungen).

	Kindle	**iPad 3**	**Galaxy Tab 2**
Auflösung (Pixel)	800 x 600	2048 x 1536	1280 x 800
Gewicht (Gramm)	170	652	583
Maße (cm)	16,6 x 11,4 x 0,87	24,1 x 18,6 x 0,94	25,7 x 17,5 x 0,97
Bildschirm (Diagonale)	15 cm	24,63 cm	25,65 cm
Display	E-Ink	LCD-Display	TFT-Farbdisplay
Speicherkapazität (GB)	2	16, 32, 64	16
Schnittstellen	WLAN, Micro-B USB	WLAN, UMTS, Bluetooth	WLAN, UMTS, Bluetooth, Micro-A USB
Unterstützte Dateiformate	.mobi, .azw, .tpz, .txt., .pdf	.epub, .txt, .pdf	.epub, .txt, .pdf
Software	Kindle Reading-App	iBooks	Kindle Reading-App

Tabelle 2: Daten der Testgeräte im Vergleich

Die Probanden lasen nacheinander die unterschiedlichen Textpassagen auf allen vier Geräten, wobei die benötigte Zeit für jeden Lesevorgang gemessen wurde. Hierdurch konnten
interindividuelle Unterschiede bei der Lesegeschwindigkeit berücksichtigt werden. Durch die
Verwendung gleich langer, jedoch unterschiedlicher Textpassagen konnte einem Ermüdungs-
effekt vorgebeugt werden. Vor dem Lesen hatten die Probanden kurz Gelegenheit, sich mit
dem jeweiligen Gerät vertraut zu machen. Im Anschluss an jeden Lesevorgang füllten die
Teilnehmer jeweils einen kurzen Fragebogen aus, der das Textverständnis anhand einiger
Fragen zum Text prüfte sowie Probleme und Besonderheiten hinsichtlich der Nutzung erfasste. Am Ende des vierten Durchgangs erstellten die Teilnehmer zudem ihre persönliche Rangordnung der vier Lesemedien und schätzten ihre eigenen Lesegeschwindigkeiten im Vergleich ein.

Insgesamt nahmen 12 Personen teil (6 weiblich, 6 männlich). Das durchschnittliche Alter der
Probanden lag bei 25 Jahren. Zwei Drittel der Teilnehmer hatten zuvor noch keinerlei Erfahrungen im Umgang mit E-Book-Readern.

4.2 Ergebnisse

In der persönlichen Rangordnung schnitt das gedruckte Buch am besten ab, dicht gefolgt vom Amazon Kindle. Die Tablet-Geräte schnitten deutlich schlechter ab (Abbildung 1).

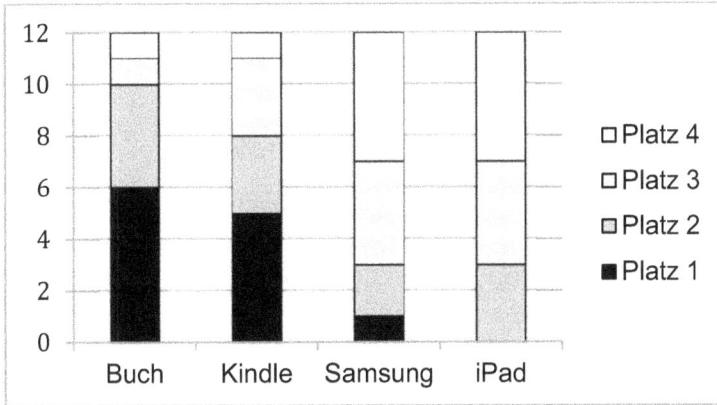

Abbildung 1: Persönliche Rangordnung der Teilnehmer

Hinsichtlich der subjektiven Lesegeschwindigkeit vermuteten die Teilnehmer mehrheitlich, mit dem Kindle am schnellsten zu lesen. Dieses Ergebnis wurde anhand der gemessenen Zeiten bestätigt (Abbildung 2). Unabhängig von ihrem persönlichen Lesetempo lasen sämtliche Testpersonen auf dem Kindle am schnellsten, gefolgt vom Samsung Galaxy sowie iPad und gedrucktem Buch. Zum Vergleich der Mittelwerte wurden T-Tests durchgeführt. Der Kindle unterschied sich dabei hochsignifikant von allen anderen Medien ($p<0.01$). Der Vergleich zwischen Samsung Galaxy und gedrucktem Buch erwies sich ebenfalls als signifikant ($p<0.03$). iPad und Buch bzw. iPad und Samsung Galaxy wiesen keine signifikanten Unterschiede auf.

Die Testpersonen unterschieden sich recht stark hinsichtlich ihres persönlichen Lesetempos. Mit ca. 34 Sekunden fiel die Standardabweichung beim Lesen auf dem Kindle am geringsten aus, beim gedruckten Buch war sie mit knapp einer Minute fast doppelt so groß. Bei den beiden Tablet-Geräten lag die Standardabweichung bei jeweils ca. 40 Sekunden (Abb. 2).

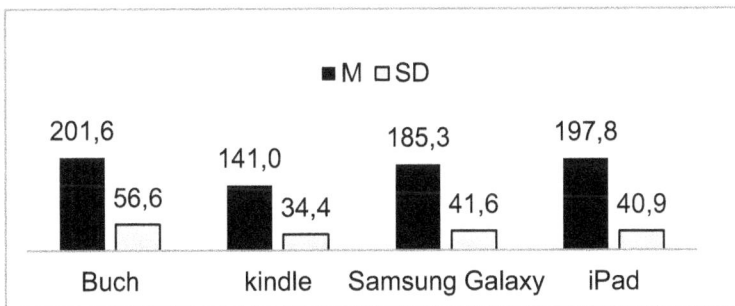

Abbildung 2: Lesedauer in Sekunden – Mittelwert (M) und Standardabweichung (SD) im Vergleich

Die Fragen zum Textverständnis offenbarten bei keinem der Medien Probleme, da es sich um kurze und einfache Texte handelte. Am angenehmsten beurteilten die Probanden das Leseerlebnis beim gedruckten Buch. Auch der Kindle wurde diesbezüglich positiv beurteilt, auch wenn die Bedienung der verschiedenen Tasten für Menüführung, Seitenwechsel usw. zunächst ungewohnt erschien und eine gewisse Eingewöhnungszeit erforderte. Die beiden Tablet-Geräte wurden überwiegend negativ beurteilt. Bemängelt wurden insbesondere das Gewicht, die Spiegelung des Displays sowie Effekte wie das Umschalten von Hoch- auf Querformat durch Kippen des Geräts.

5 Diskussion

In diesem Beitrag wurden Einflussfaktoren auf die Nutzung von E-Books untersucht. Um das Nutzungsverhalten näher zu ergründen, wurde eine Tagebuchstudie zur detaillierten Dokumentation der Lese- und Nutzungserfahrungen im Alltag sowie ein experimenteller Lesegeschwindigkeitstest durchgeführt. Die Ergebnisse beider Untersuchungen bestätigen einige bereits bekannte Befunde. So drückten die Teilnehmer beider Studien ihre grundsätzliche Bevorzugung gedruckter Bücher aus, auch wenn sie durchaus positive Erfahrungen mit den E-Books machten bzw. die Handhabung weitgehend problemlos gelang. Diese starke subjektive Präferenz wurde auch schon in vorangegangenen Erhebungen deutlich (Börsenverein, 2011, 2013; Richardson & Mahmood, 2012; Füssel et al., 2011) und lässt sich u.U. mit dem Wert des Buches als „Kulturgut" erklären. Auch wurde in den Nutzungstagebüchern deutlich, dass gedruckte Bücher viel stärker als E-Books mit Entspannung, Freizeit und Gemütlichkeit assoziiert werden. Nichtsdestotrotz lasen die E-Book-Nutzer der Tagebuchstudie deutlich mehr (fast doppelt soviel Lesezeit geht aus den Tagebuchaufzeichnungen hervor). Zwar fand kein direkter Vorher-Nachher-Vergleich statt, jedoch ist dieser Befund auch aus anderen Untersuchungen bekannt (Richardson & Mahmood, 2012). Diese Mehrnutzung lässt sich anhand des vermehrten Lesens zwischendurch oder unterwegs erklären, das von den Teilnehmern berichtet wird. Die einfache Verfügbarkeit von Lesestoff (auf einem Tablet-Gerät, das man ohnehin dabei hat bzw. auf einem sehr leichten und hochportablen E-Reader) ist damit auch einer der wichtigsten Vorzüge von E-Books.

Die Ergebnisse der Lesegeschwindigkeitsstudie zeigen jedoch auch Unterschiede zu bisherigen Untersuchungen. Im Gegensatz zur Studie von Nielsen (2010) war – trotz vergleichbarer eingesetzter Geräte – die Lesegeschwindigkeit auf dem Kindle mit Abstand am höchsten (dies entsprach auch der subjektiven Einschätzung der Probanden). Das gedruckte Buch sowie die beiden Tablet-Geräte schnitten jeweils signifikant schlechter ab und unterschieden sich kaum untereinander. Im Gegensatz zur Untersuchung von Nielsen setzten wir in der vorliegenden Studie unterschiedliche Texte ein, da eine Verfälschung des Lesetempos bei mehrfachem Lesen desselben Textes befürchtet wurde. Die verwendeten Texte waren jedoch hinsichtlich der Länge identisch und entstammten denselben Werken bzw. Genres. Die zu lesenden Texte waren wie bei Nielsen (2010) kurz – inwiefern sich diese Ergebnisse auch beim Lesen längerer Texte zeigen, ist noch zu untersuchen. Interessant ist auch, dass die Variabilität der Ergebnisse beim Kindle am geringsten ausfiel: Die z.T. sehr deutlichen Unterschiede beim individuellen Lesetempo wurden beim Lesen auf dem Kindle nivelliert. Möglicherweise erleichtert die kompakte Darstellung (wenig Text auf einer Seite) langsameren Lesern die Erfassung des Textes. Dies wäre interessant im Hinblick auf die Leseförderung. Auch hier bleibt jedoch abzuwarten, ob sich das Ergebnis in anderen Studien bestätigt.

Hinsichtlich der Usability monierten die Teilnehmer unserer Studien ausschließlich Handhabungsprobleme bei Hardware-Gestaltung bzw. Benutzerführung der verwendeten Geräte, Probleme bei der Textdarstellung (vgl. z.B. Landoni, 2010) wurden nicht berichtet. Möglicherweise führen die Leser Darstellungsprobleme ebenfalls auf die E-Reader selber zurück.

Wenngleich Multifunktionsgeräte, die sowohl E-Reader-Funktionalitäten als auch andere Nutzungsmöglichkeiten bieten, auf den ersten Blick Vorteile haben, wurden Tablets aufgrund des Gewichts, des Displays, aber auch der Ablenkung durch andere Anwendungen in beiden Untersuchungen als deutlich schlechter geeignet für das Lesen beurteilt. Es ist daher anzunehmen, dass ein Markt für spezielle E-Reader weiterhin bestehen wird.

Limitierend im Hinblick auf die Ergebnisse ist v.a. die jeweils relativ geringe Probandenzahl zu nennen, sodass abzuwarten bleibt, inwiefern sich die Ergebnisse in zukünftigen Untersuchungen bestätigen lassen. Einige interessante Aspekte konnten nicht detailliert berücksichtigt werden, wie etwa ein möglicher Einfluss der Darstellung (Schriftart, -größe) sowie diesbezüglicher Präferenzen der Leser, die u.U. von unterschiedlichen Medien unterschiedlich gut erfüllt werden. Weiterhin ist zu berücksichtigen, dass die Teilnehmer der Tagebuchstudie sehr unterschiedliche Bücher lasen. Den Lesestoff vorzugeben schien uns jedoch im Hinblick auf die Motivation nicht förderlich, zumal Tagebuchstudien ohnehin für die Probanden sehr aufwändig sind und diesen einiges an Disziplin abverlangen, da sie über einen gewissen Zeitraum die Datenerhebung eigenverantwortlich organisieren und durchführen müssen (Ohly et al., 2010). Der meist hohe Drop-Out bei Tagebuchstudien (Ohly et al., 2010) konnte in der vorliegenden Untersuchung vermieden werden. Die Methodik scheint uns daher empfehlenswert für weitere Untersuchungen zur Nutzung von E-Books.

Generell lässt sich sagen, dass ein „Siegeszug" des E-Books über das gedruckte Buch kaum zu erwarten ist. Vielmehr scheinen die jeweiligen bevorzugten Nutzungsszenarien – E-Books unterwegs und zwischendurch, gedruckte Bücher für gemütliche Stunden – sehr unterschiedlich zu sein. Einer weiteren Verbreitung von E-Books stehen dabei weniger die Kosten der E-Reader als der E-Books selber im Wege: Die Nutzer sehen E-Books nicht als Ersatz, sondern eher als Zusatz zum gedruckten Buch – und dies gilt in der vergleichsweise jungen Stichprobe unserer Untersuchungen ebenso wie in früheren Untersuchungen.

Literatur

Börsenverein des Deutschen Buchhandels (2011). Umbruch auf dem Buchmarkt? Das E-Book in Deutschland. *http://www.boersenverein.de/sixcms/media.php/976/E-Book-Studie_2011.pdf* (Zuletzt aufgerufen am 27.03.2013)

Börsenverein des Deutschen Buchhandels (2013). Von der Perspektive zur Relevanz – Das E-Book in Deutschland. *http://www.boersenverein.de/sixcms/media.php/976/E-Book-Studie_2013_PRESSEMAPPE.pdf* (Zuletzt aufgerufen am 21.06.2013)

Carden, M.T.J. (2008). E-Books are not books. In *Proceedings of the 2008 ACM workshop on Research advances in large digital book repositories (BooksOnline '08)*. ACM, New York, NY, USA, S. 9-12.

Füssel, S., Schlesewsky, M., Hosemann, J., Kretzschmar, F., Pleimling, D. (2011). *Unterschiedliche Lesegeräte, unterschiedliches Lesen?* Forschungsbericht, Johannes Gutenberg-Universität Mainz. *http://www.uni-mainz.de/presse/48646.php* (Zuletzt aufgerufen am 27.03.2013)

Landoni, M. (2010). Evaluating e-books. In *Proceedings of the third workshop on Research advances in large digital book repositories and complementary media (BooksOnline '10)*. ACM, New York, NY, USA.

Nielsen, J. (2010). iPad and Kindle Reading Speeds. *http://www.useit.com/alertbox/ipad-kindle-reading.html* (Zuletzt aufgerufen am 27.03.2013)

Ohly, S., Sonnentag, S., Niessen, C., Zapf, D. (2010). Diary studies in organizational research: An introduction and some practical recommendations. *Journal of Personnel Psychology, 9* (2), 79-93.

Richardson, J. V., Mahmood, K. (2012). eBook readers: user satisfaction and usability issues. *Library Hi Tech*, 30 (1), S. 170-185.

Teichmann, F. (2012). *E-Books und Papier-Bücher im Vergleich: Eine Studie zu Lesegewohnheiten und Usability-Aspekten.* Bachelorarbeit, Fachhochschule Lübeck, Fachbereich Elektrotechnik und Informatik.

Wilson, R., Landoni, M. (2003). Evaluating the usability of portable electronic books. In *Proceedings of the 2003 ACM symposium on Applied computing (SAC '03)*. ACM, New York, NY, USA.

S. Boll, S. Maaß & R. Malaka (Hrsg.): Mensch & Computer 2013
München: Oldenbourg Verlag, 2013, S. 109–118

Routine- und Ausnahmebetrieb im mobilen Kontext des Rettungsdienstes

Tilo Mentler, Michael Herczeg

Institut für Multimediale und Interaktive Systeme, Universität zu Lübeck

Zusammenfassung

Mobile computerbasierte Dokumentations- und Informationssysteme können die Arbeit von Notärzten und Rettungsfachpersonal unterstützen und vereinfachen. Jedoch stellt der Nutzungskontext Rettungsdienst aufgrund seines mobilen, sicherheitskritischen und komplexen Charakters besondere Anforderungen an die Gebrauchstauglichkeit der Anwendungssysteme. Eine spezielle Herausforderung ist die Realisierung einer durchgängigen und konsistenten Systemunterstützung der Rettungskräfte vom täglichen Routinebetrieb bei Krankentransporten und Notfalleinsätzen bis zum seltenen Ausnahmebetrieb bei Massenanfällen von Verletzten (MANV). In diesem Beitrag werden sowohl der Entwicklungsprozess als auch die Ergebnisse eines auf die aufgabenangemessene und benutzergerechte Gestaltung der Benutzungsschnittstelle fokussierten Projektes beschrieben.

1 Einleitung und Motivation

Der Rettungsdienst als *„öffentliche Aufgabe der Gesundheitsvorsorge und der Gefahrenabwehr, die sich in Notfallrettung und Krankentransport gliedert"* (DIN 13050:2006), stellt das Bindeglied zwischen der Ersten Hilfe durch Jedermann und der qualifizierten klinischen Versorgung dar (Abbildung 1). Die mit seiner praktischen Umsetzung beauftragen Organisationen und Personen werden nicht zuletzt aufgrund des demographischen Wandels zunehmend mit Anforderungen (z.B. Qualitätsmanagement) konfrontiert, die mit den etablierten Arbeitsmitteln kaum zu bewältigen sind.

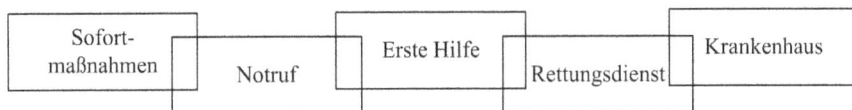

Abbildung 1: Rettungskette nach Ahnefeld (vereinfachte Darstellung in Anlehnung an Ziegenfuß 2007)

Während über die klassische Medizintechnik hinausgehende computerbasierte Lösungen im klinischen Kontext bereits seit Ende der 1960er-Jahre evaluiert werden (Cantrill 2010), steht die flächendeckende Technisierung des Rettungsdienstes hinsichtlich der Aspekte Dokumentation und Information erst noch bevor. Neben telemedizinischen Anwendungen (z.B. Schneiders et al. 2012), mit denen u.a. einem Notarztmangel begegnet werden soll, lösen mobile Anwendungssysteme zunehmend die papierbasierte Erfassung und Übertragung der Einsatzdaten ab. Dies gilt sowohl für die präklinische Versorgung einzelner Patienten als auch für den Massenanfall von Verletzten (MANV), da die Anforderungen, die *„an ein Dokumentationsinstrument im Notarztdienst gestellt werden, mittels handschriftlicher Protokollierung kaum zu erfüllen sind"* (Ellinger, Luiz & Obenauer 1997, S. 492).

In Projekten wie CANIS, NAPROT oder NOAH konnte bereits eine Verbesserung der Datenqualität bei regulären Krankentransporten und Notfalleinsätzen nachgewiesen werden (Ellinger, Luiz & Obenauer 1997; Leitner, Ahlström & Hitz 2007; Schächinger et al. 1999). Vergleichbare Aussagen können für den Einsatz mobiler Endgeräte (Abbildung 2) beim MANV getroffen werden, wo ein durchgehender und unmittelbarer Informationsfluss schon direkt am Schadensort eine noch größere Unterstützung für die Kommunikation, Koordination und Kooperation beteiligter Einsatzkräfte darstellen kann (Chaves et al. 2011; Ellebrecht & Latasch 2012; Lawatschek et al. 2012).

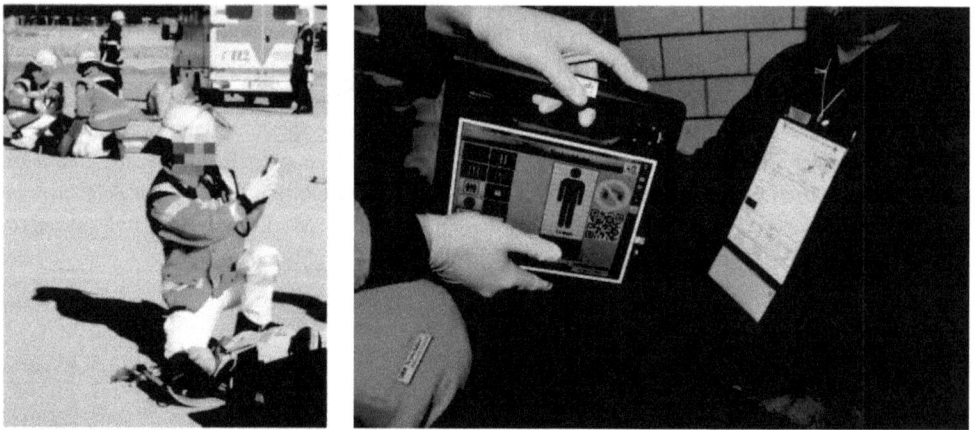

Abbildung 2: (links) Dokumentation der Sichtung am PDA (Ellebrecht & Latasch 2012) und (rechts) Tablet-PC mit Benutzungsoberfläche (Chaves et al. 2011, S. 665)

In diesen Projekten standen jedoch in der Regel die technische Machbarkeit und Zuverlässigkeit der mobilen Endgeräte und der ggf. ad-hoc realisierten Infrastruktur zur Datenübertragung oder primär das Szenario MANV im Fokus. Eine umfassende Analyse des Nutzungskontextes Rettungsdienstes unter Berücksichtigung des Routine- wie des Ausnahmebetriebes wurde nicht vorgenommen. Sie ist jedoch für eine gebrauchstaugliche Gestaltung und Evaluation entsprechender Anwendungssysteme und ihrer Benutzungsschnittstellen nach unseren Erkenntnissen notwendig (siehe Abschnitt 2.2).

2   Entwicklungsprozess und entwickeltes System

Im Rahmen der interdisziplinären Arbeit an diesem mehr als zweijährigen Projekt wurde eine Abwandlung des Prozesses zur Gestaltung gebrauchstauglicher interaktiver Systeme nach DIN EN ISO 9241-210:2011 (Abbildung 3) umgesetzt. Hierbei galt es, die Besonderheiten des mobilen Kontextes Rettungsdienstes bei den jeweiligen Gestaltungsaktivitäten entsprechend zu berücksichtigen und einzuplanen (siehe die Abschnitte 2.1-2.4).

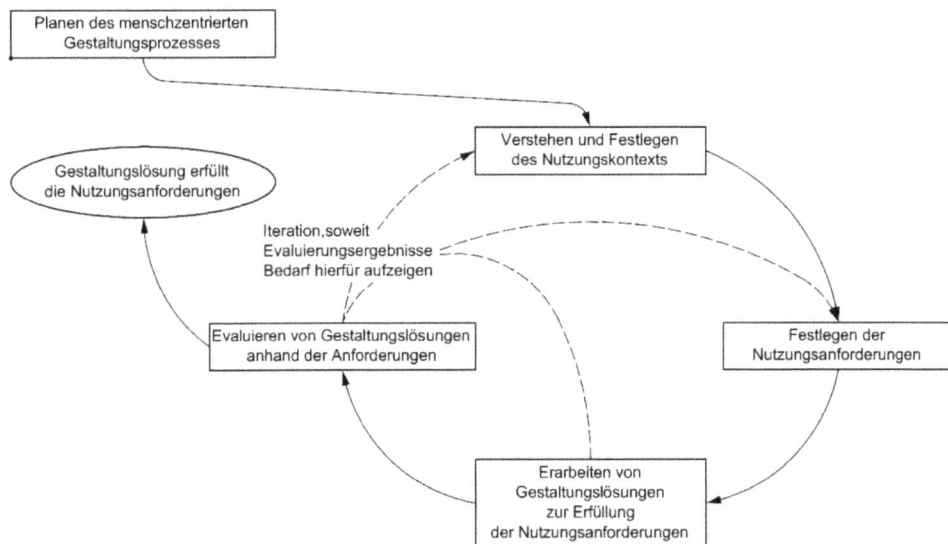

Abbildung 3: Prozess zur Gestaltung gebrauchstauglicher interaktiver Systeme nach ISO 9241-210:2011

Das Ziel des Projektes war es, die Zusammenarbeit von rettungsdienstlichen Einsatzkräften bei Massenanfällen von Verletzten (MANV) durch ein mobiles computerbasiertes Dokumentations- und Informationssystem zu vereinfachen und zu optimieren – ausgehend von der der Annahme, dass Computerunterstützung in diesem Kontext nur erfolgreich sein kann, wenn die entsprechende Lösung eine „natürliche" Erweiterung eines bei der täglichen Arbeit eingesetzten Systems darstellt. Andere Ansätze, spezialisierte MANV-Systeme zu entwickeln, werden von den Rettungskräften kritisch beurteilt (Mentler et al. 2012).

In den folgenden Abschnitten werden die Methoden und Ergebnisse der jeweiligen Entwicklungsschritte erläutert.

2.1 Verständnis und Beschreibung des Nutzungskontextes

Bei der prozessorientierten Entwicklung computerbasierter Lösungen für den Rettungsdienst stellt die Unvorhersehbarkeit des Einsatzaufkommens und -geschehens eine grundsätzliche Herausforderung dar, die insbesondere hinsichtlich größerer Schadenslagen nur sehr schwierig zu bewältigen ist. Daher waren die Begleitung des Rettungsdienstes im regulären Schichtdienst und die teilnehmende Beobachtung an zwei Großübungen in zwei Bundesländern (Nordrhein-Westfalen, Hamburg) auch nur Teilaspekte der Analyse.

Da aber die alltägliche rettungsdienstliche Praxis aufgrund der Dynamik und Variabilität der Einsätze keine 1:1-Umsetzung von Lehrbuchinhalten sein kann, wurde neben einer intensiven Literaturrecherche (u.a. Adams et al. 2009; Gorgaß et al. 2008; Luiz, Lackner & Peter 2010; Scholz 2008) besonderer Wert auf das Einbeziehen von Erfahrungswissen gelegt. Hierzu wurden einerseits wiederholt Einzelgespräche mit erfahrenen Einsatzkräften geführt und andererseits sowohl notfallmedizinische als auch sozialwissenschaftliche Fortbildungen,

Tagungen und Workshops besucht, beispielsweise auf den Fachmessen Interschutz 2011, RETTmobil 2011 und RETTmobil 2012. Auf diesem Wege wurde der Stand von Wissenschaft, Technik und Organisation in diesem Gebiet untersucht und abgeleitet.

Darüber hinaus wurden in insgesamt fünf eigenen Workshops mit mehr als 40 Vertretern aus acht verschiedenen Rettungsdiensten und vier zusätzlichen Präsentationen die Anforderungen an ein mobiles Dokumentations- und Informationssystem, insbesondere für den rettungsdienstlichen Ausnahmebetrieb beim MANV, ermittelt und iterativ verfeinert. Bei der Auswahl der Teilnehmer wurde darauf geachtet, dass sie

1. sowohl die Berufsfeuerwehren als auch die Hilfsorganisationen (ASB, DLRG, DRK, JUH, MHD) repräsentieren;
2. sowohl unerfahrene, gelegentliche sowie routinierte Benutzer mobiler computerbasierter Lösungen im Allgemeinen und im Rettungsdienst vertreten;
3. in verschiedenen Rettungsdienstbereichen und Bundesländern tätig sind;
4. unterschiedliche Qualifikationen im Rettungsdienst aufweisen;
5. unterschiedliche Funktionen im Rettungsdienst bekleiden.

Die Berücksichtigung dieser Aspekte ist für eine gebrauchstaugliche Systemlösung notwendig, da die in vieler Hinsicht heterogene Realität des Rettungswesens in deutlichem Gegensatz zu seiner komprimierten normierten Beschreibung (DIN 13050:2006) steht. Teils gravierende Unterschiede bestehen beispielsweise zwischen Rettungsdiensten in ländlichen Räumen und Großstädten hinsichtlich der Personal- und Materialausstattung sowie des durchschnittlichen Einsatzaufkommens. Ebenso müssen die Unterschiede zwischen primär von Berufsfeuerwehren oder hauptsächlich von Hilfsorganisationen getragenen Rettungsdienstsystemen beachtet werden, da die Zusammenarbeit verschiedener Behörden und Organisationen mit Sicherheitsaufgaben (BOS) in einem Rettungsdienstbereich und somit potenziell auch die Beschaffung bzw. Nutzung gleicher Anwendungssysteme den Normalfall darstellt. Insbesondere bei einem MANV ist diese interorganisationelle Kommunikation, Kooperation und Koordination zwingend erforderlich.

2.2 Spezifikation des Nutzungskontextes

Aus der Beobachtung der Praxis, der Berücksichtigung von Erfahrungswissen sowie der Literaturrecherche wurden folgende grundsätzliche Anforderungen an ein interaktives System im Rettungsdienst abgeleitet:

1. Rettungsdienstliche Einsätze sind jederzeit und überall möglich. Daher muss eine Vielfalt räumlicher, zeitlicher und organisationeller Kontexte berücksichtigt werden.
2. Getrennte Dokumentations- und Informationssysteme für den Routinebetrieb und den Ausnahmebetrieb werden insbesondere wegen der Seltenheit und Komplexität rettungsdienstlicher Großeinsätze skeptisch beurteilt.
3. Ein mehr oder weniger durchgängiger Informationsfluss an nachgeordnete Stellen (Krankenhäuser, Qualitätsmanagement, Abrechnung) darf nicht die Aufgabenerledigung der Einsatzkräfte vor Ort erschweren. Diese müssen die Anwendung effizient und sicher benutzen können.
4. Bei Massenanfällen von Verletzten müssen die Sichtungskategorien mehrerer Patienten auf einen Blick und ohne technische Hilfsmittel erkennbar sein. Eine zumin-

dest partiell papierbasierte Lösung muss auch als Rückfallebene für mögliche Ausfälle von Netzen und Endgeräten gewährleistet und integriert werden.

Hieraus ergaben sich die nachfolgend skizzierten Prinzipien für die weitere Entwicklung der Benutzungsschnittstelle.

2.2.1 Skalierbarkeit

Die Benutzungsschnittstellen für den Routinebetrieb und den Ausnahmebetrieb müssen konsistent sein, um die Einarbeitungsphase in einer kritischen Großschadenslage zu minimieren und die Akzeptanz des Systems zu gewährleisten. Dies setzt ein gemeinsames Datenmodell für Patienten- und Einsatzdaten im Routinebetrieb und im MANV voraus.

2.2.2 Standardisierung

Es sollten keine Insellösungen für einzelne Rettungsdienstträger entwickelt werden. Die notwendige Individualisierbarkeit bezüglich Stammdaten und Standardwerten sollte vielmehr durch Konfigurierbarkeit und auf entsprechendes Datenmanagement ausgelegte Systemarchitekturen gewährleistet werden.

2.2.3 Berücksichtigung der Kritikalität in den Interaktionsformen und Dialogen

Fehlerhafte oder unvollständige Daten als Entscheidungsgrundlage oder Einsatzkräfte, die durch Unsicherheiten über den Interaktionsverlauf zusätzlich belastet sind, können die weitere Versorgung von Patienten verzögern und gefährden. Aus diesem Grund sollten interaktive Systeme im rettungsdienstlichen Kontext als sicherheitskritisch eingestuft werden. Dies gilt nicht nur für den MANV, wo in einem Einsatz möglicherweise Hunderte Menschen betroffen sind, sondern auch für den Routinebetrieb, in dem es an einem Tag in hundert Einsätzen um jeweils eine Person geht.

2.3 Realisierung der Systemlösung

Im Sinne eines agilen Entwicklungsprozesses wurden die Anforderungen zunächst priorisiert, jeweils auf Grundlage einer Java-Enterprise-Plattform umgesetzt, durch Expertenreviews und Fokusgruppen formativ evaluiert und mehrfach iterativ verfeinert.

Insbesondere bei der Realisierung der Präsentationsschicht bzw. der Benutzungsoberfläche wurden Szenarios, Mock-Ups (Abbildung 4) und alternative Entwürfe (Abbildung 5) als kontextualisierte und anschauliche Arbeitsmaterialien zur Diskussion mit den verschiedenen Stakeholdern genutzt und von diesen gut angenommen.

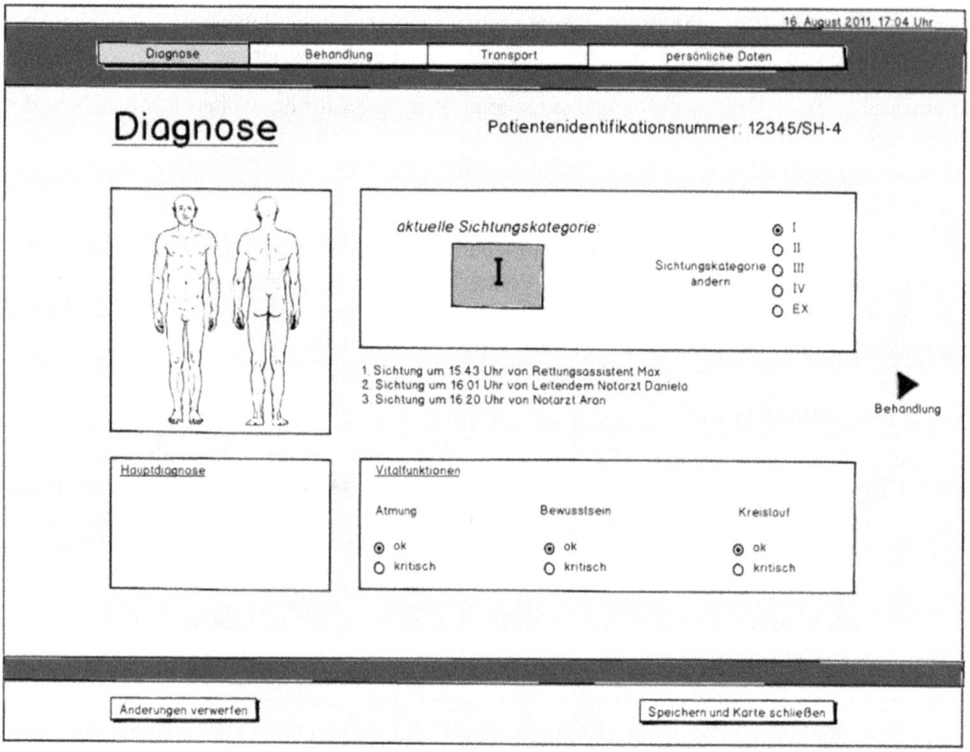

Abbildung 4: Entwurf der Maske "Diagnose" für den MANV-Fall

Die als wesentliche Voraussetzung für die Gebrauchstauglichkeit erachtete Option der „Individualisierbarkeit durch Konfigurierbarkeit" wurde technisch wie folgt realisiert:

1. Es wurde ein Datenmodell entwickelt, das über Flags konfigurierbar ist.
2. Durch den Einsatz eines leichtgewichtigen Containers zur Objektverwaltung werden Abhängigkeiten der jeweiligen Objekte erst zur Laufzeit durch Anwendung des „Inversion of Control"-Prinzips Dependency Injection (Rosa & Lucena 2011) aufgelöst und die Bereitstellung unterschiedlicher Konfigurationen vereinfacht.

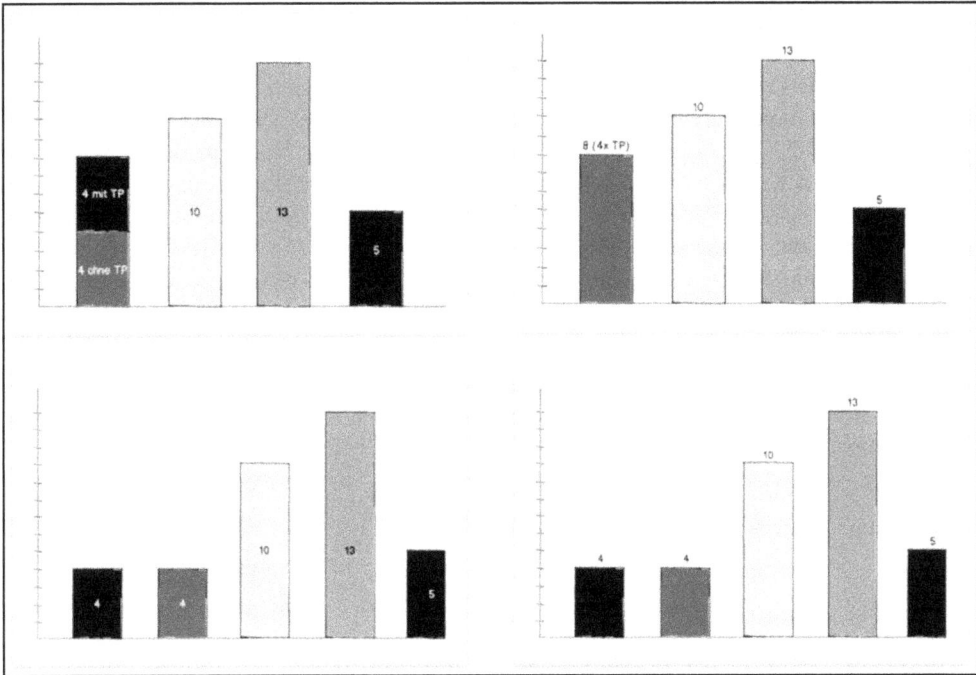

Abbildung 5: Parallele Entwürfe zur Übersichtsdokumentation im MANV-Fall

Die Präsentationsschicht ist dabei durch das Architekturmuster „Passive View" geprägt, eine „Model-View-Controller-Variante", die sich dadurch auszeichnet, dass keine Abhängigkeiten zwischen Model und View bestehen (Abbildung 6).

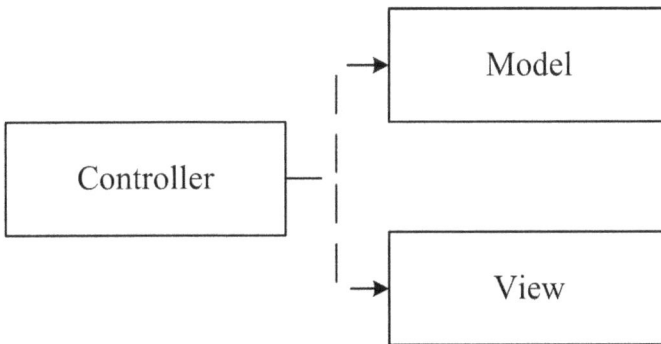

Abbildung 6: Passive View nach Fowler (2006)

Durch die Nutzung dieses Entwurfsmusters wird der Einsatz von GUI-Buildern erleichtert, da die Geschäftslogik vollständig im jeweiligen Controller bzw. in Service-Klassen gekapselt ist und Veränderungen der Benutzungsschnittstelle schneller vorgenommen werden können.

2.4   Evaluation der Systemlösung

Zusätzlich zu den bereits in den vorherigen Abschnitten erläuterten formativen Evaluations-schritten durch Expertenreviews, Fokusgruppen und Workshops wurde der entwickelte Prototyp im Herbst 2012 während des bundesdeutschen Forums für Notfallmedizin und Rettung auf einem eigenen Messestand einem breiten Fachpublikum präsentiert und mit diesem an zwei Tagen intensiv diskutiert. Hierbei wurden von einzelnen Besuchern insbesondere noch einmal lokale und regionale Besonderheiten hervorgehoben. Entsprechende experimentell vorgenommenen Abgleiche ergaben, dass alle angesprochenen Aspekte durch die existieren-den Konfigurationsmöglichkeiten abgedeckt werden können.

Im Februar 2013 wurde der Prototyp im Rahmen einer MANV-Übung einer Berufsfeuerwehr mit 40 virtuellen, d.h. durch Eigenschaftskarten repräsentierte Patienten erprobt. Dabei wur-den die Einsatzabschnitte Patientenablage, Behandlungsplatz und Bereitstellungsraum sowie Einsatzleitwagen und Leitstelle besetzt und mit Tablet-PCs ausgerüstet (Abbildung 7).

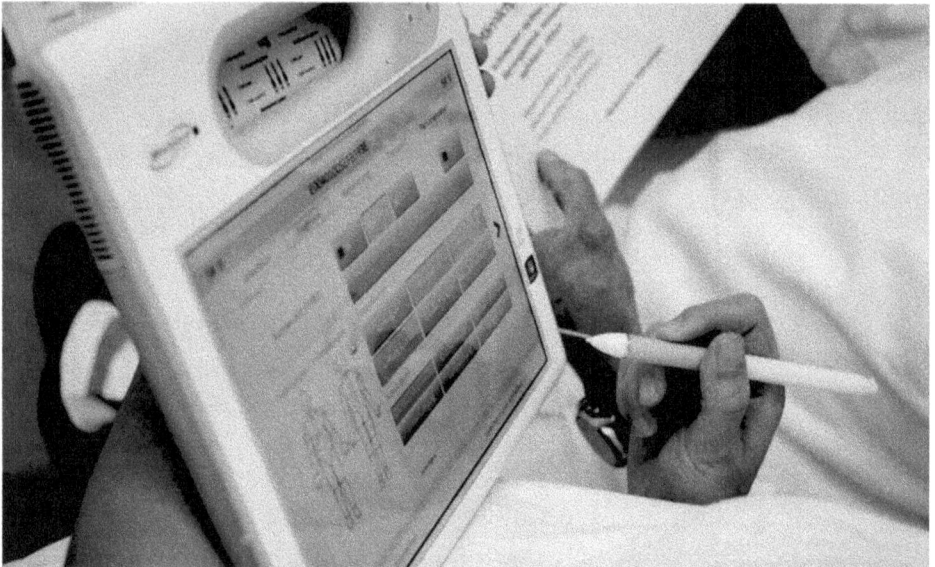

Abbildung 7: Systemnutzung während der summativen Evaluation

Durch eine anschließende Evaluation mit Hilfe des ISONORM 9241-110/S-Fragebogens (Pataki et al. 2006) wurde die Gebrauchstauglichkeit überprüft. Die Auswertung der 21 aus-gefüllten Fragebögen ergab 93,3 von 147 Punkten mit der Interpretation nach ISONORM: *„Alles in Ordnung! Aktuell gibt es keinen Grund, eine Veränderung an der Software in Bezug auf die Nutzerfreundlichkeit vorzunehmen."* Dies ist ein gutes Ergebnis, insbesondere da während der Übung Konnektivitätsprobleme auftraten, die die interaktive Nutzung erschwer-ten. Zusätzlich konnten einige Beobachtungen gemacht werden, die sich in weitere Verbesse-rungen der Gebrauchstauglichkeit umsetzen lassen. Hierzu zählen u.a. ein unmittelbares Übernehmen der Eingaben ohne explizite Abbrechen- bzw. Speicher-Optionen sowie die Darstellung einer „persönlichen Historie" erledigter Aufgaben (z.B. durch die Auflistung der mit dem mobilen Endgerät erfassten Personen und ihrer Sichtungskategorien).

3 Zusammenfassung und Ausblick

Mensch-Computer-Systeme im mobilen Kontext von Rettungsdiensten sollten unter Berücksichtigung sowohl des Routinebetriebs bei Krankentransporten und Notfalleinsätzen als auch des Ausnahmebetriebs bei Massenanfällen von Verletzten konzipiert und durchgängig realisiert werden. Ausschließlich für den MANV gedachte Speziallösungen sind sowohl aus theoretischen Überlegungen zu Lern- und Eingewöhnungsphasen, hinsichtlich der Arbeitseffizienz als auch nach Meinung der Praktiker kritisch zu beurteilen. Das vorgestellte System wurde mit einem hohen Grad an Benutzerpartizipation entwickelt und erwies sich in bisherigen Evaluationen mit der Zielgruppe als grundsätzlich gebrauchstauglich. Neben der Beseitigung der in der summativen Evaluation erkannten Mängel wird es derzeit um eine auf dem mobilen Endgerät nutzbare digitale Lagekarte zur aufgabenangemessenen Visualisierung ortsbezogener Informationen erweitert. Hierbei wird der praktische Mehrwert fortgeschrittener Funktionalität evaluiert, z.B. des Zugriffs auf entfernte Kameras zur besseren Lagebeurteilung. Weiterhin werden die Übertragbarkeit von Konzepten (z.B. Alarmlisten) aus anderen sicherheitskritischen Domänen (Energieversorgung, Flugsicherung, Transport-Logistik) geprüft und eine webbasierte Anwendung zur Auswertung rettungsdienstlicher Großeinsätze (Sichtungsverlauf, Ressourceneinsatz) konzipiert. Die Integration des Anwendungssystems in eine stabile und zuverlässige technische Infrastruktur ohne Verkomplizierung seiner Benutzung verbleibt insbesondere im Hinblick auf die Datenübertragung bei überlastetem oder abgeschaltetem Mobilfunknetz als anspruchsvolle Aufgabe, bei der die gesammelten Ergebnisse hilfreich sein werden.

Danksagung

Das Projekt „Mobile elektronische Datenerfassung bei einem Massenanfall von Verletzten (MANV)" wurde im Rahmen des Förderprogramms Hochschule-Wirtschaft-Transfer von der Innovationsstiftung Schleswig-Holstein, der Behra Unternehmensberatung GmbH und der Universität zu Lübeck unterstützt.

Literaturverzeichnis

Adams, H. A., Flemming, A., Ahrens, J. & Schneider, H. (Hrsg.). (2009). *Kursbuch Notfallmedizin. Fibel für angehende Notärzte.* Berlin: Lehmanns Media.

Cantrill. S. V. (2010). Computers in patient care: the promise and the challenge. *Communications of the ACM, 53(9)* (September 2010), S. 42-47.

Chaves, J. M., Donner, A., Tang, C., Adler, C., Krüsmann, M., Via Estrem, A. & Greiner-Mai, T. (2011). An interdisciplinary approach to designing a mass casualty incident management system. *14th International Symposium on Wireless Personal Multimedia Communications (WPMC),* S. 662-666.

DIN 13050 (2009). *Rettungswesen – Begriffe.* Berlin: Beuth.

DIN EN ISO 9241-210 (2011). *Ergonomie der Mensch-System-Interaktion – Teil 210: Prozess zur Gestaltung gebrauchstauglicher interaktiver Systeme.* Berlin: Beuth.

Ellebrecht, N. & Latasch, L. (2012). Vorsichtung durch Rettungsassistenten auf der Großübung SOGRO MANV 500. *Notfall Rettungsmed, 15*(1), S. 58-64.

Ellinger, K., Luiz, T. & Obenauer, P. (1997). Optimierte Einsatzdokumentation im Notarztdienst mit Hilfe von Pen-Computern - erste Ergebnisse. *Anästhesiol Intensivmed Notfallmed Schmerzther*, *32*(8), S. 488-495.

Fowler, M. (2006). Passive View. Verfügbar unter http://martinfowler.com/eaaDev/PassiveScreen.html [28.02.2013].

Gorgaß, B., Ahnefeld, F. W., Rossi, R., Lippert, H.-D., Krell, W. & Weber, G. (2005). *Rettungsassistent und Rettungssanitäter*. Heidelberg: Springer.

Lawatschek, R., Düsterwald, S., Wirth, C. & Schröder, T. (2012). ALARM: A Modular IT Solution to Support and Evaluate Mass Casualty Incident (MCI) Management. In *Proceedings of the 9th International Conference on Information Systems for Crisis Response and Management (ISCRAM)*. Vancouver, BC.

Leitner, G., Ahlström, D. & Hitz, M. (2007). Usability of Mobile Computing in Emergency Response Systems – Lessons Learned and Future Directions. In A. Holzinger (Hrsg.), *HCI and Usability for Medicine and Health Care* (Lecture Notes in Computer Science, Bd. 4799, S. 241-254). Berlin: Springer. Verfügbar unter http://dx.doi.org/10.1007/978-3-540-76805-0_20.

Luiz, T., Lackner, C. K. & Peter, H. (Hrsg.). (2010). *Medizinische Gefahrenabwehr. Katastrophenmedizin und Krisenmanagement im Bevölkerungsschutz*. München: Urban & Fischer.

Mentler T., Herczeg M., Jent S., Stoislow M., Kindsmüller M.C. (2012). Routine Mobile Applications for Emergency Medical Services in Mass Casualty Incidents. In *Biomed Tech - Proceedings BMT 2012. Vol. 57 (Suppl. 1)*. Walter de Gruyter, S. 784-787.

Pataki, K., Sachse, K, Prümper, J. & Thüring, M. (2006). ISONORM 9241/10-S: Kurzfragebogen zur Software-Evaluation. In F. Lösel (Hrsg.), Berichte über den 45. Kongress der Deutschen Gesellschaft für Psychologie (S. 258-259). Lengerich: Pabst Science Publishers.

Rosa, R. E. V. & Lucena, V. F. (2011). Smart composition of reusable software components in mobile application product lines. In J. Rubin, G. B. Lero, A. P. Lero & D. M. Weiss (Hrsg.), *PLEASE '11 Proceedings of the 2nd International Workshop on Product Line Approaches in Software Engineering*. New York, NY: ACM, S. 45-49

Schächinger, U., Stieglitz, S. P., Kretschmer, R. & Nerlich, M. (1999). Telemedizin und Telematik in der Notfallmedizin. *Notfall + Rettungsmedizin*, *2*(8), S .468-477.

Schneiders, M.-T., Herbst, S., Schilberg, D., Isenhardt, I., Jeschke, S., Fischermann, H., Bergrath, S., Rossaint, R. & Skorning, M. (2012). Telenotarzt auf dem Prüfstand. *Notfall Rettungsmed*, *15*(5), S. 410-415.

Scholz, J. (Hrsg.). (2008). *Notfallmedizin. 138 Tabellen*. Stuttgart: Thieme.

Ziegenfuß, T. (2007). *Notfallmedizin*. Heidelberg: Springer.

Kontaktinformationen

Tilo Mentler: mentler@imis.uni-luebeck.de

S. Boll, S. Maaß & R. Malaka (Hrsg.): Mensch & Computer 2013
München: Oldenbourg Verlag, 2013, S. 119–128

Augmentierte Produktion. Assistenzsysteme mit Projektion und Gamification für leistungsgeminderte und leistungsgewandelte Menschen

Oliver Korn[1,3], Stephan Abele[2], Albrecht Schmidt[1], Thomas Hörz[3]

Universität Stuttgart, Institut für Visualisierung und Interaktive Systeme (VIS)[1]
Universität Stuttgart, Institut für Erziehungswissenschaft (Abteilung BWT)[2]
Hochschule Esslingen – University of Applied Sciences[3]

Zusammenfassung

Assistenzsysteme in der Produktion beschränken sich bislang darauf, den Mitarbeitern Instruktionen zur Montage von Produkten bereitzustellen. Eine Anpassung an ihre körperlichen und geistigen Fähigkeiten findet dabei nicht statt. Auch neue Konzepte der Mensch-Maschine-Interaktion (MMI) finden nur langsam Anwendung. Mit dem Prototypen eines augmentierten Assistenzsystems wurde experimentell untersucht, wie zwei neuere Ansätze der MMI sich auf Personen mit Leistungsminderungen auswirken: Die Projektion von Informationen direkt in den Arbeitsbereich (in-situ) und die Anreicherung von Arbeitsprozessen mit spielerischen Elementen (Gamification).

1 Einleitung und Motivation

Der wachsende Bedarf an individualisierten Produkten und deren häufiger Wechsel führen zu einer ansteigenden Variantenvielfalt, die unter anderem eine Senkung der Stückzahl pro Variante bzw. Produkt zur Folge hat (Kluge 2011; Zäh et al. 2007). Diese Reduktion der Losgrößen in der Produktion bedingt eine Renaissance manueller Tätigkeiten insbesondere in der Montage. Um dennoch wirtschaftlich zu bleiben, werden diese arbeitsintensiven Tätigkeiten gerne an „Beschützende Werkstätten" vergeben: Einrichtungen in denen Menschen mit Behinderung arbeiten. Damit diese leistungsgeminderten Arbeiter auch komplexere Produkte oder Produktvarianten fertigen können, benötigen sie adäquate Unterstützung. Diese muss durch neuartige Assistenzsysteme erfolgen, da eine individuelle menschliche Assistenz nicht wirtschaftlich ist.

Ein weiterer Einsatzbereich für solche Assistenzsysteme sind leistungsgewandelte Mitarbeiter. Diese haben im normalen Alterungsprozess körperliche und geistige Einbußen erlitten und produzieren daher langsamer und/oder in reduzierter Qualität. Die Zahl dieser Mitarbeiter wird in Mitteleuropa durch den demographischen Wandel weiter ansteigen (Brach & Korn 2012).

Der verstärkte Einsatz leistungsgeminderter und -gewandelter Mitarbeiter erfordert Assistenzsysteme für eine augmentierte Produktion. Diese wurden im Projekt ASLM (Assistenzsysteme für leistungseingeschränkte Mitarbeiter in der manuellen Montage) entwickelt und evaluiert. Um die Anforderungen zu klären, wurden in Vorstudien 134 Unternehmen zu ihren aktuellen und zukünftigen Anforderungen an Assistenzsysteme für die industrielle Produktion befragt. Gut 17% gaben an, dass bereits mehr als 6% ihrer Mitarbeiter leistungsgemindert oder leistungsgewandelt sind. Alle waren davon überzeugt, dass diese Zahl weiter ansteigen wird. Obwohl die Mehrheit den Begriff „Assistenzsystem" noch immer mit der Kontrolle von Arbeitsergebnissen konnotiert, würden doch beinahe 87% Assistenzsysteme begrüßen, die den körperlichen und geistigen Zustand von Mitarbeitern verbessern. Immerhin 63% finden auch Systeme attraktiv, die motivierende Elemente in den Arbeitsprozess integrieren. Aus den Vorstudien (Korn et al. 2012a) sowie einem frühen Prototypen (Korn 2012) wurden folgende Anforderungen abgeleitet:

• Steigerung der Prozessorientierung

• Vereinfachung der Bedienoberflächen bzw. Unterstützung natürlicher Interaktion

• Integration von Mechanismen zur Steigerung der Arbeitszufriedenheit und Motivation

2 Stand der Wissenschaft und Technik

2.1 Assistenzsysteme in der Industrie

Die Entwicklungen in der Mensch-Maschine-Interaktion (MMI) hinken den Entwicklungen in der Mensch-Computer-Interaktion (MCI) meist hinterher. Dies ist systembedingt, da die Implementierung von Neuerungen in dem geschützten, stabilitäts- und sicherheitsoptimierten Bereich von Produktionsumgebungen zusätzlichen Normen unterliegt. Auch ist die Industrie ähnlich den Banken weniger experimentierfreudig mit neuen Technologien: Laut einer Studie des Fraunhofer IAO aus dem Jahr 2011 haben von der Vielzahl neuer Interaktionstechniken bislang nur Touchscreens ihren Weg in die Fabriken gefunden (Bierkandt et al. 2011).

Bei der visuellen Gestaltung sind die aktuellen Systeme zweckbetont. Sie versuchen, die Vielzahl an Informationen übersichtlich und systematisch darzustellen. Während solche Interfaces für Facharbeiter oder Ingenieure möglicherweise das Optimum an Informationsdichte darstellen, sind sie für leistungsgewandelte Mitarbeiter mit leichten kognitiven Einschränkungen oder leistungsgeminderte Personen zu komplex und kleinteilig. Im Hinblick auf die oben genannten Anforderungen ist zwar die erste (Prozessorientierung) berücksichtigt, vereinfachte Bedienung bzw. natürliche Interaktion oder gar die Integration motivierender Elemente standen bislang jedoch nicht im Fokus.

2.2   Visuelle Augmentierung

Warum werden Informationen zur Montage sowie Bedienoberflächen nicht direkt in den Arbeitsbereich projiziert? Diese Frage wurde bereits 2001 bei der Entwicklung des Everywhere Displays Projektors (Pinhanez 2001) gestellt. Dieser projizierte das Licht auf Oberflächen in Besprechungsräumen. Zugleich ermöglichte videobasierte Handerkennung einfache Interaktionen mit der Projektion. Das System war seiner Zeit weit voraus und der hohe Aufwand für Montage, Kalibration und Betrieb verhinderte eine weitere Verbreitung.

2004 wurde ein verbessertes System vorgestellt, das die direkte Manipulation projizierter Elemente per Hand mit einer Latenz von unter 100 ms ermöglichte (Letessier & Bérard, 2004). Noch immer war die Robustheit ein Problem. Dies verbesserte sich über die Jahre, so dass 2009 ein Laptop-basiertes Projektionssystem für die Augmentierung der Arbeit von „Büronomaden" vorgestellt werden konnte (Kane et al. 2009). Hierbei wurden zwei Laser-Mikroprojektoren direkt am Laptop angebracht um den Arbeitsbereich beidseitig zu vergrößern. Wieder war die Erkennung von Händen und Gesten integriert.

Fokus dieser Entwicklungen waren stets die drei Bereiche Büro, Unterhaltung oder mobiler Computereinsatz (wearable computing). Der Einsatz von Bewegungserkennung für Produktionsumgebungen wurde zwar bereits 2010 vorgeschlagen – der Fokus lag jedoch auf der Überwachung großer Bereiche (Sardis et al. 2010). Die Augmentierung von Produktionsarbeitsplätzen durch Projektion wurde bislang kaum systematisch erforscht.

2.3   Augmentierung durch Gamification

Die Idee, Spiele nicht allein zur Unterhaltung sondern zur Erreichung lebenspraktischer Ziele einzusetzen, kam zuerst in der Pädagogik auf. Bereits Plato weist auf die Verwandtschaft der Wörter Bildung (*paideia*), Kind (*pais*) und Lehren (*paideuo*) hin und argumentiert, dass die beste Lehre im Geiste des kindlichen Spiels stattfinde (Hunnicutt 1990). Mittlerweile werden spielerische Bildungsansätze unter den Begriffen „Serious Games" oder „Applied Games" vielfach angewandt. In diesem Kontext wird Gamification verstanden als der Einsatz von für Spiele charakteristischen Designelementen in nicht-spielerischen Kontexten (Deterding et al. 2011). Im Unterschied zu Serious oder Applied Games steht nicht das Spiel im Vordergrund – vielmehr werden „ernsthafte" Tätigkeiten mit spielerischen Komponenten angereichert.

Während spielerische Ansätze für Jüngere verbreitet sind, ist die Verwendung für Ältere (häufig leistungsgewandelte Personen) sowie für Menschen mit Behinderungen seltener. Das Spiel *SilverPromenade* (Gerling et al. 2011) kombiniert Nintendos Wii-Remote und Balance Board um virtuelle Spaziergänge zu ermöglichen. Es wurde thematisch und in der Interaktionsgestaltung an die Bedürfnisse älter Menschen angepasst und entsprechend gerne genutzt. Eine andere Lösung für Ältere, welche stärker dem Konzept der Gamification entspricht, wurde im Projekt *motivotion60+* umgesetzt (Brach et al. 2012): Senioren werden durch Minispiele motiviert, sportliche Übungen zur Sturzprävention durchzuführen. Diese Kombination aus „Exercise" und „Game" wird auch Exergame genannt. Die Bewegungen werden durch den Kinect-Sensor erkannt und in Echtzeit mit den korrekten Abläufen verglichen. Bei Über- oder Unterforderung skaliert die Schwierigkeit (Korn et al. 2012b).

Es mag an der großen Varianz von Behinderungen liegen, dass spielerische Anwendungen explizit für leistungsgeminderte Menschen seltener zu finden sind. Häufig werden Lösungen für Kinder verwendet: So ist die Spielesammlung *Cognitionplay* eine Variante von *Childs-play*, die für die Behandlung mentaler Störungen angepasst wurde (Cognitionplay - Schools-play 2013). *VI-Bowling* ist ein Tastspiel für sehbehinderte Menschen (Morelli et al. 2010), das die Wurffähigkeit der Probanden signifikant steigerte.

3   Konzept und Design

Um Projektion und Gamification in Produktionsumgebungen einzusetzen war es erforderlich, Bewegungserkennung zu implementieren, da diese für die natürliche Interaktion (NI) mit projizierten Interfaces notwendig ist. Hierzu wurde der Kinect-Sensor eingesetzt. Die Erfassung eines Arbeiters am Montagetisch erfordert die Anbringung des Sensors in erhöhter Position, da der Bereich direkt vor dem Arbeiter durch Entnahmebehälter verdeckt ist und die Kinect einen Mindestabstand von 1,0 Metern erfordert. Um die Implementierung zu vereinfachen, wurde der Montagetisch in der Komplexität reduziert und eigens für die Experimente von dem Anlagen- und Maschinenbauer Schnaithmann gebaut (Abbildung 1).

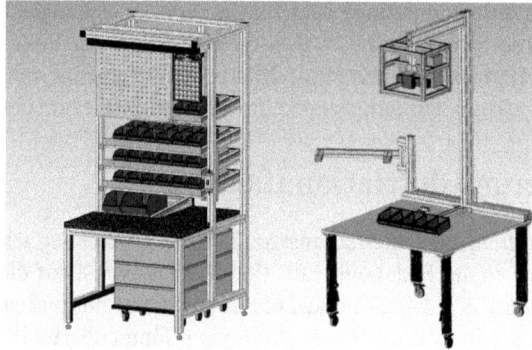

Abbildung 1: Normaler Montagetisch (links) und eigens konstruierter Experimentaltisch (rechts)

Die drei Experimentreihen unterscheiden sich in der Art der Augmentierung des Arbeitsplatzes bzw. in der der Präsentation von Instruktionen: Beim Stand der Technik werden sie auf einem Monitor dargestellt und bei dem Experiment zur Projektion direkt in den Arbeitsbereich („in situ") projiziert. Zudem wird in das Zentrum des Arbeitsbereichs ein Bild des Montageteils projiziert, wie es bei korrekter Montage im aktuellen Prozess aussehen würde. Dies ermöglicht einen direkten visuellen Vergleich durch den Anwender (Abbildung 2, rechts).

Während beim Einsatz von Projektion kognitive Erleichterungen wie die Entlastung des Kurzzeitgedächtnisses und die Vermeidung von Abstraktion im Vordergrund stehen, geht es bei Gamification um die Erzeugung positiver Gefühle bzw. eines leistungsförderlichen „Flows" (Csíkszentmihályi & Nakamura 2002).

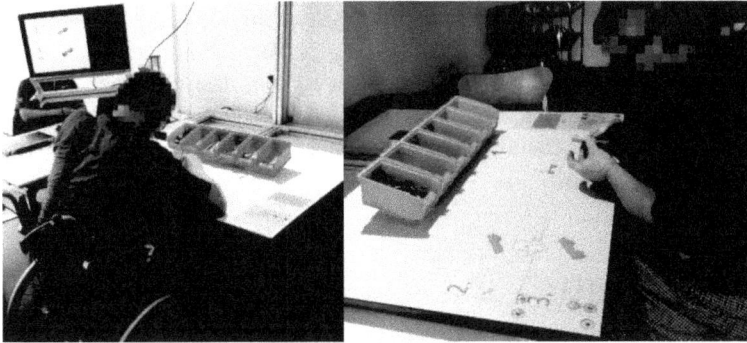

Abbildung 2: Darstellung der Anleitung auf einem Monitor (Stand der Technik, links) und über Projektion (rechts).

Um die Auswirkungen der Augmentierungen isoliert zu messen, wurden die Instruktionen im Setting Gamification nicht projiziert sondern auf dem Monitor angezeigt. Die Gamification erfolgte über eine Audio-/Video-Komponente, die über die Bewegungserkennung implizit gesteuert wird. In diesem „Produktion-Tetris" (Korn 2012) wird jeder Arbeitsprozess als Stein repräsentiert, der sich nach unten bewegt (Abbildung 3). Dabei ändert er langsam seine Farbe von grün über gelb zu rot. Die Dauer des Farbwechsels wird von der Leistung des Nutzers abgeleitet: Je schneller in den entsprechenden Prozessen der letzten Durchläufe gearbeitet wurde, desto schneller der Farbwechsel. Zugleich bewegt sich ein „Schatten-Stein" in der bisherigen durchschnittlichen Montagegeschwindigkeit dieses Anwenders nach unten. So kann er zu jedem Zeitpunkt prüfen, ob er überdurchschnittlich schnell oder langsam arbeitet.

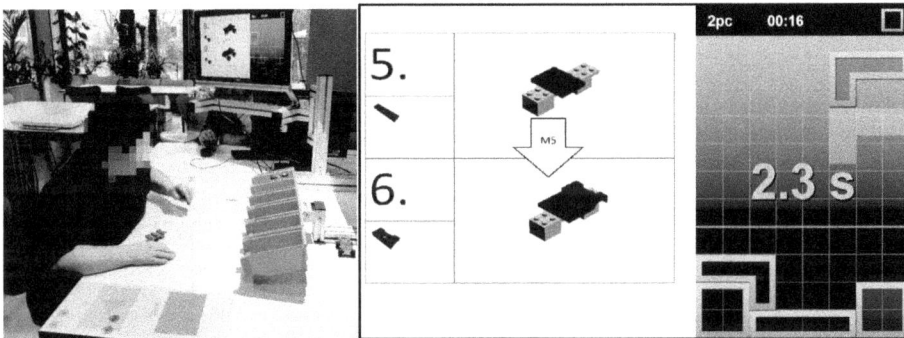

Abbildung 3: Gamification-Komponente auf dem Monitor. Rechts ein Screenshot des "Produktions-Tetris".

Nach jedem Prozess gibt es visuelles und akustisches Feedback:

- Gesicht mit Emotion und Farbe entsprechend der Geschwindigkeit im aktuellen Prozess

- Anzeige des Deltas zum entsprechenden Prozess des letzten Durchlaufs

- Gesprochener Kommentar (z. B. „exzellent" oder „Schneckentempo")

Nach der Montage aller Teile eines Produkts gibt es erweitertes abschließendes Feedback. Akustisch wird eine längere Einaschätzung abgespielt (z. B. „Toll, das war bislang die schnellste Montage"). Auf der graphischen Ebene lösen sich die aufgebauten Steinreihen in einer Animation auf, deren Dynamik der mittleren Arbeitsgeschwindigkeit entspricht. Die

Ermittlung der Durchschnittszeit wurde auf wenige Durchläufe begrenzt – eine Konsequenz der hohen Leistungsschwankungen von Menschen mit Behinderungen auch in kurzen Zeit-räumen. Schon ein Tagesdurchschnitt würde dazu führen, dass Personen die krankheitsbe-dingt morgens besser arbeiten, nachmittags nur noch negatives Feedback erhalten. Dies war zu vermeiden, da durch die Gamification-Komponente insgesamt ein motivierender „Flow" bei der Arbeit entstehen soll.

4 Experiment

4.1 Aufbau

In den Experimenten wurde untersucht, wie sich die Augmentierungen Projektion (in-situ) und Gamification auf die Arbeit von Menschen mit Behinderungen auswirken. Aufgabe war die Montage von acht Autobodengruppen aus Lego. Diese waren identisch, d. h. es gab keine Varianten. Jedes Produkt erfordert zur Fertigstellung acht Montageprozesse, so dass in jedem Durchlauf 64 Montageprozesse erfasst wurden.

Die Experimente wurden in Zusammenarbeit mit der Beschützenden Werkstätte Heilbronn (BWH) durchgeführt. Zunächst wurde in einer Vorstudie der Kreis möglicher Probanden auf jene beschränkt, die eine einfache Montage motorisch und kognitiv durchführen konnten. Aus dieser Population wurde für jedes Experiment eine Gruppe mit 20 Probanden gebildet. Die Zuteilung erfolgte parallelisiert unter der Vorgabe, dass die mittlere Lohnbewertungs-kennzahl (eine von der BWH ermittelte Kennzahl zu den Fähigkeiten der Mitarbeiter) gleich war.

Um die Auswirkungen der Augmentierungen automatisiert messen zu können, wurde der „Assistive System Experiment Designer" entwickelt (Korn et al. 2012c). Diese Software ermöglicht es Experimente einzurichten, indem interaktive dreidimensionale Bereiche defi-niert werden (z. B. über den Entnahmebehältern). Während eines Experiments wird dann die Start- und Endzeit jeder Passage durch einen solchen Bereich dokumentiert.

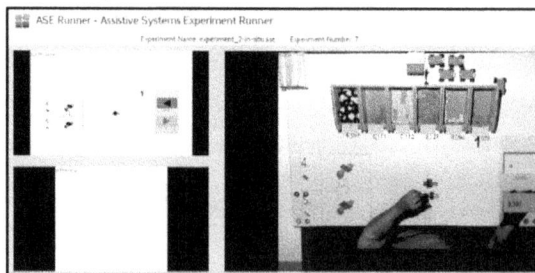

Abbildung 4: Runner-Modus der ASED-Software, hier bei einem Experiment mit Projektion.

4.2 Ergebnisse

Die mittlere Montagezeit lag in den Experimenten zum Stand der Technik (SotA) bei $\bar{x}_t$ = 25,6 min mit einer Standardabweichung (SD) von 9,0 min. Bei der Augmentierung mit Pro-jektion reduzierte sich die Montagezeit um 7,8% auf 23,6 min (SD = 10,4 min), beim Einsatz von Gamification um 12,5% auf $\bar{x}_t$ = 22,4 min (SD = 6,9 min). Die mittlere Fehlerzahl stieg im Vergleich zum Stand der Technik mit $\bar{x}_e$ = 22,6% (SD = 17,5%) beim Einsatz von Projektion auf $\bar{x}_e$ = 29,1% (SD = 27,3%) und beim Einsatz von Gamification auf $\bar{x}_e$ = 33,1% (SD = 22,1%). Während die Montagezeit beim Einsatz beider Augmentierungen abnimmt, steigt die Fehlerzahl in beiden Fällen im Vergleich zum Stand der Technik an (Abbildung 6):

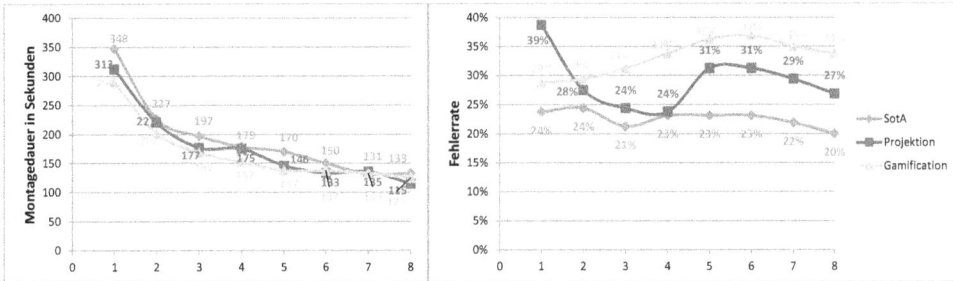

Abbildung 6: Vergleich der Verläufe von Montagezeit (links) und Fehlerrate (rechts) über acht Montagesequenzen: Stand der Technik (blau) und Augmentierung mit Projektion (rot) bzw. mit Gamification (grün).

Die Durchführung einer einfaktoriellen ANOVA (Varianzanalyse) über alle drei Settings ergibt die folgenden Ergebnisse:

	F(2, 57)	p	η^2
Montagedauer	0,64	0,53	0,02
Fehlerquote	1,11	0,34	0,04

Tabelle 1: Ergebnisse der ANOVA

In beiden Fällen gibt es einen „kleinen" Effekt (η^2), der sich statistisch aber nicht absichern lässt. Aufgrund des Stichprobenumfangs von 20 Personen pro Setting und großer Leistungsvarianzen in der Population sind die Ergebnisse der Signifikanzprüfung aber mit Unsicherheiten verbunden. Um mögliche wichtige Effekte und Tendenzen nicht zu übersehen, werden daher im Folgenden detaillierte Analysen von Teilpopulationen (Abbildung 7) vorgestellt. Hierzu wurden neben der Gesamtgruppe die überdurchschnittlich schnellen Teilnehmer separat untersucht (bei SotA und Projektion jeweils 12 Probanden, bei Gamification 11).

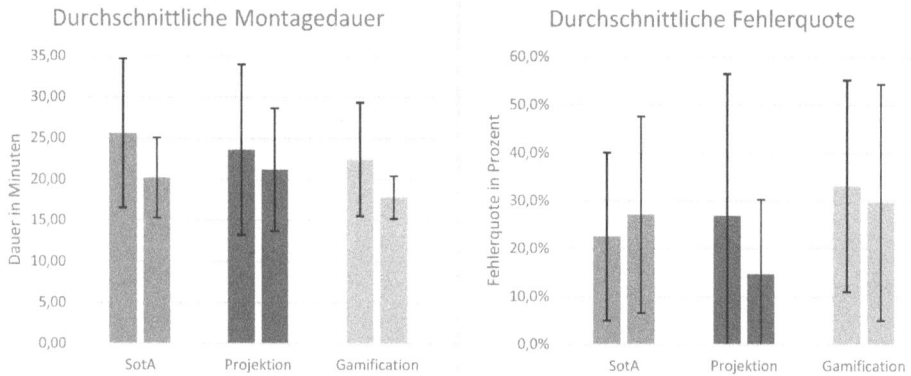

Abbildung 7: Vergleich der Verläufe von Montagezeit (links) und Fehlerrate (rechts) über acht Montagesequenzen: Stand der Technik (blau) und Augmentierung mit Projektion (rot) bzw. mit Gamification (grün). Der linke Balken beschreibt jeweils die Gesamtpopulation, der rechte Balken die überdurchschnittlich schnellen Teilnehmer.

Die Grafik verdeutlicht zwei markante Effekte bei den schnelleren Teilnehmern:

- Die Varianz in der Montagezeit nimmt beim Einsatz von Gamification deutlich ab (SD SotA = 4,9 min. und SD Gamification = 2,6 min.).

- Die Fehlerquote nimmt beim Einsatz von Projektion deutlich ab (SotA 27,1%, Projektion 14,7%). Dieser Unterschied ist signifikant ($p = 0,05$). Interessant ist zudem, dass die schnelleren SotA-Probanden mehr Fehler machen als die Population insgesamt (27,1% > 22,6%) und die Fehlerrate im Lauf der Montage nicht besser wird. Die schnellen Teilnehmer mit Projektion haben hingegen die Fehlerrate im Vergleich zur Gesamtpopulation fast halbiert (14,7% < 26,9%) und verbessern sich kontinuierlich.

5   Schlussbetrachtung

Die hohe Akzeptanz und Beliebtheit beider Augmentierungen bei den Teilnehmern zeigen, wie sinnvoll deren Einsatz bei Menschen mit Behinderung prinzipiell ist. Die empirische Absicherung der Effekte ist jedoch anforderungsreich. Aus den vorliegenden Ergebnissen lässt sich ableiten, dass für eine Absicherung der Effekte größere Gruppen mit über 100 Probanden benötigt würden. Ein alternativer Ansatz wäre eine stärkere Leistungshomogenisierung der Probanden durch Tests im Vorfeld.

Die vertiefte Untersuchung legt nahe, das die Augmentierung des Arbeitsplatzes durch Projektion auf leistungsgeminderte Personen wie ein „Katalysator" wirkt: Während die schnelleren Teilnehmer zu Hochform auflaufen (indem sie schneller produzieren und ihre Fehlerrate fast halbieren) bauen die anderen im Vergleich zum Stand der Technik ab. Da im Experiment nur eine kurze Arbeitsdauer betrachtet wurde ist es möglich, dass sich diese Probanden beim Dauereinsatz des Systems mit Projektion ebenfalls steigern.

Anwendungsrelevant ist auch das Ergebnis, dass Gamification die Varianz in der Montagezeit verkleinert. Geringere Varianz in Teams reduziert Wartezeiten und steigert so die Leistung und Motivation der Gesamtgruppe. Zudem hat die Befragung der Teilnehmer ergeben, dass diese sehr gerne mit dem spielerisch modifizierten System arbeiten – sowohl die visuelle Komponente als auch das akustische Feedback wurden mit sehr gut oder gut bewertet (Durchschnitt 1,9 auf einer Likert-Skala von 1 bis 5, SD = 0,4).

Derzeit führen beide Augmentierungen zumindest im Durchschnitt der Gruppen zu einem Anstieg der Fehlerrate. Vermutlich ist dies das Resultat eines „trade-off" zwischen Geschwindigkeit und Genauigkeit. Zukünftige Augmentierungen sollten den Arbeitsprozess genauer analysieren und Fehler im Arbeitskontext erkennen. Das Forschungsprojekt motionEAP (System zur Effizienzsteigerung und Assistenz bei Produktionsprozessen in Unternehmen auf Basis von Bewegungserkennung und Projektion) setzt an dieser Stelle an.

Danksagung

Wir danken der Firma Schnaithmann für den Bau des Experimentaltisches und der Beschützenden Werkstätte Heilbronn für die Unterstützung bei den Experimenten.

Literaturverzeichnis

Bierkandt, J., Preissner, M., Hermann, F. & Hipp, C. (2011). Usability und human-machine interfaces in der Produktion Studie Qualitätsmerkmale für Entwicklungswerkzeuge. Fraunhofer-Verlag.

Brach, M., Hauer, K., Rotter, L., Korn, O., Konrad, R. & Göbel, S. (2012). Modern principles of training in exergames for sedentary seniors: requirements and approaches for sport and exercise sciences. *International Journal of Computer Science in Sport*. 11, 86-99.

Brach, M. & Korn, O. (2012). Assistive technologies at home and in the workplace – a field of research for exercise science and human movement science. *European Review of Aging and Physical Activity*. 9, 1, 1-4.

Cognitionplay – Schoolsplay (2013): *http://schoolsplay.wikidot.com/website:cognitionplay*. Accessed: 2013-02-22.

Deterding, S., Dixon, D., Khaled, R. & Nacke, L. (2011). From game design elements to gamefulness: defining "gamification". *Proceedings of the 15th International Academic MindTrek Conference: Envisioning Future Media Environments*, New York, NY, USA, 9-15.

Gerling, K.M., Schulte, F.P. & Masuch, M. (2011). Designing and evaluating digital games for frail elderly persons. *Proceedings of the 8th International Conference on Advances in Computer Entertainment Technology*, New York, NY, USA, 62:1-62:8.

Hunnicutt, B.K. (1990). Leisure and play in Plato's teaching and philosophy of learning. *Leisure Sciences*. 12, 2, 211–227.

Kane, S.K., Avrahami, D., Wobbrock, J.O., Harrison, B., Rea, A.D., Philipose, M. & LaMarca, A. (2009). Bonfire: a nomadic system for hybrid laptop-tabletop interaction. *Proceedings of the 22nd annual ACM symposium on User interface software and technology*, New York, NY, USA, 129-138.

Kluge, S. (2011). *Methodik zur fähigkeitsbasierten Planung modularer Montagesysteme*. Dissertation, Universität Stuttgart.

Korn, O. (2012). Industrial playgrounds: how gamification helps to enrich work for elderly or impaired persons in production. *Proceedings of the 4th ACM SIGCHI symposium on Engineering interactive computing systems*, New York, NY, USA, 313-316.

Korn, O., Schmidt, A. & Hörz, T. (2012a). Assistive systems in production environments: exploring motion recognition and gamification. *Proceedings of the 5th International Conference on PErvasive Technologies Related to Assistive Environments*, New York, NY, USA, 9:1-9:5.

Korn, O., Brach, M., Schmidt, A., Hörz, T. & Konrad, R. (2012b). Context-Sensitive User-Centered Scalability: An Introduction Focusing on Exergames and Assistive Systems in Work Contexts. *E-Learning and Games for Training, Education, Health and Sports*. S. Göbel, W. Müller, B. Urban, & J. Wiemeyer, eds. Springer Berlin Heidelberg. 164-176.

Korn, O., Schmidt, A., Hörz, T. & Kaupp, D. (2012c). Assistive system experiment designer ASED: A Toolkit for the Quantitative Evaluation of Enhanced Assistive Systems for Impaired Persons in Production. *Proceedings of the 14th international ACM SIGACCESS conference on Computers and accessibility*, Boulder, Colorado, USA, 259-260.

Letessier, J. & Bérard, F. (2004). Visual tracking of bare fingers for interactive surfaces. *Proceedings of the 17th annual ACM symposium on User interface software and technology*, New York, NY, USA, 119-122.

Morelli, T., Foley, J. & Folmer, E. (2010). Vi-bowling: a tactile spatial exergame for individuals with visual impairments. *Proceedings of the 12th international ACM SIGACCESS conference on Computers and accessibility*, New York, NY, USA, 179-186.

Pinhanez, C.S. (2001). The Everywhere Displays Projector: A Device to Create Ubiquitous Graphical Interfaces. *Proceedings of the 3rd international conference on Ubiquitous Computing*, London, UK, 315-331.

Sardis, E., Voulodimos, A., Anagnostopoulos, V., Lalos, C., Doulamis, A. & Kosmopoulos, D. (2010). An industrial video surveillance system for quality assurance of a manufactory assembly. *Proceedings of the 3rd International Conference on PErvasive Technologies Related to Assistive Environments*, 66.

Zäh, M. F., Hagemann, F., Branner, G. & Schilp, J. (2007). Formflexibilität als Ansatz zur Wiederverwendbarkeit. *wt Werkstattstechnik online*. 11/12, 837-841.

Kontaktinformationen

Oliver Korn M.A., oliver.korn@acm.org, Universität Stuttgart, Institut für Visualisierung und Interaktive Systeme (VIS), Pfaffenwaldring 5a, 70569 Stuttgart
Dr. Stephan Abele, abele@bwt.uni-stuttgart.de, Universität Stuttgart, Institut für Erziehungswissenschaft (Abteilung BWT), Geschwister-Scholl-Straße 24 D, 70174 Stuttgart
Prof. Dr. Albrecht Schmidt, albrecht.schmidt@vis.uni-stuttgart.de, Universität Stuttgart, Institut für Visualisierung und Interaktive Systeme (VIS), Pfaffenwaldring 5a, 70569 Stuttgart
Prof. Dr.-Ing. Thomas Hörz, thomas.hoerz@hs-esslingen.de, Hochschule Esslingen, Kanalstraße 33, 73728 Esslingen

S. Boll, S. Maaß & R. Malaka (Hrsg.): Mensch & Computer 2013
München: Oldenbourg Verlag, 2013, S. 129–138

Untersuchung von Anzeige- und Bedienelementen im Elektrofahrzeug

Arvid Braumann[1], Heidi Krömker[2], Eva Berner[1]

Ergonomie und Bedienkonzept, Volkswagen AG[1]
FG Medienproduktion, TU Ilmenau[2]

Zusammenfassung

Elektro- und Hybridfahrzeuge benötigen neuartige Anzeige- und Bedienelemente, mit denen die Nutzer neue Fahraufgaben bewältigen müssen. Bereits in Serie befindliche Fahrzeuge realisieren diese Elemente mit unterschiedlichen Konzepten. Da es keine Studien gibt, die sich mit den neuen Aufgaben und den zur Erfüllung stehenden notwendigen Funktionen beschäftigen, wurde die Relevanz vorhandener Anzeigen für die Fahraufgabe analytisch bestimmt. In einer empirischen Studie wurden an zwei Tagen neue Funktionen von Serienfahrzeugen durch potenzielle Nutzerinnen und Nutzer (N=26) exploriert und evaluiert. Die durchgeführte Nutzer- und Aufgabenanalyse lieferte das notwendige Erfahrungswissen, um die Ergebnisse der Studie zur Ableitung von Gestaltungshinweisen zu nutzen. Die Gestaltungshinweise geben eine Antwort auf die Frage der Anordnung im Sichtfeld des Fahrers, den Informationsinhalt, den die Funktionen liefern, und wie diese präsentiert werden sollen.

1 Forschungsziel

Es ergeben sich aufgrund der vollständigen oder teilweise stattfindenden Elektrifizierung des Antriebs für die Fahrerin oder den Fahrer neue Herausforderungen. Die Einschränkung der Reichweite sowie die Notwendigkeit des Ladens der Batterie führen zu neuen Aufgaben für die Nutzer. Diese müssen in die Fahraufgabe integriert werden und mit neuen Anzeige- und Bedienelementen komfortabel ausführbar sein. Ziel ist es, die Ablenkung vom Verkehr und der Umwelt zu vermeiden.

Die vorliegende Untersuchung fokussiert drei Kernfragen:

1. Welche neuen Teilaufgaben müssen in die Fahraufgabe integriert werden?
2. Welche Anzeige- und Bedienelemente sind für diese Teilaufgaben notwendig?
3. Wie sollen diese Anzeige- und Bedienelemente gestaltet werden?

2   Theoretischer Hintergrund

2.1   Relevante Konstrukte

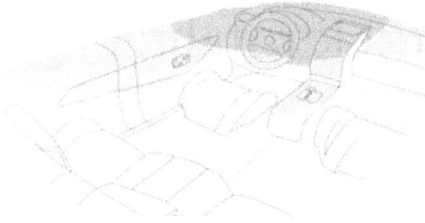

Die *Fahraufgabe* kann in eine Primäraufgabe, die eigentliche Fahrzeugführung, in Sekundäraufgaben, die die Primäraufgabe unterstützen, und in Tertiäraufgaben, die für die Fahrt nicht zwingend notwendig sind, unterteilt werden. (Geiser 1985 & Bubb 1992)

Anzeige- und Bedienelemente werden im Fahrzeug nach ihrer Wichtigkeit in primären, sekundären und tertiären *Sicht- und Erreichbarkeitsfeldern* platziert, welche durch digitale Menschmodelle bestimmt werden können

Abbildung 1: Verteilung primäres (dunkelgrau), sekundäres (grau) und tertiäres (hellgrau) Sichtfeld im Fahrzeug

(Seidl 1993). In Abbildung 1 ist beispielhaft das primäre Sichtfeld (dunkelgrau) aus Sicht des Fahrers abgebildet. Das sekundäre (grau) und tertiäre (hellgrau) Sichtfeld ergibt sich durch eine Kopfbewegung bzw. der Bewegung von Kopf und Oberkörper.

2.2   Bisherige Forschung

Bisherige Studien, die sich mit der Gestaltung von elektrofahrzeugspezifischen Anzeige- und Bedienelementen beschäftigen, sind im Folgenden zusammengefasst:

	Wellings et al. (2011) & Woodcock et al. (2012)	Strömberg et al. (2012)
Untersuchungs-gegenstand	Anzeige- und Bedienelemente in Studienfahrzeugen	Zwei unterschiedliche Gestaltungsansätze für ein Kombiinstrument
Methode	Quantitative Analyse von Studienfahrzeugen anhand von Beschreibungen, Bildern und Nutzerkommentaren in Onlinemedien	Vergleichsstudie mit zehn Teilnehmerinnen und Teilnehmern in einem Fahrsimulator mit Fahraufgabe
Ergebnis	Wichtige Funktionen: Reichweiten-Anzeige, Energiestand-Anzeige, Informationen über den Ladefortschritt, Informationen über die Fahrbereitschaft und ein Feedback zum momentanen Fahrstil	Das konventionelle Konzept für ein Kombinationsinstrument wurde besser bewertet als das unkonventionelle Grafikdisplay. Die Teilnehmer sollten Vorkenntnisse in Bezug auf Elektromobilität haben.

Tabelle 1: Bisherige Veröffentlichungen zum Thema „Anzeigen in Elektrofahrzeugen" im Überblick

Die bisherigen Veröffentlichungen geben keine Antwort auf die Frage, wo die Anzeige- und Bedienelemente, in Abhängigkeit von ihrer Relevanz für die Fahraufgabe und unter Berücksichtigung des Sichtfeldes eines Fahrers, platziert werden und worauf bei der Gestaltung geachtet werden muss.

3 Methodisches Vorgehen

3.1 Nutzer- analyse	3.2 Aufgabenanalyse	3.3 & 3.4 Funktionen- und Konzeptvergleich	4. Gestaltungs- hinweise ableiten

Abbildung 2: Methodisches Vorgehen, um die Kernfragen für das Forschungsziel zu beantworten

Es wurde die Methode des komparativen Usability-Testings gewählt (Dumas & Fox 2012), um die Erkenntnisse sowie das Erfahrungswissen aus der Nutzer- und Aufgabenanalyse in die Ableitung von Gestaltungshinweisen einfließen zu lassen.

3.1 Nutzeranalyse

Als erste größere Käuferschicht wird ab 2015 die „early majority" gesehen. Diese zeichnet sich durch ein hohes Einkommen aus. Elektrofahrzeuge werden als Zweit- oder Drittwagen gekauft. Nur 10-15% dieser Gruppe werden keine Möglichkeit haben, das Auto zu Hause oder am Arbeitsplatz zu laden, sondern werden als „Laternenparker" auf eine öffentliche Ladeinfrastruktur angewiesen sein (Matthies et al. 2010). Der Umweltgedanke wird eine bedeutende Rolle für die Kaufentscheidung spielen. Das Fahrzeug soll umweltfreundlich sein und die Chance bieten, das eigene Fahrverhalten zu überprüfen und gegebenenfalls anzupassen, um energiesparender zu fahren. Die Nutzerinnen und Nutzer, die sich über alle Altersgruppen verteilen, zeichnen sich außerdem durch ein großes Interesse an Technik aus (Kortus-Schultes et al. 2010).

3.2 Aufgabenanalyse

Die nach Geiser (1985) und Bubb (1992) vorgenommene Einteilung der Fahraufgabe in Primär-, Sekundär- und Tertiäraufgaben war Grundlage für die Integration der neuen Aufgaben. Betrachtet wurden die Kernaufgaben:

- Navigieren, Führen und Stabilisieren des Fahrzeuges unter Berücksichtigung der limitierten Reichweite und Leistung
- Sekundäraufgaben, die zur Erfüllung der Primäraufgabe notwendig sind und sich durch die Elektromobilität ergeben
- Sekundär- und Tertiäraufgaben, die sich mit dem Ladevorgang des Fahrzeugs beschäftigen

3.3 Funktionen- und Konzeptvergleich

Für die Untersuchung sollten nur Serienfahrzeuge herangezogen werden. Daraus resultierend können bereits ausgereifte Konzepte bewertet werden. Es handelt sich um reine Elektrofahrzeuge (*Nissan Leaf, Mitsubishi i-MiEV, Renault Twizy, Renault Fluence, Renault Kangoo* und *Tesla Roadster*), Mild-Hybrid- (*Ford Fusion* und *Hyundai Sonata*) und Plug-In- Hybridfahrzeuge (*Opel Ampera* und *Toyota Prius*).

Unteraufgaben, die aufgrund der Elektromobilität entstehen, werden durch bestimmte Funktionen unterstützt. Wesentliche Aufgaben wurden in Tabelle 2 eingeordnet und in Zusammenhang mit unterstützenden Funktionen gebracht.

	Aufgabe	Teilaufgabe im Elektrofahrzeug	Funktion
Primäraufgabe	Navigation	Reichweitenorientierte Wegewahl	Leistungs-, Energiestand- und Reichweiten-Anzeige
	Führung / Manöver	Leistungsabhängiges Überholmanöver	Leistungsvorausschau; Energiefluss-Anzeige; Feedback zum Fahrstil; Rekuperations-Anzeige und -stufen
	Stabilisierung	Verzögern des Fahrzeuges durch Rekuperation	
Sekundäraufgabe		Sound aktivieren	Fahrprofile; Fahrbereitschafts-Inszenierung und -Symbol; Feedback zum Ladevorgang
Tertiäraufgabe	Information	Ladestation finden	
	Komfort	Klimaanlage drosseln	Lade-Timer
	Unterhaltung		
	Fahrzeugzugang	Ladeklappe öffnen	

Tabelle 2: Einteilung der Fahraufgabe in Primär-, Sekundär- und Tertiäraufgabe nach Geiser (1985) und Bubb (1992) und Zuordnung der neuen elektrofahrzeugspezifischen Aufgaben und Funktionen

3.4 Design der Vergleichsstudie

Entsprechend den Merkmalen aus der Nutzeranalyse wurden 26 Personen ausgewählt. Diese wiesen die von Strömberg et al. (2012) geforderten Vorkenntnisse in Bezug auf Elektromobilität auf. Aufgrund des Funktionsumfangs wurde die Studie auf zwei Tage verteilt. Dementsprechend konnten die Teilnehmerinnen und Teilnehmer die Funktionen am stehenden Fahrzeug innerhalb des ersten Tages ohne Zeitdruck explorieren und auch die in Tabelle 2 genannten sekundären und tertiären Teilaufgaben unterstützenden Funktionen evaluieren. Funktionen für die primäre Fahraufgabe sollten am zweiten Tag bei einer Fahrt über ein Testgelände in Wolfsburg bewertet werden. Jede Testperson absolvierte die gleiche Strecke im Rahmen der Fahraufgabe mit allen zehn Fahrzeugen. Die untenstehende Tabelle zeigt den

Untersuchungsgegenstand sowie das Ineinandergreifen der quantitativen und qualitativen Methoden.

Untersuchungsgegenstand	Anzeige- und Bedienkonzepte von zehn Serienfahrzeugen • Anordnung im Sichtfeld • Informationsinhalt • Präsentation der Information
Methode	• Quantitativ: Bewertung auf sechsstufiger Likert-Skala • Qualitativ: Freie Kommentare und Reflektion der Ergebnisse in Gruppendiskussionen

Tabelle 3: Methode des Komparativen Usability-Testing

4 Ergebnisse

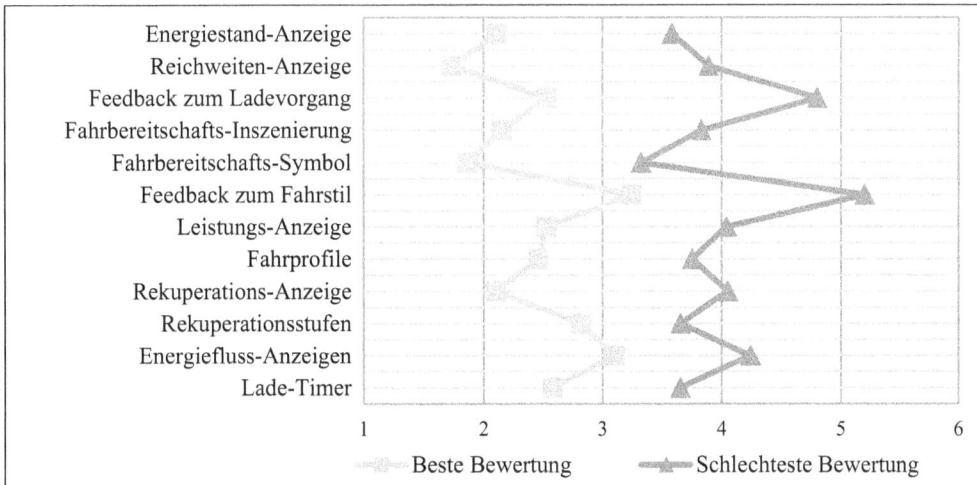

Abbildung 3: Übersicht der Differenz zwischen bester und schlechtester Bewertung durch die Teilnehmer (Mittelwerte, N=26). Funktionen sortiert nach ihrer Relevanz für die Fahraufgabe

Die Konzepte wurden im Hinblick auf ihre Bewertung untersucht. Gut bewertete Konzepte hatten gemeinsame Merkmale, die in Tabelle 4 zusammengestellt sind:

Energiestand- und Reichweiten-Anzeige	
Relevanz	• Sehr hohe Relevanz für die primäre Fahraufgabe der Navigation
Anordnung im Sichtfeld	• Primäres Sichtfeld, da für den Nutzer immer wichtig • Permanent sichtbar
Informations-inhalt	• Energiestand (in %) und Reichweite (in km) sollten aufgrund der inhaltlichen Abhängigkeit zusammen angezeigt werden • Diese Werte müssen kontinuierlich aktualisiert werden • Ursachen für plötzliche Änderungen müssen nachvollziehbar sein (An-/Abschalten von Verbrauchern wie der Klimaanalage)
Präsentation der Information	• Relationale Anzeigen werden bevorzugt • Diskrete Darstellung des Energiestands in Segmenten wird bevorzugt

Bewertung Energiestand-Anzeige

	Beste Bewertung (2,11)	Schlechteste Bewertung (3,58)	
	„Optisch ansprechende Batterie und Tanksäule"; „Positiv: Fahrzeug zeigt Antriebsquelle an, entweder Batterie-symbol oder Tanksäule im Vorder-grund"	*„Getrennte Energiestände, Zahlenanga-ben fehlen"; „Zu viel Spielerei"; „Unter-teilung fehlt"*	

Bewertung Reichweiten-Anzeige

	Beste Bewertung (1,74)	Schlechteste Bewertung (3,89)	
	„Gut, da bei Füllstand" „Positiv: Gut sichtbar, direkt bei Energiestand-Anzeige"	*„Nicht permanent sichtbar einstellbar"; „Reichweiten-Anzeige sollte bei Anzeige "Ladestand" sein";*	

Fahrbereitschafts-Inszenierung und -Symbol	
Relevanz	• Hohe Relevanz für die Sekundäraufgabe „Fahrzeug starten"
Anordnung im Sichtfeld	• Primäres Sichtfeld, da für Startphase von hoher Bedeutung • Fahrbereitschafts-Symbol sollte eine prominente Position haben und permanent sichtbar sein
Informationsinhalt	• Ersatz des fehlenden Anlass- bzw. Motorengeräuschs
Präsentation der Infor-mation	• Phase des Anlassens: visuelle Präsentation auditiv unterstützen • Eindeutige Differenzierung zur Phase des Fahrens • Phase des Fahrens: permanente visuelle Präsentation der Information • Für beide Phasen ist es wichtig, dass sie sich von den anderen Elementen im primären Sichtfeld abheben

Bewertung Fahrbereitschafts-Inszenierung	
Beste Bewertung (2,21) *„Gut, aber zu verspielt"; „Sound zu verspielt"; „Gut erkennbar, aber fast schon zu viel"*	Schlechteste Bewertung (3,71) *„Ready-Anzeige zu kurz"; „Ready-Anzeige schlecht positioniert"*

Bewertung Fahrbereitschafts-Symbol		
	Beste Bewertung (2,15) *„Symbol klar lesbar und eindeutig, aber zu viele Infos drum herum"*	Schlechteste Bewertung (3,32) *„Ready-Symbol erst mal schwer zu finden"; „Sollte grün sein"*

Feedback zum Ladevorgang

Relevanz	• Hohe Relevanz für Sekundär- und Tertiäraufgaben, da ein erfolgreicher Ladevorgang wichtig ist
Anordnung im Sichtfeld	• Außerhalb vom Fahrzeug, an der Ladedose • Erklärung der Zustände im Ladedosendeckel • Sichtbarkeit von außen muss gegeben sein
Informationsinhalt	• Feedback zum Ladevorgang und Ladestatus
Präsentation der Information	• Typische Zustände des Ladevorgangs (Verbindung hergestellt, Ladevorgang gestartet, Ladevorgang beendet, Fehler aufgetreten, etc.) müssen eindeutig codiert sein

	Beste Bewertung (2,24) *„Ladevorgang sehr schön durch zwei verschiedene Leuchtfarben am Stecker angezeigt"*	Schlechteste Bewertung (4,80) *„Nur Symbol Kabel/ Stecker → zu wenig"; „Rotes Ladesymbol → schlecht"*	

Leistungs- und Rekuperations-Anzeige

Relevanz	• Geringe Relevanz für Primäraufgabe, aber hohe Motivation der Nutzergruppe, diese Anzeigen zu nutzen
Anordnung im Sichtfeld	• Im primären Sichtfeld, da wenig Ablenkung erfolgen soll
Informationsinhalt	• Feedback zum Verbrauch/Rekuperieren • Der Vorgang des Rekuperierens muss angezeigt werden
Präsentation der Information	• Zustand des Rekuperierens sollte ohne exakte Skalierung angezeigt werden • Leistungsanzeige: Für Hybride sollte ein Übergangsbereich der Motoren visualisiert sein

Bewertung Leistungs-Anzeige		
	Beste Bewertung (2,53) *„Einfach, klar, verständlich"*	Schlechteste Bewertung (4,04) *„Besser etwas größer (vgl. Drehzahlmesser bei konventionellem Antrieb)"; „Nicht sofort verständlich"*

Bewertung Rekuperations-Anzeige	
Beste Bewertung (2,10) *„Direkt in kW"*	Schlechteste Bewertung (4,05) *"Zu wenig sichtbar"; „Kreisanzeige bei HV Batterie"*

Feedback zum Fahrstil

Relevanz	• Geringe Relevanz für Primäraufgabe, aber hohe Motivation des Nutzers, ökologisch zu fahren
Anordnung im Sichtfeld	• Primäres Sichtfeld, da ohne Aufwand gewünscht für den Fahrer gewünscht
Informationsinhalt	• Feedback sollte konkrete Handlungsempfehlungen zur Optimierung des Fahrverhaltens geben
Präsentation der Information	• Information zur Änderung sollten textlich formuliert werden

	Beste Bewertung (3,24) *„Eco Tree überflüssig, nicht leicht verständlich"*	Schlechteste Bewertung (4,00) *"Anzeige unverständlich"*	

Fahrprofile

Relevanz	• Niedrige Relevanz für Sekundäraufgabe, aber Motivation des Nutzers, die Fahrzeugeigenschaften anzupassen
Anordnung im Sichtfeld	• Im primären Sichtfeld das Feedback und im sekundären Sicht-/Greifbereich das Bedienelement
Informationsinhalt	• Änderung und Auswirkung auf Fahrzeugeigenschaft
Präsentation der Information	• Textliche Differenzierung zwischen Fahrprofilen

	Beste Bewertung (2,28) *„Fahrprofile → Wording "Halten"?"; „Toggeln/ Feedback im Kombi"*	Schlechteste Bewertung (3,79) *„Blue-Schalter am Lenkrad? → unklar"; „Keine gefunden"*	

Energiefluss-Anzeigen

Relevanz	• Niedrige Relevanz für Primäraufgabe, aber Inszenierung der Elektromobilität
Anordnung im Sichtfeld	• Anordnung im sekundären Sichtfeld, da Ablenkung von der primären Fahraufgabe
Informationsinhalt	• Darstellung der Energieströme von/zu den Motoren
Präsentation der Information	• Klare und nicht-technische Darstellung • Farbliche Trennung der Energieflüsse

	Beste Bewertung (3,10) *„keine permanente Energieflussanzeige"; „zu ungenau"*	Schlechteste Bewertung (4,25) *„s/w Display stellt ein großes Risiko für die Datenvisualisierung dar"*	

Rekuperationsstufen	
Relevanz	• Niedrige Relevanz für die primäre Fahraufgabe „Stabilisieren"
Anordnung im Sichtfeld	• Im Primären Sichtfeld das Feedback und im sekundären Sicht-/Greifbereich das Bedienelement
Informationsinhalt	• Auswirkung der Rekuperationsstufen
Präsentation der Information	• Verwendete Abkürzungen müssen erklärt werden

	Beste Bewertung (2,82) *"Was ist C?"* *„Bis auf D,B,C alles gut verständlich"*	Schlechteste Bewertung (4,89)

Lade-Timer	
Relevanz	• Niedrige Relevanz für Primäraufgabe
Anordnung im Sichtfeld	• Im sekundären Sichtfeld bzw. über externe Medien
Informationsinhalt	• Zeitgesteuertes Laden auf bestimmten Energiestand
Präsentation der Information	• Komplexität vermeiden und nur Parameter abfragen, die der Nutzer kennt

Beste Bewertung (2,58) *„Sehr komplex, aber ok"; „Zu kompliziert"*	Schlechteste Bewertung (3,67) *„Nicht gefunden"; „Zu kompliziert"*

Tabelle 4: Gestaltungshinweise und Bewertungen der Funktionen

4.1 Diskussion und Fazit

Durch die Einordnung neuer Funktionen in die Fahraufgabe konnte eine erste Priorisierung der Funktionen im Hinblick auf die Anordnung im Sichtfeld, den Informationsgehalt und die Visualisierung vorgenommen werden. Die Ergebnisse zeigen, dass die Funktionen sehr unterschiedlich wahrgenommen und bewertet werden, es aber keine vollkommen zufriedenstellende Gestaltungslösung gibt. Das Feedback zum Fahrstil ist allgemein schlecht bewertet worden, weil die Information nicht direkt als Handlungsempfehlung, sondern indirekt über Metaphern gegeben wurde. Die Rekuperationsstufen, die es ermöglichen, die Bremsenergie zurück zu gewinnen, sollten den Fahrer nicht dazu ermutigen, mehr als notwendig zu bremsen, da dies energetisch ein Nachteil ist. Neu eingeführte Fahrstufen, die die Rekuperation in verschiedenen Ausprägungen anbieten, wurden nicht verstanden. Dieser Umstand lässt darauf schließen, dass die Nutzer besser an neue Technologien und Funktion herangeführt werden müssen. Hierbei ist viel Potential vorhanden, das Bedürfnis der Nutzer durch bessere Konzepte zu befriedigen. Die Energiefluss-Anzeige ist eine für die Primäraufgabe unwichtige Anzeige. Wichtige Anzeigen sollten die für den Fahrer und die Aufgabe notwendigen Informationen reduziert und sehr genau darstellen.

4.2 Einschränkungen

Bei den Teilnehmern der Vergleichsstudie handelte es sich ausschließlich um Angehörige des Volkswagen Konzerns. Diese entsprachen dem Profil der Nutzeranalyse, jedoch hatten sie keinen unmittelbaren Bezug zu dieser Studie. Zudem konnte keine Rücksicht auf interkulturelle Unterschiede hinsichtlich der Bewertung der Bedienkonzepte genommen werden. Die Gestaltungshinweise beziehen sich daher ausschließlich auf Fahrzeuge für den deutschen Markt.

Literaturverzeichnis

Bubb, H. (1992). *Menschliche Zuverlässigkeit: Definitionen, Zusammenhänge,Bewertung.* Heidelberg: Hüthig Jehle Rehm.

Dumas, J. & Fox J. (2012). *Usability Testing.* In: Jacko J. A. (Hrsg): Human Computer Interaction Handbook: Fundamentals, Evolving Technologies, and Emerging Applications [3rd Edition]. London: CRC Press. S. 1222-1237.

Geiser, G. (1985). *Mensch-Maschine-Kommunikation im Kraftfahrzeug.* Automobiltechnische Zeitschrift 87, 77-84.

Kortus-Schultes, D., Olschewski, I. & Küppers, J. (2010). *Wer warum elektrisch fährt. Elektrofahrzeuge.* Autohaus Band 21, 28-29.

Matthies G., Stricker K. & Traenckner J. (2010). *Zum E-Auto gibt es keine Alternative.* online, Bain & Company.

Seidl, A. (1993). *Das Menschmodell RAMSIS – Analyse, Synthese und Simulation dreidimensionaler Körperhaltungen des Menschen.* Dissertation, TU München.

Strömberg, H., Andersson, P., Almgren, S., Ericsson, J., Karlsson, M. & Nåbo, A. (2011). *Driver Interfaces for Electric Vehicles.* Automotive UI '11, 29.11.-02.12.2011, Salzburg, Österreich.

Wellings, T., Binnersley, J., Robertson, D. & Khan, T. (2011). *Human Machine Interfaces in Low Carbon Vehicles.* Market Trends and User Issues. Low Carbon Vehicle Technology Project: Workstream 13, Document No.: HMI 2.1.

Wellings, T., Williams, M., Attridge, A., Binnersley, J., Robertson D. & Khan, T. (2011). *HMI and the User Experience in Low Carbon Vehicles.* In: Proceedings of the International Workshop on User Experience in Cars at 13th IFIP TC13 Conference on Human-Computer Interaction. Lissabon. S. 10-14.

Woodcock, A., Wellings, T. & Binnersley, J. (2012). *A review of HMI issues experienced by early adopters of low carbon vehicles.* In: Stanton, N. A. (Hrsg.), Advances in Human Aspects of Road and Rail Transportation. Boca Raton: CRC Press. S. 20-29.

Kontaktinformationen

Arvid Braumann
Volkswagen Aktiengesellschaft

S. Boll, S. Maaß & R. Malaka (Hrsg.): Mensch & Computer 2013
München: Oldenbourg Verlag, 2013, S. 139–148

SA-Based Guidance to Aid UAV Swarm Supervisory Control: What do Experts Say?

Florian Fortmann

Human Centered Design, OFFIS – Institute for Information Technology

Abstract

Recent incident reports reveal that incorrect Situation Awareness (SA) due to deficits in scanning be-haviour is a frequent cause of human errors in context of supervisory control of Unmanned Aerial Vehicles (UAV). In the future, the number of UAVs human operators have to supervise at the same time will increase. Thus, methods are needed aiding deficits in their scanning behaviour. Our research focuses on the development of a novel attention assistance system – called Supervisory Guide. Supervi-sory Guide aims at optimizing the scanning behaviour of a human operator based on the determination of actual SA-needs. These SA-needs are inferred from eye movements recorded and analysed in real-time. In this paper we present the results of an early prototype evaluation performed with three Special Matter Experts (SME). Each SME evaluated the prototype from a different perspective. Overall, the SMEs agreed that Supervisory Guide implements a promising concept to aid deficits in scanning be-haviour and SA.

1 Motivation and Background

Today, a complex, Unmanned Aerial Vehicle (UAV) is typically operated by a team of human operators via dedicated Human-Machine Interfaces (HMI). However, the interest of stake-holders in UAV swarms, which can be operated by a single human operator via a dedicated HMI increased significantly (Brian et al. 2005). The expected benefits are, e.g., reduced costs for personnel and higher system reliability and resilience. Key enablers are the ever-increasing levels of machine automation (Parasuraman et al. 2000) and autonomy (Cummings 2004), which release limited cognitive resources of a human operator to rede-ploy them for managing multiple UAVs at the same time. Consequently, supervisory control becomes a much more substantial task a human operator has to perform. A general require-ment for the successful application of a supervisory control task is the human operator's capability to continuously build and maintain good Situation Awareness (SA).

Figure 1: Supervisory Guide assists a human operator supervising a highly autonomous UAV swarm

SA is defined as a state of knowledge including the perception of the elements in the environment (SA_{level1}), the comprehension of their meaning (SA_{level2}) and the projection of their status in the near future (SA_{level3}) (Endsley 1995). Because these levels build upon each other ($SA_{level1} \rightarrow SA_{level2} \rightarrow SA_{level3}$) it is important for building and maintaining good SA on all levels that a human operator supervising a UAV swarm continuously scans relevant information on the HMI. Otherwise, incidents caused by poor SA are likely to occur. However, for single UAV supervisory control it was shown that several human factors (e.g., boredom and distraction) constrain effective and efficient scanning behaviour (Cummings et al. 2013). Further, no prophet is needed to anticipate that supervisory control of future UAV swarms will suffer from the same problems and that the effects will be even worse. This assumption is supported by studies conducted in synthetic environments (Cummings et al. 2013). Thus, there is considerable need for methods, which can be applied to improve the scanning behaviour and SA of a human operator managing a UAV swarm.

In this paper, we present Supervisory Guide – an assistance system that aims at aiding poor SA by guiding a human operator's visual attention during UAV swarm supervisory control to information that he/she should know but actually doesn't know (see Figure 1). Improving SA of human operators in charge of supervisory control tasks has received much attention in the past. Basically, there are two categories of methods for tackling this problem: the first category subsumes methods to design SA-friendly HMIs (Endsley et al. 2003); the second category subsumes methods to assist human operators in real-time to build and maintain good SA. The focus of our research is on methods of the second category. Examples of the second category are, e.g., (1) alarm systems and (2) cognitive assistance systems.

Alarm systems are event-based, using sensors to measure and analyse given environmental and/or vehicle conditions. In the case of an event (encoded using thresholds) an alarm is triggered in order to guide the visual attention of the human operator to the relevant information source. Using a visual or auditory alarm to raise the awareness of a human operator in the case of a critical situation is an effective method to prevent an SA-related error or accident. However, determining whether and when an alarm is needed is a difficult issue. Reports reveal that pilots and air traffic controllers ignored alarms (Breznitz 1984) or even turned them off prior to accidents (Wickens et al. 2009). Besides to false alarms, the high number of unwarranted nuisance alarms which human operators are exposed to during routine tasks is a problem, which could consequently lead to annoyance, frustration and distraction. As stated in (Getty et al. 1995) this problem can be approached from two perspectives of the signal detection theory, corresponding to the parameters 'sensitivity' and 'response bias'. However, this approach is no final solution: (1) more or earlier alarms induce more dispensable alarms and (2) less or later alarms induce more critical situations.

A solution lies in the understanding and consideration of human operator SA within the decision making process implemented in the alarm system. Such an enhanced decision making process is a key feature of cognitive assistance systems like the Cognitive ASsistant SYstem (CASSY) (Onken 1999) and the COGnitive cockPIT (COGPIT) (Taylor et al. 2000). A cognitive assistance system takes into consideration the cognitive state and information processing limitations of human operators to optimize the information presentation and human-automation task distribution during task performance in a flexible, context-dependent way. The general philosophy of a cognitive assistance system is twofold: (1) to aid SA by guiding the attention of human operators to the objectively most urgent task or subtask of that situation; (2) to take care that human operators are never overburdened, e.g., by too many parallel tasks (Flemisch & Onken 1998). In order to accomplish the first aspect of this philosophy the cognitive assistance system needs an understanding of the situations in a way that is comparable to the human operator's understanding. In order to accomplish the second aspect the cognitive assistance system needs an understanding of the human operator's cognitive state, which could be derived from psychological theories and psycho-physiological measures.

In the remainder of this paper, we briefly present the concept of Supervisory Guide (Section 2). Then, we present the evaluation of an early prototype conducted with three experts from the perspectives usability, human factors and UAV manufacturing in order to get an impression of the expectable user acceptance, safety impact and market potential (Section 3). Finally, we present our conclusions and future work (Section 4).

2   Supervisory Guide

Supervisory Guide aims at optimizing the scanning behaviour of a human operator based on the detection of actual SA-gaps. Roughly speaking, an SA-gap is a deviation between what the human operator actually knows and what he/she should know about his/her situation. According to Endsley, this knowledge includes knowledge on three levels. Basically, SA-based guidance can be subsumed by the following system's point of view statement: *"Tell me what you know about your situation and then I will show you what you should really know."* This statement consists of two aspects:

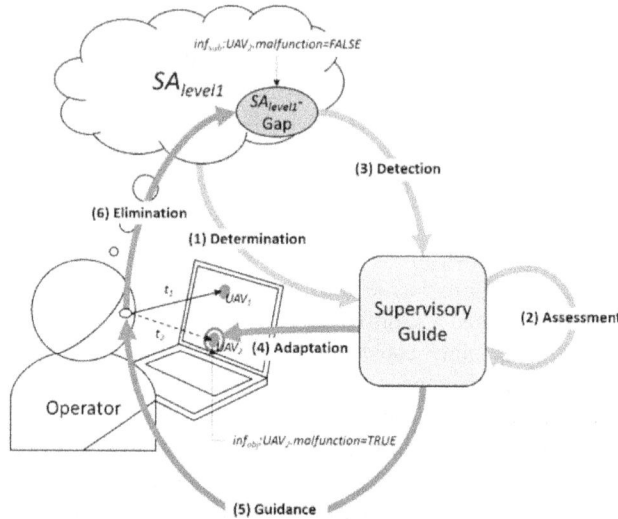

Figure 2: Steps performed by Supervisory Guide

The first aspect (*Tell me what you know…*) refers to the issues (1) determination and (2) assessment of SA, and the subsequent (3) detection of SA-gaps. The second aspect (…*and then I will show you what you should really know*) refers to the issues (4) HMI adaptation, (5) guidance of visual attention and the subsequent (6) elimination of SA-gaps.

Currently, Supervisory Guide focuses on aiding SA_{level1} by eliminating SA_{level1}-gaps. The generic concept of Supervisory Guide is shown in Figure 2. Green arrows represent steps of the first and blue arrows of the second aspect. The foundation of this concept is using eye movements as indications of SA_{level1} (Salmon et al. 2006). The theoretic foundation of this approach is the eye-mind hypothesis, which states that where humans look at and what they think about tends to be the same (Just & Carpenter 1980). Although it can be criticized that the hypothesis fails in some situations of daily life we assume that it mainly holds for supervisory control of a UAV swarm. The validity of this approach is supported by recent studies showing that eye movements of human operators in charge of supervisory control tasks are valuable indications of SA. This has been shown, e.g., for air traffic control (Moore 2009), manned (Van de Merwe et al. 2012) and unmanned aviation (Ratwani et al. 2010). We hypothesize that knowing the relevance of information and the human operator's mental picture in context of a situation allows optimizing the scanning behaviour of the human operator with regard to his/her actual SA-needs and therefore reduces the number of unwarranted alarms. In the following, we elaborate more on the individual steps applied by Supervisory Guide.

2.1   Steps 1-3: Determination, Assessment and Detection

Supervisory Guide continuously (1) determines and (2) assesses SA_{level1} based on a formal situation model *Sit*, which is composed on the lowest level of a set of information elements *Inf* (Frische & Lüdtke 2013). In step (1), Supervisory Guide analyses eye movements (recorded by an eye tracker) on the HMI and interprets them in context of the displayed information in order to generate a subjective instance Sit_{sub} (including Inf_{sub}). In step (2), Supervisory Guide compares Inf_{sub} to the information elements Inf_{obj} of the objective situation model instance Sit_{obj}. In step (3), Supervisory Guide identifies individual SA_{level1}-gaps. For a specific information element $inf \in Inf$ an SA_{level1}-gap$_{inf}$ is a deviation between inf_{sub} and inf_{obj}. As shown in Figure 2, this can, e.g., be a sudden UAV malfunction (inf_{obj}: $UAV_2.malfunction=TRUE$), which occurs while the human operator is not looking at the associated information source (UAV_2). Consequently, the human operator might believe that there is currently no problem (inf_{sub}: $UAV_2.malfunction=FALSE$).

2.2   Steps 4-6: Adaptation, Guidance and Elimination

If Supervisory Guide detects an SA_{level1}-gap, the assistance system (4) adapts the HMI characteristics accordingly. Comparable to (Ratwani et al. 2010), our HMI consists mainly of a single screen with a 2D map display. Furthermore, there is an aircraft (A/C) check list and control buttons on the right side (see Figure 3). On the map, information objects (e.g., UAV icons or text labels) are presented, which are associated with information elements (e.g., UAV identity or location). At each point in time, the HMI is in a certain state determining, e.g., the location or salience of information objects and associated information elements. In this paper, we initially investigate the suitability of using three colour codes (green, yellow, red) as a means for displaying SA_{level1}-gaps of three different criticality levels (safe, caution, danger) on the HMI. We decided to use three colours because there is international agreement about how they refer to safety words (Salvendy 2012). The criticality level of a certain gap SA_{level1}-gap$_{inf}$ is calculated based on the relevance of inf in context of pertinent goals and the degree of deviation between inf_{sub} and inf_{obj}. On the HMI, each information object is surrounded by a rectangular shape indicating the current criticality level of associated information elements. Using these visual cues, Supervisory Guide (5) guides the human operator's visual attention (within a volume of time $[t_1, t_2]$) to the information object associated with the SA_{level1}-gap. Consequently, the gap will be (6) eliminated on-the-fly.

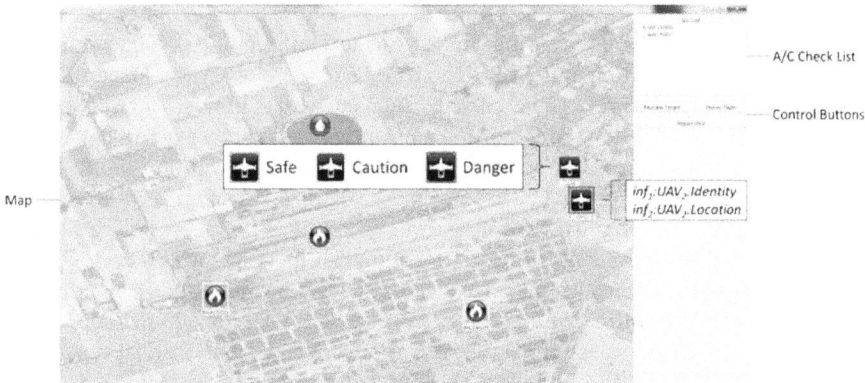

Figure 3: HMI for UAV supervisory control with coloured shapes for highlighting the criticality of SA_{level1}-gaps

3   Evaluation

The goal of this evaluation was to get an impression of the expectable user acceptance, safety impact and market potential. Thus, the evaluation was performed with Special Matter Experts (SME) in the field of usability engineering, human factors and UAV manufacturing.

3.1   Participants

We invited three SMEs of three different areas to evaluate Supervisory Guide. SME#1 was a researcher in the field of human factors in safety critical systems working at the OFFIS – Institute for Information Technology in Oldenburg. SME#2 was a researcher in the field of usability engineering and interactive human-machine systems working at the University of Oldenburg. SME#3 was an aerospace and astronautics engineer working at the UAV manufacturer Rheinmetall Airborne Systems GmbH in Bremen.

3.2   Setup and Equipment

A notebook was used to run the UAV simulation, the HMI and Supervisory Guide. The eye movements of the participants were recorded with the Dikablis head mounted eye tracking system from Ergoneers (see Figure 1). A 24-inch monitor was used to display the HMI. Two eye tracking markers were attached to the display (bottom left and top right). The participants were seated approximately 0.6 meters from the display and used a mouse device to manage events that occurred during the scenarios.

3.3   Procedure

Each participant evaluated Supervisory Guide in a separate session. Each session took about an hour. First, each participant was introduced to the concept of SA-based guidance and Supervisory Guide. The participants SME#1 and SME#2 were also introduced to UAVs and UAV supervisory control tasks. Then, each participant was calibrated for the eye tracker. After the successful calibration, each participant participated in an experiment which consisted of two comparable scenarios, where they had to manage a swarm of highly automated and autonomous UAVs using our HMI (see Figure 3). In the scenarios, a swarm of three UAVs was managed to extinguish fires in an area which was not accessible by human fire fighters using ordinary equipment. In order to extinguish the fire sources each UAV had to load water at a water source and unload water at one of the fire sources. During mission execution each UAV had to frequently recharge energy at a base. The human operator could not influence the UAV task selection. However, at random times two distinct types of events were induced, which the human operators had to handle manually. First, UAV malfunctions were triggered which had to be detected and resolved by the participants by clicking the UAV icon and then pressing the „Repair UAV" button on the HMI. Second, intruders entered the mission area, which had to be classified (using the aircraft (a/c) list on the HMI). Intruders could either be fire fighting aircrafts or civil aircrafts. Fire fighting aircrafts had to be allocated to the fire sources by clicking the aircraft icon, a target fire and then pressing the "Allocate Target" button. Civil aircrafts had to be detoured by clicking the aircraft icon and pressing the "Detour Flight" button. In the first scenario Supervisory Guide was deactivated.

Thus, the visual attention of the participants was not guided (control condition). In the second scenario Supervisory Guide was activated. Thus, the visual attention of the participants was guided (experimental condition). Each participant tested each condition for 20 minutes.

3.4   Measures

After each condition, the participants rated their SA using SART (Situation Awareness Rating Technique). SART is the most widely known SA self-rating technique. We used a shortened version of the technique (SART-3), which consisted of three statements. Each of the statements had to be answered on a Likert scale ranging from 1 (strongly agree) to 5 (strongly disagree). The statements were: "*The task was mentally demanding*", "*I could have managed more UAVs*" and "*I was able to keep track of what was going on*". After the experiment, a semi-structured interview was performed.

3.5   Results

The results of the SART-3 questionnaire are depicted in Figure 4. In average, the participants agreed that performing the supervisory control task was more mentally demanding when Supervisory Guide was activated (M=2.3) as compared to when the system was not activated (M=4). Further, they agreed that they could have managed more UAVs when Supervisory Guide was not activated (M=1.7) as compared to when the system was activated (M=2). However, they also agreed that they were better able to keep track of what was going on when Supervisory Guide was activated (M=1.3) as compared to when the system was not activated (M=2.3). Due to the fact that three subjects are not enough to make a strong statement we can only carefully assume that Supervisory Guide increases the mental demand but improves SA.

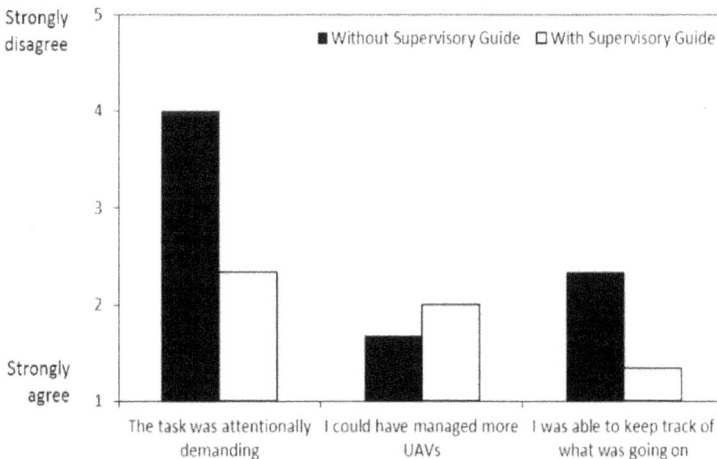

Figure 4: Results of the SART-3 questionnaire

During the interviews, we received further valuable qualitative feedback from the participants. Overall, they agreed that SA-based guidance is a very interesting and useful concept and that further effort should be invested in the research of Supervisory Guide. Although they mentioned that being observed by the eye tracker while performing the supervisory control task was an unpleasant feeling at first, they agreed that they could adjust after some time of using the system.

SME#1 mentioned that wearing the eye tracker was uncomfortable. The uncomfortable feeling could potentially distract users from the supervisory control task. Thus, he recommended replacing the head mounted eye tracker by a screen based eye tracking system to improve the comfort. An important remark was that the calibration of the eye tracker is essential for the trust that users have in the system. Sloppy calibration would cause the cry-wolf effect (Breznitz 1984). It has to be assessed whether it will be possible in the future to guarantee good calibrations with acceptable effort. Further, he mentioned that Supervisory Guide seems to increase workload because the transitions between the criticality levels were very fast. He assumed that better adjustment of threshold parameters would reduce the perceived workload.

SME#2 suggested that using green, yellow and red rectangles is not very useful for the given context of use. She argued that green rectangles are not needed at all and that not displaying green rectangles would also de-clutter the HMI allowing for better supervisory control performance. For the same reason, she suggested colourizing the icons itself instead of using rectangles. A major remark was that using red and green is problematic due to colour blindness. Colour blind users have no chance to distinguish between the criticality levels because the shapes are similar. Further on, she suggested using halo effects as a means to increase the obtrusiveness of visual alarms. Currently, green, yellow and red rectangles are similar in its obtrusiveness. Using the halo effect could also reduce the perceived workload.

SME#3 agreed that bad scanning performance is actually a problem of human operators in charge of UAV supervisory control. He pointed out that using eye tracking and SA-based guidance could have impact on safety. However, he stated that the trade-off between cost and value has to be kept in mind. Current eye tracking systems are very expensive. But if prices fell down the technique would be much more attractive for manufacturers. It would also add a new selling point to the company's portfolio.

4   Conclusions and Future Work

In this paper, we presented Supervisory Guide - an assistance system for SA-based guidance of visual attention for UAV swarm supervisory control. An evaluation of the Supervisory Guide prototype was conducted with three SMEs from the perspectives usability, human factors and UAV manufacturing to get an impression of the expectable user acceptance, safety impact and market potential. Overall, the results showed that Supervisory Guide increased mental demand but also improved SA. The interviews revealed that the SMEs think that SA-based guidance is a very interesting concept and that more research of this concept is desirable. The SMEs also provided valuable feedback to improve guidance of visual attention. The evaluation served as first proof-of-concept. In the future, we will investigate how guidance of visual attention could be improved. The experts gave a lot of valuable feedback how this could be done. Within an iterative design process we will improve our prototype along these results and prepare it for a user study with the target group to investigate the effects on SA.

Acknowledgements

We would like to thank the SMEs who participated in the evaluation and shared their knowledge with us. This research is conducted within the European project D3CoS and funded by ARTEMIS-JU and national authorities under grant agreement no. 269336.

References

Breznitz, S., 1984. *Cry Wolf: The Psychology of False Alarms*, Lawrence Erlbaum Associates.

Brian, H.H., Mclaughlan, B. & Baker, M., 2005. Swarm Control in Unmanned Aerial Vehicles. In *Proceedings of International Conference on Artificial Intelligence (IC-AI), CSREA*. Press.

Cummings, M.L. et al., 2013. Boredom and Distraction in Multiple Unmanned Vehicle Supervisory Control. *Interacting with Computers*, 25(1), pp.34–47.

Cummings, M.L., 2004. Human supervisory control of swarming networks. In *2nd Annual Swarming: Autonomous Intelligent Networked Systems Conference*. pp. 1–9.

Endsley, M.R., 1995. Toward a Theory of Situation Awareness. *Human Factors*, 37(1), pp.32–64.

Endsley, M.R., Bolte, B. & Jones, D.G., 2003. *Designing for Situation Awareness: An Approach to User-Centered Design*, Taylor and Francis.

Flemisch, F. & Onken, R., 1998. The Cognitive Assistant System and its Contribution to effective Man/Machine Interaction. *The Application of Information Technology (Computer Science) in Mission Systems*.

Frische, F. & Lüdtke, A., 2013. SA-Tracer: A Tool for Assessment of UAV Swarm Operator SA during Mission Execution. In *Proceedings of the IEEE Conference on Cognitive Methods in Situation Awareness and Decision Support (CogSIMA)*.

Getty, D.J. et al., 1995. System operator response to warnings of danger: A laboratory investigation of the effects of the predictive value of a warning on human response time. *Journal of Experimental Psychology*, 1(1), pp.19–33.

Just, M.A. & Carpenter, P.A., 1980. A theory of reading: from eye fixations to comprehension. *Psychological Review*, 87(4), pp.329–354.

Van de Merwe, K., Van Dijk, H. & Zon, R., 2012. Eye Movements as an Indicator of Situation Awareness in a Flight Simulator Experiment. *The International Journal of Aviation Psychology*, 22(1), pp.78–95.

Moore, K.S., 2009. *Comparison of Eye Movement Data to Direct Measures of Situation Awareness for Development of a Novel Measurement Technique in Dynamic, Uncontrolled Test Environments*. Clemson University.

Onken, R., 1999. The Cognitive Cockpit Assistant Systems CASSY/CAMA. In *SAE International*.

Parasuraman, R., Sheridan, T.B. & Wickens, C.D., 2000. A model for types and levels of human interaction with automation. *Systems, Man and Cybernetics, Part A: Systems and Humans, IEEE Transactions on*, 30(3), pp.286–297.

Ratwani, R.M., McCurry, J.M. & Trafton, J.G., 2010. Single operator, multiple robots: An eye movement based theoretic model of operator situation awareness. *2010 5th ACMIEEE International Conference on HumanRobot Interaction HRI*, (55), pp.235–242. Available at: http://ieeexplore.ieee.org/lpdocs/epic03/wrapper.htm?arnumber=5453191.

Salmon, P.M. et al., 2006. Situation awareness measurement: a review of applicability for C4i environments. *Applied Ergonomics*, 37(2), pp.225–238. Available at: http://eprints.soton.ac.uk/73745/.

Salvendy, G., 2012. *Handbook of human factors and ergonomics*, Wiley.

Taylor, R., Howells, H. & Watson, D., 2000. The Cognitive Cockpit: Operational Requirements and Technical Challenge. In P. McCabe, S. Robertson, & M. Hansen, eds. *Contemporary Ergonomics 2000*. CRC Press Inc, pp. 57–66.

Wickens, C.D. et al., 2009. False Alerts in Air Traffic Control Conflict Alerting System: Is There a Cry Wolf Effect? *Human Factors: The Journal of the Human Factors and Ergonomics Society*, 51(4), pp.446–462.

Contact

Florian Fortmann (florian.fortmann@offis.de), OFFIS – Institute for Information Technology Escherweg 2, 26121 Oldenburg, Germany

S. Boll, S. Maaß & R. Malaka (Hrsg.): Mensch & Computer 2013
München: Oldenbourg Verlag, 2013, S. 149–158

Sonify - A Platform for the Sonification of Text Messages

Florian Alt, Bastian Pfleging, Albrecht Schmidt

Institute for Visualization and Interactive Systems, University of Stuttgart

Abstract

Sonification of text messages offers a great potential for personalization while at the same time allowing rich information to be mediated. For example, ringtones are the major form of personalization on smartphones besides apps and background images. Ringtones are often used as a form of self-expression by the smartphone owner (e.g., using ones favorite sound track as standard ringtone), but also to identify the caller or sender of a message (e.g., the user knows who is calling without taking the phone out of the pocket). We believe this approach to be applicable to a wide variety of text messages, such as SMS, email, or IM. In this paper, we first present a web-based platform that allows user-generated mappings for text sonification to be created and managed. An API enables any application to send a text message and receive the sonification in the form of a MIDI file. To showcase the potential, we implemented an Android app that sonifies incoming SMS. Second, we evaluate the feasibility of our approach and show that sonified messages are equally effective as ringtones when conveying meta information.

1 Introduction

On polyphonic mobile phones, ringtones have long since become a central feature for personalization. Primarily, ringtones are used as a way of self-expression as well as to distinguish between different communication types (e.g., calls, SMS, or email). Incoming messages and calls can be easily linked to (groups of) contacts by assigning different ringtones, Currently, these ringtones are based on fixed audio files, such as (corporate) sounds and songs or personal recordings. The expressiveness of such ringtones is limited and the playback cannot adapt to the context of a message. However, it has been shown that audio can convey richer information, including the exact content of a message (e.g., Morse code). In addition, more abstracted information can be communicated, e.g., whether the message contains a question.

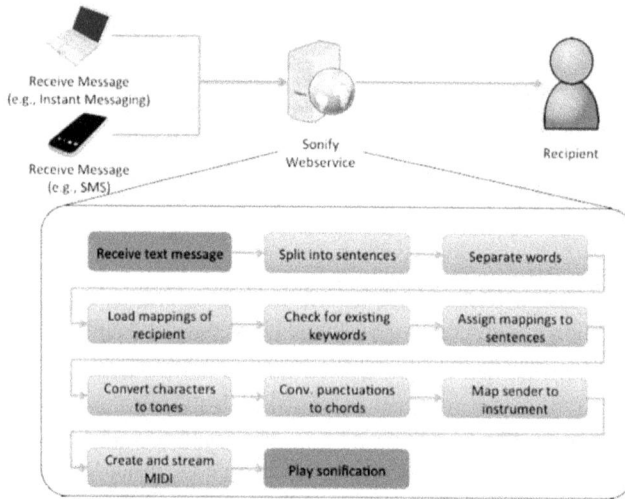

Figure 1: The sonification steps of our platform: an incoming message is first analyzed for keywords and then split into single characters. These characters are then mapped to tones, based on the keywords. Using different instruments, the sender can be encoded. Finally, a MIDI file is created from the sonification.

In this paper we present a platform that (1) extends this approach to arbitrary client applications dealing with sending and receiving messages and (2) enables users to generate personalized sonifications. We implemented the platform as a web-based service. External applications can send text messages using HTTP requests and obtain the sonification as raw data or MIDI file. Furthermore, it provides an interface for generating text-to-tone mappings. For encoding message information, the platform currently uses – but is not limited to – tonality (e.g., major, minor) and instruments (e.g., piano, violin). Further properties could include notes, rhythm, or velocity. In this way, not only expressive tones can be created, but users can also benefit from not having to immediately check a message's content anymore.

Interesting use cases for our approach include (1) mobile phones, which users carry with them throughout the day, (2) messaging clients used in situations where users are often engaged in other activities (e.g., at work/during sports) to make them aware of important information in a non-obtrusive, yet understandable way, (3) assistance for users with impaired view, and (4) cases where users want to personalize their phones as a form of self-expression while at the same time benefitting from additional information. The contribution of this paper is twofold:

- We present a platform that allows different mappings to be created using a web interface. These mapping can be created either by users or by (professional) composers. The platform provides an API that makes these mappings available for arbitrary clients, converts text messages into a musical representation, and sends the representation back to the requester.

- Based on an online study we show that it is possible to encode multiple types of (meta) information into the sonification. In particular we tested the approach with the origin of a message as well as with the intention.

2   Related Work

Communication of information in non-verbal ways has been researched for over 150 years. One of the most prominent examples was the invention of the Morse code in the early 1840s. The popularity of this rhythm-based character encoding system stems from the fact that it can be read by humans without any decoding device and due to its high learnability.

More recently, sonification – the use of non-speech audio to convey information – has been explored for different types of data. MUSART is a sonification toolkit, which produces musical sound maps to be played in real-time (Joseph & Lodha 2002). Walker et al. (2004) presented the Audio Abacus, an application for transforming numbers into tones. The Sonification Sandbox (Walker & Cothran 2003) allows auditory graphs to be created from data sets. An important application area is sonification for visually impaired users. In this context Petrucci et al. (2000) showed how to use sonifications in auditory web browsers to allow spatial information to be explored by means of an audio-haptic interface.

Furthermore, the use of earcons in computer UIs was explored by Hankinson (Hankinson & Edwards 1999). Brewster (Brewster et al. 1993) evaluated whether earcons provide effective means for communicating information.

Different research projects have focused on the sonification of synchronous and asynchronous messaging. Avrahami (Avrahami & Hudson 2004) augment a commercial IM client with a tool that estimates the type of instant messages and modifies the salience of those deserving immediate attention. The results reveal that modifying notifications can create a benefit for the users. Isaacs et al. (2002) introduced Hubbub, a sound-enhanced mobile instant messaging client, aiming at increasing background awareness by providing audio clues. Sahami et al. (2010) investigated the impact of abstracted audio preview of SMS. The authors report that this type of preview affects the reading and writing behavior of users – however the approach focuses on simple notification tones only. Shake2Talk (Brown et al. 2009) is a mobile messaging system that allows for creating messages through gestures and send them to other users via their mobile phones.

Finally, research looked into the aesthetics of sonification. Inspired by the AIM (Arts in Multimedia) project, Babble online (Hansen & Rubin 2001) sonifies browsing activity, trying to communicate information both clearly and in a well-composed and appealing way. Song (Song & Beilharz 2008) presented mapping strategies derived from an analysis of various sound attributes, allowing for better representation and access of information from complex data sets.

Prior work has shown different ways to sonify data for various applications. In contrast, we shift the power of creating sonifications to the user. We extended our initial sonification prototype (Pfleging et al. 2012) and show, that even with little musical knowledge, data can be sonified in a way that can convey information to the user in an understandable way. In order to do so we provide a platform that supports the user in creating mappings and enables arbitrary applications to sonify text-based data.

3   Key Idea and Concept

Prior work strongly focused on sonifications that are based on direct mappings between data and sound. In this way a direct translation of a message into tones can be achieved. Though this enables information to be precisely transmitted, the decoding process is usually difficult for humans and requires a lot of practice.

The novelty of our approach lies in creating a sonification that can be instantly made sense of as it conveys information beyond the 'raw' data. Such meta information may include the sender or the intention of a message. Much of this information can be extracted from the original message based on keywords. Sahami et al. (2010) showed that text messages, such as SMS, include a lot of recurring keywords, making our approach presented in this paper particularly useful for text messages such as SMS, instant messages, or emails. In addition we believe that allowing the sonification to be customized can further enhance the ease of use of our approach. In this way users could associate arbitrary sounds (e.g., a piano) with the meta information (e.g., their partner).

One challenge can be seen in the aesthetics of the sonification, which should be designed in a way that makes sonification sound pleasing to the user. Prior work investigated ways to create euphonic sonifications (Alt et al. 2010), yet with limited means for customization. Hence, our approach allows arbitrary mappings to be created to provide as much artistic freedom as possible.

Our sonification algorithm is depicted in **Fehler! Verweisquelle konnte nicht gefunden werden.**. Each user can create and use different mappings that allow different information to be distinguished: (1) Once a message is received, the text is split into sentences and words. (2) For each sentence, the system scans for keywords; the first keyword found determines the mapping to be used for this sentence. If no keyword is found, a user-defined default mapping is used. (3) For a specific mapping, each single character is mapped to a note according to the defined mapping. (4) Punctuation within a message is used to encode its intention (e.g., question) as chords. (5) Finally, using different instruments allows various senders to be distinguished.

4   Tools and Platform

The overall aim of our work is to provide a globally accessible sonification platform for arbitrary text messages and devices. In order to achieve this, we envision a highly flexible service that a user can be configure and customize. Implementing such a technology as a web service offers different advantages:

- The service can be integrated into different message clients (e.g., SMS/e-mail readers, instant messengers) and platforms with low effort. A message is forwarded to the service and the reply is a sonification.

- Sonification configurations (mappings) can be shared among different message sources (clients) for one user and even among users.

- Composers and artists get the opportunity to create and share (or sell) sound objects and sonification themes.

- Streaming the sonifications to the client application hinders the unauthorized distribution of paid content within the platform.

To make the functionality ubiquitously and easily available, we implemented a web-based platform to offer all mentioned services. The platform consists of a database, which stores both mappings and user preferences, the program logic for creating the sonification, and an API for external clients to access the platform. Additionally, the platform offers a composer for creating the mappings and a web interface to manage the user preferences.

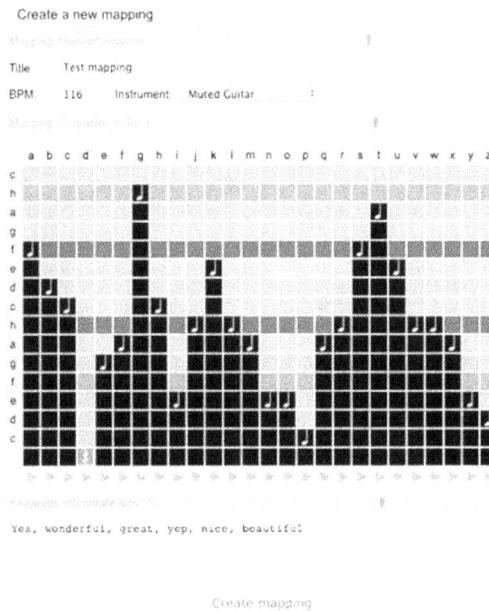

Figure 5: Web interface to create mappings for sonifications.

4.1 Composer: Creating Mappings

In order to allow different mappings to be created, an AJAX-based visual composer can be used to map characters to different notes. Figure 5 shows the interface of the composer: Each column represents one character and can be assigned to one of the notes shown in the rows on the left which represent a C major diatonic scale. By holding down the mouse button, the assignment between character and tone can smoothly be created.

As creating mappings that sound pleasing to humans is challenging and requires musical knowledge, we support users by highlighting tones (blue), which form a pentatonic scale, if selected together. Such a pentatonic scale can simply be created by combining five quint-related tones (e.g., C, D, E, G, and A). Their use is highly popular in western music as they create highly euphonic melodies. Besides the main task of mapping characters to notes, a title, information on velocity, and a default instrument need to be defined. Additionally, the author of a mapping can freely assign keywords to this mapping, which activate this mapping if they occur in a sentence. To test a mapping, the user / designer can enter a test phrase and apply the current mapping to this message.

4.2 API

The platform provides a very simple API for encoding messages. The requesting client sends an HTTP post request which passes six parameters: username, password, the message to be encoded, the preferred response type, the message type, and information about the sender of the message. The platform then returns either a MIDI file or a link to the file on the platform with almost no delay.

4.3 Web Client: Personalized Mappings

A web client serves two tasks: first, it can be used to *manage the mappings*. In a first step, the user can select mappings from a list for his account. In a later version, these mappings could, e.g., be bought for a small fee. In a second step, the user defines the mappings he wants to activate. These mappings are then used to sonify an incoming text message. One of the mappings serves as a *default mapping* in cases where no keywords are contained in a message (cf. section `Key Idea and Concept'). Second, the user can *assign instruments* to the mappings. In this way, further meta-information, such as the message sender, can be encoded. Currently, the user can select from a list of pre-defined instruments. Further properties could be added in order to encode additional information in a later version (e.g., tonality, velocity, rhythm).

4.4 Mobile App

To showcase the potential of the platform we created an Android app (running as a background service) that sonifies incoming SMS. As it receives a new text message, a BroadcastReceiver extracts the incoming message and transmits the name of the sender as well as the text to our web service. The web service decomposes and encodes the message as a MIDI file and sends it back to the phone.

5   Evaluation

As a proof-of-concept we evaluated our approach in a user study with the aim to investigate whether people could extract meta-information, such as the identity of the sender or the message intention.

5.1 Setup

For the study we had a student (22, male, non-musician) create a pentatonic mapping using our composing tool. As meta-information we used (1) the sender, who was encoded in the used instrument (we used a piano, a xylophone, and strings) and (2) the intention of a message (we encoded the following messages: *"Are you available tonight?"* (question), *"Yes, see you later."* (positive intention), and *"No, today does not work for me."* (negative intention). The mappings were designed in a way, such that playing back a message on a major scale represented positive intentions, a mapping played back on a minor scale represented negative intentions, and a sept chord in the end represented a question. Standard ringtones were used as a baseline.

To reach as large an audience as possible, we designed the evaluation as a web-based study. We created a website where users were presented different sonified text messages and then had to decide which meta-information was encoded in the message (within subject design). Messages were prerecorded (Flash) to make sure the sonification sounded equal for every participant. We recruited the participants via mailing lists and Facebook.

5.2 Procedure

In an initial questionnaire, we first asked the users for demographics (gender, age, profession, musical knowledge).

5.2.1 Extracting Single Meta Information

In the first part, participants were presented 3 ringtones and 3 instruments that could be separately played back via a button as often as they wanted. They then had the task to exclusively assign one ringtone and one instrument each, respectively, to three people they frequently communicate with, e.g., their partner, their best friend, or a family member. After the mapping from persons to ringtones and instruments was finished, a training phase allowed the participants to practice guessing the right sender as often as they wished. We then presented a set of 8 audio files to them, each of which contained either a melody played with the instrument or a ringtone, in randomized order. Each set contained all 3 ringtones and melodies from all 3 instruments plus 2 random audio files in order to prevent users from counting which instruments or ringtones had already been presented. The duration of the melodies was around 6 seconds, for the ringtones around 4 seconds. For each melody or ringtone the users then had to decide which sender had sent the message.

5.2.2 Extracting Multiple Meta Information

In the second part participants were explained the different intentions (positive, negative, question) and how they are encoded (major pentatonic scale, minor pentatonic scale, sept chords). We provided examples as well as an arbitrary training phrase. Then, similar to the first part, we presented the participants a set of audio files, which they had to decode. The participants had to decide for each audio file (1) who the sender was and (2) what the intention was. Overall 9 different audio files were used (3 senders x 3 intentions). Similar to the first study, we added 3 fake sonifications to prevent users from counting combinations. The order was again randomized and the melody duration was around 7 seconds. No ringtones were used in this part.

5.3   Results

In total, 55 people participated in the study (avg. age=25.9 years, 40 males, 16 musicians). First, we looked at how many participants can *correctly identify the sender*. We found that for our sonification 73.6 % of the participants give the correct answer (81.4 % for the ringtones; difference non-significant; chi square: (I, 250)=2.2, p>0.05). No differences between musicians and non-musicians and male and female were found.

As the participants had the opportunity to replay the melodies as often as possible, we looked at *how often the participant listen* (click the playback button), as this can be seen as a measure for the difficulty of the task. Overall, participants listen to the sonification 129 times (ringtones: 120 times). We found that 75.8% of the participants make their choice after they have once played back the sonification (89.1% for the ringtone). Furthermore, we looked at *how quickly users make the decision*. We found that for the sonifications, the average duration is 5.38 s, SD=6.50 s (ringtone: avg. duration=4.90 s, SD=3.26 s). Note that these numbers include the playback time of the melody and ringtone as we are not able to determine whether the users listened to the entire melody or not.

Overall we did not observe any significant differences between ringtones and sonification. Similarly, there were neither significant differences between each of the three ringtones nor between each of the three different sonifications with regard to correct answers, number of playbacks, and time required for making a decision.

For the second part of the study we again tested how many participants can *correctly identify the meta-information*. For the message sender, 73.0% of the participants give the correct answer, which is in line with the first part of the study. For the message intention 72.7% of the participants can correctly identify whether the intention was positive (71.9%), negative (70.0%) or a question (76.4%). However, there is quite a large increase in the duration until people made their decision (8.86s), which suggests an increase in cognitive load.

6   Limitations

Currently, popular songs are typical choices for ringtones. Songs of featured artists are used to identify callers but at the same time are statements of self-expression. With the use of mappings instead of pre-recorded songs the recognition effect of a song is lost. However, as composers offer characteristic mappings (e.g., a Hard Rock mapping), these may become a similar form of self-expression.

In its current form the approach is limited to single character-to-tone mappings, which requires a rather difficult learning process, as each mapping is different. Future versions could further abstract messages or provide easy-to-learn mappings.

We deliberately used simple keyword spotting to detect the intention of a sentence as a proof of concept. There is a body of work that looks into text mining and text understanding – however this was not at the center of our research but it should be considered for a real-world installation. Additionally, our current server-based generation of sonifications was implemented to facilitate sonifications for a multitude of systems. A future release might allow sonifications to be generated locally if mappings are transferred to the client. Thus, sonifications can be generated offline without sending messages to a server to preserve the users' privacy.

7   Conclusion

In this paper we presented a platform that allows (1) user-generated mapping for the sonification of text messages to be created and (2) arbitrary clients to sonify text messages using a web-based API. Both 'raw' information as well as abstract meta data can be conveyed. Sonification is not limited to a single mapping but users as well as composers can create and share their own mappings, hence catering to mobile phone users' needs for self-expression. To show the utility of the platform we implemented an Android app that runs in the background and provides sonifications for incoming SMS.

An initial web-based study did not reveal any significant differences in accuracy and the time required to extract meta-information between (state-of-the-art) ringtones and our sonification approach. This suggests that our approach could easily be used as a substitute for such standard ringtones allowing at the same time for conveying additional information. However, the increase in time it takes to make a decision about the information also suggests an increased cognitive load.

We believe the approach to be applicable to a wide variety of application domains (including SMS, email, instant messages, Twitter feeds, Facebook posts, etc.) and devices (smartphones, tablet, laptops, etc.) – in general for any text message that is of personal interest to a user. Due to the unobtrusive nature we believe the approach to also be applicable in public or semi-public settings. Future work could investigate the approach in the long term, focusing on extracting more fine-grained information, such as the literal message. Furthermore we are interested in the impact on user experience, which meta-information users find particularly valuable, and how this information is encoded best.

Acknowledgements

We thank Erhan Eroglu for his help with implementing the system and during setting up and conducting the user study.

This project was sponsored by the German Research Foundation (DFG) in the Cluster of Excellence in Simulation Technology (EXC 310/1) at the University of Stuttgart.

References

Alt, F., Shirazi, A., Legien, S., Schmidt, A. & Mennenöh J. (2010). Creating meaningful melodies from text messages. In *Proc. of NIME 2010*. New York, NY, USA: ACM, p. 63–68.

Avrahami D. & Hudson, S. (2004). Qna: augmenting an instant messaging client to balance user responsiveness and performance. In *Proc. of CSCW '04*. New York, NY, USA: ACM p. 515–518.

Brewster, S. Wright, P. & Edwards A. (1993). An evaluation of earcons for use in auditory human-computer interfaces. In *Proc. of INTERACT '93*. New York, NY, USA: ACM, p 222–227.

Brown, L., Sellen, A., Krishna, R., & Harper R. (2009). Exploring the potential of audio-tactile messaging for remote interpersonal communication. In *Proc. of CHI '09*. New York, NY, USA: ACM, p. 1527–1530.

Hankinson, J. & Edwards, A. (1999). Designing earcons with musical grammars. ACM SIGCAPH Computers and the Physically Handicapped (65, Sept. 1999): p. 16–20.

Hansen, M. & Rubin, B. (2001). Babble online: applying statistics and design to sonify the Internet. In Proc. of ICAD '01, p. 10–15.

Isaacs, E., Walendowski, A. & Ranganthan, D. (2002). Hubbub: A sound-enhanced mobile instant messenger that supports awareness and opportunistic interactions. In *Proc. of CHI '02*. New York, NY, USA: ACM, p. 179–186.

Joseph, A. & Lodha, S. (2002). Musart: Musical audio transfer function real-time toolkit. In Nakatsu, R. & Kawahara, H. (Ed.): *Proc. of ICAD '02*. Kyoto, JP: ATR, p. 64-69.

Petrucci, L., Harth, E., Roth, P., Assimacopoulos, A. & Pun, T. (2000). Websound: a generic web sonification tool, and its application to an auditory web browser for blind and visually impaired users. In Cook, P.R. (Ed.): *Proc. of ICAD '00*, p. 2–5.

Pfleging, B., Alt, F. & Schmidt, A. (2012). Meaningful Melodies: Personal Sonification of Text Messages for Mobile Devices. *In Proc. of MobileHCI '12*. New York, NY, USA: ACM, p. 189–192.

Sahami Shirazi, A., Sarjanoja, A., Alt, F., Schmidt, A. & Häkkilä, J. (2010). Understanding the impact of abstracted audio preview of SMS. In *Proc. of CHI '10*. New York, NY, USA: ACM, p. 1735–1738.

Song, H. & Beilharz, K. (2008). Aesthetic and auditory enhancements for multi-stream information sonification. In *Proc. of DIMEA '08*. New York, NY, USA: ACM, p. 224–231.

Walker, B., & Cothran, J. (2003). Sonification sandbox: A graphical toolkit for auditory graphs. In Brazil E., & Shinn-Cunningham B. (Ed.): *Proc. of ICAD '03*. p. 161–163.

Walker, B., Lindsay, J. & Godfrey, J. (2004). The audio abacus: Representing a wide range of values with accuracy and precision. In Barrass S. & Vickers, P. (Ed.): *Proc. of ICAD '04*.

Contact Information

Florian Alt, Bastian Pfleging, Albrecht Schmidt
Institute for Visualization and Interactive Systems, University of Stuttgart
Pfaffenwaldring 5a, 70569 Stuttgart, Germany
{firstname.lastname}@vis.uni-stuttgart.de

S. Boll, S. Maaß & R. Malaka (Hrsg.): Mensch & Computer 2013
München: Oldenbourg Verlag, 2013, S. 159–168

Look without Feel – A Basal Gap in the Multi-Touch Prototyping Process

Georg Freitag, Michael Wegner, Michael Tränkner, Markus Wacker

Informatik/Mathematik, Hochschule für Technik und Wirtschaft - Dresden

Abstract

Prototyping a user interface is an important workflow step to establish the *look & feel* of an application in early development. We discuss a model for this process and show that, currently, it is heavily skewed toward the *look* aspect. This could prove to be a problem when designing highly interactive natural user interfaces, which put a stronger emphasis on the *feel* of an application. In order to thoroughly analyze this gap we compare eight current prototyping tools, by using a multi-touch application scenario. From this evaluation we derive requirements for a tool more suited towards multi-touch prototyping.

1 Motivation

Each application comes with its own *look* and *feel,* carefully implemented by its designers. The *look* describes the appearance of an application, which is not necessarily restricted to properties like layout or color but can also include visual aspects of interactions. The *feel* of an application is described by its interactive behavior. This contains actions the user can take, response to input, and interaction cues like feedback and feed-forward. Nowadays, with increasing interactivity of applications there is a noticeable shift in relevance towards the *feel* aspect. This finding is particularly true for so called *natural user interfaces*, which use dynamic gestures and full body involvement instead of simple point&click interactions.

Unfortunately, prototyping currently is dominated by the *look* from the very first moment. Sketching a user interface is more *look* than *feel.* Creating a wireframe or a paper-prototype focuses more on the *look* than the *feel*, since it represents the abstract user interface of a future application without any interactive parts. Later prototypes include "interaction" as series of linked pictures or require the scripting of simple behaviors. Both neglect the importance of designing interactions during the complete process of prototyping, which is especially relevant for multi-touch applications. Here, user interface elements are highly interactive, can influence the behavior of other elements, and demand a high level of activity from the user.

In this paper, we will show that the latest and most common prototyping tools put too much focus on the *look* and create prototypes with little to no *feel.* To verify this we created a prototyping scenario, which was used to rate the tools. Based on these findings and factoring in the strength of each tool, we derive necessary characteristics of prototyping tools that put a stronger emphasis on the *feel* aspect. The outline of this paper is as follows: First of all, we describe the process of prototyping, its advantages, forms, and phases in chapter 2. In the next chapter we discuss related work, describe our test multi-touch scenario, and explain our list of basic and extended criteria. In chapter 4 we evaluate the eight presented prototyping tools and discuss the results for the individual criteria as well as our overall observations. We conclude with the definition of requirements for an ideal multi-touch prototyping tool and give a short outlook of what such a tool could look like.

2   Prototyping

All software development models organize the development process into different phases, like collection of requirements, implementation, or testing. The more recent of these models (e.g. Extreme Programming or Unified Process) embed these steps into an iterative process in which experience from previous passes is directly incorporated into the next one (Anderson et al. 2010, p. 254). This approach can also be adapted to the development of an application's design and user interface. In this case, prototyping is not about presenting a first solution to a design problem, but to support the analysis of that problem (Adenauer & Petruschat 2012, 17). Nielsen (Nielsen 2001) places special emphasis on this early phase because, at this stage, ignorance can lead to substantial danger. Development could miss the central problem or only create a local (very specific) instead of a global maximum (Dix 2007, 220ff.). As one solution to this problem Nielsen proposes parallel design, in which multiple designers tackle a problem at the same time. Every one of them works alone and only in the subsequent step, the individual results are unified into a concept that can be further refined.

We concentrate on the development process for multi-touch applications and adopt the above approach for our own model, which consists of four phases (cf. Figure 1): We start with the orientation, the analysis of the problem and inception of a solution. The next phase is the concentration, where ideas are collected and iteratively refined. The third phase is the implementation of the proposed solutions, which finally leads to the last step, the optimization of specific aspects of a prototype. Each of these phases can be iterative, consisting of multiple cycles or may seamlessly shift into the next phase. Every cycle consists of the following steps: analysis, interaction design, user interface design, prototyping and evaluation. These steps are interconnected and strongly influence each other. The duration of a cycle generally gets longer with every repetition as all steps become more and more complex.

When looking at prototyping, we differentiate between two aspects, namely the process itself and the resulting product. Optimizing the process as described in (Adenauer & Petruschat 2012, 17ff.) is particularly important in the first two phases of our model. Since here the main objective is problem analysis and looking for solutions, the process has to be streamlined for collaboration so that ideas and skills of the entire team can be utilized effectively (Schrage 2000, 28). The product of the process or artifact (Adenauer & Petruschat 2012, 27) has priority during the implementation phase, when the *look* and the *feel* of an (MT-) application are being defined. When building these prototypes the economic principle of prototyping should be respected (Lim et al. 2008), meaning that a representative result should be reached with as little effort/cost as possible.

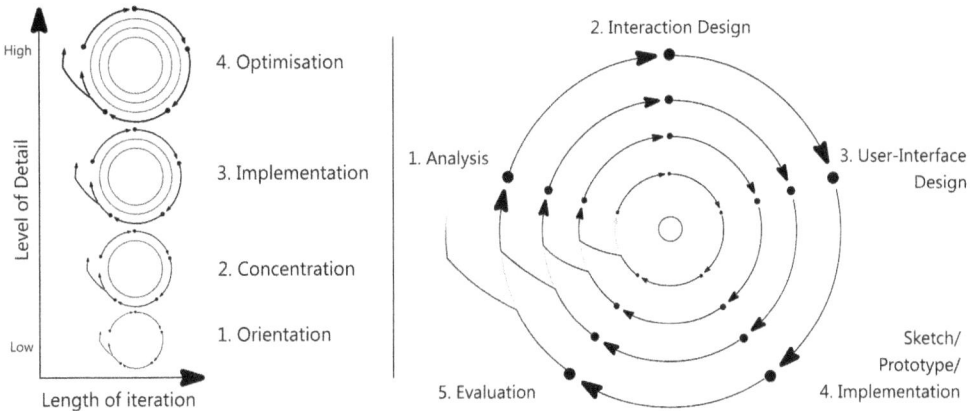

Figure 1- Left: The four steps of the development process; Right: The five phases of the iteration cycle that occur in each step.

From these thoughts, we derive the following requirements in particular for multi-touch prototyping tools: They should promote communication between team members and help document the development process. Furthermore, owing to the iterative nature of the process, these tools should enable to switch between different versions of a prototype. Since early iterations are very fast, creation of initial prototypes needs to be simple, without cumbersome complexities that may only be important in later iterations. Additionally it should be possible to concentrate on core elements of the scenario (Anderson et al. 2010, p. 243), which in the case of multi-touch applications means to focus on the *feel* & *look* instead of the other way around.

3   Evaluation Criteria

Before creating our own list of evaluation criteria we studied the approach of similar works. Grigoreanu et al. (Grigoreanu et al. 2009) analyzed needs and wants of interaction designers, concluding their work with 20 requirements of an interaction design tool as diverse as flow, usability or testing. It should be noted that flow and *feel* were ranked as the most important needs, confirming that interactivity is highly relevant in modern user interface design. Wu et al. (Wu & Graham 2002) use their model of different work styles when comparing and rating different tools and techniques typically used in the first steps of a software project. Their collaboration style emphasizes teamwork while their artifact style is more concerned with early states of the process and reusability of first concepts. Campos & Nunes (Campos & Nunes 2007) work with three categories in their tool comparison: notation – the concreteness of an artifact, collaboration - the way teams cooperate, and tool-usage – the usage of a tool itself. The compared tools were arranged in a usefulness-usability diagram to highlight the best of each category. Finally, Bergh et al. (Bergh et al. 2011) used the "GRIP Framework" to compare twelve prototyping tools. They draw special attention to aspects of prototyping that are very rudimentarily or not at all implemented in current tools, like the integration of sketches and components into the prototype or the ability to reuse parts of a prototype later on. All these papers helped us select our own categories and get an idea of the relevant aspects of prototyping tools.

3.1   List of Criteria

In the next step we assembled our own list of criteria, which we evolved from previous surveys (Campos & Nunes 2007, Wu & Graham 2002, www2). We refined the list by selecting prominent properties that were present in all the other surveys or by condensing multiple criteria into one for simplicity. We also introduced new criteria, if they seemed especially relevant to the scenario (e.g. gestures). As introduced in chapter 2, where we distinguished between the process of prototyping and the prototype itself as the product of this process, we classify the criteria into two dimensions – process and artifact.

3.1.1 Process dimension

Usability – Usage of the prototyping tool should be intuitive and direct, meaning it should be possible to work with the tool solely by using previous knowledge and to directly manipulate objects and values without having to navigate through complex menu systems or deal with different states of the user interface.

Collaboration – The ideal tool enables team members to cooperate in the same place at the same time (for example in a whiteboard scenario). Still, any feature that promotes working together, like a comment function or sharing screens, increases the collaboration score.

Ubiquity – This requirement goes beyond the precondition of multi-operating system support. Members of a team may work everywhere, every time, alone, or in groups. The aim is to let users choose their own work style instead of restricting them.

Versioning – The comparison of the different versions of prototypes is a central aspect of the prototyping process. To facilitate this process a prototyping tool should have a versioning system which easily supports the matching of *look & feel* over different iterations.

3.1.2 Artifact dimension

Gestures – The tool should include gesture support (e.g. pinch to zoom) as one of its main elements. Without gestures only the creation of restricted and static prototypes is possible, which are not sufficient to convey the *feel* of an application.

Interdependence – To simulate the *feel* of an application, the implementation of gestures alone is not enough. The visual elements of a user interface must be connectable to the gestures and be able to react to input by switching to other screens or states or by being directly manipulated themselves (e.g. rotation or zoom).

Behavior – It should be possible to define animations for screen transitions or single visual elements and to trigger these animations or other events using custom conditions.

GUI-Elements – Components or GUI-Elements are the basic modules of a user interface. Prototyping Tools should give the user the control to add, remove, or manipulate them. Furthermore, GUI-Element's appearance should be changeable.

Code- and structure-generation – Ideally, it should be possible to reuse parts of the prototype for the implementation, by exporting code or structure information as outlines.

3.2 Application Scenario

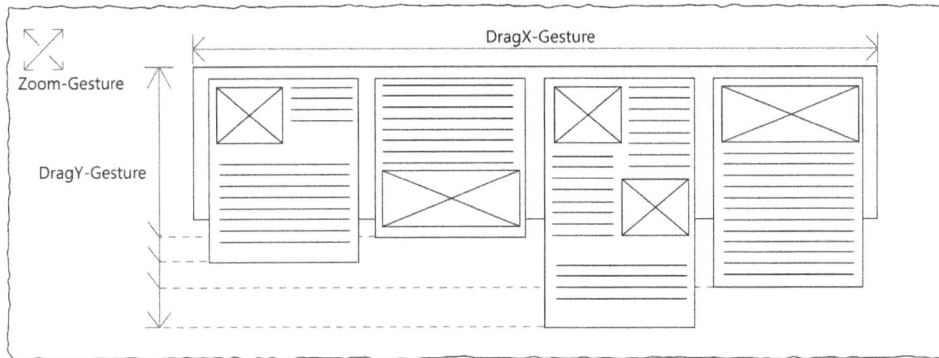

Figure 2 – Sketch of the digital newspaper scenario we used for evaluation

To rate the chosen prototyping tools (cf. chapter 4) consistently, a simple scenario of a digital newspaper application was used. The scenario is structured into two screens. The first screen contains the main news bar, which allows horizontal scrolling through a list of news blocks, each with a set of media elements (cf. Figure 2). The content of these news blocks can be scrolled vertically and a single block can be focused by using pinch to zoom. This screen also contains an additional scrollbar at the very bottom and an expandable menu with three entries: 'Info', 'Options', and 'Logout'. Tapping 'Options' takes the user to the second screen, which shows a list with all subscribed news feeds. By tapping an entry the user can subscribe or unsubscribe. After finishing the selection, users navigate back to the home screen by a separate button. This simple scenario nonetheless contains all the elements for testing the artifact criteria (especially gestures, interdependence and behavior). The process criteria were evaluated while building the scenario with the different tools as well as through further study of these tools' documentation.

4 Evaluation

Before we could start testing, using the scenario we just described, we had to choose the prototyping tools we wanted to evaluate. Initially, we assembled a list of 40 test candidates, which included not only specific prototyping software, but also tools that can be extended to serve this purpose. These included special template libraries for PowerPoint, Keynote or Visio as well as authoring environments like Blend or Flash, which might be used to create quick mockups. All 40 candidates underwent a quick pretest to gain a first glimpse into their abilities, before we selected eight tools for extensive evaluation. Our aim was to get a good representation of available prototyping tools, so we tried to take as many criteria as possible into account. We chose both very complex and very simple tools. Some of our choices are more suited for low-fidelity prototyping while others are more suited for high fidelity proto-typing. Another important factor was the working environment of the tools, so we chose two classical Windows applications, two mobile applications (running on a third generation iPad) and four web-based solutions. It should be stressed that we did not pick tools based on the evaluation criteria (e.g. do they support gestures or not), since we did not want to influence the outcome in one way or the other. The tools we finally chose were *Axure* (www.axure.com), *Balsamiq* (www.balsamiq.com), *Blueprint lite* (available at itunes.apple.com), *FluidUI* (www.fluidui.com), *HotGloo* (www.hotgloo.com), *JustInMind* (www.justinmind.com), *Mockups.me* (mockups.me) and *Proto.io* (proto.io). Every tool was used to recreate our scenario and analyzed with respect to the established criteria. We conducted the study with the help of a group of colleagues, by testing the tools and discussing the results amongst ourselves. We will now summarize the outcome of our study for every criterion separately, comparing the performance of the different tools.

Usability – As would be expected, usability was mainly connected to the complexity of the tool. Simple tools that are designed for quickly creating throw-away prototypes (cf. Dix 2007, 241ff) were easy to handle. *Balsamiq, HotGloo, Mockups.me, FluidUI* and *Blueprint lite* fall into this category. *Proto.io, Axure* and *JustInMind* allow for the creation of more complex prototypes with richer interactions and more depth. Naturally this means a longer learning period before a user can effectively work with these tools.

Collaboration – Collaboration support varies heavily among the tools. *FluidUI* offers no collaboration features whatsoever and *Blueprint lite* merely allows to share the created files with other users of the app. *Axure* only facilitates cooperation through a versioning system – apart from notes when committing changes there is no possibility for communication. All the other tools allow inviting cooperators to review and comment on prototypes. Some even allow assigning roles like designer or evaluator or offer functions for testing prototypes with larger groups. *HotGloo, Mockups.me* and *JustInMind* allowed for actual parallel cooperation of multiple users on a single prototype at the same time, albeit with each user working from his own device.

Ubiquity – Only *Balsamiq* and *Mockups.me* are developed as HTML 5 applications, running on each device with the same *look* and *feel*. Additionally both tools are also available as offline apps, meaning they do not require an internet connection. All the other tools have the disadvantage of being either specialized for specific platforms (*Axure, JustInMind, Blueprint lite*) or being restricted to exclusive online work (*FluidUI, HotGloo, Proto.io*).

Versioning – *FluidUI* and *Blueprint lite* provide no possibilities for creating different versions of a prototype. *Proto.io, HotGloo* and *Mockups.me* automatically save their projects in intervals. However, since versions are only distinguishable by their timestamps, it is very tiresome to find a particular file. *Axure* actually provides a sophisticated versioning system, with capabilities to check-out and commit different parts of a prototype. *Balsamiq* and *JustInMind* have more user-friendly versioning systems. Both automatically store different states of a prototype just as the other tools. But through preview images and lists of changes, working with revisions is made much easier.

Gestures – Some tools offer no support for gestures at all (*Balsamiq, HotGloo, Mockups.me, Axure*), making them unsuitable for prototyping touch applications. The other tools have small libraries for basic touch gestures. All four (*FluidUI, Blueprint lite, JustInMind, Proto.io*) support tap, tap hold and swipes with only *JustInMind* additionally providing rotate and pinch gestures. It must be stressed, however, that these gestures are only recognized as singular events and therefore cannot be used to simulate continuous input like scrolling through a text. Only *Proto.io* and *Axure* offer solutions to this problem, by having the ability to make containers scrollable in *Proto.io* and by using mouse move events in *Axure*.

Interdependence – Half of the tools (*Balsamiq, FluidUI, Blueprint lite, Mockups.me*) only allow to statically link different screens of a prototype. The other tools (*Proto.io, Axure, HotGloo, JustInMind*) offer more possibilities for defining relationships between elements, some even enabling the user to string together multiple of these relations into chains simulating very complex interactions.

Behavior – *Balsamiq* and *Mockups.me* offer neither the ability to animate elements nor to define conditions for interactions or events. *FluidUI* and *Blueprint lite* at least offer transitional animations between the different screens of a prototype. Complex animations like moving or fading elements are supported by both *Proto.io* and *Axure*. *Axure* as well as *HotGloo* and *JustInMind* also allow for the definition of conditions that trigger animations or transitions.

GUI-Elements – Visual fidelity of elements differs between very basic wireframes (*Balsamiq, HotGloo*) and detailed designs emulating the styles of specific platforms (*Blueprint lite*). Most tools (*FluidUI, Proto.io, Axure, Mockups.me, JustInMind*) have extensive libraries with designs for multiple systems, letting the user decide the level of detail needed for their prototype. Customization capabilities are very different across the tools. Most allow for basic actions like changing background colors or size, while *JustInMind* enables reskinning of elements by using a custom placeholder image.

Code- and Structure-Generation – No tool was able to create code directly from the prototype. However, *Balsamiq* can export structure information in xml format for later use. Additionally the *Balsamiq* file format is supported by many other prototyping tools, further enhancing reusability. Some tools (*FluidUI, Proto.io, Axure, JustInMind, Mockups.me*) support the generation of html-Files, which might be reusable by experienced users.

Of the eight tools only *Axure* and *Proto.io* were able to completely recreate our scenario as a working prototype. All the others fell short, mostly because they were unable to provide the necessary gestures or animations required for our highly interactive requirements. Still, not even the tools fit for the scenario could convince in every aspect as our in depth analysis of the test will show. In an extended overview, we summarized the result of our tool evaluation in Figure 3 (left). We rated each criterion on a scale from zero to two: Not- (-), partially- (+), and completely-fulfilled (++). Based on this system, each prototyping tool got a rating score for each dimension. We also recommend a suitable development phase from our model of the prototyping process (cf. Figure 1, left) for every tool.

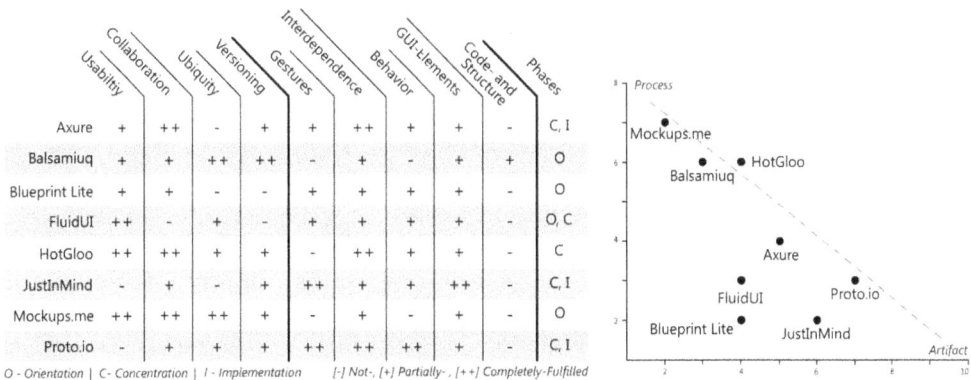

Figure 3 – Left: Evaluation overview; Right: Artifact-Process diagram

Referring to the classification of tools in a usefulness-usability diagram in (Campos & Nunes 2007), we used the rated scores as coordinates for a process and artifact diagram (Figure 3, right). Here, the x-axis maps the artifact score to a maximum of 10 points, while the y-axis maps the score of the prototyping process up to 8 points. The tested tools are allocated on a straight line from the middle up to the left corner. It is apparent that the actual tools are heavily focused on some specific aspect of the prototyping process. Tools like *Balsamiq*, *Hot-Gloo*, or *Mockups.me*, which are located in this upper corner focus more on the process itself than on the artifact. All other tools are more oriented towards the prototype and its functionality, especially *Proto.io* and *JustInMind*. However, all tools are ranked more or less in the middle or in the upper left corner of the diagram. No tool reaches a top result for the prototype or a high rating for both dimensions combined.

5   Result and conclusion

First and foremost we learned from our evaluation that in order to build good mock-ups of multi-touch applications a prototyping tool has to primarily fulfill the requirements of the artifact dimension. The process dimension itself is important in general but there are no fundamental differences between prototyping applications with classical user interfaces and prototyping natural user interface applications.

The primary aspects that contribute to the *feel* of a prototype are gestures and interdependence. However, both these aspects get complex quickly, providing a challenging task for anyone wishing to design a suitable prototyping tool. There are a high number of different gestures that need to be supported. The same is true for the various ways in which elements and gestures can be connected in modern UIs creating a maze of interdependencies. This contributes to the problem of having to find a suitable compromise between an easily usable tool and one which allows creating sufficiently complex results.

Gesture formalization languages like *GeForMT* (Kammer et al. 2010) could help increase possible gestures in such a prototyping tool, by allowing to combine gestures from a predefined set of basic movements like tapping, holding or drawing certain shapes. Add to this, the ability to define properties like finger count, length, duration or direction of a gesture and your gesture library should be extensive enough to cover most use cases. To satisfy the need for interactivity, the user interface elements have to be able to react in various ways to these gestures. Therefore, it has to be possible to freely map touch input to element properties as diverse as size, position, rotation or visibility. Defining the nature of the mapping is equally important, i.e. if input is used to continuously manipulate an object or if only complete gestures lead to state changes. In case an interaction is too complex to assemble, it should at least be possible to mimic it by using animations.

The next challenge is to fit the vast number of possible interactions we just described into a clean and usable interface and ensure that this interface does not become cluttered when a complex prototype is configured. This means finding the right balance between concentrating information on a single screen page and distributing this information between multiple pages. Being able to compartmentalize elements and interactions into groups and templates might also help to keep complexity in check.

After having identified these requirements our next goal is to integrate them into our *Liquid* framework (Freitag et al., 2011), in order to enhance its multi-touch prototyping capabilities. Due to its focus on the usage of interdependence and animation (*feel*), the use of data driven programming aspects (flow), and a simple UI-Editor (*look*), *Liquid* already performs well for the top three requirements that visual and interaction designers are looking for (Grigoreanu et al.2009). Furthermore, our tool focuses on interactivity in low-fidelity prototyping, which is an important step to bridge the gap that was shown in figure 3 (right). To further enhance the prototyping experience with *Liquid* we want to upgrade its versioning capabilities based on our own findings and the requirements of user interface designers described elsewhere (Carter & Hundhausen 2010). This means researching possibilities like displaying and editing multiple versions of a prototype at once, but also techniques for visualizing the evolution of a prototype or quickly evaluating different versions. After our expansion of *Liquid* we intend to test it thoroughly against state of the art prototyping tools to validate our results.

Reference List:

Adenauer J. & Petruschat, J. (2012). *Prototype!*. Berlin: Form+Zweck, 2012

Anderson, J., McRee, J. & Wilson, R. (2010). *Effective UI*. Sebastopol: O'Reilly (1.ed). 2010

Bergh, J., Sahni, D., Haesen, M., Luyten, K. & Coninx, K. (2011). *GRIP : Get better Results from Interactive Prototypes Expertise Centre for Digital Media*. EICS '11, New York: ACM, 143-148

Campos, P., & Nunes, N. (2007). *Towards useful and usable interaction design tools: CanonSketch. Interacting with Computers*. New York: Elsevier Science Inc., Interaction with Computers, Volume 19, 597-613.

Carter, A. & Hundhausen, C. (2010). *How is User Interface Prototyping Really Done in Practice? A Survey of User Interface Designers*. 2010, Washington: IEEE, VLHCC, 207–211.

Dix, A. (2007) *Human-comuter interaction*. London: Pearson (3.ed). 2007

Freitag, G., Kammer, D., Tränkner, M, Wacker, M., & Groh, R. (2011). *Liquid: Library for Interactive User Interface Development*. Mensch & Computer '11, Oldenbourg: Oldenbourg Verlag, 202-210.

Grigoreanu, V., Fernandez, R., Inkpen, K., & Robertson, G. (2009). *What designers want: Needs of interactive application designers*. 2009, Washington: IEEE, Symposium on Visual Languages and Human-Centric Computing (VL/HCC), 139–146.

Kammer, D., Wojdziak, J., Keck, M., Groh, R., & Taranko, S. (2010). *Towards a formalization of multi-touch gestures*. ITS'10, New York: ACM, 49-58

Lim, Y.-K., Stolterman, E., & Tenenberg, J. (2008). *The anatomy of prototypes*. TOCHI '08, New York: ACM, , 7:1-7:27.

Nielsen, J. (2001). *Usability Engineering*. San Diego: Morgan Kaufmann,, 2001

Schrage, M. (2000). *How the World's Best Companies Simulate to Innovate*. Havard: Business School Press, 2000.

Wu, J., & Graham, T. C. N. (2002). *Modeling Style of Work as an Aid to the Design and Evaluation of Interactive Systems*. In Christophe Kolsk & J. Vanderdonckt (Eds.), CADUI '02, 217–228.

www1. http://www.uie.com/articles/four_phases_prototyping version: 03/2013

www2. http://www.uie.com/articles/prototyping_tools version: 03/2013

Contact information

Georg Freitag (HTW Dresden), Email: Freitag@htw-dresden.de

S. Boll, S. Maaß & R. Malaka (Hrsg.): Mensch & Computer 2013
München: Oldenbourg Verlag, 2013, S. 169–180

Prototypen im Kontext be-greifbarer Interaktion besser verstehen

Thorsten Hochreuter[1], Kirstin Kohler[1], Mareen Maurer[1]

Mannheimer Software Engineering Institut, Hochschule Mannheim[1]

Zusammenfassung

In diesem Beitrag stellen wir ein Beschreibungsmodell vor, das zur Charakterisierung von Prototypen im Kontext be-greifbarer Interaktion dient. Es definiert Inhaltselemente von Prototypen auf Basis von Produkteigenschaften, die im Rahmen eines Konzeptionsprozesses für ein be-greifbares System bedacht werden müssen. Mittels des vorgestellten Beschreibungsmodells, können Prototype entlang verschiedener qualitativer und inhaltlicher Aspekte bzgl. ihrer Reichhaltigkeit beschrieben werden. Konkrete Prototypen lassen sich so durch ein Profil charakterisieren. Durch derartige Profile soll u.a. eine leichtere Vergleichbarkeit unterschiedlicher Prototypen ermöglicht werden. Dies wird anhand von einem Beispiel aus der Lehre verdeutlicht.

1   Einleitung

Die Bedeutung von Prototypen für die Gestaltung von User Interfaces ist weitläufig anerkannt. So greifen vielen Ansätzen, bspw. das User Experience Design (u.a. Buxton, 2007) und das Design Thinking (u.a. Dow, 2011), Prototypen als ein zentrales Artefakte auf. Ihre Verwendung ist dabei vielfältig: Prototypen werden zur Spezifikation bzw. Dokumentation, zur Exploration und zur Evaluation von Gestaltungsalternativen (Houde & Hill, 1997; Lim et al., 2008) eingesetzt. Betrachtet man die Methodenbeschreibungen in denen Prototypen eine Rolle spielen genauer, so ist offensichtlich, dass Prototypen sehr unterschiedlich im Erscheinungsbild sein können. Die Beschreibungen der Prototypen werden in aller Regel an den Materialien (z.B. papierbasiert) bzw. an den Werkzeugen (z.B. Photoshop) festgemacht und weniger an den Inhalten und deren Güte. Einen Hinweis zur Charakterisierung der Inhalte von Prototypen liefert der Begriff der Fidelity (dt. Wiedergabetreue). Im Software-Engineering findet häufig eine Unterscheidung zwischen Low-Fidelity (Lo-Fi) und High-Fidelity (Hi-Fi) Prototypen statt (z.B. Rudd et al., 1996 und Virzi et al., 1996), wobei Lo-Fi in der Regel papierbasierte und Hi-Fi computerbasierte Prototypen beschreibt. Auf welche Detailaspekte sich der Prototyp bezieht, bleibt hierbei jedoch unbeachtet. Besteht der Prototyp z.B. aus einem mit Photoshop ausgearbeiteten User-Interface-Konzept, ist nicht klar, ob dies nun ein Hi-Fi oder ein Lo-Fi Prototyp ist. Für die Einordnung als Hi-Fi Prototyp spricht, dass Icons und Farben mitunter sehr nahe am Endprodukt dargestellt sind. Für die Kategorisierung als Lo-Fi Prototyp spricht allerdings das Fehlen von Funktionalität, Daten und Interaktivität.

Aufbauend auf den Arbeiten von McCurdy et al. (2006) und Lim et al. (2008) möchten wir diese Unstimmigkeit in der Charakterisierung von Prototypen durch ein Beschreibungsmodell aufbrechen. Unser Modell reflektiert dabei unsere Sichtweise auf Design. Wir verstehen Design als Folge von Entscheidungen, die den Lösungsraum von der Idee bis zum fertigen Produkt zunehmend einschränken. Jedes Element des Modells wird durch eine oder mehrere Entscheidungen im Designprozess definiert und damit durch einen konkreten Wert belegt. Von der Idee zum fertigen Produkt werden immer mehr Variablenausprägungen definiert.

Das von uns in diesem Papier vorgeschlagene Modell, genannt Filter-Fidelity-Modell (FFM), erlaubt es Prototypen anhand mehrerer Dimensionen zu kategorisieren. Dadurch entstehen sogenannte Filter-Fidelity-Profile (FFP, siehe Abschnitt 4), grafisch darstellbare Profile von Prototypen. Das FFM und die zugehörigen FFP beschränken sich dabei nicht auf GUI Schnittstellen, sondern beziehen auch weiterführende (physikalisch motivierte) Interaktionsformen in die Betrachtung mit ein (z.B. Haptik oder Sound). Mittels besagter Profile sollen Prototypen untereinander besser vergleichbar gemacht werden. Der Abgleich eines Prototypen mit den FFP von vorherigen „bewährten" Prototypen ähnlicher Projekte bzw. innerhalb eines vergleichbaren Kontexts ist hier interessant. Hierdurch besteht die Möglichkeit angestrebte Ziel-FFP festzulegen, denen nachfolgende Prototypen gerecht werden müssen. Durch die später vorgestellte grafische Darstellung der FFP können Differenzen zwischen intendiertem FFP und dem tatsächlichen Prototypen auch optisch sichtbar gemacht werden. Des Weiteren dient das FFM dazu, einen Überblick über mögliche qualitative Eigenschaften von Prototypen aufzuzeigen, um als eine Art Checkliste den Umgang mit den Bestandteilen eines Prototyps expliziter zu machen. Bevor wir das FFM nun im Einzelnen erläutern, betrachten wir zunächst wesentliche, von anderen Autoren gelegte, Grundlagen zur Charakterisierung von Prototypen.

2   Charakterisierung von Prototypen

Der Begriff der Fidelity spielt eine zentrale Rolle bei der Charakterisierung von Prototypen. Mit der Fidelity beschreibt man die Reichhaltigkeit von Prototypen im Vergleich zum fertigen Produkt. Dabei versteht man unter Lo-Fi Prototypen jene, deren Reichhaltigkeit weit vom fertigen Produkt entfernt ist und unter Hi-Fi Prototypen solche deren Reichhaltigkeit sehr nahe am Endprodukt liegt. Nach McCurdy et al. ist die einfache Unterscheidung zwischen Lo-Fi und Hi-Fi Prototypen allerdings dann besonders schwer zu treffen wenn ein Prototyp auf einem Gebiet sehr weit entwickelt ist, auf anderen Gebieten jedoch nicht (McCurdy et al., 2006). Um dieser Problematik entgegen zu treten, führen McCurdy et al. (2006) den Begriff der „Mixed-Fidelity" ein. Während die Arbeit von McCurdy et al. sich konzeptionell an klassischen GUI-Anwendungen orientiert, liefern Lim und Kollegen einen Ansatz der auch Interaktionsformen miteinbezieht, die über bekannte GUI-Paradigmen hin-ausgehen. Dies äußert sich zum Beispiel in der Betrachtung der haptischen und akustischen Eigenschaften (Lim et al., 2008). Aufbauend auf der Arbeit von McCurdy et al., liefern Lim und Kollegen (2008) ebenfalls eine Charakterisierung von Prototypen anhand mehrerer sogenannter Filter-Dimensionen: die Dimension der Erscheinung, der Daten, der Funktionalität, der Interaktivität und der räumlichen Struktur. Diese Filter-Dimensionen bestehen in einer nächsten Detailebene aus einer Reihe von qualitativen Eigenschaften, genannt Variablen, die in der Summe die Qualität des Prototyps definieren. So ist beispielsweise die Farbe des User-Interfaces eine solche Variable, die durch eine konkrete Ausprägung mit Farbwerten definiert wird. Die Filter-Dimensionen und deren Variablen erlauben es dem Gestalter die Produktqualitäten, die durch den Prototyp abgebildet werden sollen, explizit festzulegen und gezielt zu betrachten, ohne das Ganze aus den Augen zu verlieren (Lim et al., 2008). Der Gestalter filtert also die Aspekte aus dem Gestaltungsspielraum heraus, die von Interesse und für die Beantwortung entsprechender Untersuchungsfragen relevant sind (Lim et al., 2008).

3 Entwicklung des FFM und der Profile

Der wesentliche Anknüpfungspunkt unseres Beschreibungsmodells an die beschriebenen Arbeiten ist die Auswahl und Definition der Variablen der erwähnten Filter-Dimensionen. Lim und Kollegen liefern hier nur eine beispielhafte Aufzählung von möglichen Variablen, ohne diese genauer zu spezifizieren bzw. deren Validität für reale Prototypen zu überprüfen. Im Rahmen des Projekts „ProTACT" haben wir unterschiedliche Prototypen unserer Projektpartner hinsichtlich ihrer statischen und dynamischen Eigenschaften untersucht. Hierbei haben wir die beteiligten Projektpartner (Designer, Informatiker, Psychologen) ihre eigenen, in vorherigen Projekten entstandenen, entlang der Filter-Dimensionen von Lim und Kollegen kategorisieren lassen. Ausgangspunkt waren die von Lim und Kollegen beispielhaften Variablen. Weiter haben wir dazu aufgefordert, zusätzliche Variablen zu nennen bzw. die beispielhaften Variablen von Lim und Kollegen zu hinterfragen und zu kommentieren. Die aus diesen Betrachtungen resultierenden Variablen wurden von uns anschließend durch Definitionen näher konkretisiert. Die Definitionen der Variablen sind dabei sowohl an Projekterfahrungen als auch an die Literatur angelehnt. Einzelne der erarbeiteten Variablen wurden von uns zusammengefasst, falls durch die Definition deutlich wurde, dass sie bereits durch andere Variablen abgedeckt sind. Des Weiteren schlagen wir vor, den Begriff der Reichhaltigkeit bzw. Fidelity nicht wie McCurdy et al. nur jeweils einmal für jede Dimension festzulegen, sondern jede Variable mit einer eigenen Skalierung für ihre Reichhaltigkeit zu belegen. Hieraus resultieren die zuvor erwähnten FFP. Die in Abbildung 3 beispielhaft dargestellten FFP resultieren aus drei unabhängigen von Experten durchgeführten Kategorisierungen.

4   Filter-Fidelity-Profile von Prototypen

Ein FFP beschreibt die Reichhaltigkeit der Prototypen in Bezug auf die Variablen der jeweiligen Filter-Dimensionen auf einer 5-Punkt-Skala von „nicht festgelegt" bis „ausgestaltet (vgl. Abbildung 3). Im Folgenden werden die Variablen der fünf zuvor erwähnten Filter-Dimensionen beschrieben. Insgesamt ist anzumerken, dass die Variablen in vielen Fällen eher eine summative Beschreibung der Prototypaspekte darstellen und weniger eine detaillierte Aufschlüsselung aller einzelnen konkreten Elemente. So gibt es bspw. nur eine Variabel, die eine Aussage über die Reichhaltigkeit im Bezug auf Farbe macht, obwohl der Prototyp eine weit größere Anzahl verschiedener farbiger Elemente besitzen kann.

4.1   Variablen der ‚Erscheinung' Dimension

Die Erscheinung eines Prototyps beschränkt sich nicht nur auf die visuelle Erscheinung, sondern bezieht auch die taktile und akustische Erscheinung mit ein. Gerade im Bereich begreifbarer Interaktionen dürfen Aspekte wie z.B. die Haptik eines greifbaren Objektes nicht einfach außen vor gelassen werden.

- **Größe:** die Variable der Größe beschreibt die Größe aller für den Prototothypen und sein Untersuchungsziel relevanten Elemente und auch ihr Größenverhältnis zueinander (vgl. Cooper et al., 2010) Von Bedeutung sind hier auch die Elemente, die eine variable Größe, beispielsweise durch Skalierung aufweisen und die entstehenden Veränderungen.

- **Farbe:** die Variable der Farbe beschreibt die Farbe aller Elemente, die für den Prototypen und sein Untersuchungsziel von Bedeutung sind. Zu dieser Variablen gehören auch Attribute wie der Gradationswert einer Farbe, Elemente wie Transparenz, Licht und Schatten sowie daraus resultierende Effekte.

- **Form:** die Variable der Form beschreibt die Formgebung der einzelnen Elemente, die für einen Prototyp von Bedeutung sind. „Ist es rund, quadratisch oder amöbenähnlich?" (Cooper et al., 2010).

- **Gewicht:** die Variable des Gewichtes bezieht sich auf das Gewicht von physikalischen Objekten. Dies können zum einen Schnittstellenelemente sein oder aber auch Devices.

- **Härte:** die Variable der Härte bezeichnet den Härtegrad des physikalischen Objekts und ist z.B. relevant bezüglich seines Druckverhaltens.

- **Haptik:** die Variable der Haptik beschreibt z.B. die Oberflächenbeschaffenheit und Texturen der für den Prototypen relevanten Elemente.

- **Sound:** die Variable des Sounds bezieht sich auf das akustischem Feedback. Beispielsweise die Auswahl von Tonsamples oder Lautstärke-Eigenschaften.

4.2   Variablen der ‚Daten' Dimension

Die Daten Dimension umfasst alle Aspekte die sich mit den eigentlichen Inhalten des Proto-typs beschäftigen. Beispielsweise welche Art von Daten vom Prototyp abgedeckt werden müssen und in welchem Verhältnis diese zueinander stehen.

- **Realitätsnähe der Daten:** die Variable der Realitätsnähe der Daten beschreibt ob es sich bei denen im Prototypen verwendeten oder dargestellten Daten um reale Daten um realis-tische Beispieldaten oder um reine Platzhalter handelt.

- **Informationsarchitektur:** die Variable der Informationsarchitektur beschreibt die Struk-tur, in welcher Informationen organisiert, gruppiert und angeordnet sind um sie einem Nutzer zu präsentieren und zu vermitteln (vgl. Garrett, 2012).

- **Datenmodell:** die Variable Datenmodell beschreibt die Struktur der zu verarbeitenden und zu speichernden Daten. Das Datenmodell beschreibt die Objekte des Anwendungs-kontextes und deren Beziehungen zueinander, wie sie bspw. in einem Klassendiagramm oder ER-Diagramm festgelegt werden.

- **Menge:** die Variable Menge beschreibt die Menge der für den Prototyp verwendeten Daten, zum Beispiel ob nur einige wenige Daten verwendet werden oder eine Anzahl die an das zukünftige Realszenario heranreicht.

- **Datentyp:** die Variable des Datentyps beschreibt den Typ der Information, beispielsweise ob es sich bei den Daten um Bilder, Texte usw. handelt und auch in welchem Format die-se Daten vorliegen (z.B. in mp3, avi, doc, ...).

4.3   Variablen der ‚Funktionalität' Dimension

Die Funktionalitätsdimension beschäftigt sich mit der Frage: Welche Funktionen werden im Prototyp realisiert und wie detailliert bzw. wie vollständig werden diese umgesetzt. Die fol-gende Variablen sind eine Gruppierung der McCurdy-Dimensionen „Breadth of Functionali-ty" und „Depth of Functionality" unter der Filter-Dimension Funktionalität nach Lim et al. (vgl. auch McCurdy et al., 2006). Durch dieses beiden Variablen lassen sich der Begriffe des horizontalen (ausgestalteter Funktionsumfang) und vertikalen Prototypen (ausgestaltetet Funktionstiefe) abbilden.

- **Funktionsumfang:** die Variable des Funktionsumfangs beschreibt die Funktionen, die im Prototyp realisiert werden.

- **Funktionstiefe:** die Variable der Funktionstiefe beschreibt wie detailliert, vollständig und nahe an den geplanten Produkteigenschaften diese Funktionen im Prototyp umgesetzt werden. Die Funktionstiefe bezieht sich dabei auf die Funktionalitäten, die im Funktions-umfang (siehe oben) bereits festgelegt sind.

4.4   Variablen der ‚Interaktivität' Dimension

Ein Produkt definiert sich nicht ausschließlich über statische Form- und Strukturaspekte, sondern setzt sich auch aus dynamischen zeitabhängigen Verhaltensaspekten zwischen den

Akteuren eines komplexen Systems zusammen (Cooper et al., 2010; Löwgren & Stolterman, 2004). Diese Aspekte eines Produkts sind es, die wir Interaktivität nennen. Die Interaktivität einer Software besteht in der Regel aus einer Menge definierter Interaktionen, wobei eine einzelne Interaktion die wechselseitige Kommunikation zwischen einem Nutzer und einem System beschreibt. Interaktion lässt sich unter Berücksichtigung der Interaktionsmodalität(en) in die beiden Bausteine Aktions- und Reaktionsvariablen unterteilen (vgl. Saffer, 2010; Nass et al., 2010). Bei klassischen WIMP-Anwendungen lassen sich Aktion und Reaktion bedingt durch die vorhandenen Ein- und Ausgabemechanismen (Maus, Tastatur, Bildschirm) getrennt voneinander beschreiben. Bei anderen Systemen, insbesondere solchen mit natürlichen Benutzerschnittstellen, muss das Zusammenspiel von Aktion und Reaktion betrachtet werden (Diefenbach et al., 2010). Um dieses Zusammenspiel und die damit verbundenen ästhetischen Qualitäten von Interaktionen zu beschreiben haben sich Diefenbach und Kollegen mit der Frage beschäftigt „Gibt es tatsächlich Interaktionsformen, die sich ‚besser' anfühlen als andere?" (Diefenbach et al., 2010; 2011; 2012). Das Ergebnis dieser Arbeit ist ein Interaktionsvokabular mit dem Interaktionen durch elf gegenpolige Dimensionen beschrieben werden können beispielsweise „langsam – schnell" oder „behutsam – kraftvoll". Aufbauend auf denen, in diesem Absatz summierten Arbeiten, schlagen wir folgenden Variablen als Definitionsgrundlage für die Dimension der Interaktivität vor:

- **Aktion:** die Variable der Aktion beschreibt alle Aktivitäten, die ein Nutzer ausführen kann um einem Prototypen Informationen zu übermitteln. Hier bietet das oben erwähnte Interaktionsvokabular die Möglichkeit die einzelnen mit dem System durchführbaren Aktionen in ihren dynamischen Qualitäten zu beschreiben. Eine Touch-Interaktion könnte beispielsweise in ihrer Aktionskomponente als „behutsam" und „verdeckt" beschrieben werden.

- **Reaktion:** die Variable der Reaktion beschreibt alle Systemreaktionen zu den zuvor definierten Aktionen. Um das vorherige Beispiel der behutsamen Touch-Interaktion erneut aufzugreifen könnte man mit dem Interaktionsvokabular die entsprechende Reaktion als „langsam" und „verzögert" bezeichnen.

- **Eingabemodalität:** die Variable der Eingabe Modalität beschreibt wie der Nutzer Informationen an den Prototyp kommuniziert beispielsweise durch Touch-Gesten oder über physikalische Objekte. Der Ausgestaltungsgrad dieser Variable könnte beispielsweise von vagen „Bewegungssensoren" bis hinzu ganz konkreten plattformspezifischen „Bewegungssensoren mit 3 Freiheitsgraden des Herstellers XY" reichen.

- **Ausgabemodalität:** die Variable der Ausgabemodalität beschreibt mit welchen Mechanismen der Prototyp Reaktionen zeigen kann, beispielsweise durch Bildschirmanzeigen oder das Verschieben von bewegbaren Bauteilen. Der Ausgestaltungsgrad dieser Variable ist analog zum Ausgestaltungsgrad der Eingabemodalitäten.

4.5   Variablen der ‚Räumlichen Struktur' Dimension

Die Dimension der räumlichen Struktur beschreibt sowohl die zwei- als auch dreidimensionale Beschaffenheit eines Prototyps. Neben der Positionierung einzelner Elemente sind hier auch die Repräsentations- bzw. Zustandsaspekte der „Greifbarkeit" (engl. tangibility) nach Ullmer und Ishii (2000) anzusiedeln. Der Aspekt der räumlichen Struktur hat, im

Vergleich zu klassischen WIMP Interface, für be-greifbare Systeme eine weitreichendere Bedeutung, da Objekten und Personen ein wichtiger Bestandteil von Interaktionen sind.

- **Platzierung:** die Variable der Platzierung beschreibt die Platzierung einzelner Elemente in einem zweidimensionalen Raum und ihr Verhältnis zueinander (vgl. Cooper et al., 2010; vgl. auch Garrett, 2010). Zum Beispiel die Position von Buttons in einer GUI.

- **Lage im Raum:** Diese Variable beschreibt die Lage bzw. Position von physikalischen Objekten oder des Systems als Ganzes im Raum. Beispielsweise die GPS-Koordinaten des Smartphones. Bei der Definition dieser Variable lehnen wir uns an die Arbeiten von Greenberg und Kollegen (2011) an, in dem wir auf die Definition von *Distance*, *Orientation* und *Location* des Proxemic Konzeptes verweisen.

- **Tangibility:** die Variable der Tangibility umfasst im Sinne von Ullmer und Ishii (2000) die Kopplung zwischen einzelnen physikalischen Bestandteilen und den Daten- bzw. Funktionalitätsaspekten des Prototyps. Die Frage ist hier: Welche physikalischen Elemente des Prototyps stehen mit welchen Daten bzw. Funktionen in einer Repräsentations- bzw. Zustandsbeziehung? Welche Teile des Datenmodells bzw. des Funktionsumfangs sind physikalisch repräsentiert oder haben systemzustandsändernde Wirkungen?

5   Anwendung der Filter-Fidelity-Profile

Das Modell stellt damit eine Art Beschreibungssprache für Prototypen zur Verfügung. Mit Hilfe des Modells kann dargestellt werden, welche Produktaspekte ein Prototyp abbildet bzw. abbilden soll, um die Fokussierung auf die für das Untersuchungsziel relevanten Eigenschaften zu schärfen. Die erstellten Profile der Prototypen erlauben es, diese zu vergleichen und Unterschiede sowie Abweichungen explizit sichtbar zu machen. Durch schon bekannte und in vorherigen Entwicklungen bewährte Profile können Erfahrungswerte aus Projekten stärker in den Prototyping-Prozess miteinbezogen werden. Das nachfolgende Beispiel zeigt mehrere Prototypen aus einem Studierendenprojekt des WS 2012/13. Das entworfene Interaktionskonzept trägt den Namen „Scriblr" (Lautenschläger et al., 2012) und unterstützt die Konzeptionsphase von Smartphone-Anwendungen für verschiedene Plattformen.

Der Anwender kann Screens anlegen, für verschiedene Betriebssysteme Widgets (wie Bilder und Buttons) von einem Rondell auf die Screens ziehen, Screens verbinden und das so generierte Konzept einer Smartphone App durch auflegen eines Smartphones auf dieses übertragen. Nach dem Übertragen kann das Konzept auf der Zielplattform erprobt werden. Die für das Scriblr Projekt erstellten Prototypen, werden im Folgenden mit Hilfe des FFM charakterisiert. Die Prototypen sind in der Reihenfolge ihrer Entstehung aufgeführt. Der Prototyp aus Abbildung 1 zeigt, die Gesten, die mit verschiedenen Aktionen verbunden sind: So wird ein Screen durch Ziehen eines Fingers vom Rondell auf die Arbeitsfläche erstellt (Abbildung 1 – links).

Abbildung 1: Papier Prototypen zum Projekt Scriblr: Die roten Pfeile definieren die Anzahl der Finger, die zum Drag eingesetzt werden

Das Filter-Fidelity-Profil des in Abbildung 1 dargestellten Prototypen ist in Abbildung 3 (graue Kurve, Kreise) zu sehen. Das Profil zeigt, dass mit dem Prototyp bzgl. vieler der Variablen noch keine Gestaltungsentscheidungen getroffen wurden. Am weitesten fortgeschritten ist die Variable der Eingabe-Modalität, da schon recht früh im Projekt die Entscheidung getroffen wurde, ein tischbasiertes Multi-Touch System zu entwickeln. Welche weiteren Eingabemodalitäten zusätzlich genutzt werden sollten, war zu diesem Zeitpunkt noch nicht geklärt. Schließlich wurde für Scriblr ein weiterer, dieses Mal interaktiver, vertikaler Prototyp erstellt (Abbildung 2), der einzelne ausgewählte Funktionen implementiert. Implementiert wurde zum Beispiel das Übertragen der Daten auf das Smartphone durch Auflegen des Geräts auf den Tisch sowie das Verbinden von Screens über ein greifbares Werkzeug (siehe Abbildung 2 – rechtes Bild).

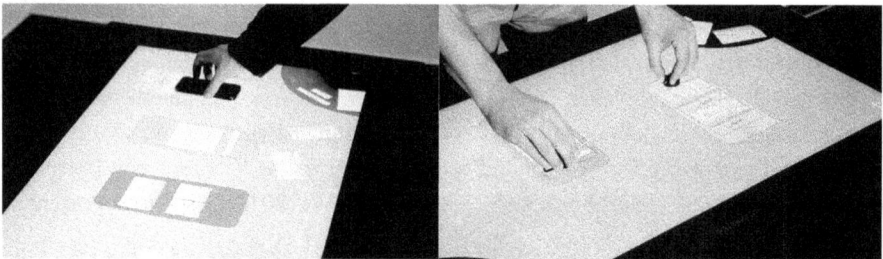

Abbildung 2: Interaktiver Prototyp – lauffähiger Code auf dem Microsoft Pixelsense

Das zugehörige Filter-Fidelity-Profil ist in Abbildung 3 in rot (Kreuze) dargestellt. Mit diesem Prototyp sollte festgestellt werden, ob die Gesten ansprechend und intuitiv sind. Das Profil macht deutlich, dass für diesen Prototyp eine ganze Reihe anderer Variablen zusätzlich weiter ausgestaltet wurden. In Abbildung 3 ist zu erkennen, dass sich das Profil des interaktiven Prototypen (rot, Kreuze) im Vergleich zum Papierprototypen (grau, Kreise) deutlich von links nach rechts erweitert hat. Dies ist eine zu erwartende Beobachtung, da Prototypen im Projektverlauf sich zunehmend an das Endprodukt annähern. Nicht selten werden dazu, verschiedene Werkzeuge verwendet, die eine weitere Ausgestaltung der Variablen erlauben. Denkbar wäre es allerdings auch Prototypen zu erstellen, die sich jeweils auf einzelne Aspekte fokussieren und die anderen Variablen ganz außer Acht lassen. Zum Beispiel einen Photoshop-Prototyp für die Variablen der Erscheinung und einen Axure-Prototyp, um die Dimension der Interaktivität abzubilden.

6 Diskussion und Ausblick

Während der Entwicklung des FFM haben wir neben Software auch Prototypen aus dem Produktdesign betrachtet. Eine Produktdesignerin hatte hier speziell das Problem, dass die hier vorgeschlagenen Variablen an vielen Stellen nicht greifen bzw. nicht mit dem, in dieser Disziplin gängigen Vokabular vereinbar sind. Dies ist unter anderem durch die, aus dem Software-Engineering hervorgehenden, Vorarbeiten von McCurdy, sowie Lim und Kollegen zu erklären, auf die wir das FFM aufbauen. Auch besteht die berechtigte Annahme, dass sehr komplexe System, die aus mehreren Einzelsystemen bestehen bzw. ad-hoc gebildet werden, nur schlecht mit dem FFM abgebildet werden können. Dies mag mitunter daran liegen, dass prinzipiell für jedes zu prototypisierende Teilsystem bzw. jeden komplexeren Baustein eines Prototyps ein eigenes Profil erstellt werden muss. In letzter Konsequenz würde dies eine unverhältnismäßig hohe Modellierungskomplexität nach sich ziehen, die einem leichtgewichtigen und kostengünstigen Prototyping-Ansatz entgegensteht.

In Zukunft sollen das FFM und die entsprechenden Profile, uns erlauben Hypothesen aufzustellen, die einen Zusammenhang zwischen den zu evaluierenden Aspekten des Prototyps und dessen Profil aufzuzeigen. Daraus ergeben sich zukünftige Forschungsfragen, wie beispielsweise: „Welches Profil muss ein Prototyp haben, um die Warum-Ebene des User Experience Modells nach Hassenzahl frühzeitig zu evaluieren?" Wir haben in unserem Projekt bereits eine Vielzahl von Fallbeispielen gesammelt und hoffen, auf diese Weise eine gezielte Empfehlung für bestimmte Prototypen geben zu können. Idealerweise können basierend auf solchen Empfehlungen in Zukunft Prototypen erstellt werden, die sich besonders gut eignen, um bestimmte Fragestellungen im Hinblick auf die User Experience zu beantworten.

Des Weiteren planen wir mit dem Modell eine bessere Vergleichbarkeit von Werkzeugen zu erzielen. Es ist denkbar, dass verschiedene Prototyping-Werkzeuge anhand ihrer Profile darüber Aufschluss geben, welche Profilgestalt die erzeugten Artefakte haben können. Auf diese Weise kann auch die Werkzeugauswahl gezielter getroffen werden. So haben bspw. Prototypen, die mit Photoshop erstellt wurden, sicher ein Profil, das eine weite Ausgestaltung auf der Ebene der Erscheinung zeigt, nicht jedoch auf der Ebene der Interaktivität.

nicht festgelegt   ausgestaltet   nicht anwendbar

Erscheinung

Größe

Farbe

Form

Gewicht

Härte

Haptik

Sound

Daten

Realitätsnähe

Informationsarchitektur

Datenmodell

Menge

Datentyp

Funktionalität

Funktionsumfang

Funktionstiefe

Interaktivität

Aktion

Reaktion

Eingabe Modalität

Ausgabe Modalität

Räumliche Struktur

Platzierung

Lage im Raum

Tangible

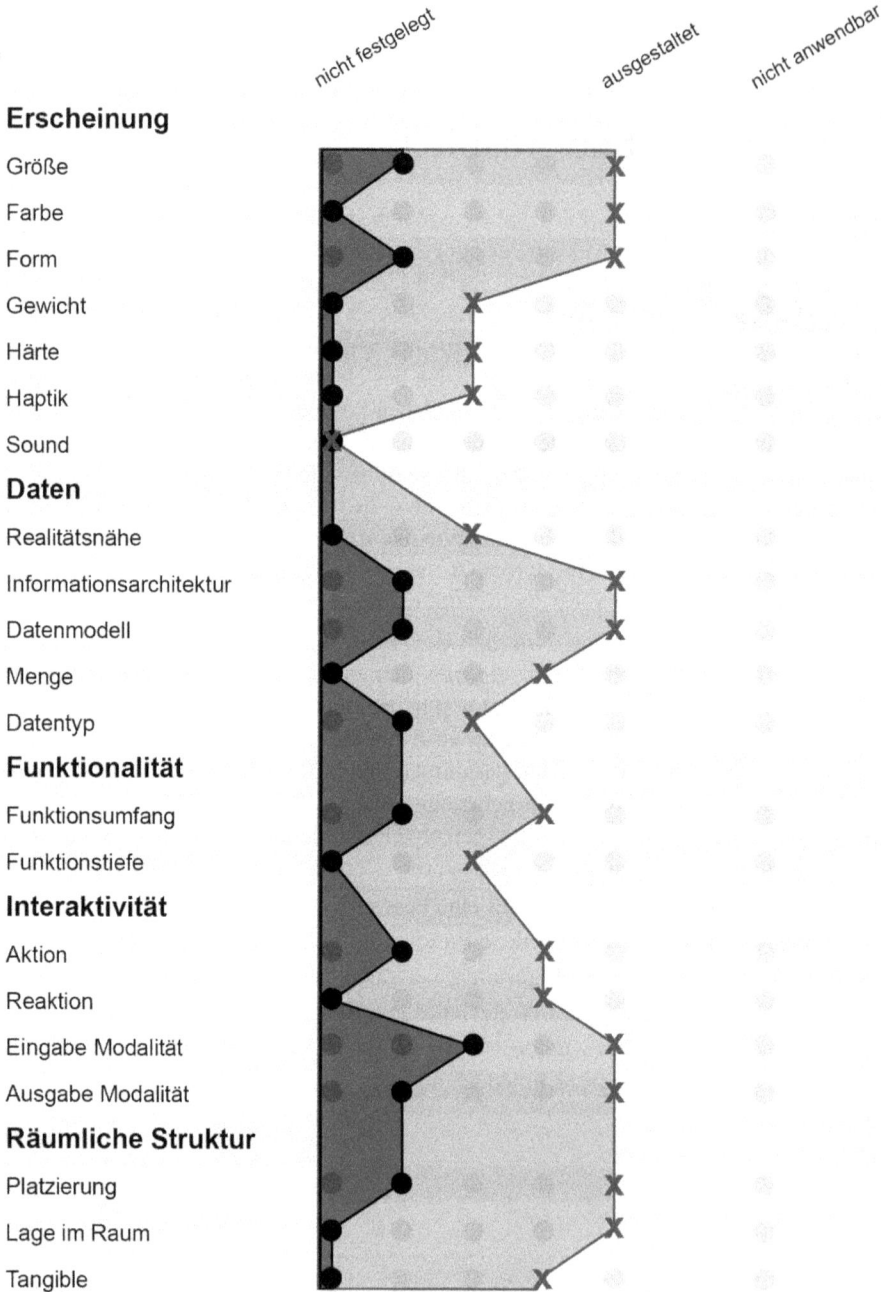

Abbildung 3: Filter-Fidelity-Profile der Scriblr Prototypen: Kreise – Profil der Papier Sketche aus Abb. 1; Kreuze – Profil des interaktiven Protoyps aus Abb. 2

Danksagung

Wir bedanken uns bei Benjamin Lautenschläger, Dominik Garrecht und Nico Schmitt für die Bereitstellung der Scriblr Fotos und Bilder.

Literatur

Buxton, B. (2007). *Sketching User Experiences: Getting the Design Right and the Right Design*. San Francisco: Morgan Kaufmann.

Cooper, A., Reimann, R. & Cronin, D. (2010). *About Face – Interface und Interaction Design. 1. Auflage*. Heidelberg: mitp.

Diefenbach, S., Nass, C., Hassenzahl, M., Maier, A. & Klöckner, K. (2010). Ein Interaktionsvokabular: Dimensionen zur Beschreibung der Ästhetik von Interaktion. In Brau, H., Diefenbach, S., Göring, K., Peissner, M. & Petrovic, K. (Hrsg.): *Usability Professionals 2010*. Stuttgart: Fraunhofer Verlag.

Diefenbach, S., Hassenzahl, M., Eckoldt, K. & Laschke, M. (2011). Ästhetik der Interaktion: Beschreibung, Gestaltung, Bewertung. In Maximilian Eibl (Hrsg.): *Mensch & Computer 2011 Tagungsband*. München: Oldenbourg Verlag, S. 121-130.

Diefenbach, S., Hassenzahl, M. & Lenz, E. (2012). Ansätze zur Beschreibung der Ästhetik von Interaktion. In H. Reiterer & O. Deussen (Hrsg.): *Mensch & Computer 2012 Workshopband*. Konstanz: Oldenbourg Verlag, S.121-127.

Dow, S.P. & Klemmer, S.R. (2011). The Efficacy of Prototyping Under Time Constraints. In Plattner, H., Meinel, Ch., Leifer, L. (Hrsg.): *Design Thinking: Understand – Improve –Apply*. Heidelberg: Springer, S. 111.

Garrett, J. J. (2012). *Die Elemente der User Experience - Anwenderzentriertes (Web-) Design*. München: Addison-Wesley.

Greenberg, S., Marquardt, N., Ballendat, T., Diaz-Marino, R. & Miaosen, W. (2011). Proxemic Interactions: The New Ubicomp?. In *interactions Vol. 18 Issue 1(January+February)*. New York: ACM, S. 42-50.

Hassenzahl, M. (2010). *Experience Design – Technology for All the Right Reasons*. Morgan & Claypool.

Houde, S. & Hill, C. (1997). What do Prototypes Prototype?. In Helander, M., Landauer, T. & Prabhu, P. (Hrsg.): *Handbook of Human-Computer Interaction*. Amsterdam: Elsevier Science B. V.

Lautenschläger, B., Garrecht, D. & Schmitt, N. (2013). *Scriblr – ein Projekt im Rahmen des Masterstudiums Informatik an der Hochschule Mannheim*. Konzeptvideo: http://youtu.be/mI1Ai29Ca-s (zuletzt 27.06.2013).

Lim, Y., Stolterman, E. & Tenenberg, J. (2008). The anatomy of prototypes: Prototypes as filters, prototypes as manifestations of design ideas. *ACM Transactions on Computer-Human Interaction*. 15, No. 2, Art. 7.

Löwgren, J. & Stolterman E. (2004). *Thoughtful interaction design: a design perspective on information technology*. Cambridge: MIT Press, S. 53.

McCurdy, M., Connors, C., Pyrzak, G., Kanefsky, B. & Vera, A. (2006). Breaking the fidelity barrier: an examination of our current characterization of prototypes and an example of a mixed-fidelity success. In Grinter, R., Rodden, T., Aoki, P., Cutrell, E., Jeffries, R. & Olson, G. (Hrsg.): *Proc. of the SIGCHI 2006 (CHI '06)*. New York: ACM, S. 1233-1242.

Nass, C., Klöckner, K., Diefenbach, S. & Hassenzahl, M. (2010). DESIGNi – A Workbench for Supporting Interaction Design. In *Proceedings of the 6th Nordic Conference on Human-Computer Interaction: Extending Boundaries (NordiCHI '10)*. New York: ACM, S.747-750.

Rudd, J., Stern, K., & Isensee, S. (1996). Low vs. high-fidelity prototyping debate. In *Interactions. Vol. 3 Issue 1 (January)*. New York: ACM, S. 76-85.

Saffer, D. (2010). *Designing for Interaction – Creating Innovative Applications and Devices*. 2. Auflage. Berkley: New Riders, S. 4.

Ullmer, B. & Ishii, H. (2000). *Emerging frameworks for tangible user interfaces*. IBM System Journal, Vol. 39 (NOS 3&4), 915-931.

Virzi, R. A., Sokolov J.L. & Karis D. (1996). Usability Problem Identification Using Both Low and High Fidelity Prototypes. In Tauber, J. M. (Hrsg.): *Proc. of the SIGCHI 1996 (CHI '96)*. New York: ACM, S. 236-243.

Kontaktinformationen

Thorsten Hochreuter (t.hochreuter@hs-mannheim.de)
Kirstin Kohler (k.kohler@hs-mannheim.de)
Mareen Maurer (m.maurer@hs-mannheim.de)

Hochschule Mannheim
Fakultät für Informatik
Mannheimer Software Engineering Institut

Paul-Wittsack-Straße 10
68163 Mannheim

Förderung

Die diesem Beitrag zugrunde liegenden Arbeiten entstanden im Forschungsverbundprojekt proTACT mit den Mitteln des Bundesministeriums für Bildung und Forschung (BMBF) unter dem Förderkennzeichen 01 IS 12010 F.

S. Boll, S. Maaß & R. Malaka (Hrsg.): Mensch & Computer 2013
München: Oldenbourg Verlag, 2013, S. 181–190

UsER – Ein prozessorientiertes Entwicklungssystem für Usability-Engineering

Marc Paul, Amelie Roenspieß, Michael Herczeg

Institut für Multimediale und Interaktive Systeme

Zusammenfassung

Das Usability-Engineering-Repository UsER ist eine modulare, webbasierte Entwicklungsumgebung, die kollaborative Analyse, Design und Evaluation interaktiver Systeme unterstützt. Zu diesem Zweck bietet UsER diverse Module zur methodischen, dokumentarischen und kommunikativen Unterstützung an. Dieser Beitrag verdeutlicht am Beispiel von Prozessen zur Gestaltung gebrauchstauglicher interaktiver Systeme die Funktionsweise und das Zusammenspiel der einzelnen Module. Hierbei wird insbesondere die kollaborative Entwicklung durch diverse Stakeholder wie Domänenexperten, Interaktionsdesigner, Informatiker, Qualitätsmanager und nicht zuletzt Endbenutzer thematisiert und anhand funktionaler und qualitativer Eigenschaften von UsER erläutert. UsER wurde im Kontext betrieblicher Software-Entwicklung konzipiert und realisiert, in mehreren Iterationen formativ evaluiert und optimiert und befindet sich in wissenschaftlichen wie betrieblichen Kontexten im Piloteinsatz.

1 Einleitung

Die Relevanz von Usability-Engineering und damit der benutzer-, aufgaben- und kontextbasierten Entwicklung interaktiver Systeme steht inzwischen auch im betrieblichen Kontext außer Zweifel. In den konkreten betrieblichen Prozessen und Werkzeugen zeigen sich jedoch beträchtliche Unsicherheiten, Defizite und Lücken. Diese müssen durch für die Prozesse geeignete Entwicklungsplattformen geschlossen werden. Zu diesem Zweck kombinieren wir verschiedene Ansätze aus den Bereichen Software-Systems-Engineering, Requirements-Engineering und Usability-Engineering, um den gesamten Prozess der Entwicklung interaktiver Softwaresysteme zu unterstützen. Ein Ergebnis ist das Usability-Engineering-Repository UsER. Es erlaubt die flexible Kombination verschiedener Methoden und Werkzeuge, sowohl abhängig von den projektspezifischen Bedürfnissen als auch als Grundlage für die Dokumentation, Rückverfolgbarkeit und Wiederverwendung der im Entwicklungsprozess erhobenen Informationen. UsER unterstützt unter anderem den Prozess des Human-Centered Designs (HCD) (DIN EN ISO 9241-210) mit seinen sechs Grundprinzipien:

1. Das Design basiert auf einem expliziten Verständnis und Dokumentation des Benutzers, der Aufgaben und des Kontextes.
2. Benutzer und Kunden sind in den Design- und Entwicklungsprozess zu involvieren.
3. Das Design wird durch benutzerzentrierte Evaluationen getrieben und verfeinert.
4. Der Prozess ist iterativ.
5. Das Design berücksichtigt die User Experience.
6. Das Design-Team verfügt über multidisziplinäre Kompetenzen und Perspektiven.

Viele Unternehmen im Bereich der Software-Entwicklung haben die Bedeutung der Gebrauchstauglichkeit von Anwendungssoftware erkannt. Nicht immer wird jedoch ausreichend realisiert, dass Gebrauchstauglichkeit keine zusätzliche Anforderung ist, die am Ende eines Entwicklungsprozesses umgesetzt werden kann, sondern während der gesamten Entwicklung berücksichtigt werden muss. Usability-Engineering bietet eine Vielzahl an Methoden und systematischen Ansätzen, die den gesamten Entwicklungsprozess unterstützen sollten, wie beispielsweise das „Goal-Directed Design" (Cooper, Reimann & Cronin 2007), der „Usability Engineering Lifecycle" (Mayhew 1999) oder das bereits genannte „Human-Centered Design". Diese Ansätze weisen – nicht ganz unerwartet – viele Ähnlichkeiten und Gemeinsamkeiten auf, die sich vor allem auf die zentrale Bedeutung von Benutzern, ihren Aufgaben und ihren Nutzungskontexten zurückführen lassen. Die konkreten Software-Entwicklungsprozesse weisen als reale betriebliche Prozesse jedoch viele Spezifika auf. Aus diesem Grund wurde UsER als offenes modulares System entwickelt, um eine flexible Anpassung an praktisch beliebige Entwicklungsprozesse zu ermöglichen.

2   Der UsER-Prozess

Um einen systematischen und berechenbaren Ansatz für den Software-Entwicklungsprozess zu unterstützen, ist UsER u.a. am abstrakten HCD-Prozess (Abbildung 1) der DIN EN ISO 9241-210 orientiert. Jede der Gestaltungsaktivitäten sollte durch eine Auswahl geeigneter Methodenmodule unterstützt werden. Die Ergebnisse dieses Prozesses werden in Form von Anforderungen in den Software-Entwicklungsprozess überführt

Jedes Modul in UsER unterstützt bestimmte Aspekte diverser Usability-Methoden. Alle entwicklungsrelevanten Informationen, modelliert als objektartige Entitäten, die mit einem der Module entwickelt werden, können wiederum mit Informationen bzw. Entitäten anderer Module verknüpft werden, wodurch semantische Beziehungen und Netze aufgebaut werden können. Das Entwicklungsprojekt selbst wird mit Unterstützung von UsER jedoch klassisch in einer linearen Struktur organisiert, wie in einem üblichen Entwicklungsdokument. Dies sichert die Abbildbarkeit auf gängige Entwicklungsprozesse. Jedes Kapitel bietet die Funktionalität eines ausgewählten Moduls. Diese können mittels Drag&Drop (Abbildung 2) in den linear organisierten Regiebereich eines jeweiligen Entwicklungsdokumentes gezogen werden. Auf diese Weise lassen sich beliebig hierarchisch strukturierte Spezifikationsdokumente erstellen. Das Entwicklungsdokument selbst wird somit zum Ausgangs- und Ankerpunkt für die Entwicklungswerkzeuge. Dies ist ein wichtiger Paradigmenwechsel, der wegführt vom text- oder tabellenzentrierten Spezifizieren und Dokumentieren, hin zu aktiven

Dokumenten, deren äußere Struktur klassisch linear ist, deren innere Struktur aber ein semantisches Netz für eine ganzheitliche Analyse, Konzeption und Evaluation darstellt.

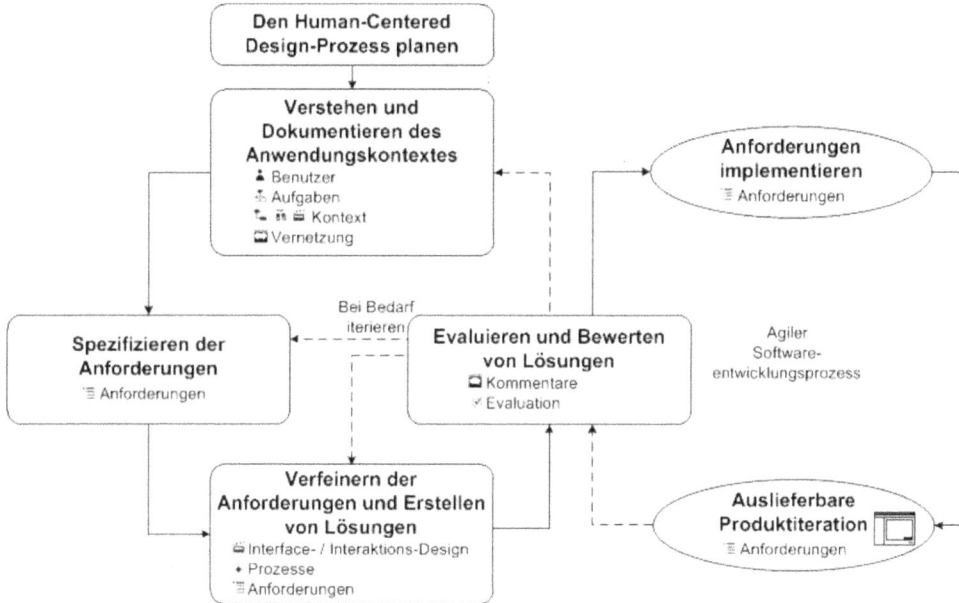

Abbildung 1: Erweiterter Human-Centered Design-Prozess

Die resultierende Struktur selbst kann gespeichert, als Dokument generiert und auch als Vorlage (Template) für zukünftige Projekte wiederverwendet werden (siehe Abbildung 2, rechts). Bisher realisierte Module unterstützen die Analyse, das Design und die Evaluation, sowie das Requirements-Management während des gesamten Software-Entwicklungsprozesses. Weitere Module aus dem Bereich sicherheitskritischer Mensch-Maschine-Systeme (Herczeg et al. 2012) oder eine Unterstützung für ein Pattern-Management werden derzeit dank der modularen Architektur mühelos integriert. Die semantischen Verweise der erhobenen Informationen helfen Entwicklungsentscheidungen aus Analyse, Design oder der Evaluation nachzuvollziehen, da diese direkt von den betreffenden Anforderungen aus zurückverfolgt werden können.

2.1   Verstehen und Dokumentieren des Anwendungskontextes

Der Iterationsprozess beginnt mit dem Verstehen und Dokumentieren des Nutzungskontextes für das zu entwickelnde System. Dabei gilt es, Benutzer und andere betroffene Interessensgruppen zu identifizieren, um anschließend deren Ziele und Randbedingungen beschreiben zu können. Um im weiteren Verlauf Lösungsansätze aus Benutzersicht evaluieren zu können, ist es notwendig, Merkmale wie Kenntnisse, Fertigkeiten, Erfahrungen, Ausbildung, Vorlieben etc. der Benutzer aufzunehmen (vgl. ISO WD 9241-230). Zu diesem Zweck dient das Benutzeranalysemodul.

USABILITY
ENGINEERING
UBER REPOSITORY

Projekte   Projekt: Reisekostenbuchung

Regiebereich   Templates

1. T Zusammenfassung
▲ 2. T Ist-Analyse zum Reisemanagement   Einzelne Kapitel   Kapitel-Templates
   ▲ 2.1. Organigramm
      ▲ 2.1.1. [P] Reiseantrag stellen   Modulname   Analysekapitel
         2.1.1.1 Reisen   Anforderungen   Artefaktstruktur
      2.1.2. [P] Reisemittel reservieren   ▲ Lastenheft nach DIN 69901-5
      2.1.3. [P] Reisekosten erfassen   Arbeitsobjekte   ▲ T Lastenheftnach DIN69901-5
      2.1.4. [P] Reisekosten buchen   T Einführung
   2.2. Benutzeranalyse   Aufgabenanalyse   ▲ T Beschreibungdesist-Zustands
   2.3. Arbeitsobjekte   Benutzeranalyse
▲ 3. Fachliche Anforderungen (Ziele)   Benutzeranalyse   Aufgabenanalyse
   3.1. [D] Reiseantrag stellen   + 1 Zeile(n) ausgewählt   Organigramm
   ▲ 3.2. [D] Reisemittel reservieren   Evaluationen   Arbeitsobjekte
      3.2.1. Prozessanalyse   Szenario
   3.3. [D] Neue Datenstruktur für Reisen   Freier Text   Prozessanalyse
4. Lösungsorientierte Anforderungen   T BeschreibungdesSoll-Konzepts
5. Evaluationen   Organigramm   Anforderungen
                                                                                   T Risikoakzeptanz
                                                      Prozessanalyse   Skizzedes Entwicklungszyklus
                                                                                   T Lieferumfang
                                                      Szenario   Abnahmekriterien

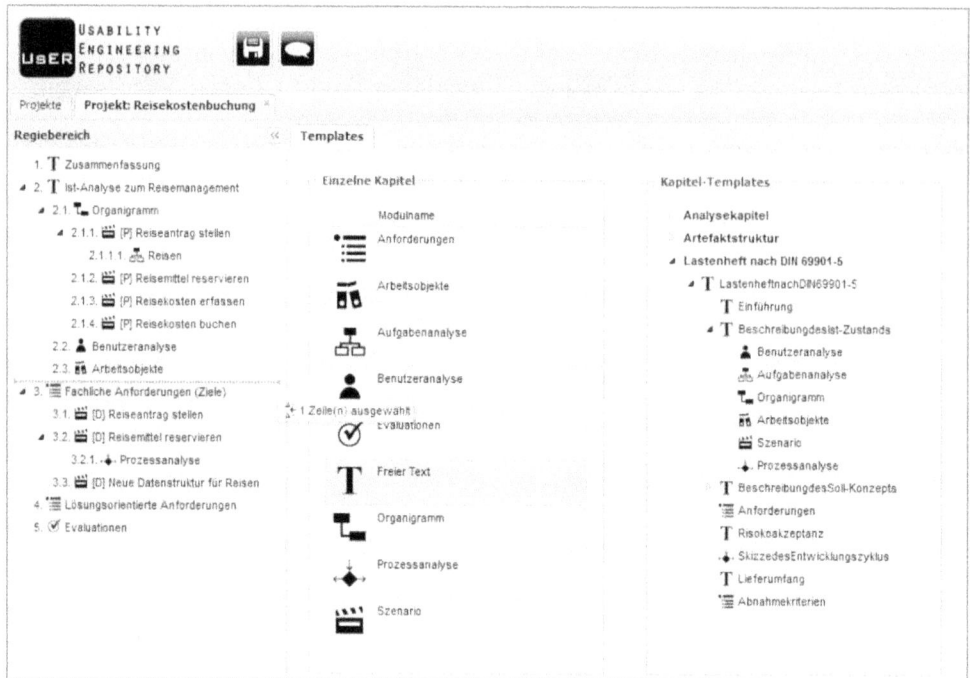

Abbildung 2: Beliebig strukturierbare Kombination von Modulen als lineares Dokument

Benutzeranalyse

Um den Kontext bzw. Anwendungsbereich einer zu entwickelnden Software zu verstehen, müssen die Betroffenen und die Akteure des Anwendungsfelds analysiert werden. Die erste Idee dieses Moduls beruhte auf dem Ansatz der Erstellung und Verwaltung von Personas (Cooper et al. 2007; Pruitt & Adlin 2006). Diese konkreten und anschaulichen Benutzermodellierungen sollten innerhalb eines Projektes in anderen Modulen referenziert und verwendet werden. In den ersten Versionen und Anwendungen dieses Moduls fiel jedoch auf, dass es für iteratives Arbeiten hilfreich wäre, Benutzer auf unterschiedlichen Abstraktionsebenen beschreiben und verfeinern zu können.

Inzwischen können im Benutzeranalysemodul neben Personas auch weniger abstrakte Stereotypen und Benutzerklassen (Pruitt & Adlin 2006; Herczeg 2009) als organisatorische Rollen oder Zielgruppen erstellt werden. So können die erhobenen Informationen einer organisatorischen Rolle genutzt werden, um sie einer Benutzerbeschreibung zu vererben und anschließend zu verfeinern. Um den Überblick zu erleichtern sowie einen Anreiz zu schaffen, möglichst detaillierte Beschreibungen von Benutzern anzufertigen, wurde ein Fortschrittsbalken zum Reifegrad der Benutzerbeschreibung integriert (Abbildung 3, rechts). Dieser errechnet sich heuristisch aus Umfang und Vollständigkeit der attributiven Beschreibungen.

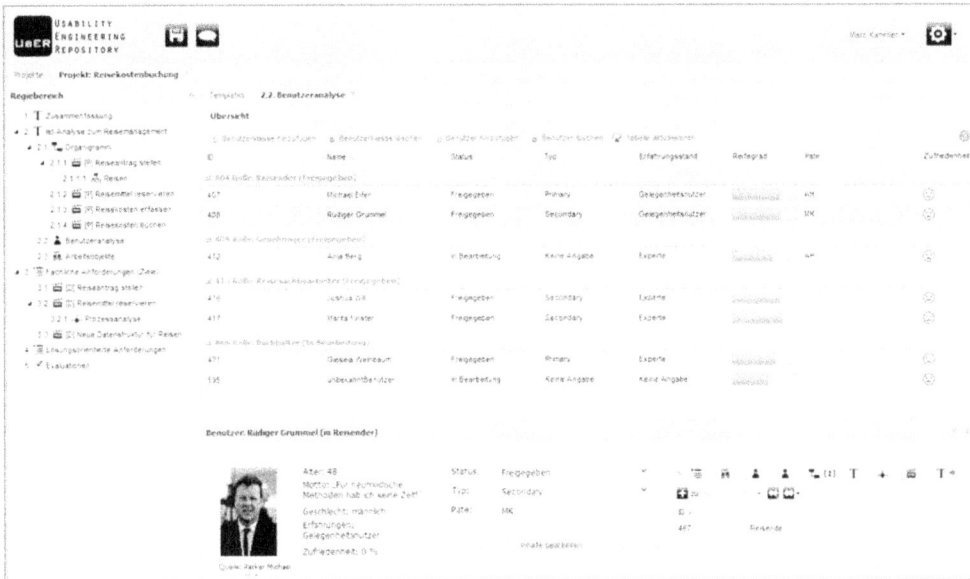

Abbildung 3: Verwaltungsansicht der Benutzerbeschreibungen

Die Verwendung von realistischen Charakteristika der Benutzer ist für die Glaubwürdigkeit und damit auch für die Akzeptanz der Benutzerbeschreibungen in der Entwicklung wichtig. Cooper propagiert daher die Verwendung sogenannter „Verhaltensvariablen" (Cooper et al. 2007). Dies sind projektrelevante Einstellungen und Fähigkeiten von Benutzern, wie beispielsweise deren Internetnutzung. Die Antworten aus dem in das Benutzeranalysemodul integriertes Befragungsmodul werden in einer eindimensionalen Skala (Abbildung 4) dargestellt und können dann dazu verwendet werden, relevante Charakteristika des Benutzers basierend auf realen Daten zu formulieren. Auf diese Weise verbinden sich Feldforschung und Modellierung im Rahmen eines Gestaltungsprozesses (vgl. auch Mulder & Yaar 2006).

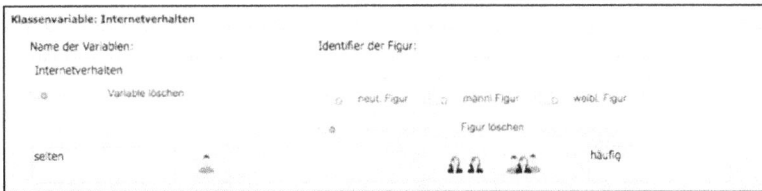

Abbildung 4: Verwendung von Benutzervariablen aus dem Fieldresearch (Felderhebungen)

Eine weitere Besonderheit des Moduls gegenüber bestehenden Systemen ist die Integration von „Benutzerzielen". Diese können als die Motivation eines Benutzers angesehen werden, eine Aufgabe auszuführen und sollten als eine Art Fokussierung dienen, durch welche die Designer die Funktionen eines Produktes in den Blick nehmen (Cooper et al. 2007). Die Benutzerziele können über das Benutzeranalysemodul erhoben werden, wodurch sie im weiteren Entwicklungsverlauf der Benutzerbeschreibung zugeordnet werden können. Aus Projektsicht werden die Benutzerziele als Anforderungen gehandhabt. Da die von den Benutzern beschriebenen Anforderungen nur in einem bestimmten Kontext existieren, ist es notwendig, diesen in einer geeigneten Form zu dokumentieren. Diese Aufgabe kann in UsER mit dem Szenarienmodul umgesetzt werden.

Szenarien

Die Verwendung von Szenarien hat im Usability-Engineering eine lange Tradition. Sie wurden schon früh für die Analyse von Anforderungen verwendet (Sutcliffe 1998) oder als Kommunikationsmedium bei der Entwicklung (Kyng 1995). Auch in der Anfangsphase des HCD-Prozesses eignen sie sich gut für die Beschreibung der aktuellen Arbeitsweisen. Zu diesem Zweck wurde ein eigenes Szenarienmodul in UsER entwickelt (Abbildung 5).

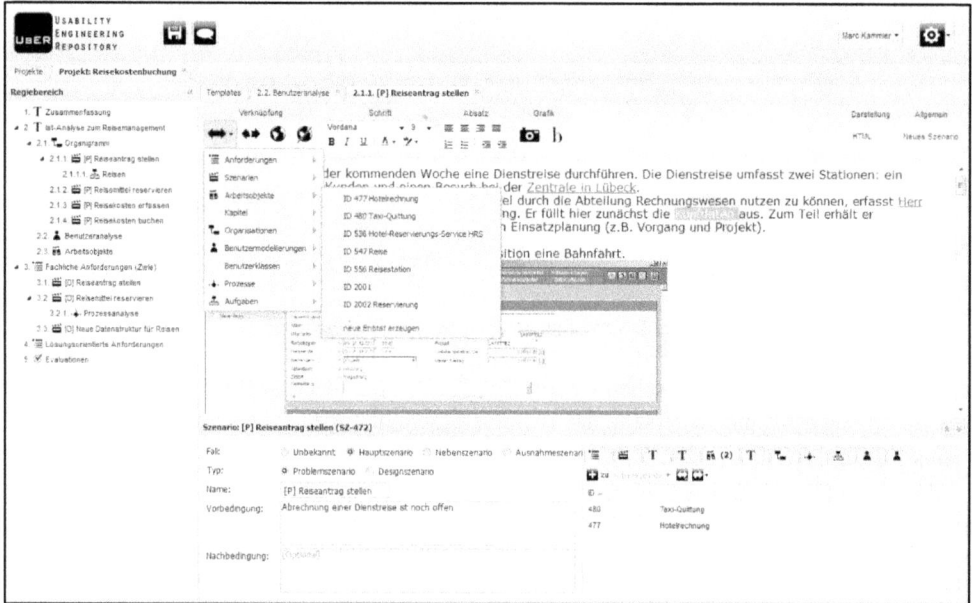

Abbildung 5: Erzeugung eines Arbeitsobjekts aus dem Szenarienmodul

Szenarien, die den gegenwärtigen Zustand eines Systems beschreiben, werden in der Literatur auch als indikative Szenarien bezeichnet (Jackson 1995). Sie fungieren als Mittler zwischen der praktizierten Realität und den konzeptuellen Modellen der Entwicklung (Pohl 2008). Sie können je nach Bedarf sowohl das Modell eines existierenden Systems als auch bei der Konkretisierung eines zukünftigen Systems (optative Szenarien) unterstützen. Bei der Modellierung eines existierenden Systems ermöglichen indikative Szenarien einen guten Ausgangspunkt für bestimmte Aspekte bzw. Perspektiven (Pohl 2008). Das Szenarienmodul von UsER erlaubt die Erzeugung und Verknüpfung projektrelevanter Entitäten wie Prozesse, Aufgaben, Arbeitsobjekte, Organisationsstrukturen und Benutzerbeschreibungen. Beispielsweise kann ein Arbeitsobjekt direkt in einem Szenario erzeugt werden. Die so erstellte Entität kann zu einem späteren Zeitpunkt in dem Arbeitsobjektmodul detaillierter beschrieben werden. Um ganze Anwendungsfälle mit einem Hauptszenario und dazugehörigen Alternativ- und Ausnahmeszenarien (Salinesi 2004) zu erfassen, wurden verschiedene Kategorisierungsattribute ergänzt. Dies ermöglicht die Gliederung der unterschiedlichen Fälle in unabhängige, aber miteinander vernetzte Szenarien. Rolland (1998) zeigt auf, wie indikative Szenarien dazu verwendet werden können, noch unerkannte Anforderungen und Benutzerziele aufzudecken. Dieses Vorgehen wird durch eine in allen Modulen integrierte Komponente (siehe Abbildung 5, unten rechts) unterstützt, die es ermöglicht, einzelne Entitäten eines Projektes an andere Module zu übergeben.

Aufgabenanalyse

Neben generellen Informationen des aktuellen Kontextes sollen typische Arbeitsweisen der Benutzer analysiert und optimiert werden. Zu diesem Zweck ist ein genaues Verständnis von Häufigkeiten, Zeitdauer und eventueller Parallelitäten von auszuführenden Tätigkeiten notwendig. Für die Analyse von Aufgaben wurden zwei unterschiedliche Module entwickelt. Das erste ist eine Umsetzung der Hierarchical Task Analysis (HTA) nach der ursprünglichen Idee von Annett & Duncan (1967) und diverser Weiterentwicklungen (siehe z.B. Stanton et al. 2005). Bei dieser Form der Aufgabenanalyse werden Aufgaben so lange rekursiv in Teilaufgaben zerlegt, bis sie im Sinne des Feature-Driven Development (Palmer & Felsing 2002) als Features (Benutzerfunktionen) abgebildet oder auf automatisierte Prozesse (Automatisierungsfunktionen) zurückgeführt werden können. Die dabei entstehende Baumstruktur der Aufgaben kann dazu genutzt werden, ihren Knoten Szenarien zuzuordnen. Aufgaben können mit einem weiteren UsER-Modul als Aktivitätsdiagramm nach dem Standard „Business Process Model and Notation" (BPMN) verfeinert werden. Constantine und Lockwood (1999) empfehlen die Verwendung solcher Modelle in späteren Phasen der Konzeption und Spezifikation zur Klassifizierung von Informationen. Die Aufgabenmodellierung wird im Sinne einer Hierarchical Task Analysis for Teams (HTA-T) mit den Rollen aus einer Organisationsanalyse verknüpft (Stanton et al. 2005), die im nachfolgend beschriebenen Modul erstellt wird.

Organisationsanalyse

Für die strukturierte Dokumentation betrieblicher Aufbauorganisationen werden häufig Organigramme verwendet. Das Organisationsanalysemodul ermöglicht die Erstellung solcher Diagramme. Es ermöglicht darüber hinaus, erfasste Benutzer ihren betrieblichen Organisationseinheiten oder Stellen zuzuweisen. Alle Entitäten (z.B. Aufgaben, Personas oder Szenarien) können diesen Elementen zugeordnet werden, um einen besseren Überblick und ein Verständnis der Organisationssynthese und der Arbeitsteilung zu erhalten. Erste Versuche, organisatorische Strukturen über Flow Models aus dem Contextual Design (Beyer & Holtzblatt 1997) abzubilden, wurden schnell unübersichtlich und daher verworfen. Sie können jedoch vergleichbar mit dem Prozessmodul erstellt werden.

2.2   Spezifizieren der Anforderungen

In der nächsten Gestaltungsaktivität des HCD-Prozesses geht es darum, aus den bisherigen Informationen (Benutzermerkmale, Arbeitsaufgaben und organisatorische Umgebung) und den Beschreibungen zukünftiger Arbeitsweisen mit dem System die Punkte herauszuarbeiten, die es zu ändern gilt. Die so entstehenden Anforderungen sollten neben allen produktrelevanten Forderungen auch notwendige organisatorische Änderungen oder abgeänderte Arbeitsweisen umfassen. Für die Unterstützung dieses Vorgehens wurde eine Komponente in alle Module integriert, die ein direkte Erstellung solcher Anforderungen ermöglicht (siehe Abbildung 5, unten rechts). Die auf diese Weise formulierten Anforderungen können im folgenden Modul weiter spezifiziert und bearbeitet werden.

Anforderungsmanagement

Das Anforderungsmodul bietet alle Funktionen, die für die Verwaltung und Organisation von Anforderungen erforderlich sind. Neben automatisch erfassten Informationen wie Autor, Erstellungsdatum oder Quelle (das Modul, aus dem die Anforderung stammt) können Anforderungen kategorisiert, zur Implementierung freigegeben oder deren Kosten abgeschätzt werden. Anforderungen können in beliebig viele Teilanforderungen verfeinert, sortiert und gefiltert werden. Da bei der Entwicklung dieses Moduls eine Teilmenge des Requirement Interchange Formats (Object Management Group 2011) verwendet wurde, ist auch der Export in gängige Entwicklungsumgebungen wie Eclipse möglich.

2.3   Entwerfen von Gestaltungslösungen

Dieser Schritt des HCD-Prozesses umfasst den Entwurf von Gestaltungslösungen, die die zuvor erfassten Anforderungen erfüllen. Dabei ist darauf zu achten, dass die Gestaltungslösungen die Beschreibung des Nutzungskontextes berücksichtigen (DIN EN ISO 9241-210). Mit Hilfe des bereits vorgestellten Szenarien-Moduls können diese als Design-Szenarien (Rosson & Carroll 2002) entwickelt werden, die als Diskussionsgrundlage für alle Beteiligten geeignet sind. Je nach Komplexität einer Anforderung kann bedarfsweise über eine Gestaltungslösung iteriert werden. Zur kontinuierlichen Verfeinerung der Lösungsansätze besteht die Möglichkeit, Mockups in die Szenarien zu integrieren und diese damit als Storyboards einzusetzen (Constantine & Lockwood 1999). Diese können entweder extern erstellt und via Drag&Drop in das Modul gezogen werden oder über das integrierte Mockup-Tool Balsamiq® erstellt werden. Um Anwendungsfälle mit einem Hauptfall und verschiedenen Alternativen und Ausnahmen (vgl. Pohl 2008) abzubilden, können Szenarien durch Links miteinander verknüpft werden.

2.4   Evaluieren und Bewerten von Lösungen

Nachdem Gestaltungslösungen entstanden sind, beginnt die Reflektion, Evaluation und Bewertung der Lösungen in Bezug auf die formulierten Anforderungen. Zwei der wichtigsten Grundsätze des HCD sind die Einbeziehung des Benutzers und die formative Evaluation von Lösungsansätzen.

Kommentare und Diskussion

Zu diesem Zweck dient eine globale Kommentarfunktion. Mit Hilfe dieser kann jedes Element eines Projektes annotiert und hinterfragt werden. Die Kommentare werden chronologisch verwaltet, wodurch Diskussionsverläufe nachvollziehbar bleiben.

Evaluationen

Das Evaluationsmodul ermöglicht die Verwendung und Erstellung von Evaluationen mit Fragebögen. Innerhalb eines Projektes kann ein Fragebogen für bestimmte Probanden freigeschaltet werden, die über einen Link in einer E-Mail an der Evaluation teilnehmen können. Die Antworten werden in einer Übersicht innerhalb des Projektes angezeigt. Im System werden bislang Fragebögen für Methoden wie SUS, ISONORM, NASA TLX und SEA bereitgestellt. Projektspezifische Fragebögen lassen sich je nach Bedarf leicht erstellen.

3 Zusammenfassung und Ausblick

Das Usability-Engineering-Repository UsER ist eine integrierte und modulare Kollaborationsplattform, die nach den Grundprinzipien eines Human-Centered Design-Prozesses verschiedene Methoden des Usability-Engineerings in flexibler Weise unterstützt. Die schon vorhandenen UsER-Module unterstützen die Analyse von Benutzern, Aufgaben, Arbeitsobjekten, Organisationsstrukturen und Arbeitsprozessen, die Konzeption von Informationsmodellen und Dialogen sowie die Evaluation von Lösungen. Sie können in einer offenen Architektur leicht um weitere Methodenmodule erweitert werden, um die Unterstützung eines benutzer-, aufgaben- und kontextgestützten Entwicklungsprozesses zu optimieren. Die Einbeziehung von Benutzern und Kunden in die webbasierte Plattform wird durch die Kommentarfunktion ermöglicht und kann darüber hinaus das iterative Vorgehen unterstützen, insbesondere bei der Rückkopplung von Evaluationsergebnissen. Die offene Architektur von UsER ermöglicht die Weiterentwicklung bestehender und die Integration weiterer Module, wodurch neue Ansätze erprobt werden können. Gebrauchstauglichkeit und Praxistauglichkeit des Systems werden seit etwa einem Jahr in wissenschaftlichen und betrieblichen Projekten erprobt und verbessert. Den Autoren ist bislang keine vergleichbar umfassende, integrierte und offene Plattform für das Usability-Engineering bekannt, die auch Schnittstellen in das Requirements- und Software-Engineering bietet und in realen betrieblichen Kontexten wirkungsvoll eingesetzt werden kann.

Literaturverzeichnis

Annett, J., & Duncan, K. (1967). Task analysis and training design. *Occupational Psychology, 41*(July), S. 211-221.

Beyer, H., & Holtzblatt, K. (1997). *Contextual Design. Defining Customer-Centered Systems.* San Diego: Morgan Kaufmann.

Constantine, L. L. & Lockwood, L. A. D. (1999). *Software for Use – A Practical Guide to the Models and Methods of Usage-Centered Design.* Boston: ACM Press

Cooper, A., Reimann, R., & Cronin, D. (2007). *About Face 3: The Essentials of Interaction Design. Information Visualization. 3. Auflage.* Indianapolis: Wiley Publishing.

DIN EN ISO 9241-210 (2011). *Ergonomie der Mensch-System-Interaktion – Teil 210: Prozess zur Gestaltung gebrauchstauglicher interaktiver Systeme.* Berlin: Beuth.

Herczeg, M. (2009). *Software-Ergonomie. Theorien, Modelle und Kriterien für gebrauchstaugliche interaktive Computersysteme. 3. Auflage.* München: Oldenbourg.

Herczeg M., Kammler M., Roenspieß A. (2012). Prozessorientierte Entwicklung von aufgaben- und ereignisorientierten Benutzungsschnittstellen für die Prozessführung mit Hilfe eines Usability-Engineering-Repositories (UsER). In Grandt, M & Schmerwitz, S (Eds.) Fortschrittliche Anzeigesysteme für die Fahrzeug- und Prozessführung : 54. Fachausschusssitzung Anthropotechnik der Deutschen Gesellschaft für Luft- und Raumfahrt. Koblenz: DGLR. 1-15.

ISO WD 9241-230 (2009). User requirements for ISO standard: Human-centred design and evaluation methods. Berlin: Beuth.

Jackson, M. (1995). Software Requirements & Specifications: A Lexicon of Practice, Principles and Prejudices. New York: Addison-Wesley.

Kyng, M. (1995). Creating Context for Design. In J. M. Carroll (Hrsg.): *Scenario-based design*, S. 85-107. New York: John Wiley & Sons.

Mayhew, D. (1999). *The usability engineering lifecycle : A Practitioner's Handbook for User Interface Design*. San Diego: Morgan Kaufmann.

Mulder, S., & Yaar, Z. (2006). *The User Is Always Right: A Practical Guide to Creating and Using Personas for the Web*. Berkeley: New Riders.

Object Management Group. (2011). *Requirements Interchange Format (ReqIF)*.

Palmer, S., & Felsing, M. (2002). *A Practical Guide to Feature-Driven Development*. Prentice Hall International.

Pohl, K. (2008). *Requirements Engineering. Grundlagen, Prinzipien, Techniken. 2. Auflage*. Heidelberg: dpunkt.

Pruitt, J., & Adlin, T. (2006). *The Persona Lifecycle: Keeping People in Mind Throughout Product Design*. San Francisco: Morgan Kaufmann.

Rolland, C. (1998). Guiding goal modeling using scenarios. *IEEE Transactions, 24*(12), S. 1055-1071.

Rosson, M., & Carroll, J. (2002). Scenario-Based Design. In Jacko, J. & Sears, A. (Hrsg.): *The Human-Computer Interaction Handbook: Fundamentals, Evolving Technologies and Emerging Applications. 2. Auflage*, S. 1032-1050. CRC Press.

Salinesi, C. (2004). Authoring Use Cases. In Ian, A. & Maiden, N. (Hrsg.): *Scenarios, Stories, Use Cases: Through the Systems Development Life-Cycle*. Chichester: John Wiley & Sons.

Stanton, A. N., Salmon, P. M., Walker, G. H., Baber, C., & Jenkins, D. P. (2005). *Human Factors Methods: A Practical Guide for Engineering and Design*. Hampshire: Ashgate Publishing.

Sutcliffe, A. (1998). Scenario-Based Requirement Analysis. *Requirements Engineering, 3*(1), S. 48-65.

Kontaktinformationen

Marc Paul: paul@imis.uni-luebeck.de

S. Boll, S. Maaß & R. Malaka (Hrsg.): Mensch & Computer 2013
München: Oldenbourg Verlag, 2013, S. 191–200

User Tracking for Collaboration on Interactive Wall-Sized Displays

Moritz Wiechers[1], Alexander Nolte[1], Michael Ksoll[1], Thomas Herrmann[1], Andrea Kienle[2]

Lehrstuhl für Informations- und Technikmanagement, Ruhr Universität Bochum[1]
Fachbereich Informatik, FH Dortmund[2]

Abstract

To support collaboration on wall-sized interactive displays we developed a system that is capable of distinguishing multiple users collaboratively interacting with a large surface at the same time. In order to allow for seamless switches between different modes of collaboration, the system uses camera based tracking thus requiring no additional hardware. The system also allows exploiting the position of a user in front of the screen display in order to show information about the users' context directly in front of them. This information could e.g. indicate which item is currently used by whom during a collaborative session, so that all participants can coordinate their actions. We present a study in which we assess the quality of the distinction mechanism, show possibilities for improvement and describe how awareness of the actions of others could enhance collaboration.

1 Introduction

Researchers as well as practitioners have tried to exploit the unique advantages of large interactive displays for collaboration in the past few years. These dispalys are expected to create more involvement as they allow direct interaction with the displayed materials by all participants, e.g. during a workshop. One major challenge in order to achieve this is the need to distinguish between multiple users who interact with the material at varying positions in front of the screen. For example, a simple copy and paste action can not be carried out via drag and drop since users may have to walk around each other, or a copy operation by a user can be followed by another user copying an element before the paste operation is completed. Consequently in order to assure that the correct elements are pasted, the system has to assign the actions to the correct user. There are several approaches supporting this e.g. *MERL DiamondTouch* by Dietz and Leigh (Dietz, & Leigh, 2001) which distinguishes users by their respective capacitive resistance. Other systems distinguish users by hand contour analysis (Schmidt et al. 2010), by analyzing the dorsal hand region (Ramakers et al. 2012), by tracking mobile phones (Schöning et al. 2008) or using digital pens (Rekimoto 1997). Apart from most of these systems being built for horizontal displays (e.g. tabletops), it also takes time to set them up or they require additional hardware to work. Focusing on enabling collaboration at any moment during a workshop, we aimed at developing a system that is capable of distinguishing users without any preparation and without any additional hardware such as markers or mobile phones.Camera based systems such as Microsoft´s Kinect^{TM} proved to be a good starting point as they are capable of distinguishing and tracking multiple people without equipping them with any additional hardware. As they are also cheap to buy, these cameras steadily gained popularity among practitioners and researchers alike. The main focus of research so far has been allowing natural physical interactions with a digital device as e.g. described by Stellmach et al. (Stellmach et al. 2012). However, there is also a multitude of other scenarios in which these cameras have been used as navigation systems for blind people (Mann et al. 2011) or 3D modeling of physical objects (Xu et al. 2012). They were also used to support collaboration on horizontal touch interfaces by supporting user distinction in combination with RFID-chips (Jung et al. 2011). The use of depth-based camera systems has proven to be very beneficial for user distinction and tracking especially within the area of cooperative work on large displays, however, research on this area especially with respect to collaboration on vertical displays is still missing to a large extent.

First attempts have shown that it is challenging to reliably distinguish users interacting with a large display using camera based tracking (Turnwald et al. 2012). This is due to the necessity to place the camera at a certain distance to the display in order to cover its whole width. However as these cameras only provide a certain depth resolution, their capability to reliably detect users deteriorates when the camera is placed too far away. Furthermore due to users frequently crossing each other, it is difficult for a single camera to continuously track them. So we came up with the idea to combine multiple Kinect^{TM} cameras, thus developing a scalable system that is capable of covering walls of any size. There are some approaches combining multiple depth-based cameras in order to cover larger spaces or to solve the problem of overlapping viewpoints e.g. for body scanning (Tong et al. 2012) or tracking a person moving into another room (Schönauer & Kaufmann 2011). We however aim at combining multiple Kinect^{TM} cameras with a large interactive display in order to support collaboration, which, to the best of our knowledge, has not been attempted so far.

Awareness is a crucial factor in multi-user collaboration especially in co-located settings (Herrmann et al. 2013). As users have to be aware of the actions of others, continuous operations, such as moving virtual items by dragging them over the whole width of the screen, proved to be not feasible due to the necessity of people moving around each other (Figure 2). Instead our mechanism allows picking up items by touching them and placing them elsewhere by pointing on the desired position. Although this prevents people running into each other, it also reduces the possibility to track a user's interaction with a certain item.

To meet the challenge of combining user distinction and awareness of user operations, we developed a system that detects the position of users in front of the screen and continuously visualizes the items they are currently interacting with in front of them. The system also may provide users with additional content tailored especially for them right in front of them such as interface components or context menus, which would otherwise have to be triggered by extra touches. Further explorations of these proxemic interactions for collaboration (Greenberg et al. 2011) show additional possibilities for improvement.

In what follows, we present an approach that combines user distinction and awareness. It is capable of distinguishing multiple users operating a large interactive display and can be used without any further preparation. Moreover, it determines the position of the user in front of the screen and continuously visualizes the items the user is currently interacting with (Figure 2). Section 2 describes the usage scenario and requirements for the system while section 3 deals with its realization. Section 0 describes a preliminary evaluation which shows promising results as well as means for improvement. The paper concludes with a summary and provides an outlook on future work (section 5).

2   Scenario and requirements

The underlying scenario deals with tasks where a large number of items have to be sorted or clustered. A typical example is the collaborative modeling of processes where activities have to be assigned to larger units. This is often feasible if a modeling session has been started by gathering contibutions from users without sorting or clustering them immediately (Andersen & Richardson 1997), so that the creative phase is not disturbed (Herrmann 2009; Herrmann 2012). This results in the necessity to deal with a lot of items that have to be compared and aligned to each other, which can be very time-consuming if carried out by a single person. This led us to the idea of allowing multiple people to simultaneously cluster items on a large interactive display using simple pick & drop interactions (Turnwald et al. 2012).

During the evaluation of a preliminary prototype we observed a number of problems. First it was not possible to track participants continuously with a single Kinect[TM] camera due to the aforementiones reasons. Furthermore, the participants' awareness of the operations of others was restricted as users picked items up, moved to another position and dropped them there. This led to participants being confused by items suddenly moving or disappearing which would not be the case when a participant moves an item by dragging it on the screen as s/he is easily observable by the others during that process.

These observations led to the following requirements, providing the basis for our system:

1   Continuous User-Tracking: The system has to be able to identify situations in which multiple users are simultaneously interacting with the screen and also to differentiate them. Additionally, it has to handle situations in which people stand close to each other or overlap. Manual error correction also has to be supported.

2   Smooth Error correction and efficiency: Users must be able to correct tracking errors efficiently. All in all, being automatically tracked must significantly reduce the number of necessary dialogue steps compared to the test case where each interaction task has to be accompanied by a step with which the users identify themselves.

3   Providing Awareness of other Participants' Work: To foster users' awareness while they are collaboratively working on the screen, the system has to provide features that allow users to be constantly aware about who is performing an action on which item. For this, it has to be able to determine the user's position in front of the display.

4   Marker free operation: As it may be feasible during workshops to spontaneously switch between front facilitated settings and multi-user collaboration in front of the screen, the system has to be instantly functional, thus at best requiring no time to prepare at all. Therefore, the system has to be able to be used on the fly, without attaching any markers to users or assigning additional hardware to them such as digital pens.

5   Flexibly adaptable System: The system has to be able to work with any vertical
        display regardless its size or form. This includes its flexibility to add additional
        cameras or even other detection systems when necessary.

3   Realization

3.1 User Interface

Based upon the aforementioned requirements, we created a prototype that is part of a software for the SeeMe[12] modeling notation. The system allows users to assign elements of the
modeling notation to categories by selecting them with a single click and placing it within a
designated cluster (Figure 1). To indicate that an element has been selected by a user, it follows the user based upon her position in front of the screen until it has been dropped. To
achieve this, the system automatically detects each user operating the wall, assigning touch
events to them and detecting their position in front of the screen. As errors are likely to occur, the system provides a mechanism that allows users to correct them manually. For that,
each user is assigned a color and a letter and a menu is displayed next to the position where
the element is dropped. This menu allows the user to simply select her color and letter on a
clock-face (Figure 1) thus placing the right element there.

3.2 Setting and Hardware

The prototype is designed to be operated within a special facilitation collaboratory. Its cen-
terpiece is a large, high-resolution interactive display (4.8m x 1.2m; 4200x1050px), which
allows for seamless interaction over the whole width of the wall. In order to observe the
whole area in front of the wall, we used two Kinect[TM] cameras. The system however is capable for operating a number of cameras thus allowing for future enhancement. We placed the
cameras 3.7 meters away from the screen and about 2.8 high right below the ceiling of the
room. The cameras are set at an angle of 60 degrees and have an intersection of roughly 7
square meters. Before coming up with this setup, we tested several camera positions aiming
at maximizing the observed area and minimizing the previously described situation where
users are overlapping (Figure 3). We also tested whether two structured light based cameras
would interfere with each other but found no significant negative effect on the tracking.

---

[12] Visit http://seeme-imtm.de for further information.

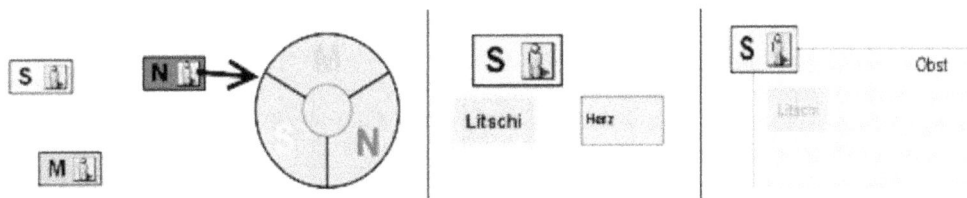

Figure 1: User menus and the clock-face (left) where users can select their literal; Selecting a cluster element with one touch (middle) and moving it to a certain cluster (right) with an additional touch. The yellow user menu offers the possibility of correcting a wrongly distinguished user.

3.3 Software prototype

At first we had to find a way to determine whether a person that is tracked by one camera is the same person that is tracked by the other camera. Once detected, we also had to relate the respective person to the touch events on the screen. To achieve this, we used a combination of the frameworks OpenNI and NITE. While OpenNI allows accessing the data of a Kinect^{TM} camera, NITE is capable of analyzing that data to distinguish people by creating a point map of the scene and complementing each point with a user ID. Having established this for one camera, we then matched them together by mapping both coordinate systems into one. This requires some calibration which has to be done only once as the cameras are set at static positions. The calibration involves a chessboard pattern which both cameras observe simultaneuosly, using OpenCV to calculate a transformation which minimizes the reprojection error between the corners of the chessboard squares recorded from one camera and the corresponding corners recorded from the other camera. Afterwards we had to analyze each point map generated by each camera in order to find out whether two point maps represent the same person or not. For this we divided every bounding box of a point map into a set of smaller ones calculating whether they contain points of both point maps and then calculating the distance between their respective center positions.

After some performance tweaks we arrived at a solution that was ready to be tested. In order to relate the touch interactions on the screen to the people in front of it we used the same architecture as described in Turnwald et al. 2012: 2D coordinates of the touch points on the screen are sent to a user distinction server that also operates the Kinect^{TM} cameras (Figure 2, right, step 2). Then, these coordinates are transferred into 3D coordinates and used to detect the nearest user in front of the screen (Figure 2, right, step 3). Afterwards, the original 2D coordinates are enriched with the corresponding user ID and sent back to the screen (Figure 2, right, step 4), where the intended operation is executed.

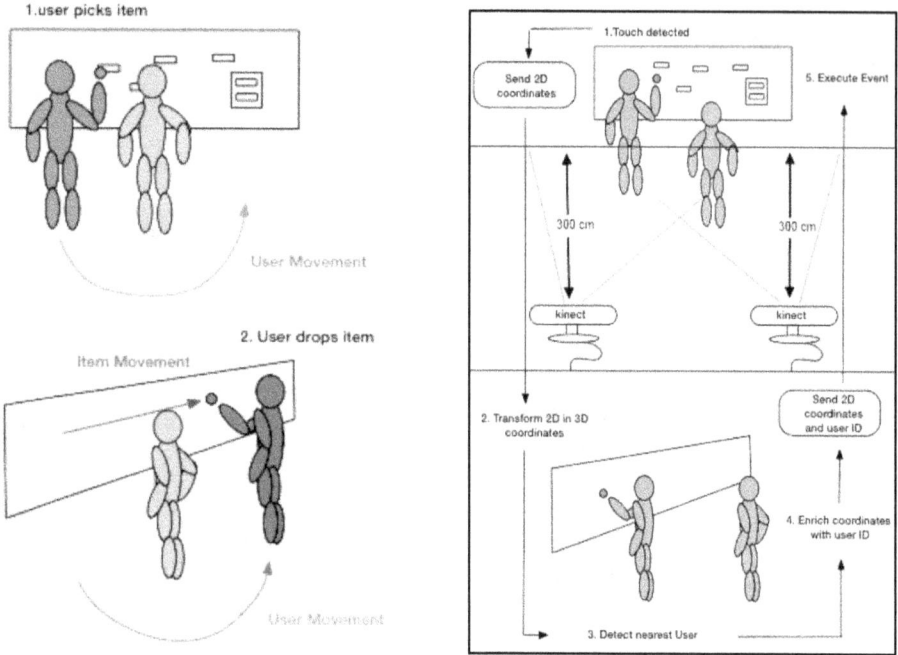

Figure 2. Item and User Movement, while changing the position of an item (left); Client-Server Architecture for multi-user distinction on a large interactive display using multiple cameras (right).

4   Study

4.1   Setting

In order to assess whether the system meets the intended requirements, we conducted five workshops with three participants each. The group composition was mainly based upon the figure of the respective users as we intentionally mixed larger and smaller people within a group to create a maximum amount of friction for the system. During the study the participants were given a task to sort a number of elements into a set of predefined clusters. We placed the elements on the left and the clusters on the right side of the screen to force the participants to switch positions frequently over a long distance (Figure 3). This caused additional friction and increased the probability for distinction errors. After a short briefing and a warm-up phase in which the users could become familiar with the system, we asked them to start clustering. For later analysis, we tracked the number of interactions with the display and especially the number of manual corrections by the users. Additionally, we also conducted interviews and asked the participants to fill out an AttrakDiff[13] survey after each workshop in order to gain additional insight into the participants´ perception of the system thus evaluating its hedonic and pragmatic quality.

---

[13] http://www.attrakdiff.de

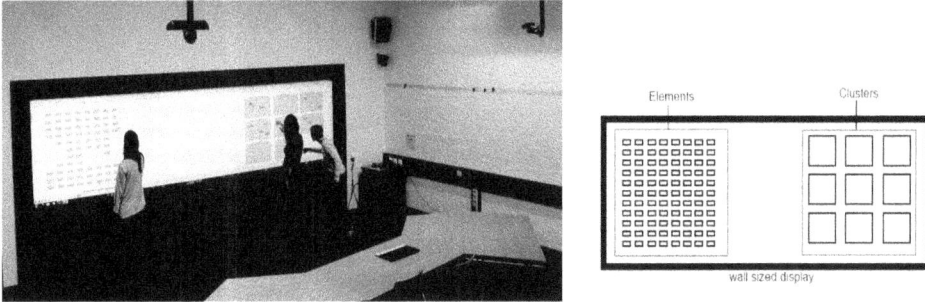

Figure 3: The study parcipants working with the prototype (left); Arrangement of elements used in the clustering study (right)

4.2 Results

All in all 15 participants clustered 522 items. The participants were divided into 5 groups as we considered 3 participants to be a reasonable realistic group size. They needed 1392 recorded interactions to do so while each clustering phase lasted for about 9 minutes. Taking into account the number of corrections (296), this leads to a correction rate of 21%, which of course is too high for a real world setting but is still surprisingly low considering the setup of the study which was aimed at causing a maximum amount of friction. The correction rate tends to fluctuate minimally throughout the 5 groups mainly due to different constellations of people. Comparing this to a system where users have to identify themselves after each interaction, our system saves them a lot of touches (711). In total they saved about 34% of the touches with fluctuations depending on how often they actually had to correct errors.

The analysis of the interviews revealed that the participants experienced the prototype as a great support for cooperative tasks. Additionally, most of the participants emphasized that the prototype was "easy to understand and autodidactically to settle in". Its usability had been considered to be "very functional, innovative and cutting-edge". Furthermore, the correction mechanism was perceived as "comfortable, intuitive and easy to use" and the color allocation, despite lagging from time to time, was considered "clearly interpretive". False assignments were "not seen as being disruptive", but rather "arousing the participants' curiosity and even being fun" for them at the same time.

Though positive aspects predominated within the participants' interviews, there also was some criticism for example about the reaction time of the system. This caused some irritation as the participants sometimes did not know whether the system had processed an input or not. This behavior could often be attributed to the lack of the interactive display´s missing multi-touch functionality: Despite the users being distinguished correctly, the touch functionality of the screen sometimes provided wrong data e.g when multiple people touched the display simultaneously. This, in turn, led to partitipants having to pay strong attention to their inputs in order to make sure, that they had been processed correctly. Consequently, the users experienced an unpleasant distraction from time to time.

During these distractive situations, we observed that users sometimes lost awareness about who is doing what and needed additional coordination by talking to each other. By contrast, we realized through this observation that there was no need for additional coordinative communication if the system worked properly. Furthermore, we observed that the participants easily started discussing – because of standing closely together – about items which could not be unambiguously assigned to a certain cluster.

The analysis of the AttrakDiff survey revealed that the users liked the way the user interface was implemented (HQ: "rather desired"), despite the users expecting it to be implemented differently with respect to its range of application (PQ: "consequently there is room for improvements in terms of usability"). Furthermore, the survey revealead that the users consider the prototype being stylish, presentable and premium, thus enchancing the group experience of an individual user (HQ-I). It also showed, that by being especially characterized as inventive, innovative and novel, the prototype can improve the user's experience regarding her knowledge and skills (HQ-S), although it requires some improvements within these scopes ("Should you wish to bind the user more strongly to the product, you must aim at improvement." and "Should you wish to motivate, enthrall and stimulate users even more intensely, you must aim at further improvement"). In conlusion, the survey conveys that the prototype is considered to be a very attractive solution ("the overall impression of the product is very attractive (ATT)"), which matches and supports the aforementioned results extracted from the single interviews.

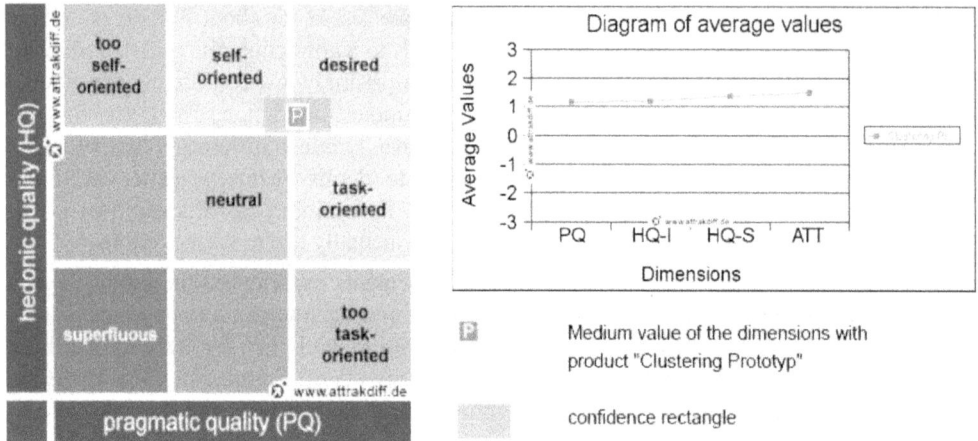

Figure 4: Portfolio with average values of the dimensions PQ and HQ and confidence rectangle of the product "Clustering Prototype"

5   Conclusion and Outlook

The results of the study indicate that coupling two Kinect[TM] cameras with a large interactive display allows automatic user distinction without the need of any further preparation or hardware. Furthermore, despite intentionally producing critical situations resulting in users having to correct errors at times, the system was capable of dealing with the issue of people overlapping each other to a large extent. The number of necessary interactions was significantly reduced compared to the theoretical test case of combing each interaction with an explicit step of identification. After having this established, the goal will now be to try to further extend the setting, thus supporting bigger screens and using more cameras in order to improve the system.

The study also revealed the possibility and the usefulness of exploiting the position of a user in front of a large interactive display. Blending the position with the detection of touches and the aforementioned user distinction system allowed us to enhance the tracking of other participants' elements, even without the requirement to continuously hold contact to the wall by dragging. We observed that less coordination is necessary compared to those situations where the automatic tracking was disturbed. We assume that the immediate awareness of the interaction of others allows the participants to focus on communication which is related to the content of their tasks. This kind of beneficial effects of awareness, compared to cases where the sorting and clustering is conducted from a distance via laptops etc. is planned as a subject of further research.

Furthermore, we are also aiming at complementing the system with means to detect the size and shape of a person and also analyze the color and texture of their clothes in order to reduce the error rate. Adding these features would make the system more robust and would also allow it to reidentify a person after it has lost track of her/him due to other users covering each other while interacting with the screen or due to them leaving the observed area in front of the screen and reentering it afterwardsIn addition, we also plan on extending the functionality of the user interface with respect to its capabilities as a full scale modeling software that also allows creating, manipulating and relating elements to each other.

References

Andersen, D.F. & Richardson, G.P. (1997). Scripts for group model building. *System Dynamics Review. 13*(2), 107–129.

Dietz,, P. & Leigh,, D. (2001). DiamondTouch: a multi-user touch technology. *UIST '01: Proceedings of the 14th annual ACM symposium on User interface software and technology.*, 219–226. New York, NY, USA: ACM.

Greenberg, S., Marquardt, N., Ballendat, T., Diaz-Marino, R. & Wang, M. (2011). Proxemic interactions: the new ubicomp? *interactions. 18*(1), 42–50.

Herrmann, T. (2009). Design Heuristics for Computer Supported Collaborative Creativity. *System Sciences, 2009. HICSS'09. 42nd Hawaii International Conference on.*, 1–10.

Herrmann, T. (2012). *Kreatives Prozessdesign*. Berlin Heidelberg: Spriger Verlag.

Herrmann, T., Nolte, A. & Prilla, M. (2013). Awareness support for combining individual and collaborative process design in co-located meetings. *Computer Supported Cooperative Work (CSCW). 22*(2), 241–270.

Jung, H., Nebe, K., Klompmaker, F. & Fischer, H. (2011). Authentifizierte Eingaben auf Multitouch-Tischen. *Mensch & Computer 2011: 11. fachübergreifende Konferenz für interaktive und kooperative Medien. überMEDIEN-ÜBERmorgen.*, 305.

Mann, S., Huang, J., Janzen, R., Lo, R., Rampersad, V., Chen, A. & Doha, T. (2011). Blind navigation with a wearable range camera and vibrotactile helmet. *Proceedings of the 19th ACM international conference on Multimedia.*, 1325–1328.

Ramakers, R., Vanacken, D., Luyten, K., Coninx, K. & Schöning, J. (2012). Carpus: a non-intrusive user identification technique for interactive surfaces. *Proceedings of the 25th annual ACM symposium on User interface software and technology.*, 35–44.

Rekimoto, J. (1997). Pick-and-drop: a direct manipulation technique for multiple computer environments. *Proceedings of the 10th annual ACM symposium on User interface software and technology.*, 31–39. New York, NY, USA: ACM.

Schmidt, D., Chong, M.K. & Gellersen, H. (2010). HandsDown: hand-contour-based user identification for interactive surfaces. *Proceedings of the 6th Nordic Conference on Human-Computer Interaction: Extending Boundaries.*, 432–441. New York, NY, USA: ACM.

Schönauer, C. & Kaufmann, H. (2011). Wide Area Motion Tracking Using Consumer Hardware.

Schöning, J., Rohs, M. & Krüger, A. (2008). Using mobile phones to spontaneously authenticate and interact with multi-touch surfaces. *Workshop on designing multitouch interaction techniques for coupled public and private displays.*, 41–45.

Stellmach, S., Jüttner, M., Nywelt, C., Schneider, J. & Dachselt, R. (2012). Investigating Freehand Pan and Zoom. *Mensch & Computer 2012: interaktiv informiert–allgegenwärtig und allumfassend!?*.

Tong, J., Zhou, J., Liu, L., Pan, Z. & Yan, H. (2012). Scanning 3d full human bodies using kinects. *Visualization and Computer Graphics, IEEE Transactions on. 18*(4), 643–650.

Turnwald, M., Nolte, A. & Ksoll, M. (2012). Easy collaboration on interactive wall-size displays in a user distinction environment. *Workshop "Designing Collaborative Interactive Spaces for e-Creativity, e-Science and e-Learning."*

Xu, D., Cai, J., Cham, T.J., Fu, P. & Zhang, J. (2012). Kinect-Based easy 3D object reconstruction. *Proceedings of the 13th Pacific-Rim conference on Advances in Multimedia Information Processing.*, 476–483. Berlin, Heidelberg: Springer-Verlag.

S. Boll, S. Maaß & R. Malaka (Hrsg.): Mensch & Computer 2013
München: Oldenbourg Verlag, 2013, S 201–210

Urban Playfulness: Fostering Social Interaction In Public Space

Robert Praxmarer, Thomas Wagner

MultiMediaTechnology, University of Applied Sciences Salzburg

Abstract

In this paper we present our perspective on the role of playfulness regarding large scale, interactive floor projections in urban public space. We start with a model to identify the key elements and their interplay within this experience design space. This model will develop a deeper understanding of the design space in order to act as being a conceptual tool for creating interactive projects. We discuss the potential of playful projects to reconfigure public space in terms of the performative and motivational aspects of play. We conclude with our findings from observing playful projects built or supported by our research team.

1   Introduction

"Public space is our open-air living room, our outdoor leisure centre." (Lipton, 2002)

This open, collectively owned space provides a neutral ground for social interaction and hence is a space of possibilities for playful engagement and communication. However, for the younger generation the internet and mobile communication increasingly fulfill these roles (Rogers et al., 2011). Youths might rather sit on a park bench talking and playing with someone miles away, looking at a small screen, rather than engaging with the space or people around them.

As research group[1,2], we believe that squares and parks are deeply social (Lefebvre, 1991). They are not just pure geometric spaces: they become meaningful through interaction and context. A look into the history of public squares (Sitte, 1901) reveals their varying functions – e.g. political, economic and social. These are subject to constant and substantial change. Small markets where local goods were traded now become arenas for interactive advertisement via public screens. Commercialization is on the verge of ruining this experiential space. As media artists and researchers we want to contribute these thoughts and findings to discussions on how to shape the appearance and function of urban public space in the near future. The number of people working and living in urban areas is bigger than it ever has been and new technologies offer exciting opportunities to create novel experiences in urban public

---

[1] PELS (Pervasive Experience Lab Salzburg), http://www.pels.at
[2] CADET (Center for Advances in Digital Entertainment Technologies), http://www.cadet.at

spaces, while pervasive computing and mixed reality provide new visions on how to blend these experiences with our everyday life. We try to leverage technology to reconfigure public space in a dramaturgic, respectively game design space and thereby stimulate social interaction and communication.

In the following sections we will discuss our perspective on urban playfulness and urban public space as a design space, and later analyzing prototypes and experiments in terms of their implication, success, and challenges.

2   Urban Playfulness

In our work we interpret urban playfulness as broader than the mere act of playing a game. We consider interactive artworks or reactive musical instruments with less rigid structures also playful. Salen and Zimmerman (2003) define play as *free movement within a more rigid structure*. This relates to Huizingas understanding of play (Huizinga, 1949) as an integral part of human culture, not only associated with games, but e.g. also performing arts, literature and religion. Designing playful experiences in public space however entails different challenges in comparison to designing games for computers, or installing interactive artworks in a confined space like a gallery or the living room. In order to get a better understanding of the design space, key elements and their interplay were identified. The elements found were: the space itself [S], the people currently inhabiting it [P], not to be confused with just the active players, the rules [R] implied by society as social rules and the rules in the context of the individual person (in our case the game/interaction logic). Together these components form a dynamic system, in which interaction and behavior [I] is shaped by the mentioned elements in an evolving feedback system. What we describe is a transformation process, triggered by a change in context involving all three elements.

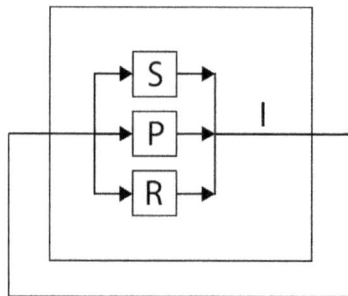

Figure 5: Key elements within the urban public design space.

2.1   Space

This basic model is greatly inspired by Goffman (1966), from a sociological point of view, and Gehl (2003), from an urban design perspective. Both note that the environment (in our model defined as space) significantly shapes the interaction that occurs in public space. Public space can facilitate varying forms of activities, which Gehl groups in three categories, namely necessary activities, optional activities and social activities. While necessary activities are compulsory and will take place under almost any condition, optional and social activities are influenced by spatial conditions enabling or constraining certain behaviors or interaction. We see space as the geometric structure including visual and auditory displays, but not the context or social meaning, which is in accord with studies in HCI (Akpan et al., 2013; Harrison & Dourish, 1996). It becomes evident that this quality of public spaces itself is an essential element of the dynamics shaping interaction and behavior in public space.

2.2   People

Another influence for our model was the research conducted in the human-computer interaction domain regarding large-scale public displays (Müller et al., 2010) and collocated interaction (Voida & Greenberg, 2009). Müller et al. describe the various interaction phases in the form of an audience funnel, which is similar to the contextual awareness model and the roles offered by pervasive games as discussed by Montola and Waern (Montola & Waern, 2006) extending Reeves et al. model for designing the spectator experience (Reeves et al., 2005). The audience funnel is a fine grained model which consists of (1) passing by, (2) viewing and reacting, (3) subtle interaction, (4) direct interaction, (5) multiple interaction and (6) follow up actions. In contrast Montola and Waern introduce the following roles: (1) active participation as a player, (2) participation, but not in a direct player role, (3) spectatorship and (4) refusal. Taking only the player/user experience into account is definitely shortsighted. Voida & Greenberg, who discuss the role of the game console as a computational meeting place, come to a similar conclusion. They point out that due to the often diverse individuals participating, games need to provide different modes of gameplay and should *foster audience participation or an otherwise enjoyable audience experience*. For projects on public squares as a design spaces, multiple levels of engagement and interaction need to be taken into consideration.

2.3   Rules

Beside the space itself and the people inhabiting it, also the rules are an important element in this dynamic system. As mentioned earlier, there are social rules and rules that belong to the context the individuals are acting in (Goffman, 1959). Creating a game or playful installation means bringing a change to the context that people are interacting in through introducing new game/interaction rules to the system. The characteristics of these rules are essential. Rules that are easily explored and understood and that result in a discernible outcome offer an invitation for those willing to play and spectate. An important thing to remember is the collocated nature of public space. Offering just a single-player experience with short game sessions is one solution for gameplay in a collocated interaction space (Voida & Greenberg, 2009). Another option is to offer a multi user/player experience, which we will discuss in Chapter 5 in regards to our experimental prototypes.

2.4   Summary

In reality public space is highly complex: the space underlies exterior transformations e.g. weather and time and people belong to different groups in terms of motivation and engagement, so the game/interaction rules should ideally reflect this heterogeneity. The main questions which arise from this configuration are: (1) How to design rules for installations and games in a way that people become active players/users? (2) How to deal with non-players or passive observers? (3) How to stimulate engagement and long-term motivation? (4) Which modalities can increase social interaction and communication?

3   Designing for Performative Play

"All game play is performance. There is no gaming without performance." (McGonigal, 2005)

Performative play is our weapon of choice and a key to understand how playfulness offers different levels of engagement, while fostering the transition from passer-by to observer and from observer to player. McGonigal is not the only one arguing that game play has an inherent performative aspect, but this can be found in a variety of domains ranging from psychology (Bateson, 1955), sociology (Huizinga, 1949) and game studies (Bogost, 2008; Salen & Zimmerman, 2003; Wardrip-Fruin & Harrigan, 2004) to performance studies (Dixon, 2007; Schechner, 2006). There is an in-game performance that relates to the role of players both as performer and audience, but more interesting for us is the out-of-game performance. There are clear indicators for play as performance. On one hand, there are e-sport events, where computer game matches are broadcasted live and players earn respective prize money and gather a loyal fan base watching them - the performance is a show of attained skills. On the other hand, there are games like Dance, Dance, Revolution or Guitar Hero and game controllers ranging from the Wii-Mote motion sensor to the Kinect full-body tracking that foster theatrical performances. *"Guitar Hero and Rock Band are deeply theatrical by design and many players choose to enhance that theatricality in their gameplay. [...] a parody of rock authenticity."(Miller, 2009).* The performance is mimetic play and a form of creative expression.

The act of playing creates a framing (Huizinga, 1949), which is commonly referred to as the magic circle (Salen & Zimmerman, 2003). Play needs to be recognizable to create this protective and liberating framing. It provides the players with a certain degree of freedom, different to the role Goffman (1959) points out, which people impose on themself restricting their behavior in public space. To support performative play the space needs to be reconfigured, so that play becomes obvious and the connection between play and its outcome is clearly visible.

4   Designing for Long-Term Motivation

Things that are pleasurable keep us engaged and motivated. Researchers at Nokia Research introduced PLEX the pleasure experience framework (Arrasvuori et al., 2011), which is based on the framework created by Costello and Edmonds (2007). Both frameworks are conceptual and evaluation tools for playful experiences with interactive applications and products. They built up on theory ranging from psychology (e.g. Csikszentmihalyi's flow theory) and philosophy (e.g. Callois) to game design (e.g. LeBlanc). While Costello and

Edmonds relate their framework to interactive artworks, the researchers from Nokia tried to widen the approach to interactive products in general. The results are categories that contribute to a pleasurable, respectively playful experience. Here the list from the most recent publication (Arrasvuori et al., 2011): Captivation, Challenge, Competition, Completion, Control, Cruelty, Discovery, Eroticism, Exploration, Fantasy, Fellowship, Humor, Nurture, Relaxation, Sensation, Simulation, Submission, Subversion, Suffering, Sympathy and Thrill. We were interested, which of those categories contribute to long-term motivation for games and playful installations in public space and will discuss this after presenting our experimental prototypes.

5   Experimental Prototypes

There are already a great variety of projects, experiments and prototypes dealing with playful interaction in public space, including art projects, games and commercial applications like playful tourist guides. A lot of research has been done in the field of pervasive games including the IPerG (Integrated Project on Pervasive Gaming), an EU funded project. In terms of interface and technology we see three directions concerning playful interaction in large public space, which can also be combined: (1) Mobile and wearable personal devices are an inherent part of our everyday life. Mobile phones have been successfully incorporated in experimental and commercial projects ranging from location-based services to multi-player scenarios adopting public space as a narrative or playful space (Ballagas, 2006; Benford et al., 2006; Brown et al., 2005). (2) The public space with its public displays, media façades (Fischer & Hornecker, 2012) and open spaces for projections offers new means for interactive experiences. (3) Physical computing provides new multisensory experiences in public space and real physical manifestations, which do not rely on light conditions (hence the time of day) in the way projection systems and media façades do. Regarding interaction paradigms that support urban playfulness we identified presence in space, movement, full-body interaction, gestures and facial expression, remote interaction via mobile and wearable devices and physical interaction with any sort of mechanism. Voida and Greenberg (2009) mention that players preferred gestural and physical input devices over button-based input devices and suggest an intuitive mapping in a collocated design space.

This research project has focused on large-scale projections, creating interactive façade and floor projections. While we created several interactive façade projections with the Kinect as single user experience, this paper will focus on multi user, interactive floor projections in this paper. To create these games and installations, we developed a low-cost tracking system for use in large public space areas (> 100m^2) based on thermal imaging technology, which can be used in conjunction with projections. The concept of the LinkedDots System was to create digital playgrounds (overlays) on public squares, and has been presented in an earlier paper (Wagner, 2012). We imagined it as a system that invites people to collaboratively explore and play. The people interact with the system by means of presence and movement. To enable more complex scenarios, our main challenge was to create a robust tracking, which provides consistent IDs for the people within the interaction area. Leaving removes the player's ID and when re-entering a new ID is assigned by the system.

Figure 2: LinkedDots System. Camera and Projector mounted above (left). GUI of the tracking (right).

5.1 Reactive Visuals

During Schmiede[3], a media art festival in Hallein/Salzburg, Austria, we offered a workshop with our tracking and projection system. Several reactive visuals were created and the user's position was used as input parameter. On the users' position meta-ball objects magnified the texture of the visuals and a slight trail marked their paths. The rules of interaction with the visuals were quite simple and the visuals indeed an eye-candy, so people were attracted to explore them, but just for a very short amount of time (2-3 minutes). The expressiveness of the interaction in this scenario was very limited, so performative play could not emerge. The rules did not incorporate a connection of some sort between the participants, which resulted in a lack of social interaction and communication. These simple reactive systems are not enough to keep participants engaged and the audience entertained.

5.2 Fragments

Fragments is an audio-visual installation that was created for a public square as part of the foundation event of the "Salzburger Hochschulkonferenz". People within a defined proximity form clusters, which are reflected by visuals and sound. The system assigns a different fragment (sound generated e.g. birds or water drops) to each of the clusters. The sounds' position in the multi-channel audio environment is determined by the central positions of the clusters. The density of the cluster controls the frequency of occurrence and pitch of the sound. The variance of the sound within each cluster is controlled by the sum of motion within the cluster. The maximum motion vector in the scene controls the intensity of the beat, accompanying the sound fragments.

The visible connection of the people in the clusters worked quite well and people started to collaborate. They realized that the maximum motion controlled the beat, but could not figure out how the sound fragments (clusters) worked in detail. The link between the action (repositioning) and its effect (auditory) was not clear to them. This lack in control hindered expressiveness. Overall we observed a slight transformation process and people mentioned, that they loved the idea and would like to see such things to happen more often. The most challenging part in the design was to create a discernible mapping between the cluster properties and the sound. In an interactive audio-visual dance performance, created later, we used a

---

[3] http://www.schmiede.ca/

similar system, but reduced the complexity of the mapping. We used very distinctive sound samples, where we connected the maximum motion vector of the cluster nodes to the speed of the playback, which also influenced the pitch. The density was mapped to an echo effect. After the performance, we invited the audience to play and observed an increase in performative play and mean residence time.

To sum it up, curiosity, exploration and collaboration can contribute to long-term motivation, when the rules (mapping) are simple and discernible. Audio installations, resembling a musical instrument are challenging to create, because on one side they need to be easy enough to understand and learn in a very short amount of time and on the other complex enough to enable expressiveness.

Figure 3: People exploring fragments (left). People playing Absorbit at Schmiede 2012 (right).

5.3   Absorbit

Absorbit is a multiplayer movement based game built by Adam Awan (an artist from the UK) and Rene Baumgartner (a student at our MultimediaTechnology program). An orb follows each player, which is growing as the player absorbs stars and smaller players. The game ends when one player accomplishes to reach a certain size of his or her orb. Once out of the game, people can either wait for the next round or start anew by exiting and re-entering the game area. There is no constraint for people to join a round, which has already started. There are clear roles of fleeing and hunting defined by the simple rules of the game. Absorbit was installed at several locations and proved to be a very captivating project, mainly due to the following reasons: (1) The barrier of entry was lowered due to the simple set of rules of the game. (2) The game consisted of short but intense sessions with immediate feedback. (3) The competitive character of the game fostered long-term motivation. It is a good example of meaningful play, which Salen and Zimmerman define as follows: *"Meaningful play occurs when the relationship between action and outcome in a game are both discernible and integrated into the larger context of the game."* (Salen & Zimmerman, 2003) The players were quite enthusiastic about the game. The majority of the people played several times. The audience gathered around the interaction area watching others play.

Reflecting on the design and development process, the game was comparatively easy to create and balance. Competitive play offers a distinct opportunity to transform the context of a public square, to become a playful gathering.

5.4 Findings

In the process of conceptualizing, creating, staging and later discussing our own work with players and spectators, we realized that the categories presented in the PLEX framework can be applied to playful experiences in large public spaces. How people interact in public space is affected by the very fact that they share the same space with others. In this regard Hall (1966) discusses the concept of proxemics, dividing the area around individuals into zones, which reflect the level of intimacy in relation to others. These zones define some sort of personal bubbles that individuals build around themselves. Both competitive and collaborative play provide different means to invite people to let their personal bubbles burst, which liberates them to get in touch with each other. To foster long-term motivation in multi user public space settings, competition, exploration and collaboration (fellowship in the PLEX model) are strong ingredients. Overall Absorbit was the most successful project in terms of long-term motivation, but collaborative and expressive audio installations have a high potential for performative play and create potentially interesting settings for the audience.

6 Conclusion

In this paper we presented a model framing key elements of interaction in public space: space, people and rules. We analyzed in which respects playfulness can contribute in reconfiguring this experience design space. The performative aspect of play invites people to spectate and participate by offering different levels of engagement. This can be achieved by taking the different roles into account, when designing interactive applications for large public spaces and by reconfiguring the space in a way that supports performative play. By adding new rules for interaction and play, to enhance competitive, collaborative and explorative aspects, long-term motivation and social interaction can be fostered. Currently we are investigating the possibilities that arise from the usage of physical computing, to create interfaces that promote collaborative engagement with real world objects in public space. We started working on concepts for interactive fountains and physical interactive artworks.

Acknowledgements

This work was supported by the Austrian Science Promoting Agency FFG (COIN grant) and the Government of the Region of Salzburg.

References

Akpan, I., Marshall, P., Bird, J., & Harrison, D. (2013). Exploring the effects of space and place on engagement with an interactive installation. *Proc. of the SIGCHI Conference on Human Factors in Computing Systems - CHI '13*, 2213. New York: ACM Press.

Arrasvuori, J., Boberg, M., Holopainen, J., Korhonen, H., Lucero, A., & Montola, M. (2011). Applying the PLEX framework in designing for playfulness. *Proc. of the 2011 Conference on Designing Pleasurable Products and Interfaces - DPPI '11*. New York: ACM Press.

Ballagas, R. (2006). *REXplorer: A mobile, pervasive game for tourists. Citeseer* (Vol. 1, p. 5).

Bateson, G. (1955). A Theory of Play and Fantasy. *Steps to an Ecology of Mind.*

Benford, S., Crabtree, A., Reeves, S., Sheridan, J., Dix, A., Flintham, M., & Drozd, A. (2006). The frame of the game: Blurring the boundary between fiction and reality in mobile experiences. *Proc. of the SIGCHI conference on Human Factors in computing systems* (pp. 427–436). Montréal: ACM.

Bogost, I. (2008). Persuasive Games: Performative Play. *Gamasutra Features*. Retrieved January 18, 2013, from http://www.gamasutra.com/view/feature/3703/persuasive_games_performative_play.php

Brown, B., Chalmers, M., Bell, M., & Hall, M. (2005). Sharing the square : Collaborative Leisure in the City Streets. *Proc. of the Ninth European Conf. on Computer-Supported Cooperative Work* (pp. 427–447).

Costello, B., & Edmonds, E. (2007). A study in play, pleasure and interaction design. *Proc. of the 2007 conf. on Designing pleasurable products and interfaces - DPPI '07* (p. 76). New York: ACM Press.

Dixon, S. (2007). *Digital Performance: A History of New Media in Theater. Dance, Performance Art and Installation.* Cambridge: The MIT Press.

Fischer, P. T., & Hornecker, E. (2012). Urban HCI. *Proc. of the 2012 ACM annual conference on Human Factors in Computing Systems - CHI '12* (p. 307). New York: ACM Press.

Gehl, J. (2003). *Life Between Buildings: Using Public Space.* Copenhagen: The Danish Architectural Press.

Goffman, E. (1959). *The Presentation of Self in Everyday Life.* (E. University Of, Ed.)*Teacher* (Vol. 21, p. 259). New York: Doubleday.

Goffman, E. (1966). *Behavior in public places: Notes on the social organization of gatherings.* Simon and Schuster.

Hall, E. T. (1966). *The Hidden Dimension.* (Anchor Books Doubleday, Ed.)*The Hidden Dimension* (Vol. 6, pp. 94–94). Doubleday.

Harrison, S., & Dourish, P. (1996). Re-place-ing space: the roles of place and space in collaborative systems. *Proc. of the 1996 ACM conference on Computer supported cooperative work - CSCW '96* (pp. 67–76). New York: ACM Press.

Huizinga, J. (1949). *Homo ludens: A study of the play element in culture.* London: Routledge & Kegan Paul.

Lefebvre, H. (1991). *The Production of Space.* (D. Nicholson-Smith, Ed.)*Production* (Vol. 9, p. 454). Blackwell.

Lipton, S. (2002). *The Value of Public Space.* York.

McGonigal, J. E. (2005). All Game Play is Performance: The State of the Art Game.

Miller, K. (2009). *Schizophonic Performance: Guitar Hero, Rock Band, and Virtual Virtuosity. Journal of the Society for American Music* (Vol. 3, p. 395).

Montola, M., & Waern, A. (2006). Participant roles in socially expanded games. *Online Proceedings of the Third International Workshop on Pervasive Gaming Applications*

Müller, J., Alt, F., Michelis, D., & Schmidt, A. (2010). Requirements and design space for interactive public displays. *Proc. of the international conference on Multimedia - MM '10* (p. 1285). New York: ACM Press.

Reeves, S., Benford, S., O'Malley, C., & Fraser, M. (2005). Designing the spectator experience. *Proc. of the SIGCHI conf. on Human factors in computing systems - CHI '05.* New York: ACM Press.

Rogers, Y., Sharp, H., & Preece, J. (2011). *Interaction design: beyond human-computer interaction* (3rd Ed.). John Wiley & Sons.

Salen, K., & Zimmerman, E. (2003). *Rules of play : game design fundamentals.* Cambridge: MIT Press.

Schechner, R. (2006). *Performance studies: An introduction* (2nd Ed.). New York: Routledge.

Sitte, C. (1901). *Der Städtebau nach seinen künstlerischen Grundsätzen. City Planning According to Artistic Principles* (4th ed. re.). Basel, Boston, Berlin: Birkhäuser.

Voida, A., & Greenberg, S. (2009). Wii all play: The Console Game as a Computational Meeting Place. *Proc. of the 27th international conference on Human factors in computing systems - CHI 09* (pp. 1559–1568). New York: ACM Press.

Wagner, T. (2012). Urban Playfulness: Creating novel experiences in an urban environment. In K. Mitgutsch, J. Wimmer, & H. Rosenstingl (Eds.), *Applied Playfulness - 5th Vienna Games Conference -FROG11.* Vienna: Braumüller Verlag.

Wardrip-Fruin, N., & Harrigan, P. (Eds.). (2004). *FirstPerson: New Media as Story, Performance and Game.* Cambridge: The MIT Press.

Contact

Mag. Thomas Wagner,
University of Applied Sciences Salzburg, Urstein Süd 1, 5412 Puch/Salzburg, Austria
thomas.wagner@fh-salzburg.ac.at, http://www.fh-salzburg.ac.at/

S. Boll, S. Maaß & R. Malaka (Hrsg.): Mensch & Computer 2013
München: Oldenbourg Verlag, 2013, S. 211–220

Visuelle Komplexität, Ästhetik und Usability von Benutzerschnittstellen

Kerstin Eva Müller[1], Martin Schrepp[2]

Universität Heidelberg [1]
SAP AG [2]

Zusammenfassung

Die visuelle Komplexität ist ein Faktor, der beim Design neuer Benutzerschnittstellen berücksichtigt werden muss. Dafür ist es notwendig, diese Eigenschaft möglichst effizient messen zu können. Hierzu wurden bereits eine Reihe formaler Komplexitätsmaße vorgeschlagen, die die visuelle Komplexität direkt aus dem Design berechnen. Wir haben deren Eignung zur Vorhersage der subjektiv wahrgenommenen Komplexität von Web-Seiten (Web-Auftritte von Städten und Web-Shops) in zwei Online-Studien untersucht. Hierbei ergab sich für mehrere dieser Maße eine hohe Korrelation zwischen berechneter Komplexität und subjektiven Einschätzungen von Personen. Allerdings gab es für einzelne Web-Seiten auch massive Abweichungen zwischen berechneter Komplexität und den Einschätzungen der Teilnehmer. Ein weiteres Ergebnis war, dass sich erhöhte visuelle Komplexität negativ auf die wahrgenommene Usability und wahrgenommene Ästhetik einer Benutzerschnittstelle auswirkt.

1 Einleitung

Die wahrgenommene Ästhetik eines Stimulus ist nach Berlyne (1974) abhängig von dessen Erregungspotential. Hierbei wird ein invertierter U-förmiger Zusammenhang angenommen, d.h. Stimuli mit einem mittleren Erregungspotential sollten als ansprechender wahrgenommen werden als Stimuli mit einem zu niedrigen (langweilig) oder zu hohen (unangenehm) Erregungspotential. Eine andere Art des Zusammenhangs folgt aus Birkhoffs *Aesthetic Measure* (Birkhoff, 1933). Hier wird eine Beziehung der Form *Ästhetik = Ordnung / Komplexität* angenommen. Abstrahiert man von der konkreten Formel, sollte die ästhetische Bewertung mit zunehmender Komplexität eines Stimulus sinken.

Über den Zusammenhang zwischen Ästhetik, Usability und Komplexität von Benutzerschnittstellen gibt es widersprüchliche Befunde. Geissler et al. (2006) bzw. Comber & Maltby (1994) fanden, dass Nutzer ein mittleres Komplexitätsniveau (d.h. im Sinne von Berlyne ein mittleres Erregungspotential) bevorzugen. Dagegen fanden Pandir & Knight (2006) bzw. Tuch et al. (2009) eine negative Korrelation zwischen visueller Komplexität und Ästhetik von Web-Seiten. Mehrere Studien zeigten, dass als ästhetisch wahrgenommene Produkte auch als gut bedienbar wahrgenommen werden (siehe z.B. Tractinsky, 1997).

Für das Design neuer Anwendungen ist es wichtig, die visuelle Komplexität verschiedener Entwürfe beurteilen zu können. Dies kann über Nutzerbefragungen oder experimentelle Techniken erfolgen, z.B. Paarvergleiche (z.B. Schrepp et al., 2007). Solche Methoden sind aber zeit- und kostenintensiv.

Eine Alternative ist die Berechnung der visuellen Komplexität über Komplexitätsmaße. Hier ist keine Befragung von Nutzern erforderlich. Allerdings ist hier zu klären, ob die verwendeten Maße die subjektive Wahrnehmung realer Nutzer hinreichend gut beschreiben. Diese Frage wollen wir in mehreren Web-Experimenten untersuchen. Zusätzlich wollen wir der Frage nachgehen, wie Komplexität, ästhetischer Eindruck und wahrgenommene Usability (apparent usability) einer Benutzerschnittstelle zusammenhängen.

2 Messung der Komplexität eines Layouts

Für die Messung der Komplexität einer Benutzerschnittstelle wurden bereits einige Algorithmen vorgeschlagen, die wir im Folgenden kurz besprechen wollen.

2.1 Kompressionsalgorithmen

Untersuchungen von Donderi (2006) zeigten einen starken Zusammenhang zwischen der File-Größe von JPEG komprimierten Bilddateien und der subjektiv wahrgenommenen Komplexität der Bilder. Auf theoretischer Seite besteht hier eine Verbindung zu Konzepten der Informationstheorie, z.B. dem Minimal Description Length Prinzip (Rissanen, 1978). Einen ähnlichen Ansatz verfolgt die Subband Entropy, kurz SE (Rosenholtz et al. 2007). Hier wird die Effizienz, in der ein Bild unter Beibehaltung der Bildqualität kodiert werden kann, als Maß für visuelle Komplexität verwendet.

2.2 Layout Komplexität

Das Layout-Komplexitätsmaß (LK) von Bonsiepe (1968) berücksichtigt die Ausrichtung von Elementen an horizontalen und vertikalen Linien und die Variabilität der Element-Größen. Hierzu wird das Layout in Gruppen unterteilt (visuell als Einheit wahrgenommene Mengen von Elementen, wobei undefiniert bleibt, wie genau diese Gruppierung vorzunehmen ist). Jede Gruppe wird dann durch ein Rechteck ersetzt, welches die Elemente in der Gruppe exakt bedeckt. Für jedes dieser Rechtecke werden Höhe, Breite und die Entfernungen zum linken und oberen Rand der Seite berechnet. LK wird dann (ähnlich zur Shannon-Entropie) berechnet durch:

$$LK = -N \sum_{i=1}^{n} p_i \, log_2 \, p_i$$

Dabei ist N die Gesamtzahl der Höhen, Breiten, Abstände nach oben bzw. links. Die Höhen, Breiten, Abstände nach oben bzw. links werden in n Klassen eingeteilt, wobei eine Klasse immer nur identische Höhen, Breiten und Abstände enthält. Der Wert p_i beschreibt die Wahrscheinlichkeit der Klasse i, d.h. die Zahl der Werte in dieser Klasse dividiert durch N.

Um ein bzgl. LK möglichst einfaches Layout zu erreichen, sollten alle Gruppen auf der Benutzerschnittstelle also möglichst identische Höhen und Breiten aufweisen und an möglichst wenigen horizontalen und vertikalen Linien ausgerichtet sein.

2.3 Feature Congestion

Das *Feature Congestion* (FC) Maß (Rosenholtz et al., 2005) berechnet die Unübersichtlichkeit (Clutter) eines Bildes. Die Grundidee hinter diesem Maß ist, dass ein Bild umso unordentlicher ist, je schwieriger es ist ein neues Element hinzuzufügen, das die Aufmerksamkeit auf sich zieht.

FC berücksichtigt die Vielfalt der verwendeten Farben, Orientierung von Objekten und Helligkeitskontraste für die Berechnung der Unübersichtlichkeit. Eine Benutzerschnittstelle ist komplex, wenn bereits viele Farben, Objektorientierungen und Helligkeitskontraste verwendet werden, die die Aufmerksamkeit des Nutzers binden. Es ist in diesem Fall schwierig, ein neues Objekt einzufügen, welches sich durch eines dieser Merkmale von den bereits vorhandenen Objekten unterscheidet und dadurch hervorsticht.

Das FC Maß zeigt einen deutlichen Zusammenhang mit der Performance bei Suchaufgaben (Rosenholtz et al., 2007). Je höher der FC Wert, desto länger brauchen Personen, um ein vorgegebenes Ziel in einem Bild zu finden. Eine Untersuchung mit Web-Seiten zeigte eine gute Übereinstimmung zwischen dem FC Maß und der subjektiven Wahrnehmung von Nutzern (Lafleur & Rummel, 2011).

2.4 Dichte

Für simple Schwarz-Weiß-Bilder oder Texte kann die durchschnittliche Tintenmenge pro Einheit als Maß der Informationsdichte (DI) herangezogen werden (Frank & Timpf, 1994). Dieses Maß kann auf Web-Seiten übertragen werden, wenn man die Pixel ungleich der Hintergrundfarbe mit der Anzahl der Pixel insgesamt ins Verhältnis setzt.

2.5 Anzahl der Elemente (Set size)

Die Anzahl der unterscheidbaren Elemente (AE) auf einer Benutzerschnittstelle kann einen großen Anteil an Reaktionszeiten bei einfachen Suchexperimenten erklären. AE beschreibt die Suchschwierigkeit bzw. die Unterscheidbarkeit von Ziel-Items von Distraktoren (Rosenholtz et al., 2007). Die exakte Berechnung von AE hängt natürlich von der Entscheidung ab, was man als unterscheidbares Element auf einer Web-Seite definiert. In dieser Arbeit wurde AE auf Ebene der visuell abgrenzbaren Gruppen auf der Seite berechnet.

3   Studien

Die Eignung der beschriebenen Komplexitätsmaße, die subjektiv wahrgenommene Komplexität einer Web-Seite zu beschreiben, wird in zwei Online-Studien untersucht.

3.1 Vorstudie und Entwicklung des Fragenkatalogs

Die Vorstudie sollte klären, nach welchen Kriterien Personen die visuelle Komplexität von Web-Seiten beurteilen.

An der Vorstudie nahmen 21 Personen (14 weiblich, 7 männlich, Durchschnittsalter 29,9 Jahre) teil. Die Untersuchung wurde als Online-Experiment durchgeführt. Im ersten Teil dieses Experiments sollten die Teilnehmer 4 Homepages von Universitäten auf einer 7-stufigen Likertskala (*Die Homepage der Hochschule ... finde ich einfach ↔ komplex*) beurteilen. Dies sollte die Teilnehmer dazu bringen, sich mit dem Konstrukt *Komplexität* anhand konkreter Beispiele zu beschäftigen. Danach sollten die Teilnehmer folgenden Satz vervollständigen: *Eine komplexe Webseite ist für mich eine Seite, die ....*

Die Antworten auf die Vervollständigungsaufgabe wurden in der Auswertung inhaltlich gruppiert. Bis auf wenige Ausnahmen waren die Antworten den Kategorien *Anzahl der Elemente bzw. Informationen auf der Seite* und *Übersichtlichkeit der Anordnung der vorhandenen Informationen* zuzuordnen.

Aufgrund dieser Ergebnisse wurden für die folgenden Studien folgende 7 Items ausgewählt:

Komplexität:	*Die Seite hat viele Elemente*
	Die Seite ist übersichtlich
Usability:	*Ich denke, ich würde mit der Seite gut zurechtkommen*
Ästhetik:	Für die Messung der ästhetischen Qualität wurde der VISAWI-S (Thielsch & Moshagen, 2011) mit den 4 Fragen (*Auf der Seite passt alles zusammen, Die Seite ist angenehm vielseitig, Die farbliche Gesamtgestaltung wirkt attraktiv, Das Layout ist professionell*) verwendet.

Die in den folgenden Studien verwendeten Web-Seiten wurden also anhand dieser 7 Items von den Teilnehmern beurteilt. Die Items waren jeweils als 7-stufige Likert-Skalen realisiert.

3.2 Studie 1

Teilnehmer

Die Teilnehmer wurden über mehrere Gruppen des sozialen Netzwerks Xing und über verschiedene Online-Foren angeworben. Die Teilnehmer wurden für ihre Teilnahme nicht entlohnt. Die Startseite des Experiments wurde 239 mal aufgerufen. Die Daten von 169 Personen (44% männlich, 43% weiblich, 13% ohne Angabe) waren vollständig (Drop Out Rate 29,3%) und konnten in die Auswertung einbezogen werden. Das Alter der Teilnehmer lag zwischen 15 und 58 Jahren (MW = 31,75; SD = 9,52).

Verwendete Materialien

Als Stimuli wurden zehn Einstiegsseiten von Web-Auftritten deutscher Städte verwendet, da sich in diesem Bereich eine große Bandbreite an Komplexität finden ließ. Bei der Auswahl wurde versucht, ein möglichst breites Spektrum an visueller Komplexität abzubilden (gemessen an der subjektiven Wahrnehmung der Autoren). Von den ausgewählten Seiten wurden in der Auflösung 1024 x 768 Screenshots gezogen. Abbildung 1 zeigt zwei der verwendeten Seiten.

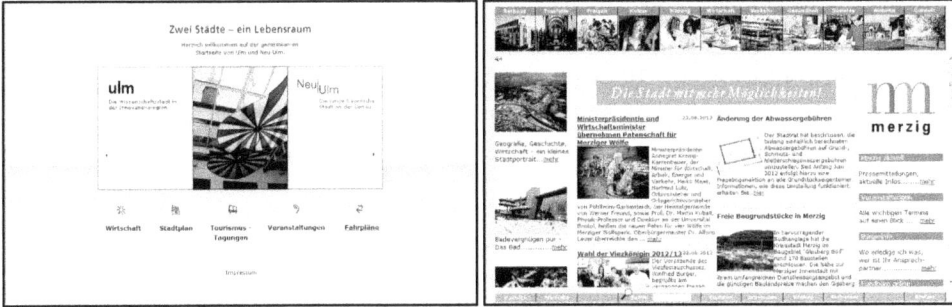

Abbildung 1: Seite mit niedriger (links) und hoher visueller Komplexität (rechts). Diese Seiten entsprechen den Seiten 1 und 10 in den Abbildungen 2 und 3.

Ablauf der Studie

Nachdem der Teilnehmer die Online-Studie aufgerufen hatte, wurde zunächst eine Seite mit allgemeinen Instruktionen zur Studie angezeigt. Danach wurde zufällig eine der 10 Einstiegsseiten als Screenshot dargeboten. Der Teilnehmer konnte diese so lange betrachten, wie er mochte. Unter dem Screenshot befand sich ein Online-Formular mit den oben beschriebenen 7 Fragen. Anhand dieser Fragen konnte der Teilnehmer die Seite bewerten. Nach Ausfüllen dieses Formulars wurde die nächste zufällig gewählte Seite angeboten.

Jeder Teilnehmer beurteilte in dieser Weise 3 zufällig ausgewählte Seiten (aus dem Vorrat der 10 ausgewählten Web-Auftritte). Ziel dieser Vorgehensweise war es, die Bearbeitungszeit für den Teilnehmer zu senken und dadurch die Abbruchquote gering zu halten. Allerdings waren dadurch nicht alle Seiten von der gleichen Zahl von Teilnehmern beurteilt (die Zahl der Urteile pro Seite variierte zwischen 40 und 59).

Ergebnisse

Die wahrgenommene Komplexität korreliert negativ mit der über den VISAWI-S bestimmten ästhetischen Bewertung (-0,36, $p < 0,001$) und der wahrgenommenen Usability (-0,49, $p < 0,001$). Es zeigte sich auch der aus vielen Studien bekannte Effekt einer hohen Korrelation (0,52, $p < 0,001$) zwischen ästhetischer Beurteilung und wahrgenommener Usability.

Abbildung 2 zeigt die Werte bzgl. dieser drei Dimensionen für die 10 untersuchten Web-Seiten (die Seiten wurden dabei nach der subjektiv eingeschätzten Komplexität aufsteigend sortiert).

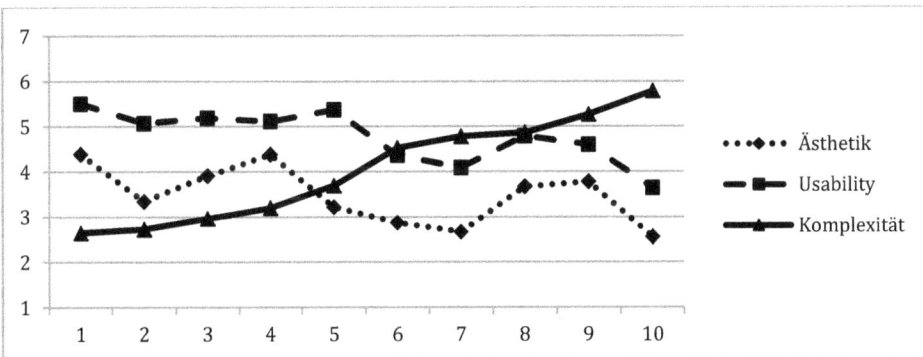

Abbildung 2: Wahrgenommene Komplexität, Ästhetik und Usability für die Web-Seiten aus Studie 1.

Bezüglich der Fähigkeit der Komplexitätsmaße, die subjektiven Bewertungen vorherzusagen, ergaben sich folgende Korrelationen zwischen den beobachteten Komplexitätswerten
und den Maßen: JPEG (0,80), SE (0,70), FC (0,78), LK (0,81), DI (0,26), AE (0,82). D.h. bis
auf die Dichte zeigen alle Maße eine sehr hohe Korrelation zu den beobachteten Werten.

Eine genauere Analyse der beobachteten Werte pro Web-Seite (hierfür wurden alle Maße auf
den Wertebereich [0, 1] skaliert und in die gleiche Richtung gebracht, so dass höhere Werte
stets für eine höhere Komplexität stehen) zeigt allerdings, dass keines der Maße in der Lage
ist, die Rangreihe der Web-Seiten bzgl. der beobachteten Komplexität exakt vorherzusagen
(siehe Abbildung 3). Für einzelne Web-Seiten gibt es hier erhebliche Abweichungen zwischen berechnetem Wert und der mittleren Komplexitätsbewertung der Teilnehmer (KOMP).
D.h. beim praktischen Einsatz dieser Maße zum Vergleich verschiedener Design-
Alternativen ist durchaus Vorsicht geboten, da es hier zu starken Fehleinschätzungen kommen kann.

Der Verlauf der JPEG, SE und FC Kurven ist extrem ähnlich. Die einzelnen Bewertungen
korrelieren hier sehr hoch (JPEG/FC: 0,97, JPEG/SE: 0,96 und FC/SE: 0,95). Diese drei
Maße messen offenbar identische Aspekte (was aufgrund der Definition bei JPEG und SE
natürlich auch zu erwarten ist). Dagegen unterscheiden sich die Verläufe von LK und AE
deutlich voneinander und von den Komprimierungsmaßen, d.h. messen offenbar unterschiedliche Aspekte visueller Komplexität.

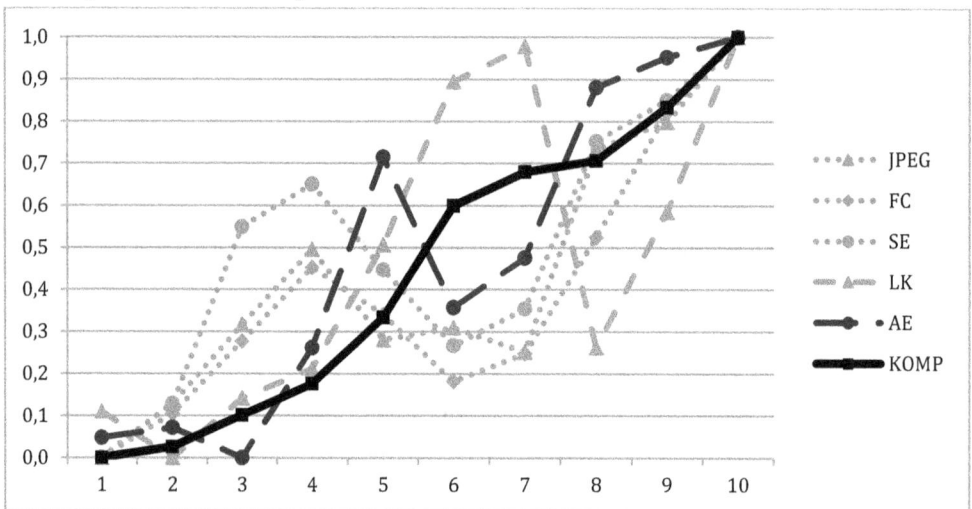

Abbildung 3: Wahrgenommene Komplexität und aus den Maßen generierte Vorhersagen für Studie 1.

3.3   Studie 2

Teilnehmer

Die Teilnehmer wurden über mehrere Gruppen des sozialen Netzwerks Xing und über verschiedene Online-Foren angeworben. Die Teilnehmer wurden für ihre Teilnahme nicht entlohnt. Die Startseite des Experiments wurde 207 mal aufgerufen. Die Daten von 101 Personen (42% männlich, 41% weiblich, 17% ohne Angabe) waren vollständig (Drop Out Rate

51,2%) und konnten in die Auswertung einbezogen werden. Das Alter der Teilnehmer lag zwischen 18 und 58 Jahren (MW = 32,4; SD = 9,91).

Verwendete Materialien

Als Stimuli wurden zehn Einstiegsseiten von Web-Shops verwendet. Von diesen Seiten wurden in der Auflösung 1024 x 768 Screenshots gezogen.

Ablauf der Studie

Der Ablauf entsprach exakt dem Ablauf von Sudie 1. Die Zahl der Urteile pro Seite variierte hier zwischen 22 und 33.

Ergebnisse

Die wahrgenommene Komplexität korreliert stark negativ mit der über den VISAWI-S bestimmten ästhetischen Bewertung (-0,46, p < 0,001) und der wahrgenommenen Usability (-0,54, p < 0,001). Es zeigte sich auch hier wieder eine hohe Korrelation (0,51, p < 0,001) zwischen ästhetischer Beurteilung und wahrgenommener Usability. Abbildung 4 zeigt die Werte bzgl. dieser drei Dimensionen für die 10 untersuchten Web-Shops (diese wurden dabei wieder nach ihrer subjektiv wahrgenommenen Komplexität aufsteigend sortiert).

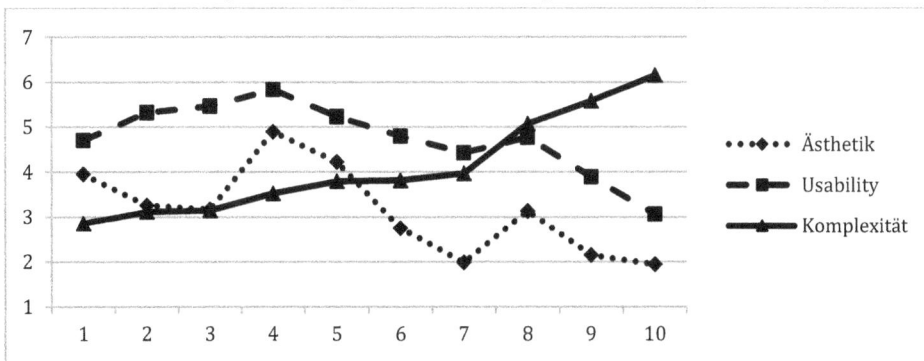

Abbildung 4: Wahrgenommene Komplexität, Ästhetik und Usability für die Web-Seiten aus Studie 2.

Bezüglich der Fähigkeit der Komplexitätsmaße, die subjektiven Bewertungen vorherzusagen, ergaben sich folgende Korrelationen zwischen den beobachteten Komplexitätswerten und den Maßen: JPEG (0,83), SE (0,74), FC (0,80), LK (0,89), DI (0,10), AE (0,97). D.h. das Ergebnis dieser Studie bestätigt die Ergebnisse von Studie 1.

Eine genauere Analyse der beobachteten Werte pro Web-Seite zeigt auch hier (siehe Abbildung 5), dass keines der Maße in der Lage ist die Rangreihe der Web-Seiten bzgl. der beobachteten Komplexität (KOMP) exakt vorherzusagen.

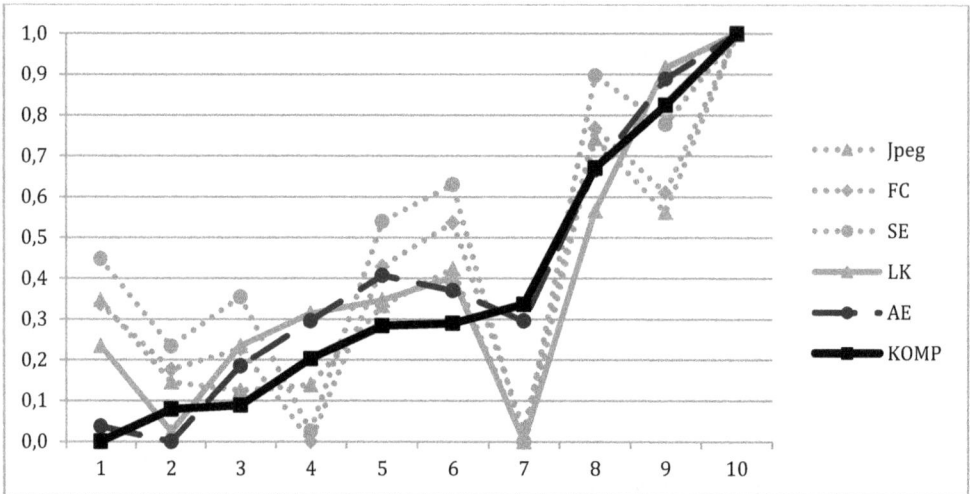

Abbildung 5: Wahrgenommene Komplexität und aus den Maßen generierte Vorhersagen für Studie 2.

Der Verlauf der JPEG, SE und FC Kurven ist auch hier extrem ähnlich. Die einzelnen Bewertungen korrelieren sehr hoch (JPEG/FC: 0,97, JPEG/SE: 0,94 und FC/SE: 0,98). Dies bestätigt das Ergebnis in Studie 1, d.h. diese drei Maße messen offenbar die gleiche Qualität.

4 Diskussion

Wir untersuchten, ob sich die wahrgenommene Komplexität einer Benutzerschnittstelle mit Komplexitätsmaßen berechnen lässt. Hierzu wurden in zwei Studien zu Web-Auftritten von Städten bzw. Web-Shops die von Teilnehmern abgegebenen Komplexitätsbewertungen mit den Vorhersagen der Komplexitätsmaße verglichen. Die Maße LK, AE, SE, FC und JPEG zeigten dabei sehr hohe Korrelationen zu den beobachteten Werten.

Betrachtet man die Bewertungen der einzelnen Web-Seiten, so zeigen sich zum Teil massive Abweichungen zwischen den Einschätzungen der Teilnehmer und der Vorhersage der Maße. D.h. bei der praktischen Anwendung der Maße zum Vergleich konkreter Design-Alternativen ist Vorsicht geboten. Hier sollte man sich nicht nur auf eines dieser Maße verlassen, sondern ggfs. die Komplexität mit mehreren dieser Maße berechnen.

In beiden Studien verhielten sich die Maße SE, FC und JPEG in Bezug auf die vorhergesagte Komplexität fast identisch. Dies wurde mit einer Menge von 45 Web-Seiten noch einmal verifiziert. Pro Seite wurden die Werte aller drei Maße berechnet. Die Korrelationen zwischen diesen Werten waren extrem hoch: JPEG/SE: 0,95, JPEG/FC: 0,92 und SE/FC: 0,92. Da SE und JPEG beides Kompressionsmaße sind, ist dieses Ergebnis für diese beiden Maße nicht weiter verwunderlich. In Bezug auf FC ist aus der theoretischen Definition des Maßes nicht unmittelbar klar, woraus der hohe Zusammenhang mit JPEG und SE resultiert.

Die Maße LK, AE und die Kompressionsmaße JPEG, SE und FC berücksichtigen offenbar jeweils andere Aspekte visueller Komplexität. Hieraus ergibt sich eine Möglichkeit weiterer Optimierungen. Zum Beispiel erzielt schon eine Mittenbildung (AE + LK + JPEG) / 3 aus AE, LK und JPEG eine deutlich bessere Vorhersage (siehe Abbildungen 3 und 5) als die

Einzelmaße, d.h. die von den einzelnen Maßen verwendeten Aspekte scheinen für die menschliche Wahrnehmung von Komplexität alle relevant zu sein. Weitere Untersuchungen sollten sich hier auf die Frage konzentrieren, ob man durch eine geschickte Kombination einzelner Komplexitätsmaße eine verbesserte Schätzung erreichen kann.

Weiterhin haben wir den Zusammenhang zwischen wahrgenommener Usability, Ästhetik und visueller Komplexität untersucht. Hier ergab sich in beiden Studien, dass eine höhere Komplexität sich negativ auf die ästhetische Bewertung und wahrgenommene Usability einer Web-Seite auswirkt. Hinweise auf eine Bevorzugung eines mittleren Komplexitätsniveaus im Sinne von Berlyne (1974) fanden sich in den Daten nicht.

Wir haben die Komplexitätsmaße anhand zweier verschiedener Stichproben deutscher Web-Seiten untersucht (Universitäten und Städte). Die Ergebnisse waren weitgehend identisch. Allerdings kann nicht ausgeschlossen werden, dass für völlig andere Typen von Web-Seiten (z.B. Nachrichten-Portale) oder auch andere Kulturkreise (z.B. Web-Auftritte asiatischer Städte) andere Ergebnisse gefunden werden. Hier sind noch weitere Untersuchungen notwendig, um die Generalisierbarkeit der Ergebnisse sicherzustellen. Eine weitere potentielle Fehlerquelle liegt in der Rekrutierung der Teilnehmer über Xing bzw. Online-Foren, da hier sicher keine wirklich repräsentative Stichprobe aller Web-Nutzer zustande kam. Auch hier sind weitere Untersuchungen notwendig, um die Ergebnisse abzusichern.

Literatur

Berlyne, D. (1974). Studies in the New Experimental Aesthetics. Hemisphere Publishing, Washington, DC.

Birkhoff G. D. (1933). Aesthetic Measure, Harvard University Press, Cambridge, MA.

Bonsiepe, G. A. (1968). A method of quantifying order in typographic design. Journal of Typographic Research, 2, S. 203-220.

Comber, T., & Maltby, J. R. (1994). Screen complexity and user design preferences in windows applications. In S. Howard & Y. K. Leung (Eds.), Harmony through working together: proceedings of OZCHI 94, S. 133-137. Melbourne, Australia: CHISIG.

Donderi, D.C. (2006). Visual Complexity: A Review. Psychological Bulletin 2006, 132(1), S. 73–97.

Frank, A. & Timpf, S. (1994). Multiple representations for cartographic objects in a multi-scale tree – An intelligent graphical zoom. Computers & Graphics, 18, S. 823-829.

Geissler, G. L., Zinkhan, G. M., & Watson, R. T. (2006). The influence of home page complexity on consumer attention, attitudes, and purchase intent. Journal of Advertising, 35(2), S. 69-80.

Lafleur, C. & Rummel, B. (2011). Predicting Perceived Screen Clutter By Feature Congestion. In: Eibl, M. (Hrsg.), Mensch & Computer 2011: überMEDIEN|ÜBERmorgen. München: Oldenbourg Verlag, S. 101-109.

Pandir, M. & Knight, J. (2006). Homepage aesthetics: The search for preference factors and the challenge of subjectivity. Interacting with Computers, 18(6), S. 1351-1370.

Rissanen, J. (1978). Modeling By Shortest Data Description. Automatica, Vol. 14, S. 465-471

Rosenholtz, R.; Li, Y. & Nakano, L. (2007). Measuring visual clutter. Journal of Vision, 7(2):17, S. 1-22.

Rosenholtz, R., Li, Y., Mansfield, J. & Jin, Z. (2005). Feature congestion, a measure of display clutter. SIGCHI, S. 761-770. Portland: Oregon.

Schrepp, M., Held, T. & Fischer, P. (2007). Untersuchung von Designpräferenzen mit Hilfe von Skalierungsmethoden MMI Interaktiv, 13, S. 72-82.

Thielsch, M. T. & Moshagen, M. (2011). Erfassung visueller Ästhetik mit dem VisAWI. In H. Brau, A. Lehmann, K. Petrovic & M. C. Schroeder (Hrsg.), Usability Professionals 2011, S. 260-265. Stuttgart: German UPA e.V.

Tractinsky, N. (1997). Aesthetics and Apparent Usability: Empirical Assessing Cultural and Methodological Issues. CHI'97 Electronic Publications.

Tuch, A., Bargas-Avilaa, J., Opwis K., Wilhelm, F. (2009). Visual complexity of websites: Effects on users'experience, physiology, performance, and memory. Int. J. Human-Computer Studies 67, S. 703–715.

Kontaktinformationen

Kerstin Eva Müller: kerstin.eva.mueller@gmx.de, Martin Schrepp: martin.schrepp@sap.com

S. Boll, S. Maaß & R. Malaka (Hrsg.): Mensch & Computer 2013
München: Oldenbourg Verlag, 2013, S. 221–229

Ambient Progress Bar – relaxed and efficient work in waiting periods

Marie-Christin Ostendorp[1], Andreas Harre[1], Sebastian Jacob[1], Heiko Müller[2],
Wilko Heuten[2], Susanne Boll[1]

Universität Oldenburg, Medieninformatik, Oldenburg, Germany[1]
OFFIS – Institute for Information Technology, Oldenburg, Germany[2]

Abstract
The number of emotionally exhausted employees increases due to deadline pressure and
multitasking at work. The compliance with deadlines is even more difficult because of the
fact that parallel running subtasks interfere with the concentration on a primary task at the
computer. These subtasks cause waiting periods that cannot be efficiently used to continue
working on the primary task. We present the Ambient Progress Bar - an ambient display that
provides information about the progress of a parallel running subtask in the periphery of the
monitor. After a first design phase in which we analysed the context of use, the requirements
of our users via a survey and literature research, we tested our first prototype of the Ambient
Progress Bar in an empirical usability evaluation. The refined prototype was further used in
two experiments in which we found out that users working with the Ambient Progress Bar
can continue more efficiently and relaxed with their primary task. Thus the Ambient
Progress Bar offers a possibility to reduce stress at work and to ease compliance with
deadlines.

1 Motivation and Background

At the end of January 2013, the "Stressreport 2012" [11] was released by the Federal Institute
for Occupational Safety and Health (BAuA) which conducts research and development in the
field of safety and health at work in Germany. The result was that every second employee is
afflicted with deadline pressure and thus one employee in six is emotionally exhausted.
Moreover the employees suffer from monotony and multitasking at work. They often have
waiting periods while they are working on the computer. These waiting periods are caused by
long-lasting installation and copy operations or downloads of new work materials. Combined
with the deadline pressure these waiting periods may become a major cause of stress at
work.

So we are faced with the problem that waiting periods cannot be used efficiently to continue
primary tasks at work and thus the employees' pressure to comply with deadlines increases
and causes emotional exhaustion.

As a solution, we propose to use ambient information presentation to provide information about the duration of a copy or installation operation or a download. Thereby users should be able to be more relaxed at work and use waiting periods efficiently to continue with their primary work. Instead of continually looking at the progress of the subtask, the progress information is provided by ambient light, which allow users to be aware of information while attending to the primary task at the same time [13]. Moreover ambient displays are able to present information without distracting or burdening the user [15] [17].

In this paper, we introduce "Ambient Progress Bar", an ambient light display designed to provide information about the duration of subtasks:
During the time of the subtasks the user is able to continue more relaxed with her primary work and thereby comply with deadlines without getting emotionally exhausted. We report from preliminary studies, in which we developed a first design of the Ambient Progress Bar based on a survey to explore user requirements. This first design has been evaluated in an empirical usability evaluation. Afterwards we performed an experiment in which we validated the capability of the Ambient Progress bar to enable more relaxed and more efficient work during waiting periods.

2   Related Work

For our first design we explored the possibilities to allow for relaxed and efficient work in waiting periods: We investigated the causes of the decrease of efficiency and relaxation in waiting periods: In previous work interruptions and task switching were examined: Eyrolle and Cellier investigated the effects of interruptions in work activity and found out that interruptions significantly increase the processing time of the interrupted task and the mean error rate [2]. Jett and George further distinguish between different kinds of interruptions and their effects: intrusions, breaks, distractions and discrepancies [9]. In addition Monsell found out that subjects' responses are substantially slower and more error-prone immediately after a task switch [14].

To mitigate the negative effects of interruptions and task switching, we had to offer a possibility for multitasking where the tasks do not influence each other negatively. Wickens defined the Multiple Resource Theory in which he specifies, inter alia, that focal and ambient modalities are associated with qualitatively different types of information processing and thereby support efficient time-sharing [19].

Thus a solution for the underlying problem could be to provide the information of the subtask in the periphery of the monitor: In literature there already exist several approaches of ambient displays: As one of the first works Weiser introduced the "calm technology", where he specifies that calm technology engages and switches between periphery and the focal center of attention [18]. Moreover Ishii et al. created the "ambientROOM" as an interface to information for processing in the background of awareness [8]. Numerous definitions of ambient displays can be found in Pousman and Staskos taxonomy of ambient information systems [17].

The Ambient Progress Bar aims at providing information about the duration of a subtask. In 1989 Gaver presented the SonicFinder [4], which indicates a copying progress by the sound of pouring water. In 2010 Haskins revealed that silence supports concentration [6]. As result another ambient information type has to be chosen to provide information about a subtask without interrupting the concentration of the user compared to the approach of Gaver. Prior works also used ambient displays to provide information about the time: Mankoff et al. designed an ambient system to inform users about an arrival of a bus [12]. Dragicevic and Huot developed the SpiraClock to continuously display the time until an upcoming event with the help of a second computer screen on which a analog clock is displayed [1]. Müller et al. designed an Ambient Timer that reminds users unobtrusively of upcoming tasks [15]. Although these works are already working on the idea of displaying time via ambient displays, they differ from the aim of the Ambient Progress Bar: Mankoff et al., Dragicevic and Huot and Müller et al. designed their approach to remind the user about upcoming events. In contrast to these works the Ambient Progress Bar does not focus on certain events but visualizes continual information about the progression of a subtask.

Compared to prior work the contribution of the Ambient Progress Bar lies in the aspect what is visualized – the progress instead of an upcoming event – and how it is visualized – ambient light instead of auditory signals to prevent the disturbance of the concentration and at the same time take Wickens Multiple Resource Theory into account.

3   Ambient Progress Bar

The Ambient Progress Bar is an ambient display which uses uniformly controlled RGB-LEDs to provide information about currently running subtasks. Instead of forcing the user to switch to another window and thereby interrupt her concentration on the primary task, the information is moved off the screen into the physical environment. The RGB-LEDs and the LED Controller (DMX4ALL Controller) are fixed onto a small wooden square frame which can be easily attached onto the back of a monitor (Fig. 1).

Figure 1: The hardware component of the Ambient Progress Bar.

The progress is visualized with a colour gradient (Fig 2). Therefore the user is able to choose the number of colours and the colours herself (Fig 3).

Figure 2: Visualization of the progress via a colour gradient in the periphery of the monitor.

We aimed to keep the information in the periphery of the user's attention, to allow him to concentrate on her primary task and at the same time recognizing the remaining duration of the subtask via a recreative ambient display to be more relaxed and efficient at work.

4   Preliminary Studies

Before we started to design and implement a first prototype, we conducted an online survey via the university education platform to explore user requirements. In this survey we had 178 participants (69 m, 109 f) – mainly students -, who completed a questionnaire. They were asked, inter alia, when they have waiting periods and what they are doing during these periods. The results of the questionnaire showed that 90 participants continue working in waiting periods, 51 participants wait and look at the progress, 27 participants carry on with other activities and just 10 participants leave the room. Thus we had to provide a possibility to users to continue working in waiting periods without being distracted. Participants report that waiting periods are mostly caused by copy, installation and download operations and participants wanted to be able to choose different colours when the progress is made visible via LED lights.

With this information we derived a first design: We created a Firefox addon where users were able to choose three or five colours to display the progress via RGB-LEDs in the periphery of the monitor. When a download is started the progress is visualized via a colour gradient from the first selected colour to the last one.

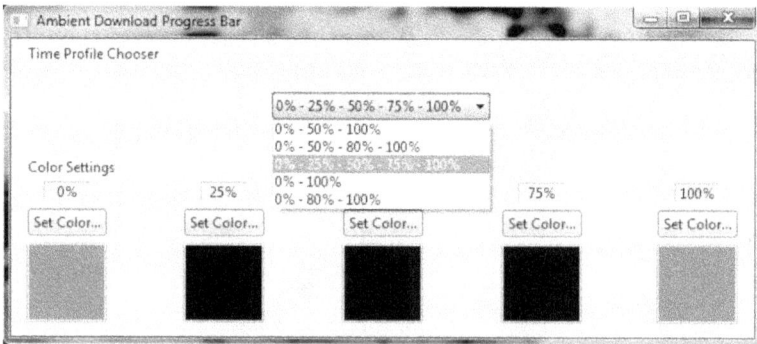

Figure 3: Screenshot of the User Interface of the Ambient Progress Bar.

This prototype has been used in an empirical usability evaluation with 8 participants (4 f, 4 m) aged 23-58 (mean 31). The participants sat in front of a desktop computer that was equipped with the Ambient Progress Bar and positioned in front of a white wall. The participants were not able to see the download progress in the window due to the fact that the Firefox window with the download information was minimized. One experimenter had access to the real download progress with the help of another computer monitor which was outside the field of view of the participants.

At first participants were asked to start a specific download with a duration of 4 minutes and after that continue with a primary task of their own choice while estimating at random times the remaining duration of the subtask. At the end of this practical part, we conducted a short interview with each participant. As results we recognized that the colour gradient was well qualified to display the progress, because the participants were able to estimate the actual progress accurate to +/- 7. Participants tried the color customization feature but ended up using the default color setting since the complementary colors had the most intermediate stages and thus were able to display the progress most precise.

In the interview all 8 participants reported that they were not disturbed or distracted by the peripheral light and were able to continue concentrated with their primary task. The feedback for changes of the first prototype has been that users wanted to have different time profiles to choose, e.g. one profile where they can choose a colour at 0% and at 100%, another profile where they can choose a colour at 0%, 80% and 100% and so on. Another user comment was, that a blinking of the LEDs at the end of the progress is desired to attract the users attention. We implemented both aspects in a second prototype, which we used afterwards in an experiment to investigate if the Ambient Progress Bar is able to provide information about the duration of a subtask in such way that the user can continue efficiently and relaxed with its primary work.

5   Experiment

The refined prototype –with the different time profiles and the blinking in the end– was used in a further experiment to validate that we achieved our aim to provide the information about the progress of a subtask in such way that the user is able to keep concentrated on his or her primary task and is more relaxed during waiting periods. Due to the fact that we wanted to show two aspects – the increased efficiency of performing a primary task during waiting periods and the prevention of stress at work, we designed two experiments: The core issue of our first experiment was to show the efficiency by measuring the time to complete a concrete task in a waiting period while at the same time taking care of the progress of a running subtask (Experiment 1 – Time Experiment). The aim of our second experiment was to find out if the user is more relaxed when he or she is using the Ambient Progress Bar compared to the situation without ambient display (Experiment 2 – Stress Experiment).

5.1   Methodology

For both experiments we had 8 participants (4 f, 4 m) aged 23-58 (mean 31). These were the same participants who already took part in the usability evaluation and thus they were already familiar with the purpose of the Ambient Progress Bar and its way to visualize the progress. Thereby we were able to mitigate the novelty effect.

For our experiments we formulated the following hypotheses:

(H0) There is no difference between the work with Ambient Progress Bar or without Ambient Progress Bar.

(H1) People using the Ambient Progress Bar can work more efficiently during waiting periods.

(H2) People using the Ambient Progress Bar are more relaxed.

As independent variable we had the condition with Ambient Progress Bar compared to the situation without an ambient display. As dependent variable we chose the time to complete a primary task within a waiting period for our first experiment to show efficiency and the user's blood pressure as well as the pulse for our second experiment to measure the stress level of our participants. Previous studies have shown that stress has an effect on the blood pressure [10] and the pulse [3] and that stressors during computer work induce an increase in blood pressure [7]. Due to the fact that the individual blood pressure varies from person to person we decided to use a within-subjects design for our experiment to cancel out individual differences in our results. To prevent carry-over effects or fatigue effects of our participants we chose the order randomly: Thus some participants started completing a task with Ambient Progress Bar and in a second run without ambient display and vice versa. In addition, both experiments were made on different days: On One day the experiment to measure the time was executed and on another day we performed the experiment in which we measured blood pressure and pulse.

In our experiments we had the following procedure: In the time experiment (Experiment 1) participants had to solve a very simple Sudoku within the waiting period of 4 minutes while at the same time estimating the remaining duration of a particular download. We chose Sudoku as a task because previous works revealed that Sudoku is on the one hand a complex task which requires concentration and on the other hand there exists a structure of dependency among steps [16]. We observed the participants – who were all familiar with Sudoku - during this task and measured the required time to complete solving the simple Sudoku.

In the stress experiment (Experiment 2) participants had to solve a very difficult Sudoku within the duration of a download of 4 minutes and at the same time estimating the remaining time. In this experiment we chose a difficult Sudoku due to the fact that we wanted to simulate a stressful situation. To put participants under stress difficult Sudokus has also been used in prior works and was thereby a valid choice for our task [5]. From time to time we measured the blood pressure and the pulse of our participants and asked them how much time was left to solve the Sudoku. After both experiments a final interview with each participant was conducted.

5.2 Results

Except for one each participant needed less time to solve the simple Sudoku when an ambient display was available compared to the condition without. Participants needed on average 188.8 seconds with Ambient Progress Bar compared to 202.25 seconds without ambient display (Diagram 1).

We further analysed our results using inferential statistics. Due to the fact that we had a repeated-measures design we decided to calculate the significance p in a dependent measures one-tailed T-Test. Furthermore we calculated Cohen's d and the Effect size r to see how large our effect is. In Experiment 1 we get a significant result ($p = 0.0033$, Cohen's d $= 0.4660$ and effect size $r = 0.2269$).

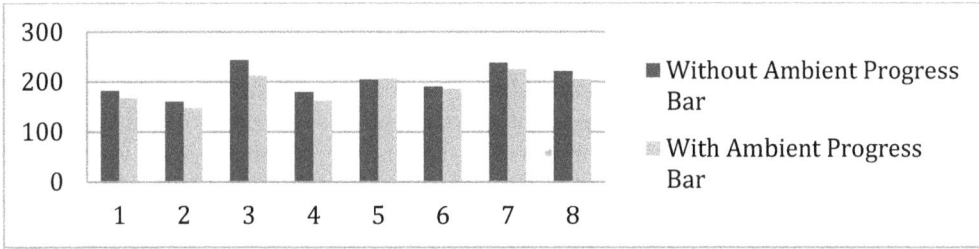

Diagram 1: Measured time in seconds to solve the Sudoku with and without Ambient Progress Bar (Experiment 1).

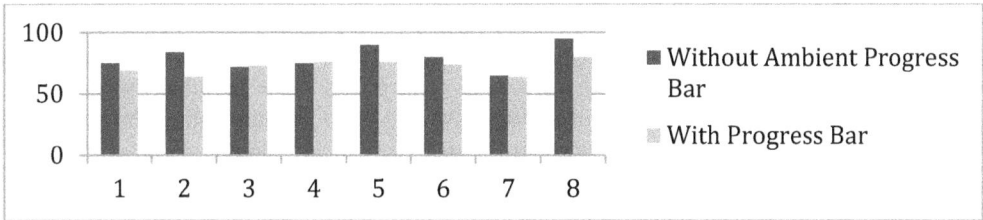

Diagram 2: Pulse with and without Ambient Progress Bar (Experiment 2).

In the stress experiment the participants had a pulse of 79.5 without Ambient Progress Bar compared to an average pulse of 72 with Ambient Progress Bar on average (Diagram 2). We get a significant result with $p = 0.0163$, Cohen's $d = 0.9272$ and effect size $r = 0.4206$.

At the same time with the pulse we measured the blood pressure (Diagram 3).

Both blood pressure values – the diastolic one and the systolic one – were higher on average when solving the task without Ambient Progress Bar: On Average participants had a systolic blood pressure of 136.75 and a diastolic one of 84 without ambient display compared to 130.63 and a diastolic one of 77.5 with Ambient Progress Bar. For the systolic blood pressure we get a significant result ($p= 0.0182$, Cohen's $d= 0.8361$ and effect size $r= 0.3857$) and for the diastolic blood pressure we also get a significant result with $p = 0.0394$, Cohen's $d = 0.9166$ and effect size $r = 0.4166$.

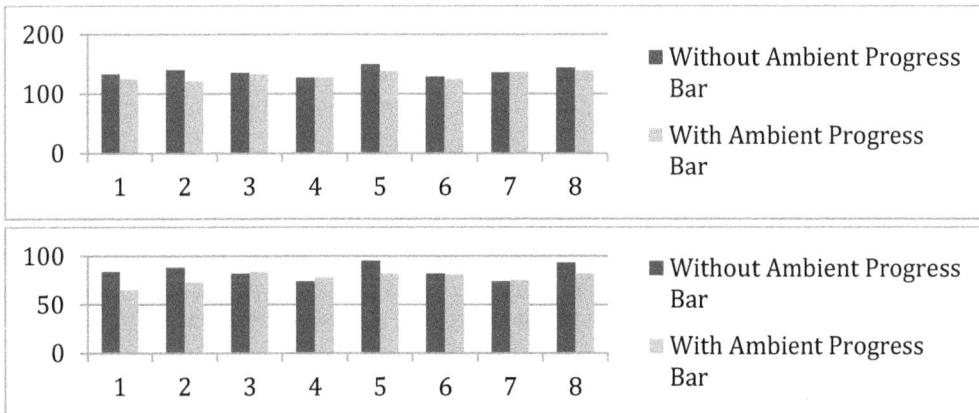

Diagram 3: Systolic (upper diagram) and diastolic (bottom diagram) blood pressure (Experiment 2)

5.3 Discussion

In both experiments we got significant results ($p < 0.05$). Thus we were able to reject the null hypothesis (H0). The effect size r was about 0.2 and Cohen's d was about 0.47 in Experiment 1. So we had a small effect size with regard to the time. In Experiment 2 we were able to observe a medium effect with regard to the calculated effect size r and with regard to Cohen's d a large effect. So our results support hypothesis H1 and H2.

In the final interview, participants told us that they had to spend more time on the task without Ambient Progress Bar due to the fact that they had to switch between windows on the desktop to get the remaining duration of the subtask and thus were interrupted during concentration. With Ambient progress bar they were able to keep concentrated on their primary task, because they could always recognize the remaining time in the periphery of the monitor. Participants also stated that they were more relaxed due to the fact that they need not switch between different windows during their task and that they had the information about the remaining time continually provided in the periphery of the monitor in an unobtrusive way. A small always on top-widget would not have the same effect as it addresses the same resource presented by Wickens [19].

Users 3, 4 and 7 seem to be less sensitive to the Ambient Progress Bar. We were not able to explain this aspect since we did not conduct a medical assessment.

One limitation in our experiment is that we conducted the experiment with 8 participants. Having 12-15 participants would have increased the power of our experiment. Nevertheless we got significant results and we were able to prove with a confidence of 99.7% that the efficiency of work in waiting periods can be increased and with a confidence about 97% that users are more relaxed at work. Thus the Ambient Progress Bar has a verifiable capability to continually provide information of the duration of a concurrent task in such a way that the user feels relaxed and can keep concentrated on her primary work. Thereby the compliance with deadlines could be facilitated and the risk of getting emotionally exhausted at work could be decreased when using the Ambient Progress Bar.

6   Conclusion and future work

In this paper we presented the Ambient Progress Bar – an ambient display designed to allow users to continue working more relaxed and efficiently on their primary task while the status of a parallel running subtask can be perceived in the periphery of the user's attention in parallel.

Currently the developed prototype works for downloads. As future work the prototype could be extended for other subtasks - automatically running tasks on the computer which require some time to finish and thereby cause waiting periods in which the user is distracted and nervous while continuing his or her primary task. Thus the prototype has to be extended in such way that it provides information about all possible subtasks of this type.

Overall it can be said that the Ambient Progress Bar has successfully addressed some of the problems described in the "Stressreport 2012": It offers one possibility to reduce stress at work and to ease the compliance with deadlines. Users of the Ambient Progress Bar are more concentrated and relaxed during work.

Literature

[1] Dragicevic P., Huot S. (2002). *Spiraclock: a continuous and non-intrusive display for upcoming events*. In CHI '02 extended abstracts on Human factors in computing systems, CHI EA '02, pages 604–605, New York, NY, USA, ACM.

[2] Eyrolle H, Cellier J. M. (2000). *The effects of interruptions in work activity: field and laboratory results*. Applied Ergonomics, 537-543.

[3] Fink G., McEwen B. (2007). *Encyclopedia of Stress*. Second Edition. Elsevier.

[4] Gaver W. W. (1989). *The SonicFinder: an interface that uses auditory icons*. In Human-Computer Interaction, Volume 4 Issue 1, 67-94.

[5] Habhab S., Sheldon J. P., Loeb R. C. (2009). *The relationship between stress, dietary restraint, and food preferences in women*. Appetite, Volume 52, Issue 2, pp 437-444.

[6] Haskins C. (2010). *Integrating Silence Practices Into the Classroom.* In Encounter Vol. 23 No 3.

[7] Hjortskov N., Rissén D., Blangsted A., Fallentin N., Lundberg U., Sogaard K. (2004). T*he effect of mental stress on heart rate variability and blood pressure during computer work*. European Journal of Applied Physiology, Springer Verlag, 84 -89.

[8] Ishii H., Wisneski C., Brave S., Dahley A., Gorbet M., Ulmer B., Yarin P. (1998). *ambientroom: Integrating ambient media with architectural space*. In Proc. CHI 1998.

[9] Jett Q. R., George J. M. (2003). *Work interrupted: A closer look at the role of interruptions in organizational life.* Academy of Management Review, Vol. 28, No. 3., pp. 494-507.

[10] Larkin, K. T. (2005). *Stress and hypertension examining the relation between psychological stress and high blood pressure.* Yale University Press, Current perspectives in psychology.

[11] Lohmann-Haislah A. (2012). *Stressreport 2012 - Psychische Anforderungen, Ressourcen und Befinden*. Dortmund/Berlin/Dresden: Bundesanstalt für Arbeitsschutz und Arbeitsmedizin.

[12] Mankoff J., Dey A., Hsieh G., Kientz J., Lederer S., Ames M. (2003). *Heuristic evaluation of ambient displays*. In Proc. CHI 2003, CHI'03, New York, NY, USA, ACM.

[13] Matthews T. , K. Dey A., Mankoff J., Carter S., Rattenbury T. (2004). *A toolkit for managing user attention in peripheral displays*. In UIST '04: Proceedings of the 17th Annual ACM Symposium on User Interface Software and Technology, ACM Press, 247 -256.

[14] Monsell S. (2003). *Task switching*. Trends in cognitive sciences, Vol. 7, No. 3. , pp. 134-140.

[15] Müller H., Kazakova A., Pielot M., Heuten W., Boll S. (2012). *Unobtrusively reminding users of upcoming tasks with ambient light: Ambient Timer.* Proceedings of the 7th Nordic Conference on Human-Computer Interaction (NordiCHI).

[16] Pelánek R. (2011). *Human Problem Solving: Sudoku Case Study*. Technical report FIMU-RS-2011-01.

[17] Pousman Z., Stasko J. (2006). *A taxonomy of ambient information systems: Four patterns of design*. In Proceedings of the ACM Conference on Advanced Visual Interfaces 2006, ACM Press, 67-74.

[18] Weiser M., Brown J. S.. *Designing calm technology*. POWERGRID JOURNAL, 1.

[19] Wickens C. (2002). *Multiple resources and performance prediction*. Theoretical Issues in Ergonomics Science,pp. 159-177.

S. Boll, S. Maaß & R. Malaka (Hrsg.): Mensch & Computer 2013
München: Oldenbourg Verlag, 2013, S. 231–240

Ergonomischer Schriftgrad für elektronische Anzeigen

Michael Domhardt, Ludger Schmidt

Fachgebiet Mensch-Maschine-Systemtechnik, Universität Kassel

Zusammenfassung

Bei der Gestaltung von grafischen Benutzungsoberflächen sind Schriftart und Schriftgrad von Texten, wie z.B. für Schaltflächenbeschriftungen, Hilfetext oder Tooltipps, geeignet festzulegen. Verfügbare Empfehlungen aus Normen oder Fachliteratur führen zu einer Angabe der Zeichenhöhe in Millimetern statt in Punkt. Typografischen Besonderheiten sowie soft- und hardwaretechnische Einflüsse bleiben dabei gänzlich unberücksichtigt. Der Lösungsansatz für ein praktisch anzuwendendes Berechnungsverfahren zur Festlegung des Schriftgrades umfasste die Recherche der relevanten Grundlagen in den Bereichen Ergonomie, Typografie sowie Soft- und Hardware, aus denen Faktoren, die den Schriftgrad beeinflussen, identifiziert werden konnten. Aus diesen Faktoren wurde schrittweise eine Berechnung hergeleitet, die sich abschließend vereinfachen ließ. Die Anwendbarkeit und Übertragbarkeit der Berechnung wird im Beitrag an einem Beispiel aus der Praxis dargestellt.

2 Einleitung

Ein zentrales Ziel der Gestaltung von grafischen Benutzungsoberflächen ist das Sicherstellen der Lesbarkeit und die Minimierung der Augenbelastung. Dies wird neben der geeigneten Hardware zur grafischen Darstellung durch eine entsprechende Wahl von Schrift, Farben und Kontrasten erreicht (Ziefle 2002). Diese Festlegungen stützen sich meist auf einschlägige Normen (z.B. DIN EN 894-2 oder DIN EN ISO 9241-303) bzw. Design Guides der jeweiligen Softwarehersteller. Doch diese Vorgaben und Empfehlungen sind nicht immer für die Umsetzung passend oder veraltet, zum Beispiel bezüglich neuer Displaygrößen und mobiler Verwendung. Zudem zielen die Berechnungen in normativen Vorgaben darauf ab, die Zeichenhöhe in SI-Einheiten zu ermitteln (z.B. DIN EN ISO 9241-302). Der Schriftgrad wird jedoch in Punkt angegeben und eine einfache Umrechnung, wie sie manche Norm suggeriert (z.B. DIN 32975), ist aufgrund typografischer Besonderheiten nicht möglich. Zusätzlich erschwert das verwendete Betriebssystem durch vorkonfigurierte Grafikeigenschaften die größenrichtige Darstellung auf elektronischen Anzeigen.

Das Ziel war daher ein einfach anzuwendendes Berechnungsverfahren zur Festlegung des Schriftgrades unter Berücksichtigung aller Faktoren, die den Schriftgrad beeinflussen. Dazu wurden die notwendigen theoretischen Grundlagen recherchiert und auf dieser Basis die Berechnung des Schriftgrades schrittweise hergeleitet.

2 Theoretische Grundlagen

Zur Festlegung des Schriftgrades sind die Grundlagen der visuellen Wahrnehmung, der Technik und der Typografie bei der Erzeugung elektronischer Darstellungen zu berücksichtigen.

2.1 Ergonomie

Im jeweiligen Nutzungskontext einer grafischen Benutzungsoberfläche hängt der tatsächliche Sehabstand von den anthropometrischen Eigenschaften des Nutzers oder der Umgebung ab. So beträgt der Sehabstand bei einem Smartphone, während es bei der Benutzung in der Hand gehalten wird, maximal eine Armlänge. Wird es dagegen für eine Navigationsanwendung im Fahrzeug genutzt, bestimmt die Umgebung des Fahrzeuginnenraumes den Sehabstand.

Die Darstellung wichtiger Informationen sollte im horizontalen Gesichtsfeld des Menschen im Bereich von -15° bis +15° erfolgen (DIN EN 894-2). Dies entspricht dem Bereich des Farbsehens (Schenk & Rigoll 2010) und ergibt einen horizontalen Öffnungswinkel von $\alpha = 30°$ (siehe

Abbildung 1 rechts). Sollen Informationen auch am Rand der Anzeige erkennbar sein, muss die gesamte Anzeige in diesem Winkel liegen. Aus dem Öffnungswinkel lässt sich daher bei bekannter horizontaler Breite der elektronischen Anzeige der zulässige minimale Sehabstand ableiten. Ein Sehabstand von weniger als 300 Millimeter ist jedoch zu vermeiden, da er unterhalb der minimalen Sehweite von Erwachsenen liegt (DIN EN ISO 9241-303).

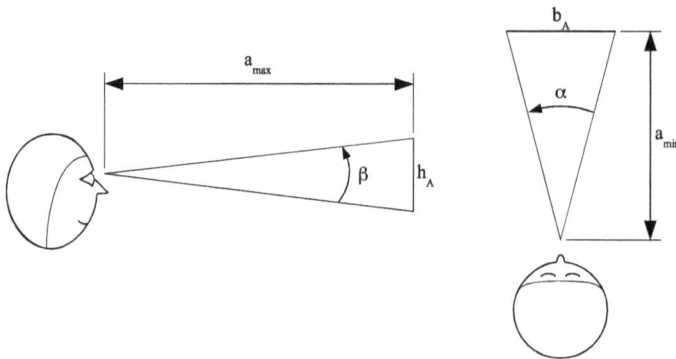

Abbildung 1: Sehwinkel β (links) und optimaler Darstellungswinkel α im horizontalen Gesichtsfeld (rechts), nach Schenk & Rigoll (2010)

Für das Erkennen von Buchstaben ist der Sehwinkel β relevant. Der Sehwinkel beruht auf der Sehgrube, auch Foveola oder Fovea centralis genannt, dem Gebiet des schärfsten Sehens auf der Netzhaut (Schenk & Rigoll 2010, DIN 5340). Dieser Bereich des menschlichen Auges bietet für einen Sehwinkel von ca. $\beta = 20'$ funktionell die besten Bedingungen für die

Abbildung (DIN 5340). Der Winkel umschließt ausgehend vom Auge das Sehobjekt (DIN 5340), z. B. ein Zeichen oder ein Symbol (siehe

Abbildung 1 links). Für lateinische Zeichen beträgt der optimale Bereich des Sehwinkels $20' \leq \beta_{opt} \leq 22'$ (DIN EN ISO 9241-303). Um die optimale Erkennbarkeit einer Schrift zu gewährleisten, sollte ein Kleinbuchstabe diesen Bereich ausnutzen.

2.2 Hardware

Nahezu alle aktuellen elektronischen Anzeigen in Monitoren, Fernsehern, Projektoren, Smartphones, Kassen- und Kiosksystemen basieren auf Substraten (z.B. LCD oder OLED), in denen jeder einzelne Bildpunkt als festes Element vorhanden ist (Luczak et al. 2006). Die für den Schriftgrad relevanten Eigenschaften dieser elektronischen Anzeigen sind die physikalische Auflösung und die Abmessungen der sichtbaren Bildgröße. Die physikalische Auflösung wird jeweils in horizontaler und vertikaler Richtung durch die Anzahl der Bildpunkte, den Pixelwert, angegeben; die Breite b_A und Höhe h_A der sichtbaren Bildgröße sind als Längenmaß in Millimetern oder Zoll angegeben (Bsp. siehe Abbildung 2). Teilt man die jeweilige Auflösung durch die entsprechende Abmessung des Bildes, erhält man die Pixeldichte ρ_A [Pixel/mm] der elektronischen Anzeige für die jeweilige Orientierung (horizontal oder vertikal). Der inverse Wert ρ_A^{-1} gibt die Abmessung eines einzelnen Pixels in der jeweiligen räumlichen Orientierung an.

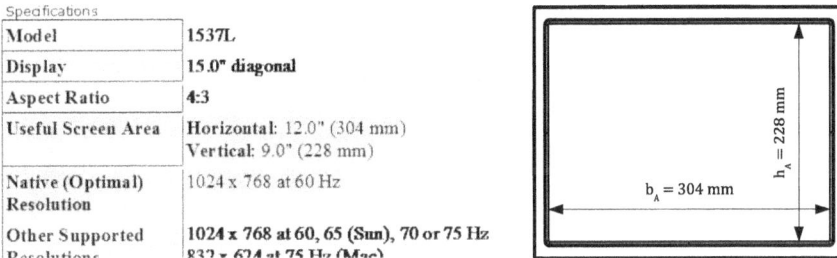

Specifications	
Model	1537L
Display	15.0" diagonal
Aspect Ratio	4:3
Useful Screen Area	Horizontal: 12.0" (304 mm) Vertical: 9.0" (228 mm)
Native (Optimal) Resolution	1024 x 768 at 60 Hz
Other Supported Resolutions	1024 x 768 at 60, 65 (Sun), 70 or 75 Hz 832 x 624 at 75 Hz (Mac)

Abbildung 2: Bildgröße und Auflösung eines Touchscreens im Datenblatt (links) sowie in der Zeichnung (rechts) (Elo Touch Solutions 2013)

2.3 Software

Bei der Programmierung einer grafischen Benutzungsoberfläche kommen Entwicklungswerkzeuge zum Einsatz, mit denen auch Schriftart und Schriftgrad für die Texte der Benutzungsoberfläche umgesetzt werden. Diese Entwicklungswerkzeuge greifen dabei auf Dateien zurück, in denen die einzelnen Zeichen einer Schriftart enthalten sind. Diese Schriftartdateien sind entweder als Systemschrift auf dem Zielgerät vorhanden (z.B. bei Word-Dokumenten) oder werden über die Installationsroutine der Benutzungsoberfläche mitgeliefert (z.B. bei Softwareanwendungen). Die Schrift wird in beiden Fällen vom Betriebssystem zu Bildpunkten verarbeitet.

Mittels der in aktuellen Betriebssystemen hinterlegten Punktdichte ρ_{OS} mit der Einheit Punkte pro Zoll (Points per Inch [ppi]) lässt sich die grafische Darstellung an die physikalische Auflösung der elektronischen Anzeige anpassen. Allerdings ist sie nicht bei allen Systemen vom Benutzer konfigurierbar (z.B. bei Betriebssystemen von Smartphones) und auch auf

Systemen mit Konfigurationsmöglichkeit wird die Punktdichte ρ_{OS} unverändert bei der Standardeinstellung belassen, um Darstellungsprobleme bei Anwendungen und Webseiten, die für eine feste Punktdichte von 96 dpi erstellt wurden, zu vermeiden (Microsoft 2005). Abbildung 3 zeigt die Standardeinstellung des Betriebssystems Microsoft Windows 7; in Betriebssystemen von Apple oder Canonical sind vergleichbare Einstellungen vorhanden.

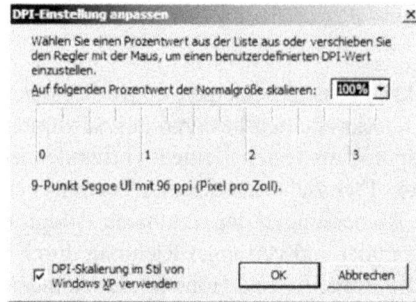

Abbildung 3: Standardeinstellung der Punktdichte ρ_{OS} unter Microsoft Windows 7

2.4 Typografie

Der Schriftgrad ist die typografische Höhe einer Druck- oder Bildschirmschrift. Obwohl die Bezeichnung suggeriert, dass der Schriftgrad eine Bemessungsgrundlage darstellt, lässt diese Angabe allein keine Aussage über die Schrifthöhe zu. Die Ursache hierfür liegt in der Geschichte des Schriftgrades. Im materiellen Schriftsatz mit beweglichen Lettern wird der Schriftgrad als Kegelgröße bezeichnet (DIN 16507-2). Der Kegel ist der physikalische Körper eines einzelnen Buchstabens, der beim Druck als eine Art Stempel benutzt wird. Der Buchstabe wird aus dem Grundkörper des Kegels herausgearbeitet und ist daher immer kleiner als der eigentliche Kegel. Dieser Umstand ist in Abbildung 4 links dargestellt. Rechnet man also den Schriftgrad, wie fälschlicherweise in DIN 32975 empfohlen, mit einem festen Umrechnungsfaktor in eine Standardeinheit um, erhält man bestenfalls die Höhe des Kegels und nicht die des Buchstabens. In Abbildung 4 rechts werden die daraus resultierenden Höhenunterschiede am Beispiel der x-Höhe von drei geläufigen Schriftarten demonstriert. Die x-Höhe ist die Höhe des Kleinbuchstaben x (Cheng 2006).

Jeder Typograf legt bei der Gestaltung einer Schrift selbst fest, welche Höhe und Breite der verfügbaren Stempelfläche er für die Ausgestaltung eines Buchstabens nutzt. Auch heute zeichnen die meisten Typografen neue Schriften noch manuell, bevor sie mit Hilfe von Typografiesoftware digitalisiert und zu einer Schriftartdatei zusammengefasst werden (Bayer 2003). In der Typografiesoftware werden die Umrisse jedes gezeichneten Buchstabens durch Kurven nachgebildet, deren Stützstellen und Knotenpunkte an einem feinen elektronischen Rasters ausgerichtet werden. Mit dem Raster wird ein Pica-Punkt unterteilt. Den Feinheitsgrad der Unterteilung dieses Rasters legt der Typograf fest.

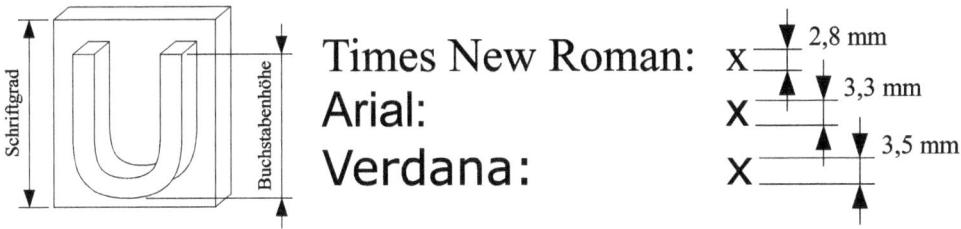

Abbildung 4: Differenz zwischen Schriftgrad (Kegelhöhe) und Buchstabenhöhe nach Bix (2002) (links) und x-Höhe gängiger Schriftarten bei einem Schriftgrad von 18 Punkt (rechts)

Eine Umrechnung des Schriftgrades in eine Buchstabenhöhe ist nur bei Kenntnis der konkreten Schriftart möglich. Die Informationen und Werte zur Umrechnung können mit Hilfe einer Typografiesoftware aus der Schriftartdatei der jeweiligen Schrift ausgelesen werden. Der Umrechnungsfaktor für einen Pica-Punkt beträgt 1/72,27 Zoll pro Punkt (Beinert 2008).

3   Bestimmung des ergonomischen Schriftgrads

Zur Bestimmung des ergonomischen Schriftgrads fließen die Grundlagen der visuellen Wahrnehmung, der Technik und der Typografie in ein Berechnungsverfahren ein. Die Bestimmung kann entweder am Großbuchstaben H (DIN EN ISO 9241-302) oder am Kleinbuchstaben x erfolgen (Bix 2002). Im Rahmen dieser Herleitung wird der Schriftgrad aufgrund des Einfluss der x-Höhe auf den visuellen Eindruck einer Schriftart (vgl Abschnitt 2.4) anhand des Kleinbuchstabens x bestimmt.

4.4   Herleitung

Als erstes Maß geht der Winkel α des horizontalen Gesichtsfelds des Menschen in die Berechnung ein (vgl.

Abbildung 1). Als zweite Größe wird die Breite der Darstellungsfläche der elektronischen Anzeige b_A (vgl. Abbildung 2) verwendet. Mit Hilfe des Winkels α und der Displaybreite b_A lässt sich mit Formel 1 der minimale Sehabstand a_{min} beschreiben.

$$a_{min} = \frac{b_A}{2 \cdot \tan\left(\frac{\alpha}{2}\right)} \tag{1}$$

Der maximale Sehabstand a_{max} ergibt sich entweder aus dem jeweiligen Nutzungskontext (vgl. Abschnitt 2.1) oder gemäß Formel 2 aus der Höhe der elektronischen Anzeige h_A (vgl. Abbildung 2). Für lateinische Zeichen wird laut DIN EN ISO 9241-303 eine minimale Höhe von 16 Bogenminuten empfohlen, die auf der Anzeige noch darstellbar sein muss. Orientiert man sich an der x-Höhe, kann nur die halbe Anzeigenhöhe genutzt werden, da sonst keine Großbuchstaben mehr dargestellt werden können. Die nutzbare Höhe ist daher $0,5 \cdot h_A$.

$$a_{max} = \frac{h_A}{4 \cdot \tan\left(\frac{\beta}{2}\right)} \tag{2}$$

Die benötigte Höhe h des Zeichens auf der Anzeige lässt sich in Abhängigkeit vom tatsächlichen Sehabstand a ($a_{min} \leq a \leq a_{max}$) mit Hilfe von Formel 3 berechnen. Der minimale, optimale oder maximale Winkel β (vgl.

Abbildung 1) kann für verschiedene Zeichen, z.B. auch chinesische, aus Normen entnommen werden (z.B. DIN EN ISO 9241-303).

$$h = a \cdot 2 \cdot \tan\left(\frac{\beta}{2}\right) \tag{3}$$

Die Darstellung der Höhe h ist abhängig von der Pixeldichte der gewählten elektronischen Anzeige ρ_A. Diese errechnet sich aus der physikalischen Auflösung und den Abmessungen der Anzeige (vgl. Abschnitt 2.2). Es werden für die Berechnung der Zeichenhöhe lediglich die vertikale Auflösung n_{Av} und die Höhe h_A der Anzeige benötigt. Die beiden Werte n_{Av} und h_A lassen sich dem Datenblatt der verwendeten Anzeige entnehmen (vgl. Abbildung 2). Die Berechnung der Pixeldichte ρ_A der Anzeige erfolgt nach Formel 4.

$$\rho_A = \frac{n_{Av}}{h_A} \tag{4}$$

Mit Hilfe der Höhe h und der Pixeldichte der Anzeige ρ_A lässt sich nach Formel 5 die Anzahl der Bildpunkte n_B in vertikaler Anzeigenrichtung berechnen, die vom Betriebssystem für diese Höhe ausgegeben werden muss.

$$n_B = h \cdot \rho_A \tag{5}$$

Die mit Formel 5 berechnete Anzahl der Bildpunkte n_B wird allerdings nicht direkt und unverändert vom Betriebssystem ausgegeben. Die im Betriebssystem voreingestellte Punktdichte ρ_{OS} (vgl. Abbildung 3) passt fast nie zur Pixeldichte ρ_A der elektronischen Anzeige, so dass betriebssystemintern ein anderer Höhenwert notwendig ist, um die Höhe h auf der elektronischen Anzeige zu erreichen (vgl. Abschnitt 2.3). Formel 6 enthält die notwendige Umrechnung in die betriebssysteminterne Höhe h_{OS}.

$$h_{OS} = \frac{n_B}{\rho_{OS}} \tag{6}$$

Zur größenrichtigen Ausgabe von Vektor- oder Rasterabbildungen, wie z.B. Symbole und Icons, ist der bisherige Rechenweg ausreichend. Das berechnete Maß h_{OS} wird als Höhe des darzustellenden Elements angegeben. Auf der elektronischen Anzeige wird das Element dann in der gewünschten Höhe h dargestellt.

Die größenrichtige Ausgabe von Schriftzeichen erfordert zusätzlich die Umrechnung der betriebssysteminternen Höhe h_{OS} in die Punktgröße der jeweiligen Schriftart (vgl. Abschnitt 2.4). Dazu wird der schriftartspezifische Umrechnungsfaktor k_S benötigt. Um diesen zu ermitteln, wird die entsprechende Schiftartdatei mit einer Typografiesoftware wie z.B. Font-Forge (Williams 2012) geöffnet. Ausgelesen werden die Feinheit des Rasters f_R, mit dem der Typograf bei der Gestaltung der entsprechenden Schriftart einen Pica-Punkt unterteilt hat sowie die typografische x-Höhe h_{xt} der Schriftart in Anteilen dieser Unterteilung (vgl. Abschnitte 2.1 und 2.4). In Abbildung 5 ist die Ermittlung der beiden Werte am Beispiel Times New Roman dargestellt.

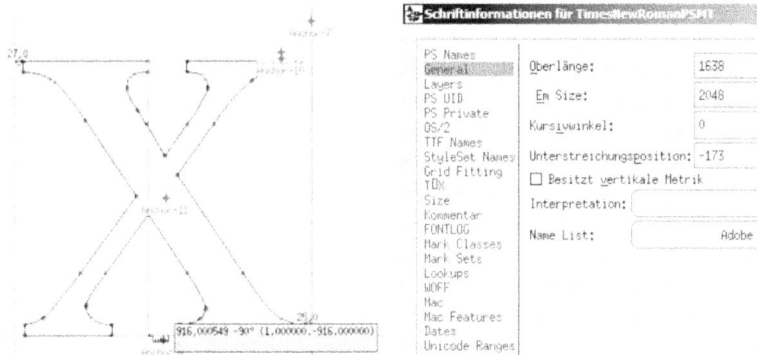

Abbildung 5: Ermittlung von h_{xt}= 916 (links) und f_R= 2028 (rechts) bei Times New Roman in FontForge

Mit Hilfe des bekannten Rastermaßes f_R und der typografischen x-Höhe h_{xt} einer konkreten Schriftart sowie des Umrechnungsfaktors von Millimetern in Pica-Punkt (72,27 Punkt pro Zoll) lässt sich der schriftartspezifische Umrechnungsfaktor k_S nach Formel 7 berechnen.

$$k_s = \frac{f_R}{h_{xt}} \cdot \frac{72,27\ \text{pt}}{25,4\ \text{mm}} \tag{7}$$

Durch den schriftartspezifischen Umrechnungsfaktor k_S kann der ergonomisch notwendige Schriftgrad h_e auf Basis der betriebssysteminternen Höhe h_{OS} in Formel 8 ermittelt werden.

$$h_e = h_{OS} \cdot k_S \tag{8}$$

Das Ergebnis ist der ergonomische Schriftgrad h_e in der Einheit Punkt, der für die größenrichtige Darstellung eines Zeichens in einer konkreten Schriftart auf einer elektronischen Anzeige über eine softwareseitig festgelegte Punktdichte für die Lesbarkeit aus einem bestimmten Abstand notwendig ist.

4.5 Zusammenfassung und Vereinfachung der Berechnung

Das in Abschnitt 1 hergeleitete Verfahren lässt sich zu einer Formel zusammenfassen und kürzen. Ausgangspunkt bleibt die Bestimmung des Sehabstandes a aus dem Nutzungskontext, wobei die Grenzen a_{min} und a_{max} ggf. analog zu Abschnitt 1 getrennt zu bestimmen sind (vgl. Formeln 1 und 2 sowie Abschnitt 2.1). Setzt man die Formeln 3 bis 6 schrittweise in Formel 8 ein, erhält man Formel 9.

$$h_n = a \cdot 2 \cdot \tan\left(\frac{\beta}{2}\right) \cdot \frac{n_{Av}}{h_A \cdot \rho_{OS}} \cdot \frac{f_R}{h_{xt}} \cdot \frac{72,27\ \text{pt}}{25,4\ \text{mm}}$$

mit h_n – Schriftgrad [pt] , a – Sehabstand [mm] , β – Sehwinkel [°] ,

n_{Av} – vertikale Anzeigenauflösung [px] , h_A – Anzeigenhöhe [mm] , $\qquad$ (9)

ρ_{OS} – Punktdichte des Betriebssystems [pt · mm^{-1}] ,

f_R – Rastermaß , h_{xt} – typografische x-Höhe

Diese Formel lässt sich vereinfachen, indem man Größen, die sich während der Entwicklung einer Benutzungsoberfläche nicht ändern, zusammenfasst. Die Vereinfachung umfasst den schriftartspezifische Umrechnungsfaktors k_S als schriftartabhängige Konstante. Auch der Quotient aus Pixeldichte der Anzeige ρ_A und die Punktdichte des Betriebssystems ρ_{OS} können für die Gestaltung einer grafischen Benutzungsoberfläche zu einer Technikkonstanten k_T mit der Einheit Pixel pro Punkt zusammengefasst werden. Aus der trigonometrischen Funktion um den Öffnungswinkel β lässt sich eine ergonomische Konstante k_E bilden, so dass sich die Berechnungsformel 10 ergibt.

$$h_e = a \cdot k_E \cdot k_T \cdot k_S \quad \text{mit}$$

$$k_E = 2 \cdot \tan\left(\frac{\beta}{2}\right) \;,\; k_T = \frac{n_{Av}}{h_A \cdot \rho_{OS}} \quad \text{und} \quad k_S = \frac{f_R}{h_{xt}} \cdot \frac{72,27\,\text{pt}}{25,4\,\text{mm}}$$

$$\text{für alle} \quad \frac{b_A}{2 \cdot \tan\left(\frac{\alpha}{2}\right)} \leq a \leq \frac{h_A}{4} \cdot \tan\left(\frac{\beta}{2}\right)$$

(10)

4.6 Anwendungsbeispiel

Der Anwendungsfall zur Festlegung eines ergonomischen Schriftgrades resultierte aus einem Projekt, in dem eine massentaugliche Ladestation für Elektromobile gestaltet und evaluiert werden sollte (Domhardt & Schmidt 2013). Für die grafische Benutzerführung wurde ein Touchscreen vom Typ Tyco EloTouch 1537L verwendet, dessen vertikale Auflösung bei $n_{Av} = 768$ Pixel liegt und die Höhe $h_A = 228$ mm beträgt (Elo Touch Solutions 2013). Die Erhebung des Nutzungskontexts der Ladestation ergab, dass nutzungsrelevante Informationen, z.B. verfügbaren Anschlüsse, aus der Entfernung von einer Fahrzeuglänge noch bequem ablesbar sein sollten. Damit ergaben sich $a = 5000$ mm und $\beta = 22' = 0,37°$. Die Grenzwerte des Sehabstands wurden damit nicht überschritten ($a_{min} < a < a_{max}$). Als Softwareumgebung kam Microsoft Windows mit einer betriebssysteminternen Punktdichte von $\rho_{OS} = 96$ ppi zum Einsatz. Die Wahl der Schriftart fiel auf Verdana. Die Analyse der Schriftartdatei (vgl. Abschnitt 1) ergab eine typografische x-Höhe von $h_{xt} = 1117$ bei einem Rastermaß von $f_R = 2048$. Das Ergebnis der Berechnung sind Kleinbuchstaben in 150 Punkt Verdana mit einer Buchstabenhöhe von $h = a \cdot k_E = 32,5$ mm auf dem Touchscreen. Diese Kombination aus Schriftart und Schriftgrad ermöglicht die Lesbarkeit auch dann, wenn die Ladestation am Ende einer Parklücke steht. Der Rechenweg ist in Gleichung 11 zu sehen.

$$k_E = 2 \cdot \tan\left(\frac{0,37°}{2}\right) = 6,5 \cdot 10^{-3}$$

$$k_T = \frac{768\,\text{Pixel mm}}{228\,\text{mm} \cdot 3,78\,\text{Pixel}} = 0,9$$

$$k_S = \frac{2048}{1117} \cdot \frac{72,27\,\text{pt}}{25,4\,\text{mm}} = 5,2\,\frac{\text{pt}}{\text{mm}}$$

$$h_e = 5000\,\text{mm} \cdot 6,5 \cdot 10^{-3} \cdot 0,9 \cdot 5,2\,\frac{\text{pt}}{\text{mm}} = 150,1\text{pt}$$

(11)

Sollte zum Vergleich dieselbe Buchstabenhöhe mit der Schriftart Times New Roman erreicht werden, wäre ein Schriftgrad von 183 Punkt notwendig. Eine schriftartunabhängige Berechnung nach DIN 32975 anhand der Höhe h ergibt lediglich einen Schriftgrad von 132 Punkt.

5   Fazit und Ausblick

Bei der Berechnung des Schriftgrads nach etablierten Normen bleiben typografische und softwaretechnische Besonderheiten bisher unberücksichtigt. So führt bei der Schriftart Times New Roman eine Berechnung nach DIN 32975 zu einem Schriftgrad, der 28 Prozent zu klein ausfällt. Durch das hergeleitete Berechnungsverfahren fließen nun die Grundlagen aus den Bereichen der visuellen Wahrnehmung, der Technik und der Typografie in die Festlegung eines ergonomischen Schriftgrades ein. Das entwickelte Verfahren ermöglicht sowohl die Festlegung eines ergonomischen Schriftgrads als auch die größenrichtige Darstellung beliebiger Vektor- und Rasterbilder auf elektronischen Anzeigen. Die in der Berechnungsgrundlage enthaltenen Konstanten sind durch leicht zugängliche Informationen ermittelbar. Der modulare Aufbau des Verfahrens sorgt für eine einfache Anpassbarkeit und Übertragbarkeit auf nahezu alle Anwendungsfälle, bei denen Schrift elektronisch dargestellt wird, unabhängig davon, ob es sich um elektronische Dokumente, Internetseiten oder spezifische Softwareanwendungen für den Einsatz auf Computern, Smartphones und Tablets handelt.

Zukünftig ist eine schrittweise Automatisierung des Verfahrens denkbar. Es kann sowohl das Erfassen der Anzeigenauflösung und -abmessungen als auch das Auslesen der Schriftdatei durch entsprechende Software auf der Zielplattform vereinfacht werden. Auch die Rechenschritte lassen sich automatisieren, so dass lediglich ein Betrachtungsabstand manuell vorgegeben werden muss. Auf diese Weise kann die ergonomische Gestaltung grafischer Benutzungsoberflächen vereinfacht werden.

Literaturverzeichnis

Bayer, S. K. (2003). *Bildschirmtypografie – Technische und psychologische Determinanten der Gestaltung von Online-Dokumenten*. Erlangen: Buchwissenschaft Universität Erlangen-Nürnberg.

Beinert, W. (Hrsg.) (2008). *Typographischer Punkt*. http://www.typolexikon.de/p/pica.html. Version vom 08.11.2008, überprüft am 25.06.2013.

Bix, L. (2002). The Elements of Text and Message Design and Their Impact on Message Legibility: A Literature Review. *Journal of Design Communication*, 4.

Cheng, K. (2006). *Anatomie der Buchstaben – Basiswissen für Schriftgestalter*. Mainz: Schmidt

DIN 5340 (1998). *Begriffe der physiologischen Optik*. Berlin: Beuth.

DIN 16507-2 (1999). *Drucktechnik - Schriftgrößen - Teil 2: Digitaler Satz und verwandte Techniken*. Berlin: Beuth.

DIN 32975 (2012). *Gestaltung visueller Informationen im öffentlichen Raum zur barrierefreien Nutzung*. Berlin: Beuth.

DIN EN 894-2 (2009). *Sicherheit von Maschinen – Ergonomische Anforderungen an die Gestaltung von Anzeigen und Stellteilen – Teil 2: Anzeigen*. Berlin: Beuth.

DIN EN ISO 9241-302 (2009). *Ergonomie der Mensch-System-Interaktion – Teil 302: Terminologie für elektronische optische Anzeigen*. Berlin: Beuth.

DIN EN ISO 9241-303 (2012). *Ergonomie der Mensch-System-Interaktion – Teil 303: Anforderungen an elektronische optische Anzeigen*. Berlin: Beuth.

Domhardt, M. & Schmidt, L. (2013). Nutzerbasierte Evaluation des Prototyps einer massentauglichen Ladestation für Elektromobile. In: Gesellschaft für Arbeitswissenschaft e. V (Hrsg.): *Chancen durch Arbeits-, Produkt- und Systemgestaltung: Zukunftsfähigkeit für Produktions- und Dienstleis-*

tungsunternehmen: 59. Kongress der Gesellschaft für Arbeitswissenschaft (Krefeld 2013). Dortmund: GfA-Press, S. 665–668.

Elo Touch Solutions (Hrsg.) (2013). *1537L 15-inch Open-Frame Touchmonitor*. http://www.elotouch.com/Products/LCDs/1537L/. Version vom 27.03.2013, überprüft am 27.03.2013.

Luczak, H.; Schmidt, L.; Oehme, O. & Rötting, M. (2006). Visual Displays in Human-Computer Interaction. In: Karwowski, W. (Hrsg.): *International Encyclopedia of Ergonomics and Human Factors (1)*. Boca Raton: Taylor & Francis, S. 1508–1511.

Microsoft (Hrsg.) (2005). *Where does 96 DPI come from in Windows?*. http://blogs.msdn.com/b/fontblog/archive/2005/11/08/490490.aspx. Version vom 08.11.2005, überprüft am 27.03.2013.

Schenk, J. & Rigoll, G. (2010). Mensch-Maschine-Kommunikation: *Grundlagen von sprach- und bildbasierten Benutzerschnittstellen*. Heidelberg: Springer.

Williams, G. (Hrsg.) (2013). *FontForge*. http://fontforge.org/. Version vom 12.08.12, überprüft am 24.06.13.

Ziefle, M. (2002). *Lesen am Bildschirm*. Münster: Waxmann.

Kontaktinformationen

Michael Domhardt, Universität Kassel, Fachgebiet Mensch-Maschine-Systemtechnik, Mönchebergstr. 7, 34125 Kassel, M.Domhardt@uni-kassel.de

S. Boll, S. Maaß & R. Malaka (Hrsg.): Mensch & Computer 2013
München: Oldenbourg Verlag, 2013, S. 241–250

Simple Nonvisual Interaction on Touch Tablets

Sonja Rümelin, Valerie Kroner, Andreas Butz

Human-Computer Interaction Group, University of Munich (LMU)

Abstract

In this paper, we compare different designs for a touch tablet interface to support a simple, repeated task with high visual load in itself. A user-centered approach was applied throughout the development. Expert users were involved in the analysis, design and evaluation of an application for time tracking in a production planning environment. In a lab user study, touch gestures and multi-touch input outperformed screen buttons in terms of visual demand, while error rate and efficiency remained stable. A subsequent expert evaluation in the wild confirmed these results. This shows that for repeated tasks with high visual load, more complex touch interaction may be preferred than simpler but widespread techniques.

1 Simple Interaction

In many everyday situations, we do not need complex and powerful interaction with the devices around us, but would rather prefer simple and non-distracting input. For example, when controlling a music player while walking or driving, we might well accept a small set of commands, such as *play*, *pause*, *skip* and *volume,* if they in exchange can be issued blindly and let us keep our eyes on the road. We studied a similar situation in an industrial environment where production planners need to track work times and rate work quality in the subsequent steps of an assembly line. Their goal is to achieve a better overall distribution of the available time and thereby improve overall quality. The task can be characterized as particularly time-constrained with high visual demand.

In such an assembly line, each worker is assigned a specific *task*, which is performed in *iterations* and in turn consists of *steps*. Production planners capture the times needed for each *step* and the quality of work in order to adjust the scheduled times to fit the workers' capabilities better. In our case, production planners still used a stopwatch, pen and paper to record the single *steps*, which took about 10 seconds each. For each step, the quality was then rated on a scale from 80% to 120%. The results are analyzed to possibly improve the *iteration*. In the course of making this entire process digital, the interface had to be designed to best fit such a repeated simple interaction. The main focus of the users should lie on the process they observe, while interaction has to provide as little distraction as possible.

2   Initial Analysis

Throughout the development, we followed a user-centered approach. We first interviewed a time-tracking manager to understand the process and to get background information. Then we conducted semi-structured interviews of about two hours with three time recorders to get a detailed insight into the context and requirements from the end users. Two of them, our *expert users*, were later involved in iterative testing. Finally, we observed time recorders in their working environment while they recorded a production process.

A main problem found was the non-ergonomic use of stopwatch, pen and paper, and the time-consuming transfer to an excel sheet. Other findings were the noisiness of the environment and the fact that users cannot put the device down, but have to stand wherever they get the best view onto the process. Most prominently, we found that an easy-to-use interface is needed to perform the quick repeated inputs of time and quality. The device should be held ergonomically, allow quick input, and give users time to watch what they are about to review. In addition, the company favored the use of consumer hardware, which is comparatively cheap and can also serve other purposes.

3   Interface Design

Before starting the actual design, we considered the input features of a tablet and the functionality needed.

3.1   Input Design Space

Multi-Touch - Most current touch recognition hardware can distinguish several touch points. Touching with one, two or more fingers may initiate different actions, as known from devices such as the iPad. The concurrency of multi-touch input can accelerate input, which, in return, might cause an increase of erroneous input (Banovic et al. 2011). Another potential drawback is that missing expectations may result in a higher learning effort for users (Freeman et al. 2009).

Multi-Tap - A common concept from mouse interaction is using single and double (rarely even triple) clicks to trigger different actions. Similar, quick succeeding taps can be used for different commands. Sánchez and Aguayo translated the concept of multi-tap for text input of mobile phones with hard keys to smartphones with touch screens, to enable quick access to multiple characters at one position of the screen. This can be used to increase overall button size (Sánchez and Aguayo 2007).

Touch Duration - The duration of a touch can be used to encode certain values, but calibration and repeatability remains a problem, unless proper feedback is provided.

Touch Gestures - A common example for touch gestures is to swipe left for scrolling pages in an e-book. Adding just other movement directions already creates a set of simple and well distinguishable interactions. Using a restricted gesture set, interaction has shown to require less visual attention than direct touch buttons, as it can be performed on an arbitrary position of a touch screen (Bach et al. 2008, Ecker et al. 2009).

Touch Pressure – Force-sensing surfaces can differentiate between light and strong touch actions. This allows enhancing touch interaction with a further dimension (Richter et al. 2010); however, devices need to be equipped with appropriate sensors.

Text Recognition – Tablets can be used to input text commands without restrictions, such as *Start* or numerical values. However, robust recognition of text is still critical and extra difficulty lies in continuously written text (Sas & Markowska-Kaczmar 2012). Moreover, the temporal performance restricts the application.

Orientation - Many consumer devices contain acceleration sensors to detect device orientation. Van Tonder used tilt for interacting with a map application and could show its potential for an explorational navigation task (Van Tonder & Wesson 2010). However, throughput of information is low (MacKenzie & Teather 2012) especially when recognition becomes unreliable when the device is moving, which makes it unsuitable for our task.

Speech Recognition - Speech recognition allows the input of a large command set, but background noise poses a technical problem with built-in microphones. Without using headsets, the noisy environment prevents its use.

3.2   Required Interaction

For our use case, a limited set of actions is required. Users need to specify the action currently observed as well as quality ratings from 80 to 120 in steps of five (i.e., 9 levels). Action sequences are known beforehand: interaction can be described as a state machine (Figure 1) with at most three actions in each state (Table 1).

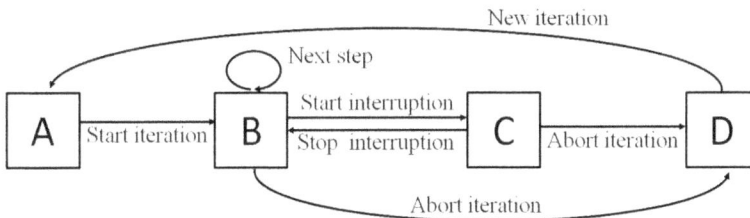

Figure 1. Visualization of state sequences.

In the beginning, only *Start* can be selected (A). When time recording has started, the next step (signaling the end of the current step), an interruption, or the end of recording can be chosen (B). An interruption can be stopped by starting the next step or aborting the entire recording (C). After the last step, a new iteration can be started or recording can be stopped (D).

State	Action 1	Action 2	Action 3
A	Start	[Interruption]	[Stop]
B	Next	Interruption	Abort

C	Next	*[Interruption running]*	Abort
D	New iteration	[Interruption]	[Stop]

Table 1. Possible actions during time recording.

Together with the 9 quality levels, twelve input values need to be distinguishable. In addition, an overview of the steps of the current process should be presented for orientation.

3.3 Layout Variants

From the analysis above, we developed five different interface designs (Figure 2), using simple touch and the techniques *multi-touch*, *multi-tap* and *touch gestures*. Two of the layouts use buttons only, either in a vertical or horizontal design. The three large buttons control the possible actions, while nine smaller buttons rate quality. The rest of the screen is used to indicate the current steps.

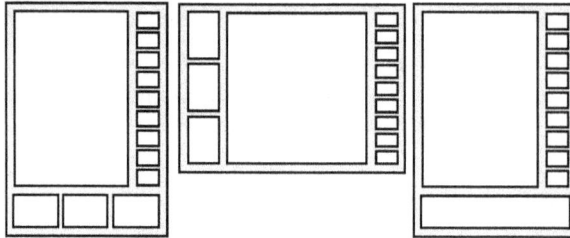

Figure 2. Screen layouts: PORTRAIT (left), HORIZONTAL (middle), structure of other three layouts (right).

Various different button layouts had been evaluated in an informal pre-study with two expert users. The key insight in this step was that buttons should be placed at the screen borders to support both one-handed and two-handed use. The final button layouts now contain the action buttons on the bottom or left side respectively, and buttons for quality values aligned on the right side. Left-handed people can turn the tablet around to have the layout mirrored.

The other three layouts are designed with the input methods *multi-touch*, *multi-tap* and *touch gesture*. The whole screen is used for input. In the background, the steps as well as the chosen quality value and the explanations of the possible actions are presented (Figure 3). In these last three layouts, quality values (except 100) were not chosen directly, but by incrementing or decrementing the initial value of 100. We did not use this concept for the button-only layouts because if single touch is used and visual attention is required anyway, directly choosing the required value is obviously much faster. Gestures were designed together with the expert users, and according to established functionality; for example, a swipe from the right, often used to browse forward, was used to start or go to the next step.

In all layouts, input was confirmed by visual feedback. Additional audio or haptic feedback was also given, depending on the level of ambient noise (Hoggan & Brewster 2007).

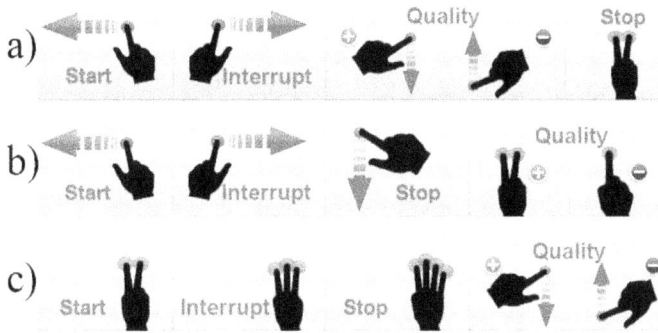

Figure 3. Displayed explanations in the lower display portion for a) SWIPE b) SWIPE-TOUCH c) MULTI-TOUCH.

4   Usability Evaluation in the Lab

A user study was conducted to compare the different designs in a task of repeated simple interaction.

4.1   Participants

Fifteen participants took part in the study (eight male, seven female). They were aged between 20 and 59 (mean = 28), and are not involved in current research. 67% own or have experiences with smartphones. 13% have not used phones or tablets with touch functionality before. One participant was left-handed and used the mirrored layouts.

4.2   Experimental Design

The experiment used a within-subjects design. A pre-study with two usability experts revealed that one of the designs, MULTI-TOUCH, which uses taps with two, three and four fingers, causes a much higher workload and makes commands hard to discriminate (Wobbrock et al. 2009), so it was kept out of the usability evaluation. Therefore, the independent variable *layout variant* contained the four levels: HORIZONTAL, PORTRAIT, SWIPE and SWIPE-TOUCH. The dependent variables were *visual distraction*, *error rate*, *efficiency*, *subjective workload* and *usability*.

4.3   Study Preparation

We could not conduct the user study in the real working environment due to access regulations, so the situation of reviewing a process at the assembly line was reproduced in the lab, which also provided more controlled test conditions. The process of assembling a Fischer Technik™ car was chosen because it can be split up into 19 clearly distinguishable steps and be completed within a maximum of 69.9 seconds (original iteration time). It was performed and filmed four times in advance (Figure 4). Quality values were added so that the participants knew the proper input for quality values. The different layouts were realized in an app. An iPad 2 running iOS5 was used for the study.

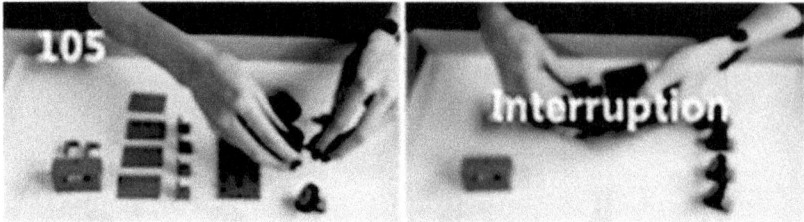

Figure 4. Screenshots of the process video. Quality values as well as interruptions are indicated.

4.4   Study Procedure

Participants performed the study individually in a laboratory setting. After an initial introduction of the context and the process to be observed, they were presented with the first layout, could explore it and ask questions about the functionality. They captured two iterations with this system variant and then filled out the NASA Task Load Index (Hart & Staveland 1988) and USE questionnaire (Lund 2001). The sequence of layouts was counterbalanced using a Latin square. After the last test, participants ranked all variants regarding the USE criteria and were asked further comparison questions. They were encouraged to think aloud and give feedback at all points during the study. All study sessions were videotaped for analysis and manual gaze tracking afterwards.

4.5   Results and Discussion

In the following, we will describe the results from our quantitative and qualitative analysis. If not otherwise stated, they are reported at a significance level of .05.

4.5.1 Visual Distraction

Visual distraction from the main observation task was measured by counting the number of glances on the screen performed mainly to control input (see Figure 5). A one-way ANOVA showed a significant effect of the tested layout ($F_{3,56} = 22.01$).

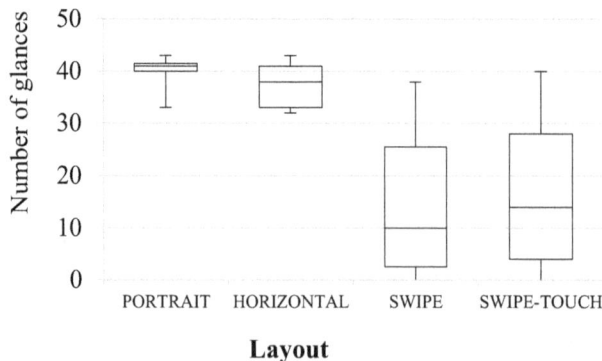

Figure 5. Visual distraction of the different layouts.

With an effect size of $\varepsilon > 0.5$, the impact was found to be large, meaning that the layout significantly influenced visual distraction. A post-hoc Duncan's multiple range test revealed two homogeneous groups: PORTRAIT and HORIZONTAL require more control glances compared to SWIPE and SWIPE-TOUCH. Within these groups, no significant differences could be found. A possible explanation is the higher difficulty of hitting a button than performing a gesture of multi-touch input correctly. Participants were also asked about their subjective impression of visual distraction. Their answers confirm the results and indicate that frequent glancing correlates with perceived distraction.

Error Rate & Efficiency

The error rate was measured as wrong, uncorrected inputs, while efficiency was measured by the deviation from the optimal input. The more corrections are made, the lower the efficiency. SWIPE and SWIPE-TOUCH required more overall input than the button-based layouts, because a quality value required several interactions ($90 = 100-5-5$). Overall, all layouts had a low number of errors and corrections (Table 2). We report no significant layout effect.

		POR	HOR	SWI	ST
Errors	Min/Max	0/2	0/1	0/2	0/1
	Median	0.40	0.33	0.53	0.60
Optimal inputs	Taps/ Swipes	73/0	73/0	0/106	38/59
Additional inputs	Min/Max	1/7	0/6	0/8	0/8
	Median	2.60	1.67	2.20	2.67

Table 2. Errors, optimal and additional inputs.

4.5.2 Subjective Workload

An analysis of the perceived task load captured using the NASA Task Load Index showed a low task load for all layouts (41-48 of 120). There was no significant difference between the various layouts. SWIPE and HORIZONTAL achieved the best results.

4.5.3 Usability

The USE questionnaire was used to measure usability in terms of four categories. By trend, SWIPE always achieved the best rating. However, the only significant difference was revealed using a Kruskal-Wallis test ($F_{3,60} = 13.64$) regarding *ease of learning*. Ranking all layouts regarding the USE categories confirmed the results. SWIPE was rated best in all categories except the ease of use category, in which HORIZONTAL performed best. SWIPE-TOUCH was rated worst except for usefulness, in which PORTRAIT was regarded to perform worse. Comments during the study also support the good results of SWIPE. *"I did not need to concentrate too much on the device"* and *"I felt less mentally demanded when using gestures than when hitting a button"*.

4.6   Comments and Further Observations

No correlation between experience with touch screens and performance could be found in any category. Regarding the holding position of the device, participants were mostly holding it with two hands and interacting with their thumbs when using PORTRAIT (73%) and HORIZONTAL (100%). They were undecided with SWIPE and SWIPE-TOUCH where in both layouts, 54% held the device with two and 46% with one hand.

5   Expert Evaluation

To substantiate the results of the lab study, we conducted a follow-up test with two expert users who frequently perform time tracking. They tested all four layouts in the real working environment, tracking real times along the assembly line. The study procedure was similar, except that they recorded six cycles with each layout instead of two.

The expert users rated SWIPE and SWIPE-TOUCH to produce the lowest overall workload, captured by the Nasa TLX questionnaire, with mean ratings of 22 and 26 (of 120), whereas the button layouts PORTRAIT and HORIZONTAL were rated with 33 and 38, respectively. Compared to values taken in the analysis phase in the beginning, where the overall workload of manual capturing was rated with an average value of 70, the electronic variants all proved to be less demanding. Although the new input method via touch tablet was just introduced, workload could be reduced by 50%.

Regarding usability, participants stated that SWIPE and SWIPE-TOUCH perform better than the button layouts, especially in terms of usefulness and satisfaction (see Figure 6). Even ease of learning was not considered worse. Overall, the gesture-based layouts were preferred even more by the expert users than by the participants of the lab study. They emphasized that they "*help to concentrate on the process, not on the device*". Asked to give an overall ranking, they agreed on the following order: SWIPE, SWIPE-TOUCH, HORIZONTAL and PORTRAIT.

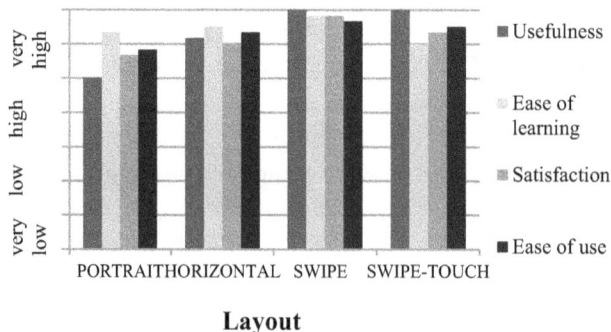

Layout

Figure 6. Usability ratings of expert users.

6 Conclusion

In this paper, we compared different approaches for controlling simple functionality on a touch tablet. Our main focus was to design an interface that requires the least possible visual load while holding workload and error rate at a low level.

In a preliminary expert evaluation, our set of multi-touch input containing two-, three- and four-finger touches at a time was regarded as too complex. We compared two button layouts against two layouts using multi-touch and touch gestures. In a lab study, those complex layouts showed a significantly lower visual demand, while efficiency was still as high as with the button layouts. An expert evaluation in a real working environment showed that workload was lower with the layouts using multi-touch and touch gesture. Usability was also rated better. The results of this study can inspire the design of interfaces for simple, repeated tasks during high visual workload. Multi-touch and touch gestures may require a certain learning phase. However, after that phase, they can outperform simple touch input in terms of visual distraction while efficiency remains high and perceived workload is kept low.

One requirement was to use multipurpose consumer hardware, which provided several restrictions to the input and output. To better fit the process of time tracking, we will explore a specially designed device, such as a stopwatch with extended functionality (e.g., data export).

References

Bach, K. M., Jæger, M. G., Skov, M. B., & Thomassen, N. G. (2008). You Can Touch, but You Can't Look: Interacting with In-Vehicle Systems 1. In *Proceedings of the SIGCHI Conference on Human Factors in Computing Systems (CHI)*, ACM Press, 1139–1148.

Banovic, N., Li, F., & Dearman, D. (2011). Design of unimanual multi-finger pie menu interaction. In *Proceedings of the ACM International Conference on Interactive Tabletops and Surfaces (ITS)*, ACM Press, 120-129.

Ecker, R., Broy, V., Butz, A., & De Luca, A. (2009). pieTouch: A Direct Touch Gesture Interface for Interacting with In-Vehicle Information Systems. In *Proceedings of the 11th International Conference on Human-Computer Interaction with Mobile Devices and Services (MobileHCI)*, ACM Press, 1–10.

Freeman, D., Benko, H., Morris, M. R., & Wigdor, D. (2009). ShadowGuides: visualizations for in-situ learning of multi-touch and whole-hand gestures. In *Proceedings of the ACM International Conference on Interactive Tabletops and Surfaces (ITS)*, ACM Press, 165–172.

Hart, S. & Staveland, L. (1988) Development of NASA-TLX (Task Load Index): Results of empirical and theoretical research. In P.A. Hancock and N. Meshkati, eds., *Human mental workload*. Amsterdam: North Holland Press, 139–183.

Hoggan, E. & Brewster, S. (2007). Designing audio and tactile crossmodal icons for mobile devices. In *Proceedings of the 9th international conference on Multimodal interfaces (ICMI)*, ACM Press, 162-169.

Lund, A.M. (2001) Measuring Usability with the USE Questionnaire. *Usability Interface 8*, 2, http://www.stcsig.org/usability/newsletter/0110_measuring_with_use.html.

MacKenzie, I., & Teather, R. (2012). FittsTilt: the application of Fitts' law to tilt-based interaction. In *Proceedings of the 7th Nordic Conference on Human-Computer Interaction (NordiCHI)*, ACM Press, 568–577.

Richter, H., Ecker, R., Deisler, C., & Butz, A. (2010) HapTouch and the 2+ 1 State Model: Potentials of Haptic Feedback on Touch Based In-Vehicle Information Systems. In *Proceedings of the Second International Conference on Automotive User Interfaces and Interactive Vehicular Applications, ACM Press*, 72–79.

Sánchez, J., & Aguayo, F. (2007). Mobile messenger for the blind. In S. Constantine & M. Pieper (Eds.), *Universal Access in Ambient Intelligence Environments*. Heidelberg: Springer, 369-385.

Sas, J. & Markowska-Kaczmar, U. (2012). Similarity-based training set acquisition for continuous handwriting recognition. *Information Sciences* 191, May, 226-244.

Van Tonder, B. &Wesson, J. (2010). Is tilt interaction better than keypad interaction for mobile map-based applications? In *Proceedings of the 2010 Annual Research Conference of the South African Institute of Computer Scientists and Information Technologists (SAICSIT)*, ACM Press, 322-331.

Wobbrock, J.O., Morris, M.R., & Wilson, A.D. (2009) User-Defined Gestures for Surface Computing. *Proceedings of the SIGCHI Conference on Human Factors in Computing Systems (CHI)*, ACM Press, 1083–1092.

Contact Information

sonja.ruemelin@ifi.lmu.de - http://www.medien.ifi.lmu.de

S. Boll, S. Maaß & R. Malaka (Hrsg.): Mensch & Computer 2013
München: Oldenbourg Verlag, 2013, S. 251–260

WeBewIn: Rapid Prototyping bewegungsbasierter Interaktionen

Birgit Bomsdorf, Rainer Blum, Sebastian Hesse, Patrik Heinz

Angewandte Informatik, Hochschule Fulda

Zusammenfassung

In diesem Beitrag werden erste Ergebnisse in der Entwicklung eines Werkzeugs für bewegungsbasierte Interaktionen (WeBewIn) vorgestellt. Es erlaubt die Spezifikation von im Raum ausgeführten Körpergesten (Posen und Bewegungsabläufe) mittels Vormachen (By-Demonstration). Die so erfassten Gesten können, mit oder ohne Nachbearbeitung, sofort an ein Dialogmodell gebunden und evaluiert werden. Auf Basis ausführbarer Modelle können komplexe Gestenabläufe im Kontext verschiedener Interaktionssequenzen überprüft werden. WeBewIn ermöglicht so ein Rapid Prototyping von Gesteninteraktionen in einer kombinierten benutzer- und technik-basierten Vorgehensweise.

1 Einleitung

Interaktive Systeme werden zunehmend über Gesten bzw. mittels Körperbewegungen gesteuert, deren Vorteil in den natürlicheren Interaktionsmöglichkeiten gesehen wird. Zwar sind bewegungsbasierte Interaktionen nicht generell von Vorteil, doch gibt es spezielle Nutzungskontexte und Applikationen, in denen sie die Usability und UX zu steigern vermögen. In der Entwicklung entsprechender Gestensätze können Nielsen et al. (2004) folgend zwei grundsätzliche Vorgehensweisen unterschieden werden. Zum einen sind dies die technik-basierten Ansätze, in denen zunächst Gesten entsprechend der technischen Machbarkeit „gefunden", realisiert und dann z.B. mittels Benutzertests evaluiert werden. Dem stehen die benutzerbasierten Ansätze gegenüber, in denen die Gesten direkt unter Einbezug potentieller Benutzer und unabhängig von einer Technologie zur Erkennung spezifiziert werden. Methodisch kommen bei letzteren beispielsweise Wizard of Oz-Studien oder Videoaufzeichnungen zum Einsatz (Nielsen et al. 2004, Höysniemi et al. 2004). Nachteilig ist jedoch, dass ggf. einzelne ermittelte Gesten aufgrund technischer Einschränkungen der Gestenerkennung nicht oder nur ähnlich implementierbar sind. Demgegenüber gehen die technik-basierten Ansätze mit den für sie generellen Nachteilen einher, dass in den Lösungen die Benutzer, ihre Eigenschaften und Bedürfnisse nur unzureichend berücksichtigt sind.

Die Sichtweisen beider Ansätze sind notwendig. Die Entwicklung benutzerzentrierter Gestensätze, die bereits jetzt mit aktuell verfügbaren Technologien einsetzbar sein sollen, muss auch deren Einschränkungen berücksichtigen. Zur Kombination beider, der benutzer- und der technik-basierten Vorgehensweisen realisieren wir derzeit ein Entwicklungswerkzeug für bewegungsbasierte Interaktionen (WeBewIn). Es ermöglicht die Spezifikation von Gesten, indem diese von zukünftigen Benutzern lediglich vorgemacht werden, wobei eine sofortige Überprüfung der Interaktionen auf Basis ausführbarer Dialogmodelle möglich ist. Der derzeitige Fokus liegt dabei auf einer Testunterstützung sehr früher Entwicklungsschritte. Im folgenden Kapitel 2 werden zunächst verwandte Arbeiten mit engem Bezug zum eigenen Ansatz vorgestellt. Anschließend (Kapitel 3) werden anhand eines Beispiels wesentliche Eigenschaften von WeBewIn präsentiert. Nach einem kurzen Einblick in die technische Umsetzung gehen wir auf die aktuelle und zukünftige Werkzeugentwicklung ein (Kapitel 4).

2   Stand der Technik

Im Zentrum der modellbasierten Entwicklung von Benutzungsschnittstellen steht die Spezifikation der mit dem System durchzuführenden Aufgaben, der darauf basierenden Dialoge und der zugehörigen Präsentation (Meixner et al. 2011). Die Ausführbarkeit der dabei entstehenden Modelle erlaubt eine frühzeitige Überprüfung erster Designentscheidungen. Entsprechende Werkzeuge (z.B. (Biere et al. 2002), (Mori et al. 2002), (Reichart et al. 2004)) bieten im Kern Schaltflächen, über deren Aktivierung simuliert wird, dass der Benutzer eine Aktion durchführt. Dabei dient eine Modellanimation der Visualisierung der Systemreaktionen. Über das Setzen von Bedingungen können die Abläufe entsprechend unterschiedlicher Nutzungssituationen durchgespielt werden. Diesen Ansatz zum frühzeitigen Testen verfolgen wir ausgehend von unseren früheren Arbeiten (Biere et al. 2002) ebenfalls in WeBewIn, wobei der derzeitige Fokus auf einer werkzeugtechnischen Unterstützung einer frühzeitigen Gestenermittlung und -evaluation auf der Ebene der Dialogmodellierung liegt.

Auf Dialogebene werden vielfach, so auch in WeBewIn und in (Feuerstack et al. 2011), Zustands-Transitions-Diagramme eingesetzt, wie sie auch in UML verwendet werden. Im Vordergrund stehen dabei die Dialogzustände und -übergänge sowie die auslösenden Ereignisse und die Situationen, unter denen ein Übergang (Transition) erfolgen darf. Zur Spezifikation multimodaler Dialoge werden mit den Ereignissen zusätzlich die jeweiligen Modalitäten (Sprache, Geste etc.) verknüpft. Zur Überprüfung gestenbasierter Dialoge gehen das Werkzeug von Feuerstack et al. (2011) und WeBewIn einen Schritt weiter als bisherige Arbeiten, indem die Gesten nicht per Aktivierung von Schaltflächen simuliert, sondern real durchgeführt werden können. In (Feuerstack et al. 2011) erfolgt die Spezifikation der Gesten (nur Posen, keine Bewegungsabläufe) und der Dialoge separat. Anschließend wird in einem expliziten Modellierungsschritt die Gestenerkennung an das ausführbare Dialogmodell gebunden. In WeBewIn verfolgen wir hingegen eine technisch integrierte Lösung, die auch während einer Modellsimulation die Spezifikation von Gesten und deren Nutzung im nächsten Schritt des aktuellen Testlaufs erlaubt.

Zur Spezifikation von Posen und Bewegungsabläufen existieren verschiedene formale Gestenbeschreibungssprachen. Ein sehr früher Ansatz hierzu ist die Labanotation (Hutchinson 1977), die zur Aufzeichnung und Analyse von Tanz-Choreographien entworfen wurde, aber auch Arbeiten in der MCI beeinflusst hat, z.B. (Loke et al. 2005) und (Gockel et al 2012). Durch die explizite Berücksichtigung qualitativer Aspekte, wie Geschwindigkeit und Beschleunigung, definieren die formalen Beschreibungen eine Geste zumeist präziser als dies mit einer Demonstration der Geste erfolgen kann. Zunehmend XML verwendend, erleichtern die Formalisierungen den werkzeugübergreifenden Austausch der Spezifikationen und eine Integration in den modellbasierten Entwurf. Ebenso wird die animierte Visualisierung der Bewegungen vereinfacht (Wilke et al. 2005), die im Bereich der MCI der ergonomischen Evaluation dienen kann. Bisherige Werkzeuge unterstützen dies jedoch nicht im Kontext der auszuführenden Dialoge. Auch in (Feuerstack et al. 2011) müssten die Benutzer für eine (dann spätere) Analyse per Vido aufgezeichnet werden. WeBewIn setzt hingegen auf das By-Demonstration Konzept, wodurch die Gesten als Aufzeichnung sofort für Evaluationen verfügbar sind.

Nach unserem Kenntnisstand existieren zurzeit zwei Werkzeuge, die das By-Demonstration Konzept zur Spezifikation von Raumgesten unterstützen. Beim Kinetic Space Tool[1] wird eine Geste nur einmal vorgemacht und kann anschließend mit unterschiedlichen Personen verwendet werden. Das Werkzeug lässt sich über ein vorgegebenes Kommunikationsprotokoll auch mit anderen Applikationen, z.B. einem Dialogeditor, verbinden um die Gesten dort einzusetzen. Eine engere Integration in einem einzigen Werkzeug, z.B. um zwischen Gestenspezifikation und Dialogmodellierung wechseln zu können, ist allerdings nicht möglich. Zudem erwies sich die Erkennungsrate der Software für unsere Ansprüche als mangelhaft, die Bedienbarkeit als zu komplex. Das Omek GAT[2] unterstützt ebenfalls das By-Demonstration Konzept und über die Omek Beckon Middleware die Nutzung der so spezifizierten Gesten in beliebigen Anwendungen. Jedoch erfordert die Festlegung einer Geste ein mehrmaliges Vormachen, möglichst durch unterschiedliche Personen, um das System zu trainieren. Es werden ca. 30 Trainingsdatensätze empfohlen. Für das von uns intendierte schnelle Prototyping von Gesten-Interaktionen ist diese Eigenschaft jedoch hinderlich.

3 Werkzeug für bewegungsbasierte Interaktionen

Zur Beschreibung wesentlicher Eigenschaften des WeBewIn-Werkzeugs dient uns im Folgenden ein sehr vereinfachtes Beispiel, das einem aktuellen Projekt zur Barrierefreiheit entnommen ist: Ein Dialog zur Bewertung eigener Fähigkeiten. Wie in Abbildung 1 (a) gezeigt, werden pro Fähigkeit jeweils links die aktuelle Bewertung ("wie gut kann ich das") und rechts die noch zur Bewertung verfügbaren Sterne angezeigt.

---

[1] Kinetic Space, Training and Recognizing 3D Gestures, https://code.google.com/p/kineticspace, Zugriff: 28.6.13
[2] Gesture Authoring Tool, http://www.omekinteractive.com/products/beckon-usability-framework, Zugriff: 28.6.13

3.1 Dialogmodellierung

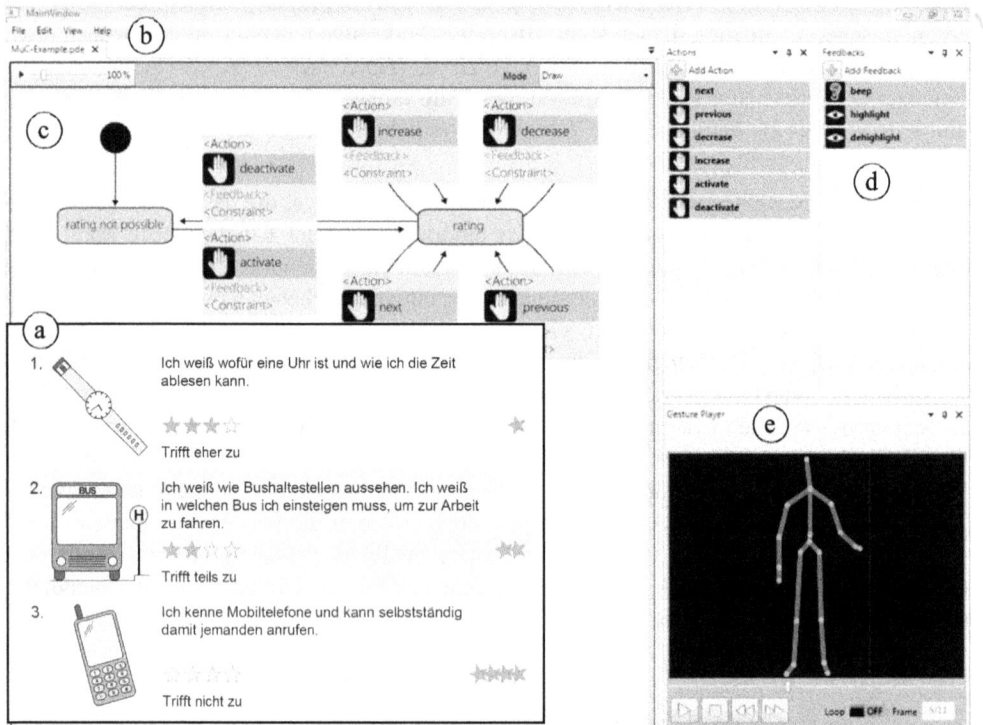

Abbildung 1: Dialog-Modell für das gewählte Anwendungs-Beispiel

Abbildung 1 (b) zeigt einen Ausschnitt des derzeitigen WeBewIn-Dialogeditors, der eine Notation für Zustands-Transitions-Diagramme verwendet (Abb.1 c). Das Dialogmodell besteht hier lediglich aus den beiden Dialogzuständen *Bewerten nicht möglich* und *Bewerten* sowie sechs Transitionen. Eine Transition wird jeweils mit den für einen Dialogablauf relevanten Informationen versehen. Dies sind in der aktuellen Editorversion Benutzeraktionen (Action), die den Zustandsübergang bewirken, z.B. *activate*, *deactivate* oder auch *next*, Bedingungen (im Editor als Constraints bezeichnet), die für einen Übergang gelten müssen, z.B. *Sterne noch verfügbar*, sowie Rückmeldungen (Feedback) als Folge eines Übergangs, wie etwa das Hervorheben der zur Bewertung ausgewählten Fähigkeit. In Abbildung 1 (c) sind die Bedingungen und Rückmeldungen jedoch zur weiteren Vereinfachung ausgeblendet, lediglich die Aktionen sind „aufgeklappt". Mit *previous* und *next* kann die vorherige bzw. nächste Fähigkeit ausgewählt, mit *increase* und *decrease* die Bewertung um einen Stern erhöht bzw. verringert werden. Das Symbol der Hand kennzeichnet die Aktion als Geste (analog zu den Rückmeldungen (Abb.1 d) sind hier verschiedene Modalitäten möglich).

Zur Festlegung einer Benutzeraktion als Körpergeste kann diese aus einem bereits spezifizierten Gestensatz ausgewählt und der Transition zugeordnet werden. Hierbei wird der Entwickler von einem Gesten-Player (Abb.1 e) mit den üblichen Funktionalitäten eines Videoplayers unterstützt, der zur Information über den Bewegungsablauf die Geste animiert. Dies funktioniert sowohl aus dem Gestensatz heraus als auch für bereits den Transitionen zugeordneten Gesten. Die Körperregionen, die für eine Geste relevant sind, werden dabei farblich hervorgehoben. Dies ermöglicht es Entwicklern und Ergonomen, sich bereits in frühen Projektphasen über geplante Bewegungen auszutauschen und sie in Kombination mit anderen Bewegungen im Kontext kompletter Interaktionssequenzen zu beurteilen.

Soll eine noch nicht erfasste Geste verwendet werden, kann deren Bezeichner festgelegt und einer Transition zugeordnet werden. Hiermit ist das Dialogmodell bereits interaktiv überprüfbar, auch wenn einzelne konkrete Posen oder Bewegungen noch offen sind. Die Spezifikation einer Geste kann damit vor, während oder nach der Dialogmodellierung erfolgen.

3.2 Gestenspezifikation

Gesten werden mit dem WeBewIn-Werkzeugs im Gesteneditor (Abbildung 2) mittels Vormachen, dem sog. By-Demonstration, spezifiziert. Hierdurch ist keine explizite Gesten-Spezifikation durch den Entwickler nötig, vielmehr werden die vom Microsoft Kinect SDK gelieferten Gelenkpositionen (Skelettdaten) aufgezeichnet und in einer Datei abgelegt.

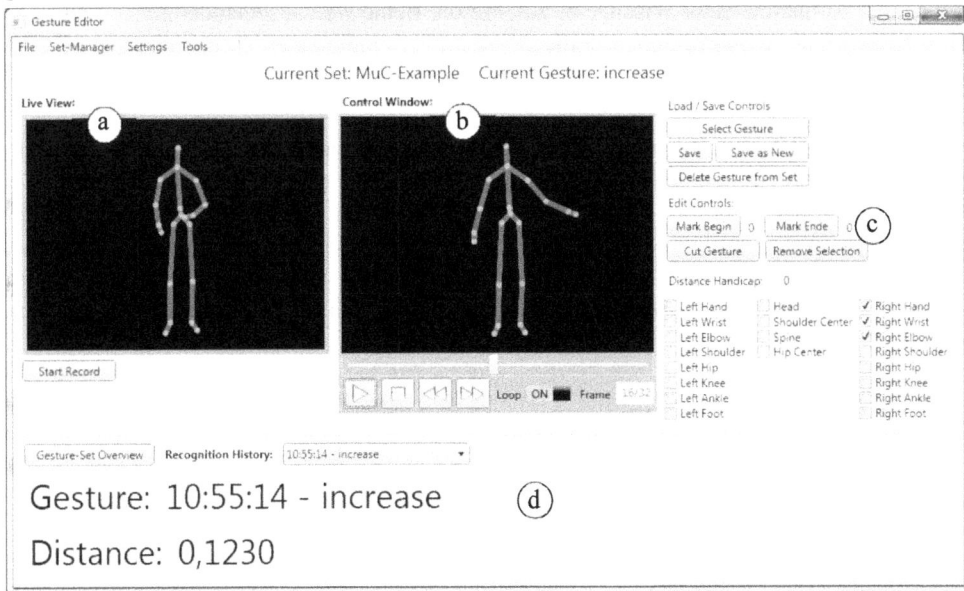

Abbildung 2: Gesten-Editor

Alle Bewegungen der Person, die Gesten demonstriert, werden live in einem eigenen Bereich (Abb.2 a) dargestellt. Diese Anzeige dient der Kontrolle, ob die Person sich im Bildbereich des Aufnahmesensors befindet. Die Aufzeichnung einer Geste erfolgt für eine einstellbare Anzahl von Frames, wobei die Microsoft Kinect in der Regel 30 Frames pro Sekunde aufnimmt. Ein verzögerter Start der Aufzeichnung ermöglicht die Benutzung des Gesteneditors auch durch eine einzelne Person, indem dieser ihr Zeit gibt, sich zunächst korrekt vor dem Sensor zu positionieren.

Ist die Aufzeichnung einer Geste beendet, wird sie gespeichert, z.B. unter einem vorher im Dialogmodell festgelegten Namen; in unserem Beispiel etwa unter dem Namen *increase*. Anschließend, da sie nun als Gestenvorlage dem Erkenner bekannt ist, kann die neue Geste sofort getestet werden. Hierzu wird sie erneut ausgeführt. Der Editor informiert in einem separaten Bereich laufend über erkannte Gesten (Abb.2 d). Zur zuletzt erkannten Geste, im Beispiel ist dies die *increase*-Geste, zeigt er hier den Gestennamen, den Zeitpunkt der Erkennung und den Distanzwert an. Je kleiner der Distanzwert, umso ähnlicher war die durchgeführte Bewegung der erkannten Geste. Varianzen gibt es hier immer, da selbst derselbe Benutzer eine bestimmte Geste nur in ähnlicher Weise, aber nicht bewegungsidentisch ausführen kann.

Zudem kann eine gerade vom Benutzer demonstrierte und aufgezeichnete Geste im Gesten-Player (Abb.2 b) abgespielt werden. Sofern dies nicht bereits vor der Aufnahme erfolgte, sind vor der Speicherung noch die für die Geste relevanten Gelenkpunkte zu definieren. So sollen z.B. für die im Player gezeigte *increase*-Geste (eine von rechts nach links ausgeführte Wischbewegung mit der rechten Hand) die Kopf-, Bein- und Fußpositionen bzw. -bewegungen nicht berücksichtigt werden. Daher sind nur die übrigen, wenigen Gelenkpunkte der Unterarme ausgewählt. Ohne die Spezifikation der relevanten Gelenkpunkte würde die Gestenerkennung in ihrer Analyse immer den gesamten Körper einbeziehen. Hätte die Person bei der Aufnahme einer Wischgeste zufällig die Beine weit auseinander gehabt, müssten für die Erkennung dieser Wischgeste die Beine immer ähnlich weit auseinander positioniert werden. Als weitere Editiermöglichkeit kann die Aufnahme Frame-genau zugeschnitten werden (Abb.2 c), um irrelevante Sequenzen zu entfernen.

Mit dem Editor können Entwickler Gestensätze erstellen und im Dialogeditor nutzen (vgl. Absatz 1), um einzelne Gesten oder komplette Gestensätze einem Modell hinzuzufügen oder auszutauschen und zu testen. Ein zusätzlicher Gestenkatalog ermöglicht es, die Menge der vorhandenen Gesten strukturiert zu verwalten. Hierzu bietet er eine Übersicht aller vorhandenen Gesten und die Möglichkeit, sich alle Elemente eines Gestensatzes auf einen Blick in animierter Form anzusehen. Einzelne Gesten können jederzeit wie oben beschrieben bearbeitet und getestet werden.

3.3   Interaktives Testen

WeBewIn ermöglicht ein Rapid Prototyping auf Basis ausführbarer Modelle und bietet in seinem Simulator hierzu verschiedene Möglichkeiten. Wie in Absatz 1 beschrieben kann das Dialogmodell bereits interaktiv getestet werden, bevor die einzelnen Gesten spezifiziert sind. Die nachträgliche Verknüpfung mit Gesten erfolgt durch Laden eines Gestensatzes in den Editor. Dabei ist in der aktuellen Version auf Namensgleichheit zwischen den für die Aktionen vergebenen Bezeichnern und den Gestennamen zu achten.

Sobald die Gesten mit dem Dialogmodell verknüpft sind, können sie im Test direkt mitberücksichtigt und damit auch als Gestenabfolge evaluiert werden. Abbildung 3 zeigt diesen Fall für das gewählte Anwendungsbeispiel.

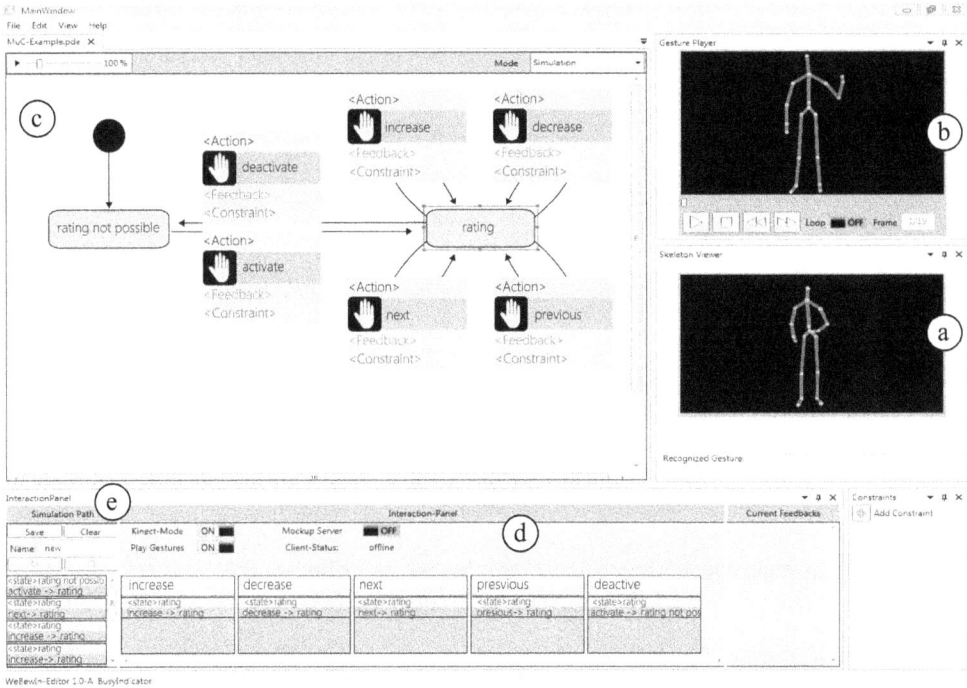

Abbildung 3: Interaktives Testen eines Dialog-Modells mit Gesten-Interaktionen

Um das Dialogmodell interaktiv zu durchlaufen, führt ein möglicher Benutzer die für die gewünschte Transition vorgesehene Aktion bzw. Geste aus. Dadurch wird der jeweilige Zustandsübergang ausgelöst und die Simulation wechselt in den nächsten Zustand. Die am Test beteiligten Personen können auch hier die aktuellen Bewegungen über die Live-Wiedergabe nachvollziehen (Abb.3 a). Bei Bedarf können sie sich die mit einer Aktion verknüpfte Geste im Gesten-Player vorspielen lassen (Abb. 3 b), z.B. um sie sich wieder in Erinnerung zu rufen. Zudem besteht die Option, durch einen Wechsel in den Gesteneditor einzelne Gesten zu modifizieren oder neu aufzunehmen.

Eine weitere Möglichkeit, das Dialog-Modell interaktiv zu testen, funktioniert über das schrittweise Auswählen aufeinanderfolgender Zustände im Diagramm mit der Maus und damit ohne Verwendung der Gestenerkennung.

Die in einem aktuellen Zustand (*rating* in Abb.3 c) jeweils erlaubten Aktionen, inkl. Angabe der Folgezustände, werden zusätzlich in einem eigenen Bereich aufgeführt (Abb.3 d). Damit sind die für einen gültigen, nächsten Schritt wichtigen Informationen gefiltert auf einen Blick verfügbar. Eine hier aufgeführte Aktion kann alternativ zur tatsächlichen Ausführung der Geste auch per Mausklick ausgelöst werden. Dies stellt eine weitere Möglichkeit der interaktiven Simulation des Dialog-Modells dar und bietet ein intensives Testen des Dialogmodells ohne ein ggf. ermüdendes Wiederholen einzelner Bewegungen.

Unabhängig von der verwendeten Simulationsmethode wird der aktuelle Zustand jeweils im Diagramm markiert und mögliche nächste sowie bereits durchlaufene Transitionspfade farblich hervorgehoben. Jeder im Rahmen eines Simulationsdurchlaufs traversierte Zustand und jede Bedingungsänderung werden in einer Historie aufgelistet (Abb.3 e). Sie kann zum

Zweck einer genaueren Analyse gespeichert und wieder abgespielt werden. Dabei werden nacheinander auch die mit den Aktionen verknüpften Gesten im Gesten-Player abgespielt.

3.4 Technische Umsetzung der Gestenerkennung

Die Erkennung der Gesten ist mit einem selbst entwickelten Gestenerkenner umgesetzt. Er nutzt das Microsoft Kinect for Windows SDK und verarbeitet die von diesem bereitgestellten Positionsdaten zu verschiedenen Skelettpunkten weiter. Dabei kommt, wie auch beim oben genannten Kinetic Space Werkzeug, der Dynamic Time Warping (DTW) Algorithmus[3] zum Einsatz, der zeitliche Variationen beim Vergleich zweier Gestensequenzen eliminiert. Räumliche Varianzen werden, vereinfacht ausgedrückt, aufsummiert und über Grenzwerte bewertet. Durch die starken Abweichungen in der Ausführung von Gesten, selbst bei derselben Person, ist beides entscheidend. Zunächst wird aber jeweils eine einfache Form des Gesture Spottings angewendet: Jedes pro Frame aufgenommene Skelett wird mit dem letzten Skelett aller aktuell in den Gestenerkenner geladenen Gestenvorlagen abgeglichen und analysiert, ob es sich dabei um den letzten Frame einer dieser Gestenvorlagen handeln könnte. Das im positiven Fall anschließend angewendete, verhältnismäßig rechenintensive DTW-Verfahren liefert dann wiederum Werte, die noch weiterer Interpretationen bedürfen. Anhand derer wird schließlich entschieden, ob eine bekannte Geste aufgetreten ist.

Für einzelne Dialoge werden in Abhängigkeit von den aktuellen Zuständen zusammengestellte Gestensätze im Gestenerkenner aktiviert bzw. geladen, da nicht zu jedem Zeitpunkt bzw. in jedem Dialogschritt alle Gesten erkannt werden müssen. Zudem verringert es die Wahrscheinlichkeit einer Fehlkennung, wenn sich nur die relevanten Gesten im aktuellen Katalog des Gestenerkenners befinden.

4 Diskussion und Ausblick

Auf dem Weg zu Entwicklungswerkzeugen für bewegungsbasierte Interaktionen ist derzeit noch eine Vielzahl von Fragestellungen zu klären. Es ist zudem offen, welche Konzepte (theoretisches Wissen, Methoden) Designern und Entwicklern an die Hand gegeben werden müssen, wie diese in einem Werkzeug als praktikabel nutzbare Funktionalitäten angeboten werden können und wie sie mit Ansätzen des etablierten Usability- und Software-Engineerings integriert werden können. Erschwerend kommt hinzu, dass aufgrund der Neuartigkeit der Thematik die Zielgruppe der Entwickler noch keine konvergierenden Anforderungen an ein sie unterstützendes Werkzeug formulieren kann. Wie auch bei früheren Innovationen werden sich diese erst mit der Zeit bilden können, was durch die frühzeitige Entwicklung erster dedizierter, unterstützender Werkzeuge – wie die in (Feuerstack 2004) und in diesem Beitrag beschriebenen – signifikant vorangetrieben werden kann.

So wurden im Laufe der bisherigen WeBewIn-Entwicklung bereits Rückmeldungen von Anwendungspartnern eingeholt. Im Wesentlichen bestätigte sich dabei der hohe Nutzen des Werkzeugs, auch wenn es sich derzeit erst im Entwicklungsstadium eines Prototyps befindet. Der Gesten-Editor und der Dialogeditor mit Simulator liegen zurzeit als zwei separate An-

---

[3] http://www.inf.fu-berlin.de/lehre/WS98/SprachSem/culjat/node4.html, Zugriff: 28.06.13

wendungen vor. Dies resultiert lediglich daraus, dass beide zunächst getrennt zu realisieren waren. Einzelne Funktionalitäten werden dank des modularen Aufbaus bereits gegenseitig genutzt, wie etwa der Gesten-Player. Die angestrebte Integration der beiden Benutzungsschnittstellen wird die Entwicklungsabläufe noch weiter vereinfachen und flexibilisieren, z.B. die angestrebte Möglichkeit zwischen Dialogmodellierung, Gestenspezifikation und Simulation auch spontan zu wechseln.

Das umgesetzte By-Demonstration Konzept erlaubt die Spezifikation von Gesten durch Vormachen. Der Editor bietet erste Möglichkeiten zu deren Nachbearbeitung. Unsere Anwendungspartner und wir selbst sehen hier die Notwendigkeit, Gestenvorlagen präziser zu erfassen bzw. nachbearbeiten zu können. Beispielsweise sind qualitative Aspekte, wie Geschwindigkeit und Beschleunigung, neben der technischen Realisierung auch aus ergonomischer Sicht sehr relevant.

Die realisierten Simulationsalternativen unterstützen verschiedenartige Vorgehensweisen des Testens, insbesondere mit Vormachen der Gesten, etwa zur Überprüfung der Ermüdung, und ohne Ausführung der Gesten, zur Überprüfung der Dialogabläufe, ohne dass es für eine Person anstrengend wird. Jedes durchspielte Szenario kann gespeichert, modifiziert und wieder abgespielt werden. Hierbei unterstützt der Player die Analyse alternativer Gestenfolgen für einen Dialog. Insgesamt wünschen sich die Anwendungspartner die Integration mit einer Usability Test Suite, so dass umfassend werkzeugunterstützte Usability Tests unterschiedlicher Ausprägung und mit reichhaltiger Datensammlung und -auswertung möglich werden. Mehrmals wurde dabei auch die sich bereits in der Entwicklung befindende Einbindung erster Entwürfe der Präsentation, etwa durch Mockups genannt. Damit werden Veränderungen der Präsentation in Abhängigkeit von Benutzeraktionen und den resultierenden Zustandsänderungen testbar, s. auch (Biere et al. 2002). Für das in Kapitel 3 eingeführte Beispiel liegt bereits ein Demonstrator vor, der mit Gesten gesteuert werden kann.

Die in WeBewIn implementierte Komponente zur Gestenerkennung kann in spätere Endanwendungen eingebunden werden. Dies stellt sicher, dass die in einer benutzerzentrierten Vorgehensweise entwickelten Gestensätze auch tatsächlich in der Zielanwendung einsetzbar sind. Diese und WeBewIn unterliegen dann denselben Möglichkeiten und Einschränkungen der verwendeten Technologien, wodurch eine kombinierte technik- und benutzer-basierte Vorgehensweise in der Entwicklung von Gestensätzen unterstützt wird. Jedoch werden in WeBewIn derzeit nur diskrete Gesten betrachtet. Im Kontext von Low-Fidelity Prototypen ist dies vielfach ausreichend, da für Testzwecke kontinuierliche Gesten gut mittels diskreter abgebildet werden können. Die zukünftigen Arbeiten an WeBewIn sollen diese Einschränkungen beseitigen und auch kontinuierliche Gesten mit direktem Objektbezug einschließen.

Literaturverzeichnis

Baron, M.; Lucquiaud, V.; Autard, D.; Scapin, DL. (2006). K-MADe: un environement pour le noyau du modèle de description de l'activité. Proceedings of the 18th French-speaking conference on Human-Computer Interaction.

Biere, M.; Bomsdorf, B.; Szwillus, G. (1999). The Visual Task Model Builder. In: Vanderdonckt, Jean; Puerta, Angel R. (Hg.): Computer-Aided Design of User Interfaces II, Proceedings of the Third International Conference of Computer-Aided Design of User Interfaces, Kluwer, S. 245-256.

Feuerstack, S., Anjo, MDS., & Pizzolato, EB (2011). *Model-based design and generation of a gesture-based user interface navigation control.* In Proceedings of the 10th Brazilian Symposium on on

Human Factors in Computing Systems and the 5th Latin American Conference on Human-Computer Interaction (IHC+CLIHC '11). Brazilian Computer Society, S. 227-231.

Höysniemi, J., Hämäläinen, P. & Turkk, L. (2004). *Wizard of Oz prototyping of computer vision based action games for children*. In Proceedings of the 2004 conference on Interaction design and children: building a community (IDC '04). New York, USA, S. 27-34.

Hutchinson, A. (1977). *Labanotation or Kinetography Laban: The System of Analyzing and Recording Movement*, 3. Ausgabe, Theatre Arts Books, New York.

Gockel, B., Staab, T., Bomsdorf, B. (2012). *Benutzerzentrierte Beschreibung bewegungsbasierter Interaktionen*. In Mensch & Computer 2012, Oldenbourg Verlag, S. 363-364.

Loke, L., Larssen, A.T. & Robertson, T. (2005). Labanotation for design of movement-based interaction. In Pisan, Y. (Hrsg.): *Proceedings of the second Australasian conference on Interactive entertainment*. Creativity & Cognition Studios Press, Sydney, Australia, Australia, 113-120.

Meixner, G., Paternò, F., Vanderdonckt, J. (2011). Past, Present, and Future of Model-Based User Interface Development. i-com 10(3), Oldenbourg Verlag, S. 2-11

Mori, G., Paternò, F.& Santoro, C. (2002). *CTTE: support for developing and analyzing task models for interactive system design*. In IEEE Trans. Softw. Eng. 28, 8 (August 2002), S. 797-813.

Nielsen, M., Störring, M., Moeslund, T. B. & Granum, E. (2004). *A Procedure For Developing Intuitive And Ergonomic Gesture Interfaces For Man-Machine Interaction*. In Gesture-Based Communication in Human-Computer Interaction - 5th International Gesture Workshop. Camurri, A., Volpe, G. (Hrsg.), Heidelberg: Springer, S. 409-420.

Reichart, D., Forbrig, P., Dittmar, A. (2004). Task Models as Basis for Requirements Engineering and Software Execution. In: Proceedings of the 3rd annual conference on Task models and diagrams TAMODIA'04, New York, NY, USA, ACM Press, S. 33–42.

Wilke, L., Calvert, T., Ryman, R., Fox, I. (2005). *From dance notation to human animation: The LabanDancer project*, In Journal of Comput. Animat. Virtual Worlds 16, 3-4, John Wiley & Sons, S. 201-211.

Kontaktinformationen

Birgit Bomsdorf, Fachbereich Angewandte Informatik, Hochschule Fulda, Marquardstraße 35, 36039 Fulda, bomsdorf@hs-fulda.de.

S. Boll, S. Maaß & R. Malaka (Hrsg.): Mensch & Computer 2013
München: Oldenbourg Verlag, 2013, S. 261–270

Dynamic Gaussian Force Field Controlled Kalman Filtering For Pointing Interaction

Florian van de Camp[1], Rainer Stiefelhagen[2]

Fraunhofer IOSB, Karlsruhe[1]
Karlsruhe Institute of Technology, Karlsruhe[2]

Abstract

As human computer interaction is extending from the desk to the whole room, modalities allowing for distant interaction become more important. Distant interaction however, is inherently inaccurate. Assisting technologies, like force fields, sticky targets, and target expansion have been shown to improve pointing tasks. We present a new variant of force fields that are modeled using Gaussian distributions, which makes placement and configuration as well as overlap handling straight forward. In addition, the force fields are dynamically activated by predicting intended targets, to allow for natural and fluent movements. Results from a user study show, that the dynamic Gaussian fields can speed up the time needed to click a button with a pointing gesture by up to 60%.

1 Introduction

Over the last few years, many new input technologies have emerged, not only in research but also in commercial applications. One new input modality is pointing gesture control, which allows moving interaction away from the screen to the whole room. Technologies like the Kinect already made this kind of interaction popular but there is still much room for improvement. While the detection of pointing gestures will get more accurate with better sensors, there is a limit to the achievable accuracy due to the human physique. If simply adjusting user interfaces by, for example, increasing the size of interface elements is not a feasible option, we need to find other ways to improve the accuracy. Traditionally, input modalities are unidirectional, meaning they provide input data without knowledge about the system they are connected to. However, what is currently displayed directly influences the user in his or her actions and, therefore, strongly influences the input data. Taking context information into account is useful for improving the accuracy of input modalities [1] [2] [3] [4].

To evaluate the use of this information we focused on one of the most essential pointing tasks: clicking a button. The key contributions of this paper are:

- Gaussian modeling allows optimal force field strengths
- Automatic overlap handling allows straight forward placement of force fields
- A method for dynamic force field activation for fluid cursor motions.
- Easy use of force fields because of direct integration into existing filtering process.

The paper is organized as follows. We review related work on pointing interaction and utilizing context information in section 2. In section 3 we describe the proposed design and algorithms. Results from a user study are presented in section 4. We conclude with a summary and an outlook on future work.

2   Related Work

Even so the mouse is a rather accurate input device, it is the subject of most research on assisting technologies for pointing interaction. Cockburn et al. [2] have shown that especially for more challenging user interfaces with smaller targets, feedback and enhancements can improve interaction. Especially for the sticky icons technique [5], which actively influences the cursors positioning, they report good results. Kabbash et al. [6] and Grossman et al. [7] present similar techniques that rely on increasing the area on which the cursor acts dynamically, depending on the surrounding interface elements. Instead of increasing the size of a single target, the systems by Jansen et al. [8] and Findlater et al. [9] magnify a certain area around the cursor to assist in the selection of targets. While the effect might be similar, the magnification has the advantage of not having to know the exact placement of all targets. Instead of increasing the area of influence of the cursor Brock et al. [10] take an opposing approach where the targets are increased in size instead. While this leads to similar effects, they also show the increasing size of the targets as visual feedback. Their results show however that while the performance is increased, this can also be a source of irritation for the users. Ahlström et al. [1] present force fields which actively manipulate the cursor position to move towards the center in a certain area with a fixed strength. Unlike the sticky icons technique the size of force fields can be larger than the target sizes and unlike the expanding targets the size is fixed and the area in which manipulation occurs not visible. Guiard et al. [11] demonstrate an extreme variant of force fields called "Object Pointing". In this system the cursor jumps from button to button whichever is closest. While this results in very fast and easy selection of the targets it would be hard to combine this with an application that requires both, target selection and free placement or movement of objects. Few publications utilize assisting technologies for other input devices than the mouse, but in all cases improvements by using the context information have been reported. One is a technique by Yin et al. [4] that is tailored towards digital pen input and uses visible beams from nearby buttons to guide the user in selecting them by simply lifting the pen. This technology takes both the button locations as well as the pen position into account. Specht at al. [3] adapt the force fields to deal with overlaps by using the direction in which a target was entered, to decide which force field should be used. The system is one of the few that do not use a mouse. The joystick used, however, is similar to a mouse as it is an indirect pointing device. It is important to note that knowledge of the location of interface elements can be a drawback, however, there are techniques to extract the locations from any application [12].

3   Design and Implementation

It has been shown that force fields are a good way of modeling context information for clicking tasks [1]. The idea is to move the cursor towards the button's center with a certain force by adding the difference in both x and y directions to the current cursor position. Since this would make the cursor jump very quickly, it is only moved a partial amount of the total offset. That amount is the strength of the force field. However, it is hard to find good trade-offs for both the strength and the size of force fields. While large force fields make it very easy to click a button, it also severely restricts the interface design as traditional force fields can not overlap, so each field has to be defined individually depending on the current display layout. Section 3.1 describes how force Fields can be modeled by Gaussian distributions to overcome this problem. Section 3.2 describes how context knowledge can be integrated into a Kalman filter, to create force fields. Section 3.3 describes how the intend to click a button can be predicted to dynamically activate individual force fields to allow for smooth movement.

3.1   Gaussian Force Fields

As a user moves the cursor closer to a target, the more likely it becomes that he or she intends to click on the target. So instead of defining a certain distance from the center that acts as a border where force is abruptly applied with a fixed strength, it is more natural to gradually increase the force as the cursor gets closer to the button's center. To achieve this, we model the force field strength as a two dimensional Gaussian distribution around the button's center. With a direct pointing technique, strong force fields do not cause as many problems as it is the case for indirect pointing techniques but strength still has great impact. If a cursor is on a button and the user intends to click it, a maximum strength should be used so clicking is accurate. If further away, however, such strength can lead to jumpy behavior and erroneous clicks. Modeling the strength of the force field as a Gaussian distribution solves these problems. The offset x_w^n, y_w^n applied by the n-th force field to the current cursor position (c_x, c_y) is calculated using Equation 1 with f being the normalized value at the current cursor position of the bivariate normal distribution around the button's center (b_x, b_y) with standard deviation (s_x, s_y). Normalization means that the maximum strength is 1.0, which would force a maximum correction.

$$x_w^n = (c_x - b_x)f(c_x, c_y, s_x, s_y)$$ $$y_w^n = (c_y - b_y)f(c_x, c_y, s_x, s_y)$$

Equation 1   *Equation 2*

An ideal force field heavily depends on the user interface and its targets sizes and arrangements. Large force fields make it easy to click the corresponding target but also influence the cursor movement and can cause clicks when they are not intended. Without explicit handling of overlaps the placement of force fields has to be done manually for a specific layout for best results. The proposed Gaussian modeling of force fields is used to merge overlapping force fields by balancing multiple influences. Since the forces of each force field are directional corrections with a strength based on the distance to the button's center, adding these directions will eliminate forces in opposing directions or reduce the force in one direction if other buttons are nearby. The final offset (x_w, y_w) for a cursor within the range of N force fields is then calculated as shown in Equations 3 and 4.

$$x_w = \sum_{n=0}^{N} x_w^n \qquad y_w = \sum_{n=0}^{N} y_w^n \qquad M = \begin{pmatrix} 1 & 0 & 1 & 0 \\ 0 & 1 & 0 & 1 \\ 0 & 0 & 1 & 0 \\ 0 & 0 & 0 & 1 \end{pmatrix} \qquad s_t = M\, s_{t-1} + w$$

Equation 3   *Equation 4*   *Equation 5*   *Equation 6*

3.2 Kalman Filter Integration

Since the pointing data is noisy, it has to be filtered to provide a smooth user experience. We use a Kalman filter, which models all known aspects of the system that transform the actual user movements into the observations that can be made. Since the user interacts with the user interface, its contents and layout are aspects of the complete system. However this kind of context information is not typically used for Kalman filters. We will first describe the set up of the Kalman filter for the pointing gesture recognition system in general and then describe how context information can be included using the control matrix. The measurements are the x and y positions on the screen produced by the pointing gesture. The system state is modeled using the position (x, y) and the velocity (v_x, v_y). Using estimates for the measurement error w the current system state s_t can be derived from the previous state s_{t-1} according to the Kalman filter as shown in *Equation 6* with M as the state transition model. To account for both, the previous position and the effect of the velocity on the position M is set up as shown in *Equation 5*. We use the often neglected control input of the Kalman filter to integrate the context information into the system as it allows to integrate additional forces. We calculate the cursor offsets for the current position as described above (Equation 3 and 4) from all force fields that affect the cursor. Since the targets are static buttons we assume that the user will try to stop the cursor when getting closer to the button so the velocity is eliminated by making the opposing control equal to the current velocity. Given the total cursor offset (x_w, y_w), the control input vector b_t to calculate state s_t is set up as in *Equation 7*. As the control vector consist of the same parameters as the system state, the control matrix C is identical to the transition model M. This inclusion of the context information via the control matrix C and the control vector b_t results in a Kalman filtering step (*Equation 8*). If the cursor is not within the range of any force field, the control matrix is set to zero and has no influence on the filtering process.

$$b_t = \begin{pmatrix} x_w^t \\ y_w^t \\ -v_x^{t-1} \\ -v_y^{t-1} \end{pmatrix}$$

Equation 7

$$s_t = M\, s_{t-1} + C\, b_t + w$$

Equation 8

3.3 Dynamic Force Fields

While force fields as well as other assisting technologies like manipulating the control-display ratio or sticky targets can be helpful, they are only helpful when needed. When they are not needed, however, they can interfere with the interaction and introduce sources of irritation or even errors. A best case scenario would be that the system knows when which button is targeted and activate only the target buttons force field. To gain this knowledge we developed an algorithm that analyzes the users' behavior to predict which force fields should be activated. After observing the cursor trails and accompanying parameters of the Kalman filter for click interactions, we observed the expected pattern of human motion [13], which always includes an acceleration as well as a deceleration phase. In all cases there was a deceleration phase before the click, caused by the user trying to place the cursor right on the button. This phase can be more or less distinct but a complete stop from full speed is debarred. Using this knowledge, the deceleration phase D can be detected:

$$D = \begin{cases} 1, & (v_x^t - v_x^{t-1} < 0) \ \vee \ (v_y^t - v_y^{t-1} < 0) \\ 0, & else \end{cases}$$

Continually observing the movements, only when a deceleration phase is detected force fields are activated. They stay activated until a click occurred or an acceleration is detected.

4   Evaluation

To evaluate the use of force fields for a direct interaction technology in general, as well as the effects of the dynamic extensions described in the previous section we conducted a user study. For comparison, three techniques were implemented for the participants to try. The first technique, "PLAIN" uses no context knowledge and is a direct mapping of the detected pointing direction with Kalman filtering not using any control input. "SFF" are static force fields that are always active and apply a fixed strength which is the same at any position in the force field as described in [1]. Finally, the third technique is "DGFF", force fields that are dynamically turned on or off depending on the systems prediction described in section 3.3 and model the strength of the force fields using a Gaussian distribution.

4.1 Apparatus and Participants

The experiment was conducted using a 4m x 1.5m (4096px × 1536px) back projection video wall in conjunction with a computer vision based pointing system. The pointing gesture system [14], creates a 3D reconstruction of a person using overlapping views of multiple calibrated cameras. A skeleton model is fitted into the reconstruction and the pointing direction of an extended arm is derived. Using the calibration data of the cameras and with knowledge of the location of the display, a 2D intersection point can be found and converted to pixel coordinates. Since this two dimensional position on the display is what the user perceives, the goal is to get those movements as smooth as possible. Therefore Kalman filtering on the 2D data is used to compensate for measurement errors and sensor noise. With this system, users can control a cursor on the wall by simply pointing to the desired position. The position is updated with 30Hz and a click is triggered using a dwell timer. A dwell timer triggers a click if the cursor is kept stationary for a specified duration. For this experiment keeping the cursor stationary meant less than 5 pixels offset to the previous position for 15 consecutive position updates (=0.5sec) to trigger a click. Users got visual feedback about the click progress as shown in Figure 1.

Figure 1: Users get visual feedback about the progress of the dwell timer for clicking

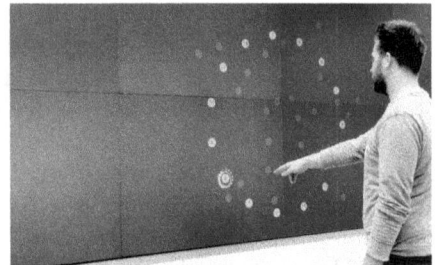

Figure 2: User interacting with pointing gesture.

Eleven (ten male) users aged between 21 and 32 participated. Nine of those were right handed and all used their primary arm for the entire experiment. Seven of the users had prior experience with pointing gesture interaction. All eleven participants had normal or corrected to normal sight. The average height of participants was 180.3cm, while buttons were placed at heights from 99cm to a maximum of 196cm from the ground.

4.2   Experimental Setup

The participants had to perform a multi directional pointing task following part 9 of the ISO 9241 standard [15] (See also Figure 2). Two variants for the size of the circle (a 1000px diameter and a 400px diameter) and three different button sizes were used (12px (~11.7mm), 25px (~24.4mm), and 50px (~48.8mm) diameter). In addition to these ISO standard suggestions, we made one modification. One of the major downsides of force fields is the fact that they can interfere with the interaction when they are not needed, but the suggested layout does not take this problem into account. For this reason, we placed additional buttons randomly on the screen that were not intended as targets. In Figure 2, the 15 numbered, green buttons are the targets, the 24 plain, red buttons are the additional buttons. The red buttons were randomly placed once for both circle diameters and all button sizes, and then kept the same for each user. There was no difference in how the buttons behaved but users were clearly instructed to only click on the green buttons in the labeled order. To eliminate any possible confusion about the next target, in addition to the numbering of the buttons a white indicator circle was placed around the current target (around button 6 in Figure 2). The combination of circle sizes and button sizes resulted in 6 combinations users had to perform for each technique. Users were able to try and experiment with each technique for as long as they wished before they were presented with the 6 tasks for the current technique. The order of techniques was randomly chosen for each participant. Because pointing gesture interaction in front of a large video wall can be tiring, users were free to take breaks. With a small mark (in 74cm distance from the video wall) on the floor for users to stand on, we minimized any influence the distance might have on the accuracy of the pointing gesture recognition. Users were encouraged to select the targets as fast as possible but asked to balance speed and accuracy. For static force fields a strength had to be defined while the dynamic Gaussian force fields vary their strength depending on their size and the distance to the buttons center automatically. As suggested by Ahlström et al. in [1], a strength of 0.8 for static force fields was used. Because the pointing gesture is a direct pointing technique opposed to the indirect pointing of a mouse, we did not have to use an "escape function" despite this rather high strength. The sizes of the static force fields depended on the available space which was limited mostly because of the added non target buttons and were never larger than 3 times the size of the button with no overlaps. Since the dynamic Gaussian force fields handle overlapping automatically, a standard deviation of 30 pixels was used for all buttons.

4.3 Measurements

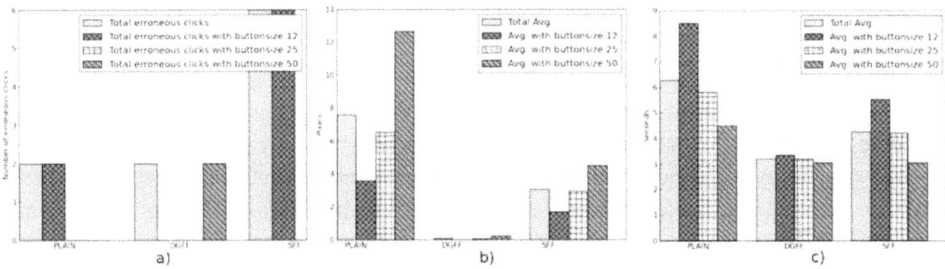

Figure 3:Results for erroneous clicks(a) ,click offset from center(b) and speed(c)

While the users performed the tasks, all cursor positions and clicks were recorded. From this data we extracted the number of erroneous clicks, the time it took to perform clicks, and the accuracy with which buttons were hit. One of the concerns was that force fields of any kind might lead to accidental clicks. However, only a negligible number of such failed clicks occurred with any technique (Figure 3a). The second property considered was the offset of the buttons center to the final cursor position when the click occurred (Figure 3b). The technique without any cursor warping (PLAIN) has the largest offset. Considering that both other techniques pull the cursor towards the center this is right in line with our expectations. Here, the difference in the modeling of force fields becomes apparent. While the offset for the static force fields is significantly smaller than that of the PLAIN technique, the offset for the dynamic Gaussian force fields (DGFF) is close to zero. The ability to use up to full force at the very center but lower strengths further away allows to pull the cursor to the very center without getting unusably strong force fields. To compare the time it took to click a button with each technique, the time from leaving the previous target to the successful click on the current target was measured. To be able to compare these durations despite the different circle layouts, we normalized the values to a distance of 1000 pixels (Figure 3c). The high values especially for the smaller buttons for the PLAIN technique show that this button size would not be usable in a real application. The much smaller values for the force field techniques (SFF are 32%, DGFF even 48% faster) show that these assisting technologies are enabling the use of such small interface elements. While there are improvements for all button sizes using the dynamic Gaussian force fields over the static force fields, they are especially apparent for the smaller buttons. For the larger buttons (25px and 50px) there are still significant improvements when utilizing force fields but these bigger buttons are at least somewhat usable without assisting technologies as well. While the large 50px buttons are hard to miss, in case of the smaller buttons the overlap handling of the Gaussian force fields and the larger force field size this permits, leads to significant improvements over the PLAIN and also the SFF technique. The table below shows the durations in seconds (standard deviation given in braces) for each technique by button size as well as the average over all button sizes respectively. The t-test p-value for DGFF over PLAIN and SFF is given in the fifth and sixth column.

Button size	PLAIN	SFF	DGFF	*PLAIN	*SFF
Avg.	6.27 (2.50)	4.26 (0.83)	3.20 (1.42)	**0.0020**	**0.0451**
12px	8.50 (2.67)	5.52 (0.76)	3.35 (1.17)	**0.0001**	**0.0001**
25px	5.81 (1.47)	4.21 (0.96)	3.20 (1.03)	**0.0001**	**0.0274**
50px	4.50 (1.03)	3.05 (0.72)	3.04 (0.79)	**0.0013**	0.9756

4.4 Heatmaps

In addition to the results discussed above, we created heat maps from the cursor positions over time to analyze the movement properties of the different techniques. To avoid clutter only the data from the experiments with the 1000px circle layout are shown in Figure 4. While the heat map for the technique PLAIN (Figure 4a) shows similarities to that generated by the DGFF (Figure 4c) technique, the heat map for the SFF (Figure 4b) technique shows that the static attraction force of the buttons create hotspots at those locations, which influence the cursor even though buttons were never targeted. The result is a "jumpy" cursor that several participants criticized. The automatic activation of force fields for the dynamic Gaussian case creates a heat map that reflects the smooth movement over non-target buttons, resembling the heat map in Figure 3a, where no cursor manipulation is used at all. The lack of cursor manipulation results in much more scattered cursor positions around the targets.

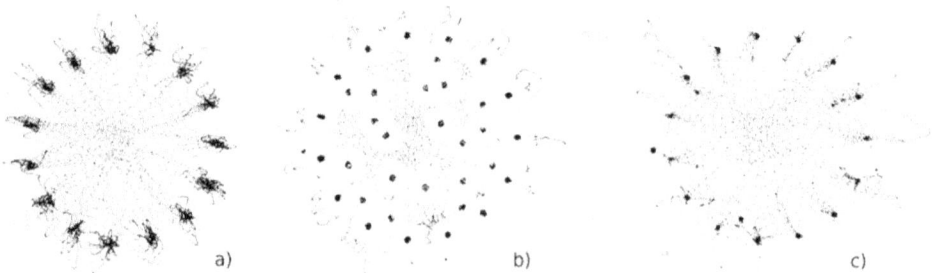

Figure 4: Cursor positions over time for the three techniques PLAIN (a), SFF(b) and DGFF(c)

5   Conclusion

In this paper we proposed a new kind of force fields, which significantly improve the accuracy of pointing gesture interaction without interfering with its natural and fluid motion characteristic even in complex interface scenarios. We demonstrated how context knowledge can be integrated into a Kalman filter system, which makes it convenient to utilize this information for inaccurate modalities which usually incorporate filtering. Extensions of static force fields were presented to deal with the real world problems of force field placement and configuration as well as to nullify the negative effect static force fields have whenever force enhanced elements are just passed instead of targeted. The resulting dynamic Gaussian force fields were evaluated in a user study along with static force fields and a baseline. The experimental setup was designed to take into account the real world situation of nearby buttons as well as buttons that were not used as targets to study the effects on the interaction. The results show, that despite the generic configuration, the dynamic Gaussian force fields improved the interaction time by 24.88% in average compared to the static force fields and 48.96% in comparison to the PLAIN technique, which does not utilize context knowledge. The effects of the proposed technologies broaden the usability of pointing interaction for real world applications. The automatic handling of overlaps makes the use of force fields feasible regardless of the application and the dynamic activation eliminates the unnatural feeling of static force fields. In the future we will take the direction of movement into account to predict targets even more accurately and try to incorporate more context knowledge to further improve interaction with pointing gestures.

References

[1] D. Ahlström, M. Hitz and G. Leitner, "An evaluation of sticky and force enhanced targets in multi target situations," *4th Nordic conference on Human Computer Interaction,* pp. 14--18, 2006.

[2] A. Cockburn and S. Brewster, "Multimodal feedback for the acquisition of small targets Multimodal feedback for the acquisition of small targets," *Human-Computer Interaction,* 2005.

[3] M. Specht, A. Söter, J. Gerken, H.-C. Jetter and H. Reiterer, "Dynamic Force Fields zur Präzisionserhöhung von Zeigegeräten," *Mensch & Computer 2010,* 2010.

[4] J. Yin, "The Beam Cursor: A pen-based technique for enhancing target acquisition," *HCI 2006,* pp. 119-134, 2006.

[5] A. Worden, N. Walker and K. Bharat, "Making computers easier for older adults to use: area cursors and sticky icons," *Proceedings of CHI,* pp. 266--271, 1997.

[6] P. Kabbash and W. Buxton, "The "prince" technique," *Proceedings of the SIGCHI conference on Human factors in computing systems,* pp. 273--279, 1995.

[7] T. Grossman, "The bubble cursor: enhancing target acquisition by dynamic resizing of the cursor's activation area," *Proceedings of CHI,* pp. 281--290, 2005.

[8]   A. Jansen, L. Findlater and J. Wobbrock, "From the lab to the world: lessons from extending a pointing technique for real-world use," *Proceedings of CHI*, pp. 1867--1872, 2011.

[9]   L. Findlater, A. Jansen and K. Shinohara, "Enhanced area cursors: reducing fine pointing demands for people with motor impairments," *Proceedings of UIST*, 2010.

[10] P. Brock, "An Investigation of Target Acquisition with Visually Expanding Targets in Constant Motor-space," 2005.

[11] Y. Guiard and R. Blanch, "Object pointing: a complement to bitmap pointing in GUIs," *Proceedings of Graphics*, pp. 9--16, 2004.

[12] F. van de Camp and R. Stiefelhagen, "Applying Force Fields to Black-Box GUIs Using Computer Vision," In Proc. 1st IEEE Workshop on User-Centred Computer Vision (UCCV), Clearwater Beach, FL, USA, 2013.

[13] T. Mori and K. Uehara, "Extraction of primitive motion and discovery of association rules from motion data," *Proceedings 10th IEEE International Workshop on Robot and Human Interactive Communication*, pp. 200--206, 2002.

[14] A. Schick, F. van de Camp and J. Ijsselmuiden, "Extending touch: towards interaction with large-scale surfaces," *Proceedings of the ACM International Conference on Interactive Tabletops and Surfaces*, pp. 117--124, 2009.

[15] "ISO 9241-11: Ergonomic requirements for office work with visual display terminals (VDTs) -- Part 9: Requirements for non-keyboard input devices," ISO, 2000.

Kurzbeiträge

S. Boll, S. Maaß & R. Malaka (Hrsg.): Mensch & Computer 2013
München: Oldenbourg Verlag, 2013, S. 273–276

Was macht Webdesign-Experten aus?
Eine Signalentdeckungs-Analyse

Gerrit Hirschfeld[1], Ludmilla Wachlin[2], Meinald Thielsch[2]

Deutsches Kinderschmerzzentrum, Vestische Kinder- und Jugenklinik Datteln[1]
Institut für Psychologie, Universität Münster[2]

Zusammenfassung

In der vorliegenden Studie wird untersucht, worin sich die Urteile von Experten (ausgebildeten Webdesignern) und Laien (ohne Erfahrungen im Webdesign) unterscheiden. Wir verwenden die Signalentdeckungstheorie (SET) um die Urteile durch zwei Parameter zu modellieren; Sensitivität und Antwort-Kriterium. Die Sensitivität bezeichnet die Fähigkeit zwischen Objekteigenschaften zu differenzieren, in unserem Fall zwischen ästhetischen und unästhetischen Webseiten. Das Antwortkriterium beschreibt, ob Probanden eher hohe oder geringe Ansprüche an Webseiten stellen. 112 Probanden (46 Webdesigner und 66 Laien) bewerteten in einem Online-Experiment 50 ästhetische und 50 unästhetische Webseiten. Die Ergebnisse zeigen, dass Experten nicht nur besser zwischen ästhetischen und unästhetischen Webseiten differenzieren können, sondern auch höhere Kriterien für die Bewertung verwenden. Die SET ermöglicht es aus Ratings verhaltensbasierte Maße für individuelle Unterschiede zu extrahieren und bietet sich daher besonders für Forschungen im HCI-Bereich an.

1 Einleitung

Webseiten sind ein alltäglicher Aspekt unseres Lebens – nichtsdestotrotz gibt es auch im Hinblick auf die Wahrnehmung und Bewertung von Webseiten Expertiseeffekte. In der Forschung zur Website-Ästhetik finden sich allerdings kaum Studien die Wahrnehmungen von Experten und Laien vergleichen. Experteneinschätzungen werden aber durchaus genutzt, um Aspekte der Website-Ästhetik zu identifizieren (Moshagen & Thielsch, 2010). In der vorliegenden Arbeit wird die Signalentdeckungstheorie (SET) verwendet um Webästhetik-Bewertungen zu analysieren. Ursprünglich wurde die SET entwickelt um die sensorischen Fähigkeiten von Testpersonen zu beschreiben, wie z.B. die Wahrnehmung von schwachen Reizen. Im Rahmen der SET werden Urteile durch zwei Parameter modelliert; die *Sensitivität* und das *Antwort-Kriterium*. Die Sensitivität beschreibt, wie gut Probanden zwischen Durchgängen mit und ohne Reiz unterscheiden können. Das Antwortkriterium beschreibt, ob Probanden eher hohe oder geringe Kriterien haben. Die SET kann aber verwendet werden um andere Urteile zu modellieren. So wurde die SET beispielsweise genutzt um die

Schmerzwahrnehmung zu untersuchen (Clark, 1974). In der Erforschung der Website-Ästhetik bezeichnet die Sensitivität die Fähigkeit zwischen ästhetischen und unästhetischen Webseiten zu differenzieren, während das Antwortkriterium beschreibt inwieweit Testpersonen eher hohe oder geringe Ansprüche an Webseiten stellen.

Ziel der Arbeit ist es mit Hilfe der SET genauer zu bestimmen, welche Aspekte der Beurteilung - Sensitivität oder Antwortkriterium - systematisch mit Expertise im Webdesign zusammenhängt. Wir erwarten, dass Experten im Vergleich zu Laien eine höhere Sensitivität und striktere Antwort-Kriterien aufweisen.

2 Methoden

2.1 Probanden

Die online Studie wurde von 112 Teilnehmern (46 Experten und 66 Laien) komplett durchgeführt. Experten wurden per E-Mail, unter anderem über den Verteiler von http://grafikdesign.ms, rekrutiert. Die Experten waren im Schnitt 35 ± 11 Jahre alt und zum größeren Teil (59%) männlich. Laien wurden gezielt per E-Mail über die das Online-Panel PsyWeb (https://www.uni-muenster.de/PsyWeb) rekrutiert. Die Laien waren im Durchschnitt 33 ± 9 Jahre alt und zum größeren Teil (52%) weiblich. Die Unterschiede im Geschlechterverhältnis und Alter beider Gruppen waren nicht signifikant (beide ps > .25).

2.2 Webseiten

Webseiten, wurden aus einem größeren Pool (m=300) von Webseiten ausgewählt, der repräsentative Webseiten aus zehn verschiedenen Inhaltsbereichen (vgl. Thielsch & Hirschfeld, 2012) abdeckt. 136 Probanden bewerteten die wahrgenommene Ästhetik dieser Webseiten mit dem VisAWI-S (Moshagen & Thielsch, in press). Aus diesen 300 Webseiten wurden 50 ästhetische und 50 unästhetische Webseiten aufgrund der Bewertungen ausgewählt. Die 50 Webseiten mit im Durchschnitt höchsten Ästhetikratings waren die ästhetischen Webseiten und die 50 Webseiten mit den mit den im Durchschnitt geringsten Ästhetikratings wurden als unästhetische Webseiten ausgewählt.

2.3 Ablauf

In der Hauptstudie wurden den Probanden nacheinander in einer für jeden Probanden zufälligen Reihenfolge Screenshots von 100 Webseiten dargeboten. Für jede Website mussten Probanden das binäre Urteil fällen, ob die dargebotene Webseite ästhetisch oder unästhetisch war.

2.4 Datenanalyse

Demographische Charakteristika (Alter, Geschlecht) wurden deskriptiv ausgewertet. Die binären Ratings wurden mit Hilfe der SET ausgewertet. Zuerst wurde jeden einzelnen Probanden die Rate von Treffern (ästhetische Seite als ästhetisch bewertet) und Falschen-

Alarmen (unästhetische Seite als ästhetisch bewertet) berechnet. Aus diesen wurde dann d' als Maß für die Sensitivität und C als Maß für das Antwortkriterium berechnet (Clark, 1974). Unterschiede zwischen den Gruppen der Experten und Laien in Bezug auf diese Parameter wurden zuletzt mit ungepaarten t-Tests miteinander verglichen.

3 Ergebnisse

Die Ergebnisse zeigen, dass Experten (1.81 ± 0.35) wie erwartet eine signifikant höhere Sensitivität als Laien (1.63 ± 0.59) aufweisen (p = 0.033). Dies bedeutet, dass Experten besser zwischen ästhetischen und unästhetischen Webseiten diskriminieren können. Erwartungskonform ist außerdem das Antwortkriterium bei Experten (0.72 ± 0.46) signifikant höher als bei Laien (0.20 ± 0.54 ; p < .001). Dies bedeutet, dass Experten eher dazu tendieren Webseiten als nicht-ästhetisch zu bewerten, sprich kritischer sind.

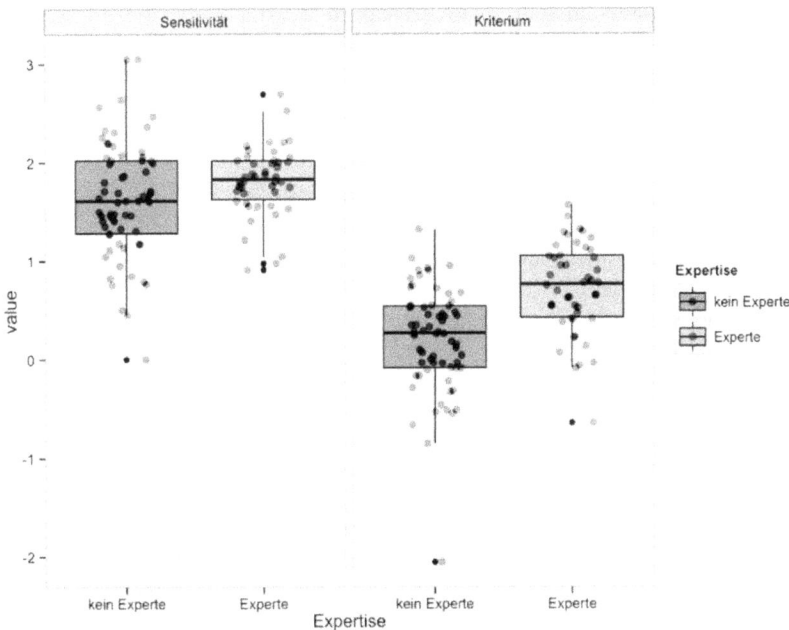

Abbildung 1: Unterschiede in den beiden Parametern der Signalentdeckungstheorie zwischen den beiden Gruppen

4 Diskussion

Die Vorliegende Studie hatte das Ziel, die Unterschiede in der Bewertung von Webseiten zwischen Webdesignern und Laien genauer zu beschreiben. Es wurde die SET herangezogen um zwei Aspekte der Urteile konzeptuell und quantitativ zu trennen. Es zeigte sich, dass Experten sowohl höhere Sensitivität als auch höhere Antwort-Kriterien verwenden. Sie können also die Ästhetik von Webseiten genauer einschätzen, verwenden aber strengere Kriterien. Die SET ist eine sehr allgemeine Methode um die Funktionsweise von diagnostischen Systemen zu beschreiben (Swets, 1988). Gerade weil sie so allgemein definiert ist, hat sie sich in vielen Bereichen etabliert. In der Mensch-Maschine-Interaktion ist sie bisher unseres Wissens jedoch kaum eingesetzt worden. Dabei rücken die (neuro-) kognitiven Prozesse, die bei der Bewertung ablaufen immer mehr in den Fokus der Forschung (Thielsch & Hirschfeld, 2012). Da die Parameter der SET mit der Aktivität in bestimmten Hirnregionen assoziiert sind (Reckless, Bolstad, Nakstad, Andreassen, & Jensen, in press), bieten sich hier vielfältige Ansatzpunkte für weitere Forschung.

Ein weiterer Vorteil der SET liegt darin, dass sie nur sehr geringe Annahmen über das Skalenniveau der mit Ihr analysierten Urteile macht. Wie im vorliegenden Fall können auch binäre Urteile verwendet werden um die beiden Antwortparameter zu schätzen. Gleichzeitig sind die Parameter der SET weitgehend intuitiv zu interpretieren. Für die Praxis eröffnet die konzeptuelle Trennung in Diskriminierungsfähigkeit und Antwortkriterium somit neue Perspektiven auf die Bewertung von Individuen. So ließe sich ausgehend von der Bestimmung der Diskriminierungsfähigkeit ein Test konstruieren, der ein objektives Maß für die Akkuratheit der ästhetischen Urteile darstellt. Im Gegensatz zu Messmethoden die auf Selbstauskunft von Probanden basieren, können solche verhaltensbasierte Methoden weitaus schwieriger bewusst von Probanden manipuliert werden.

5   Literaturverzeichnis

Clark, W. C. (1974). Pain sensitivity and the report of pain: an introduction to sensory decision theory. *Anesthesiology*, *40*(3), 272–287.

Moshagen, M., & Thielsch, M. T. (2010). Facets of visual aesthetics. *International Journal of Human-Computer Studies*, *68*(10), 689–709.

Moshagen, Morten, & Thielsch, M. T. (in press). A short version of the visual aesthetics of websites inventory. *Behaviour & Information Technology*. doi: 10.1080/0144929X.2012.694910

Reckless, G. E., Bolstad, I., Nakstad, P. H., Andreassen, O. A., & Jensen, J. (in press). Motivation alters response bias and neural activation patterns in a perceptual decision-making task. *Neuroscience*. doi:10.1016/j.neuroscience.2013.02.015

Swets, J. A. (1988). Measuring the accuracy of diagnostic systems. *Science*, *240*(4857), 1285–1293.

Thielsch, M. T., & Hirschfeld, G. (2012). Spatial frequencies in aesthetic website evaluations--explaining how ultra-rapid evaluations are formed. *Ergonomics*, *55*(7), 731–742. doi:10.1080/00140139.2012.665496

S. Boll, S. Maaß & R. Malaka (Hrsg.): Mensch & Computer 2013
München: Oldenbourg Verlag, 2013, S. 277–280

Structuring Interaction in Group Decision Making on Tabletops

Mirko Fetter, Sascha Leicht, David Bimamisa, Tom Gross

Human-Computer Interaction Group, University of Bamberg, Germany

Abstract

Group Decision Support Systems allow users to faster reach a consensus and help to improve the overall decision quality by structuring and directing group discussions. We present MTEatsplore, a multitouch tabletop application designed to structure interaction and guide group discussion, and thus improve the decision quality when cooperatively selecting an eating opportunity in a group.

1 Introduction

Group Decision Support Systems (GDSS) allow users to faster reach a consensus and help to improve the overall decision quality (DeSanctis & Gallupe 1987) in tasks where a group has to select the best option among several alternatives. GDSS have the potential to structure and direct group discussions, to equalise member participation, to stimulate debate by a meaningful presentation of options, and to generate, organise, and prioritise ideas (Poole *et al.* 1988). With the advent of horizontal interactive displays like multitouch tabletops and surfaces (e.g. the Samsung SUR40 with Microsoft PixelSense), new means for bringing GDSS to a broader user base arise, providing support for mundane group decisions such as holiday planning. However, in order to adequately support users with their collaborative decision-making tasks, some questions regarding the design space have still to be answered: How to minimise the coordination overhead for turn taking and floor passing? How to support seamless transitioning between solitary and group work? What design principles successfully foster equal participation in the decision-making process? And how to design natural and lightweight mechanisms to support concepts of territoriality and ownership? While some studies (Fetter *et al.* 2011; Pinelle *et al.* 2009) have started to shed some light on these issues, the evaluation in these studies is often based on artificial tasks.

In the following we present the multi-touch application MTEatsplore—an interactive, multitouch tabletop application that supports groups of users with selecting among several restaurants an optimal option for the group. It is designed in a way that future studies will allow to get insights in some of the open issues discussed above, based on a real-world task.

2   Interaction Concept of MTEatsplore

MTEatsplore supports a group of users planning to visit a restaurant together with collaboratively making a decision. By structuring their discussion, presenting adequate options and
empowering everyone to put forth their position, MTEatsplore supports them with selecting a
restaurant that best fits the preferences of all group members. MTEatsplore is optimised for
ad-hoc formed groups of 2-4 users and supports various settings as for example in a hotel
lobby or at a conference venue. Especially in such ad-hoc formed groups, where the group
members do not know each other's preferences, choosing an adequate restaurant can be
cumbersome. Particularly when personality traits and attributes like politeness, shyness, or
reserve are involved—maybe even with conflicting characteristics of other group members
like boldness, forwardness or rashness—finding an optimal decision can become tedious, or
even conflict-ridden.

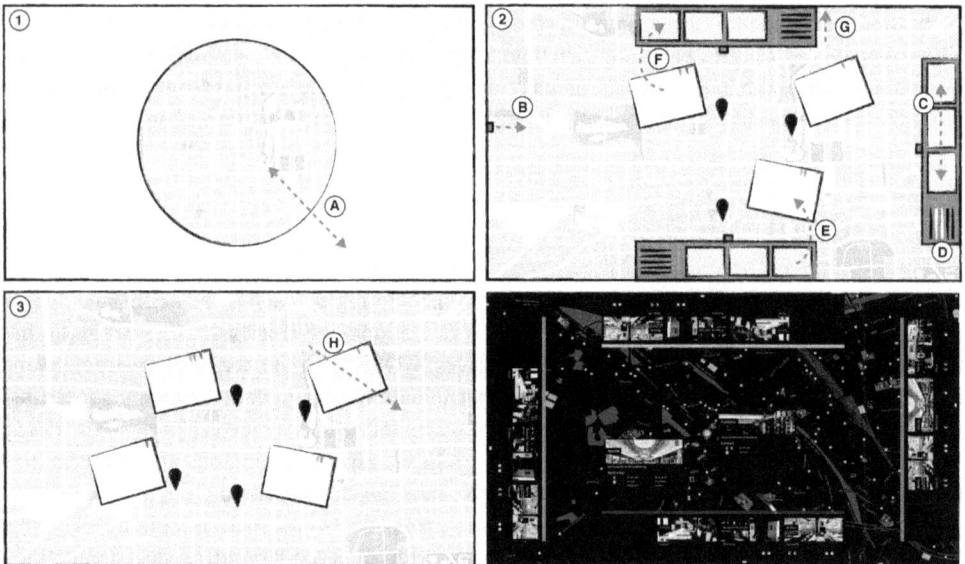

Figure 1. Illustration of the three phases of MTEatsplore, the possible interaction in these phases and a screenshot of
the implemented version of the MTEatsplore in the second phase.

Therefore, the interaction concept of MTEatsplore relies on a three-phase model to structure
the discussion and equalise participation. The *first phase* (cf. Figure 1-1) simply allows the
group to choose a location and a search radius (A) for the restaurants. This phase is designed
for a single user, with the aim is to allow this user—which acts as the informal leader—to
take the initiative and thus activate the whole group to use MTEatsplore. When the selection
is made, the *second phase* (cf. Figure 1-2) is automatically started, which now fosters the
involvement of all group members. Each of the up to four members can drag out (B) a user
workspace at the four sides of the table and then browse through the available restaurants
individually by swiping (C). By setting filters (D) the users can reduce the number of restaurants in their workspaces, based on personal preferences (e.g., restaurants with vegetarian
options). By dragging (E) a restaurant to the map—which acts as a shared workspace—group

members can express their interest. When the restaurant sheet is placed on the map, it offers more information and indicates the location. If another user drags out the same restaurant, the two restaurant sheets are visually merged, and a coloured marker at the top of the restaurant sheet indicates which users are interested in this restaurant—each user workspace therefore has assigned one colour (cf. bottom right picture in Figure 1). If users come to the conclusion that they want to reverse their selection they can drag back (F) selected restaurants to their workspaces. This removes their coloured marker from the sheet, and the restaurant reappear in their workspace. In case a user is the only one, who has chosen this restaurant, this action also removes the restaurant sheet from the map. When users are finished with the selection process, they can close (G) their user workspace with a gesture. Once all users closed their user workspaces, the *third phase* (cf. Figure 1-3) starts. In this phase all selected restaurant sheets are shown on the map, as they were placed in the second phase. The four markers indicate which users are interested in which restaurants, and thus are a good indicator for identifying restaurants the majority of group members prefer. The group now can discuss each restaurant, and conjointly eliminate all options by a strike-through gesture (H) performed by one of the users, until only one restaurant is remaining. As the first phase initiates interaction, and the second phase fosters participation, the last phase uses the momentum of the previous phases, to smoothly guide the users to a final decision.

3   Design and Implementation of MTEatsplore

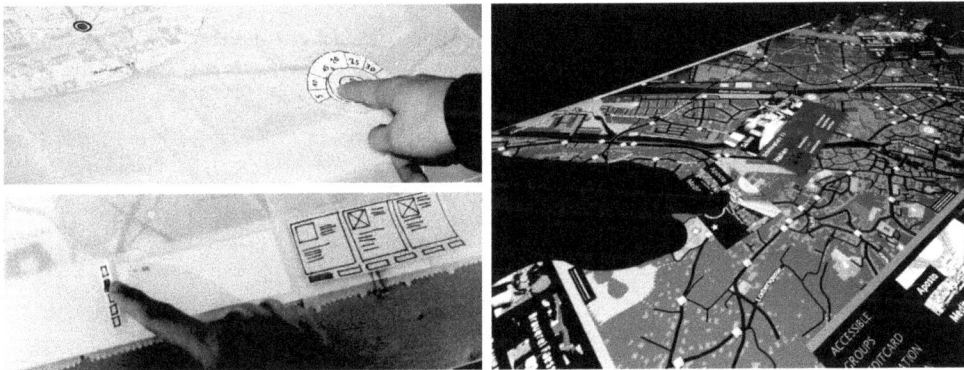

Figure 2. Two photos of the paper prototype (left) and one photo of the final application running on a multi-touch tabletop setup (right).

The interaction concept of MTEatsplore was developed in an iterative design process that involved different prototyping stages from storyboarding, via paper mock-ups (cf. Figure 2) and mid-fi design prototypes to an interactive wireframe prototype and the final implementation (cf. Figure 2). The implementation is done in Java on basis of the MT4j - Multitouch for Java framework (mt4j.org) and supports the TUIO protocol (tuio.org). The application was developed and tested on a setup consisting of an 40" LCD screen that was laid out flat on a regular table in combination with a Microsoft Kinect depth-sensing camera mounted approximately 80 cm above the screen. Touches were recognised based on the approach suggested by Wilson (Wilson 2010). The LCD screen and the Kinect camera were connected to a 2,7 GHz Quad-Core Intel Core i5 iMac with OS X 10.8.2 and Java 6 installed, that ran the

MTEatsplore application as well as the touch recognition. As the MTEatsplore application supports the TUIO protocol and is implemented in Java, the application runs on most of the commercial available multi-touch tabletops (like e.g., the Samsung SUR40).

4   Conclusion and Future Work

We provided insights in the interaction concept and implementation of MTEatsplore. In future work, studies will analyse parameters like participation, turn taking, or quality of the decision in order to verify if the interaction concepts help to improve group decision making.

References

DeSanctis, G. and Gallupe, R.B. (May 1987). A Foundation for the Study of Group Decision Support Systems. *Management Science* 33, 5. pp. 589-609.

Fetter, M., Gross, T. and Hucke, M. (2011). Supporting Social Protocols in Tabletop Interaction through Visual Cues. In *Proceedings of the Thirteenth IFIP TC.13 International Conference on Human-Computer Interaction - INTERACT 2011* (Sept. 5-9, Lisbon, Portugal). Springer, Heidelberg. pp. 435-442.

Pinelle, D., Barjawi, M., Nacenta, M. and Mandryk, R. (2009). An Evaluation of Coordination Techniques for Protecting Objects and Territories in Tabletop Groupware. In *Proceedings of the Conference on Human Factors in Computing Systems - CHI 2009* (Apr. 4-9, Boston, MA, USA). ACM Press, New York, NY, USA. pp. 2129-2138.

Poole, M.S., Homes, M. and DeSanctis, G. (1988). Conflict Management and Group Secision Support Systems. In *Proceedings of the 1988 ACM Conference on Computer-Supported Cooperative Work - CSCW 1988* (Sep. 26-28, Portland, OR, USA). ACM Press, New York, NY, USA. pp. 227-243.

Wilson, A.D. (2010). Using a Depth Camera as a Touch Sensor. In *Proceedings of the 2010 ACM International Conference on Interactive Tabletops and Surfaces - ITS '10* (Nov. 7-10, Saarbruecken, Germany). ACM Press, New York, NY, USA. pp. 69-72.

Acknowledgements

We thank the members of the Cooperative Media Lab.

Contact

Prof. Dr. Tom Gross, tom.gross(at)uni-bamberg.de, T. 0951/863-3940

S. Boll, S. Maaß & R. Malaka (Hrsg.): Mensch & Computer 2013
München: Oldenbourg Verlag, 2013, S. 281–284

Gesunde Orte: Ein beiläufiges Gesundheitstagebuch mit Ortsbezug

Jochen Meyer[1], Wilko Heuten[1], Hauke Evers[2], Susanne Boll[2]

Bereich Gesundheit, OFFIS Institut für Informatik[1]
Medieninformatik und Multimediasysteme, Carl von Ossietzky Universität Oldenburg[2]

Zusammenfassung

Die Beobachtung und Reflektion des eigenen Gesundheitsverhaltens ist eine wesentliche Grundlage für einen gesunden Lebensstil. Heutige Ansätze zur Selbstbeobachtung mittels Tagebüchern oder Sensoren sind jedoch aufdringlich und aufwändig zu bedienen. Wir stellen daher ein System vor, das durch Nutzung vorhandener Datenquellen ohne zusätzliche Nutzerinteraktion ein „beiläufiges" Gesundheitstagebuch realisiert. Hierzu verwenden wir Ortsinformationen, die der Nutzer in sozialen Netzwerken zur Verfügung stellt. Eine Evaluation mit 10 Personen zeigt, dass der Ansatz grundsätzlich erfolgversprechend ist.

1 Einleitung

Nicht ansteckende Krankheiten wie Herz-Kreislauf-Erkrankungen, Diabetes oder Schlaganfall sind weltweit die Todesursache Nr. 1. Wesentliche Risikofaktoren sind dabei persönliche Verhaltensweisen wie z.B. ein Mangel an Bewegung und Sport oder eine unausgeglichene Ernährung. Eine Anpassung des eigenen Verhaltens kann wesentlich dazu beitragen, das persönliche Risiko für solch eine Erkrankung erheblich zu senken. Ein wesentliches Werkzeug hierzu ist die Beobachtung des eigenen Verhaltens und die Reflektion darüber (Redding et al., 2000). Zur Beobachtung sind heute zwei Ansätze verbreitet: Die Selbstbeobachtung mithilfe eines Tagebuches, und das Monitoring durch technische Geräte.

Bei Tagebüchern erstellt der Nutzer auf Papier oder digital ein manuelles Logbuch seines Verhaltens, das später durch ihn selber oder durch einen Experten bewertet werden kann. (Henkemanns et al. 2009) kommen zu dem Schluss, dass sie dazu beitragen, das Gesundheitsbewusstsein zu stärken. Sie leiden jedoch unter Usabilityproblemen, die einer langfristigen Nutzung im Wege stehen (Tsai et al. 2007). Zum Monitoring beispielsweise der Aktivität werden heute oft körpernahe Sensoren wie z.B. Schrittzähler verwendet. Das Tragen solcher Geräte wird jedoch oft als lästig oder störend empfunden. In verschiedenen Systemen wurde auch der Ansatz untersucht, Ortsinformationen zur Aktivitätserkennung zu nutzen, z.B. (Liao et al. 2005). Auch hier müssen jedoch zusätzliche (GPS-) Geräte oder Smartphone-Apps verwendet werden, deren Nutzung langfristig störend ist.

2   Ein ortsbasiertes Tagebuch

Wir schlagen ein System vor, das es dem Nutzer ermöglicht, anhand seiner in sozialen Netz-werken vorhandenen Information über sein Gesundheitsverhalten zu reflektieren. Wir haben ein „beiläufiges" Tagebuch entwickelt, das dem Nutzer retrospektive Einblicke in sein Ver-halten ermöglicht, ohne dass zusätzliche Interaktion oder Sensorik notwendig ist. So erhält der Nutzer eine Entscheidungsgrundlage zur weiteren Gestaltung seines Gesundheitsverhal-tens und ggf. zur Herbeiführung einer Verhaltensänderung.

In unserem ersten Prototyp nutzen wir ausschließlich die Ortsinformationen. Wir nehmen an, dass bestimmte Orte wie ein Fitnessstudio typischerweise auf gesundes Verhalten hindeuten, während andere, z.B. ein Schnellimbiss auf ungesundes Verhalten hinweisen. Die Entschei-dung, ob ein Ort gesund oder undgesund ist, hängt jedoch letztlich vom jeweiligen Nutzer ab und wird nur von diesem entschieden.

Als Quelle für ortsbasierte Informationen verwenden wir den Dienst Foursquare (www.foursquare.com), in dem Nutzer in einer Smartphone-App ihren jeweiligen Aufent-haltsort bestimmen und sich dort manuell einchecken, so dass Freunde die Informationen sehen und kommentieren können. Über ein API greifen wir – mit Zustimmung des Nutzers – auf die Checkin-Daten zu, analysieren sie und präsentieren sie dem Nutzer.

Wir nehmen an, dass ein Ort, den der Nutzer besucht hat und an dem er eingecheckt hat, eine Bedeutung für sein Gesundheitsverhalten haben kann. Wir verwenden als Modell für Ge-sundheit eine Skala mit fünf Punkten von sehr ungesund bis sehr gesund. Dieser „Gesund-heitslevel" kann spezifisch für eine Kategorie sein, beispielsweise „sehr gesund" für die Kategorie „Fitnessstudio" oder „sehr ungesund" für Fast-Food-Restaurants. Er kann aber auch spezifisch für einen konkreten Ort sein, beispielsweise das Lieblingsrestaurant. Die Werte sind voreingestellt, können aber vom Nutzer anders gewählt und auch bei jedem Check-In neu festgelegt werden.

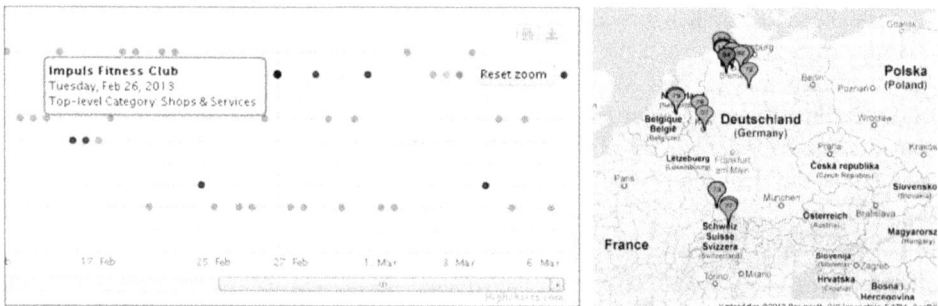

Abbildung 1: Zeitstrahl und Karte besuchter Orte

Zur Reflektion des eigenen Verhaltens werden die Check-Ins auf einem Zeitstrahl dargestellt (siehe Abbildung 1). Vertikal werden dabei die Hauptkategorien von Foursquare durch je-weils eine horizontale Linie repräsentiert. Jeder Check-In wird als ein farbiger Punkt darge-stellt. Durch eine Fly-Over-Hilfe werden die Details des Check-Ins dargestellt. Ergänzt wird der Zeitstrahl durch eine Kartendarstellung der Check-Ins im gleichen Zeitraum. Abge-schlossen werden die Reflektionskonzepte durch Statistiken über die häufigsten besuchten, gesunden und ungesunden Orte bzw. Kategorien.

3   Evaluation

10 Personen im Alter von 19 bis 50 Jahren nutzen das System für einen Zeitraum von 14 Tagen. Die Usability nach der deutschen Übersetzung der System Usability Scale (Brook 1996) ergab 69,1 Punkte (Standardabweichung 18,2), was noch akzeptabel ist, zumal unser System nicht mehr als ein erster Prototyp ist. In einem individuellen Fragebogen wurde abgefragt, ob und wie weit das System den Nutzern geholfen hat, über ihr Gesundheitsverhalten zu reflektieren. Hierzu wurden Aussagen gemacht, die die Probanden jeweils von 1 (stimme gar nicht zu) bis 5 stimme voll zu) bewerten konnten. Ausgewählte Fragen und durchschnittliche Antworten finden sich in nachfolgender Tabelle.

Statement	Durch-schnitt	Standard-abweichg
Ich denke, dass das System geholfen hat zu erkennen, was ich in vergangenen Zeiträumen gemacht habe.	4,1	0,7
Ich finde das System hat mir ermöglicht gesundheitliche Aspekte meiner besuchten Orte zu erkennen.	3,6	1,0
Ich finde dass die verschiedenen Funktionen des Systems ausreichen über mein gesundheitsrelevantes Verhalten zu reflektieren.	3	1,1
Ich denke, das System hilft mein zukünftiges Verhalten hinsichtlich gesundheitlicher Aspekte positiv zu beeinflussen.	2,3	1,2
Ich finde es sinnvoll noch weitere ortsbasierte Dienste einzubinden, damit mehr Ortsinformationen vorhanden sind.	4,8	0,4

4   Diskussion

Die Kernfrage „Hilft das System mein Verhalten zu reflektieren?" wurde mit 4,1 Punkten überwiegend zustimmend beantwortet. Wir sehen das als eine starke Bestätigung des Konzeptes, zumal diese Zustimmung trotz einer eher schlecht bewerteten Usability gegeben wurde. Die Grundidee, ein gesundheitsorientiertes Tagebuch „beiläufig" und ohne zusätzliche Interaktion aus vorhandenen Informationen aufzubauen, scheint also tragfähig. Eine weitere Bestätigung findet sich in dem Wunsch, weitere ortsbasierte Dienste einzubinden – das Grundinteresse ist da, die Implementierung ist verbesserungsfähig. Die Frage, wie weit gesundheitliche Aspekte einzelner Orte gesehen werden, wird mit 3,6 Punkten etwas schlechter beantwortet. Wir denken, dass das bis jetzt verwendete eindimensionale Gesundheitsmodell konzeptionell zu einfach ist und angereichert werden müsste. Es fällt auf, dass die Nutzer durch das System eher weniger in ihrem zukünftigen Gesundheitsverhalten beeinflusst wurden. Da das unmittelbare Ziel des Systems aber die Reflektion über das eigene Verhalten ist, ist diese Aussage grundsätzlich akzeptabel.

Wir haben Indikatoren, dass die Reflektion über Orte das eigene Bewusstsein für das Gesundheitsverhalten stärkt. Damit würde eine wichtige Voraussetzung zu einer Verhaltensänderung geschaffen wird. In Folgeaktivitäten mit komplexeren Konzepten, einer besseren

Implementierung und einer umfangreicheren Evaluation wollen wir untersuchen, wie diese Reflektion das Gesundheitsverhalten beeinflusst.

Literaturverzeichnis

Blanson Henkemans, Olivier A, Paul J M Van Der Boog, Jasper Lindenberg, Charles A P G Van Der Mast, Mark A Neerincx, and Bertie J H M Zwetsloot-Schonk. 2009. *An online lifestyle diary with a persuasive computer assistant providing feedback on self-management.* Technology and health care official journal of the European Society for Engineering and Medicine 17, no. 3: 253-267. http://www.ncbi.nlm.nih.gov/pubmed/19641261.

J. Brooke, (1996). SUS - A quick and dirty usability scale. Redhatch Consultung Ltd.

Lin Liao, Dieter Fox, and Henry Kautz. 2005. *Location-Based Activity Recognition using Relational Markov Networks.* Ed. F Giunchiglia and L Pack Kaelbling. Learning: 773-778. http://citeseerx.ist.psu.edu/viewdoc/download?doi=10.1.1.102.4157&rep=rep1&type=pdf

C. A. Redding, J. S: Rossi, S.R. Rossi, W. F. Velicer & J. O. Prochaska. 2000. *Health Behavior Models.* International Electronic Journal of Health Education, 3, 180–193.

C. C. Tsai G. Lee, F. Raab., G. J. Norman, T. Sohn, W. G. Griswold, & K. Patrick. 2007. *Usability and Feasibility of PmEB : A Mobile Phone Application for Monitoring Real Time Caloric Balance,* 173–184. doi:10.1007/s11036-007-0014-4

S. Boll, S. Maaß & R. Malaka (Hrsg.): Mensch & Computer 2013
München: Oldenbourg Verlag, 2013, S. 285–288

Interaktive und rollenspezifische Styleguides im Usability-Engineering

Amelie Roenspieß, Michael Herczeg

Institut für Multimediale und Interaktive Systeme (IMIS), Universität zu Lübeck

Zusammenfassung

User Interface Styleguides haben eine lange Tradition – auch des systematischen Scheiterns. Ob bei der Gestaltung von Dokumenten, Benutzungsschnittstellen oder Corporate Designs: Styleguides sind zwar meist das Mittel der Wahl, wenn es um konsistente Gestaltung geht, konsequent ein- und durchgesetzt werden sie aber nur selten. Die Frage bleibt, warum Styleguides so häufig entwickelt und so selten tatsächlich gelebt werden. Es fällt auf, dass aus den zahlreichen bereits identifizierten Problemen kaum konstruktive Lösungen zur Verbesserung von Styleguide-Konzepten und ihrer Anwendbarkeit abgeleitet worden sind. Im vorliegenden Beitrag werden die Gründe untersucht und verallgemeinerbare Lösungsansätze sowie neue Unterstützungsmöglichkeiten aufgezeigt. Dazu werden auch Wege zur Integration von Styleguides in benutzerzentrierte Software-Entwicklungsprozesse sowie die entsprechende Einbindung in eine Plattform für Usability-Engineering und diskutiert.

1 Erfahrungen und Probleme mit Styleguides

„Das Ziel der Erstellung und Verwendung eines Styleguide ist es, einen hohen Wiedererkennungswert, ein einheitliches Design und einen hohen Grad an Usability zu garantieren." (Grechenig et al. 2010, S. 539)

Dieser Lehrbuchdefinition werden die wenigsten Styleguides gerecht, was sich in erster Linie damit erklären lässt, dass diese einen gewissen Anspruch auf Vollständigkeit erheben: *„Ein Styleguide dokumentiert das gesamte Design für die Entwicklung. Dies umfasst sowohl das Layout mit allen Bedienungselementen als auch das Interaktionsdesign."* (Grechenig et al. 2010, S. 539). Der daraus resultierende Umfang von häufig mehreren hundert Seiten und die damit einhergehende Komplexität erschweren die Erstellung und Anwendung derart, dass der zeitliche Aufwand eines zielorientierten Einsatzes unzumutbar oder unökonomisch wird. Hierdurch wird auch ihre Akzeptanz erheblich beeinträchtigt. Die Styleguides, mit denen die Gebrauchstauglichkeit von Systemen sichergestellt werden soll, sind also oft selbst nicht gebrauchstauglich (Gale 1996): *„It is ironic that many of the existing Style Guides, aimed at producing usable systems, are themselves difficult to use."*

Die Schwierigkeiten bei der Durchsetzung von Styleguides lassen sich allerdings nicht nur anhand ihrer Form und Praktikabilität begründen; auch die Prozesse, die zur Erstellung von Styleguides durchlaufen werden, weisen häufig strukturelle Mängel auf: Insbesondere durch ungeklärte Verantwortlichkeiten sowie die mangelnde Bereitstellung unterstützender Werkzeuge und Materialien werden Entwicklung und Einsatz von Styleguides behindert. Neben diesen „Unterlassungsfehlern" gibt es eine grundlegende Fehlannahme, die vor allem dann problematisch wird, wenn ihretwegen auf iterative Entwicklung und Usability-Tests verzichtet wird: Ein Styleguide allein reicht nicht aus, um die Gebrauchstauglichkeit eines Systems sicherzustellen, selbst wenn dessen Konsistenz gewährleistet ist (Gale 1996).

Im Folgenden werden einige Lösungsansätze für diese bekannten Probleme vorgestellt.

2 Eine neue Generation von Styleguides

Um aus Styleguides ein hilfreiches Werkzeug zu machen, sind sowohl Veränderungen der Prozesse zur Erstellung, Durchsetzung und Weiterentwicklung von Styleguides erforderlich als auch eine Anpassung der Form, in der Styleguides letztendlich bereitgestellt und genutzt werden sollen.

2.1 Styleguides im Entwicklungsprozess

„By making the style guide part of the process, it can be used to promote a shared vision, to help the product meet business and usability requirements for consistency and. . . it may actually be used." (Quesenbery 2001a)

Der Usability Engineering Lifecycle von Mayhew (1999) deutet an, was eigentlich selbstverständlich sein sollte: Die Ausarbeitung eines Styleguides muss Bestandteil des gesamten iterativen Software-Entwicklungsprozesses sein. Schon die ersten Anforderungs- und Kontextanalysen sind Grundlage und Begründung für die im Styleguide festgehaltenen Design-Entscheidungen. Dieser Bezug muss aufrechterhalten werden, um unnötige Iterationen und Diskussionen zu vermeiden. Für einen Prozess in Orientierung an der DIN EN ISO 9241-210:2011 bedeutet dies, dass nicht nur die Nutzungsanforderungen sondern auch die Styleguide-Anforderungen von Anfang an in die Gestaltungsaktivitäten einfließen. Außerdem müssen die Personen, die den Styleguide letztendlich anwenden und umsetzen sollen, schon während der Entwicklung berücksichtigt und gegebenenfalls mit einbezogen werden. Im besten Fall wird der Styleguide von diesen dann auch genutzt, weil es leichter ist, mit ihm zu arbeiten als ohne ihn (Allen 1995; Hart 2000; Bright 2005). Zwar sollte auch bei der Erstellung eines Styleguides angestrebt werden, dass dieser als teilweise interaktives Werkzeug auch die Grundsätze der Dialoggestaltung (DIN EN ISO 9241-110) berücksichtigt und insbesondere aufgabenangemessen, selbsterklärend bzw. selbstbeschreibungsfähig und lernförderlich ist. Dennoch muss eingeplant werden, die Anwender frühzeitig für die Nutzung des Styleguides zu schulen und anzuleiten.

Ein Styleguide ist nie fertig, sondern immer in der Weiterentwicklung begriffen. Es muss eine Kollaborations- und Entwicklungsplattform bereitgestellt werden, mithilfe derer die Beteiligten aktiv Einfluss auf diese Weiterentwicklung nehmen können. Der Styleguide ist somit selbst Teil des iterativen Prozesses zur Entwicklung eines gebrauchstauglichen Systems; er ist nicht nur Input in den Prozess, sondern auch Teil des Produktes.

2.2 Struktur und Inhalte von Styleguides

Anstelle der klassischen linearen Struktur von Styleguides könnten vernetzte Hypermedia-Dokumente eine angemessenere Aufbereitung der umfangreichen Inhalte ermöglichen (vgl. Vanderdonckt 1994; Quesenbery 2001b): Die Navigation zu den gesuchten Inhalten wird flexibler gestaltet, da diese durch semantische Verknüpfung über verschiedene Wege und von anderen ähnlichen Inhalten aus zugänglich sind. Dadurch, dass der schiere Umfang eines Styleguides in einer Hypermedia-Struktur nicht so deutlich zutage tritt wie in einem linearen Dokument, wird dieser tendenziell abschreckende Faktor ebenfalls reduziert.

Ein weiterer Ansatz, um die Benutzung von Styleguides zu erleichtern, ist die Aufbereitung modularer Inhalte in Abhängigkeit von der Rolle des aktuellen Betrachters (Schrammel et al. 2001; Lugmayr et al. 2010). Dieser erhält so seine rollen- und kompetenzbezogene Sicht auf den Styleguide (z.B. übersichtliche Beispiele für Entscheidungsträger, detaillierte Visualisierungen für Designer, Code-Fragmente / -Bibliotheksverweise für Entwickler), womit auch ein Teil des Volumen- und Übersichtsproblems lösbar wird.

Wie eine ganzheitliche werkzeugseitige Unterstützung für die Styleguide-Entwicklung aussehen könnte, wird im Folgenden skizziert.

3 Styleguides in der Entwicklungsplattform

Das Usability-Engineering-Repository „UsER" (Kammler, Roenspieß & Herczeg 2012) ist eine webbasierte Kollaborationsplattform, die Methoden aus Usability-Engineering, Requirements-Engineering und Software-Engineering kombiniert, um Produzenten und Anwender über die gesamte Lebensdauer eines Systems zu unterstützen – von der ersten Idee über die analytischen und konzeptionellen Phasen sowie die Implementierung bis hin zu Einsatz und Wartung. Entwicklungsprojekte werden in UsER als Hypermedia-Dokumente verwaltet, deren Inhalte bedarfsweise miteinander verknüpft werden können und trotzdem in einer linearen Struktur abgebildet werden. Somit werden verschiedene Arten der Navigation unterstützt und zugleich eine Übersicht gewährleistet. Das System bietet bereits verschiedene Module für die Analyse, Konzeption und Evaluation von Systemen an (u.a. Benutzeranalyse, Aufgabenanalyse, Szenarien).

UsER wird um eine Komponente zur Erstellung von Styleguides ergänzt, welche deren Verknüpfung mit anderen im Entwicklungsprozess erfassten Informationen unterstützt. Insbesondere Anforderungen oder Standards und Normen können auf diese Weise im Styleguide referenziert werden, ohne diesen unnötig aufzublähen (vgl. Petrasch 2000). Durch modulare und bedarfsgerechte Bereitstellung von Inhalten werden Redundanzen vermieden, die Navigation innerhalb des Styleguides erleichtert und damit dessen zielgerichteter Einsatz ermöglicht. Auch eine rollenspezifisch reduzierte Sicht kann mit UsER abgebildet werden. Da in UsER mithilfe von Kommentaren direkt an Inhalten diskutiert werden kann, ist ein asynchroner Feedback-Kanal für die Weiterentwicklung des Styleguides vorhanden. Durch ein flexibles Rechtesystem ist die Verantwortung für die Anpassung des Styleguides trotzdem klar definiert; unautorisierte bzw. unstrukturierte Änderungen werden so verhindert, während die Möglichkeit der inhaltlichen Beteiligung gewährleistet wird.

Literaturverzeichnis

Allen, P. R. (1995). Save Money with a Corporate Style Guide. *Technical Communication, 42* (2), S. 284–289.

Bright, M. R. (2005). Creating, Implementing and Maintaining Corporate Style Guides in an Age of Technology. *Technical Communication, 52* (1), S. 42–51.

Gale, S. (1996). A Collaborative Approach to Developing Style Guides. In Tauber, M. J. (Hrsg.): *Proceedings of the SIGCHI Conference on Human Factors in Computing Systems*. New York, NY, USA: ACM, CHI '96, S. 362–367.

Grechenig, T., Bernhart, M., Breiteneder, R. & Kappel, K. (2010). *Softwaretechnik*. Pearson Studium.

Hart, G. J. (2000): The style guide is "dead": long live the dynamic style guide! *Intercom, 47* (3), S. 12–17.

Kammler, M., Roenspieß, A. & Herczeg, M. (2012). UsER: Ein modulares Usability-Engineering-Repository. In Reiterer, H. & Deussen, O. (Hrsg.) *Mensch und Computer 2012: interaktiv informiert und allgegenwärtig allumfassend!?* Oldenbourg Verlag. 333-336

Lugmayr, M., Schrammel, J., Gerdenitsch, C. & Tscheligi, M. (2010). An effective and automated publishing process to improve user interface style guides. In Hedlund, T. & Tonta, Y. (Hrsg.): ELPUB2010. *Publishing in the networked world: Transforming the Nature of Communication, 14th International Conference on Electronic Publishing.*, S. 304–314.

Mayhew, D. J. (1999). *The Usability Engineering Lifecycle*. San Francisco, California: Morgan Kaufman Publishers.

Petrasch, R. (2000). Style Guides am Beispiel der Java Look and Feel Design Guidelines von Sun Microsystems - eine kritische Betrachtung. *Softwaretechnik-Trends 20* (1).

Quesenbery, W. (2001a). *Building a Better Style Guide*.

Quesenbery, W. (2001b). Using a Style Guide to Build Consensus. *Usability Interface, 7* (4).

Schrammel, J., Müller, R., Deutsch, S. & Tscheligi, M. (2001). Alternative Approaches for the Design and Implementation of User Interface Style Guides. *Style (DeKalb, IL) 7* (4).

Vanderdonckt, J. (1994). *Guide ergonomique des interfaces homme-machine*. Presses Universitaires de Namur.

Kontaktinformationen

Amelie Roenspieß: roenspiess@imis.uni-luebeck.de

S. Boll, S. Maaß & R. Malaka (Hrsg.): Mensch & Computer 2013
München: Oldenbourg Verlag, 2013, S. 289– 292

Enhancing Medical Needle Placement with Auditory Display

David Black[1], Jumana Al Issawi[2], Christian Rieder[2], Horst Hahn[1,2]

Jacobs University Bremen[1]
Fraunhofer MEVIS, Institute for Medical Image Computing[2]

Abstract

Radiofrequency ablation is a minimally invasive procedure used to treat a tumor by applying local radiofrequency energy using a needle that is inserted into the patient through the skin. Current methods for guiding needle placement require the radiologist to remove the view from the patient and instead use a computer screen for guidance. We present two auditory display methods to guide needle placement that allow visual attention to remain on the patient. Initial results indicate that the needle placement task can be accomplished using almost solely auditory support, increasing user attention on the patient and reducing head and neck movements.

1 Deficiencies of Visual-Only Guided Medicine

In radiofrequency ablation (RFA) for tumors, surgical tasks consist of placing the tip of an ablation needle onto the surface of the patient, aligning the needle so that its insertion angle matches a preplanned angle, and then inserting this needle so that the tip reaches the target lesion. Once the tip has reached the target, radiofrequency energy is applied until the lesion is completely ablated, meaning that the tumor has been effectively destroyed. To ease the transfer of the pre-interventional treatment plan to the interventional situation and to ensure optimal tumor coverage, navigation systems and screens have been proposed to show the position of the needle in reference to the patient's body either on a computer screen or, recently, projected onto the patient body (Mundeleer et al. 2008, Gavaghan et al. 2011). However, viewing a screen located elsewhere in the operating room requires that the physicians remove visual attention from the patient in order to view the guidance cues on the navigation system screen in an operating environment already overloaded with visual cues (Vickers & Imam 1999), and direct projections onto the patient are obscured or distorted by hand and instrument placement. We hypothesize that a thoughtful, focused auditory display to replace or augment the existing visual guidance methods will benefit the physician by allowing physicians to remain focused on the patient. Although auditory feedback is common in anesthesia, auditory display for navigated medicine is a nascent field with only Woerdeman et al. (2009) and Hansen et al. (2012) providing basic evaluations of the use of auditory displays in surgical applications.

2   Image-Guided Ablation Needle Placement

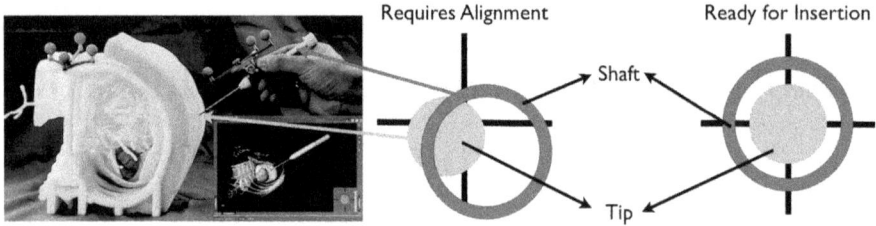

Figure 1: Left: testing model with needle. Right: visual alignment of tip and shaft on navigation system screen

The current visual guidance method for RFA (Gavaghan et al. 2011) uses a crosshair and two circles to denote tip placement and the angle of the shaft. In the first step, the tip of the ablation needle is navigated to a predefined point on the skin of the patient. This can be approximated as a plane at the local point of insertion. Currently, a green circle is shown, which helps align the tip of the needle. When the green circle is directly centered on the crosshair graphic, the tip is in the correct position. In the second step, the shaft of the ablation needle is aligned towards the correct insertion angle while maintaining the tip at the correct position. To visualize this step a second, hollow circle (red, above) displays the error of the actual shaft angle to the planned shaft angle. When the red circle is centered on the crosshairs, the angle is correct for insertion. Insertion status is shown as a vertical progress bar on the screen, depicting the absolute distance from tip to goal in the tumor.

3   Auditory Display Method

The distance of the tip or shaft *('tracked elements')* to the planned goal is received in two dimensions from the navigation system. For both tip placement and shaft alignment, the same auditory method may be employed, repeated for each step. In the first auditory method (Fig. 2, left), changes in absolute distance to the y-axis are linearly mapped to speed between pulses, slow at the left and right edges, progressing faster towards the center. Changes in absolute distance to the x-axis are mapped to alternating pitches, which converge towards the center, much like tuning a guitar. In the second auditory method (Fig. 2, right), changes in absolute x distance are linearly mapped to both speed between pulses and pitch. Once the tracked element is within 10% of the y-axis, a second pulsing tone replaces the first, with similar speed between pulses but a higher pitch mapping. Thus, the user approaches from either side and when near the y-axis proceeds to approach the center. Insertion depth is transmitted via two alternating tones with an interval of separation of one octave before insertion and rising to equal pitch when reaching goal depth.

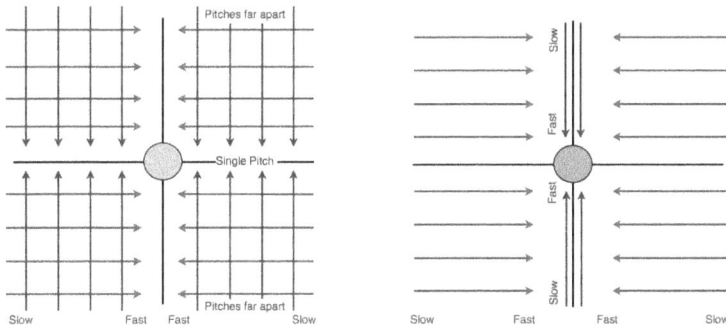

Figure 2: Auditory methods: in the first, note pitches and pulse speed vary, and in the second, slower and faster pulses are mapped to x- and y-axes

4   Evaluation

Two females and six males volunteered to participate in the study. All participants claimed not being particularly musical, three out of eight had a basic understanding of playing and tuning a guitar, one participant had basic knowledge of digital audio synthesis. All were scientific personnel with basic anatomical knowledge. No participant had experience with radiofrequency ablation or the auditory display system. The participants were introduced to the different methods and went through a short training session for each. Afterwards each participant completed a set of tasks: positioning the tip, adjusting the angle of the handle, and inserting the needle until the target had been reached. Participants were asked to think aloud and talk about what they were doing, thinking, and feeling (according to Lewis 1982).

Both audio and visual method were described as being easy to learn and use. All participants estimated the audio methods to be at least as good and precise as the visual method. The audio methods were preferred by seven (all but one) participants, some of whom commented, "you can see what you're doing" on the model and do not have to look at the screen, and "… with sound it's much easier" because "… the human ear is much better than the human eye." Participants also felt more confident in finding the right spot for the tip. Also the participants enjoyed the experience of navigating using audio and felt it being "like a video game". When reaching the target area, the system gave the user feedback in form of a chime, to which all participants reacted positively and even showed signs of real joy.

Even though the visual method was criticized due to the fact that the user had to look at the screen and back at the model, and thus being described as "shaky", some participants felt more confident using this method as they could still correct the position of the tip and the angle of the handle while pushing the needle towards the target. Using the audio method, they could not monitor their tip position, handle angle, and needle depths simultaneously as they could with the visual method. None of the participants was annoyed by the sounds. All participants understood that sound speed and pitch reflected the urgency of the current position. However, participants suggested choosing more instrumental timbres rather than basic synthesized tones.

5   Conclusion

A comparison of the two audio methods and the current visual guidance method in terms of learnability, user acceptance and ease of use has been conducted. First results show that the audio methods allow almost blind placement of the needle and are easy to use and understand, but still need some refinement. Observing the physical model while performing a task and hearing the distance to target improved the confidence of all participants. Nevertheless, visual feedback gave two participants a greater feeling of control. Following this preliminary study and the positive feedback and results, our aim is to refine the audio method and evaluate precision and speed in comparison to the visual guidance method. Additionally, users' confidence in finding the accurate point and angle to reach the target must be investigated. More exhaustive studies will be conducted with physicians to understand the applicability of audio display in a surgical environment.

References

Lewis, C. H. (1982). Using the "Thinking Aloud" Method In Cognitive Interface Design. *IBM Research Report*, RC-9265.

Hansen, C., Black, D., Lange, C., Rieber, F., Lamadé, W., Donati, M., Oldhafer, K. & Hahn, H. (2013). Auditory support for resection guidance in navigated liver surgery. *International Journal of Medical Robotics and Computer Assisted Surgery*, 9(1): 36-43.

Mundeleer, L., Wikler D., Leloup T. & Wazée N. (2008). Development of a computer assisted system aimed at RFA liver surgery. *Computerized Medical Imaging Graphics, 32*(7): 611 – 621.

Gavaghan, K., Anderegg, S., Peterhans, M., Oliveira-Santos, T. & Weber, S. (2011). Augmented Reality Image Overlay Projection for Image Guided Open Liver Ablation of Metastatic Liver Cancer. In: *Augmented Environments for Computer-Assisted Interventions 2011.* Berlin: Springer, 36-46.

Vickers, P & Imam, A. The use of audio in minimal access surgery. In Alty, J. (Pub.) *Proceedings of the European Annual Conference on Human Decision Making and Manual Control 1999*, Loughborough, UK: Group D Publications, Ltd. [P. 13–22].

Woerdeman, P., Willems, P., Noordmans, H. & van der Sprenkel, J. (2009). Auditory feedback during frameless image-guided surgery in a phantom model and initial clinical experience. *Journal of Neurosurgery, 110*(2), 257–262.

Contact Information

David Black, d.black@jacobs-university.de, Universitaetsallee 29, 28359 Bremen, DE

S. Boll, S. Maaß & R. Malaka (Hrsg.): Mensch & Computer 2013
München: Oldenbourg Verlag, 2013, S. 293–296

Urban HCI: PlazaPuck - An unowned, moveable, public interface

Patrick Tobias Fischer[1,2], Eva Hornecker[1,2], Adeeb Umar[2], Mike Anusas[3]

HCI Lehrstuhl, Fak. Medien, Bauhaus-Universität Weimar, Germany[1]

Dept. of CIS, University of Strathclyde, Glasgow, UK[2]

Dept. of DMEM, University of Strathclyde Glasgow, UK[3]

Abstract

The design of public interfaces follows other criteria as that of mobile or desktop applications. Performative elements enhance the interface and additional requirements of physical robustness are to be taken care of in the design process from the very start. Here, we report on how these two aspects impacted the design of a novel interface called *PlazaPuck*, created for everyday life on public plazas.

1   Introduction

Dalsgaard remarks in his "Eight challenges for urban media façade design" that the possibly most salient challenge for interaction designers is that the urban setting prompts new forms of interfaces or alternative assemblies of existing ones (Dalsgaard & Halskov 2010). Such new interfaces types are not only needed for media façades, but for any interfaces that find their use in public space. (Fischer & Hornecker 2012) presented a framework based on such a novel type of interface. By providing a typology of spaces, it supports understanding, describing and analyzing spatial configurations of people e.g. in front of media façades. With PlazaPuck, the system under development, we want to test if this framework is valid even if there is no external display (media façade). We see our development as a continuation of Susanne Seitinger's research on Urban Pixels (Seitinger, et al. 2009) where she explored the notion of unbound interfaces and of technical flexibility through RF transceivers, and her work Light Bodies (Seitinger, et al. 2010) where she explored performative aspects of portable, hand-held lights that respond to audio and vibration input.

2   Main Design Aims

Previously we have gained experience with the three major interface types present in urban installations or interventions: (Semi)fixed, moveable and camera-based. Considering the emerging situations that each of these interfaces typically create, we found that moveable interfaces the least inhibit the formation of a social space. Attention can switch quickly without losing control of the interface. The interface accommodates the movements of its user's body. Bystanders can easily see what is happening, and intervene in multiple ways. A second reason for creating a moveable interface is that this allows us to explore different spaces in the city without heavy equipment. Thus, we might be able to get an understanding of what type of interface could work 'better' in certain contexts and environments than others. While 'better' still has to be defined, it may mean: less likely to be vandalized, regularly used, supporting sporadic or regular enjoyment, etc. The urbanist William H. White (Whyte 1990) discovered that conversations in urban environments happen much more likely on corners and in front of entrances. Similar insights are expected from deploying PlazaPuck.

Our main design aim is to promote values that enrich our public space similar to those mentioned by Carr et al. in their book "Public Space" (Carr, et al. 1992) such as *active engagement*: Moving through, communicating, play, discovery; and *passive engagement:* observing, viewing, involvement. Different to pre-programmed spectacles such as façade mappings that have become very popular in urban environments, the design of the PlazaPuck interfaces rather aims at everyday life situations. We can compare this with fountains that are also artificial attractions, often used in an interactive manner, e.g. by children running around in them and adults enjoying the play around it. Further requirements were: robustness and toughness of the interface, utilization of directions, utilization of 'people as display', scalability, low latency for real-time interaction, ability for synchronization (multiple interfaces can act as one), and flexibility.

3   The PlazaPuck System

The current state of the system is shown in Fig. 1. CNC machined from black Acetal. The PlazaPuck is sized 40x40x10cm and weights approx. 6kg. The device has a wheel in the middle of its lower side (middle picture), so that it can be conveniently pushed around and turned with one foot. The triangular pockets are separators for a 50pixel multicolour low resolution display which is used for supplementary user feedback. The LED strip is standard mass produced hardware made for media façades. More meaningful content can be displayed on a 40x8 pixel red LED display in the middle of the puck hidden underneath a matt, black, semitransparent, curved acrylic lid. User input can be provided via a pressure pad (in trapezoid shape) or an inbuilt compass. All data is transmitted via XBee Series 1 transceiver.

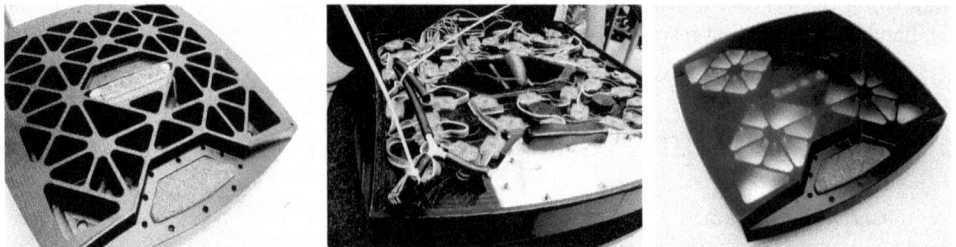

Figure 1: The CNC machined PlazaPuck with low and higher resolution display, pressure pad and wheel.

Data transfers from the sensors and to the displays are streamed to an external host computer, where a Java application implements the logic. This rather unconventional solution allows for fast prototyping of LED animations and fast changes of the activity flow even in-the-wild, because no opening of the device for reprogramming of the microcontroller is needed. Additionally, absolute positioning data can be fed into the logic in Wizard-of-Oz manner. The system remains scalable, and multiple interfaces can potentially be orchestrated through one logic. Also, the system can later-on be integrated much easier into additional or existing media architecture, e.g. laser projectors, media façade, soundscapes etc.

3.1 Technology and Use Cases

During the development process typical complexity problems emerged. When adding more sensors and actuators, timing became a problem, especially because of the number of LEDs that need to be refreshed. No operating system such as RTOS is used. In the future, a more distributed or "internet of things" like approach will be considered. By equipping each sensor and actuator with its own RF transceiver and microcontroller that implements its drivers we hope to achieve faster prototyping cycles. Systems like specknet's orient motion capture device (based on CC1100), panStamp (based on CC1101), DUL Radio (based on NRF24L0) or Seitinger's Urban Pixels (based on CC1010) already use this approach. Devices could then consist of one or multiple sensors, with the advantage to be able to construct interfaces on a bigger spatial scale that fits the urban environment.

The design also considers multiple ways of accessing the interface via a "hidden" AJAX frontend that can be easily accessed over a WIFI AP. People may connect to create their own pattern and post it to the device. This method allows integration of observers who want to engage in a more passive way. Furthermore it allows us to blur the boundaries of the performance frame (c.f. (Benford, et al. 2006)). Another use case similar to Light Stories (Pihlajaniemi, et al. 2012) where citizens can add stories to the device, could be considered because plaza situations demand these more than walkway situations. Further use case ideas go from "mimicking the other", direct referencing of the surroundings, to games and tourist applications.

3.2 Preliminary Findings

Our first testing at George Square in Glasgow was done on a moist evening at ~6°C (~42 °F) temperature and confirmed that our primary design goal was accomplished. The prototype did not break even when a teenager (Fig. 2) used it as a skateboard-like device. We found that 2.4 GHz Radios are not particular good for radio transmission slightly above ground level. It is still unclear whether the extreme positioning of the antenna was the cause of the

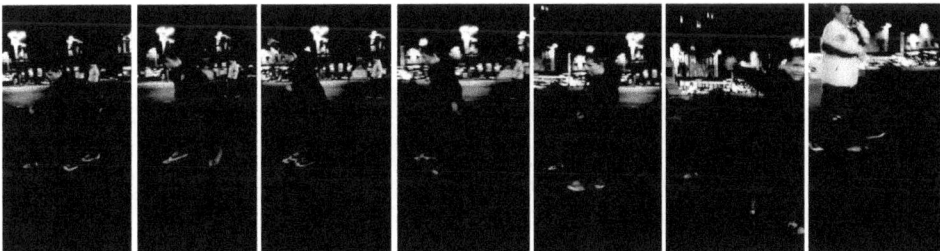

Figure 2 : Designing for robustness is a must: A teenager using the PlazaPuck as a skateboard.

short range, or the temperature, or humidity and wet ground. Continuous transmission was only possible up to 5m distance, which meant that we had to remain close-by. This resulted in a situation where people easily understood, that the device "belonged" to the people sitting there with the open laptop. While some people were changing their path across the square to inspect the device, being personally associated with the device created a 'gap space' that passers-by continuously avoided. Surprisingly this 'gap space' emerged not so much around the interface itself, but rather between us (sitting on the bench) and the PlazaPuck on the ground (as if people were trying to not get between us and the device). In order for more unbiased observation, the un-owned nature of the device has to be promoted. This will hopefully be achieved through better wireless connectivity in the future.

Clearly, the interface has achieved the promotion of performative interaction if we look at Fig.2. However, the actual content currently lacks immediacy, also because of the wireless connection problem. More immediate feedback to user actions is needed to improve the usability of the device. If this can be achieved with a system-architecture where all data is 'on line' is currently unclear. While data rates seem to be sufficient, interruptions in the communication channel are the greater problem at the moment.

Acknowledgements

We thank Drew Irvine, Loraine Clarke, Duncan and the guys from the Maklab Glasgow.

References

Benford, S., et al. (2006). The Frame of the Game: Blurring the Boundary between Fiction and Reality in Mobile Experiences. *Proc. of the SIGCHI Conference on Human Factors in Computing Systems*, ACM, 427-436.

Carr, S., et al. (1992) *Public Space*. Cambridge University Press.

Dalsgaard, P., Halskov, K. (2010). Designing urban media facades: cases and challenges. *Proc. of CHI*, ACM.

Fischer, P. T., Hornecker, E. (2012). Urban HCI: Spatial Aspects in the Design of Shared Encounters for Media Facades. *Proc. of CHI'12*, ACM, 307 - 316.

Pihlajaniemi, H., et al. (2012). Experiencing participatory and communicative urban lighting through LightStories. *Proc. of MAB*, ACM, 65-74.

Seitinger, S., et al. (2009). Urban pixels: painting the city with light. *Proc. of CHI*, ACM, 839 - 848.

Seitinger, S., et al. (2010). Light bodies: exploring interactions with responsive lights. *Proc. of TEI*, ACM, 113 - 120.

Whyte, W. H. (1990) *City: Rediscovering the Center*. Anchor.

S. Boll, S. Maaß & R. Malaka (Hrsg.): Mensch & Computer 2013
München: Oldenbourg Verlag, 2013, S. 297–300

MCI-DL: Evaluation der UX mit dem UEQ

Dirk Karsten[1], Bernd Schimmer[1], Michael Herczeg[2], Martin Christof Kindsmüller[1]

[1]Mensch-Computer-Interaktion – Fachbereich Informatik, Universität Hamburg

[2]Institut für Multimediale und Interaktive Systeme (IMIS), Universität zu Lübeck

Zusammenfassung

Die "Digital Library Mensch-Computer-Interaktion" des Fachbereichs "Mensch-Computer-Interaktion" der Gesellschaft für Informatik e.V. (GI) ist eine auf der Open-Source-Software "DSpace" basierende web-basierte digitale Bibliothek für alle fachbereichsbezogenen Publikationen. In diesem Beitrag werden die Ergebnisse zweier Benutzerumfragen, basierend auf dem "User Experience Questionaire" vorgestellt. Diese dienten als Grundlage für die Entwicklung und Bewertung der neuen Benutzungsschnittstelle. Es wird dargestellt, dass die User Experience der digitalen Bibliothek von der neuen Benutzungsschnittstelle profitiert hat.

1 Einleitung

Bibliotheken sind seit jeher Verwalter und Bewahrer von Wissen. Die Art und Weise, wie diese ihren Aufgaben gerecht werden hat sich in den vergangenen Jahren jedoch stark gewandelt und führte zu einer neuen Form des Bibliothekswesens, die der online verfügbaren digitalen Bibliothek. Angesichts der virtuellen Nähe all dieser digitalen Bibliotheken und des damit verbundenen, intensiven, direkteren Wettbewerbs rücken weitere, neue Herausforderungen in den Vordergrund. In den letzten Jahren hat sich immer mehr die Notwendigkeit gezeigt, Dienste für die heutigen Anwender serviceorientiert, gebrauchstauglich, aber auch möglichst attraktiv zu gestalten (vgl. Nielsen & Loranger 2006).

Nach Lindgaard et al. (2006) entscheiden Besucher einer Website innerhalb von 50 Millisekunden über die Attraktivität eines Online-Dienstes: Wem eine Website beim ersten Anblick gefällt, wird Mängel auch im Folgenden eher tolerieren, um sich selbst zu überzeugen, dass initial eine richtige Entscheidung getroffen wurde. Ist jedoch die erwartete Attraktivität nicht gegeben, werden Besucher das Online-Angebot im schlechtesten Fall negativ bewerten und sich nach Alternativen umschauen.

Ziel dieses Beitrags ist die Erhöhung der Attraktivität der „Digital Library Mensch-Computer-Interaktion" des Fachbereichs „Mensch-Computer-Interaktion" der Gesellschaft für Informatik e.V. (GI). Attraktivität wird hier als User Experience (UX) operationalisiert.

2   Vergleichende Analysen

Um die Anforderungen an die Benutzungsschnittstelle der MCI-DL zu ermitteln sowie den Erfolg der Neugestaltung zu messen wurde die Benutzungsschnittstelle mit multiplen Methoden (heuristische Evaluation, IsoNorm-Fragebogen, Bibliotheksfragebogen, UX,...) analysiert (Karsten 2013; Schimmer 2013). Im Rahmen dieses Kurzbeitrags können nur die Ergebnisse in Bezug auf UX berichtet werden. Zur Messung wurde der „User Experience Questionnaire" (UEQ, Laugwitz et al. 2006, S. 125 ff) eingesetzt.

Das Ziel des UEQ ist eine effiziente Messung des Gesamteindrucks, im Rahmen einer möglichst spontanen Bewertung (Laugwitz et al., 2006, S. 125 ff). Die 26 bipolaren Items der Langform des UEQ haben die Form eines 7-stufigen semantischen Differentials, z.B. "kreativ" versus "phantasielos", oder "kompliziert" versus "einfach". Die Items sind den Skalen "Effektivität, "Durchschaubarkeit", "Vorhersehbarkeit", "Stimulation", "Originalität" und "Attraktivität" zugeordnet. An dieser Umfrage nahmen 45 Personen teil (34 vollständig ausgefüllte Fragebögen). Abbildung 1 zeigt die Ergebnisse des UEQ. Die Werte für "Verlässlichkeit" (0.5) und "Effizienz" (0.5) haben einen geringen positiven Wert. Die, für "Attraktivität" (-0.5), "Vorhersehbarkeit" (-0.1), "Stimulation" (-0.8) und insbesondere "Originalität" (-1.6) liegen im negativen bis stark negativen Bereich. Die Werte der drei besonders für die Bewertung der Gesamtattraktivität relevanten Skalen "Attraktivität", "Stimulation" und "Originalität" lassen somit den Schluss zu, dass die Gesamtattraktivität der MCI-DL von den Benutzern als nicht hoch empfunden wird.

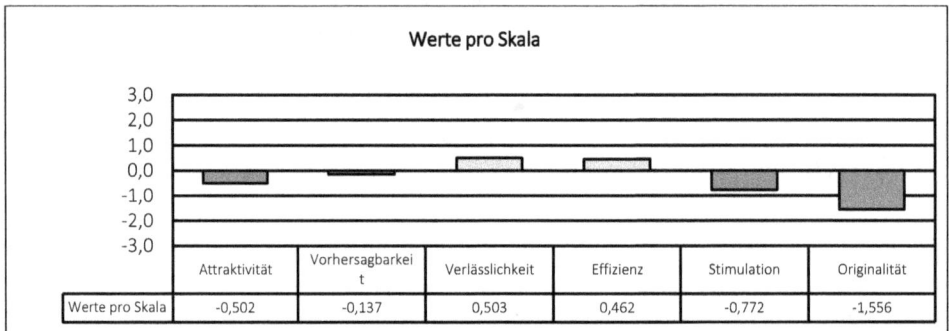

	Attraktivität	Vorhersagbarkeit	Verlässlichkeit	Effizienz	Stimulation	Originalität
Werte pro Skala	-0,502	-0,137	0,503	0,462	-0,772	-1,556

Abbildung 1: Werte pro Skala des UEQ der Eingangsevaluation

Nach Einführung der neuen Benutzungsschnittstelle (Abbildung 2) wurde eine zweite Umfrage mit 46 Personen (34 vollständig ausgefüllte Fragebögen) durchgeführt. Bei den Daten des UEQ (Abbildung 3) zeigen nun alle Skalen positive Werte von 0,7 bis hin zu 1,5.

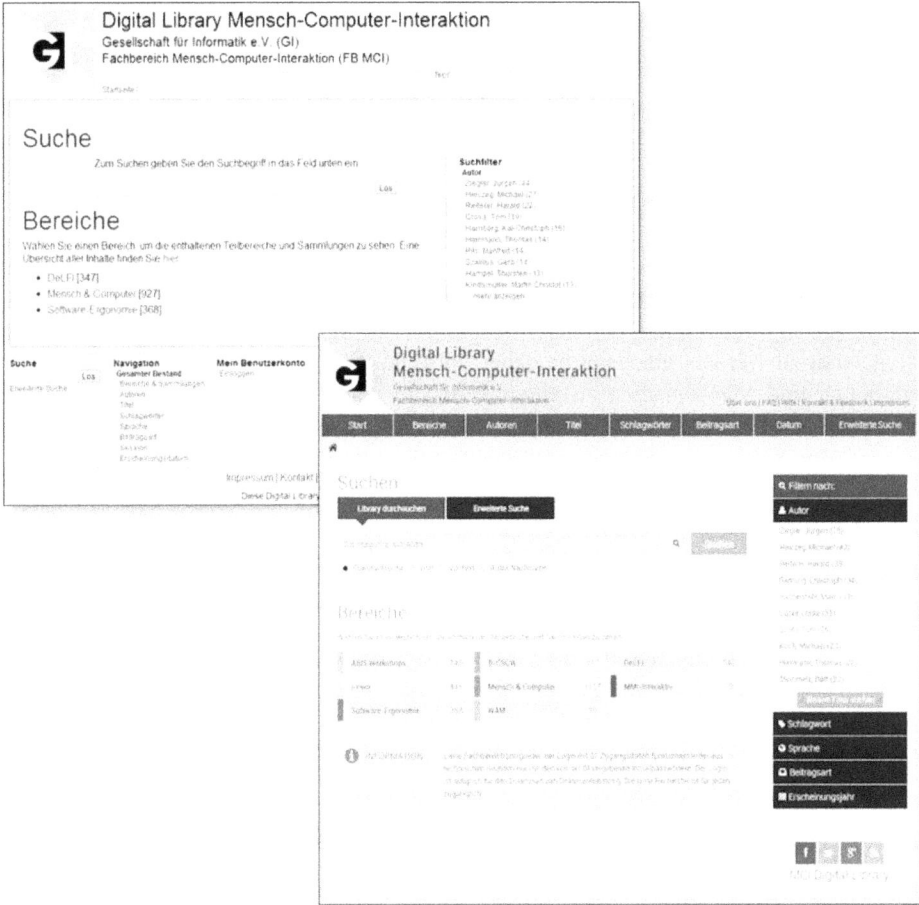

Abbildung 2: Die MCI-DL vor (links) und nach (rechts) der Neugestaltung

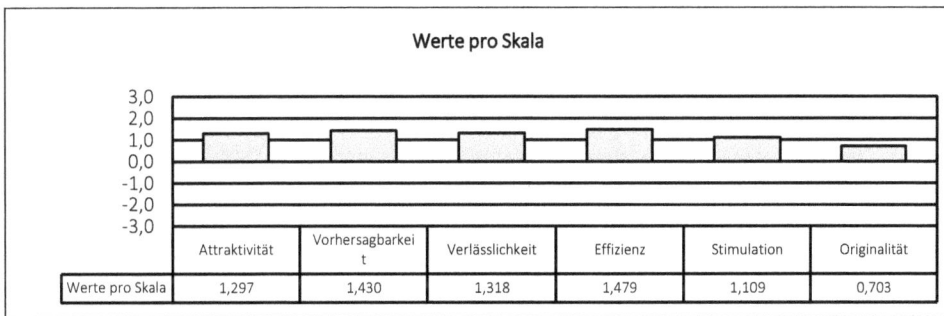

	Attraktivität	Vorhersagbarkeit	Verlässlichkeit	Effizienz	Stimulation	Originalität
Werte pro Skala	1,297	1,430	1,318	1,479	1,109	0,703

Abbildung 3: Werte pro Skala des UEQ der summativen Evaluation

Die negativen Werte der Skalen "Attraktivität", "Vorhersagbarkeit", "Stimulation" und "Originalität" (Abbildung 1) legen nahe, dass die Gesamtattraktivität in der Eingangsevaluation von den Benutzern als nicht hoch empfunden wurde. Die Werte der summativen Evaluation zeigen nun bei allen Skalen eine Steigerung, so dass sich jetzt alle Werte im positiven Bereich befinden. Somit lässt sich eine Verbesserung der Gesamtattraktivität belegen.

3   Ausblick

Unabhängig von der erfolgreichen Neugestaltung der Benutzungsschnittstelle sollte auch das Gesamtsystem unter dem Aspekt der Gebrauchstauglichkeit betrachtet werden. Bei einer digitalen Bibliothek gilt dies insbesondere für die Qualität der Suchfunktion und der Sucher-gebnisse respektive des Suchindexes allgemein. Hier sind durchaus noch Schwächen im Bereich der Solr-Suchserver Konfiguration und der (fehlenden) Verschlagwortung von Do-kumenten auszumachen. Benutzer die es bevorzugen, im Rahmen einer Recherche aus-schließlich die facettenbasierte Suche zu verwenden, werden so keine Ergebnisse aus diesen Reihen angezeigt bekommen. Um der Erwartungskonformität in Bezug auf die Suchergeb-nisse gerecht zu werden, erscheint es daher notwendig, den vorhandenen Datenbestand zu überarbeiten und Mechanismen zu entwickeln, die beim Import neuer Dokumente diese Probleme der Gebrauchstauglichkeit und der User Experience zukünftig verhindern.

Literaturverzeichnis

Karsten, D. (2013). *Konzeption und Design einer gebrauchstauglichen Benutzungsschnittstelle für die "Digital Library Mensch-Computer-Interaktion"* Bachelor-Arbeit am Fachbereich Informatik, der Universität Hamburg.

Laugwitz, B., Schrepp, M. & Held, T. (2006). Konstruktion eines Fragebogens zur Messung der User Experience von Softwareprodukten. In A. M. Heinecke & H. Paul (Hrsg.), *Mensch und Computer 2006: Mensch und Computer im Strukturwandel* (S. 125–134). München: Oldenbourg Verlag.

Lindgaard, G., Fernandes, G., Dudek, C. & Brown, J. (2006). Attention web designers: You have 50 milliseconds to make a good first impression! *Behaviour & Information Technology, 25*(2), 115–126. doi:10.1080/01449290500330448

Nielsen, J. & Loranger, H. (2006). *Prioritizing web usability*. Berkeley, CA: New Riders Publishing.

Schimmer, B. (2013). *Konzeption und Implementierung einer gebrauchstauglichen Benutzungsschnitt-stelle für die "Digital Library Mensch-Computer-Interaktion"* Bachelor-Arbeit am Fachbereich In-formatik, der Universität Hamburg.

Kontaktinformationen

Martin Christof Kindsmüller, Mensch-Computer-Interaktion, Fachbereich Informatik, Uni-versität Hamburg. mck@informatik.uni-hamburg.de

S. Boll, S. Maaß & R. Malaka (Hrsg.): Mensch & Computer 2013
München: Oldenbourg Verlag, 2013, S. 301–304

GERD – Wo Gender, Diversity und Informatik zusammenwirken

Kamila Wajda[1], Claude Draude[2], Susanne Maaß[2], Carola Schirmer[2],

AG Digitale Medien in der Bildung, Informatik, Universität Bremen[1]
AG Soziotechnische Systemgestaltung und Gender, Informatik, Universität Bremen[2]

Zusammenfassung

Forschungsförderinstitutionen verlangen heute zunehmend den Einbezug von Gender- und Diversity-Aspekten in die Forschungsinhalte. Mit dem ‚Gender Extended Research and Development‘ (GERD) Modell wird hier ein Forschungs- und Entwicklungsvorgehen für die Informatik zur Diskussion gestellt, das für jede Projektphase Gender- und Diversity-bezogene Anknüpfungspunkte bietet, anhand derer Projektausrichtung und -entscheidungen reflektiert und angereichert werden können.

1 Einleitung

Im Zuge der Usability-Forschung kam die Forschungsrichtung ‚Design for All‘ auf, die sich mit der Diversität von Nutzenden sowie Kontexten von Informationstechnologie (IT) auseinandersetzte (Stephanidis 1995). Neben der Formulierung von ‚Guidelines‘ rückte zu ihrer Operationalisierung die Frage nach angemessenen Umsetzungsstrategien in den Mittelpunkt. Die Berücksichtigung der Vielfalt menschlicher Lebenslagen und Wissensbereiche in IT legt den Einbezug eines weiteren Wissensbereichs nahe: der Gender- und Diversity-Studies.

Gender ist eine wichtige soziale Strukturierungskategorie. Ein generalisiertes Sprechen von „den Männern" bzw. „den Frauen" verkürzt ihre Flexibilität (Butler 2004) und macht andere Kategorien wie körperliche Befähigung, sozialen Status, Ethnizität, sexuelle Orientierung o.ä. unsichtbar (Rothenberg 2004). Die Diversitätsforschung adressiert Differenzen wertschätzend. Intersektionalität als akademisches Konzept beschreibt die Wechselwirkung sozialer Kategorien (Rothenberg 2004). Hier werden Schnittstellen sozialer Marker herausgearbeitet und Machtverhältnisse reflektiert. Gender- und Diversity-Studies wird als im Kern wissenschaftskritische Disziplin verstanden. Hier geht es nicht nur um einzelne Menschen oder Gruppen, sondern darum wie sich individuelle, strukturelle und symbolische Ebenen miteinander verschalten (Harding 1986). Diese inter- und transdisziplinären Perspektiven eröffnen neue Forschungsthemen und -fragen. Förderinstitutionen verlangen heute die Berücksichtigung von Gender und Diversity als „wesentliches Element qualitativ hochwertiger Forschung" (z.B. DFG 2008, 1). Ohne Training und Expertise sind solche Regelungen schwierig umzusetzen. Mit dem ‚Gender Extended Research and Development‘ (GERD) Modell stellen

wir einen ersten Ansatz vor, der Gender- und Diversity-Forschung für die Informatik opera-
tionalisierbar machen will, um Forschende und Entwickelnde in die Lage zu versetzen, diese
Aspekte in ihre Projekte einzubeziehen.

2 Forschungsstand

Zur Berücksichtigung von Gender und Diversity sind in den letzten Jahren erste Richtlinien
und Handreichungen entstanden. So entwickelte das Projekt 'Gendered Innovations' eine
Website, um grundlegende Begriffe, Konzepte und einen Methodenpool vorzustellen und
durch Fallbeispiele zu veranschaulichen (Schiebinger et al. 2011). Das Projekt 'Discover
Gender' erarbeitete eine Checkliste mit Fragen zur Integration von Genderaspekten in For-
schungs- und Entwicklungsvorhaben (Bührer & Schraudner 2006). Obwohl das zugrundeliegende Genderkonzept differenziert ist, wurde die mangelnde Umsetzung dieser Komplexität
im Rahmen des Leitfadens kritisiert (Bath 2007). Die beiden Projekte umfassen die Bereiche
Naturwissenschaften, Gesundheit und Medizin, Ingenieur- und Umweltwissenschaften. Das
hier vorgeschlagene Modell soll weitere Grundlagen speziell für die Informatik schaffen,
ohne wiederum auf ein unterkomplexes Verständnis von Gender und Diversity zu verfallen.

3 Das GERD-Modell

Das GERD-Modell soll dabei unterstützen, die Vielfalt von Mensch, Kontext und Wissen zu
jedem Zeitpunkt im Forschungs- oder Entwicklungsprozess mitzudenken, zu erfassen und
einzubinden. Es bildet Kernprozesse von Informatik-Forschung sowie Softwareentwicklung
ab und ordnet den Phasen jeweils relevante Gender- und Diversity-Anknüpfungspunkte zu.
Es wurden sowohl Forschungs- als auch Entwicklungsprozesse einbezogen, um ihre Herausforderungen, Teilbereiche und Unterschiede bewusst mitzudenken. Das GERD-Modell beruht auf einer engen Verbindung von Gender-Studies Ansätzen und Informatik-Denkweisen
und wurde theoretisch auf Grundlage von Literaturrecherchen, Interviews und Diskussionen
mit FachexpertInnen entwickelt. Eine Vielzahl von Vorgehensmodellen der Informatik (z.B.
ISO 9241-210, Spiralmodell) sowie typischer Forschungsverläufe (z.B. Peffers et al. 2006)
wurden analysiert und in Kernprozessen zusammengefasst (Abb. 1). So ist GERD kein neues
Vorgehensmodell für die Informatik, sondern eine Erweiterung bisheriger Vorgehensweisen.
Es bildet einen Rahmen, um zu demonstrieren, wann welche Gender- und Diversity-Aspekte
für die Informatik relevant sind. Forschende können während jeder Projektphase auf passende Anknüpfungspunkte zurückgreifen, um Fragestellungen und Vorgehen anzureichern.

GERD als Reflektionstool arbeitet mit Überbegriffen, die sich an grundlegenden Konzepten
der Gender- und Diversity-Studies orientieren (z.B. Klinger et al. 2007). Diese thematisieren
die Relevanz der Forschung, die zugrundeliegenden Werte und Annahmen sowie den potentiellen Nutzen. Sie fragen, welches (und wessen) Wissen in das Projekt eingeht, welche
Sprache, Metaphern und Szenarien verwendet werden und welches Menschenbild die Technik bestimmt. Im Anwendungskontext sind strukturelle Aspekte wie Macht- und Hierarchi-
sierungsverhältnisse zu bedenken. Auch ein Nachdenken über Arbeitskultur wird angeregt.

Relevanz   **GERD-Vorgehensmodell** (Auszug)   **Werte**

Anstöße
- Interessen
- Arbeitsmittel
- Situation/ Umgebung
- Vorhandene Ressourcen
- Ausschreibung

Vorhabensdefinition
- erwartete Ergebnisse
- Methodenplanung
- Ziele & Zielgruppe
- Ausgangslage

Ist-Analyse
- Technologien
- Auftraggebende
- Risiko
- NutzerIn & Kontext

z.B. Welches Menschenbild bestimmt das Forschungsfeld?

z.B. Bleiben bestimmte Tätigkeiten unsichtbar?

Soll-Modell-/ Konzeptbildung
- Anforderungsspezifikation
- Gestaltungslösung/Architektur
- Erklärungsmodell

Verbreitung
- Publikation/ Folgerung
- Dokumentation
- Abnahme, Einsatz
- Wartung, Support
- Marketing

Evaluation
- Test (System)
- NutzerInnenperspektive
- Nutzungskontext
- Verifizierung
- exempl. Erprobung

Realisierung
- Entwurf/ Prototyp
- Entwicklung/ Implementierung
- Durchführung
- Zusammenfügung

Menschenbild · Machtverhältnisse (left axis) · Wissen · Sprache (right axis)

Annahmen   **Nutzen**

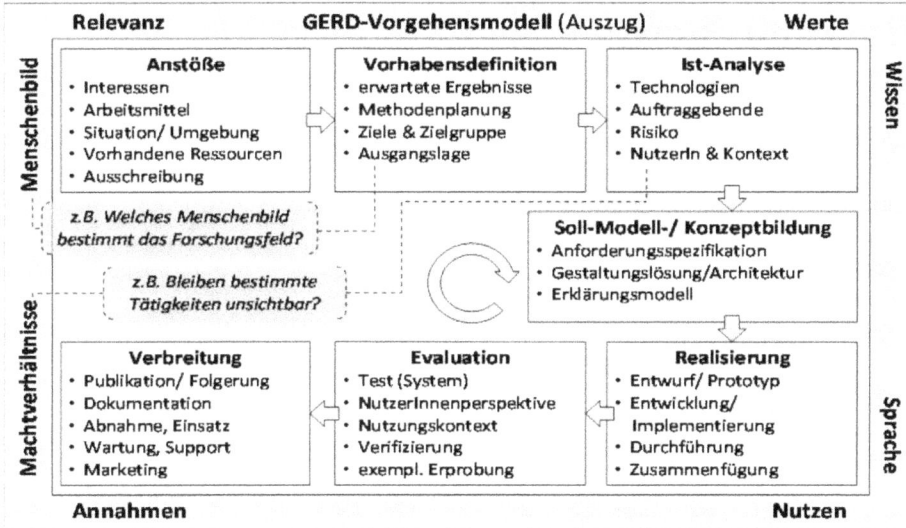

Abbildung 1: Informatik-Prozesse und Gender- und Diversity-Anknüpfungspunkte

Jeder dieser Überbegriffe wurde für alle Phasen und Teilschritte im Vorgehensmodell reflektiert. Für jede Phase wurde unter jedem Überbegriff ein Katalog von Fragestellungen erstellt. So entstand z.B. aus der Konfrontation der Kategorien Vorhabensdefinition, Ausgangslage und Menschenbild die Frage, welches Menschenbild das Forschungsfeld bestimmt. Im Bereich Sicherheit z.B. wird der Mensch als schutzbedürftig oder bedrohlich gesehen; in der KI gilt er wesentlich als Referenzmodell; im Bereich Interaktion steht der handelnde Umgang mit IT im Zentrum. Eine Reflektion darüber, welche Zuschreibungen in diesen Bildern gemacht werden, in welche Richtung sie sich erweitern lassen und welche Konsequenzen das für die Technologie hat, kann zu neuen Sichtweisen, Fragestellungen und Konzepten führen.

Ein weiteres Beispiel knüpft an die Ist-Analyse an (NutzerIn & Kontext: Machtverhältnisse) und fragt, ob bestimmte Tätigkeiten unsichtbar bleiben und daher nicht vom System unterstützt werden. Am Beispiel von „Smart Houses" analysierte Anne-Jorunn Berg 1999, wie die Vernachlässigung der Haus- und Reproduktionsarbeit zu eingeschränkten technologischen Realisierungen führt. Sie führt aus, wie die Entstehung des intelligenten Hauses von technologischem Spieltrieb geprägt ist und nicht von den Bedarfen, die sich aus unterschiedlichen Lebensrealitäten und Tätigkeiten im Haus speisen. Das GERD-Modell würde hier bereits in der Vorhabensdefinition fragen, welches Menschenbild die Technologie speist. Gehe ich von einem jungen, gesunden, außer Haus tätigen Menschen aus, der sein Zuhause zur Entspannung nutzt? Denke ich Menschen mit diversen körperlichen Befähigungen mit? Welche Lebensmodelle bestimmen das Hausszenario: Singles, Kleinfamilien, Wohngemeinschaften, Mehrgenerationenhäuser? Zudem helfen Forschungen zu geschlechtsspezifischer Arbeitsteilung blinde Flecken sichtbar zu machen. Bei Bürogebäuden, die 'intelligente' Technik verwenden, wird z.B. häufig vergessen, dass nicht nur Büroangestellte das Gebäude nutzen, sondern es auch gereinigt wird und auch diese Tätigkeiten unterstützt werden müssen.

4   Zusammenfassung und Ausblick

Gender- und Diversity-Aspekte strukturieren so fundamental unsere Gesellschaft, dass die Annahmen, die wir aufgrund dieser bilden, häufig unsichtbar und unreflektiert bleiben (v. Braun 2005). Für die Produktion von technologischen Artefakten bedeutet dies, dass sich z.B. stereotype Zuschreibungen im Endprodukt manifestieren. Unser Ansatz hat zum Ziel, hier Abhilfe zu schaffen und die Informatik für Gender- und Diversity-Aspekte zu öffnen. Wir möchten einen Beitrag dazu leisten, diese Aspekte innerhalb von Forschungs- und Entwicklungsmodellen umzusetzen. Bevor dieses Vorgehen breiter empfohlen wird, soll es diskutiert, praktisch auf durchgehende Projekte unterschiedlicher Bereiche der Informatik angewendet und anhand der gewonnenen Erkenntnisse erweitert und konsolidiert werden.

Literaturverzeichnis

Bath, C. (2007). *Discover Gender in Forschung und Technologieentwicklung.* In Soziale Technik, 3-5.

Berg, A.-J. (1999). *A Gendered Socio-Technical Construction: The smart house.* In MacKenzie, D. & Wajcman, J.: The Social Shaping of Technology. Open University Press, Buckingham, 301-313.

Braun, C. von & Stephan, I. (Hrsg.) (2005). *Gender@Wissen. Ein Handbuch der Gender Theorien.* Böhlau, Köln/Wien.

Bührer, S. & Schraudner, M. (2006). *Gender-Aspekte in der Forschung. Wie können Gender-Aspekte in Forschungsvorhaben erkannt und bewertet werden?* Fraunhofer Institut, Karlsruhe.

Butler, J. (2004). *Undoing Gender.* Routledge, New York/London.

DFG (2008). *Forschungsorientierte Gleichstellungsstandards der DFG:* www.dfg.de/download/pdf /foerderung/grundlagen_dfg_foerderung/chancengleichheit/forschungsorientierte_gleichstellungsst andards.pdf

Harding, S. (1986). *Science Question in Feminism.* Cornell, Open University Press.

Klinger, C., Knapp, G.-A. & Sauer, B. (Hrsg.) (2007). *Achsen der Ungleichheit. Zum Verhältnis von Klasse, Geschlecht und Ethnizität.* Campus Verlag, Frankfurt am Main/New York.

Peffers, K.,Tuunanen, T., Gengler, C., Rossi, M., Hui, W., Virtanen, V. & Bragge, J. (2006). *The Design Science Research Process: A Model for Producing and Presenting Information Systems Research.* In proceedings of DESRIST 2006, Claremont, CA., 83-106.

Rothenberg, P.S. (Hrsg.) (2004). *Race, Class, and Gender in the United States.* Wolsworth, New York.

Schiebinger, L., Klinge, I., Sánchez de Madariaga, I. & Schraudner, M. (2011). *Gendered Innovations in Science, Health & Medicine, and Engineering.* http://genderedinnovations.stanford.edu/

Stephanidis, C. (1995). *Towards User Interfaces for All: some critical issues.* In Proceedings of HCI International '95, Tokyo, Japan, Elsevier, 137-142.

S. Boll, S. Maaß & R. Malaka (Hrsg.): Mensch & Computer 2013
München: Oldenbourg Verlag, 2013, S. 305–308

Anzeigen im Elektrofahrzeug aus Nutzersicht – eine Online-Befragung

Martin Jentsch[1], Arvid Braumann[2], Angelika C. Bullinger[1]

Professur Arbeitswissenschaft und Innovationsmanagement, TU Chemnitz[1]
Ergonomie und Bedienkonzept, Volkswagen AG[2]

Zusammenfassung

Zur Beurteilung der Anzeigen im Elektrofahrzeug aus Nutzersicht wurde eine Online-Umfrage, adressiert an deutschsprachige Besitzer oder regelmäßige Fahrer von Elektrofahrzeugen, durchgeführt. Die Ergebnisse zeigen, dass die Nutzer die Anzeigen in Summe sehr positiv bewerten, aber auch Verbesserungspotenzial hinsichtlich der Genauigkeit und der Darstellungsart bei verbrauchs- und reichweitenrelevanten Anzeigen sehen. Des Weiteren wird eine Fernabfrage für diese Anzeigen häufig gewünscht.

1 Einleitung

Bis zum Jahr 2020 sollen in Deutschland mindestens eine Million Elektrofahrzeuge auf den Straßen fahren (NPE 2010). Dieses Ziel wurde von der Bundesregierung und der Nationalen Plattform Elektromobilität ausgegeben. Auch wenn sich im Jahr 2011 der positive Trend bezüglich der Neuzulassungen mit 2154 Elektrofahrzeugen weiter fortsetzt - 2010 waren es nur 541 Fahrzeuge und 2009 lediglich 162 (Kraftfahrtbundesamt 2012) - ist zu erkennen, dass das Ziel der Bundesregierung noch in weiter Ferne ist. Mit dieser Elektrifizierung des Individualverkehrs ergeben sich eine Vielzahl von Fragestellungen aufgrund der sich gegenüber dem bisherigen Verbrenner-Fahrzeug veränderten Randbedingungen und Eigenschaften von Elektrofahrzeugen.

Bezüglich der Änderung des Mobilitätsverhaltens und der Akzeptanz des neuen Fahrzeugtyps und seiner Eigenschaften gibt es bereits eine Vielzahl veröffentlichter Erkenntnisse (z. B. Franke et al. 2010; Cocron et al. 2011). Konkrete Problemstellungen bezüglich spezifischer Anzeigen im Elektromobil wurden von Wellings et al. (2011) durch Analysen von Online-Beiträgen, Fahrzeugtests und Artikeln in Fachzeitschriften identifiziert. Da es bisher wenig veröffentlichte Arbeiten zu der Beurteilung von Anzeigen in Elektrofahrzeugen gibt, wurde eine Online-Befragung durchgeführt. Teile der Ergebnisse werden in folgendem Beitrag vorgestellt.

2   Methode

Zur Bewertung der Anzeigen in aktuellen Elektrofahrzeugen wurde eine Online-Umfrage mit 90 Items erstellt. Im ersten Teil der Umfrage wurden neben demographischen Daten (Alter, Geschlecht, höchster Bildungsabschluss, etc.) die Technikaffinität sowie Erfahrungen mit Elektrofahrzeugen (z. B. bisher gefahrene Fahrzeuge und in Elektrofahrzeugen zurückgelegte Kilometer) erhoben.

Im zweiten Teil des Fragebogens sollten von den Befragten sechs Anzeigearten bewertet werden. Die Bewertung der Anzeigen bezog sich jeweils auf das von dem Befragten am häufigsten genutzte Fahrzeug und umfasste die Energiefluss-, Ladestatus-, Powermeter-, Rekuperationsstufen- und Reichweitenanzeige sowie die Gestaltung des Startvorgangs. Zu jeder der Anzeigen wurden Wichtigkeit, Design, Verständlichkeit, Nutzungshäufigkeit und Unterstützung für energiesparendes Fahren auf einer vierstufigen Likert-Skala abgefragt. Befragten, die angaben eine der Anzeigen nicht in dem von ihnen am häufigsten genutzten Elektro- bzw. Plug-in-Hybrid-Fahrzeug zu haben, wurden lediglich die Fragen nach der Wichtigkeit und der potenziellen Unterstützung für ein energiesparendes Fahren in hypothetischer Form gestellt. Im dritten und letzten Teil des Fragebogens wurden mit teils offenen Fragen die Gesamteinschätzung und fehlende bzw. überflüssige Anzeigen und Funktionen im Elektrofahrzeug erfasst.

Um aussagekräftige Ergebnisse von tatsächlichen Fahrern von Elektrofahrzeugen zu erhalten, wurden Mindestanforderungen für die Teilnahme an der Befragung erstellt. So mussten die Befragten ein Elektro- bzw. Plug-in-Hybrid-Fahrzeug besitzen oder dies regelmäßig (mind. einmal monatlich) fahren und mindestens 500 km in einem solchen Fahrzeug gefahren sein. Die Akquise der Teilnehmer erfolgte durch Ansprechen in Internetforen bzw. durch Hinweis auf die Umfrage in Blogs, Foren, auf einschlägigen Webseiten sowie über Kontakte zu Elektromobilitätsverbänden.

3   Ergebnisse

Insgesamt konnten 31 vollständige Datensätze von Teilnehmern mit den entsprechenden Mindestanforderungen erhoben werden. Bis auf eine Teilnehmerin war das Probandenkollektiv männlich, das Durchschnittsalter betrug 46,3 Jahre ($SD = 10,9$). Die Befragten wiesen ein sehr hohes Bildungsniveau auf (2/3 mit Hochschulabschluss bzw. Promotion) und gaben eine äußerst hohe Technikaffinität an. Die Stichprobe entspricht somit den aus der Innovationswissenschaft bekannten Gruppen der „Innovators" und „Early Adopters" (Rogers 1962), also hoch gebildeten, eher wohlhabenden, technikinteressierten Männern mittleren Alters. In Durchschnitt legten die Befragten 27.700 km ($SD = 26.600$) mit einem Elektro- oder Plug-In-Hybrid-Fahrzeug zurück. 26 der Befragten hatten zum Zeitpunkt der Befragung bereits Erfahrungen in mehr als einem Elektrofahrzeug sammeln können. Der Tesla Roadster war mit acht Nennungen das häufigste Fahrzeug, auf das sich die Bewertung der Anzeigen bezog. Von den verbleibenden 23 Befragten wurden in Summe 15 weitere Fahrzeuge angegeben. Somit ist eine inferenzstatistische Auswertung nach Fahrzeugtyp nicht möglich. Um sicherzustellen, dass sich die Angaben der Befragten auf die zu bewertenden Anzeigen beziehen, werden nur die Daten der Personen ausgewertet, bei denen das Vorhandensein der Anzeige in dem entsprechende Fahrzeug korrekt angegeben wurde.

Bei der Wichtigkeit der Anzeige bilden die Ladestatusanzeige (M = 3,94; SD = 0,25) das obere und die Gestaltung des Startvorgangs (M = 2,87; SD = 0,83) das untere Ende der Bewertung auf einer vierstufigen Skala (1 - unwichtig; 4 - sehr wichtig). Die weiteren Anzeigeeigenschaften wie Design, Verständlichkeit, und Nutzungshäufigkeit liegen alle im positiven Bereich zwischen 3 und 4. Als Ausreißer tritt lediglich die Eigenschaft „Unterstützung für energiesparendes Fahren" bei der Gestaltung des Startvorgangs (M = 1,93; SD = 0,88) auf. Für die Ladestatus-, Powermeter-, und Reichweitenanzeige konnte mit n=14 eine Varianzanalyse gerechnet werden. Diese ergibt, dass die Ladestatusanzeige als signifikant wichtiger ($p < .001$) als die Powermeteranzeige und tendenziell wichtiger ($p = .096$) als die Reichweitenanzeige eingeschätzt wird. Dieses Ergebnis legt nahe, dass die derzeitigen Nutzer die Reichweite aus dem aktuellen Ladezustand antizipieren können und demnach ggfs. auf eine Reichweitenanzeige verzichtet werden kann. Die Nutzungshäufigkeit der Ladestatusanzeige ist signifikant höher ($p = .012$) als die der Powermeteranzeige.

Der Zusammenhang zwischen den Eigenschaften der Anzeigen wird in Tabelle 1 dargestellt. Hierfür wurden innerhalb der Anzeigenart die abgefragten Eigenschaften korreliert. Signifikante Zusammenhänge ($p < .05$) sind grau hinterlegt.

Korrelation (Spearman) zwischen...		Anzeigenart		
		Ladestatus	Powermeter	Reichweite
Design - Verständlichkeit	K.-Koeff.	.526	.655	.525
	p	.002	.002	.044
	n	31	20	15
Design - Nutzungshäufigkeit	K.-Koeff.	-.073	.223	.373
	p	.696	.344	.171
	n	31	20	15
Verständlichkeit - Nutzungshäufigkeit	K.-Koeff.	-.102	.538	.279
	p	.584	.014	.314
	n	31	20	15

Tabelle 1: Zusammenhänge zwischen Design, Verständlichkeit und Nutzungshäufigkeit für drei Anzeigearten

Die Ergebnisse lassen vermuten, dass ein Design dann für gut befunden wird, wenn es die dargestellte Funktion leicht verständlich darstellt. Ein gutes Design beeinflusst die Nutzungshäufigkeit allerdings nicht, bzw. werden schlecht gestaltete Anzeigen nicht automatisch weniger häufig genutzt. Haben die Nutzer die Wahl, so führen leicht verständliche Anzeigen zu einem Anstieg der Nutzungshäufigkeit. Da bei der Ladestatusanzeige dieser Zusammenhang nicht auftritt, kann davon ausgegangen werden, dass der Effekt nicht in der anderen Richtung - höher Nutzungshäufigkeit führt zu höherer Verständlichkeit - besteht.

18 Befragte gaben weitere Anzeigen/Funktionen an, die sie sich in einem Elektro- bzw. Plug-in-Hybrid-Fahrzeug wünschen. Mit sechs Nennungen war der Wunsch nach genauen Anzeigen zu Verbrauch bzw. Ladezustand, wenn möglich in der Form kWh/100km bzw. verbleibende kW, am häufigsten. Vier Mal wurde der Wunsch geäußert eine Fernabfrage (z. B. „aktueller Ladezustand auf dem Handy") zu ermöglichen.

4   Diskussion

Aus der dargestellten Befragung lassen sich erste Tendenzen ableiten. Aufgrund der Größe und Inhomogenität der Stichprobe ist weitere Forschung auf diesem Gebiet notwendig, um Ergebnisse zu konkreten Anzeigekonzepten zu erhalten. Die derzeitigen Nutzer von Elektrofahrzeugen, technikbegeisterte, hoch gebildete Männer, kommen mit den neuen Anzeigen sehr gut zurecht und wünschen sich zum Teil noch detailliertere Darstellungen des Fahrzeugzustands, bzw. möchten sie Informationen auch außerhalb des Fahrzeugs verfügbar haben. Inwiefern sich diese Ergebnisse auf die breite Bevölkerung übertragen lassen, die erst dann mit Elektrofahrzeugen in Berührung kommt, wenn diese in den Massenmarkt eintreten, bleibt fraglich. Gerade für diese Nutzergruppe wären aber einfache Anzeigen in den Fahrzeugen erforderlich, damit ein grundlegendes Verständnis für die neue Funktionsweise des Fahrzeugs erzeugt werden kann. Das Problem der nutzerzentrierten Entwicklung bei Anzeigen für Elektrofahrzeuge könnte hier jedoch darin liegen, dass derzeit, aufgrund fehlender praktischer Erfahrungen, nur unzureichende Gestaltungs- und Funktionshinweise von den späteren Nutzern generiert werden können. Einen möglichen Ausweg aus diesem Dilemma stellt Dettmann et al. (2013) dar. Gut gestaltete Anzeigen werden ein Baustein sein, damit sich die Elektrofahrzeuge bei einer breiten Nutzergruppe langfristig durchsetzen.

Literaturverzeichnis

Cocron, P., Bühler, F., Franke, T., Neumann, I., & Krems, J.F. (2011). *Usage patterns of electric vehicles: A reliable indicator of acceptance? Findings from a German field study.* 90th Annual Meeting of the Transportation Research Board. Washington D.C. 23-27.01.2011

Dettmann, A.; Jentsch, M.; Leiber, P.; Bullinger, Angelika C. & Langer, D. (2013). *User in the loop: Konzeption und Entwicklung von Nutzerschnittstellen für "Mobility-on-demand"-Konzepte.* Conference on Future Automotive Technology - Focus Electromobility. 18. 03. - 19. 03. München

Franke, T., Bühler, F., Neumann, I., Cocron, P., Schwalm, M., & Krems, J.F. (2010). *Elektromobilität im Alltagstest. die Feldstudie MINI E Berlin.* Beitrag auf dem 47. Kongress der Deutschen Gesellschaft für Psychologie, Bremen, Deutschland, 26. - 30. September.

NPE - Nationale Plattform Elektromobilität (2010). *Zwischenbericht der Nationalen Plattform Elektromobilität.* Berlin: Gemeinsame Geschäftsstelle Elektromobilität der Bundesregierung (GGEMO).

Rogers, E. M. (1962). *Diffusion of Innovations.* Glencoe: Free Press.

Wellings, T., Binnersley, J., Robertson, D. & Khan, T. (2011). *Human Machine Interfaces in Low Carbon Vehicles - Market Trends and User Issues.* Low Carbon Vehicle Technology Project: Workstream   13.   Warwick: Document   No.   HMI   2.

S. Boll, S. Maaß & R. Malaka (Hrsg.): Mensch & Computer 2013
München: Oldenbourg Verlag, 2013, S. 309–312

fun.tast.tisch. – User-Centered Design for Interactive Tabletop Interfaces in Neuro-Rehabilitation

Mirjam Augstein[1], Thomas Neumayr[2], Irene Schacherl-Hofer[3], Sylvia Öhlinger[4]

Communication and Knowledge Media, University of Applied Sciences Upper Austria[1]
Research and Development, University of Applied Sciences Upper Austria[2]
Self-Employed Occupational Therapist, Upper Austria[3]
Occupational Therapy, University of Applied Sciences for Health Professions Upper Austria[4]

Abstract

The application of tabletop computers and their user interfaces has been explored in different fields during the past years. In the area of rehabilitation, there are only few examples, usually not coupled with an extensive evaluation of both usability and therapeutic progress. This paper introduces the fun.tast.tisch. project which aims at the development of exercises applicable in rehabilitation after acquired brain injury, following an iterative process of user-centered (interaction) design.

1 Introduction and Problem Statement

Daily life routines change immediately after brain injury or stroke. Different types of motor, sensory or cognitive impairments effect the reintegration back to work or social environment. The rehabilitation process aims at improving the performance in daily life. Multidisciplinary teams enable participation in meaningful activities and enhance patients' ability to engage in routine occupations. Technological advancements influence therapeutic practice and facilitate new ways of intervention. Beyond conventional therapy methods, e.g., sensorimotor training or guided limb manipulation, virtual rehabilitation uses virtual reality (VR) to improve abilities. While studies report the benefits of new media in therapy, there still is a need for further evaluation of therapeutic effectiveness and user acceptance (Saposnik & Levin, 2011). MS PixelSense (PS)[1] offers a vision-based surface recognizing fingers, hands and objects. The opportunity to connect manipulation of real objects with VR offers promising aspects for rehabilitation. fun.tast.tisch. uses PS technology for rehabilitation after brain

---

[1] http://www.microsoft.com/en-us/pixelsense/pixelsense.aspx

injury, focusing on basic cognitive functions. A multidisciplinary team including occupational therapists, experts in assistive technology, software development, interaction, graphic and object design, and usability was set up to examine therapeutic benefits together with patients in clinical practice. Exercises are intended to support individual rehabilitation goals and take over administrative tasks. The application of new technologies should not replace but supplement conventional therapeutic interventions.

2   Related Work

Virtual rehabilitation includes manifold manifestations, e.g., motor trainings using virtual environments (Lucca, 2009) or rehabilitation with video games (Halton, 2008). Our focus, however, is on design, development and application of tabletop-based user interfaces for rehabilitation. (Annett et al., 2009) describe a tabletop system for upper extremity motor rehabilitation, focusing on benefits of interactive tabletop games in general as well as the repeatability and measurability of patients' actions. While in their system no physical objects are used for interaction, most modules developed within fun.tast.tisch. rely on interaction with real objects, because several rehabilitatively approved exercises like Tangram (Bublak & Kerkhoff, 1995) build upon activities that cannot be performed with virtual objects. (Dunne et al., 2010) use tabletops (including interaction with physical objects) in upper extremity rehabilitation for children with cerebral palsy. An additional input modality is a wearable accelerometer that enables patients to manipulate games by changing their posture. The approach, however, deals with rehabilitation for cerebral palsy patients exclusively.

3   User-Centered Design in fun.tast.tisch.

Within fun.tast.tisch., up to ten modules supporting patients and therapists during the rehabilitation process will be developed. To consider users' needs and limitations, an iterative, user-centered approach following the four basic steps of interaction design (Sharp, Rogers, & Preece, 2007) was pursued. The subsequent paragraphs reference our first module, Tangram. Tangram is a dissection puzzle consisting of seven basic shapes ("tans", e.g., triangles). Users have to form a complex shape (e.g., house) arranging the tans. Our version of Tangram supports the automatic recognition of physical Tangram tiles by the tabletop.

Establishing Requirements. First, occupational therapists deduce a comprehensive module description from findings that support Tangram's applicability in neuro-rehabilitation. Further, the description explains the use of similar conventional therapy methods and discusses potentials and threats. Since we aim at enhancing formerly conventional trainings, it is most important to comprehend the therapeutic backgrounds. Next, a Hierarchical Task Analysis (HTA) is derived. HTA is a process of breaking down tasks into sub-tasks, sub-subtasks, etc., resulting in a hierarchical structure; it focuses on physical and observable actions that are performed rather than on software or hardware-specific characteristics, which is beneficial in the context of fun.tast.tisch. Not only should the obvious parts of a setting be integrated into our system but also those that have formerly not been considered by therapy software (e.g., physical objects recognized by the tabletop like Tangram tiles).

Developing Alternatives. On the basis of the HTA, mock-ups are created by interaction designers. So far it was useful to maintain a reasonable level of abstraction regarding control elements and the overall interface to leave enough creative space for the (graphic) designers to fill. Figure 1 shows a mock-up of the Tangram module's configuration dialogue and the respective graphical prototype. Between these two steps, a Cognitive Walkthrough, in which all relevant stakeholders participate, is held.

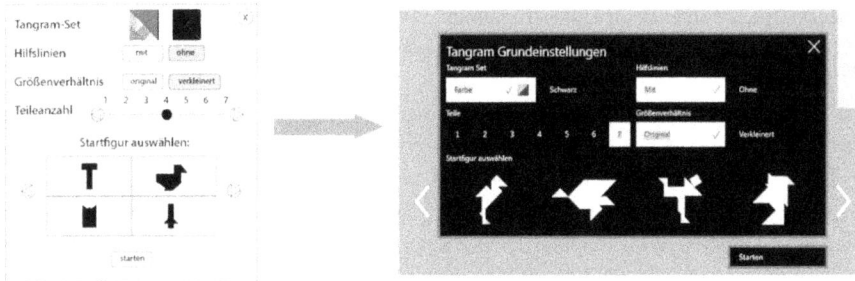

Figure 1: Mock-up based on HTA (left) and corresponding graphical design (right)

Building Interactive Versions. Software developers create functional prototypes on the basis of graphical ones and the HTA. In parallel, the physical objects needed for the module are created by object designers. The results have to allow for sufficient interactivity to conduct user tests in a first evaluation phase.

Evaluation. Therapists and patients are asked to work with the prototypes and provide feedback (usability and user experience are the most important criteria). Intermediate results for Tangram are promising and findings are fed back into the process before starting the second evaluation phase in which an extensive user study will be conducted. Feedback of patients and rehabilitation staff will be collected via (half-) standardized interviews and surveys. Again, results of this phase will be considered for a re-design and -evaluation cycle.

4   Discussion and Future Work

As we follow an iterative development process, there are several modules in different phases of evolution at the same time. At the moment, the first three modules (among them Tangram) are in the software development state or first evaluation phase. The next phase will thus be related to exhaustive evaluation which is currently being prepared. It will take place from July to August 2013 in a clinic for neuro-rehabilitation in Upper Austria. Twelve therapists and numerous patients (divided into three subgroups) will work with fun.tast.tisch. and provide feedback. Additionally, in 2014, there will be a Randomized Controlled Trial to evaluate effectiveness. One group of patients working with fun.tast.tisch. will be compared to a control group receiving conventional therapy.

Acknowledgements

The project fun.tast.tisch. is supported by the COIN – Cooperation and Innovation program which is managed by the Austrian Research Promotion Agency and funded by the Federal

Ministry for Transport, Innovation and Technology and the Federal Ministry of Economy, Family and Youth. Project partners are LIFEtool, ARTGROUP Advertising, University of Applied Sciences for Health Professions Upper Austria, University of Applied Sciences Upper Austria, Irene Schacherl-Hofer, softaware gmbh and TRANSPARENT DESIGN.

References

Annett, M., Anderson, F., Goertzen, D., Halton, J., Ranson, Q., Bischof, W. F., & Boulanger, P. (2009). Using a Multi-Touch Tabletop for Upper Extremity Motor Rehabilitation. *Proceedings of the 21st Annual Conference of the Australian Computer-Human Interaction Special Interest Group* (pp. 261–264). New York, NY, USA.

Bublak, P., & Kerkhoff, G. (1995). Praktische Erfahrungen mit Tangram in der Behandlung visuell-räumlicher und räumlich-konstruktiver Störungen bei Patienten mit Hirnschädigung. *Praxis Ergotherapie, 1995*(8), 340–358.

Dunne, A., Do-Lenh, S., O' Laighin, G., Shen, C., & Bonato, P. (2010). Upper Extremity Rehabilitation of Children With Cerebral Palsy Using Accelerometer Feedback on a Multitouch Display. *Proceedings of the Annual International Conference of the IEEE Engineering in Medicine and Biology Society* (Vol. 2010, pp. 1751–1754). doi:10.1109/IEMBS.2010.5626724

Halton, J. (2008). Virtual Rehabilitation With Video Games: A New Frontier for Occupational Therapy. *Occupational Therapy Now, 9*(6).

Lucca, L. F. (2009). Virtual Reality and Motor Rehabilitation of the Upper Limb After Stroke: A Generation of Progress? *Journal of Rehabilitation Medicine, 41*(12), 1003–1006. doi:10.2340/16501977-0405

Saposnik, G., & Levin, M. (2011). Virtual Reality in Stroke Rehabilitation: A Meta-Analysis and Implications for Clinicians. *Stroke, 42*(1), 1380–1386.

Sharp, H., Rogers, Y., & Preece, J. (2007). *Interaction Design: Beyond Human-Computer Interaction* (2. Auflage.). John Wiley & Sons.

Contact information

Mirjam Augstein, Communication and Knowledge Media, University of Applied Sciences Upper Austria, mirjam.augstein@fh-hagenberg.at

S. Boll, S. Maaß & R. Malaka (Hrsg.): Mensch & Computer 2013
München: Oldenbourg Verlag, 2013, S. 313–316

Passagier-Computer-Interaktion

David Wilfinger[1], Alexander Meschtscherjakov[1], Nicole Perterer[1],
Sebastian Osswald[1], Manfred Tscheligi[1]

Christian Doppler Labor „Contextual Interfaces", ICT&S Center, Universität Salzburg[1]

Zusammenfassung

Die Forschung und Entwicklung von Benutzerschnittstellen im Fahrzeug fokussiert sich vorwiegend auf den Fahrer. Interaktive Systeme für andere Passagiere werden nur am Rande erforscht. In diesem Text wird die Bedeutung der *Passagier Computer Interaktion* (PCI) für jeden einzelnen Insassen im Fahrzeug hervorgehoben und gezeigt, wie sich der Einsatz von interaktiver Technologie durch Passagiere auswirkt. Um PCI als Forschungsschwerpunkt zu etablieren werden zentrale Forschungsthemen definiert: Die Auswirkung von PCI auf Fahrer und andere Passagiere, der soziale Fahrzeugraum, Einflüsse des Kontext auf PCI, ergonomische Aspekte und sicherheitsrelevante Themen. Diese Themen dienen als Ausgangsbasis für die weitere Forschung im Bereich PCI.

1 Einleitung

Bezogen auf Benutzerschnittstellen im Fahrzeug konzentrierte man sich in den letzten Jahren vor allem auf die Fahrer und ihren „Arbeitsplatz". Um Technologienutzung im Auto ganzheitlich zu verstehen, müssen auch die Passagiere miteinbezogen werden. Diese Personengruppe wurde bisher weitgehend von der Mensch-Computer-Interaktion (MCI) Forschung ignoriert. Das Potential, das in der Erforschung dieser *Passagier-Computer-Interaktion* (PCI) liegt, wurde bislang nicht ausreichend adressiert. Passagiere und ihre Nutzererfahrung spielen eine zentrale Rolle im Fahrzeug. Viele Fahrten werden alleine von den Fahrern gemacht und doch sind laut NHTS zum Beispiel in den USA im Durchschnitt 1.67 Personen pro Fahrt im Fahrzeug anwesend (NHTS 2009). Obwohl dies nicht direkt auf die Anzahl der Fahrten mit Passagieren schließen lässt, verdeutlichen die Daten die Notwendigkeit Passagiere stärker in die Fahrzeug MCI Forschung zu integrieren.

In diesem Text rücken wir daher die Passagiere in den Mittelpunkt der MCI Forschung im Fahrzeug. Wir zeigen, warum es für alle Verkehrsteilnehmer vorteilhaft ist, die Bedürfnisse und Erfahrungen dieser Nutzer in den Fokus zu rücken. Dazu skizzieren wir Herausforderungen für die Gestaltung für Passagier-Computer-Interaktion die wir basierend auf 4 Studien definieren konnten.

2   Passagier-Computer-Interaktion

Als Passagier-Computer-Interaktion (PCI) definieren wir die „Nutzung von interaktiver Technologie durch Passagiere im Fahrzeug, welche nicht unmittelbar mit der primären Fahraufgabe befasst sind." Diese Nutzung beinhaltet eine *alleinige* Nutzung der Systeme, schließt aber explizit eine *soziale* Nutzung zum Beispiel im Rahmen von Kooperation oder Computer unterstützter Kommunikation mit ein. Diese Definition kann auch für andere Transportmittel als das Fahrzeug Anwendung finden. In dieser Arbeit beschränken wir uns aber auf das Auto als Fortbewegungsmittel.

Basierend auf der Definition von PCI und dem Forschungsstand in diesem Bereich können wir eine Vielzahl von relevanten Forschungsbereichen identifizieren, deren Beantwortung die Gestaltung einer optimalen PCI unterstützen kann. Dazu ist es nötig, (1) die Anforderungen an die Systeme zu identifizieren mit denen die Passagiere interagieren (2), die Auswirkungen von Technologiennutzung auf die Fahrer und die anderen Passagiere zu verstehen, als auch (3) den dynamischen Kontext innerhalb und außerhalb des Fahrzeugs zu verstehen in dem die Interaktion statt findet.

Um den Passagier Interaktionsraum zu verstehen und Designimplikationen für PCI daraus abzuleiten, führten wir 4 Studien durch. Diese beinhalten eine ethnografische Studie mit Fahrer-Beifahrer Paaren, je eine Cultural Probing Studie (Gaver, 1999) für den Beifahrer und den Rücksitz Bereich, sowie ein „Research through Design" Projekt (Zimmermann et al., 2007), in dem Rücksitzspiele für Kinder entwickelt wurden. Basierend auf den Ergebnissen der Studien konnten wir die folgenden Erkenntnisse ableiten, die einen ersten Einblick in die PCI als Gestaltungsraum geben, im gleichen Moment aber weitere Fragen aufwerfen, die es zu beantworten gilt.

Unterstützung eines positiven Effektes auf die Fahrer und Reduzierung negativer Aspekte wie z.B. Ablenkung und Störung

Passagier-Computer-Interaktion hat das Potential hat für alle Passagiere positiv zu wirken. So können interaktive Systeme die Assistenz der Beifahrer unterstützen und für Ablenkung und Zerstreuung auf dem Rücksitz sorgen, was wiederum den anderen Fahrzeuginsassen nutzt. So muss es ein Ziel sein, positives Verhalten zu unterstützen und negative Auswirkungen zu vermeiden.

Ein zentraler Anwendungsfall für eine positive Auswirkung auf Fahrer durch Beifahrer ist die Navigation. Im Rahmen ihres Interaktionsdesigns ignorieren heutige Navigationssysteme die Tatsache, dass Beifahrer anwesend sein könnten, die freie Ressourcen besitzen, um mit derartigen Systemen zu interagieren. Über die Navigation hinaus arbeiten Beifahrer und Fahrer zusammen. So dienen Beifahrer oft als Erweiterung des Körpers und der Sinne des Fahrers und sind dabei im Geben von Assistenz sehr sensibel gegenüber dem Kontext und dem momentanen Zustand und Empfinden der Fahrer. Beispielsweise verpackten in einer unserer Studien Beifahrer die Aufforderung langsamer zu fahren in eine Geschichte über Autounfälle. Somit konnten sie ihre Botschaft vermitteln ohne die Fahrer direkt zu kritisieren. Um den Beifahrer eine optimale Assistenz zu ermöglichen, sollte Technologie Beifahrer und deren Anforderungen miteinbeziehen, Informationen über den Status des Fahrzeugs und des Fahrers mitteilen und implizite und explizite Assistenz unterstützen.

Anpassung der Technologie an die komplexen sozialen Systeme, die durch die verschiedenen Rollen der Personen im Fahrzeug entstehen

Die Verwendung von Fahrzeugen ist dynamisch, das betrifft auch die Anzahl und Art der Passagiere. Dies wiederum hat Auswirkungen auf die Art und Weise, wie Technologie benutzt wird und welche Interaktionen diese ermöglichen soll. So wurde bereits gezeigt, dass kooperative Navigation stark davon beeinflusst wird, in welchem Verhältnis Fahrer und Beifahrer stehen. Für den Erfolg eines Beifahrer-Assistenzsystems wird es wesentlich sein die Beziehung zwischen Fahrer und Beifahrer abzubilden, um die von beiden gewünschte und akzeptierte Teilung der Kontrolle über das Fahrzeug zu ermöglichen. Dabei ist es notwendig, dass Vertrauen zwischen Fahrern und Passagieren aufgebaut wird. Die Teilung der Kontrolle muss der Menge an Vertrauen entsprechen, welche der anderen Handelnden Person entgegengebracht wird. Ein PCI System muss dies berücksichtigen.

Andere soziale relevante Erkenntnisse lieferte das Rücksitz-Probing. Die Musikwiedergabe durch das Gerät eines einzelnen Nutzers führte zu Konfliktpotential. Dennoch wurde das gemeinsame Hören von Musik (und das dazu singen) von den Eltern als Familienaktivität gesehen. Diese unterschiedlichen Szenarien müssen in interaktiven Systemen abbildbar sein. Gleichsam kann sich auch die Rolle der Beifahrer verändern, zum Beispiel wenn diese vom Fahrgast und alleinigen Nutzer eines Systems zum Administrator der Rücksitztechnologie werden. So wird es erforderlich sein, dass Systeme für mehrere Benutzer auf diese Eigenschaft Rücksicht nehmen und gewisse Funktionalitäten der bedienenden Person anpassen. Bei einzelnen Funktionen wie den Fensterhebern geschieht dies bereits, diese Funktionalität aber auf ein komplexes Interaktives System mit einer Vielzahl von Funktionen zu übertragen, stellt eine Herausforderung für die Zukunft dar.

Auswirkungen und Möglichkeiten durch komplexen und hochdynamischen Kontext

Wie zu erwarten war, zeigten unsere Studien starke Auswirkungen des Kontextes auf die Passagier-Computer-Interaktion. So wurde Passagier-Assistenz und die zu Hilfenahme von Technologie durch die Beifahrer in kritischen Wetter und Straßensituationen besonders relevant. Auch die Auswirkungen der wechselnden Beleuchtungsverhältnisse führten zu Eltern, die sich spezielle Leselampen für die Kinder auf dem Rücksitz wünschten. Die Ziele der Fahrten und ihr Anlass änderten stark die Erwartung an Technologie im Fahrzeug. Schnittstellen müssen auf die Veränderung des Kontexts reagieren. So sind Spiele im Auto alle stark durch die Dynamik des Kontextes beeinflusst (z.B. Autos mit bestimmter Farbe zählen). Es wird in Zukunft von zentraler Bedeutung sein den dynamischen Kontext, seine Auswirkungen aber auch die Möglichkeiten die sich für die PCI bieten stärker zu adressieren.

Berücksichtigung des limitierten Raums und der eingeschränkten Bewegungsfreiheit

Unsere Studien im Passagierraum führten oft zu Erkenntnissen die auf die Limitierung des Raumes im Passagierbereich zurückzuführen sind. So kann beispielsweise die Installation eines Touchscreens für die Beifahrer nur unter Berücksichtigung des Airbags vorgenommen werden. Auf dem Rücksitz ist es einfacher Bildschirme anzubringen, dennoch stellt sich die Frage der Eingabemodalität, speziell wenn die Benutzer durch einen Kindersitz in ihrer Reichweite sehr eingeschränkt sind. Der limitierte Raum erschwert außerdem die gemeinsame Nutzung von Technologie. So ist es fast unmöglich einen Touchscreen am Rücksitz direkt aus der ersten Reihe zu bedienen. Dies führt dazu, dass beispielsweise Eltern am Vordersitz Kindern am Rücksitz nur schwer bei der Technologienutzung helfen können und in den meisten Fällen auf eine Art Fernsteuerungsinterface angewiesen sind.

Aspekte der Sicherheit

Zentral im Fahrzeug ist die Sicherheit der Passagier und der anderen Verkehrsteilnehmer. Das hohe Maß an Sicherheit aller interaktiver Systeme ist dabei nicht nur vom Gesetzgeber gefordert, sondern auch von vielen Passagieren erwartet. So müssen auch PCI Systeme sorgsam in Bezug auf sicherheitsrelevante Aspekte gestaltet werden. Auf der anderen Seite besteht die Gefahr, dass die Sicherheitsthematik innovationsfeindlich ist und gute Konzepte bereits in ihrer Frühphase aus Gründen der Sicherheit abgelehnt werden, noch bevor die kreative Entwicklung abgeschlossen ist. Die erfolgreiche Entwicklung innovativer Konzepte für die PCI wird sich diesem Konflikt stellen müssen.

3   Zusammenfassung

Ziel dieses Textes ist es die Passagier-Computer-Interaktion in den Fokus der Mensch Computer Interaktionsforschung zu rücken. Basierend auf Studien gelang es, zentrale Herausforderungen an die PCI zu definieren, die den großen Forschungsbedarf zeigen. Besonders wichtig wird es daher sein, die dynamischen Auswirkungen von Kontext aber auch von sozialen Zusammenhängen im Fahrzeug für die PCI zu berücksichtigen. Nur so können mögliche Szenarien der PCI, wie Fahrer-Beifahrer Kooperation oder Unterhaltung am Rücksitz realisiert werden.

Danksagung

Diese Arbeit wurde durch das Bundesministerium für Wirtschaft, Familie und Jugend, durch die Nationalstiftung für Forschung, Technologie und Entwicklung und die AUDIO MOBIL Elektronik GmbH gefördert (Christian Doppler Labor „Contextual Interfaces").

Literaturverzeichnis

Gaver, B., Dunne, T., & Pacenti, E. (1999). Design: cultural probes. interactions, 6(1), 21-29.

U.S. Department of Transportation, Federal Highway Administration (2009) *National Household Travel Survey*. http://nhts.ornl.gov.

Zimmerman, J., Forlizzi, J. & Evenson S. (2007) Research through design as a method for interaction design research in HCI. In Proceedings of the SIGCHI Conference on Human Factors in Computing Systems (CHI '07). ACM, New York, NY, USA, 493-502.

S. Boll, S. Maaß & R. Malaka (Hrsg.): Mensch & Computer 2013
München: Oldenbourg Verlag, 2013, S. 317–320

Mobiler Reporting-Mechanismus für örtlich verteilte Einsatzkräfte

Thomas Ludwig, Christian Reuter, Volkmar Pipek

Institut für Wirtschaftsinformatik, Universität Siegen

Zusammenfassung

Die im Katastrophenschutz beteiligten Behörden und Organisationen mit Sicherheitsaufgaben (BOS) benötigen für Entscheidungen akkurate Informationen. Einige können über externe Dienste in der Leitstelle visualisiert werden, andere müssen von zuständigen Einheiten vor Ort berichtet werden. Unsere Design-Fallstudie untersucht interaktive Unterstützungsmöglichkeiten dieser Reporting-Prozesse. In einer qualitativen empirischen Studie wurden die Kommunikationspraktiken von BOS untersucht und darauf aufbauend ein Konzept zur semi-strukturierten Artikulation von Informationsbedarfen erstellt, welches als mobile Applikation implementiert und mit potentiellen Nutzern evaluiert wurde. Unser Beitrag zeigt, wie zielgerichtete Anfragen das Reporting örtlich verteilter Einsatzkräfte unterstützen können.

1 Einleitung und empirische Vorstudie

In der Lagebeurteilung von BOS haben Entscheidungen weitreichende Auswirkungen (Reuter & Ritzkatis, 2013) und basieren häufig auf inkrementellen Meldungen der Einsatzstelle (Ley et al., 2012). Verschiedene Arbeiten untersuchen die Unterstützung dieser Kooperation mittels mobiler Geräte. Sie betrachten die Einsatzleitung sowohl als Informationsproduzenten wie auch -konsumenten, wohingegen die Kräfte vor Ort als Produzenten aufgefasst werden (Nilsson & Stølen, 2010). Die Einsatzleiter stellen Entscheidungsträger dar, deren Entscheidungen in Maßnahmen münden, die von den Vor-Ort-Kräften ausgeführt werden. Die meisten dieser Ansätze verfolgen einen Push-Mechanismus, bei dem Informationen empfangen werden und der Empfänger keine Möglichkeit hat, seine Bedarfe genauer zu artikulieren (Betts et al., 2005; Büscher & Mogensen, 2007; Singh & Ableiter, 2009; Winterboer et al., 2011; Wu et al., 2011). Daher möchte dieser Beitrag untersuchen, wie BOS ihre Informationsbedarfe artikulieren und dabei durch mobile Applikationen unterstützt werden können.

Zur Reflexion der Arbeitspraxis, der Identifikation möglicher IT-Unterstützung und interorganisationaler Informationsbedarfe wurden 27 teilstrukturierte Interviews (je 1-2h, I01-24, IM01-05) mit Einsatzkräften verschiedener Ebenen ausgewertet (Ley et al., 2012). Bei der Auswertung wurde sich am Grounded Theory-Verfahren orientiert, wobei Aussagen offen kodiert und in Kategorien aufgeteilt wurden.

Die vergangene Katastrophenbewältigung zeigt, dass die Lagebeurteilung eine kollaborative Aufgabe ist, bei der aufgrund unsicherer Einsatzlagen eine Vielzahl von Personen beteiligt ist. Gewöhnlich sind die örtlichen Einsatzkräfte für die Zustellung relevanter Informationen verantwortlich, die über einem Push-Mechanismen weitergegeben werden. Diese Praxis weist Nachteile auf, welche in einem unserer Interviews deutlich wurden: Die örtlichen, insbesondere freiwilligen Kräfte, wissen teilweise nicht, welche Informationen sie übermitteln sollen oder priorisieren ausgehende Meldungen falsch (IM01, IM02). Es kann nur so sein, *„dass man einem Abschnittsführer in einer Situation, wo der erste Trubel mal weg ist, sagt: Jetzt schick uns mal ein Bild! Wirklich auf Anforderung"* (IM01). Durch das gezielte Anfordern wird verhindert *"dass [...] jeder irgendwelche Bilder macht und die rückwärtig einspeist, ohne dass man genau weiß, worum es da geht"* (IM05). Während der dynamischen Anforderung sollte das gewünschte Format (Bild, etc.) spezifiziert werden (IM04). Der Mitarbeiter muss *„in der Leitstelle sehen, dass eine Person an einer Stelle mit seinem Tablet herum rennt und ihm sagen: Mach mir doch mal ein Foto!"* (IM02). Derzeit funktioniert die Standortbestimmung nur via Funk: *"Im besten Fall nehme ich mir ein Funkgerät und spreche ihn an: Wo bist du?"* (IM05). Idealerweise kann man zusätzlich zum Standort die aktuelle Verfügbarkeit sehen (I03). Diese Artikulationen kosten zum jetzigen Stand sehr viel Zeit. Die Teilnehmer merkten an, dass es basierend auf dem Standort Optionen zur Fern-Navigation von Einheiten geben sollte: *"Wenn ich das* [Standorte] *auf der Karte sehe und hätte beispielsweise noch Hydrantenpläne, dann könnte ich sagen: Gehe mal noch fünf Meter weiter, da müsste der nächste Hydrant sein"* (IM02). Aufgrund der hohen Dynamik von Einsatzkräften können Einheiten spontan neue Rollen zugeteilt werden, wodurch Anfragen immer Rollen und niemals Personen zugeordnet werden sollten (IM01, IM02). Die empirische Analyse der gegenwärtigen BOS-Praxis zeigt eine Notwendigkeit für improvisierte Maßnahmen, um geeignete Berichte zu erhalten. Die ‚Informationenproduzenten' vor Ort sind nicht immer in der Lage, die Bedürfnisse ihrer Leistellenkollegen zu antizipieren, sodass resultierende Informationsüberlastungen oder -mängel Entscheidungen negativ beeinflussen. Ein semi-strukturiertes Reporting-Konzept ist sinnvoll, wenn die Vor-Ort-Berichte nicht die Bedürfnisse der Leitstelle befriedigen. Dann sollte diese die Möglichkeit besitzen, ihren Informationsbedarf aktiv zu artikulieren. Ein solches dynamisches Anfordern wird aktuell lediglich via Funk unterstützt, wobei die Einheiten vor Ort über einen zu großen Interpretationsspielraum klagen: *„Der Einsatzleiter möchte etwas erledigt haben und wir müssen dann verstehen, was er genau meint"* (I07). Deshalb könnte ein Mechanismus, welcher semi-strukturierte Anfragen erlaubt, die Kooperation verbessern.

2   Mobiles semi-strukturiertes Reporting-Konzept

Die Grundidee unseres Konzepts ist es, BOS die Möglichkeit zu geben, gezielt Informationsbedarfe in Form von Informationsanfragen an Einsatzkräfte vor Ort zu artikulieren, die unter Berücksichtigung der relevanten Meta-Daten (Ort, Zeit, Format) übermittelt werden.

Der Adressat einer Anfrage kann zum einen über seinen Standort, zum anderen über seine Rolle bestimmt werden. Dazu soll die Applikation folgendes ermöglichen: (1) Das *Anfordern von Informationen* ermöglicht es einer Einheit, eine benötige Information fein zu spezifizieren und geeignet zu artikulieren. (2) Das *unabhängige Berichten von Informationen* ermöglicht autorisierten Einheiten, Berichte direkt zu senden ohne eine vorherige Anfrage (IM06).

(3) Das *Anfrage-basierte Senden von Informationen* erlaubt einer Einheit, Informationen nur als Antwort auf eine frühere Anfrage zu senden.

Um das Konzept und dessen Wirkung zu überprüfen, haben wir eine mobile Android-Anwendung implementiert. Das technische Konzept basiert auf einer REST-Architektur. Durch den Einsatz von Google Cloud Messaging sind innovative Benachrichtigungsmechanismen umgesetzt, welche eine Nutzung parallel zum BOS-Funk bieten. Die Bestimmung des Adressaten ist sowohl standort- als auch rollenbasiert möglich. Bei erster Option kann der Nutzer die Standorte untergeordneter Einheiten abfragen, auf einer Karte anzeigen und ggf. auswählen. Es öffnet sich ein Formular, über welches der Nutzer eine Anfrage definieren kann. Bei eigehenden Anfragen werden in einer Übersicht individuell alle offenen Anfragen sortiert dargestellt. Eine Anfrage kann direkt mit einem Bericht beantwortet werden, in welchem die Attribute bereits durch die anfragende Einheit vordefiniert sind. Durch das vordefinierte Format wird direkt die entsprechende Aktion (z.B. *Starten der Kamera* bei Foto) ausgeführt. Sollte ein Bericht nicht als direkte Antwort erstellt werden, müssen die Attribute manuell eingegeben werden. Das Einsehen von Berichten wird auf Basis einer Karte ermöglicht, welche die Reports mit Filtermöglichkeiten anzeigt. In dem Informationsfenster sind alle Attribute einsehbar, die eine Information genau identifizieren (IM05).

3 Evaluation und Fazit

Aufgrund von Sicherheitsregularien der BOS konnte das Konzept nur in einem realitätsnahen Szenario-basierten Walk-Through gefolgt von Interviews mit professionellen und relevanten freiwilligen Einheiten evaluiert werden. Die Evaluation umfasste 11 Personen (je 45 min, IM06-11). Die App wurde funktional vorgestellt und es wurde erläutert, wie sie die in der Empirie genannten Einsatzsituationen unterstützen könnte. Die Sitzung war interaktiv gestaltet, wobei Anmerkungen durch „Thinking Aloud" festgehalten wurden. Nach der Demonstration folgten teilstrukturierte Interviews. Dadurch konnten wir folgende Auswirkungen mobiler semi-strukturierter Anfragen auf die Improvisationsarbeit ableiten:

Abbildung 1: Screenshots von MoRep (Mobile Reporting)

(1) *Ausbau der Artikulationsarbeit*: Das Konzept kann große Einsatzlagen zwar nicht über den gesamten Zeitrahmen abdecken, allerdings sehr einfach für *„Basisinformationen und ein gemeinsames Verständnis der Situation"* (IM08) genutzt werden. Es bietet eine zusätzliche Möglichkeit, Berichte um visuelle Daten anzureichern (IM09). Die Feinspezifizierung und Anforderung ermöglicht die informelle Option von routinierten Strukturen abzuweichen, wobei die Antwort seitens der Vor-Ort-Einheiten Pflicht ist (IM04).

(2) *Erweiterte Situation Awareness:* Der Umgang mit semi-strukturierten Anfragen hat zwei unterstützende Dimensionen: Zum einen werden lokale freiwillige Einheiten unterstützt, welche ein Wissen über den Standort, aber nicht notwendigerweise die Erfahrung über die

Relevanz einer Information besitzen (IM06). Zum anderen werden professionelle Einheiten anderer Regionen unterstützt, welche die Relevanz von Informationen besser einschätzen können, allerdings – speziell in größeren Lagen – kein Wissen über den Ort besitzen. Der Leiter der Leitstelle erklärte, dass sie eine Vielzahl neuer, externer Kräfte erhalten wird, weshalb das Übermitteln von Zielstandorten sehr hilfreich sei (IM06). Semi-strukturierte Informationsanfragen überbrücken beide Dimensionen und fördern Trainingseffekte.

(3) *Anreicherung der Einsatznachbesprechungen*: Nach einem Einsatz können die gespeicherten Anfragen und Informationen zur Dokumentation genutzt werden (IM03). *„Aktuell haben wir nachher eine Nachbesprechung anhand von Internetvideos, Fotos von Fotografen und dem Pressemensch [...]"* (IM11). Es bestehen noch Zweifel, ob die Einsatzkräfte vor Ort sich an das Konzept halten (IM07), da es noch zu statisch ist, um die gesamte Improvisationsarbeit während Einsätzen abzudecken.

Im Katastrophenschutz ist das Einholen von Informationen für eine geeignete Situationsübersicht unabdingbar. Die Informationsketten sind dabei durch rechtliche Regularien gekennzeichnet. Routiniertes Handeln deckt nicht alle Informationsbedarfe, wodurch Einsatzkräfte zu hoher Artikulationsarbeit gezwungen werden. Mit dieser Fallstudie haben wir die Praxis in Bezug auf die Ad-hoc-Erfassung von Informationen untersucht und ein durch semistrukturierte Berichte gekennzeichnetes Interaktionskonzept entwickelt. Durch die sukzessive Einführung des BOS-Digitalfunks, der aufgrund der sehr geringen Übertragungsraten das Übermitteln von Multimedia-Daten nicht ermöglicht, wird sich unsere weitere Arbeit auf die Analyse möglicher Symbiosen des BOS-Digitalfunks und Mobilfunks und der Exploration von unterstützenden Technologien konzentrieren.

Literaturverzeichnis

Betts, B. J., Mah, R. W., Papasin, R., Del Mundo, R., McIntosh, D. M., & Jorgensen, C. (2005). Improving situational awareness for first responders via mobile computing. *Systems Research, 7.*

Büscher, M., & Mogensen, P. H. (2007). Designing for material practices of coordinating emergency teamwork. In B. Van De Walle, P. Burghardt, & C. Nieuwenhuis (Eds.), *Proc. ISCRAM.* Delft.

Ley, B., Pipek, V., Reuter, C., & Wiedenhoefer, T. (2012). Supporting Improvisation Work in Inter-Organizational Crisis Management. In *Proc. CHI.* Austin, USA: ACM-Press.

Nilsson, E. G., & Stølen, K. (2010). Ad Hoc Networks and Mobile Devices in Emergency Response – a Perfect Match? *Ad Hoc Networks - LNCS, 49,* 17–33.

Reuter, C., & Ritzkatis, M. (2013). Unterstützung mobiler Geo-Kollaboration zur Lageeinschätzung von Feuerwehr und Polizei. In R. Alt & B. Franczyk (Eds.), *Proc. Wirtschaftsinformatik.* Leipzig.

Singh, G., & Ableiter, D. (2009). Twiddlenet: Smartphones as personal content servers for first responders. In J. Löffler & M. Klann (Eds.), *Mobile Response* (Vol. 5424, pp. 130–137).

Winterboer, A., Martens, M. A., Pavlin, G., Groen, F. C. A., & Evers, V. (2011). DIADEM: a system for collaborative environmental monitoring. *Proc. CSCW* (pp. 589–590). Hangzhou, China.

Wu, A., Yan, X., & Zhang, X. L. (2011). Geo-tagged Mobile Photo Sharing in Collaborative Emergency Management Current Practice in Emergency Management. *Proc. VINCI.* Hong Kong.

S. Boll, S. Maaß & R. Malaka (Hrsg.): Mensch & Computer 2013
München: Oldenbourg Verlag, 2013, S. 321–324

Task descriptions in usability tests: A source of split-attention

Nina Hollender, Yiqi Li, Theo Held

SAP AG

Summary

Having to switch between task descriptions and the interface during a usability test induces cognitive load for participants and increases time on task. An explorative study is reported, showing a large individual variability in how often and for how long participants returned to task descriptions. They returned to descriptions at least once in 80% of all cases (Max=13, Median=2), spending up to 147s re-reading the description (Median=7s). This constituted up to 67% of the total time on task. Practical implications regarding the design of task descriptions and for summative usability testing are sketched.

1   Introduction

In usability tests, participants read task instructions and then work on these tasks with a software program or prototype. While doing so, their feedback as well as specific measures such as completion rates or times on task are gathered (Rubin & Chisnell, 2008). Often, participants do not only read a task description once before working on the task, but they may have to switch back and forth between the task description and working with the interface several times, in order to integrate information from the task description and information on the interface.

Having to mentally integrate separate sources of information has been extensively studied in educational psychology (Ginns, 2006). It has been shown that learners who have to split their attention between separate sources of information require more time for learning and perform worse in subsequent test tasks, compared to learners who study integrated information. According to these findings, it can be assumed that having to switch between task description and the user interface of a software application or prototype in a usability test causes cognitive load, and might affect measures such as task times.

In the following, a study is presented that explored how often and for how long participants actually do return to task descriptions during a usability test. Based on the results, practical implications for usability testing are sketched, related to the design of usability test tasks and to the measurement of task times, as well as for future research in this area.

2   Re-reading task descriptions: an explorative study

The data reported in the following originated from an experimental study that investigated how different task orders in a usability test would impact measures such as success rate, completion times and satisfaction ratings (Li, Hollender, & Held, submitted). The study comprised 6 tasks related to modeling a software prototype in CogTool version 1.2.1.0 (John, Prevas, Salvucci, & Koedinger, 2004). 20 participants (all user experience professionals) took part in the study. Participants were told to complete each task on their own without thinking out loud. Two of the tasks were always presented in the same position: a practice task in the beginning and a control task in the middle. For the four other tasks, the position was varied, in order to investigate sequencing effects (which are not investigated in the present study). Time on task, as well as the time participants spent returning to a task description during the completion of a task and after reading the description for the first time were measured. This was done by presenting the task description in a browser on a second monitor, as an extension to the primary monitor that displayed the software interface to be worked on. The task description was only visible if participants moved the mouse cursor from the primary monitor to the secondary monitor and clicked once. When they moved the mouse cursor back to the primary monitor to work on a task, the task description became invisible again. Whenever a participant turned the task description visible or moved back to the primary monitor, a time stamp was recorded. Based on this data, the present study aimed to investigate how often and for how long participants return to task descriptions, and how the time spent re-reading the task relates to the overall task time.

2.1   Results

Participants differed largely in the way how they handled reading the task descriptions. While some participants spent more time reading the tasks very thoroughly in the beginning, others spent less time for the initial reading, but then returned to the task description after a first look at the interface. It was observed that participants returned to the task description because they did not remember a specific information element, struggled with a task, or because they wanted to double-check that they had correctly completed a task.

The observed varying strategies were also mirrored quantitatively. From the 20 participants, only one participant did not return at all to any task description. Participants returned at least once to the task description in 80% of all 120 cases (Max=13, Median=2). The median for the time spent re-reading the task description was 7s (Max=147s). Figure 1 displays the frequency distribution for the reading time.

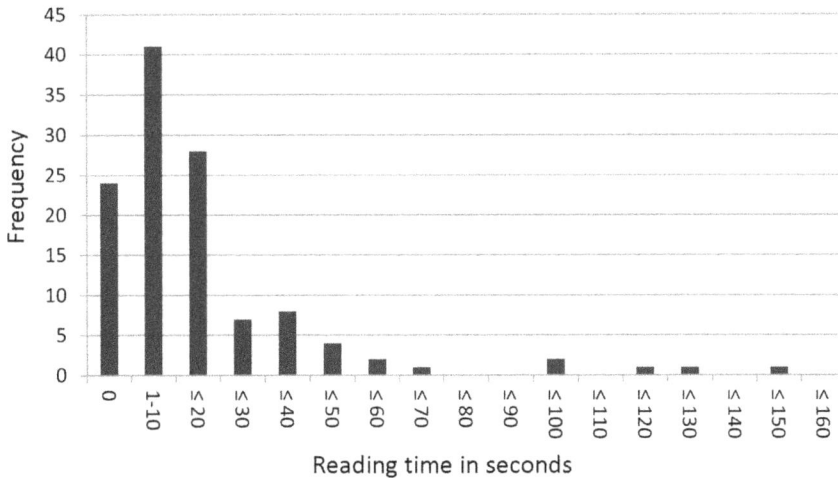

Figure 1: Frequency distribution for the time spent re-reading the task description for 6 tasks and 20 participants (120 cases)

The time for re-reading a description constituted up to 67% of the overall time per task for a specific case (Median = 6%).

3   Discussion and Outlook

In the explorative study presented above, it was shown that the large majority of participants returned to task descriptions while working on a task. There is a large variation with regard to how often participants return to the task descriptions, and also, how much time they spend re-reading them. In most cases, participants returned to task descriptions 2 times, and spent up to 10s for reading it again. Furthermore, there are a few extreme cases were participants returned to a single task description up to 13 times and spent up to 67% of the total task time re-reading it.

This has several practical implications for usability testing. A general implication is that we should aim to design task descriptions that reduce the necessity to return to them while completing a task. Furthermore, if returning to a task description is necessary, for example, if a form needs to be filled in, task descriptions should be designed in a way that supports participants in easily finding this information. Research in the context of Cognitive Load Theory and learning with multimedia could offer several design principles for this (Mayer, 2005):

• Leaving out any irrelevant or redundant information,
• Structuring and highlighting, thus pointing out important information elements.

Such guidelines for the design of task descriptions need to be gathered and tested systematically in future studies, in order to examine whether task descriptions designed according to these guidelines really support test participants, for example by decreasing the need to switch back to them.

Furthermore, the results also have implications for quantitative (summative) usability testing, where the time on task is measured and compared with expert task times: Usually, switching back to task descriptions is not taken into consideration, when measuring or modeling expert task times. As shown above, there is a large variability across participants regarding the re-reading of task descriptions. This makes the interpretation of test results regarding the time on task more difficult. Therefore, we suggest that times for re-reading a task description in summative tests should be recorded and excluded from total task times. In our study, recording times for returning to task descriptions was achieved by recording time stamps with java script whenever the participant made a task description visible by clicking on it. While this is a low-cost method, it has the draw-back that it is quite obtrusive. Eye-tracking in future studies would have the advantage of being less disturbing, and would also provide detailed insight in the way how participants switch between the application to be tested and the task description. With the trend of eye-tracking technologies in mobile devices (Han, Yang, Kim & Gerla, 2012), displaying the task description on a tablet PC and recording the reading times might become a generally available option.

Literature

Ginns, P. (2006). Integrating information: Meta-analyses of the spatial contiguity and temporal contiguity effects. . *Learning and Instruction, 16*, 511–525.

Han, S., Yang, S., Kim, J., & Gerla, M. (2012). EyeGuardian: a framework of eye tracking and blink detection for mobile device users. *Proceedings of the Twelfth Workshop on Mobile Computing Systems & Applications*. New York, NY, USA: ACM, pp. 61-66.

John, B., Prevas, K., Salvucci, D., & Koedinger, K. (2004). Predictive Human Performance Modeling Made Easy. *Proceedings of CHI*, 2004. New York, NY, USA: ACM, pp. 455-462.

Li, Y., Hollender, N., & Held, T. (submitted). Task sequence effects in usability tests.

Mayer, R. (2005). Principles for Reducing Extraneous Processing in Multimedia Learning: Coherence, Signaling, Redundancy, Spatial Contiguity, and Temporal Contiguity Principles. In R. Mayer (Ed.): *The Cambridge Handbook of Multimedia Learning*. Cambridge: University Press, pp. 183-200.

Rubin, J., & Chisnell, D. (2008). *Handbook of usability testing: how to plan, design and conduct effective tests*. 2nd Edition. Indianapolis: Wiley.

Contact information
{nina.hollender, yiqi.li, theo.held}@sap.com

S. Boll, S. Maaß & R. Malaka (Hrsg.): Mensch & Computer 2013
München: Oldenbourg Verlag, 2013, S. 325–328

Aufgabenmodellierung am Multi-Touch-Tisch

Jens Eggers, Adrian Hülsmann, Gerd Szwillus

Institut für Informatik, Fachgruppe Mensch-Computer-Interaktion, Universität Paderborn

Zusammenfassung

In frühen Phasen der Entwicklung von Benutzungsschnittstellen kommen zunehmend Aufgabenmodelle zum Einsatz, um die Handlungen der Benutzer vor und nach Einführung des Systems zu dokumentieren und zu modellieren. Die entstehenden Aufgabenhierarchien sind typischerweise große Graphen, die computerunterstützt, zudem oftmals kollaborativ in kleinen Teams, erstellt und bearbeitet werden. Derartige Aufgaben sind prädestiniert dafür, an großen interaktiven Displays durchgeführt zu werden. In diesem Paper diskutieren wir ein Konzept zur Unterstützung der kollaborativen Bearbeitung von Aufgabenmodellen an einem Multi-Touch-Tisch, das zukünftig umgesetzt wird.

1 Einleitung

In modellbasierten Ansätzen zur Entwicklung von Benutzungsschnittstellen werden Aufgabenmodelle eingesetzt (Szwillus 2011), um die Tätigkeiten der Benutzer vor Einführung eines Systems (Ist-Modell) und danach (Soll-Modell) zu dokumentieren. Diese Modelle sind in realistischen Fällen große Graphen mit einer unterliegenden Hierarchie. Da außerdem typischerweise verschiedene Rollen zu berücksichtigen sind, bietet sich eine kollaborative Bearbeitung dieser Modelle auf einem Multi-Touch-Tisch an. In einem ersten Schritt soll hier eine Konzeption für eine derartige Modellierungsumgebung vorgestellt werden, die für den Multi-Touch-Tisch (MTT) am Institut für Informatik der Universität Paderborn entwickelt werden soll.

Der verwendete MTT "Mister T" zeichnet sich durch ein 1,60 x 0,90 Meter großes, hochauflösendes Display aus. Die mit Hilfe des LLP-Prinzips (Laser-Light-Plane) implementierte und auf optischem Tracking basierende Berührungserkennung erlaubt eine zuverlässige und schnelle Identifikation vieler Touchpunkte, sodass die simultane Benutzung durch mehrere Benutzer problemlos möglich ist. Tangibles (physikalisch begreifbare Objekte) können durch ein eigens realisiertes Framework von unserem System erkannt und mobile Endgeräte (Smartphones, Tablets) als erweiterte Interaktionsartefakte mit dem System gekoppelt werden.

2   Interaktionen der Aufgabenmodellierung

Die konzeptionellen Vorüberlegungen stützen sich ab auf den Pseudo-Standard für die Aufgabenmodellierung, nämlich den CTT-Ansatz von Paternò (Paternò 2000). Demnach ist ein Aufgabenmodell strukturell eine Hierarchie, in der Aufgaben in Unteraufgaben dekomponiert werden, ergänzt um strukturell anders geartete Kanten zwischen benachbarten Knoten zur Spezifikation der zeitlichen Beziehungen (sog. temporalen Relationen) zwischen diesen. Nach diesem Ansatz entsprechen Aufgabenmodelle dem Konzept der „Knoten-Linie"-Diagrammen, für die in anderen Studien bereits Interaktionsmuster vorgeschlagen wurden (z.B. Frisch et al. 2009) und an denen wir uns orientiert haben.

Abbildung 1: Knoteninteraktionen und -darstellungen

So kann ein neuer Knoten durch eine Hold-Geste (Abb. 1 a) direkt am MTT oder mit einem Smartphone durch eine Stempel-Geste des Gerätes auf das Display des MTTs erzeugt werden. Anders als in der graphischen Entwicklungsumgebung CTTE (Paternò 2013) sollen – wie etwa auch bei K-MADe (Baron et al. 2006) – mehr Aufgabeneigenschaften direkt am Knoten sichtbar sein (Abb. 1 b), statt dafür erst einen Dialog öffnen zu müssen; dies betrifft den Hinweis auf Vor- und Nachbedingungen (Pfeilspitzen) und angebundene Aufgabenobjekte (Würfel). Auch sollte in den Knoten selbst direkt das Ein- und Ausklappen des darunterliegenden Unterbaumes anwählbar sein (+/-).

Knoteneigenschaften können zum einen durch Berühren mit dem Finger über ein Pie-Menü (Baron et al. 2006) am Knoten selbst, zum anderen durch Berühren mit einem mobilen Endgerät direkt auf dessen Display verändert werden (Abb. 1 c). Letzteres dient der Verlagerung der Texteingabe, wodurch Bildschirmplatz (für eventuelle virtuelle Tastaturen) auf dem MTT gespart und Interaktionsflüsse (vor allem in kooperativen Bearbeitungen) weniger gestört würden. Für die Knoteneigenschaften schlagen wir eine „Preisschild"-Metapher vor, die das „Anhaften" dieser Eigenschaften stärker verdeutlichen soll (Abb. 1d).

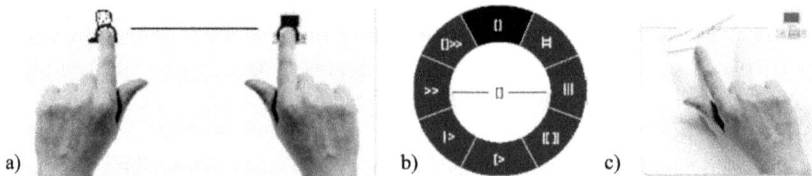

Abbildung 2: Gesten beim Arbeiten mit Kanten und globales Undo/Redo

Kanten werden durch das gleichzeitige Berühren zweier Knoten zwischen diesen erzeugt (Abb. 2 a). Anschließend wird die temporale Relation bei Kanten zwischen Kindknoten derselben Oberaufgabe wiederum über ein Pie-Menü festgelegt (Abb. 2 b). Die Reihenfolge der Relation ergibt sich dabei aus der visuellen Anordnung der Knoten (von links nach rechts). Eine Erase-Geste (Abb. 2 c) dient dem Entfernen nicht gewünschter Elemente und kann auf Knoten und Kanten angewandt werden. Des Weiteren kann über die etablierte Drag-Geste entweder das gesamte Diagramm (bei Initiieren der Geste auf dem Hintergrund) oder ein einzelner Knoten (bei Initiierung direkt auf dem Knoten) verschoben werden, wobei auch der gesamte Unterbaum darunter entsprechend verschoben wird, um die relative Anordnung zu erhalten. Da wir von potentiell sehr großen Diagrammen ausgehen, wird auch die bekannte 2-Finger-Pinch-Zoom-Geste als Möglichkeit der Vergrößerung bzw. Verkleinerung von Diagrammen implementiert.

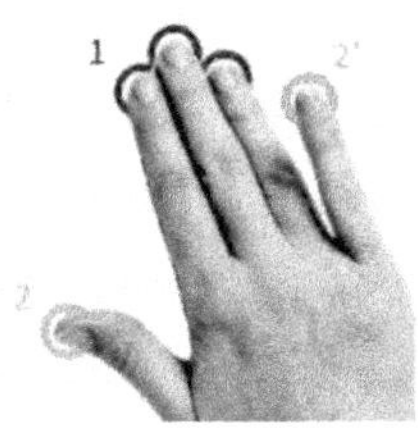

Abbildung 3: Undo/ Redo

Eine Besonderheit stellt die von uns vorgeschlagene, kombinierte Undo-Redo-Geste dar (Abb. 3). Sie wird als 3-Finger-Hold und Tap der verbleibenden Finger realisiert. Während die 3 Finger halten, fordert mehrfaches Tippen des Daumens (links) aufeinander folgende Undo-Operationen an, während ein Wippen nach rechts zum kleinen Finger eine Redo-Operation auslöst. Somit kann durch diese intuitive Wippgeste in der Historie schnell zurück- und vorgesprungen werden.

Um weitere Hilfe zum Umgang mit großen Diagrammen anzubieten, adaptieren wir die Off-Screen-Visualisierung (Frisch et al. 2009) in den Bereich der Aufgabenmodelle (Abb. 4). Hierbei werden am Rand des Bildschirms jeweils Indikatoren angebracht, die andeuten, was in der entsprechenden Richtung außerhalb des Bildschirmausschnitts liegt.

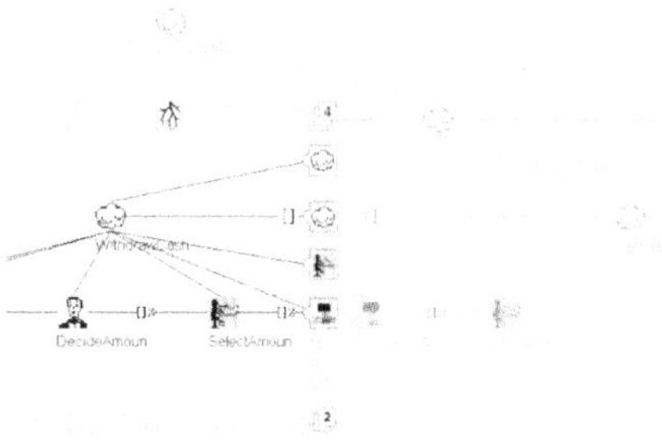

Abbildung 4: Off-Screen-Visualisierung

3 Kooperative Aspekte der Aufgabenmodellierung

CTT bietet die Möglichkeit kooperative Aufgabenmodelle zu beschreiben, diese beinhalten verschiedene Benutzerrollen. Beim Bearbeiten dieser kooperativen Modelle entstehen mehrere Aufgabenbäume parallel; diese werden in einer übergeordneten Aufgabenhierarchie zur Steuerung der Kooperation miteinander in Beziehung gesetzt. Aus Platzgründen beschränken wir uns in diesem Beitrag auf die Skizzierung der Interaktionen und gehen nicht auf die entstehenden prozessualen Fragen ein. Für die Bearbeitung der beteiligten Aufgabenmodelle im Team sehen wir die Möglichkeit vor, Diagrammteile zumindest zeitweise auseinander zu reißen (*tear*), dann gemäß der im Aufgabenmodell beteiligten Benutzerrollen arbeitsteilig im

Team durch verschiedene Entwickler bearbeiten zu lassen und anschließend wieder zusammenzuführen (*merge*).

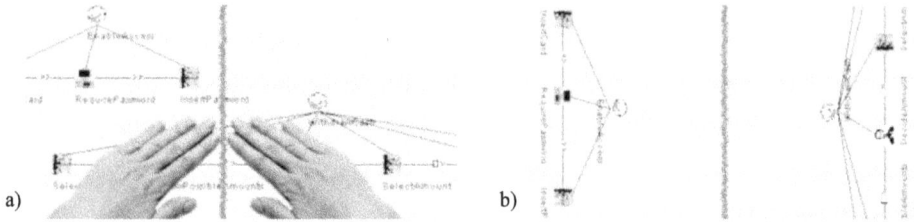

Abbildung 5: Tear-Operation

Dabei kann die tear-Operation (Abb. 5 a) derart eingestellt werden, dass sie die getrennten Teile direkt so dreht, dass bis zu vier Bearbeiter die Diagramme in der richtigen Ausrichtung vor sich haben (Abb. 5 b); die merge-Operation arbeitet entsprechend. Über diese reinen Graphikmanipulationen hinaus kann auch eine fachliche Trennung der Aufgabenbäume in die verschiedenen Rollen und/oder den übergeordneten Rollenmanager erfolgen.

Die hier beschriebenen Konzepte wurden im Rahmen einer Masterarbeit (Eggers 2013) entwickelt, dort sind auch weitere Details nachzulesen. Vieles wurde bereits experimentell erprobt und wird in den nächsten Monaten in einer kompletten Aufgabenmodellierungsumgebung für den MTT "Mister T" implementiert.

Literaturverzeichnis

Baron, M.; Lucquiaud, V.; Autard, D.; Scapin, D. L. (2006): K-MADe: un environnement pour le noyau du modèle de description de l'activité. In: Jean-Marc Robert und David Bertrand (Hg.): Proceedings of the 18th International Conferenceof the Association Francophone d'Interaction Homme-Machine. New York, ACM, S. 287–288.

Eggers, Jens (2013): Entwicklung eines Konzeptes zur Erstellung von Aufgabenmodellen an einem interaktiven Display. Masterarbeit. Universität Paderborn, Paderborn. Institut für Informatik.

Frisch, Mathias; Heydekorn, Jens; Dachselt, Raimund (2009): Diagram Editing on interactive displays using multi-touch and pengestures. In: ITS. Proceedings of the ACM Internation Conference in Interactive Tabletops and Surfaces. ITS'09. Calgary, AB, Canada, 23.-25.11.2009, S. 149–156.

Paternò, Fabio (2000): Model-based design and evaluation of interactive applications. London: Springer (Applied computing).

Paternò, Fabio (Hg.) (2013): ConcurTaskTreesEnvironment. HIIS Laboratory, Instituto di Scienza e Technologie dell'Informazione. Online verfügbar unter http://giove.cnuce.cnr.it/ctte.html, zuletzt geprüft am 1.3.13.

Szwillus, Gerd (2011): Task Models in the Context of User Interface Development. In: Heinrich Hussmann, Gerrit Meixner und Detlef Zuehlke (Hg.): Model-driven development of advanced user interfaces. Berlin: Springer, S. 277–303.

Kontaktinformationen

Prof. Dr. Gerd Szwillus

Universität Paderborn, Fakultät für Elektrotechnik, Informatik und Mathematik
Institut für Informatik, Fürstenallee 11, 33102 Paderborn

S. Boll, S. Maaß & R. Malaka (Hrsg.): Mensch & Computer 2013
München: Oldenbourg Verlag, 2013, S. 329–332

Youngs Mental Models und Image Schemata: zwei komplementäre Ansätze zur Erfassung von Mentalen Modellen der Benutzer

Diana Löffler[1], Annika Johnsen[2]

Lehrstuhl Psychologische Ergonomie, Universität Würzburg
Fachgebiet Mensch-Maschine-Systeme, Technische Universität Berlin[2]

Zusammenfassung

Die Berücksichtigung der mentalen Modelle der zukünftigen Nutzer von ihren Arbeitsaufgaben unterstützt die Gestaltung von gebrauchstauglichen und intuitiv benutzbaren Software-Produkten. Hierbei kann sich einer Vielfalt von User Experience Methoden bedient werden. Eine Methode um die Nutzerperspektive in die Produktentwicklung zu integrieren ist die Methode der „Mental Models" nach Indi Young. Ein Mental Model wird dabei verstanden als die grafische Gegenüberstellung von produktbezogenen Vorstellungen und Verhaltensweisen des Nutzers und dem bestehenden, mitunter großen Funktionsumfang eines Produktes. So können sogenannte „Gaps" aufgedeckt werden: Motivationen und Aufgaben der Nutzer, die nicht in angemessener Weise durch Funktionen abgedeckt werden. Ansatzpunkte zur gestalterischen Schließung dieser Lücken liefert die Methode der image-schematischen Metaphern nach Jörn Hurtienne, welche unbewusste Bausteine der mentalen Modelle erfasst und als Gestaltungsvorgaben definiert. Zusammen bilden diese Ansätze einen Methodenmix, dessen Anwendung die nutzerzentrierte Produktentwicklung von der Anforderungsanalyse bis hin zur Gestaltung unterstützt.

1 Einleitung

Software mit einem zunehmenden Funktionsumfang stellt für die Nutzer oft eine Herausforderung dar und erfordern häufig ein intensives Auseinandersetzen mit dem komplexen Funktionsangebot einer Anwendung. Überladene und wenig anpassbare Benutzungsoberflächen genügen den dynamischen und heterogenen Nutzerbedürfnissen nicht. Sie können daran scheitern, dass sich der Nutzer in dem komplexen Funktionsumfang verirrt. Es stellt sich die Frage, wie Software gestaltet werden kann, die einerseits durch einen großen Funktionsumfang den Anforderungen der Nutzer entspricht, andererseits aber intuitiv zu benutzen ist. Die

Berücksichtigung der mentalen Modelle der zukünftigen Nutzer von ihren Arbeitsaufgaben scheint geeignet, um die Gestaltung von intuitiv benutzbarer Software zu unterstützen. Einen Überblick über die produktbezogenen Vorstellungen und Verhaltensweisen der Nutzer und dem tatsächlichen Funktionsangebot des Softwareproduktes verschafft die Methode der „Mental Models" (Young 2008). Diese Gegenüberstellung deckt sowohl Funktionslücken auf, d.h. Motivationen und Aufgaben der Nutzer, die nicht in angemessener Weise durch Systemfunktionen abgedeckt werden, als auch ein Funktionsüberangebot und somit Potential für Einsparungen bzw. eine Restrukturierung. Die Anwendung der Methode der Mental Models unterstützt das nutzerzentrierte (Re-)Design eines Softwareproduktes, indem die mentalen Modelle der zukünftigen Nutzer von ihren Arbeitsaufgaben bei der Funktionsauswahl und -strukturierung Berücksichtigung finden. Hilfestellung bei der konkreten (Um-)Gestaltung der Systemfunktionen gibt die Methode jedoch nicht. In diesem Beitrag wird daher der Versuch unternommen, die Methode der Mental Models nach Young mit dem Ansatz der image-schematischen Metaphern (Hurtienne & Blessing 2007) zu verknüpfen, welcher ausgewiesen ist, die Ableitung des Designs aus den Anforderungen zu unterstützten und zu Gestaltungslösungen zu führen, die intuitiv benutzbar sind (Löffler et al. 2012). Image-schematische Metaphern erlauben es, abstrakte Inhalte mit physischen Mitteln darzustellen und eignen sich daher für die Anleitung der Gestaltung von Benutzungsoberflächen. Die Methode basiert dabei auf der linguistischen Analyse von Nutzeräußerungen, mit dem Ziel, unbewusste Bausteine von mentalen Modellen dieser Nutzer zu extrahieren. Die so gewonnenen image-schematischen Metaphern leiten Designentscheidungen an, die eine intuitive Interaktion mit dem Softwareprodukt ermöglichen. Im Folgenden wird die kombinierte Methodik der Mental Models und der image-schematischen Metaphern anhand der Neugestaltung der Bildbearbeitungssoftware GIMP illustriert.

2   Kombinierter Ansatz zur Erhebung mentaler Modelle

Die Benutzung der kostenlosen Open-Source Bildbearbeitungssoftware GIMP setzt ein intensives Auseinandersetzen mit den Werkzeugen und Funktionen der Anwendung voraus. Die Möglichkeiten, die GIMP seinen Nutzern zur Verfügung stellt, sollten jedoch nicht daran scheitern, dass sich die Nutzer im derzeit komplexen Funktionsumfang verirren (GIMP Developers 2006). Beim Re-Design der Bildbearbeitungssoftware wird daher angestrebt, den Funktionsumfang und die Nutzerinteraktion stärker an den mentalen Modellen der Nutzer auszurichten. Um dieses Ziel zu erreichen, wurde eine Methodenkombination bestehend aus der Mental Model Methode (Young 2008) und des Image-Schema-Ansatzes (Hurtienne 2011) gewählt. Ergebnis der Mental Models Methode ist die visuelle Gegenüberstellung der Aufgaben, Verhaltensweisen und Philosophien (Mental Map) der Nutzer mit den Funktionen, die ein Produkt dem Nutzer tatsächlich zur Verfügung stellt (Content Map). Die Datengrundlage für die erarbeitete Mental Map von GIMP bildeten qualitative Nutzeraussagen, die aus insgesamt acht non-direktiven Interviews mit professionellen Anwendern von Bildbearbeitungssoftware gewonnen wurden. Aus den transkribierten Nutzeraussagen wurden anschließend 732 sogenannte „Atomic Tasks" extrahiert, die konkrete elementare Arbeitsschritte und Vorgehensweisen sowie Nutzerannahmen beschreiben. Mittels Bottom-Up-Prinzip wurden ähnliche Atomic Tasks gruppiert und schließlich zu mentalen Räumen geclustert, die die wichtigsten Aufgabenbereiche der Nutzer abbilden. Diese Mental Map wurde nun dem Funktionsumfang der Bildbearbeitungssoftware gegenübergestellt, welcher aus der Analyse der Software selbst unter Zuhilfenahme des Benutzerhandbuchs ermittelt wurde. Diese Visualisierungsform der Datenmenge als Mental Model Diagramm erleichtert das Ablesen von Funktionslücken und Funktionsüberangeboten im Überblick (siehe Abbildung 1). Beispiele für Funktionslücken aus dem mentalen Raum „Kreative und Praktische Vorarbeit" sind etwa die fehlende Unterstützung bei der Entwicklung von Konzepten und Entwürfen, dem Sichten von Bildrohdaten und dem Filtern von Bildern. Aus dem mentalen Raum „Arbeitsweise" ist die Bearbeitung mehrerer Bilder in einem Schritt noch nicht abgedeckt. Andere mentale Räume wie die Bildbearbeitung wurden wie erwartet mit über 80% durch die Funktionen von GIMP abgedeckt. Dem mentalen Raum „Ansichten" (Zoom, ein- und ausblenden von Fenstern usw.) steht sogar ein Funktionsüberangebot gegenüber.

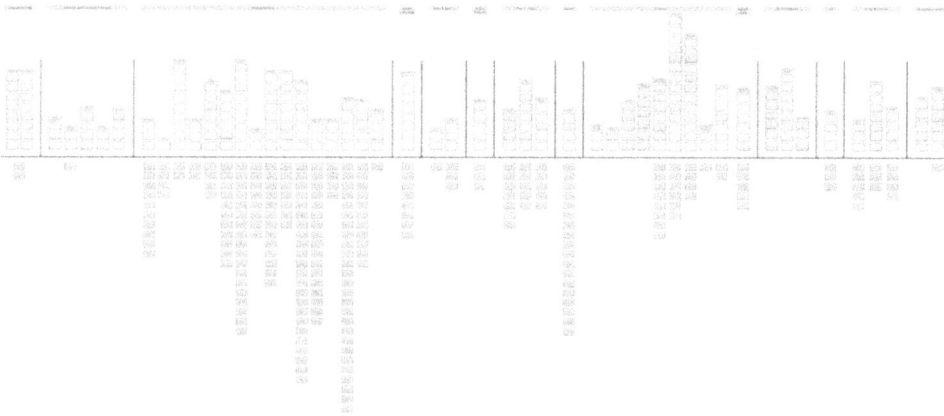

Abbildung 1: Mental Model Diagramm für GIMP mit der Mental Map (oberhalb der Trennlinie) und der gegenübergestellten Content Map (unterhalb der Trennlinie)

Die Methode der image-schematischen Metaphern (Hurtienne & Blessing 2007) wurde nun angewendet, um Anleitung für die Gestaltung von Funktionen, die aktuell noch nicht in GIMP, jedoch im mentalen Modell der Nutzer enthalten sind, sowie bezüglich der Umstrukturierung des bestehenden Funktionsangebotes entsprechend des mentalen Modells der Nutzer. Schnittstelle zur Methode der Mental Models stellen die transkribierten Interviewdaten dar. Dieses Sprachmaterial wurde auf Image Schemata hin analysiert und anschließend wurden insgesamt 456 image-schematische Metaphern formuliert. Beispielsweise redeten die Nutzer über die Einstellung der Helligkeit häufig in OBEN-UNTEN Relationen: „Ich *erhöhe* die Helligkeit.". Einzelne Arbeitsschritte der Bildbearbeitung wurden mit dem Konzept des BEHÄLTERS assoziiert: „*Im* nächsten Schritt schneide ich den Hintergrund aus." Dies führte zu den image-schematischen Metaphern HELLIGKEIT ERHÖHEN IST OBEN und ARBEITS-SCHRITTE SIND BEHÄLTER. In einem letzten Schritt wurden die formulierten image-schematischen Metaphern den mentalen Räumen im Mental Model Diagramm entsprechend zugeordnet. Dieses um image-schematische Metaphern angereicherte Mental Model Diagram für GIMP dient nun als Basis für die Generierung von Gestaltungslösungen, die sich die

Prinzipien der image-schematischen Metaphern zu Nutze machen: Die verschiedenen Arbeitsschritte können als umrahmende BEHÄLTER dargestellt werden, innerhalb derer mehrere Bilder gleichzeitig bearbeitet werden können. Zur Regulierung der Helligkeit kann ein vertikaler Regler verschoben werden. Das Ergebnis ist dabei anders als in der derzeitigen Umsetzung von GIMP, bei der die Helligkeit durch horizontale Schieberegler eingestellt wird und eine Funktion um mehrere Bilder in einem Schritt zu bearbeiten bisher noch nicht umgesetzt ist.

Im weiteren Projektverlauf werden aus der kombinierten Methodik abgeleitete Systemkomponenten beispielhaft (um)gestaltet und anhand von Nutzertests mit low-fidelity Prototypen evaluiert. Die Erkenntnisse fließen ein in die Optimierung und Diskussion der Möglichkeiten und Grenzen der Methode, wie beispielsweise dem hohen personellen Aufwand bezüglich der Datenerhebung und –Auswertung.

Danksagung

Wir danken den Studierenden, die an der Datenerhebung und Auswertung der Mental Models Methode beteiligt waren: R. Benning, A. Chandra, C. Hillmann, E. Klose, A. Seelmann, A. Zirk. Bei Tobias Ehni, Peter Sikking und Jörn Hurtienne bedanken wir uns für ihre wertvollen Kommentare zum Projekt.

Literaturverzeichnis

Hurtienne, J. (2011). *Image schemas and design for intuitive use. Exploring new guidance for user interface design.* Dissertation, Technische Universität Berlin.

Hurtienne, J. & Blessing, L. (2007). *Design for Intuitive Use - Testing image schema theory for user interface design.* In ICED 07 Paris, 16th International Conference on Engineering Design, Proceedings of the conference (P_386, S. 1-12). Paris: Ecole Centrale.

Löffler, D., Hurtienne, J. & Maier, A. (2012). *Die Brücke zwischen Anforderungen und Design schlagen. Mit Hilfe von Image Schemata Gestaltungsentscheidungen systematisch treffen.* In H. Brau, A. Lehmann, K. Petrovic & M.C. Schroeder (Hrsg.) Usability Professionals 2012 (S.170-175). Stuttgart: German UPA.

GIMP Developers (Hrsg.) (2006). GIMP Developers Conference 2006.

Young, I. (2008). *Mental Models- Aligning design strategy with human behavior.* New York: Rosenfeld Media.

Kontaktinformationen

Diana Löffler: diana.loeffler@uni-wuerzburg.de, Annika Johnsen: Annikajohnsen@gmx.de

S. Boll, S. Maaß & R. Malaka (Hrsg.): Mensch & Computer 2013
München: Oldenbourg Verlag, 2013, S. 333–336

Interaction Spaces: Interactive Spatial Areas to Control Smart Environments

Stefan Schneegass, Bastian Pfleging, Tilman Dingler, Albrecht Schmidt

Institute for Visualization and Interactive Systems, University of Stuttgart

Abstract

Throughout recent years new input modalities found their way into consumer electronics. Recognizing body posture and gestures in the three dimensional space is now possible using hardware that is available for about 100 EUR. We aim at providing a system to convert any environment into an interactive space. Hence, we created a system that is able to detect the user's body in three dimensions and to determine the presence of body parts at pre-defined/user-defined locations in order to trigger actions of the environment. We built a first Kinect-based prototype where users can define trigger areas and link them to suitable actions. We then conducted a study to evaluate the usability of the system and how size and memorability of spaces affect user performance with regard to trigger area tasks. Results show that with increasing area size the task completion time goes down while error rates go up.

1 Introduction

In recent years we have moved away from looking at computer input as a simple combination of keyboard and mouse interaction. Just like computing devices have changed, modalities of input have been adopted. Multi-Touch input, stylus interaction, speech, and gesture recognition are examples for how input technologies adapted to new demands to interact with computers that have become smaller and ubiquitous. The multitude of devices brings challenges for a comprehensive user interface, which bears the question: How does human input and control look like across the plethora of smart devices?

We started exploring the space that surrounds our home appliances as potentially interactive areas. The idea is to trigger actions, such as control the music or close the blinds by performing gestures in certain spatial regions. This way, appliances can be controlled from remote locations (i.e., while sitting on the couch) and special areas in the room can be mapped to controlling certain appliances by performing gestures with various body parts. Different approaches have been developed in order to enrich things of everyday life, as for instance meeting rooms (e.g., Johanson et al. 2002). Early projects focused at investigating a suitable middleware (Johanson et al. 2002) or features such as tracking people (e.g., Krum et al. 2000). Mobile phones or tablets are often used as input means. Peters et al. (2011) used a mobile phone to control the lights and window blinds with gestures. However, the usage of a mobile phone and its sensors is required, whereas our system works without any user-worn devices. We built a first prototype on top of a Kinect sensor to evaluate the feasibility of our approach and to explore body movements as input means to control home appliances.

2   Interactive Spaces for a Smart Environment

Our system is able to turn any ordinary (physical) space into an interactive, "smart" environment: The main input is provided by a sensor that is able to track the three dimensional position and posture of the human body and limbs in the corresponding environment. Events such as switching on a lamp, controlling the hi-fi system, or starting a program on an embedded system can be activated when selected body parts hit pre-defined *interactive spatial areas* of the environment (cf. Figure 1). We therefore distinguish three different items that define the system behavior: triggers, actions, and mappings.

Figure 1: Overview of our concept. A user is able to control the smart home environment by placing parts of the user's body into trigger areas to trigger actions such as changing the TV channel.

Trigger areas can be of arbitrary shape, like for instances cubic boxes or more complex shapes, and are used to detect the presence of a user's body parts in order to trigger actions. Each action is a potential response of the smart environment, such as switching on/off a light or controlling the TV. Mappings connect trigger areas, body parts, and corresponding actions, hence the presence of a user's elbow in a dedicated trigger area may result in switching the TV channel. Thus, different user controls are available for the TV, hi-fi system, heating, or window blinds. In a living room it may make sense to create interactive areas in the couch's vicinity for controlling the hi-fi system for example.

We designed and implemented a prototype in C# that is used to evaluate our concept. The functionality of the prototype is threefold. It is used to (1) define new trigger areas, (2) link them to specific actions, and (3) execute the actions. At first it is necessary to define trigger areas with specific parts of the body, which is done by using the Kinect. Secondly, actions need to be created (e.g., increase volume). Last, the actions and trigger areas need to be mapped to each other. These trigger areas are now being observed by our system: as soon as the corresponding part of the body is detected inside the particular area, the corresponding action is executed. Furthermore, we created a prototypical interface to a hi-fi system. Four actions are created: two for changing the volume and two for changing the played track.

3   Evaluation

We conducted a user study to gain insights into the overall feasibility of our concept by analyzing the memorability of trigger areas in 3D spaces (Hypothesis 1: *Users are capable of memorizing spatial positions*). This is one of the main requirements for our concept. Second, we wanted to find out what size fits best for the areas (Hypothesis 2: *The size of the trigger areas is important)*. Thus, two measures are used: task completion time (TCT) for placing the corresponding body part into the intended area and how often areas are hit accidently (error rate – ER). We recruited 18 participants (6 female) aged 22 to 43 years ($M = 26.56$, $SD = 6.30$) and had them define trigger areas, interact with them, and fill out a questionnaire.

Memorability

Analyzing the memorability of the different areas, we measured TCT and error rate. The TCT decreases slightly from the first trial ($M_{Trial 1} = 24.33$ s, $SD_{Trial 1} = 17.39$ s) to the second trial ($M_{Trial 2} = 20.00$ s, $SD_{Trial 2} = 13.11$ s). The ER decreases even more from $M_{Trial 1} = 2.44$ ($SD_{Trial 1} = 2.25$) to $M_{Trial 2} = 0.94$ ($SD_{Trial 2} = 1.11$). We performed Wilcoxon signed rank tests because of non-normal distribution of the data. The Wilcoxon test shows no significance for the TCT, $Z = -0.308$, $p = .758$, $r = -.051$, however, the ER is statistically significant different, $Z = -2.362$, $p = .018$, $r = -.394$. This result suggests that there is a significant difference between both trials. With regards to these results, we cannot accept Hypothesis 1. The results indicate that users are able to remember spatial, however, some further investigation needs to be done to finally accept Hypothesis 1.

Trigger area size

We analyzed how participants perform using trigger areas with different sizes. In terms of TCT, they perform best with 40 cm edge length areas, followed by 20 cm and 10 cm (cf. Figure 2). In contrast, the performance in terms of ER for these sizes is inverted. Participants performed worst in 40 cm condition, followed by 20 cm and 10 cm (cf. Figure 2).

We performed Friedman-tests to analyze the data because of non-normal distribution. For the TCT, the test shows a statistically significant result, $\chi^2 (2) = 19.972$, $p = .000$. Analyzing the data more deeply, we used Wilcoxon-Signed-Rank tests with a Bonferroni correction applied, resulting in a significance level set at .016. The test shows statistically significant results for 10 cm compared to 20 cm, $Z = -2.548$, $p = .011$, and 40 cm, $Z = -3.724$, $p = .000$. The difference between 20 cm and 40 cm is not statistically significant, $Z = -2.297$, $p = .022$.

Investigating the ER, a Friedman test shows statistically significant difference between the edge lengths 10 cm, 20 cm, and 40 cm, $\chi^2 (2) = 10.361$, $p = .006$. Exploring these differences more deeply, we performed a series Wilcoxon-Signed-Rank tests with a Bonferroni correction setting the significance level at .016. The result shows that the difference between 10 cm and 40 cm is statistically significant, $Z = -2,917$, $p = .004$, $r = .486$. The other differences are not statistically significance. Based on our findings, we can accept Hypothesis 2. The size of the trigger areas is crucial with regards to TCT and ER. The larger areas are the more errors users make. In contrast, the smaller areas are the longer it takes to trigger them.

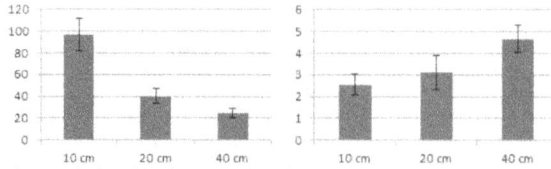

Figure 2: The mean task completion time in seconds (left) and mean error rates (right) separated by the different trigger area edge length. The error bars indicate the standard error.

Questionnaire

In the questionnaire, participants were asked about their likes and dislikes of this concept and the prototype. Most participants liked the concept and stated that it is a *"natural way of interaction"* (p12) and that it is *"fun to interact"* (p4). However, some improvements were suggested, such as that *"no feedback is given"* (p4) and that *"slips are made too easy"* (p3). Furthermore, the participants filled out a System Usability Scale questionnaire. Our system scores 70 points.

4   Conclusion

We presented a prototype that allows users to control appliances by moving certain body parts in pre-defined trigger areas. These trigger areas can be used to control a variety of appliances using body movements. We used a Kinect to track users and conducted a study to evaluate appropriate sizes for trigger areas and memorability of pre-defined areas. Results show that spaces are well remembered and targets are better hit when trigger area size gets bigger, which on the other hand increases error rates.

Acknowledgements

The research leading to these results has received funding from the European Union Seventh Framework Programme ([FP7/2007-2013) under grant agreement no 600851. We thank Peter Vollmer, Niklas Schnelle, and Verena Käfer for their support.

References

Johanson, B., Fox, A. & Winograd, T. (2002). *The Interactive Workspaces Project: Experiences with Ubiquitous Computing Rooms. IEEE Pervasive Computing, Vol. 1 (2).* p. 67–74.

Krumm, J., Harris, S., Meyers, B., Brumitt, B., Hale, M., & Shafer, S. (2000). *Multi-camera multi-person tracking for EasyLiving.* In *Proc. IEEE Int. Workshop on Visual Surveillance.* p. 3–10.

Peters, S., Loftness, V. & Hartkopf. V. (2011). The intuitive control of smart home and office environments. In *Proc. ONWARD '11.* New York, NY, USA: ACM, p. 113-114.

Contact Information

Stefan Schneegass, Bastian Pfleging, Tilman Dingler, Albrecht Schmidt
{firstname.lastname}@vis.uni-stuttgart.de

S. Boll, S. Maaß & R. Malaka (Hrsg.): Mensch & Computer 2013
München: Oldenbourg Verlag, 2013, S. 337–340

Steuerung mobiler Geräte im Kleinkind- und frühen Kindesalter

Empfehlungen für eine kindgerechte Bedienbarkeit

Christoph Hahn[1], Daniel Görlich[1]

Fakultät für Informatik, SRH Hochschule Heidelberg,
Ludwig-Guttmann-Str. 6, 69123 Heidelberg[1]

Zusammenfassung

Für mobile Geräte wie Tablets mit Touchscreen gibt es längst eine Vielzahl an Spielen, didaktischer Software und interaktiven Büchern für Kinder jeden Alters. In einer Vorab-Untersuchung für eine geplante Studie haben wir jedoch festgestellt, dass die Tablets und somit die darauf laufenden Apps für Kinder z.T. schlecht zu bedienen waren. In diesem Beitrag liefern wir Herstellern von Tablets und darauf laufenden Betriebssystemen Empfehlungen, wie einige beobachtete Probleme so gelöst werden können, dass auch Kleinkinder und Kinder im frühen Kindesalter Tablets zuverlässig bedienen können.

1 Einleitung

Anwendungen auf mobilen Endgeräten werden heutzutage vorrangig per Touchscreen bedient. Die Eigenschaften und Möglichkeiten des Touchscreens erlauben die Erstellung intuitiv durch Berührungen und Gesten steuerbarer Anwendungen und somit eine natürliche Interaktion. Gerade die direkte Interaktion und Manipulation von Objekten und Abläufen auf dem Touchscreen vereinfacht die Bedienung von Touchscreen-Systemen und -Anwendungen (vgl. u.a. Preim & Dachselt 2010). Da ihre Bedienung entsprechend leicht erlernbar ist, eignen sich solche Systeme in besonderem Maße für Kinder.

Zudem bieten mobile und Touchscreen- Geräte im Bereich der Erziehung von Kleinkindern sowie Kindern im frühen Kindesalter[1] zahlreiche Anwendungsmöglichkeiten: pädagogisch wertvolle Lernspiele, didaktische Software, interaktive Kinderbücher u.v.m. Obwohl Kinder dieser Altersgruppen mobile Geräte meist zusammen mit Eltern oder Erziehern oder in einer Gruppe nutzen, stellt sich dennoch die Frage, inwieweit sie solche Anwendungen eigenständig oder mit lediglich geringer Unterstützung nutzen können. Hierfür müssen die Kinder mit derartigen Geräten und Anwendungen leicht und sicher interagieren können. Leider zeigt

---

[1] Kleinkindesalter: Beginn 2. bis Ende 3. Lebensjahr
Frühes Kindesalter: Beginn 4. bis 6./7. Lebensjahr (nach Meinel & Schnabel 2007)

sich jedoch, dass – auch wenn die Bedienung per Touchscreen für Kinder ideal erscheint – derzeit verschiedene Hürden einer kindgerechten Bedienbarkeit im Wege stehen.

2   Vorab-Untersuchung

In einer Vorab-Untersuchung haben wir drei Kindern (Tabelle 1) ohne Einweisung Anwendungen auf Apple iPads der zweiten Generation verwenden lassen: In einem Malprogramm konnten die Kinder u.a. freihandzeichnen, Objekte einfärben, Farbe und Stifte auswählen. In interaktiven Bilderbüchern konnten sie durch die einzelnen Seiten vor- und zurückblättern und interaktive Objekte anwählen, um bestimmte Aktionen auszulösen. In einer Bildergalerie konnten sie zwischen Bilder navigieren.

Kind 1	2 Jahre, männlich, keine bisherige Erfahrung mit Tablets
Kind 2	3½ Jahre, männlich, keine bisherige Erfahrung mit Tablets
Kind 3	5½ Jahre, männlich, sporadischer Umgang mit Tablets seit dem 3½ Lebensjahr (wenige Stunden pro Monat)

Tabelle 1: Altersverteilung der in der Untersuchung beteiligten Kinder

Es zeigte sich, dass die Kinder das generelle Konzept der Eingabe über den Touchscreen auch ohne Vorerfahrungen unmittelbar nachvollziehen konnten. Die Größe interaktiver Objekte und Schaltflächen war offenbar unproblematisch, d.h. die Kinder konnten auch kleinere Schaltflächen i.d.R. ohne Schwierigkeiten bedienen. Auffällig war jedoch, dass sie häufiger zu lange auf Schaltflächen verweilten, wodurch ihre Gesten nicht erkannt wurden. Die Kinder versuchten gelegentlich, dies durch kräftigeres Drücken zu kompensieren.

Im Zeichenprogramm konnten die Kinder nach einmaliger Demonstration problemlos Farbe und Stift wählen und auf der Zeichenfläche anwenden, sowie Objekte einfärben. In der Bildergalerie waren den Kindern die prinzipielle Navigation und das Auswählen einzelner Bilder für die Detailansicht unmittelbar verständlich. Auch in den Kinderbüchern stellte die Navigation zwischen den Seiten kein Problem dar. Interaktive Objekte wurden schnell als solche erkannt, vor allem, wenn sie sich z.B. leicht bewegten. Natürlich probierten die Kinder aber auch bei passiven Objekten häufig aus, ob eine Aktion ausgelöst werden konnte.

Teilweise wurden jedoch Eingaben erkannt, die nicht beabsichtigt waren, weil die Kinder die Tablets mit einer Hand fest packten und dadurch mit den Fingern der greifenden Hand den Touchscreen berührten. Zudem provozierte gerade das jüngste Kind (Kind 1) beim Auswählen von Objekten im Kinderbuch durch „Wischen" häufiger unbeabsichtigte Seitenwechsel. Beim Zeichnen im Malprogramm führte es häufiger unbeabsichtigt Gesten zum Verschieben oder Skalieren der Zeichenfläche oder sogar die systemweite Multi-Touch-Geste zum Anzeigen der Multitaskingleiste aus. Zum Zeichnen verwendete es zwar den ausgestreckten Zeigefinger, berührte aber oft und unabsichtlich den Touchscreen mit den Handballen oder den Knöcheln der gebeugten Finger. Offenbar ist dieses Problem abhängig vom Winkel des Geräts zum Zeigefinger und tritt vermehrt bei flachen Winkeln auf.

Bei Kind 3 wurden alle genannten Probleme seltener beobachtet; vielmehr zeigte sich, dass es die jeweiligen Probleme erkannte und zu umgehen lernte.

3 Problematische Gesten und Oberflächen

Problematische Gesten und eine ungeeignete Gestaltung der Benutzeroberfläche erschweren die Nutzung mancher Anwendung durch Kinder, so dass sie diese Anwendungen ohne externe Hilfestellung kaum oder gar nicht verwenden können. Auch müssen Gesten mit einer gewissen Genauigkeit ausgeführt werden; dies betrifft Synchronisation und Synchronizität der Berührungen, die Zeit zwischen den einzelnen Berührungen, die Verweildauer auf dem Touchscreen und ggfs. der notwendige Druck zum Auslösen des Ereignisses wichtig.

Prinzipiell ist zu erwarten, dass diskrete Gesten Kindern weniger Schwierigkeiten bereiten als kontinuierliche, da letztere nicht erkannt werden, wenn die Berührung des Touchscreens vorzeitig abgebrochen wird. Doch auch Sequenzen diskreter Gesten wie das zweimalige kurz aufeinander folgende Berühren des Touchscreens erfordern, dass die einzelnen Berührungen zeitlich weder zu nah noch zu weit auseinander liegen. Ihre korrekte Erkennung hängt letztlich von der korrekten Durchführung jeder einzelnen Geste ab. Weiterhin ist aus alters- und entwicklungsbedingten Faktoren heraus zu erwarten, dass komplexere Gesten wie z.B. Multi-Touch- oder komplexe Kombinationen von Gesten problematisch sein dürften, ebenso wie bspw. das Drehen von Objekten oder das differenzierte Ausüben unterschiedlich starken Drucks auf den Touchscreen. Doch auch einfache Gesten können Kinder vor Probleme stellen, wenn sie system- statt anwendungsbezogene Funktionen aufrufen – bspw. Gesten zum Schließen der aktuellen Anwendung, zum Wechseln zwischen Anwendungen oder zum Anzeigen eines erweiterten Systemmenüs des Gerätes (vgl. Tabelle 2). Kritisch ist, wenn solche Gesten sich nur geringfügig von einer applikationsinternen Geste unterscheiden.

4-Finger Wisch links/rechts	Wechsel zwischen Anwendungen
4-Finger Wisch nach oben	Öffnen der Multitaskingleiste
Zusammenziehen-Geste	Schließen der Anwendung im Vordergrund

Tabelle 2: Systemweite Multi-Touch-Gesten am Beispiel des Apple iPad

Generell kann jede Verletzungen gängiger Usability-Regeln zu Problemen führen, z.B. wenn Schaltflächen nicht groß genug sind oder ein unmittelbares, eindeutiges Feedback auf ein Touch-Event fehlt. Theoretisch sollten Benutzungsoberflächen zielgruppenspezifisch, also in unserem Fall kindgerecht angepasst sein. Viele Funktionen typischer Applikationen, wie z.B. Menüpunkte zur Konfiguration oder Steuerung der Anwendung und systemweite Gesten, sind zwar für die Bedienung der Anwendung durch Erwachsene vorgesehen, aber trotzdem für die Kinder erreichbar.

Neben der Steuerung durch Gesten und der Gestaltung der Benutzungsschnittstelle müssen bei genauerer Betrachtung auch Schalter am Gehäuse des Geräts zu den Verursachern von Bedienproblemen gezählt werden, ebenso wie das automatische Ausrichten der Anwendung an der Orientierung des Geräts, sowie Größe und Qualität des Touchscreens.

4 Empfehlungen

In unserer Vorab-Untersuchung haben wir wiederkehrende Probleme identifiziert, die die kindgerechte Verwendung von Apps mittels Touchscreen erschweren. Wir haben daraus drei

Empfehlungen abgeleitet, die sich jedoch primär an die Entwickler nicht der Apps, sondern der Tablets und der verwendeten Betriebssysteme richten:

Empfehlung 1: Immer wieder hat sich gezeigt, dass die Kinder Tablets fest „packten" und dadurch den Touchscreen berührten. Selbstverständlich kann man nicht erwarten, dass Kinder Tablets locker auf dem Handteller balancieren, sondern muss akzeptieren, dass Kinder mit einer oder manchmal beiden Händen fest zugreifen und häufig umgreifen. Daher wäre anzudenken, kindgerechte Tablets mit dickerem Rand und ggfs. Griffen auszustatten! Einige Hersteller spezieller Kinder-Tablets setzen dies im Ansatz bereits um.[2]

Empfehlung 2: Kinder gehen weitaus weniger sorgsam mit Tablets um als Erwachsene. In unserer Untersuchung wurden ungenaue, unbeabsichtigte oder hektische Bewegungen der Kinder von den Tablets immer wieder falsch interpretiert. Apps und Betriebssystem reagierten darauf ggfs. mit unerwünschtem Verhalten. Wir empfehlen daher – übrigens nicht nur für kindgerechte Tablets –, die Erkennung und Fehlertoleranz bei fehlerhaften oder unbeabsichtigten Berührungen im Betriebssystem deutlich zu verbessern.

Empfehlung 3: Immer wieder lösten die Kinder in unserer Untersuchung unbeabsichtigt Systemkommandos wie Programmwechsel oder die Anzeige der Multitaskingleiste aus. Ein kindgerechtes Tablet sollte jedoch den Zugriff auf Systemfunktionen beschränken: Kinder dieser Altersgruppen sollten nicht zwischen Anwendungen wechseln können, sondern auf die von den Eltern gestartete Anwendung beschränkt bleiben. Hierzu müsste das Betriebssystem einen entsprechenden Modus definieren und der App überlassen, ob sie in diesem kindgerechten Modus laufen will oder den vollen Zugriff auf Systemfunktionen erlaubt.

5 Ausblick

Mobile Touchscreen-Geräte wie Tablets bieten für Kinder zahlreiche pädagogisch wertvolle Anwendungsmöglichkeiten. Obwohl es notwendig wäre zu untersuchen, wie die Geräte zur Bedienung durch Kinder weiter verbessert werden können, schließen bisherige Studien (z.B. Anthony 2012) Kleinkinder und Kinder im frühen Kindesalter leider weitgehend aus. Wir planen deshalb eine Studie, um die gegenwärtigen Interaktionsmöglichkeiten zu untersuchen und daraus Optimierungsvorschläge für die kindgerechte Gestaltung von Tablets abzuleiten.

Literaturverzeichnis

Anthony, L. et al. (2012). *Interaction and recognition challenges in interpreting children's touch and gesture input on mobile devices*. In: Proc. of the ACM Intl. Conf. on Multimodal Interaction (ICMI'2012). New York, USA: ACM Press. S. 225–234.

Meinel, K. & Schnabel, G. (2007). *Bewegungslehre – Sportmotorik : Abriss einer Theorie der sportlichen Motorik unter pädagogischem Aspekt*. Aachen: Meyer & Meyer.

Preim, B. & Dachselt, R. (2010). *Interaktive Systeme: Band 1: Grundlagen, Graphical User Interfaces, Informationsvisualisierung*. Berlin, Heidelberg: Springer.

---

2 Bspsw. das LeapPad Ultra (vgl. http://www.leapfrog.com/en/landingpages/leappadultra.html) und das XO-4 Touch (vgl. http://wiki.laptop.org/go/XO-4_Touch)

S. Boll, S. Maaß & R. Malaka (Hrsg.): Mensch & Computer 2013
München: Oldenbourg Verlag, 2013, S. 341–344

Hin zu mehr Sichtbarkeit und Wertschätzung in der Softwareentwicklung

Jan Schwarzer[1], Lorenz Barnkow[1], Peter Kastner, Kai von Luck[1]

Department Informatik, Hochschule für Angewandte Wissenschaften Hamburg[1]

Zusammenfassung

In vielen Unternehmen kann aktuell ein Strukturwandel, u. a. bedingt durch die Einführung von Enterprise 2.0-Lösungen, beobachtet werden. Infolge flacherer Hierarchien und flexiblerer Teams entstehen awareness gaps und damit einhergehend eine reduzierte institutionelle Anerkennung. Das Ambient Surface-System hat zum Ziel, die Sichtbarkeit von Tätigkeiten zu erhöhen. Erste Untersuchungen zeigen einen großen Bedarf nach Transparenz auf und damit die Notwendigkeit auf die zuvor genannten Entwicklungen zu reagieren.

1 Einleitung

Durch die steigende Einführung von Enterprise 2.0-Lösungen unterliegen Unternehmen einem strukturellen und kulturellen Wandel. Dies bewirkt einen Abbau von Hierarchien und setzt eine offene Unternehmenskultur voraus (Stobbe 2010). Flache Hierarchien und flexiblere, Projekt-orientierte Teams tragen zu einer Fragmentierung der Arbeitskräfte bei und reduzieren die Wahrnehmung der Arbeit anderer Teams. Diese sog. *awareness gaps* beeinflussen den Transfer von relevantem Wissen zwischen Teams und die Bildung eines Gemeinschaftsgefühls (Huang et al. 2002). Aus soziologischer Sicht kommt die reduzierte Wahrnehmung der Arbeit einer Unsichtbarmachung von Leistung gleich. Sie beeinflusst dadurch die institutionelle Anerkennung von Arbeit und die Wertschätzung von Leistungsbeiträgen einzelner Mitarbeitenden sinkt (Voswinkel & Wagner 2013).

Soziale Schnittstellen, die Informationen zugänglicher gestalten, können das Gewahrsein und die Sichtbarkeit von Arbeit fördern. Berührungssensitive, halböffentliche Wandbildschirme stellen eine Ausprägung solcher Schnittstellen dar und haben das Potential, Informationsbarrieren abzubauen (Ott & Koch 2012). Solche Schnittstellen konnten sich in der Vergangenheit häufig nicht langfristig durchsetzen, da Inhalte über separate Anwendungen erstellt werden mussten, die Installation aufwendig oder ein Mehrwert nicht erkennbar war (Huang et al. 2006). Den Autoren ist bislang keine Veröffentlichung bekannt, die ein solches System und dessen Auswirkungen im Kontext von Softwareentwicklungsprozessen untersucht.

In enger Zusammenarbeit mit der Software-Entwicklungsabteilung einer großen deutschen Versicherung wird das Ambient Surface-System über einen Zeitraum von mehreren Monaten betrieben und untersucht. Ziel ist es, die Sichtbarkeit und das Gewahrsein der Arbeit zu steigern, indem aktuelle Tätigkeiten und Projektstände aggregiert visualisiert werden. Im Gegensatz zu vielen verwandten Arbeiten, werden alle Daten automatisch selektiert und es ist keine Moderation dieser Inhalte notwendig. Im Folgenden werden das System sowie vorläufige Ergebnisse aus diesem Feldversuch präsentiert und diskutiert.

2 Systembeschreibung

Zur täglichen Projektabwicklung in der o. g. Entwicklungsabteilung kommen u. a. die Social Software-Werkzeuge JIRA und Jenkins zum Einsatz (siehe Abb. 1). Einleitende Interviews haben gezeigt, dass den Entwicklerinnen und Entwicklern bekannt ist, wo sie alle wichtigen Projekt-Informationen finden können. Aufgrund der Vielzahl an aktiven Projekten und unterschiedlichen Teams, ist es jedoch sehr aufwendig einen Überblick über alle aktuellen Tätigkeiten in der Abteilung zu erhalten. In mehreren Iterationen mit Projektverantwortlichen wurden die relevanten Informationen identifiziert und auf dieser Grundlage das Ambient Surface als halb-öffentlicher Informationsaggregator konzipiert (siehe Abb. 1).

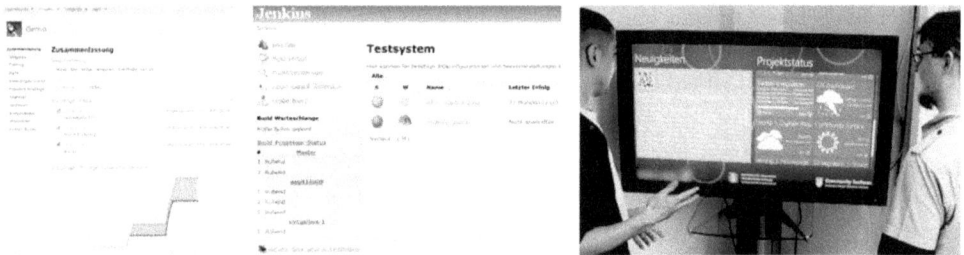

Abbildung 1: Social Software-Werkzeuge JIRA und Jenkins (links) und das Ambient Surface-System (rechts)

Das Ambient Surface stellt das Konsumieren und Entdecken von Informationen in den Vordergrund und verzichtet auf kollaborative Bearbeitung direkt am Wandbildschirm. Sämtliche Inhalte werden automatisch aus Subsystemen aggregiert und dargestellt. D. h. es ist nicht notwendig Informationen aktiv zu verfassen oder Inhalte zu moderieren. So ist es bspw. möglich, alle Tätigkeiten der letzten vier Stunden in einer einzigen Übersicht zu sehen, anstatt in JIRA durch mehrere Projektwebseiten navigieren zu müssen. Die Darstellung gliedert sich in die vier Informationsbereiche Tätigkeiten, Build-Status, Projektfortschritt und wichtige Ankündigungen. Diese Bereiche sind sowohl vom Layout als auch von der farblichen Gestaltung klar voneinander abgegrenzt, so dass der Informationskontext einfach und schnell erkennbar ist. Bei Inaktivität scrollt das System selbstständig durch alle Bereiche, so dass Informationen ohne aktive Interaktion wahrgenommen werden können. Sämtliche Inhalte können per QR-Code und E-Mail-Funktion geteilt werden, um sie bei Bedarf später am persönlichen Arbeitsplatz zu sichten oder andere auf die Informationen aufmerksam zu machen.

Die nahtlose Integration des Ambient Surface in das Arbeitsumfeld der Mitarbeitenden unterstützt sowohl das aktive, als auch das zufällige Finden relevanter Informationen. Dieses zusätzliche Kommunikationsmedium fördert das Gewahrsein und die Sichtbarkeit von Tätigkeiten und somit die institutionelle Anerkennung von Leistung.

3   Ergebnisse und Diskussion

Das Ambient Surface wurde im November 2012 für einen noch andauernden Feldversuch installiert. Während der ersten Phase des Feldversuches war das System für ca. 40 Personen zugänglich. Das System protokollierte automatisch alle Interaktionen (Tap- und Scroll-Gesten) und im Anschluss wurden Interviews mit den Nutzerinnen und Nutzern geführt. Die folgenden Ergebnisse basieren auf der Auswertung der Erhebungen der drei Monate.

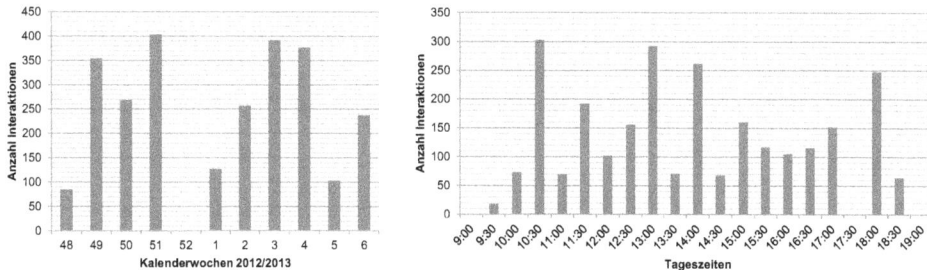

Abbildung 2: Anzahl der Interaktionen (Tap- und Scroll-Gesten) je Kalenderwoche (links) und Tageszeit (rechts)

Abbildung 2 zeigt die Anzahl der Interaktionen je Kalenderwoche. Die Installationswoche wurde nicht berücksichtigt, da das System mehrmals präsentiert und überdurchschnittlich häufig erprobt wurde. Diese starke Nutzung in der Anfangsphase ist auf den Neuheitseffekt zurückzuführen und deckt sich mit Beobachtungen aus der Literatur (vgl. Huang et al. 2006). Abgesehen von urlaubsbedingten Schwankungen, lässt sich über den Zeitraum der Kalenderwochen 48 bis 6 eine relativ gleichmäßige Nutzung beobachten. Ein wesentlicher Faktor für die gleichbleibende Nutzung ist möglicherweise, dass keine manuelle Datenerstellung stattfinden musste und alle Informationen automatisch aus Subsystemen selektiert wurden. In den Interviews gaben die Befragten an, das System täglich genutzt zu haben, um sich über aktuelle Tätigkeiten der Kolleginnen und Kollegen zu informieren. Hierbei ist anzumerken, dass nicht jede Nutzung erfasst werden konnte, da neue Informationen auch ohne Interaktion sichtbar waren. Es ist zudem denkbar, dass diese Nutzung den eigenen Bedürfnissen nach Anerkennung entspricht und die eigene Sichtbarkeit somit ein wesentlicher Motivationsfaktor war. Dies spiegelt sich auch in den Interaktionsdaten wieder. So entfielen 68 % aller Interaktionen des Systems auf den Informationsbereich der aktuellen Tätigkeiten.

Die durchschnittliche Nutzung über den Tag verteilt ist Abbildung 2 zu entnehmen. Sowohl in den frühen Morgenstunden sowie am frühen Nachmittag als auch in den Abendstunden stieg diese besonders an. Diese Spitzen entsprechen auch den typischen Zeiten des Arbeitsbeginns, der Mittagspause und dem Feierabend in der Abteilung. Das System wurde demnach als ein ergänzendes Informationsmedium wahrgenommen, welches besonders auf dem Weg zum oder vom individuellen Arbeitsplatz genutzt wurde.

In den Interviews zeigte sich eine sehr hohe Akzeptanz für das System, u. a. begründet durch den Wunsch nach mehr Transparenz und höherer Sichtbarkeit der internen Abläufe. Zudem äußerten leitende Angestellte den Wunsch, das Ambient Surface an weiteren Standorten bereitzustellen. Weitere Ergebnisse der Interviews zeigten geringe Nutzungsbarrieren auf, da die Oberfläche als übersichtlich gestaltet und intuitiv bedienbar wahrgenommen wurde. Insgesamt wurde das System positiv aufgenommen und sowohl neue Informationsbereiche als auch eine Ausweitung bestehender Bereiche gewünscht.

4 Zusammenfassung und Ausblick

Dieser Beitrag stellt erste Ergebnisse mit dem Ambient Surface-System in einer Software-entwicklungsabteilung vor. Es dient als Informationsaggregator, um sich über die Tätigkeiten anderer zu informieren und erhöht damit deren Sichtbarkeit. Das System wurde täglich genutzt und bot den Nutzenden einen spürbaren Mehrwert. Dieser rein technische Ansatz nähert sich der soziologischen Problemstellung der De-Institutionalisierung der Anerkennung, erfordert jedoch weitere sozialwissenschaftliche und psychologische Untersuchungen.

Danksagung

Wir danken Florian Vogt für Diskussionen und Anregungen. Das Projekt wird aus dem Europäischen Sozialfonds ESF und von der Freien und Hansestadt Hamburg finanziert.

Literaturverzeichnis

Huang, E., Tullio, J., Costa, T., & McCarthy, J. (2002). Promoting Awareness of Work Activities Through Peripheral Displays. In *Proc. CHI EA '02*. ACM, New York, NY, USA, S 648-649.

Huang, E., Mynatt, E., Russell, D. & Sue, A. (2006). Secrets to success and fatal flaws: the design of large-display groupware. In *Computer Graphics and Applications, IEEE 26, 1*, S. 37-45.

Ott, F. & Koch, M. (2012). Social Software Beyond the Desktop – Ambient Awareness and Ubiquitous Activity Streaming. In *it - Information Technology: Vol. 54, No. 5*, S. 243-252.

Voswinkel, S. & Wagner, G. (2013). Vermessung der Anerkennung. Die Bearbeitung unsicherer Anerkennung in Organisationen. In Honneth, A., Lindemann, O. & Voswinkel, S. (Hrsg.): *Strukturwandel der Anerkennung – Paradoxien sozialer Integration in der Gegenwart*. Frankfurt am Main: Campus, S. 75-120.

Stobbe, A. (2010). Enterprise 2.0 – How companies are tapping the benefits of Web 2.0. In *E-conomics*. ISSN 1619-3245.

Kontaktinformationen

{Jan.Schwarzer | Lorenz.Barnkow}@haw-hamburg.de, Luck@informatik.haw-hamburg.de

S. Boll, S. Maaß & R. Malaka (Hrsg.): Mensch & Computer 2013
München: Oldenbourg Verlag, 2013, S. 345–348

FEARLESS: Ein intelligentes Hausnotrufsystem für alle Fälle

Stefan Ortlieb, Gaby Streffing, Claus-Christian Carbon

Lehrstuhl für Allgemeine Psychologie und Methodenlehre, Universität Bamberg

Zusammenfassung

In diesem Kurzbeitrag stellen wir zwei kulturvergleichende Anforderungsanalysen vor, die im Zuge des AAL-Projekts FEARLESS durchgeführt wurden. Wir präsentieren außerdem das *Technological Impact Assessment Model* (TIAMo), welches technische, betriebswirtschaftliche und psychologische Aspekte des geplanten Notrufsystems miteinander verknüpft und Hypothesen darüber aufstellt, wie ein intelligentes Hausnotrufsystem das Sicherheitsempfinden und die Mobilität von alleinlebenden älteren Menschen verbessern kann.

1 Das AAL-Projekt FEARLESS

Wer hilft mir, wenn ich selbst nicht mehr in der Lage bin einen Notruf auszulösen? In Zukunft werden sich immer mehr alleinlebende ältere Menschen diese Frage stellen, denn der demografische Wandel hat Europa fest im Griff. Wie kann ein intelligentes Hausnotrufsystem das Sicherheitsempfinden von älteren Menschen verbessern und so zu einem selbstbestimmten Leben in den eigenen vier Wänden beitragen? Auf diese Frage will das europäische Verbundprojekt FEARLESS[1] eine Antwort geben. Es wird von zehn Organisationen aus Deutschland, Österreich, Italien und Spanien (Katalonien) getragen und von Psychologen der Universität Bamberg wissenschaftlich begleitet. Ziel der interdisziplinären Projektarbeit ist es, auf der Basis bestehender und daher kostengünstiger Sensortechnologien, ein Hausnotrufsystem zu entwickeln, das Stürze und andere Gefahrensituationen im häuslichen Umfeld erkennt und selbsttätig einen Notruf auslöst (Planinc & Kampel 2012). Es ist geplant, das Notrufsystem ab Juni 2014 über ein Netzwerk von Elektrikern und Elektro-Fachhändlern europaweit verfügbar zu machen.

---

[1] FEARLESS wird von der EU im Rahmen des AAL-Joint-Programmes gefördert (AAL 2010-3-020).

2   Anforderungsanalyse 1: Primäre Nutzer

Im Zuge der ersten Studie galt es Antworten auf folgende Fragen zu geben: Welche Sorgen und Ängste haben ältere Menschen? Gibt es hierbei interkulturelle Unterschiede? Wo treten Stürze besonders häufig auf? Welche Funktionen sollte ein Notrufsystem bieten, um den Erwartungen von älteren Menschen und ihren Angehörigen gerecht zu werden? Wie viel darf die Hardware höchstens kosten? Wie teuer dürfen die mit dem Notrufsystem verbundenen Dienstleistungen sein?

Es wurden 259 Personen zwischen 59 und 101 Jahren (primäre Nutzer) sowie 215 Bezugspersonen und Angehörige aus Deutschland, Italien, Österreich und Spanien (Katalonien) befragt. Die teilnehmenden Personen füllten entweder einen Fragebogen aus oder nahmen an einem standardisierten Interview teil.

Primäre Nutzer und ihre Angehörigen fürchteten sich am meisten davor im Falle eines Herzinfarkts oder eines Sturzes keine schnelle Hilfe zu erhalten. Es konnten fünf Orte mit einem besonders hohen Sturzrisiko identifiziert werden: Garten, Wohn- und Badezimmer, Treppen sowie Übergangsbereiche (z.B. Eingang zur Wohnung). Im Kulturvergleich sorgten sich primäre Nutzer aus Italien und Spanien (Katalonien) häufiger über Einbruchsdiebstahl, während alleinlebende Personen aus Deutschland und Österreich häufiger Angst vor sozialer Isolation berichteten. Das Notrufsystem sollte zwei Basisfunktionen bieten: automatische Sturzerkennung sowie Detektion von Feuer/Rauch. Sturzerkennung sollte dabei im Innen- und im Außenbereich (z.B. Garten) möglich sein. Das System sollte in eine bestehende Wohnumgebung integrierbar und um Zusatzfunktionen (z.B. Diebstahlsicherung) erweiterbar sein. Die Hardware darf nicht mehr als 200 € kosten und die mit dem Notrufsystem verbundenen Kosten für Serviceleistungen dürfen monatlich nicht mehr als 50 € betragen.

3   Anforderungsanalyse 2: Sekundäre Nutzer

Die zweite Bedürfnisanalyse richtete sich an Angestellte von Telecare-Anbietern, und andere Experten aus dem AAL-Bereich (sekundäre Nutzer). Die Leitfragen dieser Studie waren: Welche Funktionen sollte ein neuartiges Hausnotrufsystem bieten? Was sind die erfolgskritischen Aspekte eines Hausnotrufsystems aus Sicht der Telecare-Anbieter?

Im Zuge dieser Studie wurden insgesamt 22 Experten (z.B. Angestellte von Pflegediensten) aus Deutschland, Italien, Österreich und Spanien (Katalonien) zu ihren Erwartungen an ein neues Hausnotrufsystem befragt. Die teilnehmenden Personen füllten entweder einen Fragebogen aus oder nahmen an einem standardisierten Interview teil.

Kulturübergreifend konnten weitere Anforderungen identifiziert werden: (a) Datenschutz und Schutz der Privatsphäre, (b) Gebrauchstauglichkeit (d.h. geringer Schulungsbedarf), (c) Kompatibilität mit der vorhandenen Infrastruktur, (d) kein zusätzlicher Personalbedarf im laufenden Betrieb, bei der Installation und Wartung des Systems, (e) kostengünstige und robuste Hardware, (f) Anerkennung als erstattungsfähiges Hilfsmittel durch Krankenkassen.

4 Technological Impact Assessment Model (TIAMo)

Für das FEARLESS-Projekt haben Psychologen der Universität Bamberg das *Technological Impact Assessment Modell* (TIAMo) entwickelt: Es beschreibt ein Bedingungsgefüge, das die technischen, betriebswirtschaftlichen und psychologischen Anforderungen des geplanten Notrufsystems miteinander verknüpft. Das TIAMo stellt Hypothesen darüber auf, wie dieses System das Sicherheitsempfinden und die Mobilität von alleinlebenden älteren Menschen verbessern kann. Durch paarweise Vergleiche der Anforderungen (Ist Anforderung A eine notwendige Voraussetzung für Anforderung B?) konnten diese gewichtet und hierarchisch geordnet werden. Werfen wir zunächst einen Blick auf das Verhältnis der zwei Nutzerperspektiven: Nur wenn das Notrufsystem die Erwartungen der Telecare-Anbieter erfüllt, wird es entsprechende Dienstleistungsangebote geben. Die Anforderungen der sekundären Nutzer bilden somit die Basis unseres Modells:

- *Datenschutz*. Ein Hausnotrufsystem, das entweder gegen nationale oder europäische Datenschutzbestimmungen verstößt ist nicht als marktreif anzusehen. Das deutsche Bundesdatenschutzgesetz bildet hier den Prüfstein.

- *Gebrauchstauglichkeit*. Das Notrufsystem ist nur dann marktreif, wenn es Notfälle zuverlässig erkennt und Informationen für eine schnelle und korrekte Situationseinschätzung übermittelt. Erfahrungsberichte aus dem Probebetrieb und das Sensibilitätsmaß (d-prime/d') der *Signaldetektionstheorie* (siehe Schwaninger 2005) werden zur Überprüfung dieser Kriterien erhoben.

- *Kompatibilität* mit der vorhandenen IT-Infrastruktur, ein *geringer Personalaufwand*, eine kostengünstige und robuste Hardware sowie *Akkreditierung* sind Voraussetzungen für die *Bezahlbarkeit* des Notrufsystems und der damit verbundenen Dienstleistungen. Erfahrungsberichte aus dem Probebetrieb, Akkreditierungskriterien für technische Hilfsmittel und ein Preisvergleich dienen der Überprüfung dieser Anforderungen.

Nur wenn das FEARLESS-System bezahlbar ist, stellt es für ältere Menschen eine echte Alternative zu bestehenden Angeboten dar. Hier kommen die Erwartungen der primären Nutzer ins Spiel:

- Das Notrufsystem sollte zwei Basisfunktionen bieten: *Sturz-* und *Feuerdetektion*.

- *Anpassungs-* und *Erweiterungsfähigkeit* bedeutet, dass sich das System an die Wohnumgebung der Nutzer anpasst, nicht umgekehrt. Außerdem sollte es um Zusatzfunktionen (z.B. Diebstahlsicherung) erweiterbar sein, um individuellen Sicherheitsbedürfnissen gerecht zu werden. Der Nachweis hierfür muss im Zuge des Probebetriebs erbracht werden.

- *Soziale Beziehungen* stärken unser Sicherheitsempfinden. Das Notrufsystem darf folglich nicht als stigmatisierend erlebt werden. Veränderungen sozialer Aktivitäten werden mit der *Nordic mobility-related participation outcome evaluation of assistive device intervention* (NOMO) von Brandt et al. (2008) erfasst.

Nur wenn das Notrufsystem Sturz- und Feuerdetektion bietet, sich als anpassungs- bzw. erweiterungsfähig erweist und sozialen Bedürfnissen Rechnung trägt, können folgende Bedingungen erfüllt werden:

- *Interne Kontrollüberzeugung* meint die Überzeugung einer Person, wichtige Lebensbereiche (z.B. die eigenen vier Wände) im Sinne ihrer eigenen Wünsche und Bedürfnisse gestalten zu können. Interne Kontrolle stellt eine notwendige Voraussetzung für Wohlbefinden und den Abbau von Ängsten dar. Ein automatisches (!) Notrufsystem darf interne Kontrollüberzeugungen der Nutzer nicht untergraben. Im Probebetrieb werden Kontrollüberzeugungen daher regelmäßig mit dem *Housing-related Control Belief Questionnaires* (Oswald et al. 2003) erhoben.

- *Sturzbezogene Selbstwirksamkeitserwartung* bezeichnet die Zuversicht einer Person, bestimmte Tätigkeiten ausüben zu können, ohne dabei zu stürzen. Im Sinne der Projektziele sollte das Notrufsystem bei den Testnutzern zu der Verbesserung oder der Stabilisierung von sturzbezogenen Selbstwirksamkeitserwartungen beitragen. Im Probebetrieb kommt die *Falls Efficacy Scale* von Tinetti et al. (1990) zum Einsatz, um diese Hypothese zu prüfen.

- *Mobilität* ist die voraussetzungsreichste Zielvariable: Nur wenn es gelingt die sturzbezogenen Selbstwirksamkeitserwartung der Nutzer zu stärken, wird dies zu einer Steigerung der physischen Aktivität führen. Zwei Indikatoren – das NOMO (Brandt et al. 2008) und ein Schrittzähler – werden zur Erfassung von Mobilität kombiniert.

Das *Technological Impact Assessment Model* (TIAMo) soll unter den Projektpartnern ein gemeinsames Verständnis der zwei wichtigsten Nutzerperspektiven schaffen und als *Balanced Scorecard* bei der Projektevaluation dienen.

Literaturverzeichnis

Brandt, A., Löfquist, C., Jónsdottir, I., Sund, T., Salminen, A., Werngren-Elgström, M., Iwarsson, S. (2008). Towards an instrument targeting mobility-related participation: Nordic cross-national reliability. *Journal of Rehabilitation Medicine. 40*(9), 766-772.

Oswald, F., Wahl, H. W., Martin, M., Mollenkopf, H. (2003). Toward measuring proactivity in person-environment transactions in late adulthood: The housing-related Control Beliefs Questionnaire. *Journal of Housing for the Elderly, 17*(1/2), 135-152.

Planinc, R., Kampel, M., (2012). Robust Fall Detection by Combining 3D Data and Fuzzy Logic. In Jong-Il, P., Junmo, K. (Eds.): *Computer Vision - ACCV 2012 Workshops.* Heidelberg: Springer, 121-132.

Schwaninger, A. (2005). Objekterkennung und Signaldetektion: Anwendungen in der Praxis. In Kersten, B. (Hrsg.): *Praxisfelder der Wahrnehmungspsychologie.* Bern: Huber, 108-132.

Tinetti, M. E., Richman, D., Powell, L. (1990). Falls efficacy as a measure of fear of falling, *Journal of Gerontology: Psychological Sciences, 45*(6), 239-243.

S. Boll, S. Maaß & R. Malaka (Hrsg.): Mensch & Computer 2013
München: Oldenbourg Verlag, 2013, S. 349–352

Tangible Twitter Search: A Multiuser Multitouch Tabletop Interface

Andreas Lingnau[1], Eva Hornecker[2,3], Kenneth Coyle[3]

Catholic University Eichstätt-Ingolstadt, Germany[1]
Bauhaus-Universität Weimar, Fakultät Medien, Germany[2]
University of Strathclyde, Dept. of Computer & Information Sciences, Glasgow, Scotland[3]

Abstract

Social Media has become an integral part of our society that is no longer limited to private exchange and contacts but has also grown into business and commercial application and even culture and learning. Nevertheless, the representation of information is a crucial part and is currently dominated by chronological representations that can be found in Twitter, Facebook, Google+ and the like. Although these interfaces are usually offering dedicated filtering mechanisms and sorting, there is a potential for using information from social media platforms in various contexts that have different requirements than a chronological order, such as reviewing posts about social events (e.g. concerts, museum exhibitions or festivals) which can be distributed over a longer period. In this paper we present a prototype and some use case examples of a search term based, multi-user enabled visualisation of twitter postings.

1 Introduction

While social networks like Facebook or Google+ are imitating the access of third party applications to their content, Twitter has a more open access model allowing users to e.g. integrate timelines into websites and filtering only relevant information represented by keywords that are used in a tweet, marked by a so called hash tag (#). Thus, a chronological list of postings about a special event like a conference can be presented by filtering all tweets that are using the dedicated hash tag (e.g. #delfi2013).

The problem with chronological representations of such information is that there is no indicator on how useful or important a tweet may be and whether or not it is worth being notified. Even mechanisms like re-tweeting usually only reach a closed circle of followers of the user who re-tweets something. Furthermore, sharing information in open spaces or public places such as a museum or tourist information centre is difficult if multiple users should be able to work collaboratively or access information collaboratively. There are examples of public twitter displays, e.g. in train stations, as a kind of real-time FAQ board, but here again the problem of a chronological order arises, causing tweets to disappear from the screen after a certain time when newer tweets come in so that important information vanishes.

Tabletop interfaces are considered well suited for supporting collaborative interaction. They allow users to surround the table and share documents. Touch interaction is highly visible for others, while providing a casual and 'natural' means of interaction. Tangible input on tables further benefits from the immediacy of touching and moving objects on a surface. Supporting collaborative search for multiple users via tabletop devices is an interesting but challenging approach. Since users around the table in open places like museums do not necessarily know each other, the interface has to provide the possibility to start individual queries that can be joined from case to case. Furthermore, users around the tabletop normally act asynchronously, which makes it technically challenging for a search interface to provide results within an acceptable time. In PuppyIR we have tackled some of these problems when we introduced a tabletop device for collaborative search in a museum (Lingnau, et.al, 2010). Although the target group were children, the requirements for a search interface in an open space are similar. The interface will be used by users with different technical background over random periods of time. It has to be self-explaining and robust and the workflow should not be interrupted by a need for reset or restart when a user leaves the tabletop.

2   A Tabletop Twitter Interface

As mentioned, most existing twitter interfaces follow a sequential, chronological approach. After the user has logged in he/she can view his/her timeline with all tweets from users he/she follows. Additionally, most twitter interfaces provide a search interface where tweets can be filtered and tweets from other users are displayed according to search terms. The tweets found by a search query will also be displayed in chronological order, usually starting with the most recent and allowing to scroll back on the timeline. Following the ideas developed in PuppyIR for the design of search interfaces in open spaces, we have developed a query based twitter interface for a multi-touch tabletop device to help users search for topics of interest, pick out relevant results and share information with other users present.

The interface is implemented using Java standard libraries, such as MT4J, Twitter4J and some smaller helper libraries. It consists of 3 independent modules: Twitter Stream Collector (using Twitter4J), Data Storage (standard Java and helper libraries), and Interface (using MT4J). Coupled with the standard application structure that MT4J supports and partially enforces, we augmented a logical approach to fiducial handling and animation control. This can be seen in the source we uploaded to Github[1]. MT4J was a good choice for implementing this system as a demonstrator prototype – however further work may involve abstracting away from it. Twitter4J was used to handle communication with Twitter, abstracting away the idiosyncrasies of this API. At all stages, there was an understanding that this system may be used to integrate with similar platforms to twitter – namely Identi.ca and Facebook.

---

[1] https://github.com/automatical/MultiTouch

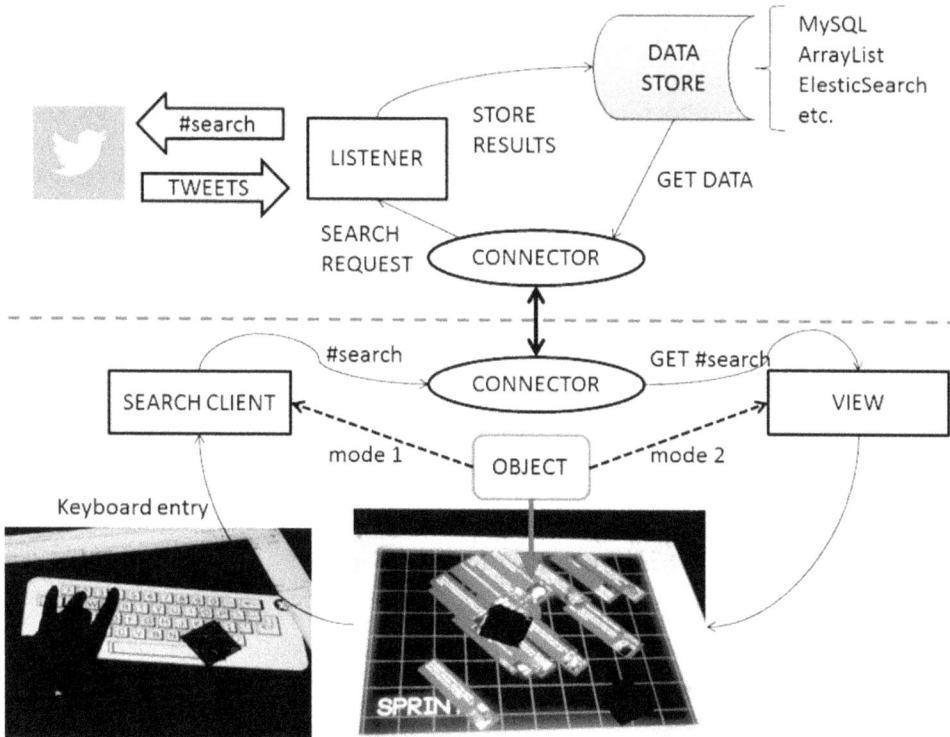

Figure 1: Architecture of the Twitter tabletop search interface with screenshots of the implementation

Fig. 1 shows the architecture with an information cycle. The upper half visualises the tweet collection architecture where requests are sent to the Twitter API as search queries. The results are collected by a listener and buffered in a data store. In the implementation of the architecture the data storage is a flexible plug-in module that can easily be changed. We are currently using a simple implementation that makes use of the Java ArrayList library and a custom collection logic. There has been some experimentation and semi-implementation of this using a MySQL database. Since initial implementation we have discovered that using Elasticsearch as a database and search mechanism will improve both speed and accuracy of data storage and retrieval. Currently we are using a MySQL database but it could also be an ArrayList or ElesticSearch. The lower half of figure 1 shows the architecture of the user interface implementation at the tabletop device. It consists of a search client and a view. When a user enters a search query at the table, the search client will send a search request that will be processed and results will be collected as described above. From the data store results will then be sent back to the table and visualised as objects in the user interface.

The user interface is deliberately simple. Given the technical limitations of our hardware, we focused on tangibles, rather than physical touch. We thus limited interaction to the following actions: add tangible token, remove token, and rotate or move token. To this end, we built a workflow for searching and filtering. A user would choose which type of search they wished to perform, and from this they would select the correct token. Multiple tokens are available for different searches: stream search (for messages that can be collected live), static search (for messages that have already been sent), people search (search for tweets from a certain individual). Tweets are not necessarily filtered by hash tags, but hash tags get a better weighting in this case. Once a user has selected a token and placed it on the table, a keyboard appears. Using this keyboard, the user can enter a search term and confirm by closing the keyboard. The search or filter is now active. Tweets will appear, circling the tangible token. This can be repeated multiple times on the same table. To combine two queries, the tokens can be moved closer together and on getting closer together, they will define a combined search. We borrowed the metaphor of a water stream from previous work done on 'facet streams' (Jetter et al 2011) and developed two versions of representing results: waterfall (tweets related to both search terms run towards the user originating between the markers) and fountain (tweets originate between markers and then circle around both markers). The waterfall model was easier to understand for test users, but has obvious disadvantages in terms of screen estate, as well as tweets disappearing once they hit the screen border.

3 Discussion and Outlook

The interface is designed to be used mainly for retrieving "on the fly", without the need of a configuration. A possible use case could e.g. be a tourist information centre where people are using physical objects that represent tourist attractions, activities or events. By placing objects related to the activity or event they are interested in, results, i.e. twitter messages, will immediately be shown. This setting would also allow for multi-user search activities (probably on a bigger table). Be selecting tweets that are interesting for the visitor the other users around the table may be inspired while searching for "things to do". In a next step a 'join' of queries could lead to either collaboration between people around the table or better results that help individuals. In a next step, we would like to introduce objects that represent standard filtering, e.g. to find tweets from people of a certain age group, and also tokens with dynamically assigned functionality, depending on the particular situation.

References

Jetter, H-C., Gerken, J., Zöllner, M., Reiterer, H., Milic-Frayling, N. Materializing the query with facet-streams. Proc. of CHI '11, 3013–3022, New ACM NY 2011.

Lingnau, A., Ruthven, I., Landoni, M., & Van der Sluis, F. (2010). *Interactive Search Interfaces for Young Children - The PuppyIR Approach*. 10th IEEE International Conference on Advanced Learning Technologies (pp. 389–390). IEEE. doi:10.1109/ICALT.2010.111

Contact

Dr. Andreas Lingnau, Katholische Universität Eichstätt-Ingolstadt, Mathematisch-Geographische Fakultät, Abteilung Informatik, Ostenstr. 14, 85072 Eichstätt, Germany. lingnau@ieee.org

Professor Eva Hornecker, Bauhaus-Universität Weimar, Fak. Medien, Bauhausstr. 11, D-99423 Weimar. eva.hornecker@uni-weimar.de

S. Boll, S. Maaß & R. Malaka (Hrsg.): Mensch & Computer 2013
München: Oldenbourg Verlag, 2013, S. 353–356

Gaze-based Landmarks to Support Re-finding Information on the Web

Julia Hempel, Marcus Nitsche, Stefan Haun and Andreas Nürnberger

Data and Knowledge Engineering Group, University of Magdeburg

Abstract

Re-finding information is a frequently performed task in the WWW, which requires both the re-location of the page and the re-finding of specific information within the page. However, current browsers rarely support the second task. In this paper, we present a gaze-based approach to create marks within web pages in order to support re-finding information. Therefore, eye tracking is used to identify information relevant to the user. To inform the ongoing design process, an informal user study has been conducted. The results suggest that landmarks should be created based on a combination of different measures (e.g., gaze and mouse data) and presented in the user's peripheral visual field.

1 Introduction

Re-visiting previously seen information on the Web is a significant task since about half of all page visits are re-visitations (Obendorf et al. 2007). Reading frequently updated content such as news or reading content again can motivate re-visitations. For example, constitutional websites are frequently visited to look up the office hours or a Wikipedia page[1] is re-visited in order to find a hyperlink. The re-finding of such information requires both locating the web page and finding specific information within. However, common browsers do not offer specialized tools to support the second task. Hence, the user has to read the page again. On the one hand, this is time-consuming and annoying. On the other hand, people tend to scan web pages instead of reading them carefully (Liu 2005). As a result, the user might skip the desired information. In the course of this work, we present a gaze-based approach to support re-finding information using a visual landmark metaphor. Relevant information is identified based on eye movements and marked when the web page is visited again. Like geographical landmarks, these marks potentially support the recognition of the web page, the orientation within it and finally the re-finding of needed information.

---

[1] http://en.wikipedia.org, 02.06.2013

2   Related Work

MacKay et al. (2005) introduced the concept of landmarks to support re-finding information. They enhanced bookmarks by the possibility to store an exact position within a web page. The study results show that landmarks cause a speedup compared to bookmarks especially if the information is located in the centre of the web page. However, users might lose the context because a landmark causes a jump directly to a new location within the page. Moreover, the manual creation of landmarks requires people knowing in advance that the information is needed later on and that the benefit exceeds the costs of creating the landmark. Alexander et al. (2009) proposed an automatic approach to create marks within the scrollbar of documents. Their study results reveal that the footprints scrollbar causes a speedup for documents with 40 pages compared to the standard scrollbar. However, the speedup for ten pages was not significant. Unfortunately, the paper lacks a detailed discussion of this limitation. The decrease might be due to an inexact positioning of the scrollbar marks since their position is estimated based on the scrolling position. Eye tracking might be a suitable technology to enable a more precise identification of content relevant to the user. Kern et al. (2010) used eye tracking to mark the last focused area on the screen in order to support re-orientation when users go back to an interrupted task. Santella et al. (2006) developed a gaze-based interaction for semi-automatic photo cropping. They used gaze data to identify important content within an image and compute a crop. The presented studies have provided a frame of reference for investigating a gaze-based technique to create marks within a web page. In the section below, the design process is described in detail.

3   Pilot Study

In order to inform the ongoing design process, the preliminary concept was evaluated in a pilot study. The goal of this informal evaluation was to explore users' satisfaction and possible usability issues. Therefore, the study focused on qualitative feedback.

Preliminary Concept. A landmark is created automatically if the user focuses an area extensively. When she or he re-visits the web page, the landmarks are visualized by marking text parts in the style of a marker pen as illustrated in Figure 1.

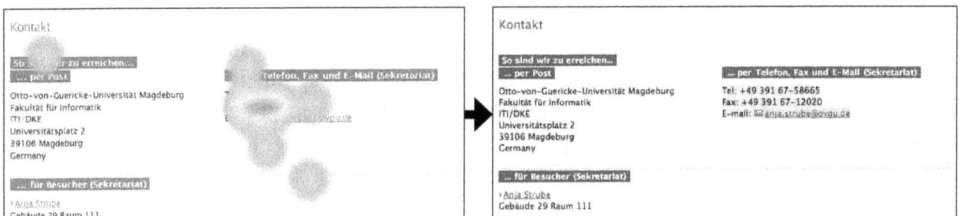

Fig. 1. Screenshots of heatmap overlaid test web page (left) and marked point of interest (right).

Design of the Study. In the study, the website of the working group Data and Knowledge Engineering[2] was used as a typical example of a frequently re-visited website. The screen-based Tobii[3] Eye Tracker T603 and the software Tobii Studio 1.7.3 were used to record and analyse the users' eye movements. The study design was based on the Wizard-of-Oz technique. That means, gaze-based landmarks were not implemented but created manually by the experimenter. A landmark was created if more than three fixations were recognized in a single location. Five participants (3 female, 2 male) took part in the evaluation. All of the participants were students at the local university and familiar with educational websites. After filling out an entry questionnaire and a brief introduction, the eye tracker was calibrated. In the first part of the study, the participants were asked to find specific information (e.g., a phone number) within several web pages of the domain. Overall, four tasks were set, which differed in the location of the information (top, middle or bottom of the page; other page). The tasks' sequence was randomized. After completing all tasks, the participants had a 15-minutes break. After the break, the participants solved the tasks again using gaze-based landmarks. The eye movements were recorded during the whole study. After finishing all tasks, a questionnaire concerning the participants' experience and feedback was handed out. Overall, the study lasted about 45 minutes.

Results. The collected eye-tracking data revealed differences in the participants' search behaviour. Especially if scrolling was necessary, some participants read sections carefully while others scanned the page quickly. While reading text carefully, the number of fixations was high and consequently a lot of irrelevant landmarks were created. Moreover, the gaze data reveals that clicking a link tends to be fast compared to reading text. Because of that, clicked links were not reliably identified as relevant information. The gaze data showed that participants noticed the landmarks regardless of whether they were relevant or not. The qualitative feedback pointed out that landmarks were helpful if they marked the needed information. However, they were said to be confusing if irrelevant text was highlighted. One participant mentioned that especially many small marks were distracting and suggested marking the whole section instead of single words or phrases. Overall, the participants liked the idea of gaze-based landmarks but would rather not like to use the current realization in every-day work. Even through these results are not satisfying yet, the study provided valuable feedback, whose implications are discussed below.

4   Discussion

The results of the study reveal that it is not appropriate to identify important information within a website based on the exclusive usage of the fixation count within an area. One promising approach is the inclusion of the fixation duration since fast fixations might be less important than extensive ones. Moreover, the integration of mouse position and mouse clicks might increase the quality of landmarks especially the identification of followed hyperlinks in order to support browsing. However, even an improved marking strategy might involve irrelevant marks since the users' interest and the website can change. Thus, the visual repre-

---

[2] http://www.dke.ovgu.de, 22.11.2012
[3] http://tobii.com, 02.06.2013

sentation of landmarks should avoid distraction. Therefore, the marks should be located at the border of the window as implemented in many programming environments or in the scrollbar as proposed by Alexander et al. (2009). Another approach is to provide options to manipulate marks. By this, users are enabled to edit or delete interactively irrelevant marks. Moreover, they can create additional landmarks.

5   Conclusion & Future Work

In this paper, a gaze-based approach to create marks within a website has been introduced. These landmarks potentially support recognizing the website, orienting within it and re-finding needed information. The results of the pilot study reveal:

- A combination of gaze and mouse input should be used to identify relevant information.

- Landmarks should be presented in the users' peripheral visual field to avoid distraction.

Future work includes the implementing and more detailed evaluation of the concept.

Acknowledgments

Parts of the work presented here was supported by the German Ministry of Education and Science (BMBF) within the ViERforES II project, contract no. 01IM10002B.

References

Alexander, J., Cockburn, A., Fitchett, S., Gutwin, C. & Greenberg, S. (2009). *Revisiting read wear; analysis, design, and evaluation of a footprints scrollbar. CHI'09.*

Kern, D., Marshall, P. & Schmidt, A. (2010). Gazemarks: gaze-based visual placeholders to ease attention switching. *CHI'10.*

MacKay, B., Kellar, M. & Watters, C. (2005). An evaluation of landmarks for re-finding information on the web. *CHI'05.*

Liu, Z. (2005). Reading behavior in the digital environment. *Journal of Documentation Vol. 61 No. 6 2005, pp. 700-712.*

Obendorf, H., Weinreich, H., Herder, E. & Mayer, M. (2007). Web page revisitation revisited: implications of a long-term click-stream study of browser usage. *CHI'07.*

Santella, A., Agrawala, M., DeCarlo, D., Salesin, D. & Cohne, M. (2006). Gaze-based interaction for semi-automatic photo cropping. *CHI'06.*

Contact Information

Prof. Dr.-Ing. Andreas Nürnberger, andreas.nuernberger@ovgu.de, Tel.: +49 391-67-58487

S. Boll, S. Maaß & R. Malaka (Hrsg.): Mensch & Computer 2013
München: Oldenbourg Verlag, 2013, S. 357–360

Der Computer fliegt immer mit!

Michael Dorschner, Corinne Büching

Zusammenfassung

Durch die zunehmende Automatisierung moderner Verkehrsflugzeuge wandelt sich das Rollenbild der Piloten und Pilotinnen. Sie überwachen technische Systeme, werden aber ebenso durch technische Systeme überwacht. Daher stellt sich die Frage: Wer fliegt das Flugzeug – Mensch oder Maschine? Zur Beantwortung der Fragestellung wird in diesem Artikel beispielhaft die *flight envelope protection* (System zum Erhalt des sicheren Flugzustandes) näher betrachtet, wobei zwischen deren Umsetzung bei Airbus und Boeing differenziert wird. Durch teilnehmende Beobachtungen und Interviews mit einem Airbus- und einem Boeingpiloten lässt sich erkennen, dass die Beantwortung der Fragestellung von der Automationsphilosophie des Flugzeugherstellers abhängt.

1 Einleitung

Als Charles Lindbergh 1927 im Alleinflug den Atlantik überquerte, waren seine Hilfsmittel begrenzt: Mit einem modernen Kompass und sorgfältiger Flugplanung erreichte er nach über 33 Stunden Flugzeit Paris. Noch viele Jahrzehnte später war das Rollenbild von Menschen, die ein Flugzeug fliegen, geprägt von Heldentum und Abenteuerlust.

Heutzutage ist das Bild moderner VerkehrspilotInnen ein anderes. PilotInnen sind Operateure komplexer, soziotechnischer Systeme (Weyer 2008) und werden bei zahlreichen Aufgaben, welche bei der Flugdurchführung anfallen (u. a. Steuerung des Flugzeugs, Navigation, Systemmanagement etc.) durch Automation unterstützt. Die Zeiten des manuellen Fliegens beschränken sich im Normalbetrieb auf die Zeit kurz nach dem Start und vor der Landung. Die Aufgabe der Flugzeugführung verschiebt sich zunehmend auf die Überwachung von Systemen, was Sheridan (1997) mit dem Begriff der „leitenden Kontrolle" *(supervisory control)* beschreibt. Darüber hinaus überwacht nicht nur der Operateur die Maschine, sondern auch die Maschine den Operateur, wodurch die wechselseitige Beziehung zunehmend symmetrischer wird (Weyer 2008). Daraus ergibt sich die Fragestellung: Wer fliegt das Flugzeug – Mensch oder Maschine? Eine eindeutige Antwort für das Gesamtsystem Flugzeug ist schwer zu geben, da das Zusammenspiel von Automation und Operateuren in bestimmten Bereichen unterschiedlich ausfällt. In dieser Abhandlung nähern wir uns der Frage deshalb beispielhaft anhand der *flight envelope protection*. Es handelt sich hierbei prinzipiell um Flugcomputer, welche die Steuersignale von Operateuren überwachen und ggf. limitieren – also auch aktiv in die manuelle Flugzeugsteuerung eingreifen. Die Umsetzung der *flight envelope protection* ist nicht in allen Flugzeugen gleich. Die Flugzeughersteller Boeing und Airbus verfolgen in ihren Automatisierungskonzepten unterschiedliche Philosophien, welche sich unter anderem in der *flight envelope protection* manifestieren. Für eine genaue Beantwortung der Frage nach der Kontrolle über das Flugzeug ist daher eine Differenzierung zwischen beiden Flugzeugherstellern unerlässlich. Aufbauend auf diesen theoretischen Überlegungen wird der methodische Zugang dargelegt und die Ergebnisse der qualitativen Auseinandersetzung sowie ein Ausblick präsentiert.

2 Flight Envelope Protection

Airbus führte 1988 mit dem A-320, Boeing im Jahre 1995 mit der B-777 die Fly-by-Wire Technologie ein. Steuersignale werden seitdem nicht mehr direkt über eine mechanische Verbindungen an die Steuerflächen übertragen, sondern mittels elektrischer Impulse über ein Kabel an einen Computer weitergegeben, der diese Signale interpretiert und überwacht. Erst danach erfolgt die Weitergabe des Steuersignals an die Steuerfläche. Somit werden bestimmte Flugparameter wie Längsneigung, Querneigung, Anstellwinkel, Fluggeschwindigkeit, Schwerebeschleunigung etc. innerhalb eines definierten Normbereichs gehalten. Diese Technologie wird als *flight envelope protection* bezeichnet – also ein System zum Erhalt des sicheren Flugzustandes *(flight envelope)*. Welche Parameter limitiert werden ist abhängig vom aktiven *control law* der *flight envelope protection* (siehe hierzu Favre 1994, Bartley 2007). Während bei einem intakten Flugzeug das *normal law* aktiv ist, bei dem alle oben genannten Parameter überwacht und begrenzt werden, wird beim Ausfall bestimmter Flugcomputer automatisch in andere (degradierte) *control laws* geschaltet. In diesen degradierten *control laws* werden nun weniger bzw. gar keine Parameter mehr überwacht – der Pilot bzw. die Pilotin steuert das Flugzeug dann konventionell.

Die unterschiedlichen Philosophien der Flugzeughersteller Boeing und Airbus hinsichtlich der *flight envelope protection* treten hervor, wenn die Steuereingaben der PilotInnen begrenzt werden (bspw. beim Erreichen der maximalen Schwerebeschleunigung). BoeingpilotInnen können die genannten Parameter mit erhöhter Kraftausübung auf das Steuerhorn überschreiten. Dieses Konzept nennt man *soft envelope protection*. AirbuspilotInnen benutzen einen Sidestick (ähnlich einem Computerjoystick), um das Flugzeug zu steuern. Auch bei maximalen Ausschlag dieses Sidesticks gibt es keinerlei Möglichkeit, die durch die *flight envelope protection* limitierten Parameter zu überschreiten. Dieses Konzept wird als *hard envelope protection* bezeichnet (Ibsen 2009).

3 Empirische Untersuchung

Nach den grundlegenden Ausführungen zur *flight envelope protection* bei Boeing- und Airbusmaschinen erfolgt die Darstellung des empirischen Vorgehens. Methodisch orientieren wir uns an dem Verfahren der Grounded Theory (Glaser & Strauss 1967, Strauss & Corbin 1996), welches jegliche methodische Form der Datenerhebung erlaubt und ein Kodierverfahren zur Auswertung des Materials zur Verfügung stellt. Zu Beginn der Datenerhebung wird ein offener Feldzugang gewählt, d.h. wir fliegen im Cockpit auf dem Jumpseat mit. Im Weiteren entstehen Beobachtungsprotokolle auf vier Mitflügen im Cockpit von Airbus- und Boeingmaschinen, welche fokussiert die Automation und die Interaktion zwischen Operateur und Flugzeug dokumentieren. Erste Voranalysen der Beobachtungsprotokolle führen zur

Entwicklung eines Leitfadens als Grundlage und Mittel zur Strukturierung von Einzelinterviews mit einem Boeing- und Airbuspiloten. Daraufhin erfolgen zwei fokussierte Leitfadeninterviews mit narrativen Anteilen, welche die subjektive Perspektive der Wahrnehmung hinsichtlich der Frage nach der Kontrollinstanz im Flugzeug ermitteln. Alle entstandenen textbasierten Daten werden mit dem Kodierparadigma der Grounded Theory ausgewertet. Die Ergebnisse der Analysen im folgenden Absatz beleuchten den Einfluss der *flight envelope protection*. Es wird an dieser Stelle nicht angestrebt, eine datenverankerte Theorie (Grounded Theory) zu generieren. Vielmehr sollen wichtige Aspekte bezüglich der Automation in modernen Verkehrsflugzeugen herausgearbeitet werden.

4   Der Computer fliegt immer mit!

Die Unterschiede in der Automationsphilosophie der Flugzeughersteller führen zu einem subjektiven Zugehörigkeitsgefühl zu Airbus bzw. Boeing. Während der Airbuspilot, von uns Adam genannt, von den „*Boeingjungs*" spricht, um sich von ihnen abzugrenzen, verwendet der Boeingpilot, nennen wir ihn Bob, die Unterscheidung „*Airbusfraktion*" und „*Boeingfraktion*". Beide sind sich hinsichtlich der Automation grundsätzlich einig, dass diese für die heutige Verkehrsfliegerei unerlässlich ist. Für Bob ist Automation ein sehr zentraler Bestandteil der Fliegerei geworden. Er kann sich schwerlich vorstellen, dass er in der fliegerischen Grundausbildung ohne Autopiloten ausgekommen ist. Auch Adams Aussage „*ohne Automation wäre ein Verkehrsflugzeug eine Katastrophe*" lässt erkennen, wie selbstverständlich Computer in den fliegerischen Alltag integriert sind. Unterschiede werden analysierbar, wenn es um die Handlungsmacht der Automation geht. Bob betont, dass Automation für BoeingpilotInnen ein „*Tool*" ist: „*auf der 747-400 sind* **wir** *in der Lage, einen Anflug zu machen, der* **uns** *keinerlei Ceiling [Wolkenobergrenze] vorgibt*". Adam hingegen verwendet häufig anthropomorphe Ausdrücke – „*das Flugzeug verbietet mir*" – und verleiht der Maschine große Handlungsmacht, vor allem bezüglich der *flight envelope protection*: „*das Flugzeug ist der Meinung [...] jetzt willst du sagen pass mal auf [...] aber das Flugzeug sagt nene, ich bin jetzt in meiner pitch limit protection, und erlaube nicht, die Nase weiter hoch zu nehmen*".

Wenn es um die Frage geht, wer das Flugzeug fliegt, sind sich sowohl Bob als auch Adam einig: Es ist der Pilot bzw. die Pilotin, auch wenn Automation für beide ein essentieller Bestandteil ist. Bob argumentiert, dass die PilotInnen die Maschine mit dem Hilfsmittel Automation fliegen. Adam drückt dies folgendermaßen aus: „*der Pilot, nach wie vor, er fliegt es anders, aber trotzdem fliegt es noch der Pilot*". Im weiteren Verlauf relativiert Adam jedoch seine Aussage und verweist auf die Einschränkungen, welche die *hard envelope protection* den AirbuspilotInnen auferlegt. Als Pilot sei er nicht mehr jederzeit in der Lage, volle Ausschläge der Steuerflächen zu geben. Ein weiterer Aspekt, welcher nur von Adam erwähnt wird, ist das Arbeiten der *flight envelope protection* gegen die Intention des Operateurs. Falls mehrere Sensoren fälschlicherweise die gleichen fehlerhaften Werte über die Flugzeuglage liefern, könnten die PilotInnen aufgrund der *hard envelope* protection keine korrigierenden Inputs mehr geben. Diese Situation ist sehr unwahrscheinlich, wäre aber äußerst gefährlich. Es müssten dann mutwillig funktionierende Flugsysteme abgeschaltet werden, um das Flugzeug künstlich „*aus diesem normal law raus zu zwingen [...], denn mit den normalen Maß-*

nahmen, die Airbus lehrt, kommst du da nicht mehr raus". Adam schließt resümierend mit der Aussage: *„der Computer fliegt auf jeden Fall immer mit"*.

5   Ausblick

In dieser Ausarbeitung wird aufgezeigt, wie die Philosophien unterschiedlicher Flugzeughersteller die Frage nach der Kontrolle über das Flugzeug beeinflussen können. Bei allgemeinen Aussagen über Automation im Cockpit sollte sowohl die Airbus- als auch Boeingphilosophie berücksichtigt werden. Das technische System der *flight envelope protection* spielt dabei eine besondere Rolle. Airbus geht mit dem Konzept der *hard envelope protection* noch einen Automatisierungsschritt weiter und lässt keinerlei Überschreitung der limitierten Parameter durch die Operateure zu. Dies beeinflusst maßgeblich die Beantwortung der Frage: Wer hat die Kontrolle im Flugzeug - Mensch oder Maschine? Unsere Untersuchung lässt vermuten, dass unter Piloten und Pilotinnen Einigkeit herrscht: der Mensch hat die Kontrolle im Flugzeug. Bei Airbus ist jedoch im Gegensatz zu Boeing eine stärkere Tendenz hin zur Kontrolle auf Seiten der Maschine ersichtlich.

Literaturverzeichnis

Bartley, G. F. (2007). Boeing B-777: Fly-By-Wire Flight Control. In Spitzer, C. R. (Hrsg.): *Digital Avionics Handbook*. Boca Raton: CRC Press. S. 23-1 - 23-14.

Favre, C. (1994). Fly-by-wire for commercial aircraft: the Airbus experience. *International Journal of Control 59*(1). S. 139-157.

Glaser, B. & Strauss, A. (1967). *The Discovery of Grounded Theory*. Basel u.a: Aldine Publ.

Ibsen, A. Z. (2009). The politics of airplane production: The emergence of two technological frames in the competition between Boeing and Airbus. *Technology in Society 31(4)*. S. 342-349.

Sheridan, T. B. (1997). Supervisory Control. In Salvendy, G. (Hrsg.): *Handbook of Human Factors*. NY: Wiley. S. 1295-1327.

Strauss, A. & Corbin, J. (1996). *Grounded Theory: Grundlagen qualitativer Sozialforschung*. Weinheim: Beltz.

Weyer, J. (2008). Mixed Governance – Das Zusammenspiel von menschlichen Entscheidern und autonomer Technik im Luftverkehr der Zukunft. In Matuschek, I. (Hrsg.): *Luftschichten: Arbeit, Organisation und Technologie im Luftverkehr*. Berlin: edition sigma. S. 205-227.

Kontaktinformationen

Michael Dorschner & Corinne Büching; (michael.dorschner@web.de)

S. Boll, S. Maaß & R. Malaka (Hrsg.): Mensch & Computer 2013
München: Oldenbourg Verlag, 2013, S. 361–364

Ein Decision Support System für Operatoren in Tunnelleitstellen

Sebastian Spundflasch, Johannes Herlemann, Heidi Krömker

Fachgebiet Medienproduktion, Technische Universität Ilmenau

Zusammenfassung

Um Entscheidungsprozesse von Tunnelleitstellen-Operatoren in Anbetracht der auf sie einströmenden Datenflut gezielt zu unterstützen, soll ein Decision Support System im Rahmen des Forschungsprojektes ESIMAS[1] konzipiert werden. Werkzeuge zur Datenfusion und -plausibilisierung und eine entsprechend der Anforderungen von Leitstellen entwickelte Mensch-Maschine-Schnittstelle sollen die Informationsmenge reduzieren und das Situationsbewusstsein der Operatoren verbessern. Dazu wurden in Deutschland, Luxemburg und Österreich Analysen durchgeführt, um die individuellen Handlungsstrategien der Operatoren zu erheben und daraus theoriegeleitet Anforderungen an ein Decision Support System zu formulieren.

1 Situation Awareness

Stanners & French (2005) konnten in ihren Untersuchungen belegen, dass es einen direkten Zusammenhang zwischen der Qualität von Entscheidungen und der Situation Awareness gibt. Im Folgenden soll daher das von Endsley (1995) eingeführte Konstrukt der Situation Awareness näher beleuchtet werden, um daraus Schlüsse zu ziehen, wie ein Decision Support System Entscheidungen von Operatoren unterstützen kann. Die von uns durchgeführten Untersuchungen in Tunnelleitstellen stützen sich auf dieses Konzept, das das Situationsbewusstsein von Personen in komplexen Umgebungen in drei Stufen beschreibt.

Stufe 1: Wahrnehmen von Elementen in der Umgebung
Der erste Schritt zur Erreichung von Situation Awareness ist die Wahrnehmung von Informationselementen in der Umgebung. In dieser Phase findet bereits ein Selektionsprozess statt, indem relevante von nicht relevanten Informationen gefiltert werden.
Stufe 2: Verstehen der Situation

---

[1] ESIMAS – „Echtzeit-Sicherheits-Management für Straßentunnel" ist ein Forschungsprojekt gefördert vom Bundesministerium für Wirtschaft und Technologie. Weitere Informationen unter www.esimas.de

In der nächsten Stufe findet die Verknüpfung der wahrgenommenen Informationselemente zu einem Gesamtbild statt. Dabei werden Abhängigkeiten, Einflüsse und Wechselwirkungen zwischen den einzelnen Informationselementen betrachtet.

Stufe 3: Vorhersage der Entwicklung einer Situation
Die dritte Stufe der Situation Awareness versetzt Personen in die Lage, Vorhersagen über den weiteren Verlauf einer Situation treffen zu können.

2   Forschungsziel und Vorgehen

Die zentrale Forschungsfrage „Wie kann ein Decision Support System die Situation Awareness von Operatoren in Tunnelleitstellen unterstützen?" wird in Anlehnung an Endsley (1995) in die folgenden Teilfragestellungen zerlegt:

1.   Welche Informationselemente werden vom Operator wahrgenommen? (Stufe 1)
2.   Wie entwickelt der Operator aus den wahrgenommenen Informationselementen ein Verständnis der Gesamtsituation? (Stufe 2)
3.   Wie kann der Operator auf Basis dieses Verständnisses Vorhersagen zur weiteren Entwicklung bestimmter Situationen treffen? (Stufe 3)

Um zu erkennen, welche Informationen von einem Decision Support System angezeigt werden müssen, um die Situation Awareness zu unterstützen, wurden die Tätigkeiten von Operatoren in 12 Tunnelleitstellen in Deutschland, Österreich und Luxemburg einer hierarchischen Aufgabenanalyse unterzogen. Diese bildet die Basis für die Datenerhebung und -auswertung sowie für das anschließende Ableiten von Anforderungen.

3   Situation Awareness von Tunneloperatoren

Stufe 1: Wahrnehmen von Elementen in der Umgebung
Die Wahrnehmung von Informationselementen durch die Operatoren erfolgt nach individuellen Strategien und in Hinblick auf die Einschätzung ihrer Relevanz für die Sicherheitslage. Die Sicherheitslage ist die ganzheitliche Bewertung aller Faktoren, die die momentane Situation im Tunnel beeinflussen. Die Analysen in den Leitstellen zeigen, dass die wahrgenommenen Informationselemente im Wesentlichen aus sechs verschiedenen Informationsquellen selektiert werden (siehe Abbildung 1). Dabei besitzt die visuelle Orientierung durch *Videobilder* für alle Operatoren als Ausgangspunkt für die Selektion von Information und ihrer dynamischen Veränderung den höchsten Stellenwert. Die aus den Videobildern extrahierten Informationselemente, wie z.B. Verkehrsdichte, werden durch Daten aus dem *Prozessleitsystem*, wie z.B. Durchschnittsgeschwindigkeit, angereichert. Weitere Quellen für Informationselemente sind über *Videobilder* und *Prozessleitsystem* hinaus:

- *Anrufe*, die z.B. eintreffende Schwerlasttransporte anmelden
- *Faxe*, die z.B. geplante Wartungsarbeiten im Tunnel beschreiben und bestätigen

- *Online-Quellen*, z.B. für Wetter- und Verkehrsinformationen im Tunnelumfeld
- *schwarze Bretter*, die z.B. auf langfristige Testläufe der Betriebstechnik hinweisen

Stufe 2: Verstehen der Situation

Die Strategien zur Verknüpfung der wahrgenommenen Informationselemente zu einem Verständnis der momentanen Situation sind den Operatoren nur teilweise bewusst. Die Tatsache, dass es einige Jahre Erfahrung benötigt, um die momentane Situation schnell zu verstehen, weist darauf hin, dass die Informationselemente mit im Gedächtnis gespeicherter Information verknüpft werden (vgl. Fracker 1991). Die Analysen im Rahmen von ESIMAS legen offen, dass ein Verständnis der Sicherheitslage vor allem aus der Verknüpfung von Informationselementen aus den Bereichen Verkehrsdaten, Betriebstechnik und –zustände sowie geplante Ereignisse und Umfelddaten entwickelt wird. Dabei entsteht offensichtlich ein Modell der Sicherheitslage. Die wahrgenommene Sicherheitslage beeinflusst auch die Diagnose von Ereignissen, da sie die Randbedingungen der Ereignisse bestimmt. Sie ist für das ganzheitliche Verständnis eines Ereignisses und des Ereignisumfelds wesentlich. Beispielsweise hat bei dichtem Verkehr eine Panne in einem Gegenverkehrstunnel einen höheren Stellenwert als bei einer geringen Verkehrsdichte in einem Richtungstunnel. Abbildung 1 zeigt auch Informationselemente der Informationsquellen, die für die Einschätzung der Sicherheitslage bei der Überwachung genutzt werden. Die Relevanz der verschiedenen Informationselemente für die Bewertung der Sicherheitslage hängt dabei wesentlich von der subjektiven Einschätzung der Operatoren ab.

Stufe 3: Vorhersage der Entwicklung einer Situation

Die Strategien zur Vorhersage der Entwicklung von Situationen basieren auf den tunnelspezifischen Erfahrungen, über die die Operatoren verfügen. Sie können gut die zu erwartende Dynamik der Informationselemente und deren Einfluss auf die Situation vorhersagen. In einem bestimmten Tunnel ist z.B. den Operatoren bekannt, dass bei besonderen Wetterbedingungen Nebel an der Ausfahrt eines Tunnels entsteht, der die Verkehrsdichte und damit auch die Unfallwahrscheinlichkeit erhöht. Für die Stufe 3 der Situation Awareness wurde festgestellt, dass sich mit steigender Erfahrung der Tunneloperatoren die Fähigkeit zur Vorhersage der Entwicklung einer Situation verbessert.

4 Fazit und Ausblick

Trotz einer ausgeprägten Heterogenität der Leitstellenlandschaft und der Heterogenität der Kenntnisse und Fähigkeiten der Operatoren, lassen sich übergreifende Informationselemente extrahieren, die für die Situation Awareness der Operatoren relevant sind. Im nächsten Schritt werden aus diesen Erkenntnissen funktionale Anforderungen an das Decision Support System abgeleitet.

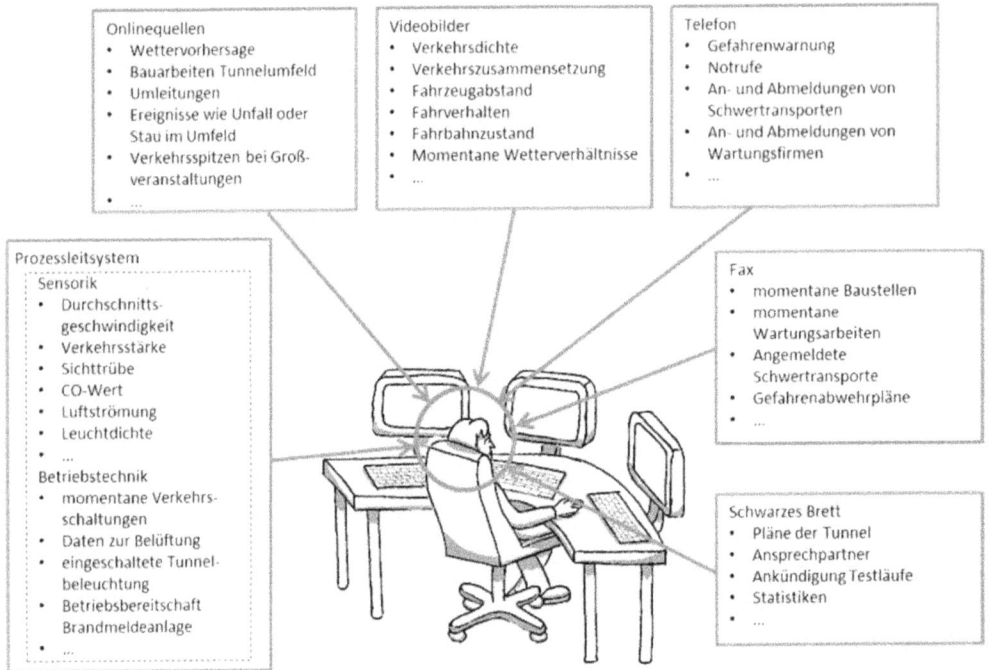

Abbildung 1: Informationsquellen und -elemente der Tunneloperatoren

Literaturverzeichnis

Endsley, M. (1995). Measurement of Situation Awareness in Dynamic Systems. *Human Factors Volume 37, Issue 1*, 65 – 84

Fracker, M. (1991). *Measures of Situation Awareness: Review and Future Directions*. Ohio: Armstrong Laboratories.

Stanners, M. & French, H. (2005). *An Empirical Study of the Relationship Between Situation Awareness and Decision Making*. Edinburgh: Defence Science and Technology Organisation.

Kontaktinformationen

Dipl.-Ing. Sebastian Spundflasch
Fachgebiet Medienproduktion
TU Ilmenau
96893 Ilmenau
E-Mail: Sebastian.Spundflasch@tu-ilmenau.de

S. Boll, S. Maaß & R. Malaka (Hrsg.): Mensch & Computer 2013
München: Oldenbourg Verlag, 2013, S. 365–368

Fußgängernavigation im urbanen Raum - Designvorschlag

Arash Zargamy, Hiroyuki Sakai, Roman Ganhör, Gustav Oberwandling

Multidisciplinary Design Group, Technische Universität Wien

Zusammenfassung

Zur urbanen Fußgängernavigation gibt es eine Vielzahl von wissenschaftlichen Arbeiten mit unterschiedlichen Lösungsansätzen. Dazu zählen visuelle, auditive und taktile Ansätze mit ihren jeweiligen Vor- und Nachteilen. In dieser Arbeit wird eine Lösung vorgestellt, die diese Ansätze mit dem Fokus auf eine minimale Benutzerablenkung kombiniert. Sie wurde auf einer Android-basierten Smartwatch prototypisch implementiert und evaluiert. Die ersten Ergebnisse zeigen das mögliche Potenzial für solche Navigationslösungen auf.

1 Einleitung

Mobile Navigationsgeräte für Fußgänger sind ein aktiver Forschungsgegenstand, aus dem sich bereits unterschiedliche Navigationslösungen entwickelten. Diese Navigationslösungen können in unterschiedliche Lösungskategorien eingeteilt werden, wie auditiv, ONTRACK (Jones et al. 2008), taktil, wie PocketNavigator (Pielot et al. 2012) oder kartenbasiert (Wenig & Malaka 2010).

Basierend auf aktuellen Forschungsergebnissen entwickelten wir ein alternatives Fußgängernavigationssystem für multimodale Fortbewegung im urbanen Raum. Dieses bezieht typische städtische Nahverkehrsmittel wie Bus, U-Bahn oder S-Bahn mit ein. Bei der Entwicklung dieser Lösung stand eine intuitive Bedienung sowie eine minimale Beanspruchung der Aufmerksamkeit des Benutzers im Vordergrund. Realisiert wurden diese Anforderungen durch ein visuelles und vibrotaktiles Interface.

Im Folgenden werden die wichtigsten Designschritte, die zu unserem Konzept führten, erläutert. Am Ende werden die Ergebnisse der Evaluation präsentiert und die weiteren Schritte betrachtet.

2   Methodik

Zur Vorbereitung unseres Prototypen wurde auf folgende Methoden zurückgegriffen: Literaturrecherche, Experteninterviews, Videoanalyse, Cultural Probes, provokative Requisiten, Design Workshops, Design Games, Sketches, Wireframes, Mock-ups und Technology Probes. Die Methoden, deren Ergebnisse am meisten in den Prototypen eingeflossen sind, werden im Folgenden näher beschrieben.

2.1   Literaturrecherche (Verwandte Arbeiten)

Mit ONTRACK beschreiben (Jones et al. 2008) eine mobile, auditive Navigationslösung für Fußgänger, bei der sich der Benutzer auf eine virtuelle Audioquelle zubewegt, um zum gewünschten Zielort zu gelangen. Mittels Stereo-Kopfhörern wird eine räumliche Wahrnehmung hervorgerufen. Dem auditiven Ansatz stehen (Pielot et al. 2012) tendenziell kritisch gegenüber, da der Einsatz von Kopfhörern die Aufmerksamkeit beeinträchtigen und somit das Unfallrisiko erhöhen kann. Visuelle Interfaces würden ebenfalls von der Umgebung ablenken, somit setzen sie mit PocketNavigator auf ein Smartphone mit vibrotaktilem Interface. Das Navigationsgerät kann in der Hosentasche getragen werden und vermittelt dem Benutzer Richtungsangaben als Vibrationsmuster.

Ebenso schlägt (Pascoe 2001) vor, die Interaktion auf ungenutzte Sinneskanäle zu verlagern, um die kognitive Last möglichst gering zu halten (*Minimal Attention User Interface*). (Pielot et al. 2010) zeigen mit Natch, dass ein Navigationsgerät, welches am Handgelenk befestigt wird, diesem Ziel gerecht werden kann.

Die gezeigten Arbeiten konzentrieren sich größtenteils auf Szenarien, bei denen die Benutzer ausschließlich Fußwege zurücklegen. Besonders in Städten sind öffentliche Verkehrsmittel oft ein wichtiger Bestandteil einer Fußgängerroute. Unsere Arbeit berücksichtigt diese Art der kombinierten Fortbewegung. Weiters stellen wir eine *handsfree Navigation* in den Vordergrund. Benutzer sollen bei der Navigation beide Hände frei nutzen können, um z.B. einen Kinderwagen zu führen.

2.2   Cultural Probes

Die wichtigsten Ergebnisse der Cultural Probes mit zehn Probanden für unsere Navigationslösung waren a) die Einbindung von Verkehrsmitteln b) Umgebungsinformationen sowie c) das Smartphone als mögliches Zielgerät. Basierend auf den Ergebnissen entwickelte sich die Idee einer Smartwatch als Navigationsgerät. Sie hat das Potenzial, die Flexibilität eines Smartphones mit dem von uns geforderten *Minimal Attention User Interface* zu verbinden.

2.3   Technology Probe

Zur Überprüfung der Akzeptanz einer Navigation mittels Smartwatch wurde für fünf Probanden ein ihnen unbekannter Start- und Zielort gewählt. Zur Navigation wurde ein am Handgelenk befestigtes Smartphone zur Verfügung gestellt. Das Gerät wurde mit einer Schutzhülle vor einer Interaktion mit den Probanden geschützt. Am Ende wurde ein qualitatives Interview durchgeführt.

Die Akzeptanz einer solchen Navigationslösung war gegeben. Sowohl anfängliche Unsicherheiten als auch die Verwendung des Bildschirms nahmen mit zunehmender Nutzungsdauer ab. Positiv wurde die *handsfree Navigation* angenommen. Am häufigsten wurde die Unhandlichkeit des umfunktionierten Smartphones kritisiert. Damit wurden eine Verkleinerung des Gerätes und eine höhere Benutzerfreundlichkeit angestrebt.

3 Prototyp: *pulsemap*

Aufbauend auf den Ergebnissen von Cultural Probes und Technology Probe wurde die Motorola MOTOACTV Smartwatch als Basis für *pulsemap* ausgewählt. Sie verfügt über die gewünschte Leistungsfähigkeit und Programmierbarkeit (Android Betriebssystem) und ermöglicht zudem einen Betrieb ohne zusätzliche Geräte. Für die vibrotaktile Unterstützung wurde die Smartwatch um ein externes Vibrationsmodul erweitert, welches durch den Audio-Ausgang angesteuert wird (siehe Abbildung 1).

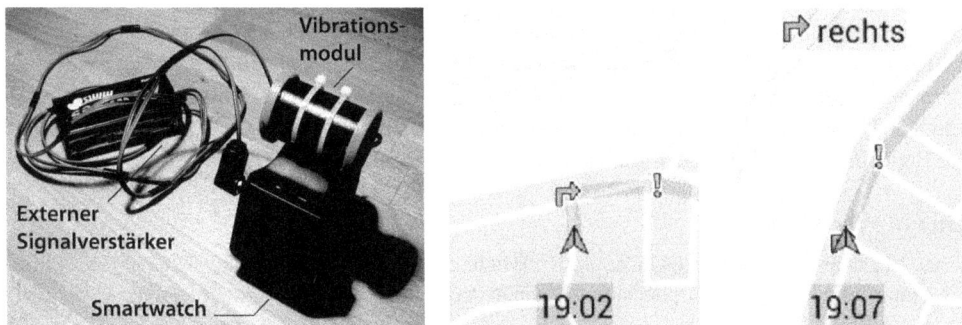

Abbildung 1: Smartwatch und Navigationssoftware

Für die Smartwatch wurde eine, *pulsemap* genannte, Navigationslösung entwickelt, die auf dem frei verfügbaren Kartenmaterial des OpenStreetMap-Projektes basiert. Ähnlich zu üblichen Smartphone-Navigationslösungen wird eine Umgebungskarte am gesamten Bildschirm dargestellt und automatisch entsprechend der Lage ausgerichtet. Der Benutzer wird stets zentriert als grüner Pfeil symbolisiert. Am unteren Bildschirmrand wird die aktuelle Uhrzeit und am oberen Bildschirmrand werden, in der Nähe von *Keypoints*, Benachrichtigungen angezeigt (z.B.: „rechts abbiegen", „einsteigen in Linie 49").

Um die Aufmerksamkeit nicht unnötig auf die Navigation zu lenken, sollte der Vibrationsalarm so selten wie möglich ausgelöst werden. Bei Vorversuchen hat sich gezeigt, dass Vibrationen bei Richtungswechsel, sowie beim Wechseln von Verkehrsmitteln günstig sind. „Rechts abbiegen" wird durch einen einsekündigen Vibrationspuls signalisiert. Für „links abbiegen" werden drei aufeinanderfolgende 200 ms-Vibrationspulse verwendet. Sonstige Benachrichtigungen entsprechen zwei 600 ms-Vibrationspulsen. Die Vibrationspulse wurden in dieser Form realisiert, um die Unterscheidbarkeit zu gewährleisten.

3.4   Evaluation

Für die Evaluation wurde eine statische Route von der Wiener Innenstadt zu einem angrenzenden Außenbezirk gewählt. Die Route bestand aus einem 1,3 km und einem 200 m langem Abschnitt, welche zu Fuß bewältigt werden mussten, und einem 1,6 km Abschnitt, für den die Nutzung einer Straßenbahn vorgesehen war. Die Route wurde über neun *Keypoints* festgelegt, welche durch ein Symbol im Routenverlauf angezeigt wurden.

Die Evaluation ergab, dass vor allem der Einsatz von vibrotaktilem Feedback die Ablenkung durch das Navigationsgerät senkt (vgl. Pielot et al. 2012). Außerdem wurde festgestellt, dass ein Bildschirm mit Umgebungsinformationen zur Überprüfung der aktuellen Position Sicherheit bietet. Mit dem verwendeten Prototypen betrug die Batterielebensdauer knapp eine Stunde im aktiven Einsatz.

4   Aussicht

Wir sind erfreut, dass sich *pulsemap* als vielversprechende Lösung herausgestellt hat. Im nächsten Schritt werden wir versuchen, die Lebensdauer der Batterie durch den Bau eines effizienteren Prototypen zu erhöhen. Außerdem soll das Design der Android-App verbessert und der Tragekomfort erhöht werden. Desweiteren verfolgen wir das Ziel, unsere Lösung an die Bedürfnisse von Menschen mit Behinderung anzupassen.

Literaturverzeichnis

Jones, M., Jones, S., Bradley, G., Warren, N., Bainbridge, D. & Holmes, G. (2008). ONTRACK: Dynamically adapting music playback to support navigation. *Personal and Ubiquitous Computing, 12*(7). 513-525.

Pascoe, J. (2001). *Context-Aware Software* (Dissertation, University of Kent, Canterbury).

Pielot, M., Poppinga, B., Heuten, W. & Boll, S. (2012). PocketNavigator: Studying Tactile Navigation Systems In-Situ. In: *Proceedings of the 2012 ACM annual conference on Human Factors in Computing Systems*. New York: ACM. S. 3131-3140.

Pielot, M., Poppinga, B., Vester, B., Kazakova, A., Brammer, L. & Boll, S. (2010). Natch: A Watchlike Display for Less Distracting Pedestrian Navigation. In: Ziegler, J. & Schmidt, A. (Hrsg.): *Mensch & Computer 2010: Interaktive Kulturen*. München: Oldenbourg Verlag. S. 291-300.

Wenig, D. & Malaka, R. (2010). Interaction with Combinations of Maps and Images for Pedestrian Navigation and Virtual Exploration. In: *Proceedings of the 12th international conference on Human computer interaction with mobile devices and services*. New York: ACM. S. 377-378.

Kontaktinformationen

Arash Zargamy, arash.zargamy@gmail.com

Autorinnen und Autoren

AutorInnen

www.ingramcontent.com/pod-product-compliance
Lightning Source LLC
Chambersburg PA
CBHW081043220326
41598CB00038B/6969